溧陽年鉴

LIYANG YEARBOOK

溧阳年鉴编纂委员会 编

2023

方志出版社
Publishing House of Local Records

图书在版编目（CIP）数据

溧阳年鉴. 2023 / 溧阳年鉴编纂委员会编. —
北京：方志出版社，2023.11
ISBN 978-7-5144-5965-4

Ⅰ.①溧… Ⅱ.①溧… Ⅲ.①溧阳-2023-年鉴
Ⅳ.①Z525.33

中国版本图书馆CIP数据核字（2023）第221759号

责任编辑：陈菁
责任校对：张玉霞
责任印制：梅中英
出 版 者：方志出版社
地　　址：北京市朝阳区潘家园东里9号（国家方志馆4层）
邮　　编：100021
网　　址：http://www.zgfzcb.cn
发　　行：方志出版社图书营销中心（010-67110500）
印　　刷：溧阳市金宇包装印刷有限公司
开　　本：889毫米×1194毫米　1/16
印　　张：26
字　　数：808千字
版　　次：2023年11月第1版
印　　次：2023年11月第1次印刷
定　　价：280.00元

《溧阳年鉴（2023）》编纂委员会

《溧阳年鉴（2023）》编辑部

经济社会发展主要数据

地区生产总值（亿元）

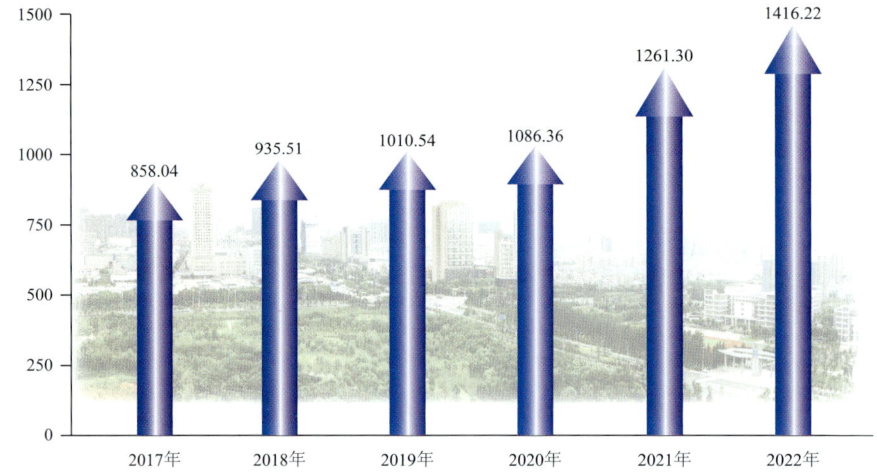

人均地区生产总值（元）

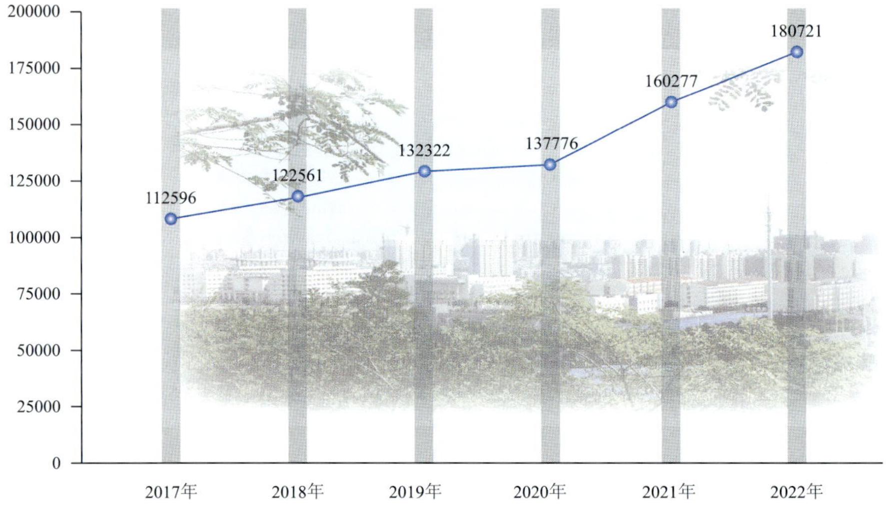

公共财政预算收入（亿元）

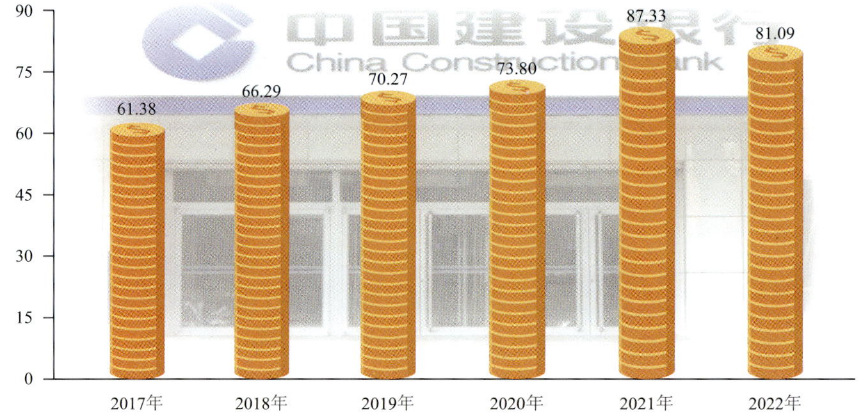

三次产业构成

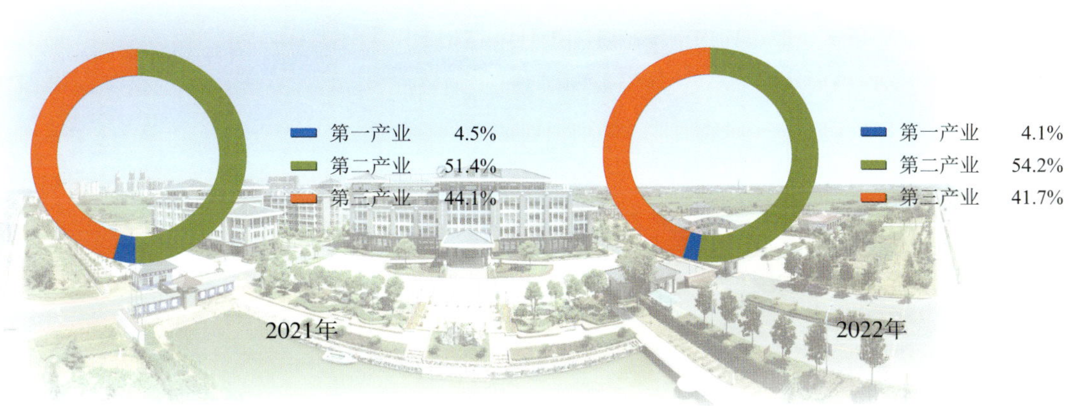

农林牧渔业总产值（亿元）

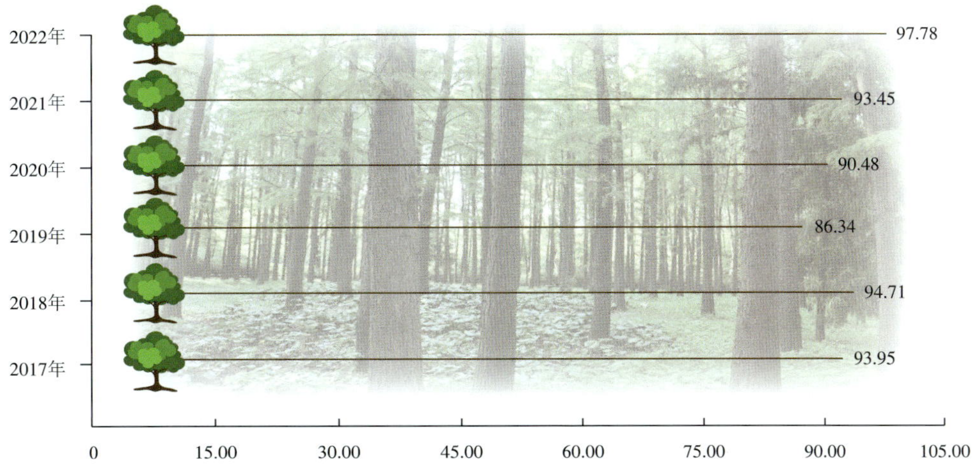

粮食总产量（万吨）

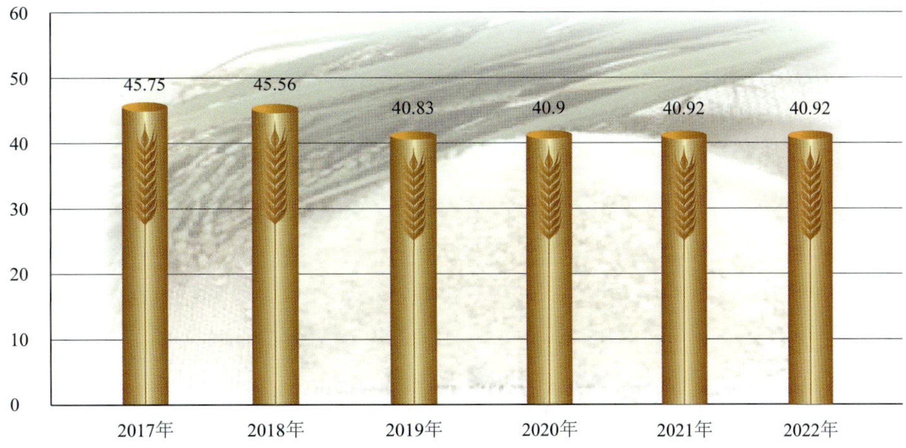

茶叶总产量（吨）

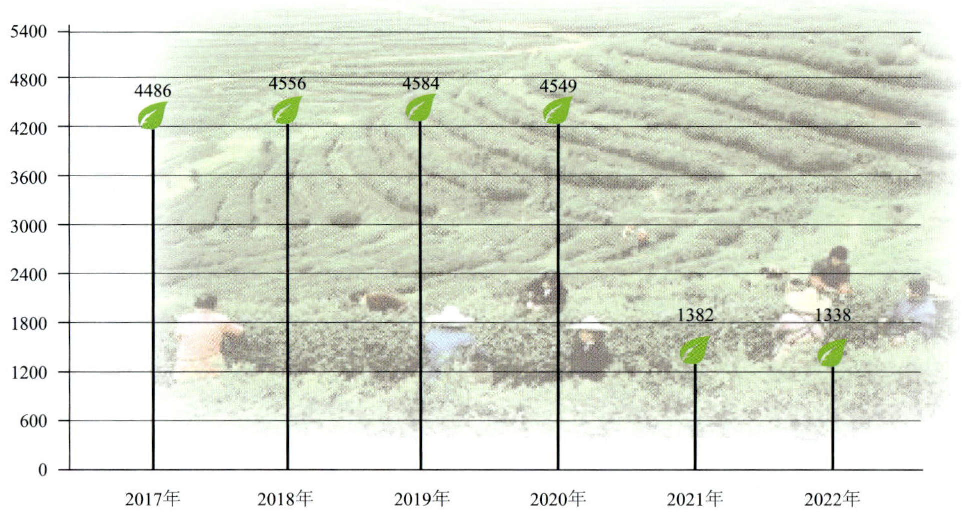

工业总产值（亿元）

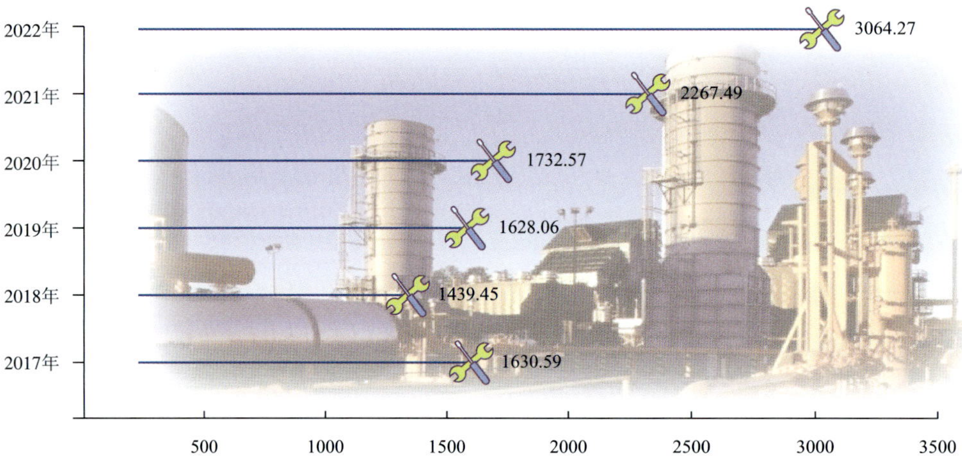

工业利税总额（亿元）

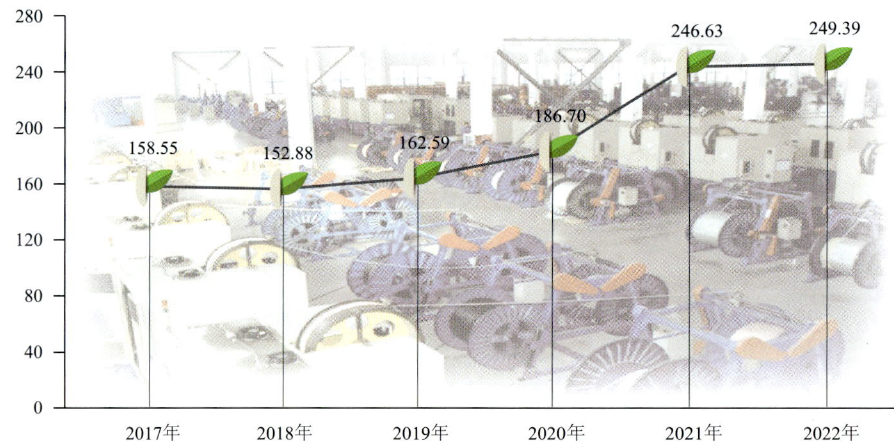

出口总额（万美元）

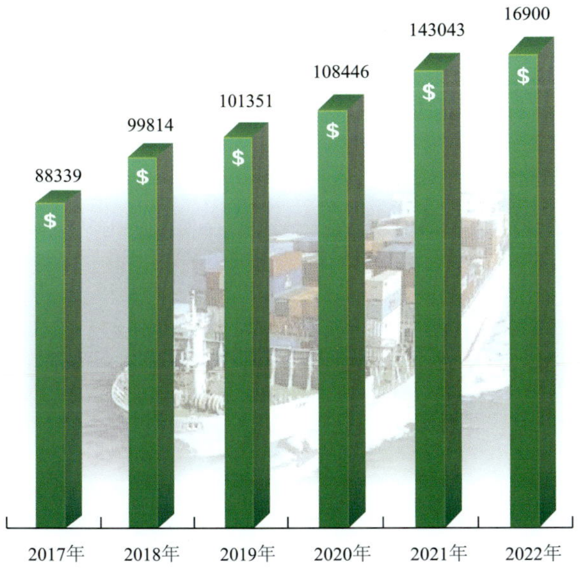

社会消费品零售总额（亿元）

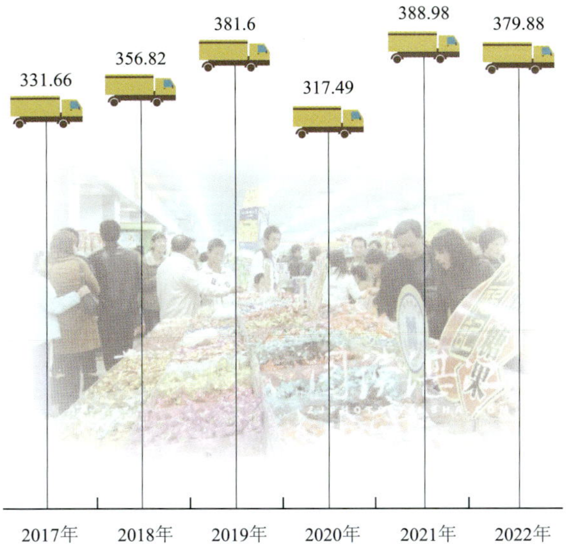

城镇居民人均可支配收入（元）

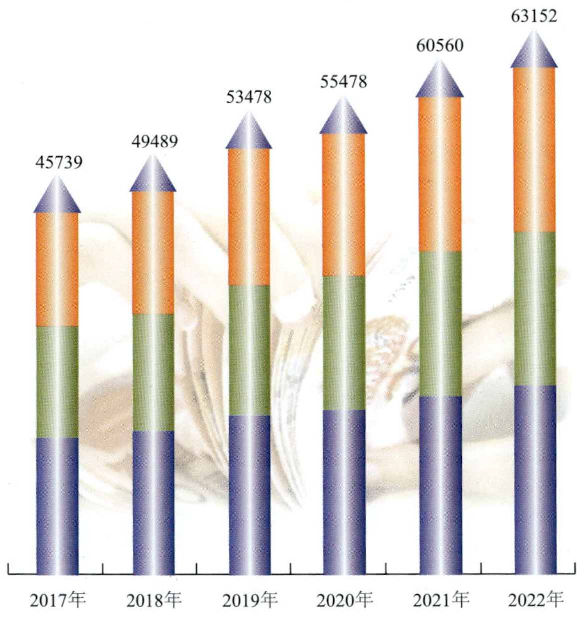

农民人均可支配收入（元）

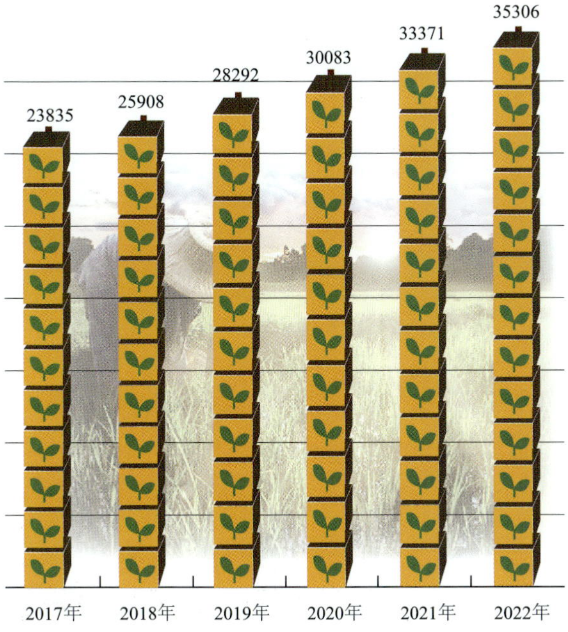

经济发展转型升级

深化招商引资“月通报、夺红旗”活动，建立项目集体会审制度，全年通过会审签约亿元以上项目 66 个，其中百亿元项目 1 个、30 亿元以上项目 2 个、10 亿元以上项目 21 个。时代上汽二期、德龙高端不锈钢、金鹰莱赛尔、长盈精密等重大项目稳步投产。“红色水西片区融合发展项目”获评省红色旅游融合发展示范项目，天目湖滨湖核心区获评省级夜间文化和旅游消费集聚区。天目湖旅游公司荣膺省长质量奖。建筑业完成施工总产值 1200 亿元、税收 30 亿元，分别增长 7.9%和 9.1%，摘得国优、省优工程 11 项。龙海、苏华和天力获得省建筑业“双百强”称号。

1. 溧阳入选全省首批制造业高质量发展示范区。图为安靠智电生产车间一角
2. 4月21日，天目先导纳米硅基负极等34个超亿元项目开工
3. 天目湖大坝“夜经济”吸引许多游客
4. 江苏时代新能源科技有限公司溧阳动力电池产业集聚50多家知名企业
5. 溧阳“荷风市集 礼诗圩村”入选“2021—2022江苏文旅消费热力榜”“文旅消费热门新场景”

4

5

城市品质巩固提升。深化文明典范城市创建，城市长效管理稳居常州第一方阵。2022 年，新增市镇精品街道 14 条，打造“口袋公园”20 个。新增停车泊位 3778 个、电动车充电位 1161 个、新能源汽车充电桩 338 个。新改建智能化公交站亭 217 个，省内率先开行省际毗邻公交。乡村振兴步伐加快。积极应对高温干旱，全力守稳“米袋子”“菜篮子”，建设高标准农田 9000 亩，粮食生产全程机械化水平达 98%。入选全国休闲农业重点县公示名单。曹山现代农业产业示范园被认定为省级现代农业产业示范园，南渡镇入选国家农业产业强镇建设名单。戴埠镇创成全国乡村旅游重点镇。全市拥有省级以上乡村旅游重点村 8 家，位列全省第一。

1

2

3

城乡统筹乡村振兴

1. 坚持生态优先，全面推进公园城市建设。图为溧阳新城剪影
2. 11月11日，溧阳市移栽油菜全程机械化作业现场
3. 戴埠镇获评全国乡村旅游重点镇，图为该镇深溪芥村
4. 以创建全国文明典范城市为引领，着力提升城市精细化管理水平。图为溧阳城乡随处可见的智能化公交站亭
5. 全国乡村旅游重点村庆丰村喜迎丰收。2022年，庆丰村还入选“稻花香里说丰年”全国乡村旅游精品线路

民生幸福社会安定

1

2

4

5

民生保障更加温暖。打造“溧即助”社会救助品牌，发放各类救助资金1.6亿元，惠及困难群众1.6万余人。积极推进市级特困人员供养中心建设，完成400户特殊困难家庭居家适老化改造。打造110间“梦想小屋”，为困境青少年点亮“微心愿”，实现“微幸福”。全年棚户区改造开工5164套，保障性租赁住房开工6366套，人才公寓开工4299套，建成和在建既有住宅加装电梯31台。社会事业更加普惠。南师大实、小实幼等9所新建、改扩建学校建成投用，新增学位5610个。深入推进“双减”，课后服务提档升级，通过省义务教育优质均衡发展县现场评估。省人民医院溧阳分院成功入选全国首批“千县工程”医院，省中医院溧阳分院新院主体封顶，上沛等3家乡镇卫生院新建项目全面竣工，高标准农村卫生室实现行政村全覆盖。升级改造敬老院4家，新建如意小食堂41家。

1. 溧阳深入推进“双减”，课后服务提档升级。图为永平小学课后服务足球社团

2. 溧阳坚持“业主自愿，政府引导，多方合力，能改尽改”的原则，积极做好既有住宅加装电梯工作。图为南安新村4栋既有住宅加装电梯后居民高兴地点赞

3. 溧阳着力打造“梦想小屋”为困境青少年点亮微心愿

4. 省人民医院溧阳分院入选全国首批“千县工程”医院。图为医院外景

5. 溧阳市积极实施人才公寓建设，努力改善高层次人才居住环境。图为幸福公寓“智造”溧阳高新区项目建设现场

1

2

3

改革创新蹄疾步稳

县域新型城镇化、城乡融合发展试验区等试点有序推进，“践行‘两山’理念，推动生态发展”等3项经验入选全省现代化建设实践经验典型。农村宅基地改革试点获农业农村部通报表彰。认定高新技术企业88家、省级以上“三站三中心”及省级联创中心17家、常州市级工程技术研究中心19家。上上、安靠、金源获评国家级制造业单项冠军企业（产品），天目先导、铭丰电子等4家企业获评国家级专精特新“小巨人”企业。科华、兴锻荣获省科学技术奖。新增省级专精特新中小企业55家。溧阳高新区实现省级高新区综合评价“四连冠”，入选省双碳科技成果转化基地。毛明院士工作站获批，重庆大学智慧城市研究院、长三角物理研究中心入选省级新型研发机构，华朋等4家行业龙头与省产业技术研究院建立联合创新中心。

1. 2022年，溧阳市“践行‘两山’理念，推动生态发展”等3项经验入选全省现代化建设实践经验典型。图为社渚镇洑家村掠影

2. 3月8日，全省推动城乡融合发展暨宁锡常接合片区建设现场会在溧阳市召开

3. 安靠智电研发平台剪影

4. 华朋集团焊接机器人车间一角

5. 1月9日，毛明院士工作站落户溧阳高新区

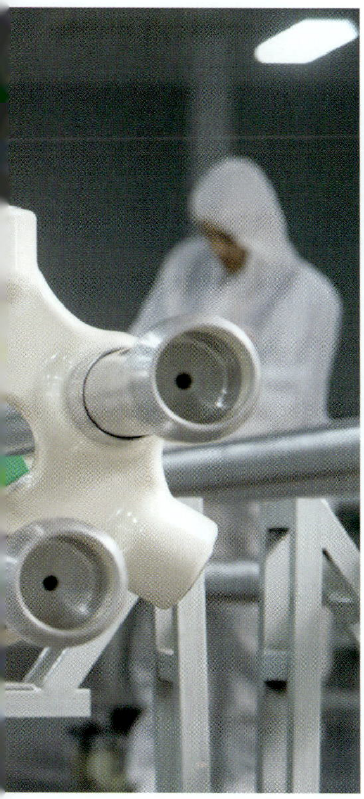

民生实事

2022 年，市委、市政府始终秉持“民生为本”理念，紧扣广大群众最关心、最直接、最现实的利益问题，全力办好为民实事，努力提升全体市民的幸福指数。全年共实施 8 大项、20 个子项市重点民生实事项目，惠民效应逐步彰显。

杨庄小学学生课后参加舞龙社团活动

一、教育品质提升工程

扎实开展义务教育阶段学生“双减”行动，全市义务教育学校课后服务实施覆盖率达 100%，义务教育学校秋季开学学生参加课后服务人数占比 94.37%；大力整治校外培训机构，学科类培训机构压减至 4 家，压减率达 95%，并全部纳入全国校外教育培训监管与服务综合平台。不断提升教育基础设施，全面改造中小学实验室 244 个，计划分两年新建、改建中小学学生计算机房 73 个，安装中小学空调教室 980 个。投入 10.1 亿元，稳步推进金汇路幼儿园、南京师范大学溧阳实验幼儿园、南京师范大学溧阳实验小学、永平初中等项目建设，南京师范大学溧阳实验幼儿园、南京师范大学溧阳实验小学、永平初中已建成投用，新增学位 3000 个。

溧阳不断提升乡镇卫生院医疗服务能力和健康运行活力。图为竹箦卫生院为群众服务的情景

二、卫生服务提效工程

稳步推进乡镇卫生院管理及运行体制改革，明确绩效考核、运行补助、公卫服务等重点改革方案，将戴埠、南渡、社渚、竹箦、上兴、溧城 6 家卫生院定为农村区域性医疗卫生中心，其他卫生院定为一般乡镇卫生院，提升乡镇卫生院医疗服务能力和健康运行活力。切实加强院前急救能力建设，顺利完成 120 指挥调度系统升级、院前院内信息衔接平台二期工程和标准化急救分站建设，院前平均转运时间缩短 28%，新建

救护车洗消中心投入使用，“上车即入院”的城乡一体化医疗急救体系基本建成。高标准推进村级卫生室建设，新建 28 家，合并建设或改建 55 家，完善设备配备 84 家，实现了行政村村级卫生室的全覆盖。

三、社会保障提标工程

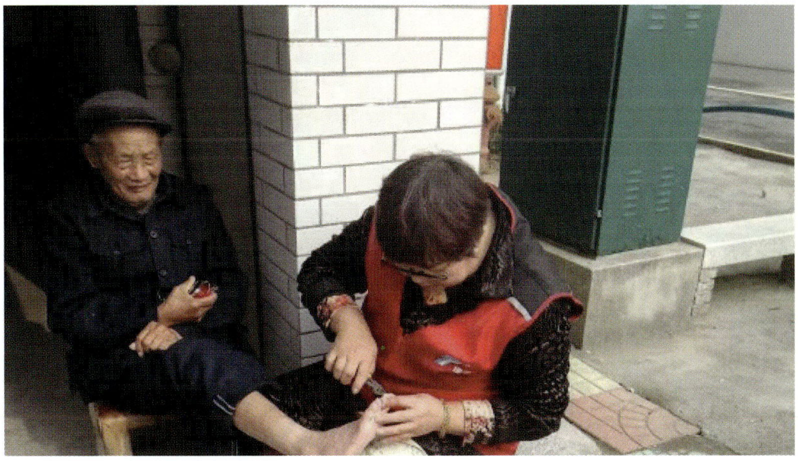

援通工作人员上门为居家养老人员提供服务的情景

稳步提高困难群体、城乡居民保障水平，城乡居民基本养老金、城乡低保和困难残疾人标准、农村特困人员供养标准、孤儿保障金等诸多社会保障金均提标到位。积极支持就业困难人员多渠道就业，为 20829 名灵活就业人员发放灵活就业社保补贴。扎实提升养老服务保障水平，社渚镇、埭头镇、竹箦镇、上黄镇 4 家敬老院实施提档升级改造，增加护理型床位 130 张；投入 1380 余万元，新建“如意小食堂”41 家，其中农村 36 家，2022 年全市 80 家覆盖 12 个乡镇、12 万老年人；新增 400 户特殊困难老年人家庭居家适老化改造，有力改善了老年人居家养老环境。

四、公共服务拓展工程

燕湖公园电动汽车充电站全面升级

继续推进“电动溧阳”建设，出台新版电动汽车推广补贴实施细则。新建公共快速充电站 10 座，翠屏新村等 35 个小区安装 210 个电动汽车充电桩，昆仑花园等 33 个小区增设 1200 个电瓶自行车集中式智能充电位。投入 300 万元，建设市青少年视力健康科普中心，并邀请著名眼科专家团队到溧阳作科普讲座，为燕湖小学等 19 所学校 3000 余名学生提供视力检测及咨询等服务，有效帮助青少年养成良好的用眼习惯。扎实推进城镇供水提质增效，投资约 2000 万元对城区 23 处二次供水泵房实施升级改造，并将运行数据上传至溧阳水务监控管理平台进行实时监控；投资约 2.3 亿元实施转供水片区管网改造，共涉及 8 个乡镇、361 个自然村，配套增压泵站 4 座，改造供水管网约 1300 公里，工程实施完毕后将大大改善转供水片区管网的漏损情况及供水压力，切实提高供水服务水平。

五、文旅融合深化工程

落实景区惠民政策，免费为溧阳市民办理天目湖山水园和南山竹海两大核心景区年卡，办卡数已超 34 万张，持卡实际入园人数近 60 万人次。扎实推进城市历史古街区改造提升，编制旧城更新发展城市设计和历史古街区改造方案，对红旗水厂、书院巷等区域实施改造提升，书院巷、费家巷产权调查已完成，专家咨询会已召开，盐库、红旗水厂安全鉴定工作已完成，盐库加固已进场施工，改造完成后将成为城市新型文旅聚集地。

溧阳扎实推进城市历史古街区改造提升。图为旧盐库加固改造现场

六、交通设施优化工程

加快重点交通基础设施建设，341 省道竹箦段改扩建工程二期（旅游大道—竹煤线）建成通车，完成 19 条线路共计 55 公里的通镇村公交道路“黑色化”改造和 239 省道、101 县道、竹煤线等沿线 210 个公交站亭智能化新建改造。瞄准城区“断头路”，积极推进码头街西延伸、西后街西延伸建设。继续实施电动公交车更新，全年共购置 100 辆纯电动公交车投入运营，截至 2022 年年底，全市共拥有纯电动公交车 200 辆。

溧阳加快实施电动公交车更新步伐，2022 年购置 100 辆纯电动公交车投入运营

七、城乡环境美化工程

溧阳不断优化城区水环境，沿河居民生活品质得到显著提升。图为实施生态清淤后的城中河掠影

投资2763万元，新建市建筑垃圾转运中心，转运和处置规模为建筑垃圾分选转运综合处理500吨／天、大件垃圾破碎分拣50吨／天、园林垃圾资源化利用30吨／天，并预留了可再生资源回收及分拣50吨／日的处置能力，项目建成后将显著增强城区大件垃圾、园林垃圾的破碎分拣和资源化利用能力，有助于实现建筑垃圾“减量化、资源化、无害化”处置的目标。对湾溪河、燕山河、北环河、城中河、护城河进行生态清淤，疏浚河道总长度21.91千米，清淤土方量约27万立方米，助力优化城区水环境，沿河居民生活品质得到显著提升。

八、城市品质跃升工程

溧阳着力打造“公园式”景观节点和休闲场所建设。图为归来园剪影

投资近2亿元，实施完成南安新村、清溪花园、天目星城、滨河花园等14个老旧小区改造提升，因需制宜开展了基础设施整治更新、路面黑色化、雨污水管网改造等项目。积极实施小区停车基础设施提升工程，强化智能充电设施覆盖，增设汽车充电桩近100个、集中式电动车充电位500余个，有效解决了小区停车难问题。持续优化整合公共空间，盘活原有敞开空地及废弃绿地，打造“公园式”景观节点和休闲场所，努力实现小区面貌重塑焕新。

口袋公园

“口袋公园”小而美

溧阳市按照市民出行“300 米见绿、500 米入园”的要求，充分利用边角地、废弃地和道路周边等微小空间进行景观化改造，先后打造了静园、丁园、归来园、锦绣园等一大批“小而精、小而美、小而特、小而优”的“口袋公园”。2022 年，新建改建 8 个城区“口袋公园”和 12 个乡镇“口袋公园”，城市公园体系日益完善， 公园免费开放率 100%，公园绿地十分钟服务圈覆盖率 90.13%。

鸾凤园（2022年8月　摄）

归来园 （2022年6月　摄）

丹心园（2022年9月　摄）

山石园（2022年9月　摄）

时光园（2022年10月　摄）

《溧阳年鉴（2023）》审稿单位

（按篇目先后为序）

市委办
市人大办
市政府办
市政协办
市人武部
市委组织部
市委宣传部
市委统战部
市委政法委
市纪委监委
市委党史工委、市志办
市统计局
市气象局
市文明办
市委巡察工作办公室
市委编办
市委党校
市委老干部局
市保密局
市信访局
市档案馆
市行政审批局
民盟溧阳市基层委员会
民建溧阳市基层委员会
市工商联
市总工会
团市委
市红十字会
市妇联
市科协
市侨联
市文联
市老促会
市退役军人事务局
市公安局
市检察院
市法院

市司法局
市商务局
海关溧阳办事处
江苏省溧阳高新技术产业开发区管委会
溧阳经济开发区管委会
溧阳市现代农业产业示范园管理办公室
市文体广电和旅游局
天目湖旅游度假区管理办公室
曹山旅游度假区管理办公室
市自然资源局
市住房和城乡建设局
市房屋征收与补偿办公室
市供电公司
国投集团
常州市住房公积金管理中心溧阳分中心
市城管局
常州市溧阳生态环境局
市农业农村局
市水利局
市工信局
市交通运输局
中国邮政溧阳分公司
中国电信溧阳分公司
中国移动溧阳分公司
中国联通溧阳分公司
市烟草局
市盐业有限公司
市供销总社
市财政局
市税务局
市审计局
人行溧阳市支行
工行溧阳支行
农行溧阳市支行
中行溧阳支行
建行溧阳支行
农发行溧阳市支行

江南银行溧阳市支行
邮政储蓄银行溧阳市支行
溧阳浦发村镇银行
浙商银行溧阳支行
人保财险溧阳支公司
中国人寿溧阳支公司
人寿财险溧阳支公司
太保财险溧阳支公司
太保寿险溧阳中心支公司
东海证券溧阳营业部
南京证券溧阳营业部
市发改委
市市场监督管理局
市应急管理局
市人社局
市医疗保障局
市科技局
市地震局
市教育局
市融媒体中心
市卫健局
市民政局
市残联
市民宗局
市关工委
天目湖镇人民政府
上兴镇人民政府
社渚镇人民政府
埭头镇人民政府
戴埠镇人民政府
南渡镇人民政府
竹箦镇人民政府
上黄镇人民政府
别桥镇人民政府
溧城街道办事处
昆仑街道办事处
古县街道办事处

编辑说明

一、《溧阳年鉴（2023）》以马克思列宁主义、毛泽东思想、邓小平理论、“三个代表”重要思想、科学发展观、习近平新时代中国特色社会主义思想为指导，坚持辩证唯物主义和历史唯物主义的立场、观点和方法，旨在全面反映溧阳市基本自然状况和政治、经济、文化等社会各方面基本面貌，系统汇集溧阳市在以迈向苏南第一方阵的崭新成果谱写生态创新绿色现代化的崭新篇章，为常州“532”发展战略贡献力量，为苏南现代化建设先行示范区创造绿色崛起的县域样板进程中所取得的巨大成就，为各级领导决策和管理、社会各界人士及中外投资者认识溧阳提供客观、翔实的最新信息资料。

二、《溧阳年鉴》是由中共溧阳市委、溧阳市人民政府主办，溧阳年鉴编纂委员会组织实施，溧阳市地方志办公室承办的综合性资料工具书，于2005年首次出版，国内外公开发行。

三、《溧阳年鉴（2023）》设专记、大事记、溧阳概览、中共溧阳市委员会、溧阳市人民代表大会、溧阳市人民政府、政协溧阳市委员会、溧阳市纪委监委、民主党派·群众团体、法治、军事、全域旅游、经济管理、交通·邮政、开放型经济、生态建设、乡村振兴、农业、工业、建筑业、商贸服务业、金融业、信息化建设、科技创新、城乡建设、教育、文化、卫生健康、体育、社会保障、社会事务、应急管理、镇·街道、人物·先进集体34个类目，全书80.8万字。

四、《溧阳年鉴（2023）》记载的地域范围以现行溧阳市行政区划为界，凡在溧阳市境内的各镇（区）、场圃、机关、团体、企事业单位等，不论其归属，均在记述范围之内；记载时间为2022年度，部分条目适当向前追述，先进个人、先进集体收录至2023年3月。

五、《溧阳年鉴（2023）》采用分类的方法编辑，主体内容分为类目、分目、条目3个层次，以条目为记载实体。对条目间的交叉重复现象，一般分清主次和区别视角加以记述。为方便读者查阅，年鉴设有目录、索引等检索系统。《溧阳年鉴（2023）》有类目34个、分目228个，收录条目1082个、照片168幅（随文照片135幅）、表格89个、图表13个。

六、《溧阳年鉴（2023）》全书彩色印刷，图文并茂。制作系列公益专版，充分展示溧阳率先发展、科学发展、和谐发展的新成就；收录随文图片百余幅，增强可读性与信息量。

七、《溧阳年鉴（2023）》的“人物·先进集体”类目包括新闻人物、先进个人、先进集体等分目。其中“新闻人物”收录2022年1月至2023年3月受到省部级表彰的溧阳市先进人物。

八、《溧阳年鉴（2023）》采用的稿件均由各镇（区）和有关部门提供，并经单位领导审核。文中所列数据，由于统计口径不同而存差异，请读者在引用时加以注意。

九、数字用法、标点符号用法分别采用国家标准《出版社上数字用法》（GB/T 15835—2011）、《标点符号用法》（GB/T 15834—2011），计量单位采用国家技术监督局1993年12月发布的《量和单位》系列国家标准。

溧阳市部分机构全称、简称对照表

简　称	全　称	简　称	全　称
市委	中国共产党溧阳市委员会	市供销总社	溧阳市供销合作总社
市人大（常委会）	溧阳市人民代表大会（常务委员会）	团市委	中国共产主义青年团溧阳市委员会
市政府	溧阳市人民政府	市青联	溧阳市青年联合会
市政协	中国人民政治协商会议江苏省溧阳市委员会	市妇联	溧阳市妇女联合会
市纪委	中国共产党溧阳市纪律检查委员会	市科协	溧阳市科学技术协会
市监委	溧阳市监察委员会	市工商联	溧阳市工商业联合会
市人武部	中国人民解放军江苏省溧阳市人民武装部	市文联	溧阳市文学艺术界联合会
市法院	溧阳市人民法院	市侨联	溧阳市归侨侨眷联合会
市检察院	溧阳市人民检察院	市残联	溧阳市残疾人联合会
市委办	中国共产党溧阳市委员会办公室	市老促会	溧阳市老区开发促进会
市人大办	溧阳市人民代表大会常务委员会办公室	市关工委	溧阳市关心下一代工作委员会
市政府办	溧阳市人民政府办公室	市税务局	国家税务总局溧阳市税务局
市政协办	中国人民政治协商会议江苏省溧阳市委员会办公室	市烟草局（烟草营销部）	江苏省溧阳市烟草专卖局（江苏省烟草公司常州市公司溧阳营销部）
市委组织部	中国共产党溧阳市委员会组织部	中国电信溧阳分公司	中国电信股份有限公司溧阳分公司
市委宣传部	中国共产党溧阳市委员会宣传部	中国移动溧阳分公司	中国移动通信集团江苏有限公司溧阳分公司
市委统战部	中国共产党溧阳市委员会统一战线工作部	中国联通溧阳分公司	中国联合网络通信有限公司溧阳市分公司
市委政法委	中国共产党溧阳市委员会政法委员会	两劳检察院	常州市天目湖地区人民检察院
市委研究室	中国共产党溧阳市委员会研究室	中华曙猿管理处	江苏溧阳中华曙猿遗迹保护区管理处
市委深改办	中国共产党溧阳市委员会全面深化改革领导小组办公室	海关溧阳办事处	常州海关驻溧阳办事处
		人行溧阳市支行	中国人民银行溧阳市支行
市委党建办	中国共产党溧阳市委员会党的建设工作领导小组办公室	工行溧阳支行	中国工商银行股份有限公司溧阳支行
		农行溧阳市支行	中国农业银行股份有限公司溧阳市支行
市级机关工委	中国共产党溧阳市委市级机关工作委员会	中行溧阳支行	中国银行股份有限公司溧阳支行
市委老干部局	中国共产党溧阳市委员会老干部局	建行溧阳支行	中国建设银行股份有限公司溧阳支行
市台办	中国共产党溧阳市委员会台湾工作办公室	农发行溧阳市支行	中国农业发展银行溧阳市支行
市委党校	中国共产党溧阳市委员会党校	江南银行溧阳市支行	江苏江南农村商业银行股份有限公司溧阳市支行
市委党史工委	中国共产党溧阳市委党史工作委员会		
市委机要局	中国共产党溧阳市委机要局	邮政银行溧阳市支行	中国邮政储蓄银行溧阳市支行
市保密局	溧阳市国家保密工作局	溧阳浦发村镇银行	溧阳浦发村镇银行股份有限公司
市文明办	溧阳市精神文明建设指导委员会办公室	人保财险溧阳支公司	中国人民财产保险股份有限公司溧阳支公司
市委编办	中国共产党溧阳市委机构编制委员会办公室	中国人寿溧阳支公司	中国人寿保险股份有限公司溧阳支公司
市外办	溧阳市外事办公室	人寿财险溧阳支公司	中国人寿财产保险股份有限公司溧阳支公司
市政府研究室	溧阳市人民政府研究室	太保财险溧阳支公司	中国太平洋财产保险股份有限公司溧阳支公司
市政府新闻办	溧阳市人民政府新闻办公室	太保寿险溧阳中心支公司	中国太平洋人寿保险股份有限公司溧阳中心支公司
市政府金融办	溧阳市人民政府金融工作办公室		
市民宗局	溧阳市民族宗教事务局	东海证券溧阳营业部	东海证券股份有限公司溧阳南大街证券营业部
市志办	溧阳市地方志办公室	南京证券溧阳营业部	南京证券股份有限公司溧阳罗湾路营业部
市发改委	溧阳市发展和改革委员会	溧阳高新区	江苏省溧阳高新技术产业开发区
市工信局	溧阳市工业和信息化局	溧阳经济开发区	江苏省溧阳经济开发区
市文旅局	溧阳市文体广电和旅游局	水西纪念馆	新四军江南指挥部纪念馆
市人社局	溧阳市人力资源和社会保障局	市疾控中心	溧阳市疾病预防控制中心
市医保局	溧阳市医疗保障局	市妇保院	溧阳市妇幼保健院
市科技局	溧阳市科学技术局	省溧中	江苏省溧阳中学
市住建局	溧阳市住房和城乡建设局	省溧阳中专	江苏省溧阳中等专业学校
市卫健局	溧阳市卫生健康局	市城管大队	溧阳市城市管理行政执法大队
市城管局	溧阳市城市管理（行政执法）局	市环卫处	溧阳市环境卫生管理处
市园林局	溧阳市园林绿化管理局	市航管处	溧阳市航道管理处
市侨办	溧阳市人民政府侨务办公室	市运管处	溧阳市运输管理处

溧阳市城区地图

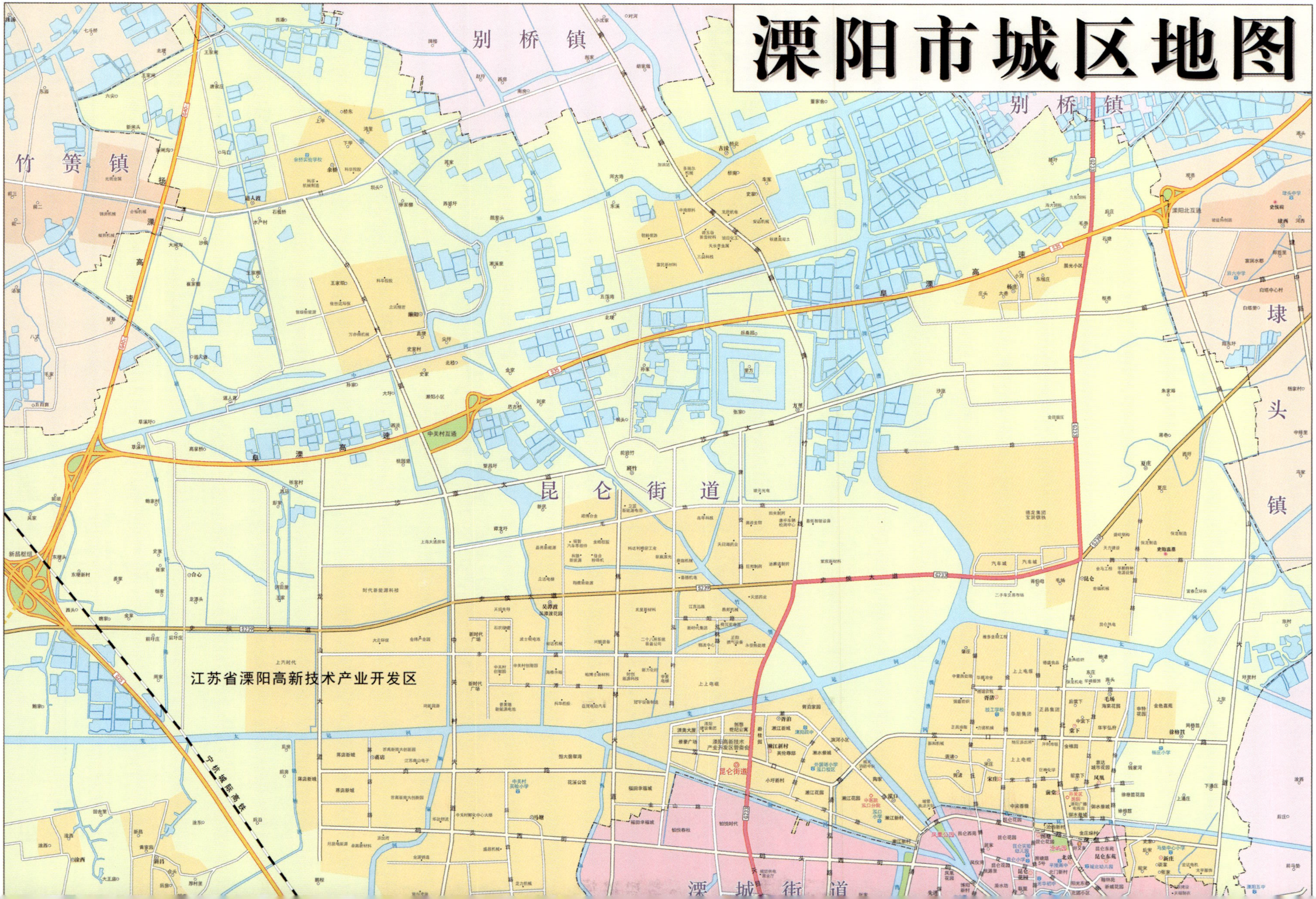

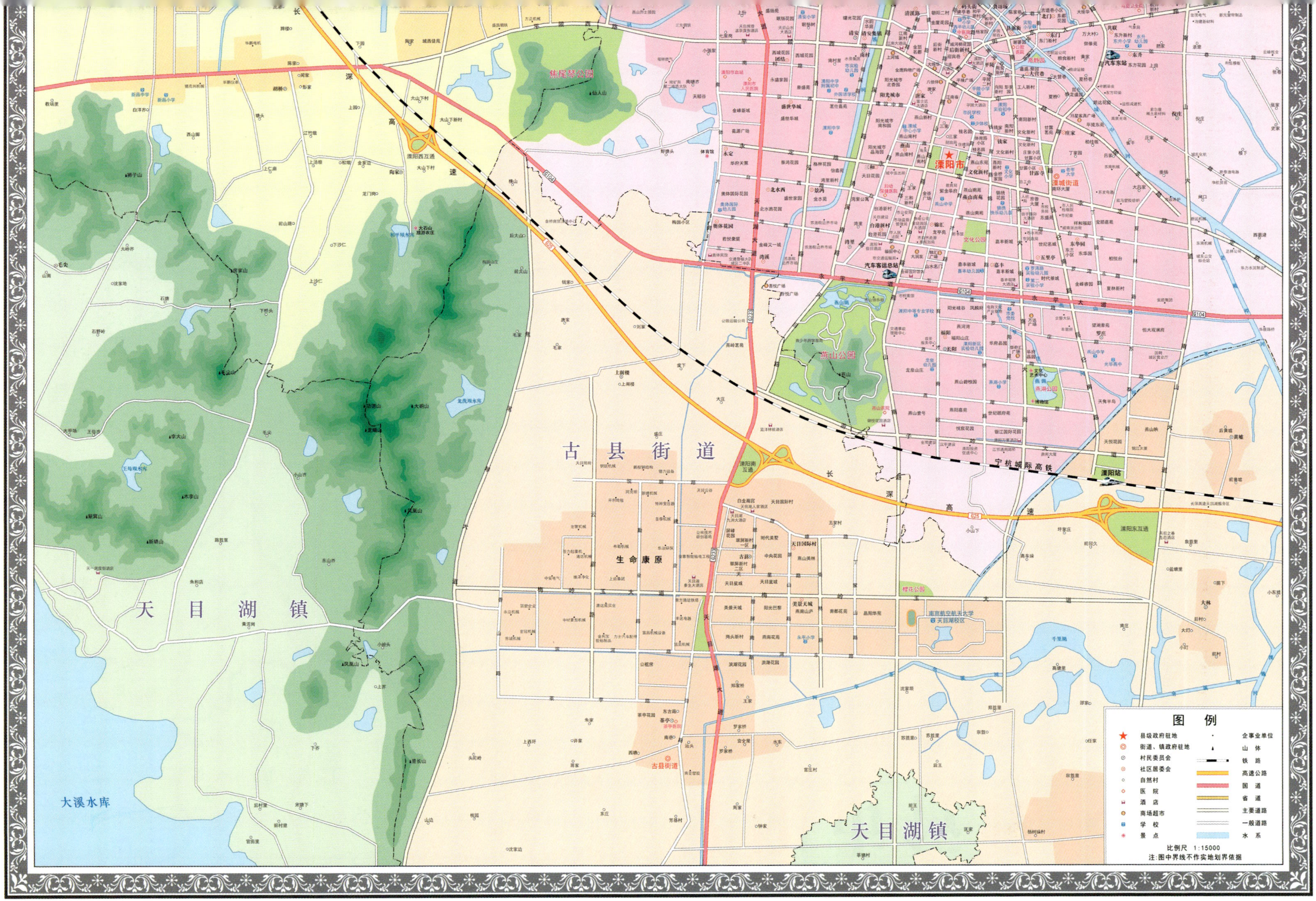

溧阳市城区地图　2021年12月印刷　审图号:苏D(2021)21号　溧阳市民政局 监制　常州市测绘院 编制

目　录

专　记

大事记

溧阳概览

中共溧阳市委员会

溧阳市人民代表大会

溧阳市人民政府

政协溧阳市委员会

溧阳市纪委监委

民主党派·群众团体

法　治

军　事

全域旅游

经济管理

交通・邮政

开放型经济

生态建设

乡村振兴

农　业

工　业

信息化建设

科技创新

城乡建设

教　育

文　化

卫生健康

体　育

社会保障

社会事务

应急管理

镇・街道

人物・先进集体

附　　录

索　　引

Main Contents

Liyang Municipal Commission for Discipline Inspection and Supervision

Domestic Parties and Mass Organizations

Rule of Law

Military

Tourism all-over Liyang

Economic Management

Transportation and Post

Open Economy

Ecological Construction

Rural Revitalization

Agriculture

Industry

Building Industry

Business and Service Industry

Banking Industry

Information Construction

Science and Technology Innovation

Urban and Rural Construction

Education

Culture

Hygiene and Health

Sports

Social Security

Social Affairs

Contingency Management

Town and Streets

Advanced Individuals and Collectivities

Appendices

Indices

LIYANG
YEARBOOK

专　记

栏目编辑　宋林珍

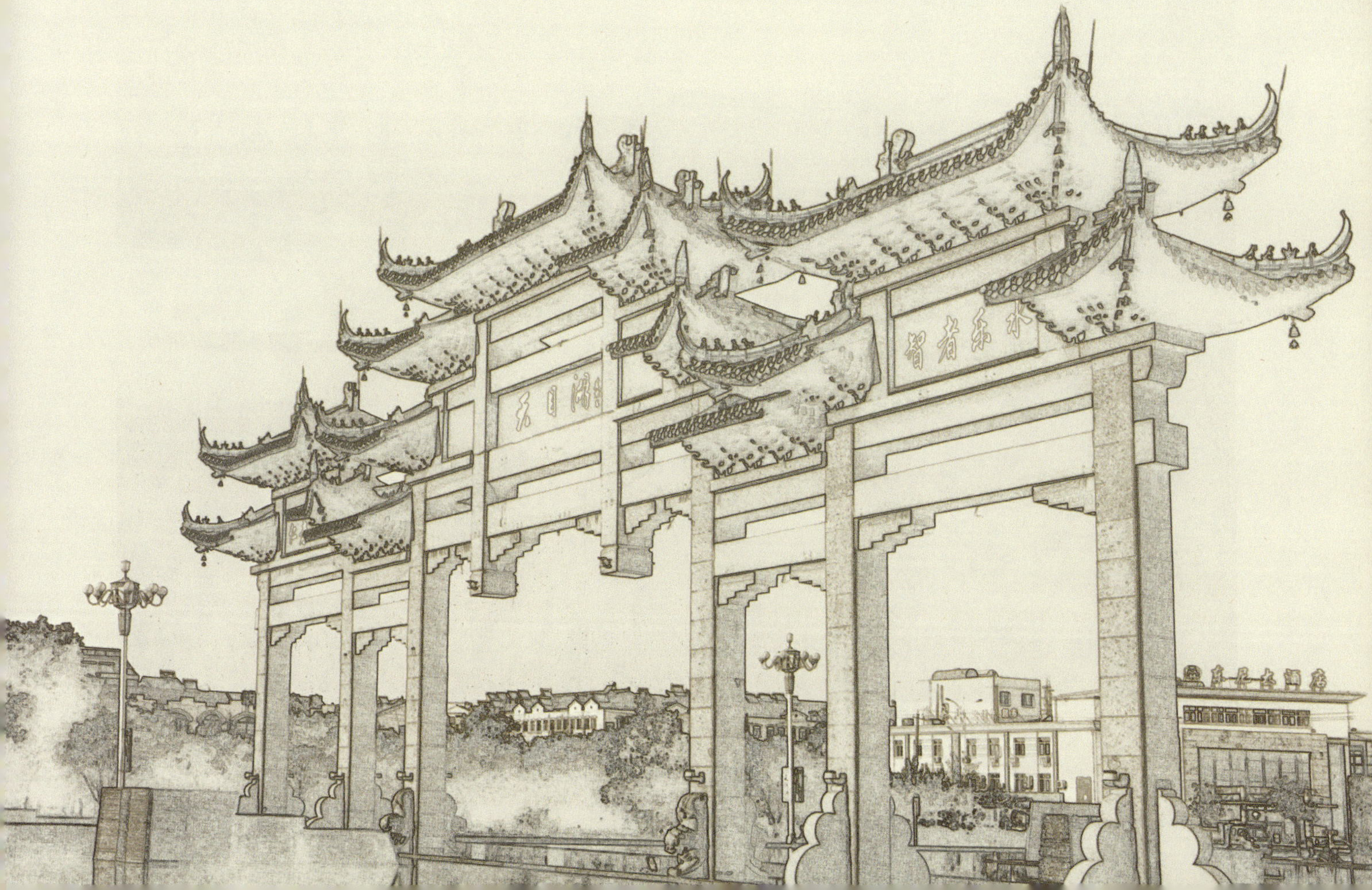

全域旅游历程

【概　述】 在溧阳1535平方千米大地上，青山绿水，处处是景，如诗如画。“十三五”以来，溧阳主动适应经济高质量发展要求，变山水资源为全域发展优势，积极践行“两山”理念，以“生态创新”为特色，构建“三山两湖一团城”（南山、曹山、瓦屋山、天目湖、长荡湖、宋团城）全域旅游空间格局，走出了一条“生态生产生活”相融、“全景全时全龄”共享的全域旅游发展之路。

“十三五”以来，溧阳市被评为“中国最美休闲度假旅游城市”，创成国家全域旅游示范区。江苏天目湖旅游股份有限公司在A股主板上市，成为全国首家水利设施类旅游景区上市企业。曹山旅游度假区创建为省级旅游度假区；史侯祠、美山美音茶园、别桥原乡旅游区创建为国家3A级旅游景区；李家园村、庆丰村、礼诗圩村获评全国乡村旅游重点村，牛马塘村、塘马村、杨家村、深溪岕村、桂林村获评江苏省乡村旅游重点村；南山竹海风情小镇成为第一批江苏省旅游类特色小镇创建单位；天目湖旅游公司、新四军江南指挥部纪念馆获评全国研学旅行基地；2条乡村游路线入选全国乡村旅游精品线路推荐名单。溧阳市获评“中国长寿美食名城”和“世界长寿之乡”、中国十佳体育旅游精品目的地、“中国旅游竞争力百强市”。

全面保障

【组织保障】 2016年，市第十二次党代会将全域旅游开发作为十二届市委的三项（重大项目建设、全域旅游开发、全国文明城市创建）重点任务之一予以推进。全市旅游工作以市第十二次党代会提出的“全力实施全域旅游发展战略”为方向，以《中共溧阳市委、市政府关于实施“向休闲经济拓展”三年行动计划的意见》为抓手，整合旅游资源和旅游要素，优化旅游功能空间，全力推进旅游业转型升级，促进“旅游+”融合发展，加快全域一体旅游布局，努力把溧阳建设成为全国知名的休闲度假城市。为确保目标任务如期实现，成立了以市委、市政府主要领导任组长，各相关部门负责人为成员的全域旅游发展领导小组，切实加强对全市全域旅游发展的组织保障，形成党政统筹抓创建、人大和政协常态化督查的全域旅游工作体系，提高全域旅游综合治理能力。

梦幻迷人的天目湖湿地公园　（郑刚强　供稿）

【政策保障】 2018 年，组建了高端休闲经济办公室，并将休闲经济列入全市重点扶持的“四大经济”（先进制造经济、高端休闲经济、现代健康经济、新型智慧经济）之一，给予政策保障，每年安排 3000 余万元休闲经济专项资金；积极探索点状供地、矿山废弃地利用等方式；高质量编制全域旅游总体规划，与生态保护、土地利用等 12 个专项规划实现多规融合；实施“天目湖英才榜”计划，强化高端旅游人才队伍建设。

【管理保障】 天目湖镇设立了综合执法局，负责天目湖旅游度假区游客投诉、文明旅游、安全管理等工作。2017 年，溧阳南山景区成立旅游综合管理办公室，集公安、城管、旅游开发、旅游投诉等功能为一体，强化旅游综合管理职能。曹山旅游度假区成立专门的旅游综合管理、综合执法部门。别桥镇设立旅游办公室，负责旅游开发和管理工作。随着全域旅游的发展，组建了全市文化市场综合行政执法大队，发布商户旅游诚信“红黑榜”，常态化、全覆盖开展旅游市场专项整治，实现城市“软环境”整体优化。

全力推动

【规划引领发展】 2016 年以来，溧阳积极推进以全域旅游规划为引领的“多规统筹”，以规划先行引领全域发展。先后编制完成《溧阳市旅游发展总体规划修编》《溧阳市全域旅游发展规划》《溧阳市休闲经济发展规划》《长荡湖产业发展规划》《曹山全域旅游总体规划》和《溧阳市乡村旅游发展规划》等规划。全市旅游大框架基本拉开，“三山两湖一团城”空间格局已基本形成。

1 号公路松林驿站　（董小俊　供稿）

【服务体系完善】 完善旅游集散服务体系。依托溧阳高铁站建成市级全域旅游集散中心，与 5 个片区旅游服务中心、百余个旅游咨询服务点，共同形成多层级的旅游集散咨询和服务体系。

打造旅游交通便捷网络。2017 年，按照“全国一流、全省示范”的标准，以“自在驾行，畅游溧阳”为主题，打造了全长 365 千米的溧阳“1 号公路”，并根据沿线资源分布，规划设置了驿站、观景台和休憩点。“溧阳 1 号公路”已形成示范，获评常州市唯一的 2017 年度江苏省首批旅游风景道、2019 年度全国美丽乡村路和全省唯一的 2019 年度全国“十大最美农村路”，有效促进了区域旅游产业发展。

推行全域旅游“厕所革命”。2017 年按照全域旅游示范区、全国文明城市以及国家等级旅游景区的创建要求，全市大力推行旅游“厕所革命”。截至 2021 年，市辖旅游景区点全部按《旅游厕所质量等级的划分与评定》（GB/T 18973—2016）标准要求，新建、改建、提升了 92 座旅游厕所（AAA 级 22 座、AA 级 29 座、A 级 41 座）。

推进智慧旅游平台建设。2016 年 8 月，出台《中共溧阳市委、溧阳市人民政府关于实施“向智慧经济聚合”三年行动计划的意见》，将“智慧旅游”服务平台与“智慧城市”平台对接，建设“落地自驾”服务平台。“十三五”以来，实现全域旅游大数据平台与网格化服务管理中心、12345 平台共建共享，构成智慧化旅游综合服务体系。建设“1 号公路”智慧化平台，推出“溧阳行”“溧阳交通”App。溧阳智慧旅游公路项目获评 2017 江苏省“互联网 +”智慧旅游示范项目；2018 年，进一步完善旅游标识系统，推进旅游公路智能化、乡土化的导视系统，更好地突出乡村旅游的地域属性和特征。“溧阳 1 号公路”文旅信息化项目被推选为 2019 年度江苏省数字文化和智慧旅游示范项目；天目湖旅游大数据平台被推选为 2019 年度江苏省数字文化和智慧旅游优秀项目。2022 年 12 月，建成“有时溧阳”智慧文旅平台，成为溧阳全域旅游“总入口”和农旅产品“总出口”。

【重大项目带动】 实施项目带动战略，以优质增量推动产业升级。“十三五”以来，融创曹山未来城、蓝城悠然南山、天目湖休闲文旅特色街区、中国再生医学健康管理中心等重大文旅项目顺利签约。曹山未来城加速建设，竹溪谷、火车来斯、汽车来斯等文旅新产品投入运营，推动旅游业向高端休闲经济持续攀升。

【宣传形式创新】 积极创新宣传形式，精心策划文旅活动，提高溧阳美誉度。利用传统媒体促销。“十三五”期间，积极与央视等知名媒体合作，在央视四套拍摄并播出《美音自在溧阳》旅游宣传片，与央视十套《味道》栏目合作，拍摄制作《年味溧阳》美食专题宣传片，受到社会的广泛肯定。

创新宣传载体促销。宁杭高铁开通后，市委、市政府把目光瞄准高铁沿线四小时左右旅程的旅游市场，在全省范围内率先打响“沿着高铁游溧阳”宣传促销活动，与高铁沿线城市合作构建跨区域旅游线路。在宁杭高铁命名“溧阳天目湖号”列车，有针对性地开展“长寿之乡”“温泉养生”“乡村休闲”“避暑胜地”品牌宣传，吸引城市出行人群“高铁 + 自驾游”，到溧阳休闲度假。同时，建设禄口国际机场城市候机楼，为游客提供便捷服务。加强微信平台建设。与常州旅游推广中心合作，通过微信推广平台，加强夏季避暑产品，春秋季户外运动产品，冬季温泉产品的宣传促销力度，全力营造溧阳四季全时旅游的品牌形象。运用网络做营销。天目湖在天猫开设旗舰店，营销溧阳全域旅游产品；在京东开设“中国特产 · 溧阳馆”，实现溧阳特产的电子商务化。

“宋团城”双灯节 （邹迪 供稿）

挖掘文化内涵促销。为促进溧阳地方文化与旅游要素结合，编辑出版《溧阳乡愁》和《影响溧阳的历史名人》。完成《溧阳百景》《手绘溧阳》《溧阳雅集》《溧阳全域旅游导览》等旅游宣传册编写工作。不断挖掘溧阳传统美食文化，呈现地方特色，推出“溧阳二十四节气长寿宴”。研究开发了动画作品“跟着孟郊游溧阳”和“溧阳全域旅游”电子导航地图。

策划节庆活动促销。中国溧阳茶叶节在连续 30 年的举办过程中不断创新形式和内容，“爱情泼水节”“宋团城”观灯节“四美丰收节”等 30 余项节庆活动，吸引更多人走进田园，带来商机。

【旅游产品供给日益丰富】 “天目湖”成为“全国一流”产品。2017 年 9 月 27 日，天目湖旅游公司在上海证交所成功上市，是全国第一家水利设施类上市公司，也是全国旅游行业沉寂 29 个月后首家上市的旅游企业。这是继天目湖在“三区同创”（国家生态旅游示范区、国家 5A 级景区、国家级旅游度假区）后再次实现的“全国一流”目标。2022 年，天目湖旅游公司获得江苏省省长质量奖。

曹山省级旅游度假区精彩亮相。2018 年，刚晋升“省级”的曹山旅游度假区，以“七彩曹山”为主题，构建了“养眼、养心、养身”三个层次的产品体系，以其生态农业、运动休闲、乡村文化、养生度假为一体的多元化、复合型格局，成为享誉全省的乡村旅游度假目的地。

特色小镇创建工作有序推进。2017 年 4 月，南山竹海风情小镇被列为江苏省首批旅游风情小镇创建单位以来，各项创建工作有序推进。截至 2022 年，全市已创成南山竹海风情小镇、曹山体育健康特色小镇、天目湖旅游小镇、别桥航空小镇、天目湖白茶小镇等多个特色小镇。

七彩曹山剪影　　（吴叶飞　供稿）

红色旅游区建设取得成效。以水西村为载体的铁军精神不断向外延伸，与新四军江南指挥部纪念馆、溧阳市国防园、溧阳市委党校等单位连成一片，不断探索红色旅游发展新模式，以“历史红”带动“经济红”。2022年，红色水西片区融合发展项目获评省级红色旅游融合发展示范项目，红色文旅赋能乡村产业振兴的道路越走越宽。

乡村旅游提档升级。溧阳茶舍品牌打造。2017年，溧阳市政府出台《溧阳市鼓励和促进“溧阳茶舍”发展的实施意见》，首次提出“溧阳茶舍”这一概念，开始了以精品民宿探索乡村发展路径的首次尝试。2018年溧阳市政府制定出台了《关于开展溧阳茶舍（精品民宿）等级评定工作的通知》，明确评定对象、标准、程序及管理等要求，规范行业向上向好发展。截至2022年年底，共评定出星级“溧阳茶舍”58家。相继成立民宿行业协会、中共溧阳市民宿行业委员会，各方发力推动民宿业高质量发展。先后出台《溧阳市民宿业品质提升三年行动计划》《溧阳市民宿行业自律公约》《溧阳茶舍信用评价管理办法》等，激励和引领民宿行业健康成长。乡村旅游品质提升。围绕全市乡村旅游资源分布特征，集聚资源、集中力量，有重点地开发布局乡村旅游产业，推动乡村旅游逐步完成由“散而弱”向“聚而强”的转变。培育形成了溧阳天目湖—南山、曹山—瓦屋山等业态丰富、特色鲜明、功能融合的乡村旅游集聚区。截至2022年年底，全市共有1家全国乡村旅游重点镇，3家全国乡村旅游重点村，5家省乡村旅游重点村和9家常州市级乡村旅游重点村，全市拥有高层级乡村旅游重点村数量位于常州第一、全省领先。

核心产品供给凸显“两化”。核心产品供给梯度化。截至“十三五”末，溧阳市共有国家级、省级旅游度假区各1家；国家级生态旅游示范区1家；国家A级旅游景区5家；全国乡村旅游重点村3家。业态要素品质高端化。2020年，溧阳市成为瑞吉酒店签约入驻的首家县级市；截至“十三五”末，溧阳市形成包括14家星级饭店（其中3家五星级饭店）、32家星级溧阳茶舍、百余家精品民宿和众多连锁酒店的品质旅居载体格局；形成以“三黑三白”（乌米饭、雁来蕈、扎肝、白茶、白芹、白汤）美食为特色、6家中华餐饮名店为重要载体的特色美食体系。

【文旅消费激发潜力】 文旅消费设施持续丰富。“十三五”以来，溧阳推进商业综合体提档升级，形成了平陵路商圈、新城区商圈、城郊专业市场集聚区三大文商旅集聚区；相继建成市博物馆、档案馆新馆、文化艺术中心等公共文化设施，打造文化小礼堂157

水西村新四军江南指挥部纪念馆外景　　（卞威　供稿）

LIYANG
YEARBOOK

大事记

栏目编辑 宋林珍

1月

2日 江苏省文化和旅游厅公布2021年度江苏省智慧旅游景区名录，天目湖景区上榜。

4—6日 中国人民政治协商会议溧阳市第十六届委员会第一次会议召开。

5日 赛迪顾问发布2021年服务业百强县名单，溧阳市榜上有名，排名22位。

是日 由《人民法院报》编辑部评选出的2021年度人民法院十大案件名单发布。其中，溧阳法院审理的全国首例高空抛物罪案入选2021年全国法院十大案件名单。

5—7日 溧阳市第十七届人民代表大会第一次会议在市文化艺术中心召开。

6日 省交通运输厅公路事业发展中心公布2021年度农村公路品牌提升成效评选结果，“溧阳1号公路”获评2021年度江苏优秀农村公路品牌，溧阳市吕庄水库线获评2021年度江苏“美丽农村路”样板路，溧阳市瓦屋山线获评2021年度江苏“平安放心路”样板路。

7日 中国机械工业联合会公布2021年“华中数控杯”全国机械工业产品质量创新大赛获奖名单，江苏上上电缆集团有限公司“超高压电力电缆全过程、全生命周期质量保证”项目获金奖。

9日 在2022智能无人装备产业发展高峰论坛上，智能无人装备产业创新中心暨毛明院士工作站签约仪式在溧阳市举行。

10日 德国莱茵TüV集团大中华区向上上电缆集团颁发首张IEC 62893-4-2电动车用液冷大功率快充电缆证书。

11日 省人大常委会副主任、党组副书记陈震宁到溧阳考察高端不锈钢产业发展情况。

是日 “文旅融合巩固突破年”1月重大文旅项目集中开工暨溧阳瑞吉酒店项目开工仪式在戴埠镇举行。

14日 溧阳市信访局获评全国普法工作先进单位，溧阳市法治宣传教育领导小组获评全国依法治理创建活动先进单位。

15日 天目湖宾馆获评国家金树叶级绿色旅游饭店。

是日 溧阳市皮肤病防治所周秀红获2022年度“马海德”奖，全省唯一获得该奖的个人。

16日 江苏省委常委、常务副省长费高云到溧阳市开展节前走访慰问。

17日 省发展改革委《关于复制推广第一批现代化建设探索实践典型经验的通知》要求，在全省复制推广第一批优选四类18项典型经验。其中，溧阳市有3项经验入选，分别是：“践行‘两山’理论，书写生态发展‘溧阳答卷’”“建设‘溧阳1号公路’，打造乡村振兴新引擎”“党建引领共治共享，唱响乡村治理体系建设的美音溧阳”。

18日 溧阳市66家单位获评省级文明集体。

是日 溧阳市上兴镇刘庄村土墩墓群D4、D8考古项目通过省文物局验收。

21日 常州首个“学习强国”平台县级融媒号——“溧阳融媒号”上线仪式在燕湖之畔举行。

是日 溧阳市轻度旅游文化创意发展有限公司张庆获评国家乡村文化和旅游能人。

24日 宝塔湾遗址公园西广场向公众开放。

是日 溧阳上榜2021中国科技创新百强县名单，位居第12位。

25日 菡子故居修缮工程通过验收。

26日 市长叶明华主持召开市政府常务会议。会议讨论并原则通过《关于发展“四大经济”争创“五个示范”三年行动计划的实施意见（2022—2024年）（讨论稿）》《关于开展2022年度“弘扬企业家精神 推动创新型发展”活动的实施意见(讨论稿)》《关于实施“天目湖英才榜”(2022—2024）三年行动计划的意见（讨论稿)》，会议还通过《关于产业项目全流程服务管理的实施意见（讨论稿)》《关于进一步减轻义务教育阶段学生作业负担和校外培训负担工作的实施方案（讨论稿)》《溧阳市工业企业重点培育名录库（讨论稿）》等文件。

26日　2021年度全省推进乡村振兴战略实绩考核结果出炉，溧阳市蝉联综合排名第一。

2月

9日　常州市领导陈金虎、白云萍、季培东、杭勇、陈志良到溧阳走访常州市五星级企业。

10日　江苏省发展改革委公布“第二批江苏省先进制造业和现代服务业深度融合试点单位名单”，江苏省溧阳高新技术产业开发区、江苏安靠智能输电工程科技股份有限公司入选。

15日　2021年度江苏省科学技术奖结果揭晓，其中溧阳市孙跃明团队获得一等奖项目。

16日　龙海建设集团有限公司参建的北京大兴国际机场工程（航站楼及换乘中心、停车场）制冷系统工程获中国建设工程“鲁班奖”和国家优质工程金奖。至此，溧阳市共有鲁班奖8项，国家优质工程12项、安装之星24项。

16—17日　河南省政协副主席、党组副书记周春艳，全国政协常委、河南省政协副主席、民进河南省委主委张震宇一行到溧阳开展文化旅游设计专题考察。

18日　开国将军王必成之子、中越边境自卫还击战英雄王晓峰专程到溧阳寻访父辈抗日足迹。

21日　2022年（第29批）新认定国家企业技术中心名单揭晓，江苏上上电缆集团有限公司和江苏华鹏变压器有限公司上榜。

23日　竹箦镇中心卫生院、社渚镇中心卫生院、上兴镇卫生院、溧城镇卫生院4家卫生院被国家卫生健康委通报表扬。

是日　江苏发布“共同富裕百村实践”新型农村集体经济发展典型案例名单，溧城街道唐家村和南渡镇庆丰村入选。

27日　2022年2月全市重大项目集中开工暨江苏利华智能制造涡流纺纱项目开工仪式在南渡镇举行。

28日　由中宣部、中央文明办、民政部等部门组织的2018年学雷锋志愿服务最美志愿者、最佳志愿服务组织、最佳志愿服务项目和最美志愿服务社区“四个100”先进典型名单揭晓，溧阳市无偿献血服务志愿者协会会长史建中入围“最美志愿者”，点亮“心愿树”关爱困难弱势群体志愿服务项目入围“最佳志愿服务项目”。

是月　溧阳市获评2021年度全国信访工作示范县（市、区），为常州唯一获得该荣誉的市（区）。

3月

3日　工信部公布第十批国家新型工业化产业示范基地名单，溧阳高新区新能源电力装备产业基地入选。

7日　溧阳市有8个项目入选2022年省重大项目。其中，创新载体项目1个，为常州中国航空工业空气动力研究院南方分院；产业项目4个，分别为常州长盈精密设备组件智能制造、常州时代动力及储能锂电池、常州璞泰来多功能复合集流体材料及涂层隔膜、溧阳中联金智慧物流基地；民生项目1个，为省中医院溧阳分院；生态环保项目1个，为溧阳金峰绿色智能环保提升工程；基础设施项目1个，为芜申线溧阳城区段航道整治工程。

15日　溧阳7个项目入选省级重点文化和旅游产业项目。

是日　工信部发布第六批全国工业领域电力需求侧管理示范企业（园区）名单，江苏中关村科技产业园控股集团有限公司成为入选的4个示范园区之一，是江苏省唯一入选园区。

21日　树头岗乡村建设项目设计获美国缪斯设计奖银奖。

25日　国网首家县域电动汽车公司在溧阳成立。

31日　溧阳市被中国茶叶流通协会授予“特色白茶之乡”称号，天目湖镇被授予“中国（天目湖）白茶小镇”称号。

是日　省住房和城乡建设厅公布2021年度江苏省优质工程奖“扬子杯”获奖项目名单，溧阳市5家企业承建的7个项目榜上有名。

4月

2日　常州日日春农业科技开发

有限公司、溧阳市桃花源生态农业有限公司、溧阳市长青粮油作物专业合作社3家农业企业入选首批部级生态农场。

8日 溧阳市4家企业列入江苏省第四批产教融合型试点，分别是江苏联赢激光有限公司、江苏海菱机电设备工程有限公司、溧阳市四方不锈钢制品有限公司、江苏铭丰电子材料科技有限公司。

是日 2022年江苏省智能制造示范工厂名单公布，江苏时代新能源科技有限公司超高速锂离子电池智能工厂、科华控股股份有限公司节能汽车涡轮增压器零部件智能工厂榜上有名。

12—13日 中央生态环保督察组组长宋秀岩到溧阳进行环保督察。

21日 常州市委书记陈金虎、常州市市长盛蕾、常州市人大常委会主任白云萍、常州市政协主席戴源等四套班子领导到溧阳，开展2022年常州市推进“532”发展战略重点项目（工作）一季度督查。

28日 江苏安靠智能输电工程科技股份有限公司生产部副经理王强被授予“全国五一劳动奖章”。

29日 《血战塘马》在第十六届全国党员教育电视片观摩交流活动中获得一等奖。

是日 《人民日报》刊文，点赞溧阳保护水源地创新做法。

30日 溧阳市召开领导干部会议，宣布江苏省委、常州市委关于溧阳市党政主要领导调整的决定。经省委批准，叶明华任溧阳市委书记，徐华勤不再担任溧阳市委书记职务；提名周永强为溧阳市市长候选人，叶明华不再担任溧阳市市长职务。常州市委决定，周永强任溧阳市委委员、常委、副书记。常州市委书记陈金虎出席会议并讲话，常州市委常委、组织部部长季培东主持会议并宣读有关决定，徐华勤、叶明华、周永强作表态发言。市四套班子全体领导参加会议。

5月

6日 省人民医院溧阳分院入选首批国家“千县工程”医院。

10日 市第十七届人大常委会召开第三次会议。会议表决通过人事任免事项，同意叶明华辞去溧阳市人民政府市长职务；任命周永强为市人民政府副市长、代理市长。

11日 长三角物理研究中心入选省级专家服务基地。

13日 溧阳市召开争创全国文明典范城市推进会。

16日 溧阳市“点亮心愿树”关爱困难弱势群体志愿服务项目获评全国“最佳志愿服务项目”。

17日 《2021年中国投资潜力百强县》榜单发布，溧阳市列中国投资潜力百强县第19位。

是日 市妇联党组书记、主席滕维获得“全国家庭工作先进个人”称号。

19日 竹箦派出所入选全国“枫桥式公安派出所”，全省仅4家。

23日 省长许昆林在溧阳调研科技和产业创新、文旅行业发展等工作。

25日 “全国科技活动周”暨溧阳市第三十四届科普宣传周开幕式在长三角物理研究中心举行。

是日 别桥镇为民服务中心入选全省第二批“15分钟医保服务圈”示范点建设单位。

是日 省中医院溧阳分院获“银屑病规范化诊疗中心专病医联体”授牌。

26日 安徽省郎溪县县长洪琳带队到溧阳考察城市规划及博物馆建设工作。

25—26日 在第九次全国信访工作会议上，溧阳市信访局获评“全国信访系统先进集体”。

27日 溧阳市现代农业产业示范园入选江苏省第二批省级现代农业产业示范园名单。

31日 代理市长周永强会见阿里巴巴副总裁、阿里云智能事业群中国区总裁黄海清一行。

是日 省科技厅通报2021年度全省高新区创新驱动高质量发展综合评价情况，溧阳高新区连续四年位列省级高新区第一。

6月

8日 陕西省白河县委书记李全

成率党政代表团到溧阳市考察交流。

9日 在全省科学技术奖励大会上，溧阳中南化工有限公司获2020年度江苏省科学技术一等奖；科华控股有限公司、江苏兴锻智能装备科技有限公司获2021年度江苏省科学技术三等奖；江苏安靠智能输电工程科技股份有限公司获首届江苏省科技发展创新奖。

是日 溧阳市供销总社入选全国县域流通服务网络强县培育名单。

10日 江苏国强兴晟能源科技有限公司获得“2022中国光伏支架企业20强”第一名。

15日 年产20万吨锂电池电解液扩建项目签约仪式在天目湖举行。

是日 2022年全国县域旅游综合实力百强县名单出炉，溧阳列17名。

是日 溧阳市清溪路社区获“国家级充分就业社区”称号。

是日 溧阳市沙河水库、宋巷新四军一支队司令部旧址入选全省第二批100个红色地名名单。

15—16日 陕西省汉阴县委副书记、县长陈永乐率党政代表团到溧阳市考察交流。两地多个部门、企业签订合作框架协议。

21日 溧阳市13项工作获省政府通报表扬，分别是大数据推进“放管服”改革提质提标、溧阳经开区争先进位成效明显、PPP项目规范化高质量发展、体制机制改革赋能科技创新、创新驱动催生航母级产业集群、“智改数转”推动产业升级、多措并举全力推进质量强市工作、专业人才队伍培养精准服务地方经济、养老保险工作再上新台阶、打造“生态创新、城乡融合、共同富裕”乡村振兴新标杆、殡葬服务实现从“有”到“优”大跨越、粮食工作稳当苏南“排头兵”、文旅产业蓬勃发展。

23日 浙江省长兴县委书记石一婷，县委副书记、县长朱伟率党政代表团到溧阳考察。

是日 天目湖旅游度假区被江苏省自驾游协会评为2021年度“自驾游最佳目的地”称号。

24日 深溪岕村、桂林村入选省乡村旅游重点村。

25日 中共溧阳市总商会委员会成立大会暨青年企业家党校举行揭牌仪式。

26日 市委书记叶明华走进常州“争创全国文明典范城市 共建共享幸福美好生活——一把手访谈”直播间，与网友们分享溧阳将如何在争创全国文明典范城市中的体现担当与作为。

28日 景詹沙河大桥正式通车。

是日 代理市长周永强主持召开市政府常务会议，会议讨论并原则通过《关于促进企业利用资本市场加快发展的政策意见（讨论稿）》《溧阳市土地指标有偿使用管理办法（试行）（讨论稿）》和《关于进一步推进工业用地提质增效促进高质量发展的通知（讨论稿）》《关于促进工业企业高质量发展的管理办法（讨论稿）》等。

7月

1日 溧阳天目湖国家湿地公园亮相央视《新闻联播》栏目。

4日 中国物理学会引力与相对论天体物理分会2022年学术年会、第23届广义相对论与引力国际会议在溧阳长三角物理研究中心召开。

是日 客运公司9路公交获评省“十佳城乡公交线路”，为常州唯一获得此称号的公交公司。

6日 焦尾琴隧道完成主体施工。

6—10日 市委副书记、代理市长周永强率溧阳市党政代表团赴新疆维吾尔自治区乌恰县及陕西省白河县、汉阴县考察。

8日 江苏省特色田园乡村第九批次名单公布，溧阳市5个乡村上榜，分别是上兴镇龙峰村牛头山、上兴镇圩庄村树头岗、社渚镇金山村湫家、竹箦镇姜下村西汤、古县街道百家塘村百家塘。

13日 河南省信阳市光山县委书记王建平、淮滨县委书记梁超率党政代表团到溧阳考察美丽乡村建设工作。

是日 全省秋粮生产管理暨绿色高质高效创建现场推进会在溧阳市召开。

15日 动力和储能电池产业创新论坛暨先进电池产学研对接峰会在溧阳市召开。中国工程院院士陈立泉，中国科学院院士成会明、孙世刚以及溧阳市领导叶明华、朱威出席开幕式。

16日 新型电力和新能源装备产业创新联盟暨党建联盟成立仪式在长三角物理研究中心举行。

17日 电动航空创新技术国际峰会开幕式在长三角物理研究中心举行。

是日 2022全国县域高质量发展百强榜单发布，溧阳排名全国第23位。

18日 中国职工技术协会公布2021年度职工技术成果评选结果，江苏上上电缆集团新能源事业部张东杰团队研发的新能源汽车用硅橡胶车内高压软电缆技术成果获得一等奖。

20日 安徽省郎溪县委书记嵇文率党政代表团到溧阳考察。

是日 2022赛迪百强县榜单出炉，溧阳市列第30位，比上年提升5位。

21日 上海市政协主席董云虎、江苏省政协主席张义珍一行到溧阳考察。

是日 在全省公安系统功模表彰大会上，溧阳市公安局竹箦派出所获评"全省优秀公安基层单位"，中关村派出所所长王峰获评"全省优秀人民警察"。

25日 上海海洋大学与布勒（常州）机械有限公司正式签订战略合作协议。

26日 市未成年人保护中心——小树之家揭牌。

27日 溧阳市获评省2021年度智慧广电乡村工程建设成效突出地区。

是日 江苏省文旅厅发布"第二批省级夜间文化和旅游消费集聚区"拟认定名单，天目湖旅游度假区滨湖核心区上榜。

是日 江苏省文旅厅发布省级文化和旅游消费示范单位拟认定公示名单，溧阳上榜。

29日 科华控股获得2021年度中国智能制造最佳实践奖。

8月

1日 长三角物理研究中心被公示为首批"科创中国"产学研类创新基地。

2日 溧阳市创成省级农村物流达标县。

4日 溧阳1号公路—神女湖—天目湖景区线路入选全国乡村旅游精品线路。

是日 科华控股蝉联"中国铸造行业综合百强企业"称号。

5日 溧阳市获得"省双拥模范城"称号，实现八连冠。

6日 江苏省法学会破产法学研究会2021—2022年年会在溧阳市召开。

8日 溧阳市入围全省首批制造业高质量发展示范区建设地区。

9日 溧阳市司法局获评全国司法行政系统先进集体。

是日 全国首个双面传输廊道输送项目在溧阳投运。

10日 胥河溧阳段考古调查勘探项目通过省文物局组织的验收。

是日 中国共产党溧阳市第十三届委员会第五次全体会议在市文化艺术中心举行。

12日 市第十七届人大常委会召开第五次会议。市委副书记、代理市长周永强代表市政府向大会作上半年工作情况报告，会议听取和审议市监察委员会开展群众反映强烈突出问题整治工作情况报告等。

是日 溧阳市工商联获得首批全国"五好"标杆县级工商联称号。

17日 溧阳市首次发现国家二级保护动物小鸦鹃和拉步甲。

17—19日 江苏省对台交流基地讲解词优秀案例暨宣导员业务技能大赛在溧阳市举行。

18日 溧阳市被确定为首批江苏省创新型示范县（市、区），全省共10家。

是日 溧阳市4家企业入选第四批国家专精特新"小巨人"企业，分别是江苏铭丰电子材料科技有限公司、溧阳天目先导电池材料科技有限公司、江苏卓高新材料科技有限公司、江苏翔能科技发展有限公司。

22日 国内首条110千伏热塑性聚丙烯绝缘电力电缆在上上电缆集团公司通过见证试验。

23日 溧阳市委党校新校区揭牌暨长三角“一地六县”干部教育培训联盟成立仪式举行。

26日 中央农办主任，农业农村部党组书记、部长唐仁健到溧阳调研，省委副书记、省委政法委书记邓修明到溧阳调研。

是日 溧阳市新增16家省两化融合管理体系贯标试点企业。

27日 团中央宣传部副部长汤杰一行到溧阳调研“1号公路”省级青年学习社线路。

28日 江苏省中医院溧阳分院（溧阳市中医医院）心内科成功为一位心动过缓的高龄患者植入溧阳市首例、常州市第3例无导线起搏器（micra），这也是江苏县级中医系统首例植入的无导线起搏器。

29日 溧阳市公共文化体育中心获评省“群众体育先进单位”。

30日 溧阳市新政务服务中心启用仪式举行。

31日 南京师范大学溧阳实验小学正式启用。

9月

1日 溧阳市红灯笼猪遗传资源通过省级鉴定。

2日 溧阳邮政管理局揭牌成立。

2—3日 2022年江苏省医师协会外科学分会专题会暨第四届天目湖胃肠肿瘤规范化诊治高峰论坛、2022年国家级继教“消化道肿瘤多学科综合诊疗进展”学习班在溧阳市举行。

3日 溧阳市溧城街道礼诗圩村亮相央视大型文旅探访节目《山水间的家》第二期。

是日 溧阳市《“百姓议事堂”开辟基层治理新路》《“党员代办制”让为民服务更有温度》2个案例入围第六届全国基层党建创新典型案例。

是日 溧阳市旧盐库及旧红旗水厂工业遗产活化利用项目入选省级首批城市更新试点名单。

5日 市“慈善一日捐”现场捐赠仪式在市政府大楼一楼举行，叶明华、邵钦华、周卫中、庄松年等市四套班子领导带头捐款。

是日 溧阳市溧城街道“点亮心愿树”项目获省“最具影响力慈善项目”称号。

7日 全国工商联发布2022“中国民营企业500强”“中国民营企业制造业500强”榜单，溧阳市有3家企业上榜，分别是：江苏金峰水泥集团有限公司、江苏国强镀锌实业有限公司、江苏上上电缆集团有限公司。

16—17日 第33届中国国际毛纺大会在溧阳市召开。澳大利亚驻华大使馆公使衔农业参赞林凤仪，溧阳市委书记叶明华出席会议并致辞。

17日 江苏天目湖旅游股份有限公司获得江苏省省长质量奖。

20日 吴凡获第21届“全国青年岗位能手”称号。

21日 省长许昆林在溧阳调研新型城镇化工作。

是日 溧阳市动力电池特色产业基地入选国家火炬特色产业基地名单。

是日 溧阳市法院“微党校”党建阵地获评最高法院新时代人民法院党建创新优秀案例。

23日 第一届全国先进储能技术创新挑战赛新闻发布会暨启动仪式在溧阳市举行。

是日 《人民日报》以《江苏溧阳市洑家村、安徽郎溪县下吴村产业协同、融合发展——携手共富山两边》为题报道洑家村发展成效。

是日 2022“中国最具幸福感城市调查推选活动”候选城市名单出炉，溧阳市成功入围。

26日 中国科学院院士赵忠贤、林海青、陈仙辉、向涛、马余强、王玉鹏、方忠、封东来，中国科学院大学卡弗里理论科学研究所所长张富春等20余名院士、专家调研溧阳市产业发展、科技创新、乡村振兴等工作。

27 日 央视财经频道专题推介溧阳“夜经济”和特色美食。

29 日 溧阳市新增 3 家省级工业设计中心。

30 日 溧阳苏宁广场开业。

10 月

1—2 日 青海省政协副主席杜捷一行到溧阳调研文旅产业发展情况。

3—6 日 中国科学院院士吴云东到溧阳调研。

10 日 溧阳“金色希望”秋意乡村 2 日游线路入选全国乡村旅游精品线路。

11 日 天目湖山水园旅游服务标准化试点项目入选国家级试点。

12 日 溧阳入选全国“深化乡村地名服务 点亮美好家园”试点。

14 日 市政府召开常务会议。会议讨论并原则通过《关于加快现代化宜居农房建设 改善农村住房条件的实施意见（讨论稿)》《溧阳市农村宅基地和建房管理实施细则（讨论稿)》《溧阳市“十四五”智慧城市发展规划(2021 年—2025 年)(讨论稿)》等文件。

是日 溧阳被确立为青年发展型城市（县域）建设省级试点。

19 日 溧阳高新区获评江苏省首批创新型产业集群、江苏省首批双碳科技成果转化基地两项荣誉。

是日 上兴镇上兴社区获评全国示范性老年友好型社区。

20 日 别桥镇上榜 2022 年省级耕地保护激励单位名单。

24 日 工信部第七批制造业单项冠军企业（产品）公示，江苏金源高端装备股份有限公司、江苏安靠智能输电工程科技股份有限公司、江苏上上电缆集团有限公司 3 家企业入选。

26 日 天目湖梅岭玉地质文化镇获评中国地质学会公布的全国第二批三星级地质文化镇（最高星级），成为全省首个国家级地质文化镇。

27 日 竹箦镇红色水西片区融合发展项目入选首批省红色旅游融合发展示范项目。

28 日 全省“检察案例融教材进教案”工作座谈会在溧阳市召开。

29 日 长三角物理研究中心发展战略研讨会在溧阳召开。中国科学院院士李家明、林海青、马余强、潘建伟、王玉鹏、于渌、朱诗尧，中科院物理所胡江平、李泓等参加会议。

30 日 省科技厅公布首批江苏省碳达峰碳中和科技成果转化基地建设名单，溧阳高新区高效绿色动力电池科技成果转化基地名列其中。

11 月

1 日 市委常委会召开会议，专题学习中共二十大精神，对当前和今后一个时期全市上下学习宣传贯彻落实中共二十大精神作出再强调、再部署。

是日 市委书记叶明华带队督查争创全国文明典范城市工作。

3 日 陕西省安康市委副书记、市长王浩率党政代表团到溧阳考察交流。

4 日 教育部公布第三批乡村温馨校园建设典型案例学校名单，社渚中心小学上榜。

5 日 省农业技术推广总站、省农业技术推广协会授予南渡镇庆丰村“江苏第一方”称号。

8 日 南京航空航天大学天目湖校区南区建设启动暨天目湖碳中和技术研究院签约揭牌仪式在溧阳市举行。

是日 溧阳至宁德高速公路江苏段通车现场会在溧阳市前宋服务区西广场举行。

9 日 溧阳市委与江南农村商业银行党委签订党建结对共建协议，溧阳市政府与江南农村商业银行签订战略合作协议。

10 日 溧阳市妇女第十六次代表大会开幕。

是日 竹箦镇水西村水西、戴埠镇松岭村王家被命名为江苏省特色田园乡村。

12 日 大溪水库顺利通过水利部水利工程标准化管理评价，成为江苏省首家国家级水利标准化管理工程。

18日 农业农村部发布2022年全国乡村特色产业超十亿元镇超亿元村名单，戴埠镇和戴埠镇牛场村入选。

19日 在第十届中国生态文明论坛南昌年会上，天目湖镇被生态环境部授牌为“中国生态文明奖先进集体”，江苏唯一。

21日 学习贯彻中共二十大精神常州市委宣讲团宣讲报告会在溧阳举行。中共二十大代表、常州市委宣讲团成员、常州市信访局副局长王颖作宣讲报告，市委书记叶明华主持报告会并讲话。

是日 中国林业产业联合会发布《2022年国家级森林康养试点建设单位认定结果公示公告》，天目湖森林康养基地入选。

25日 在中国县域工业经济发展论坛（2022）上，溧阳市入选“中国工业百强县（市）”“中国创新百强县（市）”榜单，分列第18、31位。

29日 溧阳市高分通过省级政务服务标准化试点验收。

是日 江苏天目湖山水园被认定为2021—2025年度第一批全国科普教育基地。

30日 省文化和旅游厅公布首批省级文化和旅游产业融合发展示范区名单，溧阳市入选。

12月

2日 戴埠镇入选第二批全国乡村旅游重点镇。

8日 溧阳上榜江苏省首批省级地名文化遗产名单。

13日 董丹东作品捐赠签约仪式在溧阳市博物馆举行。

19日 在“县级市基本现代化指数前100名”中，溧阳排名全省第7位、全国第17位。

20日 第一届全国先进储能技术创新挑战赛颁奖仪式在溧阳市举行。

21日 江苏省习近平新时代中国特色社会主义思想研究中心溧阳市实践调研基地揭牌仪式暨党的二十大精神学习会在市委党校举行。

22日 共青团溧阳市第二十五次代表大会召开。

是日 国家级非遗项目家具制作技艺（精细木作技艺）展示馆落户溧城街道八字桥村礼诗圩。

是日 溧阳市获得“全国法治政府建设示范市”称号，全省唯一。

23日 溧阳获评全国县域农业农村信息化发展先进县。

是日 中国茶叶流通协会正式公布“2022年度茶业百强县域”及“2022年度茶产业规模化发展示范县域”调查结果，溧阳市均榜上有名。

24日 上上电缆集团有限公司连续17年入选中国机械工业500强。

28日 中国共产党溧阳市第十三届委员会第六次全体会议在市文化艺术中心举行。全会由市委常委会主持，市委书记叶明华传达常州市委十三届五次全会精神，并代表市委常委会作工作报告。全会听取和讨论全会工作报告，并审议通过《中共溧阳市委关于深入学习贯彻党的二十大精神在新征程上奋力谱写中国式现代化溧阳新篇章的决定》《中国共产党溧阳市第十三届委员会第六次全体会议决议》《中国共产党溧阳市第十三届委员会第六次全体会议关于批准郑丽萍同志辞去市委委员的决定》《中国共产党溧阳市第十三届委员会第六次全体会议关于递补扈军华等同志为市委委员的决定》等。

29日 《天南海北溧阳人》第五辑新书发布会暨纪录片首映仪式举行。

LIYANG
YEARBOOK

溧阳概览

栏目编辑 莫　俊

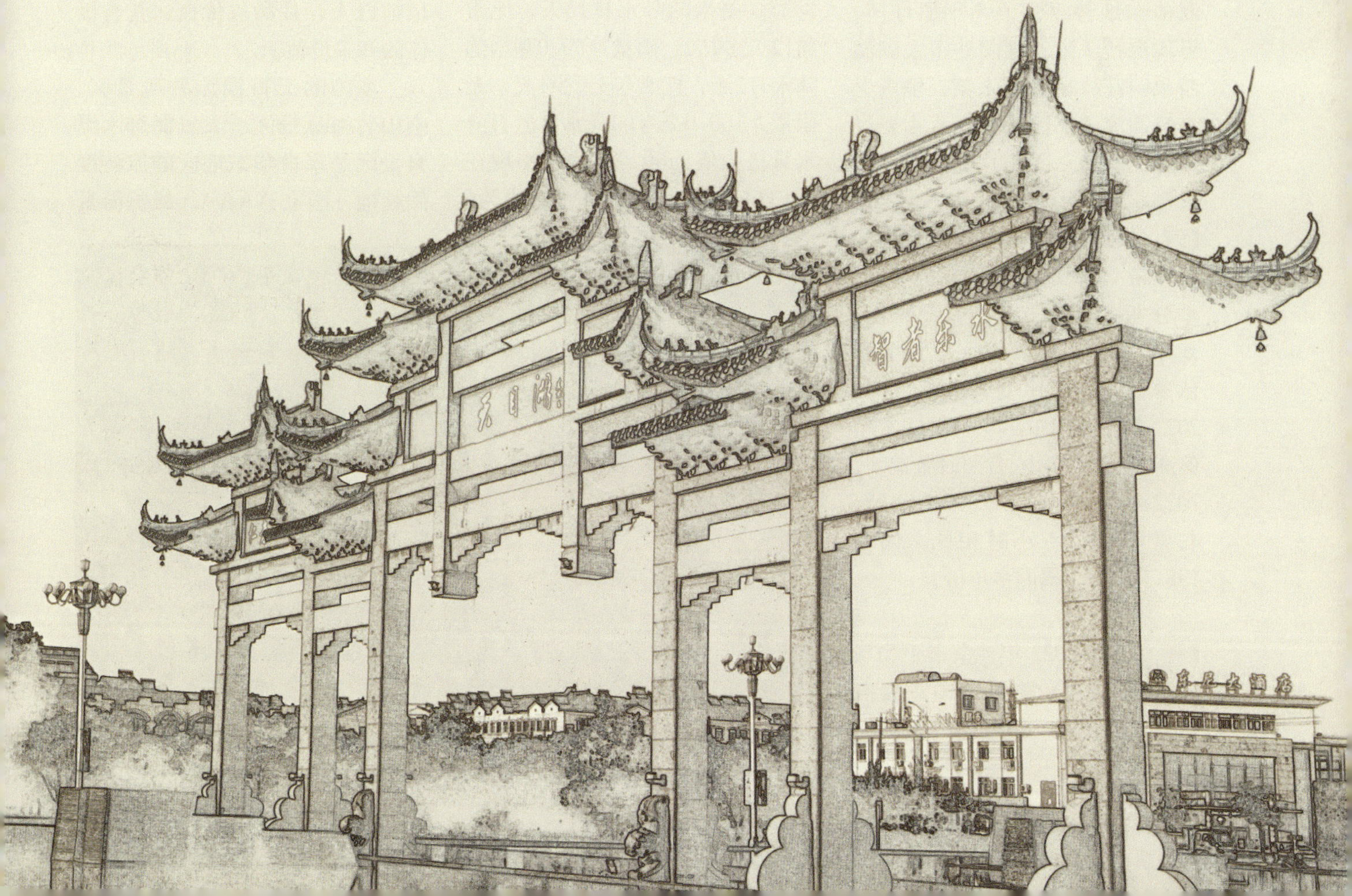

自然地理

【位置面积】 溧阳市位于长江三角洲西南部的苏、浙、皖三省交界处，是宁杭经济带区域中心城市及长三角都市圈重要节点城市及南京都市圈成员城市。地处北纬31° 09’ ~ 31° 41’，东经119° 08’ ~ 119° 36’，东邻宜兴，西与高淳、溧水毗邻，南与安徽省的广德、郎溪接壤，北接句容、金坛，南北长59.06千米，东西宽45.14千米，土地总面积1535.87平方千米。

【地形地貌】 境内有低山、丘陵、平原圩区等多种地貌类型。南部为低山区，属天目山脉延伸，山势较为陡峭，绝对高程在250米以上，比高（吴淞基面）在200米以上；西北部为丘陵区，属茅山余脉，冈峦起伏连绵；腹部自西向东地势平坦，为平原圩区，平均海拔3米。溧阳处于太湖湖西水网区，属太湖水系，境内之水及高淳、郎溪部分客水主要经南河、中河、北河注入太湖。

【气　候】 溧阳市气候属北半球亚热带季风气候，温和湿润，四季分明，雨量丰沛，日照充足。夏冬季历时长，冬冷夏热；春秋季短，春温多变，秋高气爽。2022年，溧阳市平均气温较常年偏高，降水量偏少，日照时数偏多。2022年，日照时数2071.6小时，与常年1873.5小时相比，偏多198.1小时，属偏多年份。

【气　温】 2022年，全市平均气温17.6℃，比常年16.0℃偏高1.6℃，属偏高年份。年平均最高气温22.5℃，比常年20.5℃偏高2.0℃；年平均最低气温13.7℃，比常年12.4℃偏高1.3℃。年内，2月、12月平均气温较常年偏低，5月、9月、10月平均气温接近常年，其余月份平均气温较常年偏高，年极端最高气温41.2℃，出现在8月15日；全年日最高气温≥35.0℃的高温日54天；年极端最低气温-6.3℃，出现在12月25日。

【雨　情】 2022年，全市降水总量为958.8毫米，比常年1146.7毫米偏少187.9毫米，属偏少年份。年内，2月、5月、6月、7月、9月、12月的降水量较常年同期偏少，1月、3月、4月、8月、11月降水量都较常年同期偏多，10月降水量接近常年水平。全年雨雪日（≥0.1毫米）112天，比常年133天少21天；雨量≥10.0毫米的降水日28天，比常年37天少9天；雨量≥25.0毫米的降水日13天，比常年12天多1天；雨量≥50.0毫米的降水日2天，比常年3天少1天；无雨量≥100.0毫米的降水日。日降水量极大值为60.7毫米，出现在3月21日。最长连续降水时段为6天，出现在10月4—9日，累计降水量49.9毫米。最长连续无降水时段出现在8月7—26日，为持续20天无降水。

全市6月23日入梅，7月11日出梅，梅长18日，梅雨量为25.9毫米，比历年264.7毫米偏少238.8毫米。

（市气象局）

【物产资源】 境内自然植被茂盛，拥有耕地面积7.47万公顷、林地2.19万公顷、河流和湖泊2.84万公顷。溧阳盛产水稻、油菜、茶叶、蚕桑、白芹、板栗、西瓜、竹笋以及鲢鱼、鳊鱼、青鱼、草鱼、鲫鱼、螃蟹、白壳虾等，素有“鱼米之乡”“丝府茶城”之誉。

境内有石灰岩、方解石、瓷石、膨润土、黏土、硅灰石、石英岩、石英砂岩、大理岩、建筑砂、煤炭等。其中石灰石、方解石、大理石、陶土、彩瓷石等储量均在亿吨以上，且品位优良，具有极佳的开采价值。

境内的天目湖旅游风景区、南山竹海风景区、天目湖御水温泉景区是享誉华东地区的旅游度假胜地、国家AAAAA级旅游景

高静园　　（市文体广电和旅游局　供稿）

区；新四军江南指挥部纪念馆为全国爱国主义教育示范基地、全国重点文物保护单位；中华曙猿化石发现地点为江苏省大遗址、全国重点文物保护单位。其他旅游景点和历史遗迹还有高静园、凤凰公园、天目湖国家森林公园、天目湖湿地公园、长荡湖湿地公园、伍员山、瓦屋山、平桥石坝、别桥淳化阁帖、合剌普华墓址、大石山摩崖石刻等。

【重要天气事件】 2022 年度出现的重大天气主要有高温干旱、寒潮、台风、暴雪、霜冻、连阴雨、雷电、大雾等。

高温干旱　2022 年溧阳市高温日数异常偏多、连续高温持续时间长、高温强度强。全市≥ 35℃的高温日数为 54 天，打破历史纪录（47 天，2013 年），极端最高气温为 41.2℃（出现在 8 月 15 日），位列历史第二，历史第一为 41.5℃（2013 年）。自 5 月汛期以来，降水量显著偏少，持续的高温少雨天气使溧阳境内水库、湖泊水位下降，水体面积缩小，溧阳大部分地区土壤墒情下降，出现重度的干旱灾害，对当地工、农业造成极大的经济损失。

暴雪　2022 年 2 月 7 日凌晨 2 时起溧阳普降暴雪，截至 2 月 8 日 8 时累积雨雪量为 26.6 毫米，最大积雪深度为 8 厘米。市气象台启动重大气象灾害（暴雪）Ⅳ级应急响应。

寒潮　2022 年 11 月 28 日 8 时至 30 日 8 时，48 小时降温幅度达 16.3℃，最低气温为 0.7℃，最大风速为 7 级。全市大部分地区还伴随有雨雪天气过程，以液态降水为主。溧阳国家基本气象站 48 小时降水量为 46.2 毫米，有 6 个区域站降水量达到或超过 50 毫米，主要分布在南部地区，最大累计降水量为 72.2 毫米，出现在天目湖镇平桥站。市气象局于 11 月 27 日 18 时 30 分启动重大气象灾害（寒潮）Ⅳ级应急响应，12 月 1 日 14 时解除重大气象灾害（寒潮）Ⅳ级应急响应。其间共发布寒潮黄色预警信号 1 次、大风蓝色预警信号 1 次，发送气象服务短信 8 条、微博 6 条、微信服务 11 次。

台风　2022 年有 2 个台风影响溧阳市，其中台风“梅花”于 9 月 13—15 日影响溧阳市，过程累计降水量达 33.0 毫米，最大风速为 14.8 米／秒(7 级)。台风“轩岚诺 ”对溧阳市影响较小。

霜冻、雷电、连阴雨、大雾灾害时有发生，由于相关职能部门应对及时、措施得力，没有造成明显灾害。

（市气象局）

历史人文

【历史沿革】 距今 5000 多年前，溧阳境内即有先民活动。春秋末期，楚吴边界就有溧阳地名。秦始皇嬴政二十六年（公元前 221 年），溧阳始建县制，区域包括今溧阳市大部以及高淳县和溧水县的东南部。自三国吴黄武元年（公元 222 年）至唐武德三年（公元 620 年）的近 400 年间，溧阳县域区划变化甚大，溧阳县曾两度被废，境内先后设置过屯田都尉和永平县、永世县、平陵县。唐武德三年（公元 620 年），废永世县，并划溧水东部之地复置溧阳县，自此溧阳作为行政区域名连续延用至今。元、明时期，溧阳曾升为溧州、溧阳府、溧阳路、溧阳州。民国时期，溧阳县先后隶属于江苏省行政公署、金陵道、江苏省政府、江苏省第一行政督察区（专员公署驻溧阳县）、江苏省江南行署管辖。1949 年 4 月 25 日溧阳解放，建立县人民政府，先后属苏南行署武进行政分区、常州专署、镇江专署管辖。1983 年 3 月实行市管县体制后，溧阳县属常州市管辖。1990 年 8 月经国务院批准，撤销溧阳县，设立县级溧阳市。溧阳历史上曾有多座县治，自唐天复三年（公元 903 年）迁至溧阳城

江苏省溧阳高新技术产业开发区　　（溧阳高新区　供稿）

（今溧城街道）以来，距今已有1000多年。

【行政区划】 2022年年末，溧阳市辖9个镇（区）和3个街道，9个镇（区）分别是：天目湖旅游度假区（天目湖镇）、溧阳市经济开发区（上兴镇）、社渚镇、埭头镇、戴埠镇、南渡镇、竹箦镇、上黄镇、别桥镇；3个街道分别是：溧城街道、昆仑街道、古县街道，有1个省级经济开发区——溧阳市经济开发区，1个国家级旅游度假区——天目湖旅游度假区和1个省级高新技术开发区——江苏省溧阳高新技术产业开发区。

【人　口】 2022年年末，全市户籍人口78.19万人，总户数27.03万户。年内出生3754人，人口出生率为4.790‰；死亡人口6513人，死亡率为8.311‰；户籍人口自然增长率为−3.521‰。男女性别比为100.18。全市常住人口80.6万人，其中城镇人口52.07万人，城镇化率64.6%。

【人文荟萃】 历史上溧阳曾引四方高士慕名前来。李白、张旭、朱熹、张孝祥、汤显祖和袁枚等名人，都曾在溧阳留下足迹、名篇。孟郊、仇远、陈鸿寿等人，在溧阳任职多年，把政绩、佳作留存于世。宋璟、陆游等人的后裔，钟情溧阳，也定居于此。溧阳人杰地灵，人才辈出。春秋期间，史贞女搭救伍子胥的事迹广为流传。从东汉起，出任朝廷文臣武将的名人有史崇、史务滋、马一龙、史贻直等人；从唐朝至清朝，溧阳出了近200名进士，有清顺治十八年状元马世俊，明崇祯十六年榜眼宋之绳、清康熙五十二年榜眼任兰枝，明崇祯十六年探花陈名夏、清康熙二十四年探花黄梦麟、清乾隆二年探花任端书。当代中国科学院学部委员有经济学家狄超白、昆虫学家蔡邦华、化学家彭少逸和细胞生物学家翟中和；中国社会科学院学部委员有经济学家周叔莲；中国科学院院士有液体火箭发动机专家朱森元、物理学家沈学础和理论有机化学家吴云东；中国工程院院士有光学专家庄松林、内分泌学专家史轶蘩、小麦育种专家程顺和、化学家蒋剑春。电缆事业的创始人之一葛和林、新针灸学的开拓者朱琏、文史专家缪钺、女作家菡子、世界知名青年科学家吴柯，他们都建树卓越，誉满中外。

城市名片

【市　标】 市树：香樟树。市花：桂花。2004年10月，全市开展评选市树、市花活动。11月23日，经溧阳市十三届人大常委会第十四次会议表决通过，作出《关于同意市人民政府“关于建议确定并命名溧阳市市树、市花的议案”的决定》，决定命名香樟树为溧阳市市树，桂花为溧阳市市花。

【溧阳城市形象】 溧阳城市形象主题用语：

自在茶香　美音溧阳

山水绝佳天目湖　感恩信义溧阳城

人类发祥地　生态好家园——中国溧阳

溧阳城市形象欢迎用语：

何时到溧阳　一见平生亲——中国溧阳欢迎您

敦厚如山　刚直如竹　纯净如水　清雅如茶——和谐溧阳欢迎您

中国游憩文化首选地——中国溧阳欢迎您

溧阳城市形象理念用语：

明礼诚信　尚善笃行　精业进取　开拓创新

溧阳城市形象旅游用语：

溧阳山水甲江苏　天目湖色秀江南

阅山阅水阅江南　品茶品竹品溧阳

七色文化旅游城　五季山水休憩地

【溧阳名片】 政治名片　新四军江南指挥部（威震江南　功在民族）。

经济名片　生态循环经济（发展生态循环经济　打造绿色环保溧阳）。

文化名片　孟郊与《游子吟》（感恩之城　大爱之乡）。

历史名片　人类发祥地（溧阳中华曙猿——距今4500万年前的人类祖先）。

民俗名片　跳幡神（千年神舞 祐你平安）。

人物名片　史贞女与伍子胥（诚信卓绝千古　感恩声凌浮云）。

美食名片　天目湖砂锅鱼头（鲜而不腥　肥而不腻　中华一绝砂锅鱼头）。

观光名片　天目湖、南山竹海、曹山和瓦屋山。

物产名片　天目湖绿色食品（自然精华　养生佳品）。

地域名片　苏浙皖三省通衢（长江三角中心城　华东三省通衢地）。

【地方特产】 溧阳茶叶　历史悠久，始于唐宋，盛于明清。溧阳是江苏省重点产茶区，拥有茶园面积8万余亩，分南山、北山2个茶区，茶叶种植、加工、销售一体化经营。溧阳茶的品种日趋多样，制茶工艺日益精湛，茶叶质量不断提高。地方名茶有前峰雪莲、南山寿眉、水西翠柏、天目湖白茶等，先后有100多种(次)茶叶在省级以上名特优茶评比中获奖。2005年，通过全国无公害茶生产示范基地县(市)评审验收，获首届中国茶产业发展政府贡献奖；2007年通过国家标准化委员会全国茶叶标准化示范区专家评审。1991年以来，成功举办十九届中国溧阳茶叶节。

溧阳白芹　白芹是溧阳传统的特色农产品，已有800多年的种植历史。在种植过程中，当地农民创造出一套水芹旱育、一次性深培土的培植技巧，培育出的白芹晶莹透亮，茎鞘洁白，叶尖嫩黄，风味脆嫩爽口，微甜不腻，并含丰富的氨基酸，堪称江南一绝，成为馈赠亲朋好友的高档礼品。2005年，溧阳白芹进入钓鱼台国宾馆，成为国宴菜肴。2006年9月16日，溧阳白芹获中华人民共和国原产地证明商标。2007年1月12日，“江苏省溧阳白芹标准化示范区”项目通过省质量技术监督局专家组的验收。溧阳白芹畅销京、沪、宁、杭、苏、锡、常等城市以及中国港澳台地区，且出口日本、韩国等国家。

溧阳板栗　溧阳丘陵山区盛产板栗，是江苏省著名的干果生产基地。溧阳板栗果型大，皮壳薄，色泽悦目，肉质白而脆嫩，香味浓郁，以板栗为原料烹制的大栗烧鸡、大栗红烧肉、桂花糖大栗都是闻名遐迩的溧阳地方名肴。

长荡湖绒螯蟹　长荡湖（又名洮湖）所产的螃蟹，属长江水系中华绒螯蟹，是螃蟹家族中的名贵品种，青背白肚，螯强爪健。中秋过后，体大脂肥，红膏饱满，肉质细腻，维生素A含量极高的螃蟹上市，成为餐桌上的佳品。一品一尝，鲜美透顶，令人赞不绝口。溧阳市长荡湖水产养殖场生产的“可鲜可康”中华绒螯蟹具有“出国护照”——中华人民共和国出入境动物养殖企业注册证。长荡湖螃蟹不仅畅销上海、南京、广州、深圳、香港、澳门等地，而且走出国门，远销日本、韩国、新加坡以及欧美，深受海内外美食家的赞赏。用蟹黄做的蟹黄馒头（又称蟹黄小笼包），也是溧阳的名点。

天目湖砂锅鱼头　采用天目湖中完全没有人工喂养的花鲢鱼头，用甘甜清冽的天目湖水，配以十多种佐料，置于专用的砂锅中，用文火久煨而成，汤色乳白如汁，清纯如雪；其香浓郁绕梁、馨雾升腾；其味肥而不腻，鲜而不腥。砂锅鱼头不仅味道鲜美，而且富含多种蛋白质、维生素和矿物质，经常食用能益智健脑，滋润养颜。天目湖砂锅鱼头成为溧阳天目湖蜚声四方的“三绝”之一，在长三角地区声名远扬。

溧阳乌米饭　乌米饭原为民间食品，唐代即有。溧阳乌米饭是把乌饭树叶捣烂、滤汁、泡糯米，晾干蒸煮而成，米粒紧缩，碧如坚珠。具有诱人的清香，乌黑的亮泽，筋道的口感。每天煮食一碗，能强筋骨、益气力，固精驻颜，被古人誉为“仙家服食”。

周城火锅　又名周城羊肉火锅，以周城地产优质山羊肉为原料，采用传统配方及独特工艺制作而成，其肉质鲜美，风味独特，色、香、味俱佳。当地企业将其制成真空包装，销往常州、南京、上海等大中城市，深受各地消费者的青睐。

竹箦风鹅　以当地产农家土鹅为原料，在继承传统工艺的基础上，采用扬州大学最新肉食品加工技术精制而成。生产全过程实行封闭式运行，不添加任何化学防腐剂，保持传统风味鹅肉制品的“色、香、味、形”，原汁原味，食后回味无穷。

溧阳三黄鸡　这种鸡的特征为黄喙、黄毛、黄爪，故称“三黄鸡”。其体重一般可达4.5千克(最重者可达5千克以上)，故又称“九斤黄”。为蛋肉兼用型地方良种家禽。将溧阳三黄鸡放入一个大锅里，倒入能淹没鸡身的清水，同时放适量的葱、姜和黄酒，用大火烧开，撇去浮沫，再移至小火上焖10～20分钟，加适量食盐，鸡刚熟时，马上将锅端下，盖上锅盖放置一旁。待锅里汤凉爽后，再将鸡捞出，控去汤汁，在鸡的全身涂上香油即可。具有鲜、嫩、香、肥而不腻的口味特点。

溧阳扎肝　作为过年的年菜，一般是一次做够，烧一大盆，待客时在饭锅里蒸热后上桌。取五花肉1块、猪肝1块、笋干2块、油豆腐2块，将五花肉、猪肝、笋干抓一起，外围用两块油豆腐夹住，左手拿好小肠的一头，从左到右将其绕3～4圈扎紧，剪断小肠，收好头。锅上大火，放冷水，扎肝烧沸，撇去浮沫，放入姜片、绍酒、葱结、精盐、酱油、白糖，转小火烧约1.5小时，捞去葱结、放味精即可出锅。具有口味咸鲜、荤中有素、柔中有脆、口感酥爽的特点。

南山手剥笋　选用上品南山笋10根。特制绍菜根、秘制烧菜汁适量，将笋加工成大小均匀，焯水待用。将绍菜根、烧菜汁加秘制配方调汁后会同竹笋一起上笼蒸约两小时即可。

南山雁来蕈　产于溧阳南山，又名“雁来菌”，食用菌的一种，生于农历二月者叫“桃花菌”，九月者叫“雁来菌”，以寒露时松花落地所生的最佳，味鲜美，有异香，是人们喜爱的山珍。取雁来蕈100克、仔姜50克、酱油10毫升、白糖30克、色拉油50毫升。将雁来蕈浸泡拣洗。锅上火，放酱油、雁来蕈、仔姜、白糖，烧沸，撇去浮沫，转小火烧半小时，起锅冷却后食用为佳。

溧阳青虾　溧阳池塘养殖青虾起源于20世纪90年代初，溧阳青虾营养丰富，且其肉质松软，易消化，对身体虚弱以及病后需要调养的人是极好的食物；虾中含有丰富的镁，镁对心脏活动具有重要的调节作用，能很好地保护心血管系统，可减少血液中胆固醇含量，防止动脉硬化，同时还能扩张冠状动脉，有利于预防高血压及心肌梗死；虾的通乳作用较强，并且富含磷、钙，对小儿、孕妇尤有补益功效；虾体内的虾青素有助于消除因时差反应而产生的“时差症”。2019年11月，溧阳青虾入选中国农业品牌目录2019农产品区域公用品牌。

【溧阳八景】　天目山水、南山竹海、将帅雄风、瓦屋听禅、茶果飘香、石坝飞瀑、高静叩石、曙猿祖地。

【天目湖八珍】　冬笋、板栗、乌饭、白茶、雁来蕈、香瓜藤、天目湖寿桃、爆炸瓜。

【天目湖八鲜】　砂锅鱼头、长荡湖蟹、长荡湖白壳虾、溧阳白芹、白鱼、田螺、红菱、刀鱼。

【溧阳美食特产“三白三黑”】　天目湖砂锅鱼头、白芹、白茶；雁来蕈、乌米饭、扎肝。

（文　扬）

经济社会发展

【综合实力】　2022年，全市地区生产总值1416.22亿元，按可比价计算比上年增长6.2%。分产业看，第一产业增加值57.48亿元，增长0.2%；第二产业增加值767.58亿元，增长11.3%；第三产业增加值591.16亿元，增长0.9%。三次产业增加值比例为4.1∶54.2∶41.7。

2022年，全市一般公共预算收入完成81.09亿元，比上年增长6.0%，税收占比为83.4%。收入总量、同口径增幅、税比分列常州第三、第一和第四位。财政总收入（含政府性基金收入、国有资本经营收入和上划中央四税）完成410.87亿元，增长1.6%。

【农　业】　2022年，全市实现农林牧渔业总产值97.78亿元，比上年增长4.6%。其中，农业53.52亿元，林业2.49亿元，牧业3.66亿元，渔业30.00亿元，农林牧渔服务业8.12亿元。实现农林牧渔业增加值62.86亿元，增长3.5%。其中，农业39.12亿元，林业0.93亿元，牧业1.51亿元，渔业15.92亿元，农林牧渔服务业5.38亿元。全年粮食播种面积82.66万亩，粮食总产量40.92万吨。2022年，全市农机总动力58.58万千瓦，农机专业合作社185家。

【工　业】　2022年，全市工业总产值3064.27亿元，比上年增长30.8%；营业收入3503.34亿元，增长38.2%；利税总额249.39亿元，增长1.9%；利润总额199.52亿元，增长6.8%。规模以上工业总产值2905.49亿元，增长32.8%；营业收入3346.74亿元，增长40.5%；利税总额234.87亿元，增长1.8%；利润总额188.92亿元，增长5.4%。

动力电池、绿色精品钢、智能电网、智能装备等“2+2+X”重点产业产值占规模以上（规上）工业总产值比例提升至80.4%。其中，动力电池产业完成产值1016.1亿元，成为千亿级产业集

表1　2022年溧阳市工业企业主要产品产量一览表

产品名称	单　位	产量	比上年增长（±%）
水　泥	万　吨	2177.0	−1.6
水泥熟料	万　吨	1913.3	−0.2
石灰石	万　吨	3363.4	−9.3
电力电缆	万千米	198.4	53.4
服　装	万　件	2258.5	−13.5
钢　材	万　吨	223.5	24.4
啤　酒	万千升	19.57	29.0
变压器	万千伏安	11293.4	19.1
锂离子电池	万只（自然只）	20956.3	174.3
充电桩	个	5706	146.2

群，比上年增长126.6%。全年新增制造业单项冠军企业（产品）3家、国家级"专精特新""小巨人"企业4家、省级"专精特新"中小企业55家，净增规模以上工业企业104家。

2022年，全市规模以上工业企业综合能源消费量373.59万吨标准煤，在规模以上工业产值增长32.8%的情况下，能耗下降10.96%。规模以上工业产值能耗为0.1286吨标准煤/万元，比上年下降34.7%。

【建筑业】 2022年，全市拥有建筑业资质企业644家，其中特级企业2家、一级企业66家、二级企业283家。全市建筑业完成施工总产值达1112.3亿元,比上年下降1%。

【固定资产投资】 2022年，全市固定资产投资比上年增长10.1%。其中，工业投资增长15.9%，服务业投资增长0.6%。5000万元以上项目投资额占比95.5%，高技术投资占比24.9%。计划总投资10亿元以上项目（不含房地产）63个，增长14.5%，完成投资比上年增长17.8%，占固定资产投资额比重46.5%。

2022年，全市房地产施工面积442.13万平方米，比上年下降18.8%；新开工面积60.71万平方米，比上年下降68.0%；商品房销售面积84.4万平方米，下降26.8%；实现销售额82.20亿元，下降29.8%；房屋待售面积为40.56万平方米，下降15.1%。

【国内贸易】 2022年，全市共实现社会消费品零售总额379.88亿元，比上年下降2.3%。其中，限额以上社会消费品零售总额96.06亿元，下降7.7%。分行业看，限上批发和零售业实现社会消费品零售总额87.09亿元，下降6.1%；限上住宿和餐饮业实现社会消费品零售总额8.97亿元，下降20.1%。

【开放型经济】 2022年，全市完成外贸进出口总额152.27亿元，比上年增长34.5%。其中，出口108.17亿元，增长18.6%；进口44.10亿元，增长100.2%。实际到账注册外资4.03亿美元，增长11.3%。

【旅　游】 2022年，全市接待游客2065.52万人次，比上年增长10.9%，恢复到2019年的98%以上；实现旅游总收入254.54亿元，增长11.0%，恢复到2019年的98.2%。全市拥有国家A级旅游景区8家。其中，AAAAA级1家（包括天目湖山水园、南山竹海、御水温泉），AAAA级1家（新四军江南指挥部纪念馆），AAA级4家（史侯祠、曹山美音茶园、别桥原乡旅游区、神马农场），AA级2家（高静园、凤凰公园）。拥有国家级旅游度假区1家（天目湖旅游度假区），省级旅游度假区1家（曹山旅游度假区），全国乡村旅游重点镇1家，各级乡村旅游重点村17家（国家级3家、省级5家、常州级9家）。拥有1家国家森林公园（含天目湖、南山竹海、龙潭林场），2个国家湿地公园（天目湖、长荡湖）。有星级饭店8家、旅行社35家、各类民宿近400家。

【金融保险】 2022年年末，全市共有银行20家，全辖金融机构本外币各项存款余额2165.97亿元，比年初增加433.77亿元，增长25.0%；其中住户存款1076.32亿元，比年初增加197.16亿元，增长22.4%。全辖金融机构本外币各项贷款余额1614.29亿元，比年初增加288.52亿元，增长21.8%。全市共有小贷公司13家、证券公司5家、保险公司43家。人保财险、太保财险、太保寿险、人寿财险、人寿保险溧阳五大保险公司全年保费收入23.68亿元，比上年增长3.2 %。

【科技创新】 2022年，全市拥有高新技术企业242家，高新技术

雪后曹山　　（市文体广电和旅游局　供稿）

产业产值比上年增长68.1%，占规上工业产值比重达51.6%，较上年提升12.8个百分点。全市建成国家火炬特色产业基地2个，拥有省级以上“三站三中心”180家，常州市级以上众创空间、孵化器、加速器34家。

【教　育】 2022年，全市共有各类学校158所，学生数99583人（含幼儿），专任教师7603人（含编外）。中学34所，其中完中1所、高中7所（含民办1所）、初中27所。初中在校学生19449人，高中在校学生10995人。小学45所，在校学生43963人。特殊教育学校1所，学生162人。中专2所，在校学生4634人。幼儿园76所，其中民办23所，在园幼儿20542人。另有少体校1所、青少年活动中心1所。

【卫　生】 2022年年末，全市拥有各级各类医疗机构307家，其中市级以上公立医院3家，民营医院11家，乡镇卫生院17家，其他社会办医疗机构79家，村卫生室（含社区卫生服务站）180家。溧阳市三级综合性医院1家。全系统卫健从业人员4874人，其中卫技人员4143人，每千常住人口执业（助理）医师数3.02人，每万常住人口全科医生数8.37人，每千人常住人口医疗卫生机构床位数5.64张。

【文化体育】 2022年，全年完成送书下乡3万册，送戏下乡96场，送电影下乡3744场，组织开展各类社会教育活动80场，公益培训40场。图书馆累计接待线下读者94.63人次，线上读者12万人次，外借图书267575册次，办理读者证12402张，开展阅读推广活动30余项110余场次。建成4家“溧书房”。

2022年，成功举办2022中国国际标准舞（体育舞蹈）青少年锦标赛。改扩建体育公园1个、笼式篮球场12片，新建健身步道6千米，更新公共健身场所30个。全市城市公园、绿地配建体育设施达100%。

【环境保护】 2022年，全市$PM_{2.5}$浓度为32.9微克／立方米，空气优良天数比率80.3%。10个国省控考核断面优Ⅲ比例100%，其中大溪水库湖心、沙河水库库中等5个断面达到Ⅱ类标准。完成湿地修复500亩，新增造林727亩、封山育林3000亩、低效林改造1500亩。

【就　业】 2022年，全市城镇新增就业人数15600人，城镇失业人员再就业4020人，就业困难人员再就业2630人，支持成功自主创业4713人，引领大学生创业人数284人，扶持农村劳动力自主创业3992人。城镇登记失业率1.1%。

【社会保障和福利】 2022年年末，全市城镇职工基本养老、医疗和失业“三大保险”综合覆盖率均超98%。城镇企业职工基本养老保险参保21.24万人，新增参保人数1.62万人，城乡居民养老参保6.7万人；职工基本医疗保险参保30.33万人（生育保险参保人数18.54万人），城乡居民基本医疗保险参保45.22万人；失业保险参保人数15.39万人；工伤保险参保27.19万人。全市共有农村特困对象1773人，其中集中供养371人、分散供养1402人。

【居民收入】 2022年，全市全体居民人均可支配收入为51904元，比上年增长4.8%。其中城镇居民人均可支配收入为63152元，增长4.3%；农村居民人均可支配收入35306元，增长5.8%。城乡居民收入比为1.79，较上年缩小0.02。

（汤竣程）

LIYANG YEARBOOK

中共溧阳市委员会

栏目编辑 莫 俊

综 述

【概 况】 2022年，中共溧阳市委紧扣常州“532”发展战略，明确争创公园城市、全域旅游、产业集群、乡村建设、区域协作“五个示范”，争当共同富裕、安全发展、作风建设“三项表率”，打造苏南绿色崛起品质城市的阶段任务，努力以鲜明的价值导向、清晰的目标指向、务实的工作取向，激励全市上下开拓奋进、勇毅前行。县域综合实力居全省95个县市区第21位，较2021年提升7个位次；在全国52个千亿县市中位列第21位，较上年提升6位；城市投资竞争力位居赛迪榜全国“百强县”第28位，较2021年提升7个位次；列“中国科技创新百强县”第12位、“中国县级市基本现代化指数”百强榜第17位、“中国县域工业经济百强县”第18位。

【“防疫情、促发展”交出过硬答卷】 坚持守土有责、守土尽责，动态优化落实疫情防控措施，最大程度保护群众生命安全和身体健康，最大限度减少疫情对经济社会影响。一年来，全市落实纾困解难资金超38亿元、惠及市场主体7万户;新增制造业贷款73.2亿元，银企对接解决融资需求195亿元。用好政策性开发性金融工具加快项目建设，债券资金规模和支出进度均列常州第一。全年地区生产总值增长6.2%，达到1416.2亿元；一般公共预算收入同口径增长6%，增幅为常州第一；实现规模以上工业产值2905.6亿元，工业应税销售收入3509.6亿元，分别增长32.8%和43.3%，增幅分别位列常州第一、第二；新增时代上汽、德龙、友发3家销售超百亿企业，新增规模以上工业企业100家。

【“攻项目、强产业”迈上更高台阶】 全力以赴攻坚重大项目，全年通过集体会审签约引进亿元以上项目66个，其中百亿项目1个、30亿元以上项目2个、10亿元以上项目21个，时代上汽四期、德龙高端不锈钢、金鹰莱赛尔等重大项目投产。“2+2+X”产业集群产值占全市规模以上工业总产值的78%，其中动力电池产值突破千亿元，增长1.22倍，出货量分别占全国的15%、全省的38%、常州市的73%。入选全省首批制造业高质量发展示范区创建单位，获评首批省文化和旅游产业融合发展示范区。戴埠镇创成全国乡村旅游重点镇，天目湖入选省级夜间文旅消费集聚区，天目湖旅游公司荣膺省长质量奖。32个省级农业农村项目加快推进，现代农业产业示范园通过省级认定。建安业发展稳中提质，全年施工产值达1150亿元，摘得国优、省优工程11项。

【“抓改革、重创新”激发强劲动能】 坚定不移深化改革探索，农村宅基地改革、县域新型城镇化、城乡融合发展等试点分别得到农业农村部和省政府主要领导肯定，“践行‘两山’理论，推动生态发展”等3项经验入选全省首批现代化建设实践典型。市新政务服务中心建成投用，政务服务标准化试点创建通过省级验收，项目“零审批”“信用承诺制”等营商环境制度创新走在全省前列。坚持不懈强化创新驱动，高新区创新指数连续四年位居全省同类开发区第一，获省政府唯一推荐优先升级国家高新技术产业开发区；动力电池产业基地创成国家级火炬特色产业基地，新能源电力装备产业基地创成国家新型工业化产业示范基地。全市高新技术产值达1400亿元，增长70.6%。认定高新技术企业88家，新增国家级单项冠军企业、专精特新企业7家，省级专精特新“小巨人”企业55家。集聚人才1.2万人，对接产业用工超3万人。累计建成人才公寓85.2万平方米。时创能源科创板上市成功过会。

【“优环境、拓功能”提升美丽颜值】 科学编制国土空间规划，划定“三区三线”优化城乡发展格局，溧宁高速建成通车，溧阳港一期项目主体完工。全力打好污染防治攻坚战，国省考断面水质优Ⅲ比例连续五年保持100%；天目湖镇获评“中国生态文明奖”，系全省唯一获奖单位。扎实推进全国文明典范城市建设“九大专项行动”，全市新增绿化30万平方米、停车位3770余个，拆除违建11.5万平方米。整治“危污乱散低”企业和出清“困境企业”188家，盘活土地面积6244亩。新增省级特色田园乡村7个，总量达18个、位居全省县市区第二。启动建设美韵乡居集中居住点16个，改造提升现代化宜居农房2440套。

【“惠民生、增福祉”彰显幸福成色】 全年新增本地就业1.56万人，扶持创业超3000人，城乡居民收入增幅位居常州前列。启动南航天目湖校区南区建设，建成南师大溧阳实验小学、永平初中等9所学校，新增学位5610个。省人民医院溧阳分院入选全国首批“千县工程”医院，省中医院溧阳分院新院主体封顶。落实弱势群体帮扶资金1.6亿元，建成如意小食堂80家、惠及老年人12万人。生产安全事故起数、死亡人数分别下降38.5%和37%，攻坚化解突出信访问题83件，成为全省首家创成全国法治政府建设示范市的县市。市公安局竹箦派出所被评为全国“枫桥式派出所”，市信访局获评“全国信访系统先进集体”，市司法局获评“全国人民调解工作先进集体”。

【“讲政治、守规矩”淬炼党建硬核】深入推进各级党委（党组）理论学习中心组学习制度化规范化建设，坚定落实省委意识形态工作责任制专项检查反馈问题整改，入选全省习近平新时代中国特色社会主义思想研究中心首批实践调研基地。严格执行新形势下党内政治生活若干准则，完善市委常委会议事决策规则等决策机制。760个村、社区综合网格党组织覆盖率达100%，正昌党群服务中心、党校新校区建成投用。“百姓议事堂”“党员代办制”入选全国基层党建创新案例。圆满完成市镇换届任务，扎实推进省委选人用人工作专项检查问题整改，队伍建设持续优化。全面完成十三届市委三轮政治巡察和涉粮问题专项巡察，“巡纪联动”优化营商环境成效明显，风清气正的政治生态持续巩固。

市委重要会议

【“文旅融合巩固突破年”动员大会】 2月8日上午在市文化艺术中心召开“文旅融合巩固突破年”动员大会，市委副书记、市长叶明华主持会议。市委书记徐华勤指出，溧阳旅游发展历程中所凝聚的智慧与经验可运用、可赓续。第一是有志气创新，坚信“只要肯奋斗，一切皆可能”。我们的志气就是溧阳人从来不甘落后。第二是有底气突破，坚决“依靠溧阳人，办好溧阳事”。我们的底气就是溧阳人永远心系家乡。第三是有勇气斗争，坚定“但为溧阳好，何惧风和雨”。我们的勇气就是溧阳人始终风雨无惧。

徐华勤要求，一要坚定“两个确立”，始终沿着习近平总书记指引的方向前进。着眼长远，要切实扛起“争当表率、争做示范、走在前列”三大光荣使命，赓续生态创新之路，促进城乡融合发展，推动群众共同富裕，致力建设长三角生态创新示范城市，为苏南现代化建设先行示范区提供绿色崛起的县域样板。立足当下，要把握好“稳字当头、稳中求进”的要求，以持续壮大规模以上企业为重点，推动经济总量再攀升；以整合设立江苏中关村科技产业城为契机，推动重大项目再突破；以深入开展美意田园、美韵乡居、美工街区“三美行动”为抓手，推动全域环境再提升；以防范化解各类风险为主线，推动社会稳定再巩固。二要坚守生态创新，不断丰富绿色现代化的内涵。绿色现代化的美好未来，生态创新是根本路径、“五个示范”是基本内涵、城乡融合是表现形式、共同富裕是本质特征，要让老百姓在绿色现代化中更多看到变化、得到实惠、感到自豪。三要坚持人才引领，努力把自由、探索、创新、创造的科学精神融入绿水青山。树牢“所有为溧阳发展贡献力量的人都是人才”的大人才观，加快推进新时代“人才强市”战略，打响“天目湖英才榜”品牌，强化产业引才、平台聚才、事业留才，做好人才公寓、医疗教育、“溧阳人才卡”等配套服务，鼓励“百家争鸣”、包容“十年不鸣”、期待“一鸣惊人”，让天下英才在溧阳遇见和创造更加美好的未来。

徐华勤强调，无论形势怎么变化，坚守实业、坚守实体经济始终是我们的“定海神针”。一要大力弘扬企业家精神。广大企业家要发挥好创新的主力军作用，把创新的着力点瞄准“智改数转”主方向，并聚焦“双碳”战略创新作为，抢占绿色低碳产业新赛道；要深入学习丁山华“五十年磨一剑”的工匠精神，深化品牌建设，打造质量高峰，努力把企业做大、做强、做优、做精；要把社会责任尽好，特别是要强化安全环保主体责任，全面提升企业绿色低碳水平和本质安全水平。同时，他寄语广大青年企业家，要在最好的年华向着梦想奋力登攀，用奋斗致敬终将值得的青春，用奋斗打磨美好未来的模样，以人生出彩、企业发展演绎城市精彩。二要全力攻坚项目建设。任何时候都要把项目是“硬通货”“话语权”“试金石”的理念落实到发展的每个领域和每个环节。聚焦打造“2+2+X”先进制造产业集群，突出“链主”招商，狠抓产业链精准招商，建立项目评审与决策机制，提高项目的落地率、开工率、投资完成率、竣工达产率，确保项目快落地、快开工、快建设、快达产。他特别强调要围绕动力电池、高端不锈钢、新型纺织、智能电网等产业集群，充分发挥“链主”

单位积极性，大力掀起“链主”招商热潮。三要着力创优营商环境。持续打好“三效三提”持久战，做到马上就办、办就办好，无事不扰、有求必应，一视同仁、公平公正，以更加高效、优质、舒心的“溧即办”打响营商环境“第一品牌”，奋力在全省营商环境评价中争先进位，切实以一流的营商环境赋能高质量发展，让溧阳成为投资兴业的热土、创新创业的沃土、成就梦想的乐土。

【市委十三届五次全体会议】 8月10日，中国共产党溧阳市第十三届委员会第五次全体会议在市文化艺术中心举行。全会以习近平新时代中国特色社会主义思想为指导，全面贯彻党的十九大、十九届历次全会精神和习近平总书记在省部级主要领导干部专题研讨班上的重要讲话精神，认真落实省委工作会议、常州市委十三届四次全会部署，总结2022年以来工作，部署下阶段任务，动员全市上下以更加饱满的热情、更加昂扬的斗志、更加有力的举措、更加自觉的担当，争创“五个示范”，争当“三项表率”，奋力打造苏南绿色崛起品质城市，以实际行动迎接党的二十大胜利召开。全会由市委常委会主持。全会认为，2022年以来，市委紧紧围绕中央、省委和常州市委决策部署，以拼搏之心凝聚奋进之志，以科学之策应对非常之难，全力以赴稳增长，全神贯注攻项目，全能突破提质效，全心全意惠民生，全面严实强党建，切实稳住经济发展大盘，奋力推动现代化建设，高质量发展迈出了坚实步伐，为冲刺全年目标任务打下了坚实基础。市委书记叶明华就抓好全会精神的贯彻落实以及做好当前重点工作，提出六点要求，一要毫不动摇稳定经济增长，开创稳中有进新局面。坚定不移稳主体、扩产出，坚持不懈稳消费、促需求，坚决有力稳局面、优运行，立足上半年工作打下的良好基础，坚决担起“勇挑大梁”的重大责任，持续巩固当前良好的发展势头，把经济发展稳定在合理区间，确保全面完成年度各项目标任务，力争实现最好结果。二要毫不动摇攻坚重大项目，开辟提质增效新境界。要以非常之力抓实项目攻坚，以非常之举建强项目平台，以非常之策提优项目服务，让更多企业、人才、资本向往溧阳、选择溧阳、扎根溧阳。三要毫不动摇提升发展能级，激发内联外引新活力。要做大做强创新驱动引擎，提升提高开放合作格局，深化优化改革试点探索，放大比较优势，打好改革、开放、创新“组合拳”，不断强化发展支撑，抬升实力能级。四要毫不动摇深化城乡融合，提升美丽宜居新面貌。要城乡一体优化空间、城乡同质美化环境、城乡共兴强化内涵，突出公园城市营建方向，秉持美丽宜居标准，加快城乡融合引领乡村振兴步伐，推动城市与乡村“各美其美、美美与共”。五要毫不动摇推进共同富裕，绘就民生幸福新篇章。要打造“全民普惠”的富裕生活，创造“优质均衡”的幸福供给，营造“文明进步”的时代光彩，办好民生实事，创建共同富裕示范区。六要毫不动摇守住安全底线，增强社会治理新动能。要全面落实总体国家安全观，抓紧抓实疫情常态化防控，压紧压实安全生产责任，有力有序攻坚化解矛盾，接续接力提升治理水平，扎实做好党的二十大维稳安保工作，全力创建全国法治政府建设示范市和省级安全发展示范城市，确保全市社会大局和谐稳定。

【市委十三届六次全体会议】 12月28日上午，中国共产党溧阳市第十三届委员会第六次全体会议在市文化艺术中心举行。全会以习近平新时代中国特色社会主义思想为指导，深入学习宣传贯彻党的二十大精神，贯彻落实中央经济工作会议精神和省委十四届三次全会、省委经济工作会议、常州市委十三届五次全会决策部署，回顾总结2022年工作，研究部署2023年任务，动员全市上下全力争创“五个示范”、争当“三项表率”，聚力打造苏南绿色崛起品质城市，奋力谱写中国式现代化溧阳新篇章。全会由市委常委会主持。市委书记叶明华代表市委常委会作工作报告。全会认为，一年来，面对严峻复杂的外部环境和超预期的困难挑战，全市上下以“对溧阳负责”的态度，认真贯彻省委和常州市委决策部署，全面落实“疫情要防住、经济要稳住、发展要安全”重大要求，深入实施常州“532”发展战略，高效统筹疫情防控和经济社会发展，统筹发展和安全，突出党的二十大胜利召开主线、新一轮省委巡视反馈问题整改主责、打造苏南绿色崛起品质城市主题，推动防疫情、促发展交出过硬答卷，攻项目、强产业迈上更高台阶，抓改革、重创新激发强劲动能，优环境、拓功能提升美丽颜值，惠民生、增福祉彰显幸福成色，讲政治、守规矩淬炼党建硬核，推动全市高质量发展迈上新台阶。全会要求，做好2023年工作，要把握坚持稳中求进、全力巩固基础、争当示范表率、完善自我评价“四条原则”，重点要抓好六个方面：一是聚力攻坚经济发展品质，着力构建现代产业体系。建设品质城市，产业是最大基础，项目是最强核心。要坚定不移突出项目头版头条、坚定不移放大产业集群效应、坚定不移提升集约节约水平、坚定不移巩固发展基础优势，深刻把握产业发展规律，推动项目建设与产业发展融合共进，筑牢品质城市根基。二是聚力攻坚开放创新品质，着力提升区域联动格局。开放创新是繁荣发展的第一动力、是引领发展的最强支撑。要全面深化高水平开放、全力增进高水平创新、全心集聚高水平人才。着眼城市群、都市圈发展大势，更高层次融入区域一体竞合，集聚优质资源厚植品质城市新优势。三是聚力攻坚生态环境品质，着力推动绿色低碳转型。绿色生态是溧阳最亮的底色和最大的优势。要深入践行“绿水青山就是金山银山”的理念，坚持在保护中发展、在发展中保护，高质统筹生态治理与修复、高位统筹“两山”实践与创新、高标统筹绿色增长与发展，加快生态价值的双向转换，进一步擦亮品质城市的亮色底色。四是聚力攻坚城乡融合品质，着力促进人城境业统一。城乡融合发展是中国式现代化的必由之路。要着眼规划引领夯实融合基础、着眼宜居标准提升融合风貌、着眼美丽示范增创融合优势，坚持城乡协同发展，促进资源要素自由双向流动，推动城乡同步建设、同步发展，加快展现品质城市的独特魅力。五是聚力攻坚共同富裕品质，着力丰富民生幸福场景。共同富裕是人民群众对美好生活最直接、最热切的向往。要始终坚持以人民为中心的发展思想，围绕富民增收做好“共同”文章、围绕公共服务做好“优质”文章、围绕精神文明做好“协调”文章，致力推动发展更有温度、生活更有品质、文明更有高度。六是聚力攻坚社会治理品质，着力筑牢本质安全屏障。以“时时放心不下”的责任感和紧迫感，一体推进法治溧阳、法治政府建设；一体提升城市经济安全、公共安全水平；一体深化治理体系、治理能力建设，推动高质量发展与高水平安全良性互动，为品质城市建设提供一流安全保障。

【市委常委会会议】 *研究出台《关于发展“四大经济”争创“五个示范”三年行动计划的实施意见(2022年—2024年)》* 1月27日，市委常委会召开会议，讨论研究了《关于发展“四大经济”争创“五个示范”三年行动计划的实施意见（2022年—2024年)》。会议指出，发展“四大经济”，争创“五个示范”，是溧阳未来很长一段时期的核心任务和工作抓手，全市上下要突出一以贯之落实、系统协调推进和项目永恒主题。

研究出台《溧阳市作风建设“三效三提”深化年专项行动方案》 2月26日，市委常委会召开会议，讨论并研究《溧阳市作风建设“三效三提”深化年专项行动方案》。会议要求，全市上下要以永远在路上的坚韧锲而不舍抓好作风建设。要加大宣传，提升“三效三提”的知晓率；要开展常态化督查，全面查找存在的“四风”突出问题；要坚持问题导向，进一步提升靶向治理精准度；要坚持积极向上，调动各级干部的工作积极性；要营造氛围，推动党风政风持续向好。

传达学习贯彻党的二十大精神 11月1日，市委常委会召开会议，专题学习党的二十大精神，对当前和今后一个时期全市上下学习宣传贯彻落实党的二十大精神作出再强调、再部署。会议要求，思想站位要更“高”。既要充分认识到党的二十大作出的各项决策部署、取得的各项成果，必将对全面建设社会主义现代化国家、全面推进中华民族伟大复兴，对夺取中国特色社会主义新胜利发挥十分重要的指导和保证作用，具有里程碑意义；又要充分认识到党的二十大报告是一份新时代十年伟大变革深刻昭示未来的郑重宣示、一份马克思主义中国化时代化的纲领性文献、一份以中国式现代化全面推进中华民族伟大复兴的行动指南、一份跳出治乱兴衰历史周期率的时代答卷、一份激励全党全国人民团结奋斗创造历史伟业的宣言书动员令，为我们在新时代新征程指明了前进方向、提供了根本遵循。学习领悟要更“深”。一方面，要更加深刻领悟“两个确立”的决定性意义，增强“四个意识”、坚定“四个自信”、做到“两个维护”，始终忠诚核心、信赖核心、紧跟核心、维护核心；另一方面，要更深领悟“五个牢牢把握”的重要要求，全面领会好、系统落实好党的二十大提出的新思想、新论断，作出的新部署、新要求。宣传宣讲要更“广”。按照党中央和省委、常州市委统一部署，抓紧出台实施学习宣传贯彻工作方案，高标准、高质量组织好学习培训、

集中宣讲、新闻宣传等各项工作，加快以习近平总书记在二十届中共中央政治局第一次集体学习时提出的“七个进”（进机关、进企事业单位、进城乡社区、进校园、进军营、进各类新经济组织和新社会组织、进网站）要求，形成学习宣传贯彻党的二十大精神的强大声势和浓厚氛围。同时，组织好理论研究工作，结合溧阳实际，推出一批有分量的研究成果，增强全市学习宣传贯彻党的二十大精神的理论深度。贯彻成果要更“实”。要立足长远，围绕党的二十大报告逐字逐句逐条去研究，逐条逐项逐件去追根溯源，确保2022年目标任务完成和2023年目标任务设定更统筹协调、2022年重点工程工作收尾和2023年重点工程工作安排更扎实，切实提高工作的组织化水平，以实际成绩检验党的二十大精神学习宣传、贯彻落实的实效。

（潘靖军）

组织工作

【概　况】 2022年，全市组织工作紧扣迎接学习宣传贯彻中共二十大这条主线，把握大局大势、聚焦主责主业，统筹推动“九大国家级试点”（中组部全国城市基层党建工作示范市试点；中宣部全国新时代文明实践中心试点；全国乡村“复兴少年宫”试点县市；国家发改委城乡融合发展试验区；国家级新型城镇化建设示范县城试点；科技部县域创建国家级高新区试点；交通运输部、财政部深化农村公路管理养护体制改革试点；农业农村部全国首批乡村治理体系建设试点县；全国农村宅基地制度改革试点）重任，全面服务和保障“532”发展战略（五个中轴指长三角交通中轴、创新中轴、产业中轴、生态中轴、文旅中轴；三个中心指长三角产业科技创新中心、现代物流中心、休闲度假中心；两个示范指城乡融合发展示范区、统筹发展和安全示范区），为溧阳绿色现代化不断注入红色新动能。

【基层党组织建设】 将学习宣传贯彻中共二十大作为“第一要务”，以“学习二十大 奋斗向未来”为主题，开展“学报告、展作为、显担当”基层党员话心声等活动，发布“奋斗者的风景”沉浸式党课品牌。“传承红色基因活动”登上《新闻联播》，《血战塘马》获第十六届全国党员教育电视片观摩交流活动一等奖，《“红色水西”赓续鱼水情》《依托红色资源，丰富党史教学课堂》分别登上《光明日报》和《学习时报》。党建引领聚乡村振兴之势。全面启动村（社区）党群阵地“薪火点亮”行动，制定提档升级“一阵地一方案”，分三年打造100个“5A”示范阵地。成立常州首个“兴旅助农”网络主播党支部，组织第一书记在12个“红色主播加油站”担当主力带货百余万元，多次被央视、江苏卫视等报道。常州市抓党建促乡村振兴现场会在溧阳市召开，启动党建引领乡村治理展示馆项目建设，社渚镇洑家村“携手共富山两边”产业协同、融合发展做法登上《人民日报》，《溧阳市加强党建引领激活乡村治理“红色动能”》被《江苏改革简报》刊登推广，“党建引领共治共享，唱响乡村治理体系建设的美音溧阳”入围全省复制推广第一批现代化建设探索实践典型经验。组织引导凝新兴领域之力。指导推动正昌集团党委建成党群服务中心、科华控股党总支打造非公企业党务培训基地。成立苏南首个民宿行业党委、新型电力和新能源装备产业创新等党建联盟，新建交通运输、快递、外卖、网络主播等行业党委，产业链党建联盟为千亿级产业集群加注“芯动力”，“三聚三提”工作法点燃民宿行业“红引擎”。开展新业态新就业群体“百人万里行”调研活动，摸排出161名新业态新就业党员，分行业建立新兴领域党建数据库。红色引擎提城市治理之能。推进“红色业委会（物管会）”建设，创建金峰新城、燕山南苑省级“红色物业”示范点。建成64家龙城红色驿站、172个龙城红色服务吧。开展全市城乡基层党组织建设专项整顿行动，排定《市四套班子领导进村（社区）集中走访安排表》，走访近27万户。全面实行“一网格一支部”，602个村级综合网格与158个社区综合网格党组织覆盖率均达100%。

【干部队伍建设】 着眼长远调优结构。组成4个调研组对全市58个部门开展日常考察，“定档分级”综合分析班子和干部，考准考实干部政治素质。换届之后不停歇，加大对领导班子和领导干部的年龄分析、结构分析、变动分析，着眼下次换届，对各类人选排出培养计划，提高干部工作的系统性和长远性。制定《关于加强年轻干部培养选拔工作的实施意见》，完善年轻干部选育管用机制，提拔“85后”正科3人，其中“90后”正科2人，提拔“90后”副科6人，其中“95后”副科1人。实战锻炼精准选育。稳步推进市镇换届，别桥镇作为“试点观摩制”试点，在全省率先高质量完成换届任务。坚持“德才兼备、以德为先”用人导向，选派92名年轻干部到省级机关跟班学习和巡察等重点一线磨砺锻炼，16名在乡村振兴、疫情防控、高质量发展等重点工作中敢为善为、实绩突出的干部得到进一步使用。发起成立长三角“一地六县”干部教育培训联盟，创新“1+2+X”培训模式，培训干部700余人次。立足当下严管厚爱。根据省委巡视整改工作部署，第一时间成立整改专班，突出立行立改，细化任务分解，确保责任到人。制定选人用人整改措施24条、规范性文件9个，从严从快落实整改。加强整改推进督查，创新“红黄绿”亮灯机制，提升整改质效。出台领导干部日常管理、加强退出领导岗位干部日常管理等文件，强化制度规范、提升关爱温度。对9个镇区和机关开展选人用人专项检查，实施中层干部职数预审和年轻干部预审制度，从源头规范干部选拔任用流程。用好职务职级并行的政策红利，激发各层次各年龄段干部的积极性。

【人才引育工作】 以大项目实现大招引。立足动力电池、智能电网等支柱产业，依托江苏时代、天目先导等重点企业，发挥各级人才工程牵引作用，加快高层次人才引聚。入选省双创团队1个、省双创人才5人、省双创博士5人、常州“龙城英才”创新创业人才34人。引进各类人才约12000人，对接产业工人3万人，培养高技能人才1900人，每万人高技能人才数超1200人。以大平台引领大提速。重庆大学智慧城市溧阳研究院、长三角物理研究中心入选省级新型研发机构，获资助4000万元。全年举办13场各类人才活动，邀请院士30人次参加。智能无人装备产业创新中心暨毛明院士工作站成功落地，并获评省级院士工作站，中国科学院物理研究所汪卫华院士的第一个产业化项目顺利落户，以“院士工作站+产业创新中心+投资基金”为核心的创新共同体加快形成。举办首届“龙城英才计划　天目湖英才榜”创新创业大赛、“海归青年说、直播见溧阳”等活动，通过“以赛代评”高效引才。以大手笔优化大环境。开展首届“天目湖英才榜”优秀人才表彰活动，表彰各类优秀人才25人，发放奖励510万元。兑现2021年度“天目湖英才榜”专项资金7100万元，发放创新创业资助资金2070万元，科技创新券、苏科贷、人才贷等金融产品约8630万元，以“真金白银”支持人才发展。新开工人才公寓4299套、34.29万平方米，积极推进高新区智溧国际人才社区、长三角科学家之家等高品质人才公寓建设，引进南师大附小等优质教育资源，为人才解决后顾之忧。

（崔　虎）

老干部工作

【概　况】 2022年，全市老干部工作围绕中心、服务大局，以迎接中共二十大胜利召开、学习宣传贯彻中共二十大精神和纪念老干部工作四十周年为契机，扎实推进离退休干部党的建设、聚焦“银发生辉”、提高服务管理水平、加强部门自身建设，推动溧阳市老干部工作高质量发展。市委老干部局被省委组织部、省委老干部局、省人力资源社会保障厅评为全省老干部工作先进集体。“老干部‘一键通’居家养老智能看护项目”被省委老干部局评为“赓续荣光·江苏老干部工作40年”宣传项目，在全省进行宣传展示。戴埠镇老干部党支部被评为全省“六好”离退休干部示范党支部。高新区新昌老干部党支部、溧城街道马垫老干部党支部、市公共文化体育中心老干部党支部被评为常州市“六好”离退休干部示范党支部。

【离退休干部思想政治引领工作】 为进一步组织引导广大老干部更加紧密地团结在以习近平同志为核心的党中央周围，为夺取新时代中国特色社会主义伟大胜利，谱写“强富美高”新溧阳建设新篇章增添正能量、再作新贡献，为迎接中共二十大胜利召开营造良好氛围、广泛汇聚智慧，溧阳市委老干部局在全市离退休干部中先后组织开展“建言二十大”“我看中国特色社会主义新时代”调研活动。通过召开座谈会、研讨会、个别访谈等方式，听取老干部的心声感言、意见建议，收到各类建言近百篇。通过举办中共二十大精神宣讲报告会、四套班子老领导读书班、离退休干部党支部书记培训班等，引导老干部思想常新、信念永存。

【离退休干部党建工作】 落实3个文件，制定溧阳具体措施。认真学习贯彻落实中共二十大报告中提出的“全面做好离退休干部工作”要求，中办发《关于加强新时代离退休干部党的建设工作的意见》和江苏省《关于加强新时代离退休干部党的建设工作的实施意见》，以及常州市《关于加强新时代离退休干部党的建设工作的若干措施》，让上级文件在溧阳落细落实，以党建引领老干部工作高质量发展。针对溧阳离退休干部党建工作中存在的难点问题，充分吸收省局、常州市局在实践中探索出的好做法、好经验，提出行之有效的具体措施，不断推进溧阳离退休干部党建工作的发展。

强化党组织分类指导工作，扩大组织覆盖面。深入推进离退休干部党组织建设质量提升行动，不断提升离退休干部党组织的政治功能和组织功能。机关事业单位做到应建尽建，年底召开离退休干部党支部建设分类指导工作座谈会，听取涉老社团的意见和建议。溧阳市拟成立老干部活动中心、老年大学、老龄协会、老干部乒乓球协会、老体协5个单位的功能型离退休干部党支部，支部关系隶属于溧阳市委离退休干部工委。

建设3个阵地，提供党建活动保障。积极开展全省示范性老干部活动中心和老年大学创建活动,以创建为契机,完善硬件设施，组织开展丰富多彩、形式多样的学习和文体活动，引导老干部积极参加文艺演出、体育比赛、书画展览、送教下乡等志愿服务活动。建立建设离退休干部党建馆，展示溧阳老干部工作成果，为全市离退休干部党支部和党员学习活动提供场所。

【组织离退休干部发挥作用】 完善志愿服务体系。把老干部志愿服务工作纳入全市志愿服务工作系统。在溧阳市委办下发的《溧阳市关于深化拓展新时代文明实践中心建设的实施意见》中，明确把老干部纳入志愿服务力量，并提出把老干部、老战士、老专家、老教师、老模范“五老”人员纳入人才资源库。按照省局和常州市局统一部署，9月溧阳市启动银发人才库建设工作，组建包括经济、科技、教育等9大类别的人才资源队伍。

深入开展志愿服务。深入开展“银发生辉　银龄行动”，切实找准老干部工作服务中心大局的切入点、着力点，积极搭建平台载体，组织引导他们在推进乡村振兴、民生改善、绿色发展、科技创新、基层治理和关心下一代等方面献智出力、发光发热。在学习宣传中共二十大精神中保持“春晖热度”。中共二十大召开后，组织全市离退休干部观盛会、议盛会、赞盛会，回顾过去5年和新时代10年的伟大变革，展望全面建设社会主义现代国家的美好图景。依托老干部活动中心、老年大学、涉老社团、协会，以及“离退休干部工作”“江苏老干部”“晚霞清影”“溧阳先锋”微信公众号等线上线下学习宣传阵地，广泛组织老干部深入学校、社区、农村、企业开展中共二十大精神的宣传活动。结合老年大学课程更新、乡镇建立老年大学分校为平台，开发一批符合老年人特点的红色课程。打造《树荫下的党课》老干部宣讲活动品牌。在推动二十大精神落地生根中展现“春晖作为”。团结带动全市离退休干部在贯彻落实中共二十大精神中发挥生力军作用。立足老干部独特的政治优势、经验优势和威望优势，充分发挥老同志们在区域建设发展中的“智囊团”作用，在全面提升城市现代化治理水平，不断增进民生福祉等方面出谋划策。依托离退休干部党组织释放党建引领效能和老党员模范效应，组织引导老干部、老党员投身中心工作，不断为服务中心大局助力添彩。开展传承红色基因、延续文化血脉、弘扬好家教好家风等系列主题活动，为抓好“后继有人”这个根本大计贡献力量。发挥老干部摄影、书画、诗词等文体团队优势，创作反映时代气象、彰显文化自信、引领良好风尚的群众喜闻乐见的优质文艺作品，展现中国式现代化中的溧阳风貌。在推动老干部工作高质量发展中贡献“春晖经验”。把涉老组织作为凝聚和团结老同志的重要平台，充分发挥老促会、关工委、老龄协会等涉老社团的作用，既要发挥好各自的作用，同时也要通过活动联办、平台共建等形成合力，为推动新时代老干部工作转型发展、高质量发展作出新的贡献。联合市老促会的老干部开展“传承红色基因 赓续红色血脉”活动，立足本土红色文化精髓，从红色资源的挖掘、保护和利用方面全链条发力，打造用活一批现有红色资源，深挖盘活一批潜在可塑红色资源，高质量出版了《溧阳红色记忆》和《溧阳红色地图》等红色系列作品，进一步营造溧阳红色文化氛围，被《新华日报》报道宣传。发动市关工委组织了12次“老少心向党、喜迎二十大”主题教育进校园活动，把“五老”爱党爱国的政治热情转化为传承红色基因、关爱青少年健康成长的实际行动。

打造志愿服务亮点。打造一批如卫健局的“银发生辉再韶华，健康守护你我他”、农业农村局的“银耀三农”志愿服务项目，深入挖掘一批如司法局的“医患纠纷调处中心”志愿服务团队，宣传一批如公安局的“老陈调解室”、教育局的“计耀明家庭队室”等志愿服务者队伍。积极参加常州市局“两美一佳”（最美老干部志愿者、最美老干部志愿服务团队、最佳老干部志愿服务项目）的评选活动，以点带面，营造老干部参加志愿服务的浓厚氛围，带动更多的老干部为谱写溧阳发展新篇章发挥积极作用。

【离退休干部服务管理工作】 实施精准服务。进一步提升老干部工作信息化水平，维护好老干部信息平台，精准了解老干部个人及家庭情况。建立老干部健康档案，一年两次分别组织离休干部、四套班子老领导参加体检，精准了解老干部健康状况。做好春节、夏季高温、重阳节走访慰问，精准了解老干部需求信息。实施“六位一体”居家养老服务，为老干部同步提供“一键通”线上服务与居家养老线下送时服务。

加强党内关怀。落实走访慰问制度，一年三次（春节、夏季高温、重阳节）必访、重大纪念日必访、老干部生病住院必访、家庭出现重大变故及时上门看望。对已故离休干部的配偶加强帮困力度，帮助无工作、无收入的遗属办理职工医疗保险，提高春节走访慰问金标准。

推进智慧养老。注重用好老年大学教培资源，开设“智能手机应用”“手机摄影”“电脑操作”等课程。注重普及智能技术常识，举办手机使用、防诈骗知识、法律知识、养生保健知识等丰富多彩的讲座。注重发挥青年干部作用，倡导开展“青老互助”志愿服务，青年干部职工走进老干部活动中心、离退休干部党员之家开展关爱服务，帮助老同志用得上、愿意用、用得好智能技术，共享美好智慧生活。

【老干部工作部门自身建设】 打造一支“会干”的老干部工作者队伍。老干部工作部门人手少、工作对象发生变化、工作内容日益增多、工作标准越来越高。这就要求工作人员全面提高业务工作能力。不断强化岗位锻炼，在实践中提高七种业务工作能力，即：精通老干部政策，解决老干部工作实际问题的能力；熟悉老干部心理，与老干部沟通交流的能力；勤于思考积累，具有较强文字表达能力；主动组织协调，调动各方齐抓共管老干部工作的能力；深入调查研究，为领导当好参谋助手的能力；勇于探索创新，创造性地开展老干部工作的能力；自觉学习新技能，熟练使用现代办公手段的能力，努力成为老干部工作的行家里手。

打造一支“肯干”的老干部工作者队伍。深入开展社会公德和职业道德教育，不断强化老干部工作者全心全意为老干部服务的意识，增强做好老干部工作的责任感和荣誉感。重视老干部工作者的培养教育，关心他们的成长进步，使老干部工作队伍保持旺盛的活力。把政治素质好、工作能力强、热心老干部工作的优秀干部充实到老干部工作部门来。

打造一支“干得好”的老干部工作者队伍。创新自身建设的方法和载体。大胆探索加强自身建设的有效途径，开展多种形式和主题的争创和竞赛等活动，不断强化自身建设成效。培养树立典型，推广先进经验。把创建文明单位、文明（科）室作为加强自身建设的龙头和重要载体，进一步强化创建意识，加大创建力度，推动老干部部门精神文明建设。创新学习方式和手段，通过开展学习竞赛、学习成果展览等多种形式，营造比、学、赶、超的浓厚学习氛围，形成学习工作相互促进的良好局面。

（市委老干部局）

宣传工作

【概　况】 2022 年，全市宣传思想文化战线坚持以习近平新时代中国特色社会主义思想为指导，紧扣迎接和学习宣传贯彻中共二十大这条主线，突出“文旅融合巩固突破年”主题，主动扛起举旗帜、聚民心、育新人、兴文化、展形象的使命任务，着力推动宣传思想文化工作在守正中创新、在创新中发展，为溧阳建设苏南绿色崛起品质城市提供坚强思想保证和强大精神力量。

【理论学习】 围绕学懂弄通做实习近平新时代中国特色社会主义思想，严格落实“第一议题”学习机制，不断加强党委（党组）理论中心组规范化、制度化建设。精心组织“学习达人”挑战赛和“百姓名嘴”风采展示等品牌活动，均获常州市优秀组织奖。深入开展基层理论宣讲，打造“水西大讲堂”“红燕子”宣讲队等“一镇一品、一村一品”品牌，5 个示范点、队获常州市级表彰。中共二十大召开以来，第一时间组织社会各界集中观看中共二十

11月5日，溧阳市举办“喜庆二十大 建功新时代”主题文艺演出
（市委宣传部 供稿）

大开幕盛况，第一时间召集全市领导干部传达学习中共二十大精神，第一时间召开市委理论学习中心组交流研讨会，率先举行党的二十大精神“走基层”活动，组建由46名领导干部、专家学者担任成员的市委宣讲团，集中开展75场次专题宣讲，迅速兴起学习宣传贯彻中共二十大精神热潮。成功举办省习近平新时代中国特色社会主义思想研究中心溧阳市实践调研基地揭牌仪式暨党的二十大精神学习会，发布首批研究课题，聘请首批指导专家，受到省、常州市各级领导高度评价，获评常州市宣传思想文化工作优秀创新成果奖。

【意识形态工作】 严格落实意识形态工作责任制，修订出台《党委（党组）意识形态工作责任制实施细则》，研究制定意识形态联席会议工作规则，压紧压实各成员单位职责，形成齐抓共管意识形态工作的向心力。顺利完成省委巡视意识形态专项检查，针对反馈问题制定26条具体整改措施，对10个镇（街道）、部门开展意识形态工作责任制落实情况专项检查。聚焦讲座论坛、报告会研讨会和网络、高校、文化等问题易发多发领域，加强与南航天目湖校区互联互通，有针对性地组织演练，做好预案。加强网络意识形态管理，全市意识形态领域总体平稳有序、向上向好。

【主题宣传和新闻外宣】 围绕迎接学习宣传贯彻中共二十大，深入推进“行走新时代鱼米之乡”、“新发展理念在江苏”专题片、“奋进新常州 建功新时代”等大型主题采访活动。扎实开展“强国复兴有我”群众性主题宣传教育活动，“喜庆二十大 建功新时代”主题文艺演出广获好评，首届“淳化阁帖”杯江苏少儿书法“百佳”大赛受到全省少儿书法作者广泛关注，共收到来自全省各地投稿作品1410件。统筹网上网下、内宣外宣，全面加强与省级以上主流媒体的深度合作，提高常州发布的“溧阳声音”。《新闻联播》《新闻直播间》《人民日报》《光明日报》等央级媒体报道涉及溧阳“非凡十年”的丰硕成就130余篇，《新华日报》《常州日报》等省、常州市级媒体浓墨重彩描绘溧阳发展成就700余篇。

【宣传文化与新闻出版】 牢牢把握“少而精”的原则，在实践中不断修订完善《“溧阳北湖亭奖”文艺精品扶持奖励办法》，很好地鼓舞了文艺工作者的创作热情。《水西宝语》《我在青山绿水间》等17件文艺精品和《竹娃嬉牛》《墨韵黔南》等16件优秀作品得到“溧阳北湖亭奖”的扶持和奖励。锡剧《站长日记》、广播剧《小小梦之队》、歌曲《溧阳》获评常州市第十届“五个一工程奖”。扎实推进书香文化建设，成立全市全民阅读促进会，举办首届曹山读书节、“洮湖书韵”读书朗诵会、“晴耕雨读”农民诗会等全民阅读活动100余场，联合6个部门评选书香机关、书香校园等“五大类”书香单位48个，江苏省第四批“书香城市”示范县创建取得明显成效。有效落实电影行业助企纾困政策，及时发放溧阳市级补助资金，帮助全市影院尽快恢复营业、恢复发展。牢固树立“管行业必须管安全”的理念，加强阵地管理，深入案件查处，把“扫黄打非”工作不断引向深入，联合市文化执法大队、市消防大队、市教育局等单位常态化开展“双随机 一公开”“护苗 · 绿书签”“百日安全生产维护”等专项行动，2022年累计检查出版和印刷企业、电影院等160余家，累计行政处罚13起。严格落实疫情防控相关政策，压实书店、影院、印刷企业等新闻出版领域安全生产主体责任，做到守土有责、守土负责、守土尽责。

【精神文明建设】 全国文明典范城市创建进展顺利，以新的态势接受了全国和省级测评。飞线充电、空中缆线、老旧小区、城区产权地等九大专项提升行动成效明显。未成年人思想道德建设持续深化，新时代文明实践中心建设获评省级评估优秀等次，乡村“复兴少年宫”试点工作成效在《江苏精神文明建设简报》刊发推广，同时创新推出课创中心、德育基地、劳动实践基地“三大建设”，“点亮心愿树”获评全国“最佳志愿服务项目”，并获评全省“最具影响力慈善项目”。省文明家庭、江苏好人等一批先进典型纷纷涌现。高质量编撰《平凡的感动》一书，记录了118位“溧阳好人”发生在身边的感人故事。

【网信工作】 全面落实网络意识形态工作责任制和网络安全工作责任制，实施网络专项治理，扎实推进“清朗”“净网”系列专项行动，及时清理网上有害信息。承办常州“护苗2022”专项行动暨“绿书签行动”进基层启动仪式。

（吴世平）

统战工作

【概　况】 2022年，全市统战工作勇当先锋、主动作为，聚焦重点同心发力，在思想政治引领、服务中心大局、改革创新发展、构建大统战工作格局等方面取得成效。积极探索“党建＋统战，网络＋网格”工作体系，不断完善大统战工作格局，召开市委统一战线工作领导小组会议2次，市委常委会全年专题讨论统战工作4次，确保各领域统战工作始终在党的领导下平稳有序推进。深化新时代大统战格局，制定下发《2022年统战工作要点》，持续推进《中国共产党统一战线工作条例》学习宣传贯彻，引导统战系统各基层党组织推进党建工作和业务工作有机融合。深入开展“统一战线献礼党的二十大”系列活动，学习贯彻中共二十大会议精神。组织开展“同心·向未来”主题曲大赛，征集歌曲62首。录制发布原创歌曲及MV《同心．同向．同行》，编写《情系桑梓展风采——溧阳异地商会掠影》，组织“溧侨心向党　两节情越融”喜迎二十大专题文艺演出，组织“侨心永向党，喜迎二十大”港属澳属看溧阳活动，形成全市统一战线喜迎中共二十大、奋进新征程的良好氛围。参加“苏新非遗　传承”新人新作展系列活动，作品《中国精神》获星火奖。参加江苏省“多党合作与中华民族伟大复兴”征文活动，获二等奖。深入开展“矢志不渝跟党走、携手奋进新时代”政治交接主题教育，举办党外各界代表人士迎春座谈会、经济情况通报会等活动，引导全市统战成员增进政治共识。强化重大事项协商通报、专项工作联合调研，推荐“益心为公”检察云平台志愿者10名。完成政协交办提案6件，办结率100%，委员满意率100%。

【多党合作政治协商】 推进协商民主制度化。深入开展“矢志不渝跟党走、携手奋进新时代”政治交接主题教育，引导各民主党派、无党派人士坚守合作初心、增进政治共识，筑牢与中国共产党团结合作的共同思想政治基础。根据《对口联系工作意见》，制定民主协商计划。强化重大事项协商通报、专项工作联合调研，推荐“益心为公”检察云平台志愿者10名，不断提高政党协商的制度化、规范化、程序化水平，助推市委、市政府重大决策部署落地见效。引导参政议政实效化。聚焦全市“文旅融合巩固突破年”“天目湖开发30周年”等工作主题，围绕争创“五个示范”目标，重点围绕乡村振兴、产业转型、创新创业等领域组织开展市情考察。组织开展“走进溧阳高新区”“走进美丽乡村”等各类专题调研活动，充分发挥党外代表人士智力密集、联系广泛的优势，形成《挖掘资源，打造特色——关于溧阳争创文化历史名城的几点思考》等调研报告。培育党外人士系统化。加强市知联会、新联会会员发展力度，组织开展全省第三批“无党派人士”认定工作，新认定无党派人士16名。在新的社会阶层人士集聚的行业地区发现培养代表人士，有意识吸纳健康正向的网络人士、自由职业人士等新业态从业人员加入组织。有36名党外代表人士在机关、企事业单位担任领导职务。

【非公有制经济领域统战工作】 “两个健康”先行区创建有效推进，汇集全市各部门15项优秀创建举措，制作“企业关注、部门聚力”短视频宣传栏目，举办企业家沙龙，开展南山竹海登高健体、南京雨花台红色之旅等“强体健魄，凝心聚溧”系列活动，举办企业家中秋节座谈会、重点外贸民营企业座谈会，组织“两个健康”大讲堂等主题活动，服务企业发展。牵头相关重点创建部门召开“两个健康”先行区创建工作座谈会，集聚力量推动溧阳市2022年度重点工作任务的圆满完成。重视代际传承，成立青年企业家党校。市工商联获评首批全国“五好”标杆县级工商联。

【海外交流工作】 开展侨企、侨界人才、海归人才大走访活动，启动“锂享侨+”为侨服务品牌，召开加勒比海地区在溧阳华人华侨中秋座谈会等活动，促进项目资本对接。市欧美同学会会长张清林被评为“江苏留学回国先进个人”，欧美同学会副会长吴凡获评“天目英才榜探索英才”称号及“江苏青年五四奖章”。《欧洲时报》专版宣传溧阳，提高溧阳在海外的知名度。

【港澳台交流工作】 圆满完成由国台办指导，省台办主办，常州台办、溧阳市委统战部承办的全省对台交流基地宣导员技能大赛，溧阳市获第3名。市台办被中共中央台湾工作办公室宣传局评为“中央台办‘两刊’对台宣传工作先进单位”。溧阳市天福茶园成功创建“常州市对台交流中心”。

【党外代表人士统战工作】 巩固拓展民盟“同心．献智惠民”、民建“同心·思源”党派工作品牌，继续开展公开课、助学帮困活动；推出无党派人士“知联+”社会服务品牌，成立“乡村振兴、助企发展、权益维护、健康守护、成长护航”五大社会服务团，积极开展社会公益活动6场；打造“双创·新能量”“新·治力”“1号溧直播”“美音·新溧”新阶层统战工作品牌矩阵。在田又甜（常州）电子商务有限公司成立溧阳市兴旅助农网络主播党支部，按照“六有”要求打造网络人士统战工作实践创新基地。推动省级以上开发区知联会分会有序开展活动。在溧阳市创客联盟（大万创业学院）打造新联会会员之家，联合溧阳市国防园建设大万创业学院实训基地。开展“同心防疫·感恩有你”公益直播活动，号召爱心人士为一线防疫工作者送上暖心礼包，线上线下筹集资金20余万元。联合市委组织部、市商务局等单位，启动“1号主播加油站”主题活动，提升驻村“第一书记”直播技能，助力乡村振兴。组织动员溧阳市汇众社、劦善志愿者协会等骨干社会组织，参与创新社会治理，积极开展文明典范城市创建、防诈宣传、消防大队中秋慰问等活动5场。开展“新治·力”专家服务进企业系列活动，组织会员走进企业进行法律、会计知识公益宣讲活动3场。

（方应强）

机构编制工作

【概　况】 2022年年底，溧阳市党政序列机构数37个，其中市委序列9个、政府序列28个。全市事业单位240家。全额拨款153家、差额单位81家、自收自支6家。

【开发区体制机制优化工作】 优化高新区与昆仑街道工作机制。在“三定”规定明确的职责基础上，结合工作实际，按照“区街合一”一体化运行模式，指导出台《溧阳高新区与昆仑街道实行一体化运行的实施意见》，进一步理顺园区、街道分工，形成统分结合的工作体系。

优化天目湖镇、区运行模式。紧抓全省开发区规范管理契机，积极争取政治资源，将天目湖旅游度假区管委会调整为管理办公室，不再与天目湖镇实行“区政合一”体制。重新制定天目湖镇、天目湖旅游度假区管理办公室“三定”规定，明确职责，充实力量。

优化现代农业产业园管理体制。服务市委“乡村振兴”战略，根据全市农业类园区规划布局调整情况，落实园区机构实名一一对应要求，规范设置溧阳现代农业产业示范园管理办公室，制定“三定”规定，配强机构编制，理顺工作体制。

【行政体制改革实效提升工作】 持续推进基层“三整合”改革。规范“人员统筹使用”机制。制定《溧阳市镇（街道）“人员统筹使用、岗位分级管理”实施细则》，进一步明确统筹使用基层行政、事业、编外等各类人员的管理办法。规范中层职数管理。按照市委组织部中层干部预审工作要求，建立中层职数目录库，并进一步明确按照法律、法规、章程设置机构配备干部的职数。推进经济发达镇创建。结合省经济发达镇相关政策调整，认真解读省经济发达镇管理办法和考核标准，重新申报社渚镇作为培育镇。制定培育方案、支持政策19条，并指导社渚镇扎实开展经济发达镇培育工作。

持续深化乡镇综合行政执法改革。市政府出台文件，召开专题会议，进一步推进、规范全市基层综合执法工作。明确市城管局作为基层综合行政执法业务指导牵头部门，建立全市综合行政执法协同指导和监督考核工作联席会议制度。综合执法改革暨指挥中心建设试点工作被省委编办评为先进试点单位，综合执法信息化平台建设配合市司法局完成全国法治政府示范市创建。

全力完成市级权力清单调整。根据常州权力清单调整的统一部署，完成溧阳市14个市级部门的353项权力清单的调整更新工作，确保权力清单准确规范。结合部门职责分工情况调研，提出42条部门间职责分工（事权划分）工作建议，进一步推进部门履职尽责。

全面推进应急管理综合行政执法改革。根据上级统一部署，整合应急管理执法资源和力量，重新组建应急管理综合行政执法大队，规范制定大队“三定”规定，设置派驻执法中队推动执法重心下移，切实增强应急管理综合执法能力。

【机构编制调研评估】 开展人力资源评估。选取民政、农林等9个单位，对其行政、事业干部队伍建设以及各类编外人员使用管理情况进行总体评估，分析人员结构和配备情况。深入分析学校师生比、学科结构及医院床位数、医护配比等各类因素，科学核定学校、医院用人规模，在总量控制前提下，用好编外备案制，形成科学合理的长期用编计划。

开展机构编制评估。会同市委组织部组成工作组，对市监局、公安局、水利局等进行机构编制情况全面评估，听取专题汇报，并深入基层分局（所）开展调研，充分了解机构运行和编制使用情况，形成评估报告，为配班子选干部提供参考。

开展编外用工专项调研。对全市58个市级机关事业单位和12个镇（区、街道）的各类编外人员进行全口径调查摸底；并选取3个镇（街道）、6个市级部门对第一轮编外用工清理规范完成情况进行“回头看”，对编外用工“退一减一”清理工作进行督促指导，并从制度层面规范全市编外用工的管理。

开展全口径财政供养人员用工成本调查。会同市委组织部、市财政局、市人社局、市地方金融监督管理局等职能部门，对全市机关事业单位在编人员、各类编外用工、国有企业用工、村（社区）干部等全口径财政供养人员用工成本开展专项调查，为市委、市政府决策提供数据支撑。

【机构编制管理和服务】 科学用编管理。落实“只减不增”总原则，全年安排事业用编指标340名，教育卫生及高层次人才专项指标占全部指标88%以上。用好事业编制“周转池”载体，保障3批共115名紧缺专业和高层次人才用编需求。强化编外用工员额管理，全年增核税务局办税延伸点、竹箦镇、卫生健康局、行政审批局、综合抽样调查队5家单位编外用工员额共92名。

优化机构管理。对农业农村、商务、行政审批等部门行政内设机构进行调优。对城管局综合行政执法、科技局科技创新、人社局人力资源服务、纪委监委巡察办案技术服务等工作力量进行加强。对教育、审计系统事业单位进行优化，争取2个事业单位升格。

规范登记管理。全面完成2021年度事业单位法人年度报告公示。284个事业单位通过网上审核，公示率实现100%。推进事业单位登记管理标准化管理。完成事业单位法人设立登记16件、变更登记84件、注销登记33件、证书补领4件。完成事业单位信用等级评价工作。事业单位参评率100%，140个参评单位终定等级为A。全面做好政务和公益域名工作。中文域名注册率达100%，覆盖所有党政群机关及事业单位。

强化监督管理。优化机构编制考核体系。优化市级机关考核体系，机构编制工作纳入镇区（街道）高质量考核。通过日常评估和年终考核相结合，对工作执行不到位、改革推进欠力度等问题突出的单位给予扣分并通报，强化机构编制刚性约束。健全机构编制督查机制。加强与纪检监察、组织、财政、人社、审计等部门的协作配合，常态常规开展“三责联审”、机构编制专项督查、机构编制年报工作等工作。严格机构编制违规问题清单管理，规范“12310”信访举报受理办理，加大机构编制违规违纪违法行为查处力度，严肃追责问责。用好机构编制信息系统。严格执行科级领导职数网上预审制度。配合组织、人社部门升级自建实名制系统，及时更新中编办实名制系统。运用实名制系统对财政供养人员情况实施动态监测，确保总量增减平衡。规范机构编制日常管理。树立“红线”意识，严格机关事业单位人员进出编手续审核，禁止超编进人，2022年共办理1049名人员进出编。加强编外人员实名制管理，提高全市编外人员的规范化管理和使用效益。

夯实内部管理。开展“聚合‘溧’谱新‘编’”党建品牌创建活动，将纪法教育、疫情防控、结对帮扶、“路长制”等工作融入党建，丰富党建内涵，市委编办获评市级机关优秀基层党组织。实行“周五学习日”制度，集体学习15次、科室自学24次、业务论坛4次、课题调研17次，提升全办业务政策水平。加强信息工作，省委编办录用溧阳动态12条、常州编办录用54条、溧阳信息录用1条、“学习强国”学习平台录用2篇。推动机构编制工作信息化建设，开发机构编制信息系统，整合机构编制、政策汇编、职数信息等内容，推动机构编制数字化。制定室务会落实全面从严治党主体责任任务清单，定期开展廉政风险排查防控，观看警示教育片12次、节前廉政提醒5次、警示党课12次，筑牢从严治办责任链条。严格落实省委巡视反馈问题整改工作要求，将巡视整改与机构编制高质量发展紧密结合，不断在重点领域和关键环节取得突破。

（李哲枭）

党史工作

【党史正本编纂】 2022年，市委党史工委坚持“党史姓党”的根本原则，按照《中国共产党溧阳历史》第三卷编纂方案，组织力量全面查阅1979—2002年市委、市政府及各部委办局的档案资料，在尊重史实的基础上进行深入研究，搞清楚其中的前因后果，认真撰写《中国共产党溧阳历史》第三卷初稿。在撰稿过程中，编纂人员严格按照上级党史部门的要求，树立精品意识，注意挖掘研究具有溧阳地方特色的史料，力求体现史书的地方特色，力求做到脉络清楚，体例结构合理，内容全面系统，资料翔实可靠，文字流畅精炼，确保史书具有较高的权威性、学术性。至10月底，已全部完成第一编至第三编初稿全部内容和第四编（2002—2012年）纲目，为第四编的初稿撰写做好准备工作。

【史志研究宣传阵地建设】 继续加强运行“溧阳史志”微信公众号，全面宣传溧阳地方党史、地情文化、民俗风物、大事要事，充分挖掘溧阳史志文化遗产，创新史志宣传途径，传播历史文化、弘扬优良传统、凝聚社会共识，2022年共发布推文53篇。其中，“党史故事一百讲”系列共计12篇，“溧阳博物馆看馆藏”系列共计7篇，“趣释溧阳话”系列共计17篇。联合市融媒体中心FM97.2溧阳综合广播，推出一档全新的历史文化广播节目《美音溧阳》，宣传溧阳党史、地方志知识，节目从元旦开播，每周播出3期，截至8月已播出100多期。12月，联合市教育局开展以“童心永向党，共绘‘昆仑红’”为主题的党史进校园活动，通过组织开展形式多样、内容丰富的学党史系列活动，引导学生学会学懂党史、国史，了解地方发展史、地方历史名人，建设学校“昆仑红”党建品牌，增强对党、对祖国、对人民的热爱及对社会主义道路的信仰。

（莫　俊）

党校工作

【党校品牌建设】 2022年，市委党校立足溧阳独特区位优势，始终围绕中心、服务大局，聚焦课题、科研、师资三大维度，打造新型红色智库。围绕中心，打造一流课题品牌。深入研究新四军铁军精神以及共同富裕、乡村振兴等重大课题，组织各级各类课题申报，结项省委党校专项课题、长三角党校校长论坛课题、环太湖五市党校系统课题、常州市委党校党建课题。突出重点，打造一流科研品牌。在“学习强国”学习平台、人民论坛网、《常州日报》《溧阳时报》等主流媒体阐释宣传党的最新理论成果，刊发中共十九届历次全会精神、中共二十大精神等评论文章，在溧阳融媒体中心等媒体围绕理论热点、时事政治等开展多次专题解读。创作出版《水西宝语》《擎旗溧阳》等一批理论研究成果，清晰阐释江南指挥部重要历史地位。增强素质，打造一流师资品牌。选聘多位政治站位高、理论功底好、授课效果佳的领导干部、专家学者、道德楷模充实党校课题调研、理论宣讲的力量。

【党校教学改革】 市委党校深化教学供给侧改革，推动教学高质量发展。系统谋划储备课程。先后组织中共十九届历次全会精神、中共二十大精神、新四军军史等重点主题的教学研讨会，通过试讲研磨、AB角互补、学术审核等举措，丰富升级教学课程体系；实施“讲好水西故事——精品课培育工程”，创新开发“弘扬抗战精神　坚定理想信念”系列课程，建立涵盖专题类、现场类、访谈类、体验类、情景类5大类20余门课组成的特色课程库。打造新型教学模式。领衔制作干部党性教育“活教材”百集新四军抗战故事微纪录片《水西百忆》，受到《学习时报》关注报道，并获评全省党员教育全媒体创作大赛二等奖；设计推出的教学情景剧《无

8月23日，举行溧阳市委党校新校区揭牌暨长三角“一地六县”干部教育培训联盟成立仪式（市委党校 供稿）

法兑现的承诺》、互动锡歌《水西精神放光芒》等教学形式深受学员欢迎。精心设计现场教学。立足省级特色田园乡村、“溧阳1号公路”、长三角物理研究中心等示范和创新阵地资源，打造“党性教育、乡村振兴、基层党建、科技创新”4条现场教学精品线路，推出30个现场教学示范点。组织全市各单位累计申报优质现场教学点23个，研究筹建溧阳老区振兴、绿色崛起、品质示范系列现场教学特色专线。

【干部培训工作】 市委党校深入贯彻落实《中国共产党党校（行政学院）工作条例》，高起点开局、高标准办学、严要求管理，推动全市干部培训工作高质量发展。优化教学设计，满足学员需求。围绕干部教育培训工作的新要求，服务溧阳发展新定位，从干部成长规律出发，以“政治理论＋党性锻炼”“军事训练＋意志磨炼”“专业素养＋能力拓展”“一线课堂＋课题调研”4个“+”模块为载体，有机组合不同类型、层次干部教学体系，把多种素质能力提升、比拼贯穿干部教育培训全过程，为构建高效干部“人才链”“供应链”打牢基础。建立学习制度，提升培训实效。出台《溧阳市干部教育培训学员管理办法》，对干部调训、行业办班、学员参训、学时管理等作出明确规定，进一步提升干部教育培训科学化、规范化水平。构建培训联盟，营造品牌效应。发起成立长三角“一地六县”干部教育培训联盟，形成较好的品牌效应。与全国20多所党校、干部学院建立教学、课题合作关系，形成良好的特色办学效应。2022年，共组织实施溧阳市青年干部培训班、中层骨干班等重点主体班次24期，高标准承接国家级、省、市级班次150余期1.2万余人。

【党校新校区建成投用】 2022年8月，溧阳市委党校新校区建成投用。新校区总占地面积1.9万平方米，建筑面积3.8万平方米，引入溧书房、情景模拟室等智能化特色教学功能，可容纳近500名学员同时开展教学活动。新校区的启用为溧阳市委党校进一步擦亮省委党校现场教学基地品牌，持续发挥干部培训、思想引领、理论建设、决策咨询等职能作用提供了更加蓬勃的生命力。

【新四军江南指挥部纪念馆】 2022年，新四军江南指挥部纪念馆共接待游客68万余人次，其中团队接待2300余批次，开展微党课19场次、红色宣讲进校园5次、专题授课20余次、外派讲解18次。完成常州市委组织部、省委巡视组党支部、省委巡视常州市委联动巡察组、省意识形态督导组、北京新四军研究会一师分会等近60批重要接待。举行“讲述红色历史 弘扬革命精神”——“5·18”国际博物馆日直播活动、“水西文物大家听”——2022年文化和自然遗产日活动、纪念新四军江南指挥部成立83周年系列之“强国复兴有我”红色经典诵读活动、“知民俗，品年味”——迎新春活动、“述往思来 向史而新”——《水西百忆》新书分享会活动、“青春作答”——“五四”青年节活动、寻“艾”之旅端午节主题活动、“喜迎二十大，筑梦向未来”——水西志愿小讲解员活动、“纪念馆内识甲兵，巧手拼装庆八一”“八一”建军节主题活动、“盛世华诞，举国同庆”主题国庆活动、“铭记历史 勿忘国耻”国家公祭日缅怀活动等22次。完成新四军江南指挥部旧址防雷项目、史料展览馆沿河基础加固工程、新四军江南指挥部纪念馆AAA级厕所建设项目、纪念馆文化景观小品及导视系统升级改造项目、史料展览馆柜内文物布展项目和“水西之光”文化步道建设工程。

2022年，共征集到从水西村

走出去的共和国将士杜屏在抗美援朝缴获的战利品“美军毛毯”、钟国楚写给王守保的信、戴双喜烈士的烈属证等文物65件套。对馆藏文物873件套进行文物评估定级工作，馆藏等级文物376件套，其中一级文物10件套、二级文物36件套、三级文物330件套。出版书籍《水西宝语》，讲述新四军江南指挥部纪念馆馆藏文物背后的故事。开展“常胜将军——粟裕战役指挥艺术展”和“铁军忠魂 永远跟党走——新四军暨华中抗日根据地党的建设专题展”临时展览。

2022年，新四军江南指挥部纪念馆获评2019—2021年度常州市文明单位、常州市华侨文化交流基地，入选《新华日报》专题报道——革命历史革命纪念场馆探访情况。“新四军老战士的一封信”获评“见证新时代——新物件里的江苏故事”主题活动最具代表性实物。“童心共筑 强大国防”——爱国主义教育进校园项目入选2022年度省社科联社科普及基地专项项目。陈惠芳、李扬被评为江苏省第二批红色旅游五好讲解员。张燕获得2020—2021年度全市基层理论宣讲带头人、“江苏双十佳革命文物讲述人”（专业组）称号。纪念馆专业组讲解员李敏、吴竹清，志愿组小讲解员狄卿获常州市第四届红色故事宣讲大赛“红色革命故事组”三等奖。张燕主讲党课“铁军之路——简述新四军发展史”入选常州市党课名师精品课程单。吴艳琰获得“溧阳市三八红旗手”称号。罗斌达获评“溧阳市2022年度消防工作先进个人”。吴竹清获常州市导游员技能比赛三等奖。

（孙 庆）

机关事务管理

【后勤保障服务】 2022年，市机关事务管理中心面对接待宾客层次高、人员多、任务重、保密性强的特点，在各单位的支持和中心的领导下，共接待各类宾客744批次（政务接待478批，商务接待126批）。圆满完成江苏省省长许昆林到溧阳调研、省检察院检察长刘华到溧阳调研、最高院专委杜万华到溧阳调研等接待工作，并完成中央环保督察组、省委第五巡视组等专项接待。与相关单位密切配合，圆满完成长三角物理研究所年度理事会、溧阳市创建“生态岛试验区”、常州市公共机构节能宣传周、新加坡金鹰集团年会等重大活动的接待任务。会议中心年保障会议650余场，坚守底线思维，慎终如始，保障疫情防控会议54次，工作部署会议11次，十三届市委常委会19次、视频会议138次等。带头落实“过紧日子”要求，推进全市机关食堂带头“厉行节约、反对餐饮浪费”专项行动，巩固机关食堂制止餐饮浪费行为各项举措。

【资产管理保障】 做好公共机构“能耗感知一张网”建设工作，承办常州市公共机构节能宣传周启动仪式。3个单位通过常州市节水型单位创建，1个单位参加省公共机构节能低碳示范单位创建，3个单位通过省公共机构示范单位复核。梳理82个党政机关和参公事业单位（不含垂直管理部门、街道、乡镇），摸排出党政机关、事业单位闲置办公用房。汇总全市党政机关办公用房调剂需求，制定党政机关办公用房调剂方案。做好政府大楼的零星维修和日常维护工作。办理大楼防雷年检、中央空调年度保养手续。根据常州节能监察要求，做好相关电机整改工作。

【公务用车保障】 根据中央、江苏省、常州市公务用车管理办法，根据市领导批示精神结合溧阳市实际情况，起草《溧阳市党政机关公务用车管理办法》。2022年，派车3000余次，车辆安全行驶总公里数30余万千米。总计更新、新增公务用车23辆，其中党政机关更新公务用车20辆（9辆执法执勤用车、8辆应急保障用车）、事业单位新增业务用车3辆，截至年底全市拥有新能源公务用车28辆。对照《关于开展党政机关办公用房、公务用车、机关内部食堂管理专项督察的通知》的要求，进一步提升公务用车管理使用的制度化、规范化、标准化水平，深入各单位进行监督检查。

【财务工作】 完成16个财务记账单位的记账、报表工作，完成各个单位的经费申报、报销工作；完成人员的工资福利、各项保险等的计算、结算和发放工作；个税的申报和审核工作；完成各单位的“三公”经费、固定资产、债务申报等各种报表上报工作；完成所有单位的年报编制和上报工作；配合市委巡视组对4个单位的财务检查工作。

（虞明月）

融媒体中心

【概 况】 溧阳市融媒体中心是溧阳市委直属事业单位，是党的新闻舆论工作的重要阵地，引导群众、服务群众的重要平台。自2021年3月组建以来，市融媒体中心积极探索媒体融合发展的新路径、新模式、新机制，在构建融为一体、合而为一的全媒体传播格局方面取得一定成效。2022年，市融媒体中心始终坚持以习近平新时代中国特色社会主义思想为指导，紧紧围绕全国、省、常州市和溧阳市级各类宣传主题和重心，立足党媒姓党，全力用“心”做好“传播党声 传递靓溧”的“扬声器”，围绕常州“532”发展战略和苏南绿色崛起品质城市工作主题，发挥行业优势，从内容、渠道、联动合作等方面“多管齐下”，全力以赴开展各类宣传工作，为全市经济社会高质量发展提供强大支撑。

2022年8月，市融媒体中心被确立为全国第一家国家广电总局发展研究中心调研联系点。获评江苏省2022年度县级融媒体中心建设年度“特色产业领域拓展”优秀案例，为常州唯一。

【电视宣传】 坚持党和人民的喉舌功能，围绕全市的中心工作、重要工作以及百姓关心关注的社会民生工作等，着力做好电视新闻报道工作。《民生直通车》《我为群众办实事》《污防攻坚在行动》等常态化栏目宣传稳步推进；《奋斗2022》《防疫生产两不误》《优化营商环境》等阶段性重点栏目保障有力；围绕贯彻落实市委十三届五次全会精神，开设《争创五个示范，争当三项表率，奋力打造苏南绿色崛起品质城市》专栏，重磅推出一批有分量、有深度的报道，展示部门、镇区为奋力打造苏南绿色崛起品质城市，守正创新、不懈努力的精气神。围绕中共二十大召开这一重大历史事件，先后策划推出《起航新征程 建功新时代》《喜迎二十大永远跟党走》《喜迎二十大 俯瞰新溧阳》等栏目，全方位营造喜迎中共二十大、喜庆中共二十大、学习宣传贯彻中共二十大精神的良好舆论氛围，彰显主流媒体责任和担当。

完成新闻综合频道和《溧阳新闻》节目的改版工作。《溧阳新闻》所有新闻采取板块化编排方式，增强新闻播出的层次感、节奏感；运用新媒体思维和手段，在制作包装上进行改造升级，新闻片头、提要、标题、角标、字幕条等更加新颖、现代、时尚。

开展严格的安全防范工作，健全安全制度，完善安全生产流程，并在实际工作中严格督查到岗到人，确保新闻生产和播出零事故。

【报纸宣传】 2022年元旦，《溧阳时报》改版，正式更名为《溧阳日报》，周五刊改为周六刊，新闻时效性进一步增强，内容进一步丰富。

2022年，《溧阳日报》共出报299期、2340个版面。围绕市委、市政府中心工作和中共二十大宣传报道，共开设《奋斗2022》《奋进新征程 建功新时代》《争创‘五个示范’，争当‘三项表率’，奋力打造苏南绿色崛起品质城市》《‘品质城市’青年说”“非凡十年》《优化营商环境进行时》等新闻栏目30多个，刊发栏目稿件1000多条。在新闻版面开设《喜迎二十大》《非凡十年》《党的二十大特别报道》《聚焦党的二十大报告》专栏，在理论版开设“喜迎二十大，学习向未来”专栏，导读版开设“党的二十大报告金句”，在副刊开设“讲述·非凡十年”栏目并推出“喜迎二十大”作文专辑和诗歌专辑。开设“濑江时评”栏目，适时对贯彻落实市委、市政府重点工作相关报道配发《溧阳日报》评论员文章。

创新两会报道。围绕“团结”“实干”“开放”“创新”“突破”五个关键词，推出5篇两会特别报道重头稿件，集中报道五年来特别是2022年溧阳取得的瞩目成绩；两会期间集中推出8个版面“2021民生实事回眸”；推出“这一年精彩开局”“这五年成就喜人”“新的起点新的目标”“带你一起了解这些热词”共4个版面的“一起读报告”栏目，对政府工作报告进行解读；推出《溧阳日报》每天版面速览。

【广播电台】 2022年，在名栏目《溧阳话讲讲》的基础上，溧阳综合广播重点打造《972品读时间》《972会客厅》《1205时光》《972小喇叭故事汇》等名栏目。栏目围绕政务服务、商务推荐、经典赏析、历史文化，用创新的表现方式，通过可视化直播、微信公众号等新媒体方式，进行网络推送和发布。与多个部门开展多方位深度合作，开设文旅融合类《南山大讲堂》、人文历史类《美音溧阳》、家庭教育类《1205时光》专栏及《溧阳记忆》《医讯小课堂》《她说，燕湖之畔》妇女沙龙系列等栏目。

严格执行应急广播的审核播发流程和时段次数要求。3月14日起，除常规防疫宣传之外，启用应急广播进行暑期学生防溺水等宣传。面对各种突发情况，保证应急广播及时、准确发布信息。全年共播报信息50余条，播报次数200余次。

【精品创作】 与市政协联合摄制人物类纪录片《天南海北溧阳人》第五辑，共15集。让家乡人民走近溧阳籍知名人士，彰显、传承人物的时代价值和引领作用，凝聚起全体溧阳人一起向未来的强大力量。

获得中国县市报好新闻、江苏县市报好新闻、常州市优秀广播电视作品奖、常州新闻奖、学习强国季度赛、长三角广电媒体融合精品案例评比奖项18次。《水西精神放光芒》MV获得中国电视艺术协会奖项。还获得省级以上奖项3件、常州市级奖项27件、报纸协会类奖项22件。

【新媒体运营】 “中国溧阳”微信公众号粉丝量突破10万人，全年发布图文推送1500多条，为全力保障做好市委、市政府中心宣传工作作出积极贡献。“自在溧阳”App稳步运行、向好发展，注册用户从年初的31万多人次增长至年终的36万人次，平台全年发布新闻资讯12000多条、电视新闻视频3000多条、短视频300多条、直播近40场，“I拍一刻”征集照片200张、视频50多条，发布招聘信息30多条，“视觉溧阳”组图20多条，设计、设置开机启动页面近80张，设计、发布宣传标语、页眉近20条。“溧阳发布”官方微博有粉丝2.8万人，比年初新增5000人，全年发布1000多条，是溧阳对外宣传的有效窗口。“融溧阳”视频号全年发布视频973条。“学习强国”学习平台的“溧阳融媒号”全年发布新闻资讯、视频、图集近1000条。

“自在溧阳”抖音号是溧阳市融媒体中心旗下生活类官方账号，通过短视频带货、直播带货，助力乡村振兴，解决农产品品牌知名度低、销售困难等问题，拥有粉丝5.6万人，累计点赞量61万人次，共发布短视频151条。自2022年9月首场直播以来，截至年底，共直播25场。

【对外宣传】 2022年，融媒体中心外宣发稿成绩显著。电视在央视发稿48篇（其中新闻联播4篇为历史性突破）、江苏台发稿251篇、常州台发稿196篇。报纸在央媒发稿2篇、省媒发稿31篇、常州发稿284篇。新媒体在央媒平台推送94篇（其中《人民日报》客户端15篇）、省媒平台推送248篇、常州平台推送338篇。在“学习强国”学习平台共推送录用164篇，其中国家平台录用7篇。

【互联网信息】 以多元话语建构解释框架，提升主流叙事的有效性、精准性和传播力，深化网络空间内容与安全治理的内核与外延，培育积极健康、向上向善的网络环境，极大提升社会凝聚力和向心力，为全市经济社会发展新局面提供坚强思想保证和强大精神力量。网上宣传有力有序，聚焦“文旅融合巩固突破年”工作主题，扎实开展网上宣传，为经济社会发展保驾护航。网络综合治理取得实效，初步建成网络综合治理体系，统筹开展“清朗”“净网”系列专项行动，清理涉、虚假广告、网络谣言等有害信息83条。集中整治各类网络乱象。网络安全防护基础稳固，梳理核查党政机关和国有企业的网络资产，启动网络安全事件应急实战演练暨“网安2022”溧阳行动。扎实开展关键基础设施安防、技术培训、应急演练等基础工作。

（市融媒体中心）

LIYANG
YEARBOOK

溧阳市人民代表大会

栏目编辑　宋林珍

综　述

【概　况】 2022年，市十七届人大常委会紧跟市委部署、紧扣发展需要、紧贴人民期盼，依法履职尽责，积极担当作为，为推动溧阳经济社会发展和民主法治建设，谱写中国式现代化溧阳新篇章作出了积极贡献。

重要会议

【市第十七届人民代表大会第一次会议】 2022年1月4—1月7日，溧阳市第十七届人民代表大会第一次会议在溧城街道召开。大会通过关于溧阳市人民政府工作报告的决议、关于溧阳市2021年国民经济和社会发展计划执行情况及2022年计划安排意见（草案）报告的决议、关于溧阳市2021年财政预算执行情况和2022年财政预算（草案）报告的决议、关于溧阳市人民代表大会常务委员会工作报告的决议、关于溧阳市人民法院工作报告的决议、关于溧阳市人民检察院工作报告的决议、关于建设长三角生态创新示范城市的决议。

大会以无记名投票方式选举邵钦华为市第十七届人大常委会主任，张爱文、朱志军、夏国中、张雅萍为市第十七届人大常委会副主任，丁志鸿等26人为市第十七届人大常委会委员，叶明华为市人民政府市长，赵明、张顺、陆慧琦、钱栋、陈文明、方学军为市人民政府副市长，钱进为市监察委员会主任，吕捷为市人民法院院长，白鹤为市人民检察院检察长。

会议投票表决产生“教育品质提升工程”“卫生服务提效工程”“社会保障提标工程”“公共服务拓展工程”“文旅融合深化工程”“交通设施优化工程”“城乡环境美化工程”“城市品质跃升工程”8个方面20项2022年溧阳市重点民生实事项目。

1月5日，市第十七届人民代表大会第一次会议开幕

（潘涛俊　供稿）

【市十七届人大常委会会议】 2022年，市十七届人大常委会共举行8次会议，听取和审议“一府一委两院”专项工作报告21项，依法任免国家机关工作人员93人次。

第一次会议　3月4日在溧阳宾馆世纪厅召开。市人大常委会主任邵钦华，副主任张爱文、朱志军、夏国中、张雅萍，党组成员李忠出席会议。市人民政府市长叶明华，市人大常委会党组成员龚友强、石伟期列席会议。会议讨论通过《溧阳市人大常委会2022年工作要点》。会议听取市人大常委会昆仑街道工委主任梁猷、溧城街道工委主任刘宇舟、古县街道工委主任沈建东所作的街道人大工作情况报告。会议通过投票表决，决定任命张国良为市政府办公室主任、吴志东为市发展和改革委员会主任、黄跃华为市教育局局长、黄盘芳为市科学技术局局长、楚晋为市工业和信息化局局长、陈文明为市公安局局长、徐军芳为市民政局局长、孙斌为市司法局局长、王国权为市财政局局长、殷洪雅为市人力资源和社会保障局局长、田伟民为市自然资源和规划局局长、姜卫为市住房和城乡建设局局长、谢菊芬为市城市管理局局长、花建国为市交通运输局局长、蒋彤为市水利局局长、扈军华为市农业农村局局长、周莉为市商务局局长、潘建中为市卫生健康局局长、殷锡坤为市退役军人事务局局长、赵波（1976年1月）为市应急管理局局长、王晓为市审计局局长、王剑锋为市行政审批局局长、丁红为市市场监督管理局局长、庄晓治为市统计局局长、金军为市医疗保障局局长、王颖为市信访局局长、法律为市地方金融监督管理局局长。

第二次会议　4月14日在市人大常委会会议室召开。市人大常委会主任邵钦华，副主任张爱

3月4日，市第十七届人大常委会召开第一次会议（潘涛俊　供稿）

文、朱志军、夏国中、张雅萍，党组成员李忠出席会议。市委常委、市人民政府常务副市长赵明，市人大常委会党组成员龚友强、石伟期列席会议。会议审议批准市政府关于提请审议授予单忠德等“溧阳市荣誉市民”称号的议案。会议以书面形式听取市政府关于2021年度国有资产管理情况的综合报告；听取和审议市自然资源和规划局局长田伟民受市政府委托所作的关于2021年度全市国有自然资源资产管理情况的专项报告。会议听取和审议常州市溧阳生态环境局局长杨年庆受市政府委托所作的溧阳市2021年度环境状况和环境保护目标完成情况暨突出环境问题整治情况报告。

第三次会议　5月10日在市人大常委会会议室召开。市人大常委会主任邵钦华，副主任张爱文、朱志军、夏国中、张雅萍，党组成员李忠出席会议。市委书记、市人民政府市长叶明华，市委副书记周永强，市人大常委会党组成员龚友强、石伟期列席会议。会议通过投票表决，决定任命周永强为市人民政府副市长；会议通过电子表决，决定接受叶明华辞去市人民政府市长职务；会议通过投票表决，决定周永强代理市人民政府市长职务。

第四次会议　6月30日在市人大常委会会议室召开。市人大常委会主任邵钦华，副主任张爱文、朱志军、夏国中、张雅萍，党组成员李忠出席会议。市人民政府代市长周永强，市人大常委会党组成员龚友强、石伟期，市人民政府副市长陈文明列席会议。会议听取和审议市财政局局长王国权受市政府委托所作的关于溧阳市2021年决算草案的报告、市审计局副局长施骏受市政府委托所作的关于溧阳市2021年度本级预算执行情况的审计工作报告，决定批准2021年市级财政决算。会议听取和审议市农业农村局局长扈军华受市政府委托所作的《乡村振兴促进法》贯彻执行情况报告。会议通过电子表决，通过溧阳市第十七届人大常委会代表资格审查委员会组成人员名单；免去张云市人民法院行政审判庭庭长、安彪市人民法院竹箦人民法庭副庭长、汤家俊、宗金福、刘原、陈萍、周洪祥市人民法院审判员职务。会议通过投票表决，任命朱陟峰为市人民法院行政审判庭庭长，雷波为市人民法院审判委员会委员，安彪为市人民法院执行局副局长，周超为市人民法院审判员、民事审判第一庭副庭长，王乔为市人民法院少年及家事审判庭副庭长，韦学磊为市人民法院审判员。

第五次会议　8月12日在溧阳宾馆世纪厅、市人大常委会会议室召开。市人大常委会主任邵钦华，副主任张爱文、朱志军、夏国中、张雅萍，党组成员李忠出席会议。市人大常委会党组成员龚友强、石伟期，市人民政府全体领导列席会议。会议听取和审议市人民政府代市长周永强所作的市政府上半年工作情况报告。会议听取和审议市委常委、市纪委书记、监察委员会主任钱进所作的市监察委员会开展群众反映强烈突出问题整治工作情况报告。会议听取和审议市人民法院院长吕捷所作的市人民法院少年家事审判工作情况报告。会议听取和审议市人民检察院副检察长蒋鸿娜所作的市检察院未成年人检察工作情况报告。会议通过投票表决，决定接受宋玲园辞去市十七届人大常委会委员职务；决定免去张国良市政府办公室主任、孙斌市司法局局长、王国权市财政局局长、谢菊芬市城市管理局局长、扈军华市农业农村局局长、赵波市应急管理局局长、王剑锋市行政审批局局长、王颖市信访局局长职务。会议通过投票表决，决定任命张涛为市人民政府副市长；决定任命王剑锋为市政府办公室主任、葛军伟为市司法局局长、扈军华为市财政局局长、郑红金为市城市管理局局长、孙斌为市农业农村局局长、宋玲园为市文体广电和旅游局局长、徐国昌为市应急管理局局长、汤月峰为市行政审批局局长、徐超为市信访局局长；任命张菲菲、葛雪萍为市人民检察院检察员。

第六次会议　10月26日在溧阳宾馆世纪厅、金陵厅召开。市人大常委会主任邵钦华，副主任张爱文、朱志军、夏国中、张雅萍，党组成员李忠出席会议。市委常委、市政府常务副市长赵明，市委常委、市政府副市长张顺，市人大常委会党组成员龚友强、石伟期，市政府副市长陈文明列席会议。会议组织对公园城市建设情况开展专题询问。会议听取和审议市文体广电和旅游局局长宋玲园受市政府委托所作的全市文旅项目建设情况报告。会议听取市人大常委会法制和内务司法工委主任潘文伟所作的规范性文件备案审查工作情况报告。会议听取和审议部分常州市十七届人大代表、部分法官和检察官履职情况的报告。会议审议通过《溧阳市人民代表大会常务委员会议事规则（修订草案）》。会议通过投票表决，免去段云松市人民法院刑事审判庭庭长，邵益勇市人民法院审判委员会委员，周福岭市人民法院执行局局长，王乔市人民法院审判员、少年及家事审判庭副庭长，吴立民、周忠明、袁清澄市人民法院审判员，王丽霞市人民检察院检察员职务。会议通过投票表决，决定任命黄圣君为市人民政府副市长；任命段云松为市人民法院执行局局长，黄晔、潘忠、潘豪彦、周作飞、吴芸为市人民法院审判员；任命丁全强、马国庆、王涛、王磊、王夕珍、王艺静、王正友、王学东、毛江东、方长法、田东雨、史祺、史中传、史永锦、史丽娟、史海波、冯永全、吕生方、刘同军、汤晓菊、李建明、吴永香、吴春跃、吴俊焘、邹琦、宋进良、张俊、张国华、陈星、陈莉、陈科婷、陈恒峰、周莉、周瑛、周鹤年、周鑫、房秋萍、胡桂芬、费华、费国君、姚兆华、徐兰香、唐燕、唐耀平、桑学尚、黄寅、黄杰、黄朝盛、梁青建、彭飞华、蒋葶、蒋雪霞、湛伟俊、谢逸娣、潘永峰等55名同志为市人民法院陪审员。

第七次会议　12月9日在溧阳宾馆世纪厅召开。市人大常委会主任邵钦华，副主任张爱文、朱志军、夏国中、张雅萍，党组成员李忠出席会议。市委常委、市政府常务副市长赵明，市人大常委会党组成员龚友强、石伟期列席会议。会议听取市发展和改革委员会、民政局、财政局、人力资源和社会保障局、城市管理局、卫生健康局负责人所作的部门工作汇报，常委会组成人员和部分市人大代表对6个部门进行工作评议。会议讨论并通过“关于召开溧阳市第十七届人民代表大会第二次会议的决定”。会议审议通过《溧阳市人民代表大会常务委员会讨论、决定重大事项的规定（修订草案）》和《溧阳市民生实事项目人大代表票决制实施办法（草案）》。会议通过投票表决，决定接受甘正富、周志清、梅志华3位同志辞去溧阳市第十七届人大代表职务，并报溧阳市第十七届人民代表大会备案。

第八次会议　12月29日在市人大常委会会议室召开。市人大常委会主任邵钦华，副主任张爱文、朱志军、夏国中、张雅萍，党组成员李忠出席会议。市委常委、市人民政府常务副市长赵明，市人大常委会党组成员龚友强、石伟期列席会议。会议听取和审议市自然资源和规划局局长田伟民受市政府委托所作的关于《溧阳市国土空间总体规划（2021—2035）》编制情况的报告。会议听取和审议市财政局局长扈军华受市政府委托所作的2022年财政预算执行情况和2023年财政预算（草案）的报告、市审计局局长王晓受市政府委托所作的2021年本级预算执行及决算草案审计查出问题整改情况报告，并审查批准市政府“关于提请审议2022年度财政预算调整方案（草案）的议

10月26日，市第十七届人大常委会召开第六次会议（潘涛俊　供稿）

案”。会议审议并通过市人大常委会代表资格审查委员会“关于补选周永强等为溧阳市第十七届人民代表大会代表的代表资格审查情况报告”。会议讨论并原则通过溧阳市第十七届人大常委会工作报告和溧阳市第十七届人民代表大会第二次会议有关事项。会议通过电子表决，决定接受陆慧琦辞去市人民政府副市长职务，免去操文杰市人大常委会研究室主任、张引市人大常委会办公室副主任、薛凯市人民法院执行局副局长、蒋园圆市人民法院少年及家事审判庭副庭长、管敏市人民法院刑事审判庭副庭长、张才保市人民法院审判员职务。会议通过投票表决，决定任命丁红为市人民政府副市长；任命王洪明为市人大常委会研究室主任，张引为市人大常委会教科文卫工作委员会副主任，葛淼为市人大常委会办公室副主任，薛凯为市人民法院审判委员会委员、刑事审判庭庭长，蒋园圆为市人民法院审判委员会委员、少年及家事审判庭庭长，管敏为市人民法院少年及家事审判庭副庭长。

监督工作

【概　况】 2022年，市人大常委会聚焦市委工作重心，服务中心大局，开展正确监督、有效监督、依法监督。全年听取和审议“一府一委两院”专项工作报告21项，开展专题视察7次、专题询问1次。

【财政经济工作】 面对新冠疫情反复冲击、经济下行压力持续加大的严峻挑战和复杂形势，常委会密切关注全市经济运行情况，深入走访镇（区）、部门和企业，动员全市上下积极应对疫情防控和经济社会发展中的挑战，凝心聚力共克时艰。市十七届人大常委会第二次会议专题听取国有自然资源资产管理情况报告，书面审议国有资产管理情况综合报告，推动国有资产家底更清、布局更优、利用更好。市十七届人大常委会第四次会议和第八次会议专题听取和审议财政同级审计、财政预算执行、审计查出问题整改等情况报告，加强对财政预决算“事前、事中、事后”全过程监管。市十七届人大常委会第五次会议专题听取和审议市政府上半年工作情况报告，提出要牢牢把握“疫情要防住、经济要稳住、发展要安全”重大要求，高效统筹疫情防控和经济社会发展，统筹发展和安全，推动年度发展目标任务得到有效落实，尽最大努力争取全年最好结果。持续关注重大项目建设，提出要牢固树立“项目为王”理念，力争不断突破重大项目，更好发挥重大项目对经济发展的牵引作用。升级预算联网监督系统，组建预算审查监督专家组，常态化监测预算执行情况。围绕加快推进产业集群发展进行课题调研，为全市加快构建“2+2+X”产业体系献智添力。

【法制和内务司法工作】 积极配合上级人大对《江苏省乡村振兴条例》《江苏省医疗保障条例》《江苏省养老服务条例》《江苏省水库管理条例》《江苏省哲学社会科学促进条例》《常州市水生态环境保护条例》等法律法规开展立法调研。专题调研行政复议体制改革工作，助力建设更高水平的法治政府。市十七届人大常委会第一次主任会议专题听取破产审判工作情况报告，推动破解“僵尸企业”出清处置难题，有效发挥法治在优化营商环境、防范重大风险等方面的积极作用。市十七届人大常委会第五次会议专题首次听取和审议市监委专项工作报告，审慎稳妥开展对市监委的工作监督；专题审议法院少年家事审判、检察院未成年人检察工作情况报告，推动“两院”更好地发挥司法审判和检察监督职能。持续开展“听百案、议百事、评百员”活动，制定出台《关于提升“听百案、

10月20日，市人大常委会领导视察全市重点工业项目建设

（潘涛俊　供稿）

议百事、评百员”活动质效的实施意见》，组织各级人大代表旁听庭审12批156人次，并对12名法官、1名检察官进行现场评议。市十七届人大常委会第六次会议专题听取部分法官、检察官履职情况报告，以“履职体检”的形式强化“两官”任后监督。常委会还对打击治理电信网络诈骗犯罪、退役军人服务保障体系建设、宗教场所管理等工作积极建言献策，推动相关领域的治理体系和治理能力完善提升。

9月26日，市人大常委会领导视察农村公路建设和管养工作
（潘涛俊　供稿）

【教科文卫工作】 市十七届人大常委会第四次主任会议专题听取我市义务教育阶段学校“双减”工作情况报告，推动教育回归本质，促进青少年全面健康发展；专题听取城乡居民基本医疗保险市级统筹工作情况报告，推动构建制度更加完善、基金更可持续、服务更加高效的基本医疗保障体系。市十七届人大常委会第六次会议专题听取和审议全市文旅项目建设情况的报告，并开展视察活动，不断推动全市文旅发展迈上新台阶。组织对乡镇卫生院管理及运行体制改革情况开展调研，推动政府进一步提升基层医疗服务水平，让群众看得上病、看得起病、看得好病。

【环资城建工作】 市十七届人大常委会第二次会议专题听取和审议年度环境状况和环境保护目标完成情况暨突出环境问题整治情况报告，督促政府及有关部门持续加大生态环境治理力度，牢牢守住环境质量只能更好、不能变坏的底线。组织对公园城市建设情况开展专题询问，围绕规划编制、公园绿地建设、旧城更新等方面提出10个问题，同时对部门应询和履职情况开展满意度测评，通过《溧阳日报》向社会公开问题及答复，推动城市品质和人居环境持续提升。组织对溧阳市建安产业开展调研，为推动溧阳市建安产业高质量发展提出可行建议。专题视察农村公路建设和管养工作情况，推动农村公路提档升级，更好地服务群众安全便捷出行。市十七届人大常委会第六次主任会议专题听取申报江苏省历史文化名城建设工作情况报告，为推进文旅融合发展出谋划策。

【农业和农村工作】 市十七届人大常委会第二次主任会议专题听取天目湖水源地保护和农村供水提升工作情况报告，提出要坚持全域统筹、系统推进，凝聚依法管水、科学治水、全民护水的工作合力，确保让人民群众喝上干净水、放心水。市十七届人大常委会第四次会议专题审议《乡村振兴促进法》贯彻执行情况报告，围绕产业发展、乡村建设、农民增收、城乡融合等方面提出针对性建议，助推全市乡村振兴走在前列。组织对农村住房改造工作开展课题调研，专题听取农村建房工作情况报告，专题视察全市农村集中连片居住点建设情况，针对农村建房矛盾，提出调整农村建房政策、优化建房审批手续、深化宅基地改革等建议，得到了市委、市政府主要领导的肯定和批示，并在《关于加快现代化宜居农房建设—改善农村住房条件的实施意见（试行）》《溧阳市农村宅基地和建房管理实施细则（试行）》等政策文件中予以采纳。

【部门评议工作】 组织对市发展和改革委员会、民政局、财政局、人力资源和社会保障局、城市管理局、卫生健康局6个部门开展工作评议，促进部门工作作风改进和效能提升。

【备案审查工作】 加强备案审查队伍和能力建设，首次听取规范性文件备案审查工作情况报告，组建备案审查咨询专家库，提升规范性文件备案审查工作专业化水平。一年来，先后对《溧阳市城乡居民基本养老保险实施办法》

《溧阳市文物保护管理办法》等规范性文件展开审查，切实做到有件必备、有备必审、有错必纠。

代表工作

【概　况】 常委会始终尊重代表主体地位，坚持依靠代表、服务代表，以增强代表履职积极性、主动性、专业性为导向，不断加强和改进代表工作，促进代表更好地发挥作用。

全方位支持保障代表履职。举办全市人大代表履职培训班，邀请有关专家到溧阳作代表履职专题讲座，帮助代表掌握履职方法、提升履职能力。常态化邀请代表列席常委会会议、参与执法检查、工作评议、专题询问等活动，不断扩大常委会工作中代表的覆盖面和参与度。组织12名常州市人大代表向常委会述职、69名溧阳市人大代表回原选区述职，进一步密切常委会与代表、代表与群众的联系。一年来，全体代表立足各自岗位，忠实履行职责，在各项工作中切实发挥先锋引领作用，为全市经济社会发展作出了积极贡献。

全覆盖搭建代表履职平台。建立人大代表"一码通"数字化履职管理平台，通过重要发布"码"上看、代表建议"码"上提、民生实事"码"上督、人大知识"码"上学、履职积分"码"上查，推动代表履职向信息化、智慧化、便捷化转变。这项工作先后被"学习强国"学习平台、《人民代表报》、江苏人大网等媒体宣传报道，并获评常州市代表履职线上平台创新成果奖。深入推进人大代表之家、人大代表联络站等履职阵地建设，社渚镇人大代表之家获评常州市十佳示范型人大代表之家。组建教科文卫、农业农村等6个代表专业小组，充分发挥代表的职业特长和专业优势，让代表履职更加专业、服务群众更加精准。

全链条健全履职工作机制。制定出台《溧阳市人大代表履职积分管理办法》，完善代表履职清单、活动登记、积分评价等工作机制。出台《溧阳市民生实事项目人大代表票决制实施办法》，进一步细化、明确民生实事项目的征集和提出、审议和票决、实施和监督等环节，确保民生实事项目更加精准地反映民意、改善民生。在古县、溧城、昆仑3个街道全面推行议政代表会制度，通过召开议政代表会议、票决街道民生实事项目、组织视察调研等方式，拓宽政情民意传递新渠道，有效弥补街道工作人大监督"缺位"的体制性问题。指导各镇（街道）人大全面推行人大代表问政制工作，打造"代表问、政府答、人大督、群众评"的闭环运作机制，推动民主监督向基层拓展延伸。

3月11日，市人大常委会召开全市镇（街道）人大工作座谈会

（潘涛俊　供稿）

议案建议及信访督办

【代表议案建议办理】 健全完善代表议案建议的提出及办理机制，推动议案建议办理从"答复型"向"落实型"转变。选择"组建溧阳高新区不锈钢产业园""加强中小企业扶持力度""推动北山1号公路乡村旅游发展"等14件建议，由常委会领导和各委室牵头重点督办。组织对"加快老小区加装电梯进程""在各镇区建设人才公寓""发展农业农村经济"等5件建议，进行现场督办。市十七届人大一次会议以来，代表提出的195件议案建议均在规定期限内办理完毕并答复，办理质效稳步提升。

【信访办理工作】 高度重视群众信访诉求，积极化解社会矛盾。一年来共受理人民群众来信来访21件次，全部按时办结，切实保障人民群众合法权益，为党的二十大胜利召开营造和谐稳定的社会环境。

（市人大办公室）

LIYANG YEARBOOK

溧阳市人民政府

栏目编辑 宋林珍

综　述

【概　况】 2022年，面对严峻复杂的外部环境和艰巨繁重的改革发展稳定任务，在中共溧阳市委的坚强领导和市人大、市政协的监督支持下，市政府团结依靠全市人民，迎难而上、砥砺前行，有效应对多重超预期的困难挑战，全力争创“五个示范”、争当“三项表率”，迈出了加快建设苏南绿色崛起品质城市的坚实步伐，交出了一份令人鼓舞的答卷。果断高效科学处置突发疫情，因时因势优化防控措施，用心用情解决群众实际困难，以最小代价取得最大防控效果。完成地区生产总值1416.2亿元，增长6.2%；一般公共预算收入同口径增长6%，增幅常州第一；规模以上工业总产值2905.6亿元、工业应税销售收入3509.6亿元，分别增长32.8%和43.3%。固定资产投资增长10.1%，其中工业投资增长15.9%。进出口总额和实际利用外资分别增长34.5%和11.3%。规模以上工业企业亩均应税销售收入增长27.9%。先进制造产业比重逐年上升，其中，“2+2+X”产业产值增幅达54.2%，高于规模以上工业产值增速21.4个百分点。高新技术产值占规模以上(规上）工业总产值的比重达51.6%，较上年提升12.8个百分点。净增规模以上工业企业104家，新增时代上汽、德龙、友发3家销售超百亿元企业，全市超百亿元工业企业达7家。坚持就业优先战略，新增本地就业1.6万人，城镇登记失业率控制在2%以内。全体居民人均可支配收入增幅位居常州前列。全市村集体经营性收入增长6%。民生支出占一般公共预算支出比重达78%，人代会确定的民生实事高质量落地，认真办理人大代表议案建议195件、政协提案248件，有效解决了一批群众关切的急难愁盼问题。县域综合实力位列全省县（市、区）第21位，城市投资竞争力位居赛迪“百强县”第28位，荣登“中国科技创新百强县”第12位、“中国县级市基本现代化指数”百强榜第17位、“中国县域工业经济百强县”第18位。

6月28日，长盈精密新能源华东基地项目建设现场　（史茵杰　摄）

上上超高压CIMS集控中心　（刘庆　供稿）

【经济发展】 项目引建提质增效。深化招商引资“月通报、夺红旗”活动，建立项目集体会审制度，全年通过会审签约亿元以上项目66个，其中百亿元项目1个、30亿元以上项目2个、10亿元以上项目21个。优化产业项目全流程服务管理，7个省级重大项目完成年度投资计划的125.4%；新入库常州市重大项目13个，新开工项目12个，38个常州市重大项目完成年度投资计划的122.8%。时代上汽二期、德龙高端不锈钢、金鹰莱赛尔、长盈精密等重大项目稳步投产。产业能级大幅跃升。“2+2+X”产业集群产值占全市规模以上工业总产值比重近 80.4%，动力电池产值突破千亿元，增长超 1.27 倍，产量分别占全国的 15%、全省的 38%、常州市的 73%，动力电池产业集群入选国家中小企业特色产业集群公示名单。新能源电力装备产业基地、动力电池产业基地入选国家级产业基地称号，入选全省首批制造业高质量发展示范区。时创科创板 IPO 过会。新增省级智能制造示范工厂 2 家，省工业互联网标杆工厂 3 家。开展旅游利民惠民活动，文旅复苏领跑常州，跑赢全省。创成省级文化和旅游消费示范单位、省文化和旅游产业融合发展示范区，“红色水西片区融合发展项目”获评省红色旅游融合发展示范项目，天目湖滨湖核心区获评省级夜间文化和旅游消费集聚区。天目湖旅游公司荣膺省长质量奖。建筑业完成施工总产值 1200 亿元、税收 30 亿元，分别增长 7.9% 和 9.1%，摘得省级及以上优质工程 16 项。龙海、苏华和天力荣获省建筑业“双百强”。营商环境持续优化。千方百计助企纾困，减税降费超 40 亿元。“放管服”改革持续推进，“溧即办”政务服务不断优化，新政务服务中心正式启用。“巡纪联动”优化营商环境成效明显，政务服务管理省级标准化试点高分通过验收。入选省县级创新信用管理与服务试点。金融支持实体力度不断加大，开展“行长园区行”活动，新增制造业贷款 79.04 亿元，增长 34.57%，增速高于常州平均 12.26 个百分点，增量、增速以及目标完成率均居常州前列。“两个健康”先行区创建稳步推进，市工商联获评全国“五好”标杆县级工商联。

【改革创新】 改革试点蹄疾步稳。县域新型城镇化、城乡融合发展试验区等试点有序推进，“践行‘两山’理念，推动生态发展”等 3 项经验入选全省现代化建设实践经验典型。农村宅基地改革试点获农业农村部通报表彰。整治“危污乱散低”企业和出清“困境企业”共计 188 家，盘活土地 6244 亩。获批新增建设用地 3743.8 亩。完成新一轮市属国企战略性重组。实施财政事权与支出责任划分改革，进一步理顺市镇财政分配关系。创新驱动成效明显。全社会研发经费占比达 3.23%，认定高新技术企业 88 家、省级以上“三站三中心”及省级联创中心 17 家、常州市级工程技术研究中心 19 家。上上、安靠、金源获评国家级制造业单项冠军企业（产品），天目先导、铭丰电子等 4 家企业获评国家级专精特新“小巨人”。科华、兴锻荣获省科学技术奖。新增省级专精特新中小企业 55 家。实施新一轮“天目湖英才榜”，入选省“双创博士”5 人、常州“龙城英才计划”双创人才 34 人。引进各类人才 1.2 万余人，对接产业工人 3 万余人，培养高技能人才 1922 人，每万人高技能人才超 1200 人。载体功能有效增强。溧阳高新区实现省级高新区综合评价“四连冠”，入选省双碳科技成果转化基地。经开区工业总量再上新台阶，园区、景区、镇区联动发展愈发协调。毛明院士工作站获批，重庆大学智慧城市研究院、长三角物理研究中心入选省级新型研发机构，华朋等 4 家行业龙头与省产业技术研究院建立联合创新中心。南航天目湖校区南区启动建设。

【城乡统筹】 城市品质巩固提升。完成“三区三线”划定，推动全市乡镇控规编制全覆盖，启动编制“两湖”创新区溧阳片区概念规划。深化文明典范城市创建，城市长效管理稳居常州第一方阵。新增市镇精品街道 14 条，打造“口袋公园”20 个。对城区 247 个产权地问题点位开展环境整治，拆除违建 11.8 万平方米。完成 181 个小区“飞线”充电和 122 处城区“空中缆线”整治。新增停车泊位 3778 个，电

溧阳践行“两山”理念，推动生态发展。图为生态优美的蓝城·悠然南山
（沈亚萍　摄）

动车充电位1161个、新能源汽车充电桩338个。溧宁高速公路溧阳段建成通车，增设南渡、周城、社渚互通。实施芜申线溧阳城区段航道整治，溧阳港一期主体完工，焦尾琴隧道主体建成。新改建智能化公交站亭217个，省内率先开行省际毗邻公交。乡村振兴步伐加快。积极应对高温干旱，全力守稳“米袋子”“菜篮子”，建设高标准农田9000亩，主要粮食作物耕种收综合机械化水平达98%。入选全国休闲农业重点县公示名单。曹山现代农业产业示范园被认定为省级现代农业产业示范园，南渡镇入选国家农业产业强镇建设名单。戴埠镇创成全国乡村旅游重点镇。全市拥有省级以上乡村旅游重点村8家，位列全省第一。创成省级农村物流达标县。改造提升现代化宜居农房2440套，新增7个省特色田园乡村，总数达18个，位居全省县（市、区）第二。生态建设扎实有效。深入打好污染防治攻坚战，严实推进中央环保督察反馈问题整改。完成152个入河（湖）排污口整治，国省考断面水质优Ⅲ比例保持100%。天目湖镇荣获“中国生态文明奖先进集体”称号。持续加强露天矿山环境综合整治，建成城区建筑垃圾转运中心和8座新型乡镇环卫综合体，全市垃圾分类集中处理率达93.2%。以$PM_{2.5}$与臭氧协同治理为重点，开展VOCs“一企一策”综合治理，全市空气优良天数比率80.3%，位居常州前列。

【民生工作】 民生保障更加温暖。打造“溧即助”社会救助品牌，发放各类救助资金1.6亿元，惠及困难群众1.6万余人。城乡低保标准提高到每人每月1000元，农村特困人员供养标准提高到每人每月1300元。积极推进市级特困人员供养中心建设，完成400户特殊困难家庭居家适老化改造。累计打造110间“梦想小屋”，为困境青少年点亮“微心愿”、实现“微幸福”。深入开展特殊困难群体救助帮扶和妇女儿童权益保障问题专项排查整治，完善严重精神障碍患者监护。全年棚户区改造开工5164套，保障性租赁住房开工6366套，人才公寓开工4299套，建成和在建既有住宅加装电梯31台。“省双拥模范城”实现八连冠。社会事业更加普惠。南京师范大学溧阳实验小学、南京师范大学溧阳市实验幼儿园等9所新建、改扩建学校建成投用，新增学位5610个。高考再创佳绩，清华、北大共计录取5人。深入推进“双减”，课后服务提档升级，通过省义务教育优质均衡发展县现场评估。省人民医院溧阳分院成功入选全国首批“千县工程”医院，省中医院溧阳分院新院主体封顶，上沛等3家乡镇卫生院新建项目全面竣工，高标准农村卫生室实现行政村全覆盖。升级改造敬老院4家，新建如意小食堂（助餐点）41家。公共安全更加牢固。深入开展安全生产专项整治“三年大灶”，深入排查整治危化品、自建房、燃气等领域风险隐患，安全生产形势保持平稳。着力防范化解金融、房地产等领域风险，依法严厉打击非法集资、电信网络诈骗、养老诈骗等犯罪。全面推行“全科社工”服务模式，深化“百姓议事堂”等品牌建设。实施“精网微格”工程，开展“信访突出问题攻坚化解年”行动。市信访局获评“全国信访系统先进集体”，市司法局获评“全国司法行政系统先进集体”，竹箦派出所获评全国“枫桥式公安派出所”。成为全省首个创成全国法治政府建设示范市的县市，公众安全感稳居全省第一方阵。

多部门联合开展校外培训机构办学行为现场督查（承晓琛　供稿）

重要会议

【市政府全体（扩大）会议】 2022年，溧阳市政府召开2次全体（扩大）会议。

8月19日，市政府召开全体

(扩大)会议暨廉政工作会议，会议深入学习贯彻习近平总书记在省部级主要领导干部专题研讨班、中央政治局会议上的重要讲话精神，全面落实党中央“疫情要防住、经济要稳住、发展要安全”重大要求和省委工作会议、常州市委十三届四次全会、溧阳市委十三届五次全会精神，总结2022年以来工作，部署下阶段任务，动员全市政府系统坚定信心、攻坚克难，坚决扛起“勇挑大梁”重大责任，争创“五个示范”、争当“三项表率”，奋力打造苏南绿色崛起品质城市，以实际行动迎接中共二十大胜利召开。

12月28日，市政府召开全体(扩大)会议，解读2023年《政府工作报告》起草情况、总体框架及主要内容。

【市政府常务会议】 2022年，溧阳市政府召开10次常务会议。

1月26日，市政府召开第一次常务会议。会议审议了《关于发展“四大经济”争创“五个示范”三年行动计划的实施意见(2022—2024年(讨论稿)》《关于开展2022年度“弘扬企业家精神 推动创新型发展”活动的实施意见》《溧阳市产业项目全流程服务管理办法(讨论稿)》等内容。

2月16日，市政府召开第二次常务会议。会议审议了《溧阳市“信访突出问题攻坚化解年”行动方案(讨论稿)》等内容。

3月21日，市政府召开第三次常务会议。会议审议了《2022年溧阳市深入打好污染防治攻坚战工作方案(讨论稿)》《溧阳市生态文明建设规划(2021—2025)(讨论稿)》等内容，听取了《2021年溧阳市行政复议应诉工作情况汇报》等情况汇报。

4月27日，市政府召开第四次常务会议。会议审议了《关于加大力度助企惠民推动经济稳定健康运行的政策措施(讨论稿)》《溧阳市2022—2023年电动汽车推广应用补贴细则(讨论稿)》等内容。

5月18日，市政府召开第五次常务会议。会议专题学习了统计法律法规，审议了《溧阳市市级财政专项资金管理办法(讨论稿)》《溧阳市安全生产专业委员会工作规则(讨论稿)》《溧阳市儿童发展规划(2021—2025年)(讨论稿)》等内容，听取了《全市“三区三线”划定工作情况汇报》等情况汇报。

6月29日，市政府召开第六次常务会议。会议审议了《关于促进企业利用资本市场加快发展的政策意见(讨论稿)》《关于进一步推进工业用地提质增效促进高质量发展的实施意见(讨论稿)》等内容，听取了《全市粮食安全工作情况汇报》等情况汇报。

8月31日，市政府召开第七次常务会议。会议审议了《溧阳市自建房安全专项整治实施方案(讨论稿)》《溧阳市文物保护管理办法(讨论稿)》《溧阳市人民政府常务会议议事规则(讨论稿)》等内容。

10月14日，市政府召开第八次常务会议。会议审议了《关于加快现代化宜居农房建设 改善农村住房条件的实施意见(讨论稿)》《溧阳市“智慧城市”十四五规划(讨论稿)》等内容，听取了《关于溧阳1号公路三色线的情况汇报》等情况汇报。

12月14日，市政府召开第九次常务会议。会议审议了《溧阳市人民政府重大行政决策程序规定(讨论稿)》《溧阳市经济发达镇培育工作方案(讨论稿)》等内容，听取了关于《加大力度助企惠民 推动经济稳定健康运行的政策措施》兑现情况等汇报。

12月28日，市政府召开第十次常务会议。会议审议了《溧阳市政府投资基金管理办法(讨论稿)》等内容，听取了《关于2022年财政预算执行情况和2023年财政预算(草案)的汇报》《2023年溧阳市重点民生实事候选项目排定情况》等情况汇报。

(市政府办公室)

信访工作

【概　况】 2022年，溧阳市信访工作扎实推进“信访突出问题攻坚化解年”行动，着力夯实信访工作基层基础，防范重大风险隐患，一大批信访突出问题和信访积案得到妥善化解，信访形势总体平稳向好。2022年，溧阳市蝉联“全国信访工作示范县(市、区)”荣誉称号，并被评为全国信访系统先进集体。

【构建大信访工作格局】 2022年，市委、市政府始终把信访工作摆在重要位置，市委常委会、市政府常务会议先后4次专题听取信访稳定情况汇报，研究部署信访工作，市委、市政府主要领导全年11次对信访工作作出批示，常态批阅群众来信，亲自听取和部署重点事项矛盾化解工作；以上率下高质量做好领导干部接访下访和全省县(市、区)党政主要领导“百县千案”化解工作。市党政领导常态化开展接访下访和包案化解工作，共接待群众88批，化解75批，化解率达85.2%。

信访联动服务大厅 （陆灵娴 供稿）

【信访基层基础建设】 坚持初信初访“三办”机制，简单事项“马上办”、普通事项“提速办”、所有事项“认真办”，信访事项及时受理率、按期办结率、群众满意率处于全省前列，无锡、徐州、盐城、连云港市赣榆区等多家兄弟单位到市信访局参观学习。2022年以来，成功调处疑难信访矛盾70余件，36件信访矛盾成功引导至法律途径解决。进一步深化“局长挂钩、科室结对、党员包户”活动，通过与责任单位联合接待、联合下访、联合调解等方式，推动疑难复杂信访事项化解。2022年，共包户31件，已化解17件。扎实开展好人民建议征集工作，共印发12期《人民建议》，报送市委、市政府。开展人民建议征集员队伍换届工作，广泛汲取民智，积极协调推进优秀建议成果转化。深入开展《信访工作条例》宣传，推进条例进机关、进学校、进社区活动，市委常委会、市政府党组会分别专题学习《信访工作条例》，并将条例内容纳入党校主体培训班课程。联合市司法局共同发文，在全市信访系统和司法系统全力做好条例学习宣传教育活动。发挥微信公众号等平台作用，通过条例解读、宣讲、在线知识问答等形式，进一步提升条例宣传的广度和深度。

【信访突出问题攻坚化解】 精心组织开展“信访突出问题攻坚化解年”行动，全面排查信访突出问题，向镇（街道）和部门交办109件重点信访事项。市信访联席办狠抓统筹协调，抓细抓严过程管理，深入一线跟踪帮带，常态化牵头会商会办。各镇（街道）和部门高度重视，细化工作方案，汇聚各方力量，以前所未有的工作力度和“钉钉子”的精神，一批一批落实方案，一件一件推动化解，在全市掀起信访突出问题大排查、大化解的高潮，一大批久拖未决的“案件得到成功化解。中央信访联席办交办重复信访事项第一批114件、第二批32件以及省信访联席办交办攻坚件10件，均已报结，结案率100%。

（陆灵娴）

政务服务

【概　况】 2022年，溧阳市行政审批局以习近平新时代中国特色社会主义思想为指导，全面学习贯彻中共二十大精神，坚持以人民为中心的服务理念，凝心聚力、开拓进取，助力溧阳构建苏南绿色崛起品质城市。

市级政务服务中心（含分中心）全年共受理办结各类事项61.5万余件。公共资源交易中心溧阳分中心完成各类公共资源交易数量1465个，交易总额408.55亿元，节约国有资金12.84亿元，溢价17.56亿元。2022年，溧阳市行政审批局因深化“放管服”改革和推进数字政府建设工作有力获2021年度省政府激励，获得常州市推动高质量发展营商环境工作先进集体、全市社会综合治理工作先进单位、党政信息工作先进单位、政务服务百佳实践单位等称号；“开发一体化信用数据查询平台”获溧阳市优秀项目奖；“政务服务线下线上融合”案例获第三届全国政务服务软实力经典案例。

【改革持续发力】 持续深化“放管服”改革，聚焦“注销难”“准营难”“统筹难”等关键难题，精心谋划、精准施策，推进各项改革落地生效，为打造最优营商环境提供强大动能。

深化“放管服”改革。持续优化营商环境，深入贯彻省、常州有关优化营商环境系列决策部署，认真落实《江苏省优化营商环境行动计划》，印发《溧阳市2022年打造一流营商环境任务清单》，印发《溧阳市深化“放管服”改革重点任务分工方案》，健全机制、强化举措、狠抓落实，提升服务效能和水平，营造更优政务环境。

推进注销便利化改革。优化企业简易注销登记，不断拓展企业简易注销适用范围、压缩公告时间、建立容错机制，进一步提高注销效率。推广注销“一件事”改革，以“1”张营业执照注销为核心，“N”张准入类许可证件注销联办为突破，探索“一表清、一窗口、一体化”多维度、全方位的企业注销“一件事”改革，进一步提升注销便利度。

深化“证照分离”改革。实施涉企经营许可事项全覆盖清单管理，在更大范围和更多行业推动照后减证和简化审批，创新、加强事中事后监管，降低企业准入门槛与制度性交易成本。推广使用常州市“证照分离”应用平台，实现审管信息双向告知、信息互通、共享共用，加速形成“证照联动”小闭环、“审管联动”大闭环新模式。

推动服务集成化改革。以新政务服务中心启用为突破口，持续推进政务服务事项“应进必进”，部门进驻率、事项进驻率分别达94%、92%。在市政务服务大厅全面落实“一窗”综合受理工作机制，在镇（街道）便民服务中心、村（社区）便民服务站均设立综合窗口，实现全科政务服务全覆盖，开启“一窗通办”服务模式。

【品质政务服务】 进一步推进政务服务规范化、便利化、智能化，全面提升政务服务品质，持续优化流程，加强模式创新，持续打响“溧即办”政务服务品牌。

政务服务更规范。以省政务服务标准化试点为契机，高分通过试点项目验收，努力打造政务服务标准化“溧阳模式”。建立了以通用基础标准为指导、服务提供标准为核心、管理标准为保障、岗位工作标准为支撑的政务服务标准体系，形成了1313项覆盖政务服务及大厅管理的标准和规范，进一步提升群众满意度和获得感。

政务服务更便利。常州市域范围内首推“溧企通”平台，集成企业办事、利企服务、反馈评价等多元化功能，实现惠企政策在“溧企通”平台统一汇聚管理，印发《关于全面推进惠企政策直达工作的实施方案（试行）》，推动更多政策实现一次申报、全程网办、快速兑现。持续推进“便民服务提升工程”，设置“畅通办”服务专窗，组建“畅通办”专员队伍，畅通服务评价渠道，推动152个服务事项下沉镇村。

政务服务更智能。依据常州市2022年民生实事项目要求，梳理涵盖残联、卫健、交通、建设等领域的15个“好办”“快办”服务事项应用场景，通过办事指南精准告知、优化填表模式、材料免提交等方式，实现企业群众“好”申报、审批服务“快”办理。新增开通公共场所卫生许可、“电动溧阳”充电站查询、核酸采样点查询等20个事项“移动办”“自助办”，提升企业群众网上办事体验感。

【高效惠企利民】 聚焦群众诉求，不断优化便民举措，加快推动资源向一线倾斜、事项向一线下沉、服务向一线集聚，推动市场准入、投资建设、民生服务等领域事项实现快办、好办、精准办。

加快市场主体“开办速度”。依托新版全链通服务平台，推进企业开办线上、线下融合办理，实现“一表申请，一窗受理，集成办理，限时反馈”。持续为新办企业免费刻制公章，推行企业开办事项“全链式通办”“分链式选择办”“单链式单独办”等多场景的自主选择服务新模式，减少重复登录认证和跑动次数，企业开办迈入“一网通办、0元成本、8小时办结”新时代。

增强重大项目“保障力度”。推进“拿地即开工”，实现容缺受理提前预审，信息共享并联审批，将企业“等地期”变为“工作期”。2022年，领取施工许可证平均用时7.42个工作日。推进市政公用服务联合办理，建立“提前服务、

溧阳市政务服务中心现场服务大厅　　（赵惠　供稿）

一站办理、联合踏勘、协同接入”服务机制，有效改善企业“多头跑、折返跑”现象，助力项目早开工、早建设、早投产。

拓宽民生事项“代办深度”。结合群众多元化办事需求，针对社保、民政、医保等与民生息息相关的高频事项，建立健全帮代办工作机制，构建市、镇、村三级帮代办服务体系，在开设“帮代办”服务专窗的基础上，推行“一事项一专员一清单”模式，为不同办事群体提供“一对一”“点对点”的个性化服务，深层次满足群众需求。

【规范交易管理】 聚焦交易环境建设，规范交易行为，提升交易效率，降低交易成本，推动公共资源交易更公开、更公正、更公平。

强化政策落实。推进“三审三校”。建立门户网站健全运维机制，规范公告内容，增强责任意识，进一步提升建设管理水平；规范信息发布，落实招标计划提前发布制度和政府采购意向公开工作，提高各类交易活动的透明度和参与度。

优化平台建设。推动交易平台与数字政府深度融合，基本实现各类交易全流程电子化全覆盖。启用7.0智能辅助评标系统，实现电子档案自动归集；政府采购启用专家评审“云签”，提升电子化采购的综合效能；推进农村集体三资监管系统和农村产权交易平台信息互联互通，实现“交易材料线上跑”，减少群众跑腿次数，进一步提升交易效能。

降低交易成本。全力推进不见面开标，进一步提升交易数字化水平；推动电子保函应用，简化保证金支付流程，减轻企业资金流压力；建立信用激励机制，通过常州市建筑业企业月度信用考核，减免投标企业保证金；提高政府采购项目面向中小企业预留份额，价格扣除优惠比例提高至20%，为中小企业纾困减负。

【数字赋能治理】 持续激活数据要素潜能，以数字化赋能政府管理服务，提升政府履职效能，实现资源高效配置，助推公共服务高效化、社会治理精准化。

强化项目管理。统筹协调全市智慧城市建设，出台《溧阳市政务信息化项目建设管理办法》，在部门共建、信息共享、集约发展等方面，引入更多创新且能够落地的管理要素，统分结合，注重实效，形成全流程闭环管理，加强对政务信息化项目的并联管理，优化发展大数据的顶层设计。2022年，共对11个信息化项目进行了项目评审，最终匡算约1.1亿元。

提升监管效能。推进“互联网+监管”，有效提升政府监管水平，成为数字政府和法治政府建设的重要支撑。2022年，按照“谁审批、谁监管，谁主管、谁监管”的原则，溧阳市共认领483个监管事项，报送11553条监管数据，检查实施清单编制率和监管实现覆盖率均达100%。同时实时汇总部门各类监管动态和曝光台，营造全市协同高效的监管环境，推动形成全民崇法守信的良好市场生态。

助力社会治理。推进“一网统管”建设，以数字化手段推动市域治理模式创新，重点选取7个场景，着力提升社会矛盾化解能力、社会治安防控能力、公共安全保障能力、基层智慧治理能力。举办市大数据“一网统管”建设专题培训班，围绕优化管理体系和管理流程，强化数字治理意识，加速构建横向到边、纵向到底、全闭环的数字化治理模式，实现城市“运、管、服”能力的整合统一。

（赵　惠）

外事工作

【概　况】 2022年，溧阳市外事办坚持地方外事服务中央外事，地方外事服务地方经济建设的方针，从大局出发，以全市经济建设为中心，积极、稳妥地开展外事工作。

【国际友城交往】 服务国家总体外交，高度重视友城交流建设，开启云端合作新模式。佳节祝福互动，传递友好情谊。2月，溧阳市收到来自国际友好城市——德国富尔达大区区长贝恩德·沃伊德通过云端送来的新春祝福，这是溧阳与德国富尔达大区缔结友城后，沃伊德区长连续六年在中国农历新年向溧阳人民拜年；4月，收到美国友城马里兰州哥伦比亚市寄来的市长莱基·博伊德亲笔新春祝福贺卡，并第一时间寄出回信。自莱基·博伊德市长于2021年履新哥伦比亚市市长始，双方希望不断赋予两地友城关系新内涵，开启双方合作交流新征程。庆典活动助力，传播美音溧阳。2022年5月1日，溧阳市驻美友城顾问代表于亚太裔传统月期间举办溧阳专场推介活动。进一步深化友城合作关系，助推溧阳城市文化宣传工作。2022年是富尔达大区成立200周年，溧阳市赠送富尔达大区一座“美音亭”作为周年庆礼物。在周年庆现场，驻欧经贸代表向到场来宾及德国民众展示溧阳城市风采及溧阳的茶文化，介绍了溧阳的经济发展状况和产能优势，增强溧阳的投资吸引力和影响力；2022年省外办举办第一届江苏省“一带一路”国际友城交流周活动，溧阳市积极邀请德国富尔达大区、塞浦路斯帕福斯市参加，富尔达大区区长贝恩德·沃伊德录制了寄语视频，祝福活动圆满举办；塞浦路斯帕福斯市工商联主席乔治·梅斯签署了《南京倡议》并录制签约视频；2022年5月，溧阳与日本友城白山市合作举办友城交流阅读展，该次阅读展由白山市国际交流协会与白山市松任图书馆合作策划，旨在让市民通过阅读来切身感受友城文化。高频线上交流，拉近心理距离。定期与日本友城白山市、美国哥伦比亚市友城顾问、德国富尔达大区进行视频会议，就日常友城关系维护、全年友城交流合作方向进行探讨，增进与友城之间的友谊，加强了疫情防控期间的相互交流。

【外事接待工作】 2022年3月，溧阳市外事办拜访以色列驻沪总领馆总领事爱德华，就溧阳与以色列的进一步交流合作展开探讨，向总领事送去2022茶叶节邀请函，向斯里兰卡、伊朗、爱尔兰、塞尔维亚等国驻沪总领馆发送了茶叶节电子邀请函，后虽因疫情原因导致茶叶节取消，但一直积极与各领馆线上保持人文交流与关怀。接待常州友城巴西南卡西亚斯市前经促局局长安德里阿斯访问溧阳，向他推介溧阳的生态禀赋和营商环境。

【外籍人士、海外华人和荣誉市民服务工作】 2022年，溧阳市外事办从细微入手，着力改善外籍人士在溧阳生活“软环境”。积极配合疫情防控。协调卫健局、各镇区街道、医院，畅通信息传递，为外籍人士开通接种国产疫苗渠道；对接疫情防控部门及接收外籍人士的相关单位，安抚到溧阳的美国、瑞士籍人士居家隔离、健康监测期间的情绪；沟通出入境管理大队和高铁站，为在溧阳外籍人士出入高铁站提供方便，为在溧阳古巴籍员工提供返乡帮助；联系各国驻华大使馆、总领馆等机构，及时了解各国疫情防控政策信息；组建翻译团队，翻译相关防疫政策、疫情防控措施以及各地风险等级提醒，及时在在溧阳外籍人士微信群中进行发布，已累计翻译并发布相关信息百余条。积极帮助海外溧阳籍同胞。帮助溧阳籍滞留菲律宾群众脱离困境，返回国内。协助中国驻外使领馆稳妥处理溧阳籍在柬埔寨遇难同胞事宜。收到家属们的一致感谢。体贴关怀在溧阳生活有关人士。邀请在溧阳外籍人士及溧阳市荣誉市民参加国庆招待会等活动；指导游子吟对外交流中心完成外籍人士在溧阳衣食住行指南的编撰工作；联系市人社局和市人才办，鼓励外籍人士及荣誉市民进行“天目湖英才榜”人才类别认定，享受如购房补贴、子女教育、旅游等一系列人才招引红利。

【外事宣传工作】 2022年共计在《江苏外事》杂志发表《溧阳市与日本友城白山市拓展疫情之下合作交流新思路》《溧阳市向德国友城富尔达大区赠送“美音亭”》文章2篇。在德国富尔达报纸、网站上有多篇关于溧阳礼赠富尔达“美音亭”的报道。

（狄希文）

苏陕对口协作

【概　况】 完善协作机制，高度重视苏陕协作工作，召开苏陕对口支援协作合作工作会议，印发《溧阳市2022年度对口支援协作合作工作要点》。

加强互访交流，健全党政领导联席会议制度，细化全年目标任务、工作重点，责任落实到部门，并签署结对帮扶协议，扎实开展帮扶工作。

紧扣合作协议内容，推动产业帮扶、就业帮扶、消费帮扶、智志双扶等工作不断深化。强化产业协作，高效实施“跨省联办”服务模式，推动产业合作项目落地；深化就业帮扶，依托苏陕协作人力资源服务超市，持续优化完善劳务协作平台；细化消费帮扶，依托消费扶贫平台，协助销售特色农副产品，超额完成任务指标；突出智力支援，充分利用苏陕协作机制，推动干部交流及专业人才互动，实现互学互促。

（市发改委办公室）

LIYANG YEARBOOK

政协溧阳市委员会

栏目编辑 宋林珍

综　述

【概　况】 2022年，市政协认真贯彻落实中央和省委市委决策部署，聚焦溧阳争创“五个示范”、争当“三项表率”工作目标，充分发挥专门协商机构作用，坚持发扬民主和增进团结相互贯通、建言资政和凝聚共识双向发力，各项工作都取得了新成绩。

2022年，市政协共开展59项协商活动，其中专题协商3项、重点协商10项、对口协商28项、重点提案办理协商18项，形成常委会调研报告2份、专题建议4份、视察活动纪要10份、委组调研报告28份、立案交办提案248件，向市委、市政府报送《社情民意》专刊45期，向常州市政协报送社情民意信息75条，报常州市领导3条，积极为溧阳建设苏南绿色崛起品质城市贡献政协智慧和力量。

2022年，市政协创新开展联动协商，加强和常州市政协联动，从常州、溧阳两端发力做实做好“常溧一体化发展”常委会专题协商课题，在常州市政协支持下举办了助推“常溧一体化发展”协商活动；参加“一地六县（市）”跨区域协商政协主席联席会议，围绕推动长三角产业合作区更高质量发展协商建言。做优市级协商平台，把“有事好商量”协商议事工作和重点提案办理有机融为一体，通过“有事好商量”平台，扩大提案办理参与面，邀请市委市政府领导、行业专家、相关政协委员和企业、市民、村民代表参与，实现“开门办政协”。持续擦亮文史品牌，编撰出版《天南海北溧阳人》第五辑，把对溧阳作出杰出贡献的非溧阳籍荣誉市民纳入其中，把溧阳求贤纳士的姿态和开放包容的城市品格传递得更远。常州市政协对《天南海北溧阳人》品牌给予充分肯定和高度评价，并作为政协工作创新案例报送省政协。

【政协机构组成】 至12月31日，溧阳市政协设办公室、研究室以及提案和委员工作委员会、经济科技和农业农村委员会、教文卫体和文史委员会、环境资源和城乡建设委员会、社法民宗和港澳台侨委员会5个专门委员会。

12月29日下午，《天南海北溧阳人》第五辑新书发布会暨纪录片首映仪式在市融媒体中心举行　（市政协办　供稿）

【政协委员构成】 至12月31日，政协溧阳市第十六届委员会有政协委员284人，常委会组成人员35人。中共党员委员114名，占40.14%；非中共党员委员170名，占59.86%；女性委员72名，占25.35%。政协溧阳市第十六届委员会有中国共产党界、无党派代表人士界、工商联界、工会界、共青团（青联）界、妇联界、科学技术界、教育界、文艺新闻体育界、医学卫生界、经济界、农业和农村界、侨联界、少数民族和宗教界、社会福利和社会保障界、特邀人士界、民盟界、民建界18个界别。

协商议政

【政协溧阳市第十六届委员会第一次会议】 1月3—6日召开。到会委员273名，收到提案239件。时任市委书记徐华勤在开幕时作题为《同行向未来，奋进现代化》的讲话。市政协主席周卫中代表政协溧阳市第十五届委员会常务委员会向大会作工作报告，书面报告了政协溧阳市第十五届委员会常务委员会提案工作情况。会议选举周卫中为政协主席，王朝晖、唐华新、王耀庆、丁红（女）、谢菊芬（女）为副主席，夏国中为秘书长，王宏、王颖（女，满族）、孔霄远、史琳（女）、史天翔、史建中、史海波、吕燕翔、朱立峰、任文强、刘春华、刘啸嵩、江慧彬、芮振华、吴小兔、吴中楚、余江（女）、沈喆、沈佳宾、宋斌、张庆（女）、张杰、张一平、陈靖（女）、周波（女）、周龙龙、

1月4日上午，市政协十六届一次会议在天目湖豪生大酒店溧阳厅开幕
（市政协办　供稿）

周梦莉（女）、徐杰、徐国昌、高川、黄翔勇、葛铭、葛亚东、景茂松、雍康、潘祖良为政协溧阳市第十六届委员会常务委员。

【市政协十六届常委会会议】 2022年，市十六届政协召开4次常委会议。

第一次常委会会议　7月1日上午召开，专题协商“推进常溧一体化”课题，市委常委、市政府常务副市长赵明到会并讲话。会议还协商通过有关人员任职及委员辞职事项。

第二次常委会会议　8月4日上午召开，听取市政府关于全市上半年经济社会发展情况和市政协2021年度履职成果转化落实情况通报。市委常委、市政府常务副市长赵明到会通报市政协履职成果转化落实情况；市委副书记、时任代市长周永强到会通报全市上半年经济社会发展情况并讲话。

第三次常委会会议　9月21日下午召开，专题协商“破解文旅项目难点，助力文旅融合突破”课题，市委常委、市政府副市长张顺到会并讲话。会议还协商通过部分常委及委员调整事项。

第四次常委会会议　12月23日下午召开，协商通过《政协溧阳市委员会协商工作规则》《政协溧阳市委员会常委会议事决策规则》；协商通过市政协十六届二次会议召开时间、日程，原则通过会议议程；协商通过市政协十六届二次会议秘书长、副秘书长、常委分值、提案审查委员会、决议起草委员会建议名单；审议通过政协委员特别奖、先进委组、先进委员、优秀提案、社情民意先进个人建议名单；讨论修改市政协常委会工作报告和提案工作报告；协商通过有关人事事宜；听取常委述职。

【市政协十六届主席会议】 2022年，市十六届政协召开10次主席会议。

第一次主席会议　2月15日上午召开。会议实地视察了融媒体中心指挥中心、播控机房、新媒体运营部、报刊部、广播部、人才孵化中心等部门，详细了解融媒体中心建设发展情况和运转模式；听取了市融媒体中心工作情况汇报，并建议坚持党媒姓党，坚持精品为上。坚持守正创新。打造主流全媒体，坚持人才引领、激活发展新动能。

第二次主席会议　3月30日上午召开。会议视察了南渡镇赛得利莱赛尔项目建设现场和溧阳市智慧城市建设运营有限公司，详细了解项目运行、疫情防控和智慧城市建设情况；听取了全市工信工作情况和工信系统疫情防控工作汇报，并建议绷紧思想之弦、统筹疫情防控和生产，树立产业导向、推动产业提质增效，突出企业主体、激发企业创新能力，聚焦项目建设、保持经济稳步发展，强化服务意识、优化区域营商环境。

第三次主席会议　4月15日上午召开。会议听取了全市统计工作情况汇报，并建议专注主业务，积极务实做好统计调查工作；聚焦主阵地，更加有效提升统计服务水平；扛起主责任，坚持不懈推进统计法治建设；打造主力军，持之以恒夯实统计基层基础。同时建议市委、市政府在统计系统人员配备、经费待遇等方面给予更大关心支持。

第四次主席会议　5月24日上午召开。会议视察了市护林防火指挥中心和瓦屋山林场文化驿站，了解全市森林防火和林长制建设工作情况；听取了全市自然资源和规划工作情况汇报，并建议在优化空间格局上要有更好作为，在保障高质量发展上要有更强担当，在保护自然资源上要有更大力度，在提升服务效能上要有更实举措。

第五次主席会议　6月15日

12月16日，市政协十六届十次主席会议视察埭头镇工作。图为与会人员在四方不锈钢有限公司新厂区视察的情景（市政协办　供稿）

上午召开。会议视察了长荡湖湿地公园和平陵科创园，了解了上黄退圩还湿以及与国有平台创新合作情况；听取了上黄镇工作情况汇报，并建议突出特色乡镇定位、提升综合影响力，强化产业转型升级、提升核心竞争力，聚焦环境品质改善、提升区域吸引力，致力社会事业发展、提升为民服务力。

第六次主席会议　7月12日上午召开。会议视察了江苏国信溧阳抽水蓄能发电项目，了解企业节能减碳各项措施；听取了全市发改工作情况汇报，并建议聚焦统筹调控、服务经济发展，紧盯实体经济、助推动能转换，着力项目突破、扩大有效投资，强化保障落实、兜牢发展底线。

第七次主席会议　8月25日上午召开，视察经开区（上兴镇）工作。会议视察了江苏友发钢管有限公司和龙峰田园综合体，了解企业生产销售情况以及经开区（上兴镇）乡村振兴工作；听取了经开区（上兴镇）工作情况汇报，并建议在转型升级中积蓄发展动能、在融合发展中统筹城乡建设、在顺应期盼中改善社会民生、在强化治理中夯实稳定基础。

第八次主席会议　9月16日上午召开。会议视察了永平初中和南京航空航天大学天目湖校区，了解项目建设情况；听取了市城发集团工作情况汇报，并建议聚焦主责主业、深耕城市综合运营，深化创新转型、增强综合发展动能，坚守发展底线、突出防范化解风险，突出质量导向、规范企业经营管理。

第九次主席会议　10月14日上午召开。会议视察了常州内河港溧阳港区溧城西作业区港口和溧宁高速溧阳段建设工程，了解项目推进情况；听取了全市交通运输工作情况汇报，并建议全力推进重大项目建设，持续办好惠民利民实事，全面提升行业治理水平，始终确保安全稳定发展。

第十次主席会议　12月16日上午召开，视察埭头镇工作。会议视察了葫芦村现代农业产业园和四方不锈钢制品有限公司新厂区，了解埭头镇乡村振兴工作以及企业生产销售情况；听取了埭头镇工作情况汇报，并建议埭头镇党委政府要以中共二十大精神为指导，激发经济发展动能，擦亮幸福生活底色，提升城乡绿色品质，维护社会和谐稳定，为建设苏南绿色崛起品质城市贡献埭头力量。

【专题协商和对口协商】 2022年，市政协及其常委会聚焦溧阳打造苏南绿色崛起品质城市目标任务和“文旅融合巩固突破年”工作主题，先后围绕“推进常溧一体化”“破解文旅项目难点，助

6月30日下午，市政协专题协商督办“发展夜间经济，让老城区更有品味”提案（市政协办　供稿）

表 2

2022 年市政协十六届一次会议优秀提案情况表

序号	提案号	提案人	提案名称
01	001	宋　斌	关于发展“夜经济”，让老城区既有品味更能“品味”的建议
02	236	葛　铭	关于加快产业链培育，推进产业集群的建议
03	211	周文斌	关于闲置低效工业用地再开发为经济发展助力的建议
04	164	徐　杰	关于抢抓两湖创新区建设契机加快实现常源一体化的建议
05	050	钱军雷	关于争创乡村建设示范，打造农村特色新型社区的建议
06	095	孙岳林	关于提升我市农村农房改造的建议
07	143	殷洪雅	关于强化职业技能培训，为“溧阳智造”升级加码的建议
08	008	眭　晔	关于加快我市婴幼儿托育机构建设的建议
09	022	徐美萍	关于溧阳市 0～3 岁婴幼儿托育服务体系建设的建议
10	090	徐　杰	关于以市场化方式统筹全市特色田园乡村管理的建议
11	179	周　婷	关于加强国有资产监管推动国有资本运营高质量发展的建议
12	094	童益平	关于推进全市既有住宅加装电梯及规范加装电梯施工单位的建议
13	100	黄翔勇	关于进一步做好既有住宅加装电梯工作的建议
14	184	杨建中	关于镇综合行政执法改革的建议
15	185	芮双美	关于加大对各镇（街道）行政许可权限监管的提案
16	186	彭国平	关于加强乡镇集中行使行政处罚权后续管理的建议
17	145	张建伟	关于高科技先进制造企业开展进口替代产品研发给予人才政策的建议
18	172	陈志亮	关于设立溧阳海外高层次人才创新创业园的建议
19	137	华　夏	关于支持新能源产业发展，吸引聚集蓝领技术工人的建议
20	139	刘春华	关于更好留住在溧阳工作的新溧阳人的建议
21	141	陈晓鸣	关于提高高技能“蓝领人才”待遇的建议
22	159	包国平	关于加快谋划我市“碳达峰·碳中和”实施路径建立绿色低碳发展体系的建议
23	076	黄亚红	关于加强开车时手机使用管理的建议
24	059	许　峰	关于保护乡村品牌，助力乡村振兴的建议
25	012	偰维国	关于对农村普高寄宿学生提供专项公交服务便于上放学交通安全的建议
26	033	孙建平	关于筹建“溧阳陈曼生专题馆”的建议
27	232	芮玉昌	关于多措并举促进外来少数民族人口融入城市的建议
28	114	陈文辉	关于疫情期间推动餐饮行业复苏加大政策扶持力度的建议
29	066	潘　伟	关于发挥新乡贤在乡村振兴工作中作用的建议
30	201	狄国平	关于溧阳市发展新能源汽车产业集群的建议
31	167	陶国忠	关于加强全市村卫生室建设的建议
32	215	陈　琪	关于加强乡村振兴战略实施过程中人才支撑作用的建议

力文旅融合突破”课题开展常委会专题调研、专题协商，形成 2 份市政协常委会调研报告报送市委、市政府，为市委、市政府科学决策提供参考依据，将“推进常溧一体化”调研报告中的相关建议转化为《建议加大力度支持溧阳市农业发展》《关于加大对溧阳市空间指标支持力度的建议》2 份社情民意报送常州市政协。常州市委书记陈金虎对支持农业发展的社情民意作出批示，常州市相关部门围绕建议到溧阳开展调研。围绕听取市政府关于全市 2022 年上半年经济社会发展情况和市政协 2021 年度履职成果转化落实情况通报，形成“协商—办理—再协商—落实”工作闭环，促进政协履职成果向实践转化落实。围绕增加城市人口、促进先进制造业发展、培育绿色发展动能打造“电动溧阳”、旧城更新与建设、“三生”融合助力乡村振兴等 28 个课题开展对口协商，形成相应有价值、有质量的调研报告，为党委、政府决策施策提供有益参考。

【“有事好商量”协商议事】 按照省政协、常州市政协工作部署，以“有事好商量”协商议事平台为抓手，推动解决重难点问题。市级平台，先后邀请市委、市政府主要领导和分管领导分别参加了加快产业链培育、闲置低效用地再开发、加快农房改造、发展夜间经济等 4 场协商议事活动，并形成 4 份专题报告报送市委、市政府，均获市委、市政府主要领导的充分肯定，市级层面出台的《关于加快现代化宜居农房建设改善农村住房条件的实施意见（试行）》《溧阳市农村宅基地和建

2022 年市政协向市委、市政府报送和被常州市政协录用的社情民意情况表

表 3

序号	反映人（单位）	反映信息
01	周卫中	关于加大对溧阳市农业支持力度的建议
02	丁　红	关于加大对溧阳市空间指标支持力度的建议
03	黄进军	关于优化“长期护理险”管理的建议
04	殷洪雅	关于统筹规划溧阳产教融合园区的建议
05	朱春燕	关于我市“12345”平台提质增效的建议
06	朱振宇	关于在美丽乡村建设中同步实施架空线入地的建议
07	周文斌	关于针对疫情期间中小学生家长“减负”的建议
08	黄　葳 沈　荔 陈伟星	关于提升溧阳志愿者工作的建议
09	刘秀兰	关于提振溧阳旅游产业发展的建议
10	徐美萍	关于强化市区停车场充电桩管理的建议
11	徐文博	关于在“1 号公路”部分路段增设凸面镜的建议
12	王国林 程玉姣	关于完善公共厕所周边停车位设置的建议
13	周文斌	关于提升乡镇老年群体防疫意识的建议
14	杨华伟	关于建立“平安护考月”工作机制的建议
15	景茂松	关于社渚老街旧建筑修复和保护的建议
16	史建中	关于及时添置血站设备的建议
17	管　菁	关于在疫情防控背景下做好学生心理健康辅导工作的建议
18	竹箦镇工委	关于推进产业工人队伍建设的建议
19	黄志红	关于提升农村消防安全的建议
20	史建中	关于将外国语小学体育馆恢复给学校使用的建议
21	彭国平	关于开展企业供水管网风险摸排的建议
22	赵小峰	关于开展 104 国道沿线小加油点集中整治的建议
23	周文斌	关于加强学生暑期反诈意识的建议
24	陈志亮	关于整治泓盛路车辆违规停放和小商贩乱摆摊现象的建议
25	朱春燕	关于改善我市部分公共停车场夜间空置情况的建议
26	唐志君	关于“文化三下乡”要更符合群众口味的建议
27	张　岚	关于在村（社区）专职工作人员等招聘中实施向优秀退役军人政策倾斜的建议
28	甘玲珑	关于适当增设儿童公共活动场所和设施的建议
29	杨　枫	关于加强旅游纠纷管控的建议
30	王　婷	丰富“乌饭文化”内涵，助力旅游富民产业
31	任文强	关于实施水西线和一号公路交会处道路改造的建议
32	陈科云	关于改善状元桥下水利设施配备的建议
33	郑必祥	关于规范蒋店夜间经济秩序的建议

房管理实施细则（试行）》文件中，吸收了一批政协建议。市政协各委组、界别围绕招才引智、项目地块拆迁、集聚产业工人、特色田园乡村建设等议题，举办了 248 场协商活动，组织相关部门、政协委员、各界群众代表等在协商平台协商建言，推动基层解决了一个个实实在在的困难和问题，受到社会各界广泛关注和好评。“学习强国”学习平台《人民政协报》分别对溧阳市协商议事活动进行了宣传报道。

提案和社情民意信息工作

【提案工作】 2022 年，市政协紧扣提升城市品质，全面提升政协提案工作实效和水平，提案工作呈现出总体撰写质量优、领导重视程度高、协商办理意识强、提案办理效果好的良好态势。市政协十六届一次会议以来共收到委员提案 270 件，立案 248 件，其中 18 件被列为重点提案，制定印发《2022 年市领导领办督办市政协重点提案分工安排》，进一步完善提案办理机制。所立提案中，社会事业方面 62 件，占立案总数的 25.00%；科教文卫体方面 56 件，占立案总数的 22.58%；城乡建设方面 55 件，占立案总数的 22.18%；经济发展和工业商贸方面 31 件，占立案总数的 12.5%；财税金融、法治建设、统战综合方面 24 件，占立案总数的 9.68%；农林水利和资源环境方面 20 件，占立案总数的 8.06%。立案提案于 10 月上旬全部办复，提案办理的满意率为 100%。提案所提问题已经解决和基本解决的 99 件，占提案总数的 39.92%；正在解决或已列入计划准备解决的 147 件，

续表 3

序号	反映人（单位）	反映信息
34	张　杰	关于全方位提升溧阳市高铁站环境的建议
35	陈保国	关于推进城区便民服务点提档升级的建议
36	杨　枫	校外教育培训纠纷呈上升趋势亟须高度关注
37	李旭东	关于建立我市茶叶防灾防损基金的建议
38	提案委	关于迅速启动全市抗旱应急预案的建议
39	段科萍	关于实施大溪水库周边环境整治提升的建议
40	赵　黎	关于在工业集中区配套建设喷涂中心的建议
41	王　宏 唐治俊	关于完善城市公共场所便民设施的建议
42	许　峰	关于加强农村供水安全管理的建议
43	史建中	关于溧阳市皮肤病防治所迁址的建议
44	许　峰	关于在乡村旅游景区投放共享单车的建议
45	刘啸嵩	关于解决溧阳高新区“群租”问题的建议
46	徐美萍	关于城市园路与斑马线衔接问题的建议
47	彭长春	关于加大力度清除加拿大一枝黄花的建议
48	金晓旭 管　霄	关于疫情新形势下管控药价、稳定民心的建议

占总数的 59.27%；因政策原因或受条件限制留作参考的 2 件，占总数的 0.81%。

【社情民意】 市政协充分发挥社情民意直通车优势，向市委、市政府报送《社情民意》专刊 45 期，内容涉及建设产教融合园区、“12345”平台提质增效、美丽乡村建设、抗旱等方面，“质”和“量”都有较大提升。其中市委、市政府领导批示交办 23 期，促成了许多问题的解决。积极向常州市政协报送社情民意信息，被录用报常州市领导 3 条，常州市委书记陈金虎批示 1 条。聘任了社会层面 11 名社情民意信息员，并举办了全市社情民意信息员培训班。

10 月 20 日下午，市政协举行社情民意信息员聘任仪式

（市政协办　供稿）

委员工作

【概　况】 按照有利于开展工作、有利于发挥委员专长、有利于委员参与的原则，启动“全员入委”工作，将委员全部纳入各专委会，充实专委会力量，增强委员“归属感”，全面激发委员履职热情和干劲。

推进“智慧政协”建设，把互联网优势同政协协商特色结合起来，加大对网络平台和移动履职 App 的推广和运用力度，组织广大委员通过这 2 个平台提交提案、社情民意和会议发言，使之成为履职新渠道。

启动“喜迎二十大，委员添光彩”主题活动，在《溧阳政协》杂志开设专栏，宣传先进委员事迹，弘扬主旋律，传递正能量，引导全体委员奋发作为，扛牢责任担当。

开展争创先进委组、先进委员活动，引导委员知责思进、担责有为，以实际行动展示委员风采。举办全体委员政协理论培训班，提高委员履职能力。加强委员管理，及时调整不能正常履职的委员，坚持和完善常委述职、委员履职量化考核制度，表彰履职成绩突出委员。潘建中、殷洪雅、史建中 3 名委员，在认真履行好委员职责的同时分别在疫情防控、助企破难纾困、组织无偿献血工作方面作出了突出努力，被授予“政协委员特别奖”。

（市政协办公室）

LIYANG
YEARBOOK

溧阳市纪委监委

栏目编辑　宋林珍

综　述

【概　况】 2022年，溧阳市纪检监察机关忠实履行党章和宪法赋予的职责，围绕中心、服务大局，持续推进正风肃纪反腐，加快建设全域廉洁溧阳，为建设苏南绿色崛起品质城市提供坚强保障。坚决向违纪违法行为亮剑。全市纪检监察机关共接收信访举报288件，处置问题线索755件。严肃查处贪污贿赂、滥用职权等职务犯罪，坚持行贿受贿一起查。

重要工作

【理论学习教育】 2022年，溧阳市纪委监委切实增强自觉性主动性，把党的创新理论转化为坚定理想、锤炼党性和指导实践的强大力量。积极营造喜迎中共二十大召开的浓厚氛围。始终把学习贯彻习近平新时代中国特色社会主义思想作为强基之本，围绕《习近平谈治国理政》开展学习交流，努力做到至信而深厚、融通而致用、执着而笃行。强化党建引领，组织开展“庆七一·永远跟党走”主题党日、“清风润溧阳”第十八个纪法教育学习月、“笔墨颂清廉”廉洁文化分享会等活动，全市广大纪检监察干部在学党章、守党纪、强党性中感悟思想伟力。坚定学习贯彻中共二十大精神的行动自觉。把学习宣传贯彻中共二十大精神作为市纪委常委会“第一议题”、党支部“第一党课”、培训“第一重点”，采取专题宣讲、集体讨论、联学导读等形式深学细悟，形成班子成员领学、机关党委督学、党支部研学、党小组促学、党员自学“五学联动”的生动局面。围绕中共二十大提出的重大理论和实践问题，边学习、边调研、边工作、边总结，呈报上级纪委和市委多份有价值、有分量的专题报告，推动破解工作难题，切实将党的最新理论体现在行动上、落实到成效上。

【“两个维护”践行】 2022年，市纪委监委坚定捍卫“两个确立”、践行“两个维护”，坚持上级决策部署到哪里，监督检查就跟进到哪里，上下贯通抓落实。聚焦安全稳定大局开展监督。牵头建立“1+X+E”监督体系［“1”即市纪委监委，“X”为职能部门和镇（区、街道），“E”为疾控专家］，向市疫情防控指挥部呈报监督专报35期，堵塞漏洞220余个。派出16个督查组前往全市251个茶场开展督查，推动防控措施闭环管理，维护春茶生产“溧阳大计”，受到市委、市政府主要领导肯定。靶向上级安全生产专项整治三年行动重点监督检查反馈的63个问题，督促职能部门和属地党委政府抓好落实整改。牵头负责文明典范城市创建督查，开展明察暗访、专项督导40余次，编发《争创全国文明典范城市督查通报》，推动解决突出问题60余个。市纪委监委（市委巡察机构）荣获“平安常州建设先进集体”称号。聚焦“地方要事”实施“监督推动营商环境优化工程”。纪巡联动发力实施专项巡察，走访企业316家，召开理论政企座谈会22场，共发现问题107个，提出制度性意见建议18项，推动不动产交易不合理前置凭证、企业员工子女就近入学难等12项问题立行立改，获得企业群众的信赖喝彩。协助市委制定20条营商环境负面清单，开通“溧商纪办”监督专栏，探索民企“廉盟”和“店小二作风监测站”，助力企业廉洁文化建设。经验做法在中央级媒体刊登，得到省纪委副书记李桂琴和常州市委书记陈金虎批示肯定，被省委办公厅和常州市委办公室专报录用，荣获溧阳市工作创新奖。聚焦急难愁盼问题开展“小切口”专项治理。用心用情解决群众关注的突出问题，查处群众身边腐败和作风问题50起83人。做精小微权力“监督一点通”试点任务，群众满意度99%，省纪委监委信访室调研常州市现场会在溧阳召开，“天目湖镇三胜村竹塘组60盏路灯亮化”入选省纪委监委信访优秀案例，“三办”机制（简单事项马上办、普通事项提速办、难点事项提级办）在中央纪委国家监委平台试点应用视频会上作为经验交流。开展被征地农民社会保障权益问题专项治理，追责问责39人，立案20人，帮助2名符合条件的人员补充入保，真正让好政策落到实处。聚焦涉农项目资金管理使用等领域，立案24人，追回欠款114.76万元。深入推进殡葬领域专项治理，会同审计部门组建工作专班，查处违规违纪问题2起4人。

【惩腐肃贪】 2022年，市纪委监委准确把握反腐败斗争新形势，始终保持零容忍的警醒和力度，坚决遏增清存，深化标本兼治，增强不敢腐的力度。坚持有腐必反、有案必查，全年共接收信访举报288件，其中检举控告类204件，处置问题线索755件；立案401人，其中科级干部立案21人；留置15人，移送司法10

人，挽回经济损失4461.85万元。重点查处了原市水源地保护办公室主任王某某、市委台湾工作办公室原主任赵某等一批社会影响力大、综合效果好的职务犯罪案件，实现了监察体制改革以来市管科级领导干部留置“零”的突破。从严整治基层腐败，有力查处了昆仑街道班竹村原村党总支部书记罗某某等案件。完善“不能腐”的制度。会同市人民检察院、市人民法院创新实施职务犯罪案件办理“1+9”协作配合机制，与市公安机关签署局“1+7”合作备忘录，推动纪法、法法高效衔接。承办省纪委案件质量评查会议活动，得到省纪委分管领导及案件审理室高度认可。深化以案促改、以案促治、以案促建，下发纪检监察建议书15份，做精案发单位（部门）堵塞漏洞、防范隐患、建章立制的“后半篇文章”。提升“不想腐”的浓度。注重反面典型的警诫效应，协助市委召开全市领导干部警示教育大会，开展各类廉政教育课100余场（次），制作警示教育片《贪欲之祸》，印发《隐形变异“四风”问题典型案例汇编》，用身边事教育身边人，形成强烈思想震慑。发挥正能量的示范带动作用，突出“一镇一廉洁、一廉一特色”，打造“廉旅1号”文化专线，经验做法被《人民日报》和《中国纪检监察报》报道，受到省纪委副书记尹卫东批示肯定，被常州市纪委监委推广。注重总结提炼宣传，在中央和省、常州市媒体发稿340余篇，位居常州市各辖市区第一，溧阳纪检监察工作辨识度、影响力显著提升。拓展群众喜闻乐见的廉洁教育方式，在全省范围内首推“包小廉”卡通IP，在“天目青莲”微信公众号策划推送“廉旅1号”云展播等内容100余期，制作拍摄《史祟》《一块石碑记录明代廉吏风骨》等廉洁文化微视频，让群众真切感受到全面从严治党就在身边，纪检监察工作就在身边。

【违反中央八项规定精神问题查处】 2022年，市纪委监委始终保持露头就打、反复敲打的高压态势，纯净党风政风，推动社风民风向上向善。全市共查处违反中央八项规定精神问题63起111人，点名道姓通报曝光46起94人。坚决破除形式主义、官僚主义。聚焦党中央和省、市决策部署贯彻落实，下功夫治理不尊重客观规律、客观事实和群众需求的乱作为问题，推诿扯皮、玩忽职守、不思进取的不作为问题，“挤牙膏式”推进、“蜗牛式”落实的慢作为问题，重点关注问题在基层、根本在上面的源头性问题纠治。全年查处形式主义、官僚主义问题34起53人，处分53人。严肃整治享乐主义、奢靡之风。紧盯节点坚守，深化“1+14”作风建设协同监督机制，开展随机察访、定点检查、突击督查150余次，严查违规吃喝、违规收送礼品礼金、违规发放津贴补贴等突出问题，深挖“不吃公款吃老板”、收送电子红包、借壳改道公款旅游等隐形变异行为。全年查处享乐主义、奢靡之风问题29起58人，处分56人。推动作风建设常态长效。开设“贯彻落实中央八项规定精神十周年十日谈”主题专栏，畅谈十年来风气巨变的感怀，深度解读成效经验、形势任务。深刻把握作风建设内在规律，对反复出现、普遍发生的“四风”突出问题，认真分析症结所在，找出案发特点、规律和原因，针对性制发监督提醒函3份，督促相关职能部门出台15项小特精制度，推动完善津贴补贴发放、公务接待、公务用车、出差审批等制度规定。

【监督治理】 2022年，市纪委监委把纪律建设摆在更加突出位置，巩固拓展纪检监察体制改革，做实专责监督、贯通各类监督。完善监督体系。统筹运用人大、民主、司法、审计等各类监督，完善“室组”联动监督、“室组地”联合办案制度机制。制定重要信访件“拟了结”会商、党风政风类案件提前会商、“两会三研究”问题线索处置、巡察整改和成果运用、审理案件质量评查等文件，为监督执纪执法提供规范化、可操作的制度遵循。严格执行《纪检监察机关派驻机构工作规则》要求，深化国有企业纪检监察体制改革，经市委同意，在2家市属国有企业设立纪委，配强同级监督力量，延伸基层监督“探头”。提升监督精度。认真贯彻落实《中共中央关于加强对“一把手”和领导班子监督的意见》精神，抓住“关键少数”以上率下，对6个单位和部门“一把手”和领导班子开展政治生态画像。注重抓早抓小、防微杜渐，精准运用监督执纪“四种形态”批评教育帮助和处理816人次，其中运用第一、二、三、四种形态分别占52.3%、42.3%、1.6%、3.8%，精准问责履行主体责任不力党组织16个、党员领导干部47人，切实让铁纪“长牙”“带电”，党员干部醒悟知止。彰显监督温度。探索建立信访举报“三色预警”模型［深化信访举报综合分析，以红、黄、绿三色显示一段时间内各镇（区、街道）、部门信访举报数量和程度，分别采取重点问题交办督办、一般问题限期整改、倾向性问题日常提醒，切实发挥信访举报源头导向功能，为相关地区和单位决策提供参考]，及时发现一批问题，快速处置一批问题，有力化解一批问题。完善容错纠错、打击诬告陷害机制和实名检举控告“3+X”反馈办理办法，下发容错减责案例4期8例，为2名干部澄清正名，全力为担当者担当、为干事者撑腰。

【巡视巡察工作】 2022年，市纪委监委对标对表巡视巡察工作最新部署要求，坚守政治巡察定位，制定《十三届市委巡察工作规划》，做到上级有要求、溧阳有行动、工作见成效。高标准接受巡视检视。全力以赴做好省委第五巡视组巡视溧阳市服务保障工作，协助省委巡视组推动菜场营业使用、安置房不动产权证等民生问题的解决，受到省委第五巡视组充分肯定。全面接受省委巡视对溧阳巡察工作开展专项检查，推动提档升级。高质量开展政治巡察。完成十三届市委3轮巡察，发现“三个聚焦”（聚焦贯彻落实党的路线方针政策和党中央、省委、市委决策部署，聚焦群众身边腐败和不正之风问题，聚焦基层党组织软弱涣散、组织力欠缺问题）方面问题532个，移交问题线索57件。建立“协作单位责任、巡察任务、巡察成绩”3张清单，通过对单操作，提升巡察监督质效。创新开展镇村一体巡察，在对南渡镇、上黄镇巡察的同时完成对25个所辖村（社区）的一体化系统巡察，发现问题155个，移交问题线索21件。对全市镇（区、街道）单项施工合同在100万元以上的269个存疑工程建设项目开展专项检查，专题巡察报告得到市委主要领导批示肯定。高水平推动整改落实。协助市委抓好省委巡视反馈问题的整改工作，加强对上级请示汇报和对下级沟通协调，确保整改质效。全力推进省委巡视专项检查和常州指导督导反馈问题整改，整改率分别达83%和91%。聚焦重点难点历史遗留问题，在提升专题报告质量上狠下功夫，全年5篇报告得到市委主要领导批示肯定。建立书记专题会重点问题督办制度，形成专门督办、专题汇报、专项督查闭环，推动农村集体“三资”管理、农村水利站垂直管理后有弱化倾向、城乡长效管理等问题整改落地落实。

【自身建设】 始终把队伍建设作为强基工程、战略工程紧抓在手，锻造忠诚干净担当、敢于善于斗争、专业化能力强的“硬核”队伍。锤炼专业化本领。围绕15本业务用书，组织开展7轮“以考代训”纪法测试和谈话、搜查、笔录制作等情景模拟课堂，通报成绩并对末位谈话提醒，干部执纪执法、精准监督、以案促改、做思想政治工作、信息化运用“五种能力”显著提升。加强年轻干部培养。突出政治训练、实践锻炼和“墩苗”历练，压担子、带路子、教法子。重视职业认同感教育，组织青年干部围绕“实干追梦 奋楫笃行”思想交流，举办“清风廉韵来”主题演讲比赛等系列活动，营造在“学中干、干中学”的浓厚氛围。健全完善管理机制。坚持严管厚爱相结合，不断优化队伍结构、强化梯次建设，提拔科级干部7人、中层干部12人，职级晋升5人，激发干部队伍“一池活水”。出台《溧阳市纪检监察干部监督管理暂行办法》，打造一级带一级、层层抓落实的“责任共同体”，让干部真正把纪律规矩内化于心、外化于行。注重纪检监察干部家风建设，开展政治家访，着力巩固廉洁履职“后墙”。推进信息化建设。成立监督审查技术室，建成大数据研判中心，推进常州市留置中心溧阳市分中心（筹）项目建设，被选定为省纪委监委科技装备试点，为监督办案提供有力支撑和技术保障。

重要活动

【组织“向阳花行动”】 3月1日，市纪委监委党员志愿者服务队联合国网溧阳市供电分公司青年志愿者，结合“学雷锋日”，前往溧阳市清安小学开展“爱心助学，伴你同行”向阳花行动，营造关心爱护未成年人成长的良好环境。市纪委监委案件审理室负责人给学生上了一堂生动活泼、有趣的法治课。从网络中存在的危险、校园欺凌等方面，深入浅出地为学生详细讲授了《中华人民共和国未成年人保护法》中的家庭保护、学校保护、网络保护等内容。告诫同学们增强法治观念，提高法治意识，学会安全自护。随后，国网溧阳市供电分公司青年志愿者为学生讲解了用电安全知识。课堂现场气氛活跃，在互动提问环节，同学们踊跃发言，积极参与。这场寓教于乐的活动让同学们开阔了眼界，增长了见识。最后，市纪委监委和国网溧阳市供

3月11日，市纪委监委开展“同植廉洁树 共育清风林”义务植树活动（何金明 供稿）

电分公司为溧阳市清安小学代表发放学习书籍。

【“同植廉洁树 共育清风林”植树活动】 3月11日，在第44个植树节来临之际，市纪委监委组织开展“同植廉洁树 共育清风林”义务植树活动，市委常委、市纪委书记、市监委主任钱进出席活动。

在溧阳森林长廊古县段植树点，大家栽植了150棵红梅，还在树上挂上了“忠信廉洁，立身之本，非钓名之具也”“居官之所恃者，在廉。其所以能廉者，在俭”等廉洁宣传牌。纪检监察干部们不仅种下一棵棵“廉洁树”，也根植了“植树于行，植廉于心”理念，更塑造了“忠诚、干净、担当”的良好形象。

【疫情防控督查】 3月12日，市纪委监委积极回应疫情防控应急状态，根据市疫情防控指挥部要求提前开展专项督查，聚焦全市重点场所、重点行业和重点人群查码测温、核酸检测应检必检等工作实施常态化、全天候、“回头看”式督查，在社会面推动形成浓厚疫情防控氛围。针对工业企业进口货物、进口冷链监管仓、场所码展示使用、交通卡口管控、隔离点管控等方面，实施专项式、专家式、暗访式督查，精准查找问题，及时反馈到位，有效推动整改。市疫情防控指挥部成立了以市纪委监委牵头，相关职能部门共同参与的“1+X+E”疫情防控督查组。其中，“1”即纪委监委，“X”为职能部门和镇区，“E”为疾控专业专家。在市纪委监委系统内部，建立市纪委监委党风政风监督室统筹各监督检查室，联动各镇（区、街道）纪（工）委、派驻纪检监察组的监督网络，运用“室组联动”“组组联动”“跨部门协作”等监督方式，对存在的突出问题进行“点题监督”。在市纪委监委系统外部，由党风政风监督室统筹负责，各派驻纪检监察组会同相关职能部门，以及市文明办志愿者和网格员们在党风室统一调度下每日有序开展各类监督。同时，将专家组纳入督查体系对一些专业性较强领域开展精准监督。既达到疫情防控督查面的广度，又具有督查质的深度和力度。全市纪检监察系统从全市防控工作大局出发，从一线具体实际出发，坚持问题导向，找准监督切入点，根据防控形势和实际情况及时调整完善，围绕防控措施、交通检疫、物资保障、市场环境、冷链监管、舆论宣传等方面全方位加强监督检查，查找薄弱环节和工作漏洞，对发现的问题现场交办、跟踪整改，以精准的监督、严肃的执纪护航疫情防控。

【叶明华调研全市纪检监察工作】 5月5日，市委书记叶明华到市纪委监委机关开展专题调研，听取全市纪检监察工作情况汇报，并和纪检监察干部进行座谈交流。

叶明华对市纪委监委近年来取得的工作成绩给予充分肯定。他指出，市纪委监委机关在全市党的建设和经济社会发展中的重要作用不言而喻。2022年以来，纪委监委工作呈现出服务大局上有新作为、正风肃纪上有新突破、审查调查上有新力度、队伍建设上有新成效的“四个新”特征，全市纪检监察工作持续走在前列。

叶明华强调，一是全面从严治党态度要更坚定坚决。纪委监委是政治机关，纪委监察机关要从“四个全面”的角度理解从严治党；强化监督责任落实，特别要把对部门和科级干部的监督当成重中之重，严防“看到什么都说不对”“看到什么都习以为常”两种现象。二是正风肃纪举措要更精准到位。要一体推进“三不”要求，强化“不敢腐”的震慑，扎牢“不能腐”的“笼子”，增强“不想腐”的自觉；准确把握“惩、治、防”的辩证统一关系；精准

5 月 5 日，市委书记叶明华到市纪委监委专题调研

（何金明　供稿）

有效运用好“四种形态”；加强对重点行业、重点领域的深入监督；倾听群众呼声，客观公正做实信访举报工作。三是巡视巡察工作要更持续深入。在全力配合好本轮省委巡视工作的同时，以抓好省委巡视工作为统揽，紧密联系实际，结合因地制宜，结合本地实际情况对重点领域和关键环节开展巡察监督，针对问题即查即改，推动巡察整改常态化、长效化、全覆盖。四是机关作风建设要更务实有效。要把全市营商环境治理提升作为重点，找准切入点，提高“软实力”，更好地助力全市营商环境进一步优化；强化为民情怀，立足解决困难群众的具体问题；巩固拓展“三效三提”专项行动成效，做到及时发现问题、处置问题，防止“破窗效应”。五是自身建设方面要更严格。纪检监察干部要强化自我监督，牢固树立“信任不能代替监督”的理念；要熟练掌握业务知识，努力成为纪法皆通的行家里手；要旗帜鲜明，善于在“人情社会”中监督执纪问责和监督调查处置工作；要聚焦市委、市政府重点工作，主动关注经济社会发展的方方面面；要重视和关心纪检监察干部的锻炼和成长，努力让纪检监察岗位成为锻炼干部、培养人才的平台。

【李文宏调研溧阳市工作】 5 月 12 日，常州市委常委、市纪委书记、市监委主任李文宏率队到溧阳市开展工作调研。市领导叶明华、钱进以及市纪委监委全体班子成员参加汇报会。会上，市委书记叶明华汇报了市委全面从严治党主体责任落实情况；市委常委、市纪委书记、市监委主任钱进汇报了市纪委监委监督责任履行情况。

李文宏对溧阳市取得的发展成果和纪检监察工作给予充分肯定。对下一步工作，李文宏表示，要坚定不移、坚持不懈地走高质量发展之路。同时要求溧阳市委要把主体责任牢牢扛在肩上，一着不让推进全面从严治党向纵深发展。在抓党风廉政建设和反腐败工作上，溧阳市委对重大违纪违法问题要旗帜鲜明表明立场，予以重视、给予支持。在抓好作风建设上，要落实中央八项规定及其实施细则精神，严肃整治享乐主义、奢靡之风和形式主义、官僚主义问题。溧阳市委要进一步加强对纪检监察工作的支持力度，强化对纪委监委工作的领导、管理和监督。李文宏强调，纪检监察机关要忠诚履职，充分发挥监督保障执行、促进完善发展作用。一要着力协助主体责任履行。纪检监察机关要认真履行监督责任，推动主体责任有效落实，促进“两个责任”形成合力。二要齐抓共管，注重各种监督力量贯通协同。要以党内监督为统领，发挥纪律监督的引领作用，充分吸收人大、审计、统计、社会等各方面监督力量。三要坚守主责主业，狠抓监督和办案。要用好监督执纪“四种形态”，在抓早抓小、“红脸出汗”的同时严格抓好重大案件办理，强化安全文明办案。四要搞好队伍自身建设。要加强律己建设，做到打铁必须自身硬；要强化能力建设，不断提升专业化水平。

【“派驻论坛”活动】 7 月 15 日，市纪委监委组织开展 2022 年度第一场“派驻论坛”活动。论坛围绕“学习贯彻《纪检监察机关派驻机构工作规则》，实现派驻监督高质量发展”主题展开研讨。活动中，与会人员对派驻机构工作规则进行了讨论，在完善派驻机构人员、机制、资源等方面提出了合理建议。各派驻纪检监察组负责人表示，将以派驻机构工作规则为统领，坚持高标准、严要求，不断深化对派驻监督工作的规律性认识、总结经验、补齐短板，努力将制度优势转化为治理效能，有效开展日常监督、审查调查等工作，切实发挥好派驻监督的“探头”作用。市纪委副书记、市监委副主任张余亮，相关协管常委委员，市纪委监委各派驻（出）机构负责人、市纪委监委机关相关负责人参加活动。

【庆祝“八一”建军节主题活动】 7月29日，为庆祝建军95周年，继承和发扬人民解放军光荣传统和优良作风，激发新时代纪检监察干部使命担当，市纪委监委开展庆祝“八一”建军节主题活动。

首先，在市纪委监委领导带领下，全体退役军人参观了溧阳市生态创新展示馆。展馆从“治山理水，生态为民”“聚合裂变，生态崛起”“融合嬗变，生态生活”“价值转化，生态点金”以及“区域合作，生态共治”等多个展区的具体演绎，诠释溧阳“生态创新”的奋斗历程和理念传承。接着，大家来到沙河精神展览馆参观学习。通过图片，大家了解到从山洪肆虐地到沙河水库、从防洪抗旱功能型水库到国家AAAAA级旅游景区天目湖，两次转变展示了溧阳人民在党的领导下，从流离失所到走上幸福路的历程。当日最后召开了“忆峥嵘岁月 话纪检情怀——溧阳市纪委监委退役军人座谈会”。市委常委、市纪委书记、市监委主任钱进，市纪委副书记、市监委副主任陈靖，相关协管常委委员、委机关相关室负责人及全体退役军人参加了座谈会。8名退役军人代表作了交流发言。会上，钱进充分肯定委退役军人的工作表现，并提出四点希望。

【钱进调研社渚镇工作】 8月25日，市委常委、市纪委书记、市监委主任钱进率队调研社渚镇工作。为充分发挥纪检监察机关监督保障执行、促进完善发展作用，护航全市经济社会高质量发展，钱进一行4人到社渚镇开展“落实十三届市委五次全会及市纪委半年度工作会议精神”专题调研。会上，社渚镇党委书记宋斌汇报了全镇经济社会发展和镇党委落实全面从严治党主体责任情况，镇纪委书记、党委委员潘晔汇报了监督责任履行情况。钱进充分肯定了社渚镇党委和人民政府全力支持镇纪委开展工作。钱进指出，社渚镇党员干部担当作为、人民群众团结奋进、发展环境持续优化，未来可期，大有可为。钱进强调，一要认真贯彻落实十三届市委第五次全会精神，在全市经济社会发展中“勇挑南大梁”。要不折不扣完成市委、市政府各项工作部署，把民生问题摆在突出位置解决好维护好，在安全发展、生态环保等方面做好表率。二要以省委巡视整改为契机，坚定不移走高质量发展之路。要全面落实“疫情要防住、经济要稳住、发展要安全”的要求，坚持稳字当头、稳中求进，调结构、优布局、强产业、防风险，确保全镇经济社会发展健康有序向上。三要扛牢主体责任，推动全面从严治党向纵深发展。镇党委要旗帜鲜明推进党风廉政建设和反腐败斗争，加大对镇纪委工作的支持力度，持之以恒深化作风建设，用心、用情、用力解决好信访矛盾，打造地方风清气正、心齐劲足的政治生态。对社渚镇纪委，钱进提出三点要求：一要率全镇之智协助镇党委落实好主体责任，促进“两个责任”贯通融合；二要聚专心致志坚守主责主业，凝聚监督合力，在精准监督执纪，提升案件质效上狠下功夫，推动镇纪委规范化、法治化、正规化建设；三要举久久为功加强纪检监察干部队伍建设，绝对忠诚讲政治，勤于学习、善于学习，做到“打铁必须自身硬”。会后，钱进一行对省委巡视反馈问题整改情况进行了现场督查并强调，镇党委要提高政治站位，把巡视反馈问题整改作为当前最重要的任务紧抓在手，确保问题改彻底改到位。

7月29日，市纪委监委开展祝“八一”建军节主题活动

（何金明 供稿）

同时要举一反三，排查风险隐患，健全完善制度机制。

重要会议

【常州小微权力“监督一点通”工作现场会在溧阳召开】 2月20日，省纪委监委调研常州市小微权力“监督一点通”工作现场会在溧阳市召开。江苏省纪委监委信访室副主任杜永春，常州市纪委副书记、市监委副主任王亚明，常州市纪委常委、市监委委员陈鹰峰，常州市监委委员江礼清，溧阳市委常委、市纪委书记、市监委主任钱进，以及常州市和辖市区纪委监委相关负责人参加会议。

会上，陈鹰峰通报了常州市小微权力“监督一点通”平台试点以来的运行情况。随后，各辖市区代表作了交流发言。试点以来，各辖市区认真贯彻落实上级工作部署，强化组织领导，结合地方实际，组建工作专班，全力以赴学习、推广、试点运用“监督一点通”平台。作为首批试点单位，溧阳市纪委监委通过平台受理汇总群众诉求，点对点分办处置，纪检监察组织督查跟踪，部门迅速整改反馈，形成监督工作闭环，把群众急难愁盼问题及时化解在属地最小网格内。全年共收到投诉946件，办结909件，群众满意度100%。在优化系统架构，提升运行质效方面，市纪委监委围绕上级初步确定的30个事项清单内容，到相关职能部门和基层开展业务调研，明确责任层级和责任单位，将各类监督事项分解到市、镇、村三级。在广泛宣传引导，迅速推广知晓方面，市纪委监委创新宣传方式，多渠道宣传推广，如借助微信公众号、网站等线上载体进行宣传，扩大群众知晓率。同时，进村入户向群众宣传推广监督平台，引导群众敢于监督、善于监督。

省纪委监委信访室副主任杜永春就进一步推进小微权力“监督一点通”提出了三点意见。一是思想认识要提高。应不折不扣扎实落实相关工作，常州全域参加“监督一点通”平台应用，不能当成一项任务来办，要积极总结经验进行分享推广。二是工作任务要清晰。要做好部门交接，在全面推广部署平台应用前，逐步将该项工作转移至信访室；要熟悉业务，市、县（区）两级应承担好各自工作职责；要强化规范，加强督办，成为提高工作质效有力抓手；要加强宣传培训，进一步推广平台应用，提高工作人员业务能力，并将常州试点的成功经验分享给其他地区借鉴；要进行功能反馈，定期梳理问题难点及意见建议。三是组织领导要严密。平台从试运行到稳定应用有一个过程，信访室作为负责部门，要抓好“三化”管理，即清单化、精细化、网格化；要健全工作机制，制定相关业务细则，完善业务协同办理机制；要注重上下联动，市、县（区）级加强领导，基层抓好落实，确保衔接运转流畅。杜永春一行还对小微权力“监督一点通”平台在天目湖镇的应用进行了现场观摩。

【服务保障文旅融合巩固突破年动员部署会】 3月2日，市纪委监委召开全市纪检监察系统服务保障文旅融合巩固突破年动员部署会暨2021年度总结表彰会议。会议要求认真贯彻落实上级纪委全会工作部署，聚焦溧阳市委、市政府年度工作目标，激发广大纪检监察干部和巡察干部干事创业动力，为在常州“532”发展战略中体现溧阳担当提供坚强政治保障努力奋斗。市委常委、市纪委书记、市监委主任钱进出席会议并讲话。

会上通报2021年度全市纪检监察工作考核情况，并对“先进集体”“重点工作推进优秀奖”“信息宣传工作先进集体”进行了表彰，受表彰集体代表在会上进行了交流发言。

3月2日，市纪委监委召开全市纪检系统服务保障文旅融合巩固突破年动员部署会

（何金明 供稿）

钱进对全市纪检监察系统服务保障文旅融合巩固突破年进行了动员部署。钱进强调，要不断拓展廉洁建设的内涵和外延，拿出务实管用的举措，以工作方式的含“新”量不断提升廉洁建设的含金量，全力打造政治生态清明、经济生态清净、社会生态清朗、文化生态清新、人民群众满意的廉洁溧阳，为全市经济社会发展提供坚强保障。钱进结合推进“廉洁溧阳”建设，就落实年度重点工作任务，提出下一步工作方向。一是旗帜鲜明讲政治，更加准确地理解和把握围绕中心大局开展政治监督的重要性；二是更加坚定不移正风肃纪反腐，克服严到边、严到底的懈怠情绪，努力做到“永远吹冲锋号”；三是牢固树立质量意识，经得起实践、历史、人民和自己良心的检验；四是聚焦纠治“四风”顽疾，着力营造优良干事创业软环境；五是更加勇于担当敢于斗争，努力做到“踔厉奋发　笃行不怠”。

会上，传达了常州市两会精神和全市“文旅融合巩固突破年”动员大会主要精神。

【“聚焦群众关切 优化营商环境”主题座谈会】 3月10日，市召开“聚焦群众关切 优化营商环境”主题座谈会，贯彻落实常州“532”发展战略和溧阳市“文旅融合巩固突破年”工作部署，以民生民利为要，着力整治群众反映强烈的突出问题，以护航发展为基着力优化营商环境，确保全市经济社会健康、稳定、有序、向上发展。市委常委、市纪委书记、市监委主任钱进出席会议并讲话。会议通报了2021年市纪委监委工作情况。市纪委监委、司法局、行政审批局、信访局、网格化中心等部门和来自经济、工贸、服务、农业等领域的部分市人大代表、市政协委员企业家围绕群众反映强烈的突出问题和优化营商环境等内容进行了交流探讨。

钱进强调，一要从讲政治的高度重视群众反映强烈的突出问题，提升精准治理的水平。要维护“国之大者”，坚决维护党中央和上级的重大决策部署；要矢志不渝地做好“分内小事”，围绕市委、市政府的中心工作以及群众关心的热点、难点问题展开工作。二要把优化营商环境作为一项重要任务紧抓在手，服务保障企业发展。从职能部门服务企业发展的角度入手，紧盯“放管服”改革，探索建立“店小二”作风监测站，努力打造审批最少、流程最优、体制最顺、机制最活、效率最高、服务最好的最佳营商环境；从民营企业自觉廉洁经营的角度出发，在民营企业中探索构建民企“廉盟”，制定廉洁经商公约，组织开展廉洁教育进企业活动，助力企业廉洁文化建设，多种形式提升廉洁经商自觉。

【十三届纪委二次全会】 5月11日，中共溧阳市十三届纪律检查委员会第二次全体会议召开，深入学习贯彻习近平新时代中国特色社会主义思想，全面贯彻中共十九大、十九届历次全会精神和中央纪委六次全会、省纪委二次全会、常州市纪委二次全会以及市第十三次党代会精神，总结2021年纪检监察工作，全面部署2022年重点任务。市领导叶明华、周永强、邵钦华、曹俊、张顺、吴寅、赵明、朱威、钱进、陈波出席会议并在主席台就座。

2021年，全市纪检监察组织在上级纪委监委和市委坚强领导下，忠实履行党章和宪法赋予的职责，以习近平新时代中国特色社会主义思想定向领航，持续涵养风清气正的良好政治生态，深入整治群众身边腐败和不正之风，一体推进不敢腐、不能腐、不想腐，驰而不息纠“四风”、树新风，充分发挥巡察“利剑”作用，有力推动制度优势更好转化为治理效能，全面建设政治过硬、本领高强的铁军队伍，为溧阳奋力走在社会主义现代化建设前列提供了坚强政治保证。市委书记叶明华对2021年全市纪检监察工作取得的成绩表示充分肯定，并就进一步做好全市全面从严治党工作提出三点要求。一要自觉提高政治站位，深刻理解党情、精准把握市情。要深刻理解全面从严治党新部署、新要求；要充分肯定全面从严治党新进展、新成效；要客观看待全面从严治党新情况、新问题，认真贯彻落实习近平总书记重要讲话指示精神，准确把握党中央和省市委决策部署，坚持严的主基调不动摇，保持政治清醒，增强政治定力，在新的起点上谋划好、开展好党风廉政建设和反腐败工作，坚持不懈把全面从严治党向纵深推进。二要坚决扛起政治担当，勇挑新使命、奋进向未来。要聚焦“国之大者”，提升政治监督质效；要聚焦系统施治，一体推进不敢腐、不能腐、不想腐；要聚焦加固堤坝，锲而不舍纠“四风”、树新风；要聚焦根本大计，加强年轻干部教育管理监督，按照党中央要求，坚定扛起政治担当，为营造平稳健康的经济环境、国泰民安的社会环境、风清气正的政治环境作出溧阳贡献。三要全面落实政治责任，凝聚监督力量、增强监督合力。要坚决扛好主体责任、有效发挥专责作用、严格落实保障措施，以敢于担当、敢于负责的态度推进责任落实，打好党风廉政建设“整体仗”。

叶明华强调，深入推进全面从严治党任重道远，做好党风廉政建设和反腐败工作责任重大。全市各级党组织和广大党员干部要更加紧密地团结在以习近平同志为核心的党中央周围，坚定信心、勇毅前行，永葆自我革命精神，纵深推进全面从严治党，为溧阳现代化建设提供坚强的政治保证，以实际行动迎接中共二十大胜利召开。

会上，市委常委、市纪委书记、市监委主任钱进代表市第十三届纪律检查委员会常务委员会向大会作题为《努力建设人民满意的廉洁溧阳 以优异成绩迎接党的二十大胜利召开》的工作报告。会议要求，2022 年全市纪检监察组织要以习近平新时代中国特色社会主义思想为指导，全面贯彻中共十九大、十九届历次全会精神和上级纪委全会、省市党代会部署，增强“四个意识”、坚定“四个自信”、做到“两个维护”、捍卫“两个确立”，坚持稳中求进工作总基调，自觉把握和运用党的百年奋斗历史经验，弘扬伟大建党精神，坚持全面从严治党战略方针，一体推进不敢腐、不能腐、不想腐，在县域治理中充分发挥监督保障执行、促进完善发展作用，锚定高质量发展主题，以创新突破、以实干领航，建设人民满意的廉洁溧阳，以实际行动迎接中共二十大胜利召开。

会议指出，第一，要进一步增强政治监督精准性时效性。胸怀“国之大者”，保障贯彻执行习近平总书记重要讲话指示精神和党中央重大决策部署落地见效。服务“地方要事”，围绕建设长三角生态创新示范城市，将“廉洁因子”融入全市经济社会发展和党的建设各方面、全过程，努力打造政治生态清明、经济生态清净、社会生态清朗、文化生态清新的廉洁溧阳。聚焦乡村振兴战略实施、民生领域、涉黑涉恶“保护伞”，加大监督治理力度，鼓励如实地反映意见和投诉举报。健全容错纠错、失实澄清、打击诬告陷害机制，加快构建“亲”“清”政商关系，持续优化营商环境。第二，要进一步促进不敢腐、不能腐、不想腐贯通融合。保持战略定力和严的主基调，坚持惩治震慑、制度约束、提高觉悟一体发力，重点查处十八大以来不收敛、不收手，问题线索反映集中、群众反映强烈、政治问题和经济问题交织的腐败案件。坚持受贿行贿一起查。坚持系统治理，深化以案促改、以案促治、以案促建，破除体制性障碍、机制性梗阻和制度性漏洞，实现领域治理向全域治理延伸。充分发挥教育引导作用，精准开展警示教育，创新廉洁教育模式，不断提升溧阳廉洁文化软实力。第三，要进一步推动党风政风向上向善。锲而不舍落实中央八项规定及其实施细则精神，着力纠治贯彻落实上级决策部署中的形式主义、官僚主义顽疾，坚决查处乱作为、不作为、假作为和慢作为、搞特权以及表现在基层、根子在上面等问题，推动机关作风更加务实有效。严肃整治享乐主义、奢靡之风，严肃查处违规收受礼品礼金歪风，深入整治违规发放工资津补贴问题，重拳整治公款吃喝隐形变异问题，遏制风腐一体现象。健全常态长效作风建设机制，教育引导党员领导干部强化廉洁家风建设。第四，要进一步夯实政治巡察和整改质效。做实新一轮政治巡察，科学制定十三届市委巡察五年规划，合理安排巡察轮次和巡察对象，发现问题、形成震慑、推动改革、促进发展。不断加强巡察联动，实现巡察任务共推、成果共用、经验共享、短板共治、队伍共建。深入实践巡察整改“三五”工作法，形成监督、整改、治理闭环。聚焦群众“急难愁盼”，重点破解历史遗留问题，以高质量巡察服务溧阳经济社会高质量发展。第五，要进一步发挥监督治理效能。发挥监督的基础性作用，深化“四项监督”统筹衔接，把监督融入区域治理、部门治理、行业治理、基层治理和单位治理之中。把“一把手”作为开展日常监督的重点，实施上级纪委同下级党委班子成员谈话制度。以“五个示范”建设为切入点开展专项监督，护航工作落实。强化“室组”联动监督、“室组地”办案协作，探索信息化大数据监督模式，全力提升监督质效。第六，要进一步提升铁军队伍凝聚力战斗力。坚持以政治建设为统领，把队伍建设作为强基工程、战略工程，推动党史学习教育常态化长效化，强化纪检监察认同感教育，凝聚职业共识。坚持引才用才并重，加强实务培训和实践锻炼，培养行家里手。强化以法治思维和法治方式开展工作，严格落实文明安全办案制度，坚持严管厚爱相结合，自觉接受最严格的约束和监督，坚决防止“灯下黑”。经过认真审议，大会通过了钱进所作工作报告，通过《中国共产党溧阳市第十三届纪律检查委员会第二次全体会议决议》。

【纪检监察系统半年度工作会议】 7月26日，市纪委监委召开全市纪检监察系统半年度工作会议，总结今年以来工作开展情况，研究部署下阶段重点工作任务，推动各单位各部门对照年初目标任务认真盘点对账，在蹄疾步稳的基础上开拓奋进，不断推动纪检监察工作和巡察工作高质量发展。市委常委、市纪委书记、市监委主任钱进参加会议并讲话。市纪委监委领导班子成员，市委巡察机构、各镇（区、街道）纪（工）委、市纪委监委各派驻（出）机构、委机关各室中层以上干部参加会议。会议通报了全市纪检监察数据情况并部署下阶段工作。

钱进表示，2022年以来，全市纪检监察组织和市委巡察机构在上级纪委监委和市委的坚强领导下，坚持稳中求进工作总基调和坚定稳妥原则，准确把握形势任务，各项工作取得了显著成效。一是护航发展大局有担当；二是服务巡视、开展巡察有质效；三是监督办案有力度；四是创新工作有突破。

钱进强调，下半年，全市纪检监察组织和市委巡察机构要对照常州市党建考核、纪检监察工作考核细则和重点工作项目，补短板、强弱项、扬优势，立足打基础、利长远，努力实现常州有地位、全省有影响、全国有声音，在全市经济社会发展和上级纪委监委工作部署中彰显溧阳纪检监察担当。重点抓好以下三方面工作：一要高站位保障发展大局，推动政治监督落到实处；二要高质量聚焦主责主业，推动全面从严治党落到实处；三要高标准带队伍强管理，推动铁军锻造落到实处。

【办理协作配合联席会议】 7月29日，为进一步促进监察机关与公安部门在办理职务犯罪案件中的统筹衔接、监督制约，凝聚反腐工作合力，推动职务犯罪案件办理工作高质量发展，市监委、市公安局召开职务犯罪案件办理协作配合联席会议。市委常委、市纪委书记、市监委主任钱进，市人民政府副市长，兼公安局局长陈文明，以及相关领导出席会议，签署了协作配合备忘录。

会议提出了职务犯罪案件办理监警合作“1+7”新模式：1个愿景目标：监察机关、公安部门在办理职务犯罪案件过程中，以坚持党的领导为根本原则，加强协同配合，凝聚工作合力，将监察机关的政治优势、组织优势和公安部门的法律优势、手段优势相结合，努力实现优质、高效、协同办案，推动全市政治生态持续向上向好发展。7项协作机制：建立常态化沟通联络机制，研究方式方法，解决突出问题；建立健全案件线索移送反馈机制，打破信息壁垒，确保各司其职；建立案件查办协同机制，建立技术手段联动机制，建立追逃协作配合快速反应机制，发挥各自优势，提升办案质效；建立留置队伍看护管理机制，严守安全底线，确保安全零事故；建立扫黑除恶常态化联动机制，紧盯重点领域，肃清社会毒瘤。

市委常委、市纪委书记、市监委主任钱进对监察机关、公安部门加强职务犯罪案件办理协作配合提出三点意见：一是在坚持党的统一领导下凝聚反腐败工作合力。监察机关和公安机关要提高政治站位，在坚持党的领导这一根本原则下，凝聚共识，加强配合，推动反腐败斗争不断向纵深发展。二是依规依纪依法提升专业化法治化水平。监察机关和公安部门要牢固树立法治意识、程序意识、证据意识，坚持实体公正与程序合法并重，严格依规依纪依法履职尽责，自觉接受监督，促进监察执法与刑事司法的贯通融合，进一步规范职务犯罪案件办理工作，不断提高规范化、法治化水平。三是以互相配合的高效运转机制推动实现治理效能。双方务必严格按照要求，加强沟通协作配合，建立健全环环相扣、互相配合的高效运转机制，提升审查调查工作质效，强化反腐败工作合力，更好地推动制度优势转化为治理效能。

【监督推动营商环境优化工作推进会】 为深入贯彻落实十三届市委第五次全会精神和《全市纪检监察系统监督推动营商环境优化工作方案》要求，8月30日下午，市纪委监委召开监督推动营商环境优化工作推进会。市纪委副书记、市监委副主任张余亮以及市纪委监委相关协管常委委员出席会议，来自市人民法院、发展和改革委员会、工业和信息化局等15家单位的分管领导，国网溧阳市供电分公司、溧阳水务集团公司、溧阳安顺燃气有限公司3家单位的分管负责人，溧阳高新区纪工委副书记，各镇（街道）纪（工）委书记参加会议。会议通报了江苏省兴化市市场监督管理

8月30日，市纪委监委召开监督推动营商环境优化工作推进会

（何金明　供稿）

局工作人员“吃拿卡要”案例，以及营商环境专项巡察和市纪委监委营商环境监督相关情况。会议要求，全市各级各部门要深刻汲取江苏省兴化市市场监督管理局工作人员“吃拿卡要”案例教训，以案为鉴，深化思想认识，对照检视检查，主动担当作为。会议就全面优化营商环境工作作出部署，首先要提高政治站位，切实增强优化营商环境的大局意识。要把优化营商环境作为重要政治任务，牢固树立“不抓是失职、抓不好就是不称职”的理念，以实际行动推动市委、市政府决策部署落到实处。要对照上级要求和行业标准，不断优化服务，以一流的营商环境保障项目、追加投资，为全市高质量发展提供坚实支撑。其次要坚持问题导向，坚决完成优化营商环境的重点任务。要聚焦企业反映强烈的“办事难、办事慢”“多头跑、来回跑”等问题，主动排查、深入整改，不仅要做到门好进、脸好看，更要做到事能办、能快办，让企业感受到政府办事服务的质量。要深化涉企服务，主动、靠前、周到，为每个市级及以上重点项目提供全面及时的要素保障，为每个重大项目提供个性化服务，用心用力帮助解决企业发展壮大中的困难和问题，让企业感受到政府服务的温度。最后要强化责任落实，真正凝聚优化营商环境的整体合力。各单位要切实扛起管党治党的主体责任，对单位存在的问题及时提醒批评、抓早抓小，防止隐形变异，还要引导每个科室、每个岗位结合职责主动融入优化营商环境的全局当中，争作贡献、争当表率。各镇（区、街道）纪（工）委要严格落实《全市纪检监察系统监督推动营商环境优化工作方案》要求，进一步严明纪律，采取明察暗访、“四不两直”等多种方式，坚决查处乱检查、乱摊派、乱伸手等情形，对发现的违法违纪违规问题，一查到底、绝不姑息，并坚决点名道姓公开曝光。

【第二届特约监察员聘请会议】9月21日，溧阳市监察委员会召开第二届特约监察员聘请会议。市纪委监委领导班子成员，市监委第二届特约监察员，市纪委监委各派驻（出）机构、委机关各室主要负责人参加会议。该届特约监察员选聘工作自2022年年初启动，从市级人大代表、政协委员、党政机关以及企业代表中，优选聘请了20名市监察委员会第二届特约监察员。

市委常委、市纪委书记、市监委主任钱进为特约监察员颁发聘书。2位特约监察员代表就如何履职作表态发言表示，围绕市纪委监委重点工作，紧盯与群众利益相关的问题，利用行业和专业优势发挥桥梁纽带作用，积极建言献策，助推全市纪检监察工作高效性、精准化。

钱进强调，国家监察体制改革以来，中央纪委国家监委和地方各级纪委监委始终高度重视特约监察员工作，全市纪检监察机关要深刻认识建立特约监察员制度，是党和国家推进自我革命的重要制度设计，是坚持和完善党和国家监督体系、强化对权力运行制约和监督的一项重要决策部署。

钱进希望，新一届特约监察员要深刻把握新形势下纪检监察工作的新任务新要求，从做到“两个维护”的高度认识做好特约监察员工作的重要意义，以高度的责任感和使命感切实扛起特约监察员的职责使命，发挥好监督约束、参谋咨询、桥梁纽带等方面作用。同时加强自身建设，坚持党的领导，提高履职能力，坚持正身律己，树立特约监察员队伍良好形象。

钱进要求，全市各级纪检监察机关要增强主动接受监督的意识以及服务意识，进一步完善工作机制，强化服务保障，搭建履职平台，压实工作责任，为特约监察员履行职责创造良好环境，共同推动溧阳纪检监察工作高质量发展，共同建设人民群众满意的廉洁溧阳，为推进苏南绿色崛起品质城市作出新的更大贡献。

【学习贯彻中共二十大精神部署会暨重点工作推进会】 11月3日，市纪委监委召开学习贯彻中共二十大精神部署会暨重点工作推进会，深入学习贯彻中共二十大精神，总结2022年以来工作情况，部署下阶段工作，要求奋力冲刺全年目标任务。市委常委、市纪委书记、市监委主任钱进参加会议并讲话。会上，市纪委副书记、市监委副主任张余亮传达了中共二十大精神和十九届中央纪委向中共二十大所作的报告精神，市纪委副书记、市监委副主任陈靖传达了常州市纪检监察重点工作推进会精神，并分别通报了相关数据和点评了分管工作。

钱进指出，2022年以来，全市各级纪检监察组织和市委巡察机构围绕中心大局，抓牢抓实监督和办案“两个关键”，常规工作稳步推进、重点工作提质增效、创新工作争先进位，呈现出有力、有序有效的良好态势。在接下来的时间里，各单位、各部门应增强抓冲刺、抓收官的紧迫感，鼓足干劲、锐意进取，奋战两个月，决胜全年度。第一，认真学习贯彻中共二十大精神，以有力的政治监督推动工作有效落实；第二，紧盯全年任务目标，力促工作争先进位；第三，对标对表理清思路，蓄力谋新篇开新局。市纪委监委领导班子成员，市委巡察机构、各镇（区、街道）纪（工）委、市属国有企业纪委、市纪委监委各派驻（出）机构、委机关各室主要负责人及中层以上干部参加会议。

【纠树并举动员部署会】 12月2日，在中央八项规定出台十周年之际，市纪委监委召开落实中央八项规定精神 驰而不息纠“四风”树新风再动员再部署会议，深入学习贯彻中共二十大精神，精准把握当前全市作风建设形势，对新时期新阶段纠“四风”树新风工作作出全面部署。市委常委、市纪委书记、市监委主任钱进参加会议并讲话。市纪委监委领导班子成员，各镇（区、街道）纪（工）委、市属国有企业纪委、市纪委监委各派驻（出）机构、委机关各室主要负责人及中层以上干部参加会议。会上，市纪委副书记、市监委副主任陈靖宣读了市委书记叶明华关于加强作风建设、护航政治生态的重要批示。市纪委副书记、市监委副主任张余亮解读了上级相关文件精神，并通报了2022年以来全市查处违反中央八项规定精神问题情况。会议邀请常州市纪委监委党风政风监督室主任陈新荣专题授课。陈新荣主任以《坚持严的基调强化正风肃纪 锲而不舍落实中央八项规定精神》为题，从深刻理解全面从严治党亮丽名片、准确把握中央八项规定精神实质、扎实推进作风建设高质量发展三个方面，分析了当前作风建设的形势，解读了中央八项规定精神的相关具体要求，并为新时期新阶段作风建设厘清了思路、指明了方向。

钱进指出，全市各级纪检监察机关要把强化作风监督作为履行全面从严治党监督责任的重要抓手，始终从政治上看、从政治上抓作风问题，坚持越往后执纪越严，持续释放作风建设不松劲、不停步、再出发的强烈信号。一要提高政治站位，深刻认识作风建设的重大意义；二要坚持问题导向，深刻把握作风建设的工作重点；三要掌握运用科学方法，推动作风建设高质量发展。

（何金明）

巡察工作

【概　况】 2022年度，市委巡察机构深入学习贯彻习近平新时代中国特色社会主义思想和中共二十大精神，严格按照中央和省、市委巡视巡察新部署新要求，充分结合省委巡视整改工作，进一步提高政治站位，坚持“严”的主基调，立足全局抓统筹、创新路径抓成效、放大效能抓治理，扎实推进巡察各项工作，为打造苏南绿色崛起品质城市保驾护航。全年开展了2轮常规巡察、1轮专项巡察，发现问题532个，移交问题线索57件，形成7起留置案件。市委巡察机构获评平安常州建设先进集体，《巡纪联动推动营商环境持续优化》获得溧阳市工作创新奖，巡察工作年度综合考核位居常州市辖市区第一。

【高质量制定巡察规划】 制定新一届市委巡察工作规划，坚持稳中求进工作总基调，大力实施政治护航、质效提升、贯通融合、整改赋能、队伍建设等主题工程，把牢监督重点，聚焦中央和省市决策部署落实、群众身边腐败和不正之风、基层党组织建设，加强对“一把手”和领导班子监督，落实落细精准巡察。十三届市委任期内计划安排15轮巡察，通过灵活运用常规巡察、专项巡察、系统巡察等方式对70个单位和228个村（社区）巡察全覆盖，按照不低于10%、2%的比例对常规巡察单位和村（社区）开展“回头看”。

【高站位接受巡视检视】 全力服务保障省委巡视。会同市委办、组织部、宣传部等部门共同做好省委巡视组的全方位服务保障。成立由15人组成的接力巡察组，重点围绕农村“三资”管理、养老机构建设管理、严重精神障碍患者服务管理等方面基层治理中群众反映强烈的突出问题开展巡察。全面接受巡察工作专项检查。严把时间节点，严格按照省委巡视对溧阳巡察工作专项检查的要求，认真做好专项汇报、提供台账、召开座谈会、开展谈话、走访调研等巡察工作专项检查各项工作，助力巡察工作专项检查圆满完成。专项检查反馈的12个问题，共制定38条整改措施，目前已完成11个问题的整改，整改率达92%。全方位推进指导督导反馈整改。高度重视常州市委巡察组指导督导反馈意见，主动认领存在问题，深刻剖析问题根源，精心制定整改方案，雷厉风行抓好整改落实。针对23个反馈问题，制定59条整改措施，整改落实率达100%，建立起巡察组考评办法、协作责任清单等15项工作制度和长效机制。

【高标准明确三张清单】 完善协作单位清单。重新梳理形成《市委巡察重点协作部门责任清单》，召开19个协作部门联席会议，并将协作单位提供资料质量纳入年度党建考核，进一步发挥巡察综合监督作用和联系群众的纽带功能。制定巡察任务清单。每轮巡察前，制定巡察工作方案，下发巡察任务清单，要求巡察组“带单进驻”、对单巡察。巡中市委巡察工作领导小组深入各巡察组工作驻点听取中期汇报，分析研究存在的问题，把脉相关主要内容，对开展好下阶段巡察工作提要求。亮出巡察工作成绩单。突出“三个聚焦”监督重点，围绕“巡察业务”“队伍建设”“信息宣传”三大块内容制定《巡察组考评实施细则》，对巡察组每一轮巡察进行考核，亮出成绩单，并将考核成绩作为评优评先依据，强化巡察组规范化建设，推动巡察工作提质增效。

【高水平推进巡察创新】 持续深化镇村一体巡察。强化系统思维，创新开展镇村一体巡察，2022年在对南渡镇、上黄镇巡察的同时完成对25个所辖村（社区）的一体化系统巡察，共发现问题155个，移交问题线索21件。同时村村形成问题清单，列出个性问题，实现有形有效全覆盖。创新开展营商环境专项巡察。聚焦“五个环境”，创新开展“互联网＋巡察”，采用网络问卷调查，开展镇区领导访谈、企业走访调研等方式，累计发放并回收各类调查问卷2705份，开展谈话959人次，访谈镇（区、街道）领导及有关人员114人次，走访调研企业316家。共查摆问题107个，推动立行立改问题12项，提出相关意见建议18项。在《溧阳日报》开设“优化营商环境进行时”专栏，对优化营商环境再出发的措施方法、工作成效等开展立体式、集束式宣传。探索工程建设项目机动巡察。采用“机动巡”的方式，对住建局以及各镇（区、街道）开展“一镇一表”表单化“点穴式”巡察，重点检查存疑工程项目269个，形成专题巡察报告，得到市委书记批示，推动了该领域的专项治理。强化书记专题会重点问题督办。建立重点问题督办单制度，形成专门督办、专题汇报、专项督查闭环，推动农村集体“三资”管理、农村水利站垂直管理后有弱化倾向、城乡长效管理、农村杂工使用管理等问题整改落地落实。

（罗赵华）

6月25日，全市营商环境专项巡察动员部署会议（罗赵华　供稿）

LIYANG
YEARBOOK

民主党派·群众团体

栏目编辑 尹少鹏

中国民主同盟溧阳市基层委员会

【概　况】 2022年，民盟溧阳市基层委员会围绕学习领会中共二十大精神、习近平总书记重要讲话精神、《中国共产党统一战线工作条例》以及党史盟史教育等主题，组织线下基层委和各支部学习研讨会、“矢志不渝跟党走，携手奋进新时代”政治交接主题教育等20余次。线上推送各类学习材料50余份，赠阅《群言》《常州民盟》等盟讯刊物300余册。参加省益心为公检察云平台志愿者申报，盟市委盟务骨干培训、盟务工作交流、参政议政和宣传工作培训，溧阳市政协“关于人民政协的几个基本问题”专题讲座，党的二十大精神统战系统专题宣讲报告会、信息工作培训、统战宣传工作推进会，市党外各界代表人士迎春座谈会等活动。举办“喜迎二十大，同心向未来”摄影作品比赛，常州市党外代表人士队伍建设“十百千工程”千名各界精英考察工作等活动30余次。

【思想建设】 2022年，民盟溧阳市基层委员会引导7个支部开展学习研讨活动10余次，参与学习交流400余人次，通过盟市委2022年度测评考核，获评民盟常州市“先进集体”。获盟市委“纪念民盟创建者和领导者张澜诞辰150周年、民盟先贤李公朴诞辰120周年稿件征集”活动组织奖。57篇有关盟务工作的稿件被各级网站刊物录用，其中《党外人士学〈中国共产党统一战线工作条例〉，展现溧阳民盟作为担当》《溧阳民盟组织科技支部调研市智慧城市建设运营工作》《大爱无疆，溧阳民盟“疫”路在行动》等稿件分别在江苏民盟、常州统战、常州民盟等网站刊登；程安中的中国画《江山永固》作品被《中国统战》杂志封面录用。获民盟江苏省“宣传工作先进集体”、民盟常州市“先进集体”“社会服务工作标兵项目奖”等称号。77名盟员获省市级以上奖项，其中张待娣获评盟省委反映信息工作先进个人，周坚获江苏省五一创新能手称号，沈森获江苏省教学成果二等奖及江苏省网络名师工作室领衔人称号，周春雷、贺丹君等10余位盟员获省级表彰；赵俊芳、宋红波等12人分别获评常州市优秀盟员、盟务工作积极分子，25名盟员获评溧阳市优秀盟员。

9月1日，民盟中央社会服务部部长刘圣宇（中）一行到溧阳调研

（唐银芳　供稿）

【组织工作】 2022年，民盟溧阳市基层委员会下设教育一、教育二、科技、文化、中医院、人民医院、经济7个支部，共有盟员138名，其中离退休盟员35名、在职盟员103名，主流界别占比73.4%，平均年龄54.07岁。民盟中央社会服务部部长刘圣宇，社会服务委员会委员、中国旅游协会旅游商品与装备分会副会长兼秘书长陈斌，社会服务部办公室副主任方大伟一行到溧阳市调研，对溧阳民盟盟务工作及“盟员之家”建设给予较高评价。围绕节日慰问、病患探访及谈心交流等工作开展活动90项。由谢菊芬执笔、基层委提交的《挖掘资源，打造特色——关于溧阳争创历史文化名城的几点思考》调研报告继2021年后再次在政协大会交流发言。徐国昌、陆建保、沈喆、杨珏等20余名盟员相继履职新岗位。

【参政议政】 2022年，基层委共有常州溧阳两级人大代表、政协委员25名，其中常委6名，谢菊芬和张雅萍分别当选市政协副主席和人大常委会副主任，徐国昌、沈喆当选市政协常委。4月8日，基层委组织科技支部一行13人参观调研市智慧城市建设运营工作，观看“数字政府”“数字社会”“数字生态”“数字经济”等各项场景应用内容演示，为“智慧城市建设让生活更美好”献计献策。9月8日，基层委与市应急管理局开展对口联谊活动，为政府部门实现科学民主决策、推进民主政治建设作贡献。通过建小组“集智合力”、重参与“奉智助力”、深调研“竭智尽力”等举措，形成政协提案和人大建议案近30份、反映社情民意40余件，完成调研报告2份。付芳琴的《关于乘“双减”之东风，加强学生心理健康服务的建议》被列入2022年度市政协重点督办提案；张待娣获评民盟江苏省反映信息工作先进个人；张待娣、吴敏被推荐为常州市参政议政骨干成员；王婷、汪小西获评市政协优秀委员。科技支部提交的调研报告《数字政府背景下我市新型智慧城市建设的思考》受到相关部门的重视。

【社会服务】 2022年，基层委依托“盟员之家”，围绕“同心·献智惠民”主题，通过设置一套系列化公开课课程表，遴选一批优秀开课老师，开设线上和线下公开课，全年开设“同心·献智惠民”民盟公开课线上57场次、线下43节，59位盟员和志愿者参与，受惠群众超万人次。6月14日，基层委组织教育两支部在“盟员之家”开设“科学合理填报高考志愿”公开课，80多名高三学生和20多名家长认真听讲。面对新冠疫情，医卫支部盟员赵俊芳、赵国强等分别驰援上海和常州，吴彩萍担任市黄码检测点店长，陆建保、狄剑秋、翟国庆、杨晨等奔赴在抗疫第一线，史铭、沈俊等加入抗疫物资的捐赠以及与白河县对口扶贫工作，为全力打赢疫情防控阻击战注入民盟力量。基层委组织教育支部赴埭头中学等开展捐资助学、送“培”下乡，组织科技与经济支部帮助企业解决技术和融资难问题，组织医卫支部开展疫情防控宣传和健康知识讲座，组织文化支部开展文艺演出与慰问活动，组织盟员参加“慈善一日捐”等活动20余次。邹芸、赵国强分别于9月赴白河县开展为期一年的教育和医卫对口支援工作；吕自新、周春雷等在社区教育公益、助老帮困、文化传播公益活动中发挥着主力军作用。基层委获民盟常州市“社会服务工作标兵项目奖”。

（唐银芳）

中国民主建国会溧阳市基层委员会

【组织工作】 2022年，民建溧阳市基层委员会有支部2个，会员29人。基层委始终贯彻民主集中制，实行集体领导与个人分工负责相结合的工作目标责任制，上下联动，提高工作实效。基层委29名会员中有江苏省政协委员1人、常州市人大代表1人、常州市政协委员2人、溧阳市人大代表3人、溧阳市政协委员10人。全年走访骨干会员企业和会员所在单位5次，组织各类学习培训活动8次。

【参政议政】 2022年，民建溧阳市基层委员会承担民建常州市委重点调研课题1个。围绕市委、市政府总体工作部署，贴近人民群众关心的热点、焦点问题，重点在532发展战略、积极培育全市新产业、新业态、新模式以及主推全市社会治理现代化建设等方面。全年向民建常州市委报送参政议政信息14条。向溧阳市人大、政协提交提案及社情民意5条。参加各级人大、政协、特邀人员会议、活动29次。

【社会服务】 2022年，民建溧阳市基层委员会继续提升“思源”品牌的影响力，注重拓宽载体、丰富内容、深化内涵，积极落实中央、省、市工作要求，整合会内外资源继续做好乡村振兴工作，双服务工作与产学研结合，主动服务会员企业和地方经济发展。疫情防控期间，民建广大会员主动参与疫情防控一线，通过协助

3月31日，民建溧阳基层委召开学习全国两会精神会议

（胡帅 供稿）

落实各项防控措施，参与志愿者服务、为医护人员送慰问品、企业调研走访活动、支持企业复工复产等各种方式，为打赢疫情防控“阻击战”提供有力支撑。发动更多会员和企业加入到公益事业中来，民建会员及会员企业累计向市红十字会、慈善总会、基层医院等单位捐款捐物99.91万元，组织会员走访慰问上沛中心小学、天目湖敬老院等地，以实际行动履行溧阳民建的社会责任。

（胡 帅）

溧阳市工商业联合会

【概 况】 2022年年末，溧阳市工商业联合会共有各类商会组织34家，其中，镇（区、街道）商会12家，行业商会18家，异地商会2家，综合性商会2家。在10个地级以上城市成立溧阳商会。市工商联获评首批全国“五好”标杆县级工商联、2022年度常州市工商联系统先进集体、创新突破工作突出成果奖、宣传工作先进单位等称号。

【党建工作】 2022年，溧阳市成立中共溧阳市总商会委员会，商会党组织建设覆盖率达100%，推动成立社渚非公企业党群服务中心、花卉苗木商会党员教育基地、名优特产商会党员活动基地。开展多元化的党建特色教育活动，举办全市非公有制经济人士和工商联系统二十大精神宣讲会。开设老书记讲堂，推进党务工作传帮带。重视青年企业家党建工作，挂牌成立青年企业家党校。

【组织工作】 2022年，市工商联紧扣“商会品质基础提升年”工作主题，通过建立健全商会档案、规范商会活动规则、开展商会工作者培训，设立商会建设大讲堂等工作举措，打造品牌亮点工作。有序推进商会改革发展，完成6家商会换届工作，9家商会获2022年度江苏省、常州市“四好商会”，3家商会获全省商会组织先进集体。在各商会广泛开展先进集体和先进个人评选活动，积极倡导向样板商会学习，形成互比互学、争优争先的浓厚氛围。

【调研工作】 2022年，市工商联按照上级工商联调研工作要求，结合自身工作实际，深入商会和企业开展专题调研，撰写《新时代立足工商联服务民营企业的探索》《以党建引领商会建设 促进地方经济高质量发展》等调研文章。配合开展各级各类调研统计20余次，完成问卷1000余份。组织3对新老企业家参加常州市“民营企业代际传承与发展趋势”年度重点课题调研。协助企业做好绿色发展领军企业、制造业百强、民营企业百强上榜企业和标杆民营企业的推荐工作。9月7日，金峰水泥、国强镀锌、上上电缆等三家企业同时上榜中国民营企业500强和中国民营企业制造业500强。

【经济服务】 2022年，市工商联先后完成天目湖形象品牌发布会暨“点亮天目湖”夜游季启动仪式的组织发动、“喜迎二十大、发展挑大梁”2022年中秋节座谈会等工作。承接黑龙江省工信厅、农业农村厅、工商联等组织的鹅产业考察调研组等外地考察交流接待任务。加强与仪征、宿豫、汉阴等兄弟县（市）工商联的交流联谊，与汉阴工商联缔结友好工商联。积极与政府相关职能部门合作，提供政策、法律惠企服务。给107名优秀民营企业家颁发“溧商服务卡”。持续推进民营企业家“百千万工程”，培训领军型企业家5名、成长型企业家33名、企业经营管理人才100名。强化银企合作，基层商会组织开展金融对接会8次。深化民营企业法律服务工作，与司法局联合启动“万所联万会”联络机制，组织20家商会与20家律所开展对接。与检察院联合召开全市涉案企业合规化工作会议，成立溧阳市涉案企业合规第三方监督评估机制管理委员会。

【光彩事业工作】 2022年，完成溧阳市光彩事业促进会换届工作。积极倡导民营企业“致富思源、回馈社会”理念，推动商会和企业家继续助力慈善公益事业，通过光彩事业促进会平台，捐助170余万元，用于教育帮扶、助学助困及新农村建设，勇于承担社会责任。

【“两个健康”先行区创建】 2022年，市工商联作为全市新时代“两个健康”先行区创建工作的牵头部门，制定2022年“两个健康”先行区创建工作要点。进一步明确创建重点单位、各项工作牵头单位和分管领导，完成工作机制的构建，定期开展部门创建联络协调，落实创建任务，形成压力传导。在《溧阳时报》开辟新时代“两个健康”先行区创建专栏，对创建成员单位的15项重点举措和创建做法进行刊登报道。制作“企业关注、部门聚力”短视频宣传栏目，聚焦重大项目推进和企业发展关注的问题，联动重点职能部门服务和帮助企业。在《中华工商时报》“江苏统一战线”网站、《新苏商》“苏商天下”《常州统战》“常州市总商会”微信公众号、常州市工商联网站等媒体，对企业家典型进行宣传报道。联动创建部门举行“登高健体，凝心聚‘溧’”主题活动。组织青年企业家举行“健步雨花传壮志 勇立潮头当先锋”南京雨花台红色之旅。与海关联合主办“两个健康大家谈——外贸政策解读”为主题的重点外贸民营企业座谈会。联合希达资本集团、溧阳福建商会开展“企业成长与资本赋能”专题报告会。开设商会工作者讲堂、青年企业家讲堂、专家讲堂、部门讲堂等系列活动，合力打造“‘两个健康’大家谈”工作品牌。

（杨秀华）

溧阳市总工会

【概　况】 2022年，溧阳市新组建工会194家，其中千人以上企业2家，百人以上企业77家，外资企业（港澳台企业）53家，推进新就业形态群体工会组建34家，楼宇商圈4家，专题工业园区1家，其他25家。发展工会会员入会2366人。全市获评全国五一劳动奖章1名；江苏省五一劳动奖状1个；江苏省五一劳动奖章1名；江苏省工人先锋号3个，常州市五一劳动奖状10个，常州市五一劳动奖章19名，常州市工人先锋号14个。市总工会先后获全国“市、县级和基层工会财务会计工作先进单位”、江苏省“安康杯”竞赛组织工作优秀单位、常州市“工会安全生产和劳动保护技能竞赛”优秀组织单位等称号及江苏省“县以上工会财务会计工作竞赛评比一等奖”、常州市辖市区总工会年度高质量发展综合评价第一等奖项。

【职工思想政治引领】 2022年，溧阳市总工会开展“劳模工匠进校园、思政教师进企业”主题活动20场，2000余人次参加，推动党的创新理论进单位、进园区、进车间、进班组，进一步增强“四个意识”，坚定“四个自信”，做到“两个维护”，始终在思想上政治上行动上同以习近平同志为核心的党中央保持高度一致。开展非公企业党建带工建“三创争两提升”活动，推动基层党组织、工会组织“双覆盖、双提升”。江苏正昌集团有限公司获评江苏省党建带工建“三创争两提升”示范单位。

【产业工人队伍建设改革】 2022年，溧阳市总工会按照政治上保证、制度上落实、素质上提高、权益上维护的总体思路，牵头制定《2022年度产改要点及责任分工方案》，完善产改试点企业领导联系点制度，推动产改纳入市委工作要点、深改工作要点、督查事项和高质量考核内容。高新区锂享小镇产改经验获省产改专报专题推介。部分产改典型案例被《江苏工人报》等媒体宣传报道20余次。深入开展各级各类劳动技能竞赛和全市重点工程创优立功竞赛以及“五小”评选、师徒结对等活动，江苏上上电缆集团有限公司张东杰的新能源汽车用硅橡胶车内高压软电缆获中国职工技术创新成果一等奖，2个发明专利、1个成果、2个先进操作法获常州市“三个十大”奖，5个“五小”项目获常州优秀案例称号，6对师徒获评常州优秀师徒。

【职工维权服务】 2022年，溧阳市总工会聚焦维护职工权益和队伍稳定的主责主业，推进服务职工实事项目。组织3000多名职工参加健康体检，为环卫工人、公安辅警、邮政投递员、1号公路养护员等10类群体赠送意外伤害互助保障5200余份，3800多名职工参加职工大病互助保障。通过精准结对帮扶、常态化“送温暖”“送清凉”等方式，帮助困难职工解困脱困。开展劳模疗休养、一线职工疗休养、慰问货车司机、“缘在工会 · 牵手幸福”单身联谊交友、“职工大讲堂”送课进企业等职工服务活动。为135家小微企业融资贷款，发放贷款资金1978万元，退还工会费1508万元。职工法律援助站实现镇(街道)全覆盖，溧阳市职工法律援助站、上兴镇职工法律援助站、竹箦镇职工法律援助站被常州市总工会命名为工会“三化”建设成效明显职工法律援助站称号。常明律师事务所职工法律援助站获全省工会第二批“三化”建设成效明显职工法律援助站。持续开展“苏工阳光法律援助志愿服务走基层”活动，服务职工3000多人次。深入推进“法制体检进企业”劳动用工监督评估专项服务行动，有效预防化解劳动关系矛盾，促进和谐劳动关系建设。

【职工阵地建设】 2022年，溧阳市总工会推动工人文化宫和职工活动（服务）中心、户外劳动者驿站、女职工康乃馨服务站、爱心母婴室等各类职工服务阵地建设。鼓励机关单位、企业、大型园区建立工会爱心托管班，正昌之家职工子女托管服务中心、南渡镇胜管村暑托班被命名为常州市三星级工会爱心托管班。持续扩大非公企业履职补贴，加强工会社会工作专业人才队伍建设，配备镇（街道）专业工会工作者12名。汇聚社会组织力量，吸引志愿服务队伍和社会组织参加职工服务活动。

（石春芳）

中国共产主义青年团溧阳市委员会

【概　况】 2022年，共青团溧阳市委紧扣党政关心、回应青年需求，县域共青团改革各项工作稳步推进，召开共青团溧阳市第二十五次代表大会，入选青年发展型城市（县域）建设省级试点。团中央宣传部领导到溧阳市专题调研青年思想引领工作，团江苏省委书记司勇专题调研溧阳共青团工作。年末，共青团溧阳市委共有直属团组织50个，其中镇(区、街道）团组织12个、机关事业单位团组织22个、学校团组织8个、企业团组织8个。在“智慧团建”系统中有下级组织2681个、基层团干部4813人、团员27693人。

【青少年思想引领】 2022年，共青团溧阳市委先后组织全市各级青年代表集中收听收看中共二十大开幕会、习近平总书记在庆祝中国共产主义青年团成立100周年大会上的重要讲话，举办学习贯彻习近平总书记在庆祝中国共产主义青年团成立100周年大会上重要讲话精神座谈会、“青春绽放　建功家乡”溧阳好青年寻访、全市少先队示范性入队仪式等活动。实现45所小学分批入队全覆盖，百名好青年寻访期间网络点赞数超30万人次。在长三角物理研究中心、重庆大学溧阳智慧城市研究院打造海归青年创新创业服务站并开展“海归青年说　直播见溧阳”主题活动，吸引在线收看人数超2万人次。持续掀起“青年大学习”热潮，线上推出“青年随身听”“与信仰对话，长大后我想成为你”“喜迎二十大、青春榜样说”微信月刊各10期，线下开展“树荫下的团课”“‘80’‘90’青年讲师团面对面”“青年学习社开讲啦”等主题教学20余场，教育辐射青年人数超5万。

【青年志愿服务】 2022年，共青团溧阳市委引导各级团组织成立医疗、公安、交通、通信等25支“青年突击队”投身防疫一线，700余名青年深入高速路口、街道社区、采样站点开展志愿服务，交通青年《守边人》视频被中青报视频客户端转发。常态化开展“河小青”“湖小青”志愿服务，举办“青春奋进新征程　助力美丽新溧阳”志愿集市和“六五自然嘉年华”亲子研学挑战赛等活动，带领全市青年争当“美溧先锋”。

【青年创新创业】 2022年，共青团溧阳市委开展“团团护安康”等联青服务站岗企结对活动12场，创建省级青年突击队6支、常州市级青年安全示范岗3家、常州市级青年文明号9家。吴凡获评全国青年岗位能手，罗子攀获评全国乡村振兴青年先锋，累计发放新农菁英贷500万元。持续开展“返家乡”寒暑假社会实践活动，聘任高校“人才聚溧”专员推广人才新政，累计为200余名大学生提供社会实践岗位。打造“青亲伙伴”青年人才交友品牌，“以书会友”“稻田有约”“湖畔等你”等主题活动8场，覆盖单身青年400余人。

【团组织建设】 2022年，共青团溧阳市委坚持党建带团建，加强各领域团建工作，扩大团组织有形有效覆盖。召开共青团溧阳市第二十五次代表大会，高质量完成县级以及基层团组织换届，村（社区）实现“两委”班子成员担任团组织书记100%覆盖。“双积双评”推优入团机制持续完善，团员先进性更加突出，全年发展团员830人。实施《团支部工作清单制度》星级评定。严格落实“1+100”团干部联系青年制度，共青团与人大代表、政协委员面对面活动扎实推进。按照“全团带队”要求，以少先队思想引领为主线，推进少先队活动课程的规范化建设。

【“梦想改造+”工程】 2022年，共青团溧阳市委针对“事实孤儿”等困境青少年群体的“梦想改造+”关爱计划纳入市重点工程，打造“梦想小屋”点亮困境青少年安居求学梦。按照“三面改造、七物到位”的标准，超额60%完成年度80间“梦想小屋”改造目标，改善困境青少年学习生活环境。征集并圆梦小微心愿150个，组织集中走访10次，先后开展“科技筑梦　法治护航”公益课堂、“圆梦行动”等活动15场。联合广电网络公司，为“小屋主人”配备“学霸宝盒”，实现困境青少年精准圆梦。依托团属“青年之家”“青年学习社”等阵地打造关爱矩阵，联合晨曦公益、汇众社等社会组织，结合校地共建“百团共建青春行”计划，倾力打造“爱心妈妈”“爱心学长”品牌关爱项目，赋能困境青少年成长成才。

【百团共建青春行】 2022年，共青团溧阳市委以“百团共建”扎实推动校地融合发展，选取5家镇（街道）挂牌大学生社会实践基地，成立7支实践团、100余名大学生参与社会实践。在长三角物理研究中心、时代新能源科技有限公司等5家单位建立大学生实习实践基地，供800余名大学生进行实习，形成优势互补、资源互享、产学互促的共建机制。成立溧阳市大学生乡村振兴志愿服务队，开展助力乡村振兴直播带货、社区关爱敬老爱小、困境帮扶公益课堂、城市融入志愿宣讲等活动80余场。开展“青春绽放 建功家乡”溧阳好青年寻访等活动，在100名好青年中选树5名优秀大学生志愿者，通过访谈等方式讲述精彩故事，激起青年人与时代相伴前行、共同成长的责任感和使命感。

【“品质城市青年说”活动】 2022年11月，共青团溧阳市委通过访谈、漫谈、论坛等多种“说”的形式，启动“品质城市·青年说”活动。推出“品质城市青年说”征文专栏，发布20篇优秀文章，供广大党员干部学习借鉴。发布“品质城市”青年说系列视频，邀请乡村振兴先锋、创业模范典型、返乡学生代表畅谈分享自己的经历，促进思维的碰撞。举办“品质城市青年说”返乡大学生学子沙龙活动，聘请“人才聚溧联络专员”，引导和推动更多人才汇聚溧阳。

（钱宇婷）

溧阳市妇女联合会

【概　况】 2022年，溧阳市妇女联合会积极开展思想引领、服务发展、家庭建设、维权关爱和基层赋能五个方面工作，把引领服务联系做在平常、抓在经常、落在基层，在经济社会发展全域展现巾帼力量。获评江苏妇女儿童慈善优秀组织奖、常州市妇女儿童工作先进集体和常州市文明单位。妇儿维权、家庭教育、美丽庭院等特色亮点工作相继在“学习强国”《中国妇女报》《新华日报》等媒体宣传报道。

【妇联组织建设】 2022年，溧阳市妇联探索建立城乡一体化妇女工作新格局，召开溧阳市第十六次妇女代表大会，指导各镇（街道）妇联及机关妇联有序完成换届工作。积极融入行业党建、区域党建、商圈党建及新业态党建大局，成立聚惠志愿者协会、女书协、八佰伴、蓝天救援队、快递外卖行业等新领域妇联组织15家。试点推进“组织＋阵地”同步建设工作，推动妇儿之家、妇女微家、执委工作室等与各类党群服务阵地资源共享、服务融合，完成建设阵地40家。实施基层妇联领头雁培训计划，推动学习培训进入常态，开展各类专题培训8场。增补村级妇联执委队伍中女性网格员，村级执委人数近4000人，比上届增150%。建立市镇村三级妇联执委信息库，发布三级妇联组织年度工作项目清单，发动各级妇联执委结合自身工作性质、能力特长、资源优势等实际，通过自办、领办或联办相关妇儿项目，促进执委明职责有作为，更好融入妇联工作。

【妇女思想政治引领】 2022年，溧阳市妇联发挥“巾帼好声音”宣讲团影响力，通过“学习强国进家庭”乡村驿站、“巾帼流动课堂”“阿嫂课堂间”等，把创新创业发展、美丽乡村建设、五个示范争创等领域中的“最美她力量”送入乡村庭院内、田埂稻香中。打造燕湖书院“新时代巾帼讲习所”，开设舆情应对、婚姻关系、演讲与口才等各类主题讲座，为女性自我成长提供学习交流平台。常态化挖掘选树各行业优秀女性典型，获评省级三八红旗手2名。建成古县街道“琳妹妹”她力量工作站、神女湖驿站、奥体社区巾帼志愿阳光站，开设365便民服务及“救在身边——急救课堂”“环保助力”“书香溧阳”亲子阅读等各类公益活动。开展岗家、岗站、岗村结对共建，凝聚“在你身边”的巾帼力量，建立10余类志愿服务队伍175支，带动全市4000余名巾帼志愿者参与文明典范城市创建、美丽庭院建设、法律维权咨询、医疗急救培训等志愿服务，形成“在你身边·巾帼365”志愿服务品牌。

【妇女创新创业】 2022年，溧阳市妇联联合人社部门开展“春风送岗位·一起向未来”女性专场“云”招聘，提供就业岗位3000余个，衔接金融企业、税务等部门编发助企政策要点11条，用巾帼小贷扶持助力解决资金瓶颈，减税降费课堂直击创业经营难点。推送培育省级“双学双比”示范基地3个、常州5个，争取省级资金15万元开展女性劳动力转移培训。联动相关部门摸排女科技工作者265名，携手高新区、江苏时代试点建设人才公寓巾帼服务站，建成丁香苗圃溧阳创客联盟分站、民宿集群巾帼服务站、巾帼助农服务点等阵地，为女科技工作者、创业女性、女农人、民宿女主人等提供“一站式”服务。组织女企协、女干联开展“文旅融合促发展 乡村振兴巾帼行”活动，通过女企协促成中材重型机械、益林机械等会员企业与重庆大学溧阳智慧城市研究院院方达成产学研合作。深化“吾美吾家 百村靓溧”行动，举办“诗与画的庭院 你和我的乡村”展示推进会，表彰“美丽庭院”示范户1750户、标兵户20户和示范村12个。通过组建“美丽庭院女管家”工作队，策划开展美丽庭院分享会、绿植养护沙龙、垃圾分类宣传等入村入户主题活动42场，重点打造南部6个各具特色的美丽庭院示范村，获评省“双学双比”示范基地美丽家园示范点2个。积极开展“巾帼建功”创牌行动，通过“她说奋斗故事”“说她模范事迹”强化示范效应，选树培育省级巾帼文明岗1个、巾帼建功标兵2名。

【和美家庭建设】 2022年，溧阳市妇联实施“聚溧幸福家”行动，命名表彰“最美家庭”100户，寻访获评江苏省最美家庭2户、省五好家庭1户，滕维获评全国家庭工作先进个人。联合市文明办举办“家庭之美 文明之光”溧阳市文明家庭最美家庭颁奖仪式暨市道德讲堂总堂活动，举办“缘来聚溧 情定百家塘”等4场在溧青年人才专场联谊交流，为留溧青年人才搭好婚恋交友平台。组织五月“美‘溧’家1℃——家庭文化节”活动展，围绕家庭、家教、家风、家公益四大主题开展系列活动20场。持续擦亮“亲子共成长”研学名片，新增百家塘村、树头岗村亲子研学基地2个。开展形式多样“把爱带回家”活动30余场，通过“家文化+”主题活动宣传引导，提升溧阳“亲子共成长”家庭教育品牌影响力。联合市教育局成立溧阳市家庭教育指导服务中心，打造“知子花开”等12个家庭教育指导服务站，建成省级家庭教育指导服务示范社区12个、家庭教育名师工作室6个，阳光心灵驿站2个，成立吉贝可、胥河家庭教育指导中心等社会服务机构。联合市教育局、融媒体举办家庭教育指导栏目《1205时光》，开播28期，平台点击量超60余万次；举办4期家庭教育指导师高级研修班，培育公益家庭教育指导师40名。联合市法院、检察院推动家长依法履行教育监督职责，发出家庭教育令6份，开展个案辅导19例。

【妇女儿童合法权益维护】 2022年，溧阳市妇联完善市级维权联席会议制度，形成部门联动机制。构建市公益心理咨询服务中心、市家暴危机干预中心、市妇女儿童法律维权中心“1+N”模式，为受侵害妇女儿童提供司法鉴定、庇护救助、法律援助、心理疏导、职业介绍等维权救助闭环，全市妇儿维权服务网络初步建成。正式发布“十四五”妇女儿童发展规划，推进溧城街道福阳社区“儿童友好社区”建设，举办“传递友好理念 点亮美好未来”儿童友好主题活动，联合市科协打造社区户外青少年智慧科普阵地。构筑“圆桌畅聊会”“塘边茶聊会”“幸福邻理”等妇女议事阵地矩阵，帮助解决车库改造、助农代销等一批群众身边的急难问题。开展妇女儿童权益保障风险隐患、特殊困难群体救助帮扶等专项排查；推动婚姻家庭纠纷排查、家暴线索发现、高风险家庭底数排查等内容纳入社区网格化服务信息系统。构建“妇联+网格”调解维权体系，相关救助案例获评溧阳市“以案释法”精品案例。开展“粉马甲助溧平安”“民法典进农村”普法活动30余场，发布“妇儿维权之家”微专栏29期。联合民政、司法开展“凝心聚力 护航幸福家”活动，接待来电来访29起，办理常州“智慧妇联”大数据平台案件900余起，“星期五绿色通道”为100余名妇女儿童提供心理疏导、法律咨询和帮扶。推进妇儿安康支持行动公益项目，筹集善款44.09万元，开展各类活动百余场。帮扶6名贫困“两癌”妇女争取救助金3.3万元，帮助134名困难学生募集真情助学款14.5万元，为42名患病妇女、困境儿童等特殊困难群体送去慰问品及慰问金5.6万元。联合女企业家协会开展“爱心妈妈”公益活动，成立平陵小学“流动儿童服务驿站”，广泛吸纳南航等大学生志愿者，常态化开展留守流动儿童关爱行动。

（黄 辉）

溧阳市科学技术协会

【概 况】 2022年，溧阳市科协通过举办党的二十大报告科技工作者专场宣讲会、科协机关专题学习会、编发党的二十大报告学习辅导微信等活动，推动全市科协系统干部和科技工作者胸怀“国之大者”。先后承办省科协系统办公室主任培训班暨信息工作会议、

2022年度省级学会科技服务站“科创中国”专题研讨会和全省“未来科学之星·院士专家进校园”启动仪式3场省级会议。市科协获江苏省“县级科协创新发展能力提升计划”优秀单位、江苏省科普宣传周优秀组织单位、江苏省“全国科普日”优秀单位、江苏省科普中国信息传播优秀单位、江苏省科技志愿服务工作优秀单位等称号。

【产学研服务】 2022年，溧阳市科协精心打造高端学术交流活动，邀请中国科学院院士、南京大学博士生导师都有为教授，欧盟科学院院士、重庆大学溧阳智慧城市研究院首席科学家王翔宇，中科院物理所青年科学家尹良，中国农科院茶研所副所长鲁成银等到溧阳作学术报告。与武进区科协签订科普资源共建共享协议，赴泰兴市学习交流高层次人才引进、博士俱乐部等先进经验做法。围绕常州“科创中国”试点城市工作导向，探索推进“科创溧阳”品牌建设，与市委组织部、高新区等联合承办“新型电力和新能源装备产业创新联盟暨党建联盟”成立仪式。推荐尚欣生态农业等3家站点获“科创江苏”科技服务站（常州）授牌、溧阳市新能源产业科技创新服务等3个项目入选2022年度“科创江苏”专项行动计划、天目湖先进储能技术研究院盖建丽入选“科创江苏”企业创新达人。研究制定《学会工作通则》，实施“学会能力提升计划”，组织12名农业科技人才参加常州市农业现代化生产技术高级研修班。

【科技工作者服务】 2022年，溧阳市科协推荐长三角物理研究中心科学家工作室主任吴凡担任省青年科学家年会执委副秘书长，推荐外国语小学获评江苏省科学教育综合示范学校、戴埠中心小学获评常州市科学教育综合示范学校。天目湖白茶协会理事长缪惠民获评江苏省乡土人才“三带”名人。联合省硅酸盐学会专家到戴埠高中作科普报告、组织省溧中应届毕业生开展“学子携梦彩虹路 科创助力家乡美”活动等，点燃青少年科技创新梦想。推荐上上电缆韩啸、南航飞行学院徐小玉、中科海钠周权入选2022年度常州市龙城英才计划——青年科技人才托举工程资助培养对象，人民医院宴江、天目先导储庚入选2022年度溧阳市青年科技人才托举工程资助培养对象。

【科学技术普及】 2022年，溧阳市科协制定《溧阳市全民科学素质行动实施方案（2021—2025年）》。扎实推进重点民生实事项目——溧阳市眼健康科普馆建设。与省光学学会、南京大学、省中医院等签订合作协议，全力开展“天目呵护”青少年近视防控系列活动，组建专家团队为全市眼视力保护工作提供人力、智力和设备支撑。天目湖山水园被认定为2021—2025年度第一批全国科普教育基地，推荐溧阳白茶科技小院列入中国科协、教育部、农业农村部联合支持建设名单。与长三角物理研究中心联合开展2022年科普宣传周活动，携手江苏国信溧阳电站举办“全国科普日”活动启动仪式。联合市科技局、农业农村局等参与市文明办组织的志愿服务项目大赛。全年在“科普中国”平台发布活动项目86个，开展市级科技志愿服务活动48场、粮食安全周、南航第十四届“飞豹杯”航模节等活动百余场，“科技志愿服务进社区”获评2022年长三角优秀科技志愿服务项目。省溧中学生何子牧获评第三届常州市青少年科技创新市长提名奖，溧阳市中医院周元等25人获评常州市优秀科技志愿者。表彰江苏安靠陈浩杰、迈雷特智控杨宏伟等溧阳市优秀科技工作者10名，溧城街道科协等5家单位、潘芸等75人分获“科普中国”信息传播优秀单位和优秀科普员称号。在《溧阳日报》刊发科普先进人物报道，在溧阳电视台、溧阳时空网、溧阳网络电视同步开设“溧阳科普”专栏，在“自在溧阳”开辟科普版块，改版“科普溧阳”微信公众号。编印《第一生产溧——科协常委风采录》。全年引导注册认证科普中国信息员3477人，联动传播科普文章超215.9万篇（次），数量均位居常州辖市（区）前列。

（周　昱）

溧阳市归侨侨眷联合会

【概　况】 2022年，溧阳市侨联开展创建“双五有”侨联组织，指导侨商会、归国留学生联谊会提升组织化运行程度、自主化运行能力和规范化运行水平。组织成立溧阳高新区（昆仑街道）侨联、欧美同学会高新区分会。市侨联副主席（兼职）、欧美同学会会长张清林获评江苏留学回国先进个人，欧美同学会副会长吴凡获评天目英才榜探索英才、江苏青年五四奖章，市侨联委员狄永兴获评天目英才榜创造英才，王翔、潘冬等2名侨联委员获评江苏省归侨侨眷先进个人。

11月9日,"锂享侨+"为侨服务品牌启动仪式　　（徐丹　供稿）

【侨心凝聚】 2022年，溧阳市侨联组织侨界人士认真收看收听党的二十大开幕会盛况，聆听习近平总书记重要讲话。开展会议精神研讨活动，组织侨界群众学习讨论，向上积极报送溧阳市侨界热议党的二十大报告心得。召开市侨联八届三次全委会，宣传党和国家的伟大成就，开展《深刻理解“两个确立” 自觉做到“两个维护”》主题宣讲。组织“侨心永向党 喜迎二十大”主题活动，市欧美同学会举办“弘扬留学报国传统，担当强国奋斗使命”学习交流活动，学习《习近平给南京大学留学归国青年学者的回信》，进一步激发留学归国人员爱国爱乡的情感。组织侨界代表参加省、市统战部主办的侨界代表人士国情研修班，与侨界“四有人物”、海外侨领保持密切联系。以党建带思想建设、带组织建设、带队伍建设、带工作发展，从侨联机关到基层“侨胞之家”，实现组织联动、队伍配合、工作融合的共建模式。

【经贸服务】 2022年，溧阳市侨联围绕引资引智，在助推发展上拓展侨胞参与的路径渠道。市欧美同学会组织赴德龙集团、铭丰电子、长三角物理研究所、江苏时代新能源、高新区华侨华人创新创业服务中心等单位调研、座谈活动6次。接待加拿大、澳大利亚、以色列、多米尼克等多个国家地区的华人华侨和海归人才20余批次。联合主办“海归青年说 直播见溧阳”主题直播，在重庆大学溧阳智慧城市研究院为“海归青年服务站”揭牌，直播中多位海归博士、大学老师、青年创业者与网友分享海外留学经验，交流推介溧阳生态、产业、区位、政策优势，1.3万名海内外网友同时收看。向市、镇人才工作部门推荐3名市欧美同学会人才。

【文化宣传】 2022年，溧阳市侨联新增溧阳蚕桑文化博物馆和昆仑街道方里村2家“美音溧阳华侨文化交流基地”，常态化开展各类文化宣传活动。在“濑江侨音”微信公众号发布“聚焦二十大”等专栏，积极向上报送溧阳市侨界动态。被省、市委统战部、上级侨联录用宣传稿30余条，多篇信息刊发于“华人之窗”公众号和《华人时刊》杂志。

【联络联谊】 2022年，溧阳市侨联组织召开“艾香满溧，‘粽情’侨心”加勒比海地区在溧华侨座谈会，利用“德国的溧阳人”“常州溧阳侨联”等微信群，与海外华侨华人保持云上联系。省侨联副主席艾卉到溧阳市慰问重点侨眷张旭东的父亲，并与远在斯里兰卡的张旭东视频连线。与在港代表人士保持紧密联系，为香港疫情送去1000余盒连花清瘟颗粒。

【为侨服务】 2022年，溧阳市侨联组织“归侨侨眷看溧阳”走进天目湖镇、“酷暑送清凉 关爱润侨心”走访慰问等活动，举办“溧侨心向党 两节情越融”侨港澳人士喜迎二十大专题文艺汇演。实施为侨公共服务体系“三机制一平台”建设，发挥市涉侨诉调对接机制优势，开展侨法宣传月“侨法润侨心”专场宣讲，邀请律师从财产分配、预防诈骗等方面，结合真实案例为侨界老年人开展反诈骗专题宣讲。启动“锂享侨+”为侨服务品牌发布仪式，聘请5位侨法宣讲员，进一步提升为侨服务水平。会同侨商会走访江苏兴锻、江苏金源锻造和吴越科技产业园3家侨资企业，送去口罩、酒精消毒液等防疫用品。

（徐　丹）

溧阳市文学艺术界联合会

【概　况】 2022年，溧阳市文联认真贯彻中国文联文艺工作者职业道德和行风建设工作座谈会精神，积极响应“修身守正 立心铸魂”的倡议。创建溧阳文联微信公众号，聚焦文艺政策和文艺方向、展示协会动态及文艺家艺术成果。邀请省文联副主席刘旭东到溧阳授课，引导全市文艺工作者自觉践行社会主义核心价值观，提升文艺创作水平。利用代表大会、理事会、赛事活动等场合，及时传达关于意识形态工作的决策部署及要求，组织丰富多样的正面舆论宣传。制定出台《2022年度溧阳市文艺家协会考核办法》《溧阳市文联实施“师带徒”计划工作方案》等文件，推进各项工作制度化、规范化建设。

举办“德艺双馨”新春美术书法摄影精品展。《天目湖》杂志由原来的文学期刊转改版综合性期刊。举办溧阳文艺界“师带徒”志愿结对暨“青蓝之境”汤德胜师生六人摄影艺术展活动。承办“美丽江苏 摄影大展”溧阳巡回展、“新时代颂”溧阳美术摄影主题展等“强国复兴有我”群众性主题宣传教育系列活动。联合江苏省青年书法家协会举办首届《淳化阁帖》杯江苏少儿书法“百佳”大赛，提升溧阳“少儿书法之乡”文化品牌形象和溧阳“淳化阁帖”书法石刻的影响力。联合开展“喜庆二十大·建功新时代”主题文艺演出、“童心里的诗篇”少儿诗会、“童话里的世界”童话故事创作大赛、“喜迎二十大·文艺颂党恩”廉洁文化分享会、“精彩火焰蓝·礼赞新时代”主题文化作品征集等活动。

【协会文艺活动】 2022年，市作家协会开展“作家深入生活，文学走进美丽乡村”走进别桥镇、埭头镇、现代农业产业园等地采风活动，挖掘地方文化内涵，推介美丽乡村。市书法家协会开展科技文化卫生“三下乡”活动，走进上兴镇、上黄镇送福送春联；与市机关事务管理中心举办送福送春联活动；举办溧阳市书法刻字巡回展、常州印社溧阳分社首届篆刻展。市美术家协会开展走进现代农业产业园、别桥塘马村写生、龙峰村等地笔会活动。市音乐家协会举办“行走彩虹之巅，美音自在溧阳”——知名词曲作家走进竹箦镇采风活动。市舞蹈家协会举办第四届青少年艺术节、2022年溧阳市中小学生舞蹈比赛、参加市妇联“童享美溧·童心同行”奔向未来城亲子共成长以及市文明办“粽享端午红”活动。市戏剧家协会举办溧阳市第三届戏曲艺术节暨江南戏曲名家、名票联谊会。市摄影家协会组织赴福建霞浦摄影采风，老年摄影学会组织拍摄溧阳百岁长寿老人，记录百姓家庭和长寿老人的幸福生活。市民间文艺家协会组织参观溧水博物馆，考察调研溧阳、溧水两地历史文化渊源。市影视家协会承办刘金保师生荷花工笔画展。

【文艺创作】 2022年，市作家协会张俊出版《遇见》，赵洪香出版《闺蜜》，黄郁出版《当你离开我的时候》。

市书法家协会饶金龙以隶书第一名成绩入选江苏省书法院举办的“雨山问道”中青年书法家学术提名展；黄晖、凌丹入选“江苏省八十年代书家精英探寻展”；崔文敏、黄晖书法小品在市文化馆小展厅展览；彭衷创作专题作品参加江苏省书法家协会江苏书法展；杨宗异创作专题作品参加《书法报》全国基层书法篆刻展。

市美术家协会程安中《老酒馆》入选中国美术家协会主办“首届中国水彩静物画展 ”；潘建忠《岁物丰成》在中国美术家协会主办“第四届中国粉画展”中获奖；潘建忠《剖·解》和卢忠免《礼嘉老街》获第九届江苏省水彩(粉)画展优秀资格，朱富平作品《转场》入选；尤其生《忆浦江·江湖游艺》入选中国美术家协会“万年浦江”全国中国画作品展；史姣靓插画《新时代颂歌 金鸡湖宏图》、潘建忠粉画《翰墨》入选江苏省美术家协会“新时代颂”2022江苏美术摄影主题联展。

市摄影家协会沈佳宾、车保华、王晓云等人作品入选“新时代颂”2022江苏美术摄影主题联展，刘伟江的短视频《茶香南山》入选江苏省第24届摄影展。市老年摄影学会编印《喜庆二十大、礼赞新时代 溧阳市老年摄影学会会员作品集》。蒋爱珍、吕梅琴、房一萍、王影彤、徐良、车琴芳、刘法林、王正荣的作品入选江苏省老年摄影学会“喜迎二十大、礼赞新时代”摄影展。

市戏剧家协会获评江苏省广播电视总台江苏省“戏曲进农村”惠民巡演优秀团队、江苏省传承发展地方戏曲文化示范单位。

市音乐家协会和影视家协会合作创作歌曲《红色记忆——水西村》，并做成MV。

市舞蹈家协会录制抗疫舞蹈公益片《一起向未来》《明天会更好》，其中《明天会更好》视频被“学习强国”学习平台选用。舞蹈《竹娃嬉牛》获首届常州市公共文化“青果奖”，《南湖红船》获提名奖。

市影视家协会与市融媒体中心联合创作广播剧《小小梦之队》

获常州市第十届精神文明建设“五个一工程”优秀作品奖；市影视家协会和江苏省广播电视总台共同出品的儿童广播剧《奔跑的岱二牛》获江苏省第十二届精神文明建设“五个一工程”奖。

（丁月辉）

溧阳市残疾人联合会

【概　况】 2022年，溧阳市共有持证残疾人20101人，占全市总人口的3%。其中，视力残疾2213人，听力残疾1750人，言语残疾49人，肢体残疾11754人，智力残疾2912人，精神残疾1282人，多重残疾141人。在持证残疾人中，重度残疾人9734人，占持证残疾人总数的49%。其中，视力重度残疾1521人，肢体重度残疾4510人，智力重度残疾1461人，精神重度残疾852人，听力重度残疾1376人，言语重度残疾14人。市残联对全市72户残疾人家庭收入状况开展抽样调查，完成残疾人数据动态更新。优化残联微信公众号功能，开发微信小程序“残用码”。

【残疾人关爱服务】 2022年，溧阳市加强残疾人保障服务，持证残疾人续保意外伤害险，投保金额54.45万元，共有65名残疾人得到理赔，理赔金额达98万余元。为持证残疾人续保大病补充保险，投保金额199.91万元，共有15名残疾人得到理赔，理赔金额达26万余元。

对特困残疾人进行临时救助。对享受救助政策后仍然困难的300余户残疾人家庭进行走访慰问，全年发放慰问品、慰问金和临时救助金45万余元。

实施残疾儿童康复救助政策。与市财政联合出台《关于调整溧阳市残疾儿童基本康复救助标准和救助范围的通知》。原先享受的救助标准进一步提高，首次将全市15～17岁持证的肢体、精神、智力、多重残疾的残疾人纳入救助范围。对进入专业康复机构训练的残疾儿童按标准进行救助，全年为325名残疾儿童发放救助金336万余元。

推进助学政策落实。对84名残疾学生和低保残疾人家庭子女发放就学补助金11.16万元。开展困难群体救助帮扶专项排查，总计排查生活困难残疾人10361名，居家托养照料服务对象122名，精神残疾人免费服药对象1117名，排查机构内困难对象487人。帮助排查发现存在符合申请残疾人“两项补贴”条件但未申请的困难残疾人办理申请享受两项补贴。协助有明显残疾但未申领残疾人证的困难人员进行评残，对因疫情经营困难的9家盲人按摩机构发放慰问金各2000元和一批防疫物资。对康复机构内的困难残疾儿童捐赠衣物、玩具、书籍。

【残疾人就业创业】 2022年，溧阳市开展残疾人增收致富专项行动，实施家禽下乡致富工程，为450户边远农村地区困难残疾人家庭发放家禽雏苗3万多羽，每户增收4000元以上。与江苏优鲜到家农业科技有限公司合作，帮助40余户农村残疾人种植近100亩新品山芋，亩均增收2000元以上。加大残疾人培训和就业力度，举办残疾人技能、农村残疾人实用技术和康复知识等培训班18期，参加培训的残疾人数527人次。稳步推进按比例安排残疾人就业年审工作，对安排残疾人就业达标企业进行审核并发放达标补贴与奖励23.7万元。扶持残疾人自主创业，对31名残疾人发放自主创业补贴23万元。出台《关于实施重度残疾人家庭农业种植机械化补贴的通知》，向全市重度残疾人家庭和残疾低保家庭的农业种植户发放补贴，支持帮助农村残疾人融入乡村振兴、发展农业生产，促进自强自立和创业就业。

【公共服务】 2022年，溧阳市提升残疾评定便民服务，建立每月集中评定常态机制。开展集中评定115次，评定残疾对象3329名；为无法出门的重度肢体残疾人开展上门评残7次，评定重度肢体残疾人37名。对全市1265名持证精神残疾病人的免费服药情况进行全面调查，将有需求的持证精神残疾人全部纳入二季度免费供药范围。每季度免费为1000余名精神病患者下乡供药，为贫困残疾人发放各类辅助器具2200余件，为220名白内障患者免费实施复明手术，为听力患者适配助听器9只，为下肢截肢患者安装假肢23条。新建别桥镇别桥村、戴埠镇戴北村2个省级康复示范点和别桥镇、上黄镇西埝村、上兴镇龙峰村和涧东村、社渚镇上蒋村、京华颐康护理院6个康复站。对全市70户残疾人家庭实施无障碍改造，依托福恬康复医院做好残疾人康复进社区、服务进家庭工作，全年为300名有康复需求的残疾人上门康复指导，建立康复档案。加强辅具适配管理，与市财政局联合印发《溧阳市残疾人辅助器具适配（补贴）暂行办法》，以残疾人基本生活需求为核心，开展残疾人的居家托养服务，完成220名16～60周岁的智力、精神、重度肢体残疾人的托养服务。对5家“残疾人之家”进行提档升级。

【残疾人宣传文体活动】 2022年，溧阳市残联开展“残用码”启动仪式、禽苗下乡、慰问困难重残人员等活动。联合市培智学校开展“用心助残 一起相爱”活动，联合垄坊场社区开展“‘常’有书香·‘阅’见未来”残疾人阅读活动，联合清溪社区开展“促进残疾人就业，保障残疾人权益”活动，联合上黄镇西埝村委开展“关爱残疾人”活动，联合馨爱公益协会开展“甜蜜蛋糕·与爱同乐”“关注孤独症儿童·走向美好未来”助残活动，联合残疾人专门协会开展“促进残疾人就业，保障残疾人权益”为主题的系列活动。举办溧阳市第十届运动会残疾人部比赛，在省第十一届残疾人运动会获五金七银二铜，常州市第七届残疾人运动会摘取20块金牌。在溧阳日报刊登专版《推动残疾人全面发展和共同富裕》《让爱无“碍”同享生活的温暖》；在《溧阳日报》溧阳时空网、《常州日报》等媒体网络平台刊发宣传报道31篇；“溧阳残联”微信公众号、“残用码”小程序发布宣传信息18条；志愿服务平台上传活动信息26条；广播电视信息网络平台发布宣传政策信息54条。

【组织建设】 2022年，溧阳市残联召开第五次代表大会，全市228个行政村和社区均成立了村（社区）残疾人协会，12个镇（街道）残联完成换届，五大残疾人专门协会作用得到进一步发挥。建立残联机关干部联系基层残联、残疾人专门协会和残疾人家庭制度，即每月至少走访基层残联一次、每季度走访一次残疾人家庭、每年至少召开一次座谈会。

（周　媛）

溧阳市红十字会

【概　况】 2022年，溧阳市红十字会坚持“人道、博爱、奉献”红十字精神，深入贯彻《中华人民共和国红十字会法》，推进宣传筹资、人道救助、救灾救援、应急救护培训、造血干细胞捐献、红十字志愿服务等重点工作。全年完成“三救”筹集资金180.45万元，发放救助资金75.10万元，受惠群众达216户。完成救护培训92场次、培训救护员1160人、普及性10219人、CPR+AED培训1812人，培训总人数13191人。组织发动无偿献血量达55900毫升，完成170名捐献造血干细胞志愿者血样采集任务。

【救助救援】 2022年，市红十字会实施重大疾病患者临时救助，发放临时助困资金35万元、物资10万元，救助困难群众和贫困学生409人次。对天目湖、南山竹海等景区50个急救箱管理进行跟踪督查，更换常备药品4次。指导天目湖景区水上救援队、南山竹海山地救援队开展小规模的水上搜救演练和山地搜救演练活动各1次。进一步着力加强景区救护站软硬件建设，联合景区配备担架、AED等急救设备，为广大游客提供安全保障。高质量协办全省水上应急救援演练活动，得到省市红十字会领导和参演人员的充分肯定。

【救护培训】 2022年，市红十字会精心组织救护讲师深入各机关、企业、学校、社区（农村），全面实施救护培训工作。牵头联合市妇联开展“救在身边、幸福万家”普及性应急救护培训活动。联合市应急管理局、地震局等单位在天目湖镇开展连续2天的大型急救逃生和防灾减灾演练活动，参演人员囊括机关、企事业、社区（农村）骨干等，受惠群众730余人。在7所小学开展健康教育，5所幼儿园开展防火避险逃生演练，1所大学（南京航空航天大学天目湖校区）开展自救互救培训。举办全市中小学体育教师、校医救护员培训班，经考核发放救护员证89份。举办救护培训85场次，其中企业38场次、学校13场次、机关企事业25场次、社区（农村）培训9场次，培训总人数13191人。

【捐献工作】 2022年，市红十字会组织遗体捐献者家属参加常州市遗体器官捐献者生态葬及缅怀活动。利用5·8世界红十字日及世界急救日等节日，与献血者协会共同组织广场宣传咨询活动，发放宣传册1200册，参与采集血液186人次，献血量达55900毫升。对造血干细胞初配成功的16名志愿者进行再动员，其中5名志愿者进行高分辨采集，再动员成功率100%。成功采集造血干细胞血样并加入中华骨髓库170名，实现遗体（器官）捐献登记5例，实现捐献1例。

【志愿服务】 2022年，市红十字会开展博爱送万家活动，建成博爱家园12个，实现镇（街道）全覆盖。拥有志愿者队伍24支，志愿者人数1420余人，动员社会力量参与筹资 7.5 万元，投入博爱家园资金 28 万元。开展人道服务项目 18 个，积极组织参与疫情防控 33 次，总受益人数达 18167 人次。组织招募红十字志愿者 40 余人，为 8 所小学开展病毒消杀志愿服务活动。指派 2 人到社区履行“楼长”职责，组织 7 名志愿者到 2 个集中观察点开展志愿服务。协调红十字爱心车队 36 辆爱心志愿车，义务参与运送防控应急物资等。

（金　璐）

溧阳市关心下一代工作委员会

【概　况】 2022 年，溧阳市关工委开展“老少心向党、喜迎二十大”主题教育，引导青少年树立和践行社会主义核心价值观，努力为青少年办实事、做好事、解难事，支持和帮助青少年成长成才。先后举办党的二十大精神专题培训班、宣传党的二十大精神培训班，市关工委主任路发今作专题辅导报告。全市各镇（街道）、部门关工委共举办 21 次培训班，受培训人数达千人次。

【校外教育辅导站建设】 2022 年，溧阳市 228 个村（社区）建立标准电子阅览室 193 家。天目湖镇关工委联合东陵社区关工委、天目湖小学举办“童心颂党恩 厚植爱国情”实践体验活动。戴埠镇集镇社区、竹箦镇竹箦村、埭头镇计耀明校外教育家庭队室 3 个校外教育辅导站获评常州市优秀校外教育辅导站。南渡镇胜笪村校外教育辅导站“童心永向党，筑梦新辉煌”宣传教育活动获评省关工委优秀组织奖。古县街道关工委在常州市关工委网站发布报道数量居全市前列，古县街道关工委获评常州市 2022 年关心下一代宣传工作先进集体，关工委主任汪国初获评先进个人。

【未成年人法治教育】 2022 年，溧阳市各级关工委组织学习新修订的《中华人民共和国未成年人保护法》《中华人民共和国预防未成年人犯罪法》，开展多种形式的法制教育，组织“老少共建”“大手拉小手”“做守法小公民”等丰富多彩的法治教育活动。市公安局在全市 16 个基层公安派出所挂牌建立关爱工作站，由各所教导员任站长，配备 1 ~ 2 名经验丰富的退休民警参与工作站工作。中关村派出所关爱工作站创新建立常州首家涉少家暴干预中心，以普法、救助、帮教为载体，联合检、法、司、民政成功干预调解家暴警情 23 起，救助涉家暴未成年人 6 人。市检察院关工委组成 16 人法治巡讲团，开展法治进校园走访问需活动，推出“菜单式”法治宣讲课程 15 个，举行法治进校园巡讲活动 17 场。市法院关工委创建青少年关护员制度，为青少年健康成长护航。市司法局关工委组织举行第二届中学生“学宪法 讲宪法”知识竞赛和演讲比赛。全市建立各级法治教育宣讲团 25 个，宣讲员 176 人，举办线上线下法治报告 84 场次。全市中小学法治教育副校长配备率 100%，各级关工委组织 364 名“五老”对 123 名失足、有不良行为的青少年进行帮教，转化率 90% 以上。溧城街道关工委先后建立 100 多个“五老”帮教小组，帮教近 200 名失足、有不良行为的青少年。全市 98.5% 的社区（村）达到未成年人零犯罪。

【帮困助学扶志】 2022 年，全市各级关工委共筹集资金 986.9 万元，对 4572 名困难青少年进行帮扶助学。14 名品学兼优的贫困家庭学生获关心下一代周报社“冰凌花”奖学金，42 名中小学生获省关心下一代基金会“三年千人助学计划”奖学金。9 月 28 日，省关心下一代基金会副理事长兼秘书长申泰岳到上黄小学为 30 名获奖学生颁奖；溧城街道关工委资助 16 名困难学生 22000 元。溧阳鑫隆置业有限公司关工委主任刘阿龙连续 13 年资助贫困生，累计资助 98 万元；民营企业家徐阿华出资 52 万元建设占地 1800 多平方米青少年活动阵地。唐家村、上阁楼村等帮困助学，累计发放助学金 100 万元，江苏安靠智能输电有限公司关工委对优秀学子开展定向资助，累计赞助 100 万元。上兴镇 74 岁退休老教师袁宗顺十八载耕耘“袁氏奖学金”，发放助学金 180 多万元。戴埠镇关工委举行“关爱小候鸟，共享爱的阳光”活动，联合省老龄公益事业基金会开展“留守儿童和困境儿童”公益扶助活动，为 30 户困境儿童家庭发放资助金 3 万余元以及米和油等慰问品。上黄飞跃电配厂冯初华累计资助困难学生资金 100 多万元。埭头镇发放青少年圆梦学业基金 20 多万元，为考取大学和家庭生活困难的学生发放奖金 5 万元，昆仑街道杨庄村、吴潭渡村连续 16 年为贫困学生和优秀学生发放奖学金 30 余万元。社渚镇关工委多方筹措 40 多万元，帮困助学近 300 位学生。

（尹耀东）

LIYANG
YEARBOOK

法　　治

栏目编辑　虞燕娟

政法综治

【概　况】 2022年，全市政法和信访系统依法履职、主动作为、攻坚克难，在防风险、保安全、护稳定、深改革、强队伍、促发展上持续发力，各项工作取得新成效。

围绕市委、市政府部署的全市重点工程，结合政法工作实际，落地落实市委政法委2022年8项重点工作。实施“困境企业”清理三年行动，全年出清企业85家3000余亩，为各类项目顺利落地腾出了空间，“困境企业清理助力高质量发展”被评为2022年度全市工作创新奖。市法院强化破产审判，共受理破产案件131件，审结88件，涉及税费2206万元，盘活土地房产24.7万平方米，充分释放发展动能，全国首创“诉讼保”业务获最高人民法院肯定。市检察院严惩侵犯市场主体合法权益犯罪，起诉24件53人，帮助涉案企业开展合规整改，让企业“留得住、经营好”。市司法局搭建“锂享小镇法律服务站”，累计为园区130余家企业开展法治体检服务，化解法律风险点82个。政法各单位全员投入全国文明典范城市创建，开展“路长制”巡查、交通违法整治等，有效提升文明指数。有力服务疫情防控，核查涉疫数据。

牢牢把握政法队伍是党和人民的“刀把子”这一定位，始终坚持党对政法工作的绝对领导，发扬斗争精神，忠诚履职尽责。深入贯彻落实《中国共产党政法工作条例》，市委政法委与市委组织部联合出台《关于进一步加强全市政法单位领导班子和干部队伍建设的意见》，与市纪委监委联合出台《关于强化工作衔接和协作配合、支持和监督全市政法单位依法履职的意见（试行）》。与组织部联合举办政法系统政治轮训，政法系统主要领导切实履行好“一把手上讲台”职责。组织开展政法系统《条例》贯彻落实情况督查、政治督察、纪律作风巡查、执法检查、案件评查和“十佳基层执法司法单位”评选等一系列活动，促进严格执法、公正司法。市法院坚持“抓党建带队建促审判”，深化“微党校”建设，提升队伍战斗力，“微党校”党建阵地被最高人民法院评为第二届新时代人民法院党建创新优秀案例；市检察院聚焦苦练内功夯实发展根基，启动“青蓝工程”凝聚奋进力量，获评“全省五好基层检察院”；市公安局狠抓执法规范化建设，深入推进从严治警，全面肃清流毒影响，积极打造“党建引领　美溧枫警”党建品牌矩阵，竹箦派出所被评为全国第二批“枫桥式公安派出所”；市司法局获评“全国司法行政系统先进集体”，并创新“智慧党建”，接入在线公证、法律服务等业务，打造数字化法律服务新阵地。

【社会治理】 把中共二十大安保作为高于一切、重于一切、压倒一切的头等大事，市委、市政府主要领导亲自调度，分管领导靠前指挥并率队开展2轮全覆盖督查。先后召开动员部署会、推进会、培训会，制定实施方案，以最高标准、最严措施，实现了“四个不发生”工作目标，牢牢守住了安全底线，“党的二十大维稳安保工作创佳绩”被评为2022年度全市重大贡献奖。做好涉房、涉众型投资等重点领域工作，开展政策宣传、属地管理、矛盾化解和应急处置。常态化开展市领导接访下访和包案化解工作，共接待群众129批137人次，化解信访矛盾127件。开展“信访突出问题攻坚化解年”行动，交办重点信访事项109件，化解83件，化解率76.1%，得到省平安和稳定督查组高度肯定。溧阳市蝉联“全国信访工作示范县（市）”称号，信访综合绩效考核连续三年位列全省第一，市信访局被评为“全

2月19日，全市政法和信访维稳工作会议暨平安溧阳建设推进会召开

（市政法委　供稿）

国信访系统先进集体”。实施“精网微格”工程，推广“微网格＋什户长”机制，着力提升社会治理“神经末梢”的敏锐度，相关经验做法被省委政法委《江苏政法》刊载印发。推动基层治理实践创新，将“援法议事”工作机制与“百姓议事堂”治理品牌有机融合。

【平安建设】 健全完善社会治安防控体系，严厉打击各类违法犯罪。市公安局保持现行命案、八类案件全破，连续2年“两抢”案件“零发案”，万人违法犯罪警情比、万人发案比保持全省低位；市检察院全年批捕118件158人，提起公诉659件919人；市法院受理刑事案件708件，审结678件。常态化推进扫黑除恶，市检察院联合市公安局，在全省率先建立“九类案件”警情强制检索报告制度，严防黑恶势力违法犯罪滋生蔓延，相关做法被最高检推广。推进特殊困难群体救助帮扶和妇女儿童权益保障问题专项排查整治行动，出台严重精神障碍患者监护以奖代补实施细则，向2700余名监护人发放奖补资金180余万元。推进打击整治养老诈骗专项行动，排查养老机构18家，打掉养老诈骗团伙2个，挽回损失5000余万元；虹枫案件取得突破性进展，共采取刑事强制措施13人，分两批提起公诉。深化打击治理电信网络诈骗犯罪专项行动，推进“全民反诈”，电诈警情和损失额度比上年分别下降11.7%和13.9%，是常州唯一双下降超10%的地区。加强交通安全治理，亡人交通事故起数、死亡人数比上年分别下降21.3%、24.1%，交通安全整治做法获常州市市长盛蕾肯定表扬，农村路口警示爆闪灯设置在全省推广。溧阳市群众安全感、扫黑满意度、养老宣传知晓率、治安问题解决率、夜间安全感、矛盾调解率等位居常州第一、全省前列。

【法治溧阳品牌建设】 加大部署推进力度，深入实施“一规划两方案”。纵深推进法治政府建设，出台《2022年度法治政府建设工作要点》，创成“全国法治政府建设示范市”，是全省唯一获此荣誉的县级市；落实行政执法责任制，针对法治督查、案卷评查、示范创建中发现的执法问题，系统梳理，及时分析，跟踪整改，纠错防错“两手抓”。加大司法规范化建设力度，市法院建立健全重点案件管控督办、审判质效十日问询、审判业务考核奖惩等制度机制，实现一审服判息诉率、案件平均审理天数等质效指标位居常州前列；市检察院会同市纪委监委、法院建立加强职务犯罪案件办理协作配合“1+9”工作机制，得到上级肯定，1件未成年人保护案件入选最高检指导性案例；市公安局压实五级审核机制，建立“三项清单”，“有案不立、压案不查、逐利执法”突出问题整改率100%；推动“八五”普法走深走实，市司法局推动组建“普法联盟之家”，开展线上线下直播、国家宪法日等主题活动300余场，2个法治宣传案例入选司法部案例库，普法微电影《坚守》获得常州市党员教育全媒体作品创作大赛一等奖；市法院深入开展“延时法课堂 护航他成长”校园普法活动，开展法治课堂154节，受众师生8500余人次；市检察院检察长走进中央电视台《法律讲堂》栏目，讲述公益诉讼推进未成年人保护工作，引起社会关注；市公安局开展反诈、交通安全、平安防范等各类主题宣传活动500余场，发放宣传资料60余万份，走访企业1500余家，发送短信20余万条。

（沈　超）

法治政府建设

【概　况】 溧阳市政府高度重视法治政府建设，充分发挥法治政府示范创建引领带动作用，坚定不移把示范创建向更深层次推进，政府职能得到全面依法高效履行、重大行政决策科学民主规范、行政执法严格规范公正文明、行政权力制约监督体系健全完善、社会矛盾纠纷有效化解，法治政府建设迈上新台阶、取得新成效。2022年，获得“全国法治政府建设示范市”称号，是全省唯一获此荣誉的县级市。

【坚持创新机制】 建立一并巡察、一并反馈、一并整改的“政治巡察＋法治督察”机制，把依法履职、依法行政和法治建设作为2022年全市综合考核体系的重要内容，强化督察考核狠抓落实。坚持依法行政。编制并公布2022年市政府规范性文件计划、重大行政决策事项目录，修订重大行政决策程序规定，全年委托市政府法律顾问参与政府合同审查、重点项目论证、疑难案件处置等工作30余次，提高依法决策能力和水平。加强对镇（街道）综合行政执法工作协同指导和监督，举办全市综合行政执法工作业务培训，打造一流执法队伍。坚持法治为民。将政务服务“一件事”改革纳入民生实事重点推动，公布46项审批服务标准化“一件事”，办理总时限由1889个工作日压缩至812.5个工作日。以“一地六县”跨省政务大数据共享仓库为依托，探索高频服务事项“跨省通办”。

（刘雨安）

公 安

【概 况】 2022年，溧阳市公安局围绕中共二十大安保维稳工作主线，深入开展“百日行动”“苏安行动”和“211”行动计划，坚决打赢中共二十大安保维稳攻坚硬仗，为辖区经济社会高质量发展提供了坚实的平安保障。

全面肃清孙某某政治团伙流毒影响；实体运行“从严办”，深化战时思想政治工作，开展为期2个月的全警谈心谈话对“枪酒车赌毒密网”等队伍风险形成“大监督”格局；深化执法规范建设，落实周通报、月研判和“溧智警苑”培训机制，实体运行执法办案管理中心，有案不立、压案不查、逐利执法突出问题得到有效整改；优化爱警惠警措施，调整交流科级干部24人、股级干部54人，集中通报表扬10批次、11个集体、1082人次民警、辅警，慰问负伤、生病民警等65人次，开辟民警就医、就学、家政等“绿色通道”；年内，市公安局被评为“常州平安建设先进集体”，竹箦派出所被公安部命名全国“枫桥式公安派出所”，被评为“全省优秀公安基层单位”，民警王峰被评为“全省优秀人民警察”，21个集体、329名民警获上级表彰。

【安保维稳】 市委、市政府高度重视安保维稳和公安工作，市委常委会、政府常务会多次专题听取工作情况，落地提高辅警待遇等一批爱警政策；建立由市委书记主导、分管市领导、各镇（街道）一把手参与的“工作群”，健全“3+N”联合研判机制、信访联席机制和巡回督导机制，对各类突发问题即发生、即部署、即处置，形成“党委主抓、公安牵头、部门负责、协同配合”的安保维稳工作格局，经验做法获得公安部督导组肯定。

加快落地“情指行”一体化作战机制和“1+5”作战单元，高效运行维稳工作专班，固化“情报引领、专班运作、协同联动、闭环管理”勤务模式和“一日三研判、每晚一调度”工作机制，健全从源头到末端的预警、拦截、查控、处突、化解等全流程工作规范，年内，部省交办重点信访案件全部清零，应急救助有扬言自杀倾向人员208名，协助找回走失人员202名，落查人员89人，治安拘留1人。

【打防管控】 实体运行大数据侦查中心，快侦快破“4·11”故意杀人案、“5·10”故意杀人案、“6·22”盗窃名酒案、“10·3”盗窃别墅案等一批大案要案，保持命案、八类案件全破，抓获刑事作案成员比上年上升48.6%，帮助群众追回赃款赃物5000余万元；常态化推进扫黑除恶，侦破九类涉恶案件31起，抓获犯罪嫌疑人119名，缉捕涉恶逃犯10名；持续推进“全民反诈”，年内破获电诈案件196起，打掉5人以上两卡“黑灰产”团伙10个，抓获各类诈骗嫌疑人304人，电诈警情和损失额度比上年分别下降13.7%、16.9%，下降幅度均居常州第2；深化侵害妇女儿童权益违法犯罪线索专项排查，快侦快破性侵案件32起，联合有关部门建立家庭暴力危机干预中心、未成年人工作室；深化打击整治养老诈骗，上级交办、群众举报63条线索全部办结，挂牌督办“虹枫非吸案”，打击处理犯罪嫌疑人9名，冻结资产5000余万元；全市“两抢”案件连续23个月“零发案”，娼赌警情比上年分别下降18.7%和5.2%，万人违法犯罪警情比常州最低，万人刑事发案比常州低位。

【服务发展】 全警投入全国文明典范城市创建，积极开展交通安全、停车和犬类“三项整治”；年内，部、省、市挂牌5条事故多发路段全部整改销号，交通“示范道路”和“示范路口”机动车、非机动车、行人守法率、佩戴头盔率分别达98.5%、96%和95%，亡人交通事故起数、死亡人数比上年分别下降28%和29%，未发生涉酒驾醉驾交通亡人事故，未发生一次死亡3人以上较大道路交通事故；推进二维码标准门牌更换重点工程，年内，全市新建小区全部按二维码门牌制作要求制作，已制作完成并安装使用二维码门牌9127块；侦破溧阳首起侵犯商业秘密案、上上电缆被假冒注册商标案、德龙集团盗窃案等一批侵犯企业案件，帮助企业挽回经济损失600余万元，并打造基层“一站式”综合服务窗口5个，落地便民利企新政100余项；常态开展疫情防控，与疾控部门24小时合署办公，储备60支、180人的流调队伍，每日对周边城市病例轨迹滚动研判，实现日结日清，并协同相关部门全力做好社会面防控、通道查控、隔离安保等工作。2022年，累计协查管控密接547名，次密接3878名，核查涉疫数据103.9万余条，协同管控涉疫风险人员29.3万人次，接收隔离人员1.78万人，累计查处案件363起。

（汪德华）

检　察

【概　况】 2022年，溧阳市检察院办理各类案件1672件。其中，刑事案件941件。刑事执行监督、控告申诉案件268件，民事检察案件197件，行政检察案件51件，公益诉讼检察案件130件。2022年，溧阳市检察院被评为“全省检察机关扫黑除恶专项斗争先进集体”“平安常州建设先进集体”。1件案件被评为最高检指导性案例，3件案件入选江苏省检察机关典型案例，1份法律文书被评为全省优秀刑事审判纠违法律文书。1名干警被评为“全省检察机关扫黑除恶专项斗争先进个人”，5人次在省、市级业务技能竞赛中获奖，15篇理论调研成果在省级以上法学会年会论文评比中获奖。“溧阳检察”微博影响力连续8个月位居全省检察系统微博榜首，原创法治宣传作品获常州市级以上表彰2次。

【刑事检察】 从严打击故意伤害、故意杀人等各类危害人民群众生命健康和财产安全的犯罪，批捕、起诉236人。与公安机关建立侦查监督与协作配合办公室，共监督立案67人、撤案125人，坚持通过关联案件比对，追捕追诉漏犯48人，加强对侦查活动中的违法情形监督，共发出纠正违法通知书72份。对2020—2022年涉卖淫类、毒品类案件开展“回头看”，提请抗诉5件7人，法院发回重审或改判3件。推进常态化扫黑除恶斗争走深走实，在全省率先与公安机关联合建立“九类案件”警情强制检索报告制度，被最高检推广。依法惩治高空抛物、危险作业等犯罪，批捕、起诉262人。会同市监委、法院建立加强职务犯罪案件办理协作配合“1+9”工作机制，办理粮食购销领域等贪贿犯罪案件9件，得到上级肯定。摒弃过去“构罪即捕、构罪即诉”的陈旧理念，以慈悲之心传递司法善意，审慎适用逮捕强制措施，用好不起诉裁量权，对犯罪情节轻微、社会危险性较小的不予批准逮捕15人，不起诉127人，建议适用缓刑442人，减少社会对立面，有效化解社会矛盾，厚植党的执政根基。

【未成年人检察】 批捕起诉性侵、虐待、伤害未成年人犯罪29人，一审被判处三年以上有期徒刑13人。坚持宽容不纵容，对主观恶性不大、犯罪情节轻微且真诚认罪悔罪的14名未成年人依法宽缓处理，对主观恶性大、犯罪手段恶劣的当严则严、不枉不纵。以一案例入选最高人民检察院指导性案例为契机，检察长走进中央电视台《法律讲堂》栏目，讲述公益诉讼推进未成年人保护工作。与市民政局建立机制，将民政系统240名密切接触未成年人的儿童督导员、儿童主任等纳入入职查询范围，并办理全省首例民政系统强制报告公益诉讼案。针对一起未成年人盗窃案，发现用人单位违规招用未成年工情况，在全省范围内首次依法督促劳动行政部门开展全市未成年工专项整治，推动全市91家劳务派遣企业签订依法招用未成年工责任书。

【民事行政检察】 受理当事人不服已经发生法律效力的民事裁判结果申请检察监督案件16件，对审查认为确有错误的，提出再审检察建议10件。对依法不支持监督的6件案件，认真细致做好释法说理、服判息诉工作，维护司法权威。针对民间借贷、劳动争议、离婚财产纠纷等领域虚假诉讼多发现象，持续开展虚假诉讼专项监督，共查办虚假诉讼案件8件，涉案金额400余万元，移送犯罪线索并被立案4人。针对群众关注度高的民事执行违法问题，制

7月27—29日，溧阳市人民检察院党组书记、检察长白鹤受邀参加第17届中国信息无障碍论坛并作交流发言　　（市检察院　供稿）

发检察建议 25 份，有力促进执行程序规范高效。配合法院加大执行工作力度，以追加被执行主体的股东或投资人方式，推动 15 件执行案件执行到位。

【公益诉讼检察】 办理公益诉讼案件 130 件，其中行政公益诉讼 108 件、民事公益诉讼 22 件。坚持把诉前实现维护公益目的作为最佳履职路径，运用磋商或者向行政机关制发检察建议的方式，全部案件实现维护公益目的。在办案中发现民间借贷执行利息税收缴监管盲区，通过制发诉前检察建议，助推市税务局、法院建立涉税领域司法协作配合机制，市法院向税务局移送 100 余条执行利息税线索，成功追回、收缴税款 140 余万元。回应溧阳当地论坛网友发帖称公共场所“军人依法优先”政策落实不到位情况，开展维护军人权益检察公益诉讼专项监督，实地调查全市范围内为民服务中心、医疗机构、客运站等公共场所，将军人就医、出行优先权益落到实处，切实保障军人权益，营造爱国拥军、尊重军人的浓厚社会氛围。

【优化法治营商环境】 开展“充分发挥检察职能助力打造一流营商环境”专项活动，开通涉企案件办案“绿色通道”，对 53 件涉企案件统一标注、专人专办。加强与市法院沟通，通过速裁或简易程序办理涉企案件 36 起，最大限度减少企业讼累。严惩侵犯市场主体合法权益犯罪，起诉 24 件 53 人。帮助 6 个涉案企业开展合规整改，对积极进行合规整改、通过合规评估验收的，从轻从宽处理，努力让企业“留得住、经营好”。联合市工商联、司法局等 10 个部门建立涉案企业合规第三方监督评估机制，实现涉案企业“真合规”，切实防止“纸面合规”虚假整改。深化企业刑事风险防范中心建设，为 37 家企业“把脉问诊”，定期开展风险体检，围绕知识产权保护、企业管理提供法治咨询服务 72 次，为企业堵漏建制，提升风险防范能力。

【助力市域治理升级】 受理群众来信来访 208 件，实现“7 日内程序性回复率”“三个月内办理结果答复率”两个 100%，落实好首次信访领导包案制度，院领导包案化解重点信访 15 件。深入开展行政争议实质性化解，联合市司法局建立协作机制，通过组织公开听证、释法说理、促成和解等方式化解行政争议 48 件。“既要治罪，更要治理”，针对旅馆业违规接纳未成年人致侵害案件，督促公安机关在常州率先完成旅馆业治安管理信息系统的技术升级改造，最大限度降低未成年人被侵害风险。全面开展“唤醒”基层源动力系列活动，先后激活拘役服刑罪犯“回家权”、罚金刑减免等 9 个“沉睡”法律条款，依法保障人权，其中 1 个案例被评为常州市市域治理现代化创新案例。

【守护公共利益】 践行“让社会安全、投资安心、群众安宁”的为民初心，打造“溧挺安”工作品牌，聚力守护百姓头顶、脚下、舌尖、生产、寄递、出行等七大方面安全。向市城管局发送风险提示函建议加装防坠网，年底全市 10000 余个窨井盖均已加装到位。会同市应急管理局、公安局、法院建立全市安全生产行政执法与刑事司法衔接工作机制，成功督促行政执法机关移送刑事犯罪线索 8 件，追究 7 名安全生产事故责任人刑事责任。参加“全民反诈”“断卡”行动，从严惩治养老诈骗犯罪，在市委政法委统一部署下，稳慎办理常州首例以“投资养老项目”为名的非法吸收公众存款案件，起诉犯罪嫌疑人 9 人，扣押、冻结、查封房产、林权 14 处、车辆 2 辆以及股权若干，追赃挽损 200 余万元，被评为常州检察机关打击整治养老诈骗专项行动典型案例。

（姚 佳）

回访涉案企业 （市检察院 供稿）

法　院

【概　况】 2022年，市法院聚焦“苏南绿色崛起品质城市”目标愿景，聚力推进审判高质量发展、队伍高素质建设，各项工作稳中有进。全年受理各类案件17460件(不含执恢、执保案件4280件)，审执结16045件，结案率和结收案比分别为91.9%与99.45%。市法院“微党校”党建阵地被最高人民法院评为第二届新时代人民法院党建创新优秀案例，系全省法院获此荣誉的三个案例之一，为常州法院唯一获此荣誉的案例；市法院被评为“2019—2021年度江苏省文明单位”。

严格执行防止干预司法“三个规定”、新时代政法干警“十个严禁”等铁规禁令，组织开展“司法作风突出问题集中整治”“专项检视反思和对照检查”等活动，倒逼干警规范司法行为、改进工作作风。强化监督执纪问责，开展专项督察、审务督察10次，处分处理干警9人，推进管党治党走向“严紧硬”。建立“三项通报”机制，对审判管理、政务管理、纪律作风督察实行分类通报，形成激浊扬清、弘扬正气、学习先进的浓厚氛围。深入开展警示教育，组织观看警示教育片、参观“廉旅一号”文化专线等活动，引导干警知敬畏、存戒惧、守底线。

向市人大常委会专题报告少年家事审判工作情况，常态邀请代表委员视察调研、旁听庭审、见证执行、座谈交流199人次，加强和改进法院工作。创新代表委员联络机制，充分借力手机短信平台，向代表委员发送由法院工作动态、特色亮点、典型案例汇编而成的《溧法专报》11期，让代表委员了解和监督法院工作更即时、更全面。接受社会监督，庭审直播4512场，观看量39.21万人次，上网裁判文书12383份。

【服务大局】 牢固树立“党委政府中心工作推进到哪里，司法服务保障就跟进到哪里”理念，主动在党委政府“品质城市”战略布局中找准法院工作定位、目标和方向。服务创新驱动发展，实施最严格知识产权司法保护，出台服务保障“2+2+X”产业集群意见，加入“南京都市圈知识产权司法保护联盟”，提升品质城市发展“含新量”。服务重点支柱产业发展，联合市住建局等职能部门出台《关于协同推进建筑业高质量发展的工作方案》，常态开展“法企面对面、服务一对一”专项司法活动，聘任建筑业咨询专家提供专业辅助，建立“法院·民宿”法律结对帮扶制度，助力重点支柱产业由大向强迈进。服务供给侧结构性改革，会同市公安、检察、发改委等部门，出台《关于在破产案件审理中建立联动防范与打击逃废债运行机制的意见》等文件，合力提升破产审判质效，促进产业转型、产能转换。服务政治生态优化，与市监委、检察院共同签署《关于加强职务犯罪案件办理协作配合的会议纪要》，凝聚惩治腐败合力，让品质城市更加风清气正。

【社会工作】 依法审结“保和药房电信网络诈骗案”“老年福利中心非法吸收公众存款案”等各类刑事案件678件，判处罚金1768.29万元，维护社会安定、群众安宁。坚决扛牢中共二十大安保政治责任，深化信访工作机制改革，出台《信访工作管理意见》，办理来信来访407件次，化解重点信访案件5件，推动信访矛盾“减存量、控增量”。成立防范化解房地产风险工作专班，与市住建局等部门建立联动协作机制，促进相关房地产风险化解稳控。会同市税务局建立“民间借贷案件利息收入个人所得税联动征收机制”，对涉14件民间借贷案件的590余万元利息追缴税款118万余元，有效填补税收征管的“真空地带”。排查研判苗头性、趋势性问题，形成“校外教育培训纠纷多发需高度关注”调研报告，及时为党委、政府提供决策参考。

【营商环境】 坚持“保护知识产权就是保护创新”，妥善化解知识产权案件196件。精准发送《涉诉企业法检报告》15份，为企业把脉问诊、出具良方，让企业放心经营、放手发展。携手中国银行溧阳支行在全国首创“诉讼保”业务，由银行预先为优质企业提供担保，让企业免于被采取保全措施，实现债权人权益保护和企业债务人健康发展“双平衡”。全市现有10家企业办理“诉讼保”业务，被授予担保额度8130万元；其中，4家企业在8件案件中已免于被财产保全金额1009万元。“诉讼保”业务获常州市第十四届“政法工作创新创优奖”二等奖。深入践行“善意文明”执行理念，组织开展“优化法治化营商环境执行年”“1+4”专项行动，删除涉企失信信息1948条，将347家企业退出失信被执行人名单，全院新纳入失信被执行人名单的企业数量比上年下降89.58%，实现失信企业增量和社会信用整体水平“一降一升”。市法院作为常州唯一基层法院在全省法院“1+4”

专项行动会议上作经验交流，2名干警被评为全省法院“1+4”专项行动先进个人。在常州中院组织开展的“营商环境优秀案(事)例评选活动”中，市法院2篇案例获一等奖、1篇案例获二等奖，一等奖获奖数、获奖总数均位居常州基层法院之首。

【破产审判】 全年受理破产案件132件、审结110件，比上年分别增长127.59%和214.29%，处置资产4.96亿元，盘活土地房产42.1万平方米，增加国家税收3868.89万元入库。与市场监督管理局加强联动协作，推动52家经营异常企业公益强制清算、加快退出市场。妥善审理申特系企业与中建材之间的系列衍生诉讼案件，为申特破产重整计划的执行提供强有力保障；稳妥推进“立诚公司破产案”，清偿职工债权362.13万元，13.6万平方米土地房产以3.47亿元拍卖成交，系2022年常州地区最大拍卖标的额，变废弃存量为发展增量；高效推进“华盛染整破产案”，困扰多年的环境污染问题得到彻底解决，3.33万平方米土地房产以4900余万元溢价拍卖成交、重新进入市场，实现生态保护、资源盘活、债权人利益最大化的有机统一。依法审理常州市首例破产预重整案，将有力推动鼎强公司解决矛盾冲突、淘汰高耗能产能，助力产业结构优化调整、发展方式绿色转型。开展“与个人破产制度功能相当的改革试点”，依法裁定受理殷某某的类个人破产申请，让“诚实而不幸”的债务人重获新生。建立涉企执行资产处置府院联动协作机制，推动2家企业资产首轮竞拍总额近8000万元，其中1家企业资产处置溢价率更高达35%，实现资产处置经济价值和社会效应最大化。

【综合治理】 强力推进非诉解纷，加强与辖区党委政府、行业性专业性调解组织的沟通对接，合力提升解纷实效，“非诉解纷”入选《江苏法院2022年司法改革案例》。完善“聘用制书记员转岗调解员”制度，6名转岗人员诉前成功调解纠纷1451件，有效激活非诉解纷“源动力”。全年共诉前分流纠纷8921件，成功调解2963件，比上年分别上升13.12%和24.5%，诉前分流率达88.57%。坚持把社会主义核心价值观融入公正裁判，用“小案件”讲述“大道理”，审结“行人擅闯高速公路被撞身亡案”，判决行人承担交通事故全部责任，树立遵守交规、安全出行的鲜明导向；审结“义务帮工受伤案”，判决被告给予原告合理赔偿，倡导善意施惠、助人为乐良好风尚。

9月15日，市法院联合中国银行溧阳支行在全国首创“诉讼保”业务　　（市法院　供稿）

【保障民生】 开展“为群众办实事示范法院”创建活动，倾力打造20项实事品牌，办理惠民利民实事274件。优化诉讼服务体系，启用常州法院“龙城e诉中心”上兴站、社渚站，集中提供线上立案、开庭、信访、调解等诉讼服务，打通诉讼服务“最后一公里”。加强人民法庭建设，埭头法庭获批更名、南渡法庭易址重建，4个人民法庭共审结案件3944件，调撤率55.38%。攻坚“切实解决执行难”，执结案件9276件，执行到位15.45亿元；执结“教培机构退费纠纷系列案”，帮助132名学员及家长追回30余万元培训费；高效处置溧阳某旅游用品公司关联企业的相关资产，让219名工人拿到拖欠7年之久的300余万元工资款，人民群众的胜诉权益得到高效兑现。

【守护未成年人】 创建“青溧枝”少年工作品牌，与全社会共同守护未成年人健康成长。贯彻“教育感化挽救”方针，坚持庭审教育、判后帮教100%全覆盖，建立“青少年关护员”制度，精选老干部、老法官等担任关护员，广泛开展涉少纠纷调解、社会调查、裁判建议等关护工作，妥善审结“未成年被告人强奸案”等涉少刑事及民事案件206件。严格落实“家庭教育促进法”，发出常州市首份《责令接受家庭教育指导令》，为“躺平式”家庭教育“补课”。深入开展“延时法课堂 护航他成长”校园普法活动，由48名青年法官和法官助理组建的“法官老师”团队，深入13所中小学校开展多元法治授课155节，受众师生8700余人次，让孩子们在轻松、愉快、有趣的氛围中学习法律知识、增强法治意识。“延时法课堂 护航他成长”活动项目被评为常州市“2022年度未成年人思想道德建设工作优秀项目”、溧阳市“2022年度未成年人思想道德建设项目”一等奖和新时代文明实践志愿服务示范项目。

【提升质效】 强化审判监督管理，常态开展审执质效指标季度分析会、“流动小红旗”评定颁发等活动，深入开展超法定正常审限结案、长期未结案件等专项督察活动，建立健全重点案件管控督办、审判质效十日问询、审判业务考核奖惩等制度机制，实现一审服判息诉率、案件平均审理天数等质效指标位居常州前列。深入推进案件繁简分流，以30.65%的审判资源办结全院71.93%的民商事案件。持续加强刑事速裁工作，适用速裁程序审结刑事案件383件，占同期刑事案件结案总数的56.08%，平均审理周期仅3天。建成21个满足在线庭审需求以及15个具备语音转写功能的科技法庭，广泛应用互联网信息技术，不断为执法办案赋能增效、减负提速，共网上立案3496件、跨域立案43件、云上开庭和调解1640件。

9月15日，江苏法院系统党建工作创新案例和优秀党支部评审会在市法院“微党校”召开　　（市法院　供稿）

【学习教育活动】 开展“两个确立”主题教育，融合推进学习贯彻中共二十大精神，引导干警筑忠诚守信仰。认真接受市委营商环境专项巡察，落实落细21条整改措施。深化“微党校”建设，依托“微长廊”“微电影”“微课堂”“微讨论”四微一体功能区，完善“政治协理员”“政治辅导员”等制度，常态开展党员集体过“政治生日”、红色电影展播月、党支部结对共建等形式活泼、深受欢迎的党建活动，党建“聚能环”效应不断凸显。江苏省高院将全省法院党建工作创新案例和优秀党支部评审会放在“微党校”召开，为全省法院党建工作开展了提供高质量、高标准的学习示范样本，并起到很好的辐射和带动效应。

常态开展岗位竞赛、技能比武、优秀裁判文书评比等活动，选派2名干警到上级法院或兄弟法院挂职锻炼，组织教育培训65期1533人次，行之有效地为干警充电蓄能。创新人才招录方式，招录9名聘用制法官助理，为法院队伍注入“新生力量”。大兴调查研究之风，67篇信息被省、市级载体采用以及各级领导批示，信息工作排名由2021年的全市第四位上升至2022年的第二位。1篇应用法学论文在全国获奖，2篇案例入选最高院《人民法院案例选》，13篇调研成果获省级奖项，调研工作排名由2021年的全市末位上升至2022年的第四位。

（陈苏燕）

司法行政

【概　况】 溧阳市司法行政系统以习近平新时代中国特色社会主义思想和习近平法治思想为指导，深入学习贯彻落实中共二十大精神，紧扣全市重点工作，高质量推进执法、司法、守法、普法各环节职责一体贯通，着力推动法治溧阳、法治政府、法治社会一体建设，为打造苏南绿色崛起品质城市注入法治动力。溧阳市成功创建“全国法治政府建设示范市”；市司法局被评为“全国司法行政系统先进集体”，高质量发展绩效监测评价位列全省第一方阵，综合考核连续三年位居常州市司法行政系统第一，被省司法厅评为2022年度“高质量发展先进司法局”；“普法惠民‘四大工程’擦亮法治政府善治底色”获得全市优秀项目奖。全市司法行政系统累计获得常州市级以上集体荣誉20项，其中省级以上13项；24人次获得常州市级以上表彰，其中省级以上表彰5人次。

压紧压实法治建设“第一责任”，始终把学深悟透习近平法治思想作为一项长期的政治任务，把法治建设履职情况作为独立环节列入领导干部年终“四述”，党政主要负责人年终述法工作全覆盖，常态化组织市政府常务会议集体学法。严格把握法治督察要求，认真完成省委依法治省办的实地督察任务，对督察反馈的意见建议及时落实责任、整改到位。

统筹推进全面依法治市，出台《2022年度法治政府建设工作要点》，召开市委依法治市委员会会议，市委常委会、市政府常务会议分别听取有关法治建设工作汇报。依托“司法行政＋多部门多领域”联合监督模式，加快推进综合行政执法改革重点任务，加强赋权部门指导培训。提档升级复议场所和软件设施，打造标准化、规范化行政复议中心。

党建引领锻造过硬基层法治队伍，以“一所一品”创建活动促进司法所履职服务能力提升，竹箦司法所党支部被确定为“双争双创”活动培育对象。强化律师队伍管理，率先成立常州地区首家县域律师协会，完善律师执业制度规范体系。坚持抓党建、带队建、促发展，市律师行业党委与新型电力和新能源装备产业链党建联盟签订党建结对共建协议，推动行业党建与法律服务融合发展。

12月2日，溧阳市第九个国家宪法日暨第七个“法治宣传月”主题活动
（市司法局　供稿）

【法治溧阳建设】 深入实施《法治溧阳建设规划（2021—2025）》《溧阳市法治社会建设实施方案（2021—2025）》，制定《贯彻落实〈法治政府建设实施纲要（2021—2025）〉实施方案》及其重要举措分工方案，推动“一规划、两方案”落地落实。开展法治建设领域改革成效评估调研，围绕“镇域综合执法现状与规范化”“法律顾问、公职律师参与党委政府重大决策机制”等重点课题，组织专项调研。完善依法决策保障机制，出台《2022年度溧阳市人民政府重大行政决策事项目录》，将4项重大行政决策纳入目录管理，全年共审查常务会议议题56件，参与上级立法调研和立法征求意见6次，选聘新一届市委、市政府法律顾问26名，为党委政府依法决策提供有力法治保障。

【法治政府建设】 锚定全国法治政府建设示范市创建目标，把争创工作纳入2022年全市重点工程，多次向市政府常务会议专题汇报示范创建工作情况，高质量通过各项实地评估工作，获得“全国法治政府建设示范市”称号，是全省唯一获此荣誉的县级市。深化基层综合执法改革，召开市委全面依法治市委员会执法协调小组全体（扩大）会议及规范镇域综合执法工作推进会议，建立全市综合行政执法协同指导和监督考核工作联席会议制度，全面部署基层综合执法赋权评估工作。加强行政执法人员管理，统一制发执法证件，组织全市1000余名一线执法（辅助）人员开展法治培训，有力提升执法规范化水平。提升行政复议应诉工作质效，成立新一届行政复议委员会，2022年新受理行政复议案件110件，审结104件，其中实质性化解50件，实质性化解率为48.1%，充分发挥行政复议化解行政争议主渠道作用，实现本年度市政府无败诉、纠错案件。市司法局被评为“全省推进行政复议体制改革表现突出单位”。

【法治工作】 推进“八五”普法，落实“普法责任制”，组建“普法联盟之家”，初步发展“八五”

普法讲师团119人，开展“农民工学法周”“4·8”司法日等普法专题活动300余次，发放普法宣传资料8万余册，2个法治宣传案例入选司法部案例库。深度培育法治文化IP，《孟郊断案》系列国潮动漫在司法部、“学习强国”学习平台等平台展播，获常州市市域社会治理微视频大赛优秀作品奖、平安常州“三微”比赛暨优秀政法文化作品征集评选活动一等奖，微电影《坚守》获第六届平安中国“三微”大赛网络人气奖、常州市委组织部全市党员教育全媒体作品创作大赛一等奖，《孟郊断案》普法案例手册发放至全市84所中小学，普及中小学生万余人次。实施司法行政信息宣传“一把手”工程，政务信息在省司法厅37家直报点位居第4，新闻宣传连续三年位居全省前列。

【法治服务】 优化营商环境。深化“产业链＋法律服务”，融合本地产业发展特色，搭建“锂享小镇法律服务站”，制定园区公共法律服务清单，深入开展“法企同行 强链赋能”行动，为溧阳高新区动力电池等优势产业提供高效法律服务，为园区百余家企业提供法治体检，化解法律风险点，助力企业健康发展。助力乡村振兴。围绕服务保障“文旅融合巩固突破年”主题，开通《“溧”即说法·助村振兴》法律门诊直播等栏目，村（居）法律顾问走进法治直播间，满足茶业、民宿等产业实际法治需求，以法治思维助力农旅发展。聚焦惠民实事。健全覆盖城乡、便捷高效、均等普惠的公共法律服务体系，新增家暴危机干预中心、信访等6家法律援助站，其中产业工人法律援助站获评“全省法律援助工作站示范点”。市公共法律服务中心全年共接待群众咨询8300余人次，受理法律援助案件1152件，万人受援率达14.8%，累计为群众支付诉讼代理费、追讨劳动报酬、赔偿、补偿1000余万元。持续发挥公证惠民实效，全力做好征地拆迁、农房继承等方面公证服务，共办理公证服务事项3637件，比上年增长44%，收费比上年下降24%，有效减轻群众办证负担。市公证处获评“省公证业务创新成绩突出单位”。

【基层治理】 坚持和发展新时代“枫桥经验”，推动打造共建共治共享的基层依法治理格局。创新基层治理模式。开展基层“援法议事”活动和“百议堂”理事培训“镇村行”，推动“援法议事”工作机制与“百姓议事堂”治理品牌深度融合。全市已建成市、镇、村三级“百姓议事堂”231家，遴选“百议堂”理事3508名，新创成昆仑街道泓口村、上黄镇山下村等省级民主法治示范村5个，累计培育“法律明白人”1516名，对新遴选的397名法律明白人开展统一培训、统一发证，为推动基层依法治理提供阵地和人才保障。市司法局普法与依法治理科获评“法律明白人”培育工作成绩突出集体。助力矛盾纠纷化解。围绕为中共二十大胜利召开营造安全稳定的社会环境，重点开展矛盾纠纷“大排查、大调解、促和谐”专项活动、矛盾纠纷排查化解“百日攻坚”专项行动，积极维护社会和谐稳定。全市各级调解组织共排查矛盾纠纷12663次，化解矛盾纠纷12742件，矛盾化解同比增加25.9%，98%以上的矛盾纠纷在一线调解组织得以化解，充分发挥人民调解维护社会稳定的“第一道防线”作用。智慧矫正中心通过司法部线上验收，常州市政协调研组到溧阳调研“智慧矫正”工作并给予充分肯定，社区矫正对象考核奖惩工作受到省司法厅领导肯定。苏华建设集团有限公司阳光帮扶基地获评省级阳光帮扶基地，昆仑后续照管服务站通过省级贯标验收，社区矫正管理科被评为“平安常州建设先进集体”。

（刘雨安）

12月2日，诗朗诵《法治溧阳 风清气正》　（市司法局 供稿）

LIYANG YEARBOOK

军　事

栏目编辑　虞燕娟

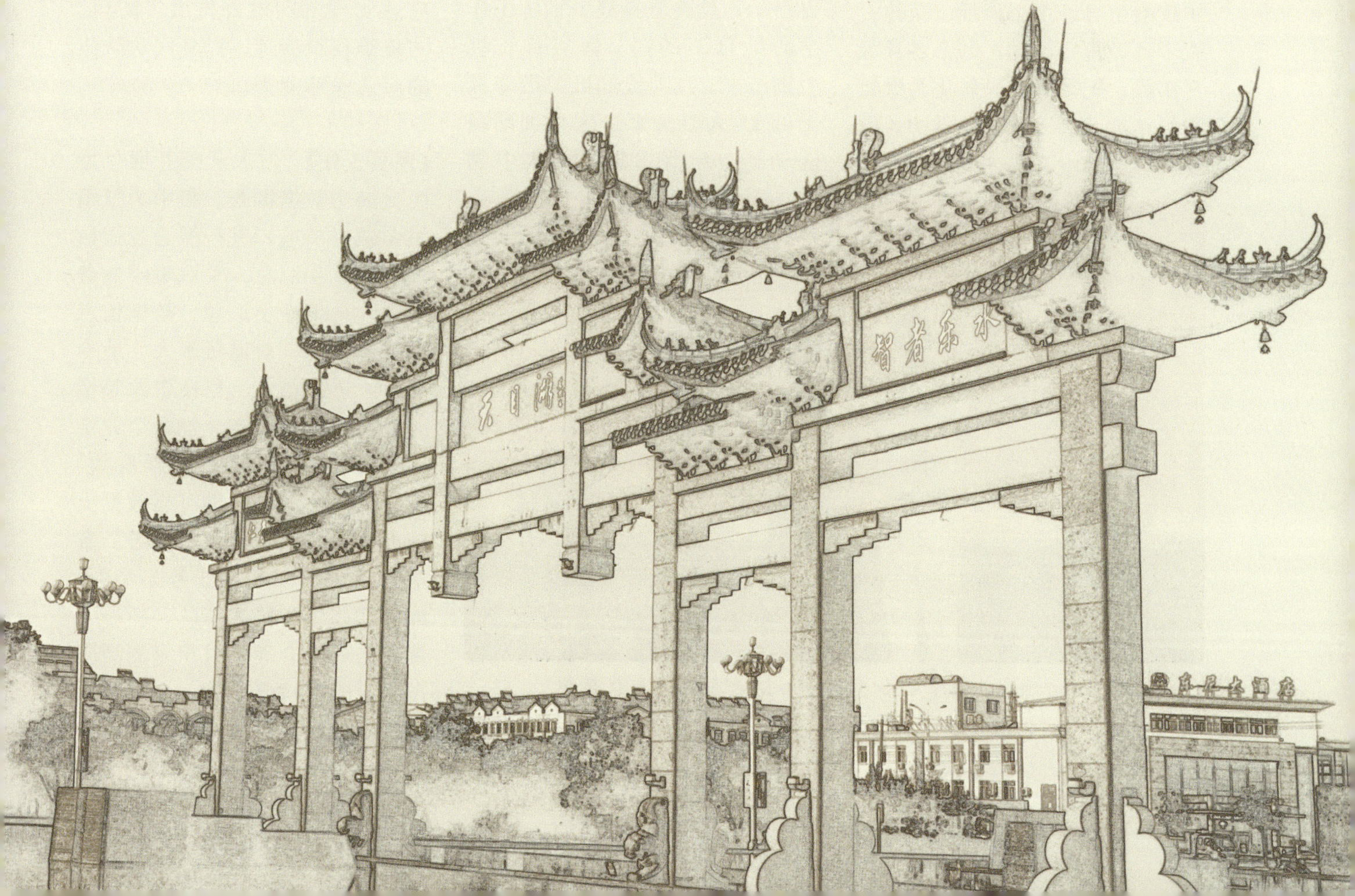

人民武装

【思想政治建设】 市人武部注重强化理论武装，坚持用习近平新时代中国特色社会主义思想和习近平强军思想武装头脑，抓好习主席重要讲话精神和《习近平在正定》《习近平谈治国理政》第四卷等重点书目学习，在体系内抓好部党委中心组带机关理论学习，将中共二十大文件精神、习近平强军思想以及系列重要讲话精神、方针政策和规定要求纳入党委中心组学习、平时教育和专武干部例会上，用以指导工作实践。抓好政治教育，统筹推进深化“忠诚维护核心、矢志奋斗强军”主题教育，开展中共二十大学习、纪律教育、安全保密教育等，参加省军区“三心两争”和“四严四整”教育实践活动，组织开展读书交流、过集体政治生日、谈心谈话、全体专武干部教育等活动，结合各项教育实践，把教育成果转化为继续做好年度武装工作的原动力。做好新闻和宣传工作，2022 年在征兵工作、民兵工作等方面广泛进行新闻宣传报道，共在《中国国防报》《溧阳日报》、江苏常州征兵微信公众号、强军网等平台发表新闻稿 40 余篇，其中省级媒体 1 篇、全国级媒体 1 篇。溧阳市坚持双重领导，军地合力抓基层党建工作的经验做法在《中国国防报》一版头条刊用。推进双拥工作，联合市退役军人事务局开展困难现役军人家庭走访慰问活动和送喜报活动，以“敲锣鼓、进家门、拉横幅、拍合影、发专刊”的形式，营造崇军氛围。参与溧阳市文明城市创建工作，积极开展相关活动，参与路长制巡路工作，单位全体人员每周轮流完成 3 次上路巡视，并对道路的不文明行为、事件进行上报反馈，积极做好协调处理工作。

【军事训练工作】 市人武部深入贯彻习近平主席关于备战打仗重要指示，始终坚持战备训练工作中心地位不动摇。落实首长机关训练，1 月人武部机关带专武干部 15 人参加军分区开训动员活动，全年落实省军区集中领训 27.5 小时，平时工作按要求落实好业务训练、基础训练、参加抢险救灾行动课题训练和体能训练。抓实民兵分队训练，依据上级军事训练工作指示精神，统筹年度训练任务，科学制定方案计划，严密组训参训。民兵训练工作全年严格落实集中轮训备勤、跨区域联训、承训等任务，训练成效明显，提升民兵队伍的基本战斗素养和应战应急能力。5 月起，组织民兵“四会”教练员 5 人在溧阳市民兵训练基地参加常州军分区组织的集训活动，并在省军区组织的比武竞赛中取得了全省技术类第二名。严格落实战备制度，组织干部、文员开展经常性战备教育，紧跟军分区主案，贴近实战性和操作性，滚动修订各项预案方案，着力提升备战援战保障能力。加强民兵应急分队建设，抓好专业技术应急演训，会同农林、防汛、防震、应急管理部门做好抗洪、防台、防疫等科目演练，提升民兵队伍的应急保障能力。

6 月 9 日，溧阳市人武部党委第一书记宣布任职大会召开

（市人武部　供稿）

【民兵工作】 市人武部开展年度民兵潜力数据调查。集中力量组织各镇（街道）进行潜力数据核查、调查和汇总，采取集中业务培训、自下而上汇总、数据信息核查等步骤，对退伍军人、地专人员、适编单位、科技资源等情况进行了调查核实，加强企业走访调研和核查，做到“五个底数”清，为快速动员提供可靠数据支撑。落实民兵调整改革任务。各基层武装部以职能任务为牵引，编实建强各类民兵分队，新质力量编组科学合理。组织筹划溧阳市民兵专业技能考核，专业技术力量全部按需编实编强。设立专

业技能评审委员会，由专业技术考官和工作人员组成培训及考评队伍。严密组织无人机操作、工程机械操作等16个大项民兵专业技能培训和考核，为考核通过的基干民兵颁发专业技能证书，民兵专业技能素养提升明显，确保基干民兵专业对口率100%。年内在组织民兵工作台账资料迎接省军区检查考评中，严抓台账资料标准，取得93.3分的成绩。

【基层武装规范化建设】 市人武部在全市12个镇、街道和1个部委办局展开基层规范化全覆盖建设的基础上，全面开展基层人武部星级评定工作。经多次乡镇调研，指导基层人武部进行基本设施、基本分队、基本制度、基本工作、基本保障五项指标体系的建设，完成全市3个基层人武部迁址、9个基层人武部提档升级，5个基层人武部获常州军分区五星级评定、8个基层人武部获得四星级评定，建设质量位于常州前列。其中，埭头镇人武部建设民兵装备器材智能化管理系统，是常州首家对民兵装备器材进行智能化管理的单位。落实武装工作例会暨专武干部交班会制度，因地制宜，每月轮流在镇（街道）召开会议，通过组织专武干部现地考察，参观见学等方式，进行经验交流、取长补短，推进工作落实，提高基层人武部建设质量和专武干部队伍履职能力。

【征兵工作】 全市完成年度兵员征集任务，按规定严格落实兵役登记、政考、体检、定兵、役前教育等程序，全年大学生比例100%，大学毕业生比例56.25%。征兵工作注重抓好18周岁适龄青年兵役登记，达到100%落实。周密组织实施征兵宣传与动员工作，全年召开2次全市大学毕业生征兵动员现场会，并通过公交、出租车电子屏广告、微信朋友圈推广等形式进行征兵宣传，激发广大适龄青年参军热情。5月，同溧阳中专组织开展征兵宣传进校园活动。抽调市卫健委和公安机关精干力量，严密组织进站体检和政治考核，体格检查慎淘汰，在合规的前提下，确保把更多优秀大学生和大学毕业生保留下来。役前教育重实效，着重夯实应征青年思想基础，端正入伍动机。积分选向更合理，贯彻《大学生积分定兵选择去向实施办法》，实现个人意愿和部队需求双结合，树立起鼓励高学历青年参军入伍的良好导向，确保新兵质量。

10月，为一等功臣戴安东家庭送立功喜报仪式场景

（市人武部　供稿）

【党管武装工作】 2022年5月，召开溧阳市武装工作会议，会议传达常州军分区党委全体（扩大）会议精神，部署了溧阳市年度武装工作计划，各镇（街道）党（工）委书记进行口头和书面述职。2022年6月，召开溧阳市人武部党委第一书记宣布任职大会，常州军分区政治委员王家梁出席会议，宣读常州军分区党委关于叶明华任职的通知并向其颁发任职通知书。2022年12月，召开溧阳市委常委议军会，会议听取市人武部军事工作情况汇报，就人武部提请研究事项进行讨论。会议研究通过了2项议题：关于市民兵应急连遂行非战争军事行动装备器材采购和为基干民兵、专武干部配备21式迷彩服事宜；关于市国防园（民兵训练基地）综合整治事宜。

（阮荣睿）

人民防空

【实战化训练演练】 2022年，溧阳市按照训练大纲和上级要求组织和参加各级演习演练活动，全年人防指挥机关共组织参加演训练活动十余次。坚持人防基本指挥所日常每周1次与省、市指挥所进行联调联试，重要活动按通知进行通联，达到随时呼随时通。

人防机动指挥所每月组织一次自行拉练，全年参加上级组织的跨区机动演练3次，主要开展跨区域机动、复杂地形条件下互联互通训练、多种条件下的组网通联训练，着力提升人防机动指挥信息系统跨区域支援的行动能力。演练中利用短波、超短波、卫星、4G等多种手段完成信息采集和通信联络。“9·18”警报试鸣期间，组织了南渡初级中学和燕湖小学等2所学校以及燕山南苑、东华园、五里亭3个社区共约2500人参加防空袭应急疏散演练。《溧阳日报》、溧阳电视台等多家媒体对演练活动进行全程跟踪采访报道。全年联合其他部门协同组织多家单位进行防空防灾减灾演练活动3场，均达到了一定的规模性和影响力。全年人防机关及相关人员训练总时间达到25个训练日180训练小时，人员参训率90%以上。参加各级组织的各类业务培训11次，培训人数60余人次，人防机关人员整体专业素质得到较大提高。

【人防基础设施建设】 2022年，溧阳市人防警报器覆盖面进一步扩大。2022年新增人防警报器5台，全市现有人防警报器57台，其中主城区30台，基本覆盖整个主城区；乡镇27台，主要镇区和人员密集区域基本实现覆盖。为加强对警报设施的管理，通过数字化管理模式给所有警报器制作加装二维码，通过手机App实现警报器巡检数字化、日常化，使警报设施经常保持良好的使用状态。2022年“9·18”警报试鸣期间，中心城区警报器鸣响率和音响覆盖率均达到100%。加快乡镇指挥所建设步伐。

防灾减灾宣传活动场景　　（市人防办　供稿）

进行乡镇（街道）指挥所建设调研，已完成了50%乡镇（街道）人防指挥所建设选址工作，探索创新建设方式途径，计划2023年签订建设合同，“十四五”期间完成全部乡镇（街道）人防指挥所建设。推动人防疏散基地建设。对照人民防空疏散体系建设规范，对溧阳市人防疏散基地进行了选址和现地踏勘。

【人防专业队伍管理】 加快人防专业队伍建设。3月，对全市人防专业队伍进行了重新整组，登记造册并完善资料档案，制定各人防专业队伍年度训练计划，指导人防专业队伍开展岗位练兵，有效地提高其履行职责任务的本领能力。加强人防志愿者队伍建设管理。完善人防志愿者队伍管理制度，逐步配备设备设施，强化教育培训和监督，引导志愿者队伍参与到人防宣传活动和演练工作之中，不断提升其参与战时防空、平时服务、应急救援实战能力。

【城市综合防护体系建管水平提升】 市人防办加强人防工程批建监管。推进人防工程建设管理。积极与市行政审批局联络对接，全面落实《溧阳市人民防空工程规划》，加强人防工程建设的事中事后监管，规范人防工程建设管理。2022年，基本实现人防工程标识标注全覆盖。加强人防工程质量监督水平。充分利用省人防质监管理平台，实现了人防工程报监、质量监督及竣工验收备案全流程在线申报办理，提升了服务水平，增强了监管效能。积极组织参加江苏省人防工程质量监督职业技能竞赛及常州市预赛，完成质监平台竞赛模块学习测试，有效提升人防队伍技能素质并取得了常州市预赛三等奖。强化人防建设经费管理。加强人防易地建设费、平战收入的收缴使用管理，委托第三方会计师事务所对2021年度人防易地建设费和平战结合收入收支情况进行专项审计，不断提高人防建设经费使用效率。

落实人防工程维护管理。积极推动人防工程平时使用证办理。全面落实江苏省人防工程平时使用证管理办法，通过加强与物管、审批局等部门联动，督促人防工程使用单位办理《人民防空工程平时使用证》，进一步明晰人防工程使用管理权责。全面落实人防工程维护管理巡检任务，科学制定年度巡查任务清单，加强人防工程维护管理检查工作，完成了全市人防工程日常维护管理及安全使用巡查。按照“谁使用、谁管理、谁维护”的原则，督促使用管理单位对发现的问题及时整改，适时开展“回头看”，举一反三，扎实推进问题整改见底见效。从严从紧抓好人防工程安全生产工作。深化提升安全生产专项整治三年行动，集中开展了人防工程安全大检查，对全市人防工程联合开展拉网式排查。严密部署、全力以赴完成台风“梅花”防御战。同时，结合“安全生产月”“安全稳定攻坚月”以及城市排涝应急演练等系列活动，积极开展安全隐患排查和治理，有效防范和遏制安全事故发生。

【宣传教育】 深入推进人防“五进”工作，把人防宣传教育纳入国防教育计划和国民基础教育之中，为全市中小学发放《人防知识读本》2.5万余册，全市小学三、四年级和初中二年级在校学生人手一册，进一步提升了青少年国防人防意识。在市国防园组织了人防主题学生夏令营活动，人防工作人员向参加夏令营活动的少年儿童讲解了人防工作的主要职责和重大意义、人防工作的开展情况、身边的人防工程和防空警报的识别及行动等人防知识。带领他们观摩人防机动指挥所的展开部署并参观机动指挥所，讲解演示指挥所内部卫星、电台等通信装备的基本原理和操作方法，孩子们兴致勃勃地上了一堂人防知识课。结合“5·12”防灾减灾日、“9·18”防空警报试鸣日等活动，在居住小区、商业广场及学校等开展人防知识宣传教育，发放《防空防灾知识手册》1万余册，不断提高全民防空防灾意识。在此基础上，进一步拓展延伸人防“五进”阵地，结合现场监管把人防宣传教育带进了人防工程施工现场，使建筑工人深刻认识到人防建设的重要性和必要性。

加强主流媒体宣传力度。在“9·18防空警报试鸣”期间，充分利用广播电视、报纸、社区广告灯箱以及主要街道电子广告牌等多种宣传方式，以人防政策、法律法规、国防形势和人防知识为主要内容，对机关干部、学校师生和城镇居民有针对性地开展各种宣传教育活动，有效地增强了广大市民的国防观念和人防意识，营造了全社会人人关心人防、支持人防的良好氛围。

为提高全市中小学人防知识教育质量，促进人防知识进校园的深入，联合市教育局组织教师积极参加省、市两级组织的人防授课比赛，市实验初级中学彭云老师授课的“国防的含义及与人防的关系”获得省、市一等奖，东升小学姜柳涛老师获常州市三等奖。注重人防理论研究与思考，积极参加省人防办组织的专题征文比赛，史学涛撰写的论文《从俄乌冲突谈人防防护能力建设》获得省人防办二等奖。同时，捕捉平时人防训练演练、疫情防控以及防汛救灾等活动中留下的最美瞬间，积极参加“最美人防”摄影作品征集活动，展示溧阳市在人防事业发展中的良好精神面貌。

（李　剑）

LIYANG
YEARBOOK

全域旅游

栏目编辑 陈 莉

综　述

【概　况】2022年，市文旅局以“文旅融合巩固突破年”为工作主题，以“旅游即城市，城市即旅游”统筹全域要素资源配置，引导文旅和相关产业深度跨界融合发展，打造全域旅游高质量发展的“溧阳标杆”，推动天目湖、曹山旅游度假区提档升级、文旅产品融合创新、文旅品牌塑造传播、文旅公共服务提质增效。先后创成江苏省文化和旅游消费示范单位、江苏省首批文化和旅游产业融合发展示范区，获评中国体育旅游十佳目的地；溧阳红色水西片区融合发展示范项目获评第一批江苏省红色旅游融合发展示范项目，天目湖旅游度假区滨湖核心区被评为第二批省级夜间文化和旅游消费集聚区。举办“诗在溧阳　何必远方”春季踏青休闲活动、“精彩靓溧，花Young一夏”主题宣推活动、“龙城夜未央　越夜越靓溧”夜生活节等，通过举办线下推介会，线上联动宣传、发布文旅惠民政策等举措提振消费活力，推动市场复苏。全年完成3000万元以上文旅签约项目10个、开工建设项目10个、竣工项目10个。完成“有时溧阳”智慧文旅平台建设并上线试运行，构建溧阳文旅消费的总入口，溧阳农产品的总出口。

【旅游接待】2022年，累计接待游客2065.52万人次，恢复到2019年的98%以上；实现旅游收入254.54亿元，恢复2019年的98.2%，恢复速度跑赢全省、领跑常州。

旅游资源

【概　况】神马农场景区创成国家AAA级旅游景区，戴埠镇获全国乡村旅游重点镇称号，桂林村、深溪岕村获评江苏省乡村旅游重点村，竹箦镇姜下村、昆仑街道方里村、上兴镇树头岗村、社渚镇洑家村和古县街道百家塘村获常州市乡村旅游重点村称号。至2022年年底，溧阳有国家级旅游度假区1家、省级旅游度假区1家，国家A级旅游景区8家（AAAAA级1家、AAAA级1家、AAA级4家、AA级2家）；全国乡村旅游重点镇1家，各级乡村旅游重点村17家（国家级3家、省级5家、常州级9家）；旅行社35家，星级酒店8家（五星级3家、四星级3家、二星级2家）；各类民宿近400家，其中精品民宿百余家，星级“溧阳茶舍”58家（五星级1家、四星级21家、三星级36家）。

7月，“精彩靓溧　花Young一夏”线上线下宣推活动之苏州专场

（市文体广电和旅游局　供稿）

【天目湖旅游度假区】度假产品丰富　国家AAAAA级旅游景区，总体规划面积320平方千米，植被覆盖率达85%以上。由沙河滨湖旅游区、龙潭乡村体验区、南山康体养生旅游区3个片区组成。河滨湖旅游区包括山水园、太公山、报恩禅寺等景区，涵田度假村、天目湖宾馆、WEI天目湖等酒店以及十思园、苏园、凌峰生态园等旅游农庄；龙潭乡村体验区包括南山花园、吴楚农耕园、天目湖国家森林公园（部分）、欣龙生态园等；南山康体养生旅游区包括南山竹海、御水温泉、南山小寨等景区及快乐家园、翠谷庄园、通用山庄等农庄。其中，全国休闲与乡村旅游点1家，全国农业旅游示范点5家，江苏省四星级乡村旅游点5家，以及石塘三十七号、印象天目、芷岚秋、锦桂园·院内、三朵花等100余家精品民宿。各类住宿接待设施255家，客房数超过7987间，床位14200余张。全长400多千米的网红“1号旅游公路”把景区、乡村旅游点以及田园乡村串联起来，推动全域旅游发展。规模停车场13个，面积达15万平方米以上，其中生态停车场面积4万多平方米。度假区主入口设立多

表 4

2022 年溧阳市国家等级旅游景区一览表

旅游景区名称	质量等级	景区地址	接待总人次（万人次）
天目湖景区	AAAAA	天目湖旅游度假区	907.45
溧阳新四军江南指挥部纪念馆	AAAA	竹箦镇水西村 228 号	68.73
史侯祠景区	AAA	埭头镇河西村 2 号	1.42
曹山美音茶园	AAA	上兴镇上陶路 1 号	37.1
别桥原乡旅游区	AAA	别桥镇塘马村委后巷村 66 号	43.61
神马农场	AAA	戴埠镇竹海大道 258 号	—
高静园	AA	溧城镇交通路 37 号	24.2
凤凰公园	AA	溧城镇凤凰路 11 号	7.6

表 5

2022 年溧阳市旅行社情况表

单位名称	地址
天目湖旅行社	天目湖山水园旅游公司办公大楼内
溧阳春秋国际旅行社	溧城镇燕园路 88 号一层自东向西 1–4 间
溧阳阳光国际旅行社	溧城街道育才路 98 号 1 幢 20、21、22
溧阳市金旅国际旅行社	燕山中路 18 号
溧阳市交通旅行社	溧城镇西大街 142 号
溧阳市途宏旅行社	古县街道溪缘东路 221 号
溧阳市蓝天国际旅行社	溧城镇平陵中路 319 号
溧阳市山水国际旅行社	溧城镇平陵中路 214 号
溧阳市华夏国际旅行社	溧城街道平陵中路 319 号 1 幢 2–202 室
溧阳市青年国际旅行社	溧城镇南环西路 105–8 号
溧阳东方旅行社	溧城镇清溪路商业街 B 区 19–20 号
与你同行国际旅行社	社渚镇周城集镇新风街 58 号
溧阳市风光国际旅行社	溧城街道燕园路 68–5 号
小任旅游	戴埠镇镇善南路 58 号
扬天户外	溧城镇燕山路 73 号一楼
溧阳市思美乐国际旅行社	天目湖镇屏峰花园 2 #楼 1 房
溧阳市悦达旅行社	戴埠镇李家园村委杨树头村 9 号
溧阳市云途国际旅行社	古县街道天目星城一区 05 幢 14 号一楼
时光之旅旅游发展有限公司	社渚镇湖西村委升平北路 68 号
常州宛如假期旅行社有限公司	溧城镇文化新村 21 幢 1–102
溧阳南山花园旅行社有限公司	戴埠镇戴南村委杨家村 88 号 1 幢
常州涵田旅行社有限公司	天目湖镇东园路 88 号
华天假日国际旅行社	溧城镇东大街 182 号
溧阳市环球国际旅行社有限公司	建设中路 1 号 –8
溧阳市瓦屋山旅行社有限公司	溧城镇钱家路 88–8 号
溧阳市弘旭国际旅行社有限公司	天目湖镇迎宾大道 288 号 1 幢 201 室

功能一级游客服务中心，各主要景区都设立二级游客中心，景区和酒店公共区域提供免费 Wi–Fi，游客凭网络订单到景区换票或直接刷二维码入园。其他医院、银行、加油站、邮局、电信等服务设施一应俱全。

天目湖旅游度假区策划打造“宴 · 夜天目湖”、湖秀剧场等系列夜游项目，推出“湖途生活节”“奇妙漫游季”“酒店音乐会”“围炉煮茶”等度假体验活动，“遇”系列酒店产品相继投运。天目湖旅游度假区滨湖核心区获第二批江苏省夜间文旅消费集聚区、第二批江苏省文化和旅游消费便捷支付示范区称号；江苏天目湖旅游股份有限公司获江苏省省长质量奖；天目宾馆获江苏省“金鼎级文化主题旅游饭店”称号，涵田度假村酒店、御水温泉度假酒店获“江苏精品休闲度假饭店”称号，天目湖涵田度假村、溧阳宾馆入选江苏省文化和旅游市场红名单。“五一”小长假，天目湖旅游度假区接待游客 15.62 万人次，实现营业收入 1328.99 万元；“十一”黄金周接待游客 46.97 万人次，实现营业收入 7511.87 万元。

完善投诉处理机制，全年处理旅游投诉 43 起，责令存在饭托、拉客、欺客、宰客等行为的餐饮单位限期整改，严厉查处旅游购物场所虚假宣传、强迫购物、不明码标价等违法违规行为。联合市监、公安、城管等部门，深入景区开展全方位安全专项检查行动，对景区内 28 家旅游企业、103 家民宿单位、148 家餐饮单位。5 家文化场所的餐饮卫生、消防安全、建筑安全、诚信经营等方面进行全方位拉网式排查，督促整改事故隐患。

续表 5

单位名称	地址
溧阳市大千之旅国际旅行社有限公司	戴埠镇珠江东路 28 号
溧阳市平陵国际旅行社有限公司	溧城镇台港路 277 号
江苏智诚假期旅行社有限公司	戴埠镇善庆商业广场 C1 幢 27
环游旅行社常州有限公司	溧城街道燕山东苑 11 幢 1—102 室
常州中溧国际旅行社有限公司	溧城街道南环西路 98 号 B—3
常州趣途国际旅行社有限公司	竹箦镇竹溪北街 2 号
常州星世纪旅行社有限公司	溧城街道北大街 381 号
溧阳市溧州国际旅行社有限公司	溧城街道清溪中路 2 号 —50
汇友文化旅行社（溧阳）有限责任公司	昆仑街道景豪公寓 4 幢 116—1 室
常州溧阳天目水韵旅游服务有限公司	天目湖镇天目湖牌楼对面 2 号楼 14、15 号

表 6

2022 年溧阳市星级饭店情况表

单位名称	星级	地址
天目湖宾馆	五星	天目湖旅游度假区
溧阳宾馆	五星	西大街 118 号
天目湖御水温泉度假酒店	五星	天目湖南山竹海景区
皇廷国际大酒店	四星	燕山中路 9 号
扬子国际大酒店	四星	溧城镇南大街 131 号
涵田度假村酒店	四星	天目湖旅游度假区
金鼎苑宾馆	三星	上兴镇永兴大道 12 号
翠竹园宾馆	三星	天目湖旅游度假区

表 7

2022 年溧阳茶舍（精品民宿）情况表

星级	镇	单位	基本信息
五星级	戴埠镇	美岕 · 树屋	竹海大道 258 号
四星级	戴埠镇	香云小筑	黄岗岭村赵岕组 179 号
		青峰仙居	松岭村委王家村 68 号
		叁朵花	横涧深溪岕 67 号
		岕宿竹马岭	上宥里村 66 号
		轻度 MildGo	山口村委白虎岕 16 号
		芷岚秋	徐家圩小岕村 80 号
		一生一遇	李家园村 68 号
		青禽喜粤	李家园村牛马地村 141 号
		同画里	黄岗岭村
		璞宿隐心岕	宥里村 100—2 号
		玖宿南院	李家园村沸水塘 138 号
		取舍	高桥小窑头村 168 号

产业发展迅猛　深化“旅游＋”和“＋旅游”画卷，推进文旅、茶旅、农旅、自然教育、乡村旅居的融合，举办天目湖品牌形象发布会暨“点亮天目湖”夜游季启动仪式、中国溧阳“体旅融合”定向越野暨智慧旅居嘉年华、天目湖国家湿地公园自然教育周、第九届全国自然教育论坛等活动，御水温泉竹溪谷酒店竹轩餐厅获评“2022 年金梧桐中国餐厅指南一星餐厅”等，都体现融合步伐的加快加深。“天目湖玩咖”抖音账号上传短视频 104 条，粉丝人数超 18 万人，获赞 27 万人次，“有个大坝”市集视频获江苏省文旅引用并推广。“天目湖玩咖”B 站账号上传短视频 91 条，粉丝人数超 4 万人，播放量超 350 万人次，10 条视频点击量超 10 万人次，《天目湖水世界》播放量达 18.3 万人次。开通“天目湖玩咖”小红书官方账号，上传笔记 87 条，粉丝人数超 2 万人，播放量超 60 万人次。天目湖专属车厢入驻南京地铁四号线。“寻迹中华 · 焦尾琴的传说”非遗营销活动全网超 2600 万人次曝光、4.5 万网友在线热评。其中，“寻迹中华”“焦尾琴的传说”2 个微博话题，总阅读超 1253 万次，讨论量超过 4.5 万条。单条微博阅读量近 88 万人次，视频观看量超 10 万人次。中国国家地理频道 B 站平台、《中国旅游报》、“学习强国”学习平台、中国旅游协会长篇报道该次活动。“非遗所思”项目 IP 入选第四届“中国服务” · 旅游产品创意案例。其中，“焦尾琴的传说”作为非遗所思入选创意案例项目之一。强化品牌建设，天目湖镇人民政府获生态环境部授予的“第三届中国生态文明奖先进集体”称号；戴埠镇被国家文化和旅游部评为“全

续表 7

星级	镇	单位	基本信息
四星级	天目湖镇	陶然美岕	106 县道全民村 15 号
		天目湖石塘三十七号民宿	毛尖村委石塘村 37 号
		青峰九间堂	平桥村委庙房村 108 号
		菡谷	东园路 88 号
		印象天目	大田里组
		合谷村上	平桥村委平桥村合头岭 1 号
		院内锦桂园	天目路 288 号
	上兴镇	曹山花居	牛马塘村 69 号
	社渚镇	在云上	宋村村委社渚林场
三星级	天目湖镇	燕归巢	桂林村委上珠岗村 15-1 号
		美音美墅	天目湖畔假日广场一期 13 幢 107 室
		铜鹤策居	桂林村委瓦屋湾组 16 号
		云水和	天目湖畔假日广场一区 7 幢 102 室
		天目湖青青子衿民宿	下桂林村 63 号
		怀秋小筑	桂林村委上桂林村
	戴埠镇	南山印象	李家园村委马地村 46 号
		南山归臻	李家园村 268-1 号
		深溪源	横涧村委深溪岕 49 号
		米糖野奢	李家园 196 号
		芈呈康家花园	李家园村委玄塘庙 17 号
		玖悦山居	李家园村委李家园村 252 号
		归来小院	李家园村委
		灰姑娘	同官村委同官村
		忆南山小隐	赵墅村新茶亭 5 号 101 室
		梦田	李家园村委上野毛山
		松涧小居	松岭村委西山 43 号 1 室
		一忱里	戴南村委高山岗村 58 号
		绿乡民宿	戴南村高山岗 32 号
		南山十一间	竹海大道 365 号
		南山梵璞	李家园村竹海大道 202 号
		南山遥	溧阳市 X002(竹海大道)
		泡泡度假庭院	李家园路下场园 40 号
		溪岕里美宿	李家园村下场园 8 号
		清心 · 如是	李家园村杨树头 19 号
		南橘野舍	李家园村 126 号
		十六号民宿客栈	新茶亭村 16 号

国乡村旅游重点镇”；天目湖镇梅岭玉地质文化镇被中国地质学会评为国家级地质文化镇（三星级地质文化镇）；天目湖森林康养基地被中国林业产业联合会评为“2021 年国家级森林康养基地”；青峰仙居通过验收，获评国家旅游局评出的全国甲级旅游民宿；天目湖旅游度假区滨湖核心区创建成为第二批江苏省夜间文化和旅游消费集聚区；南山竹海风情小镇通过验收；天目湖镇桂林村、戴埠镇深溪岕村被江苏省文化和旅游厅评为“江苏省乡村旅游重点村”；戴埠镇王家村获评江苏省特色田园乡村等。

总投资约 80 亿元的天目湖慧谷暨全球能源互联网论坛永久会址项目、总投资 45 亿元的动物王国文旅综合体项目（已纳入长三角区域一体化常州项目库)、总投资约 30 亿元的法国主题演艺综合体项目、总投资 10.1 亿元的天目湖曼生田园康养社区项目、总投资 2 亿元的醉月湾度假村等项目完成签约。发挥项目推进周例会的平台作用，科学谋划各项推进工作，统筹镇区各相关部门形成合力，共同有效解决项目落地过程遇到的困难和问题。总投资 2.1 亿元的渔人码头酒店及研发中心项目、总投资 1.85 亿元的天目湖文旅教体培训中心项目、总投资 1.2 亿元的东野精品酒店项目、总投资 0.65 亿元的天目湖夜游画廊项目和龙海精品酒店项目、总投资 0.5 亿元的“艾岚莸”海风商务民宿项目、总投资 0.5 亿元的诗莉莉笙鹿鸣高端民宿项目开工建设。推进中国再生医学健康管理中心、青羽舍温泉度假酒店、东野精品酒店、龙海精品酒店、涵田度假村酒店改造提升等项目

续表 7

星级	镇	单位	基本信息
三星级	戴埠镇	新故民宿	戴南村委油坊组 9 号
		安云 · 观山	李家园村杨树头 58 号
		静墅客栈	黄岗岭荒田岕 43 号
		晚秋山居	横涧村深溪岕村 205−1 号
		竹塘山居	横涧村委官岭村 38 号
	南渡镇	美岕风吹稻花民宿	庆丰村蒋家 44 号
	溧城街道	美岕 · 老宿舍	南大街 98 号
	社渚镇	约见彩虹	天淼山庄别墅区 18 幢
	竹箦镇	湖畔青居	陆笪村委胡家村 2 号

建设。方所文化村、天目湖城市书房、安悦 · 天目山居、隐湖居度假村、合谷村上民宿酒店、青峰 · 九间堂、遇 · 碧波园酒店等项目建成投运。

生态资源优越　精细化推进水源地保护。按照“四无一有”管理目标对水源地保护区域进行精细化管理。对林业资源巡护、退耕还林和林茶收购区域管护进行规范化处置。完善森林和水资源保护中队建设，构建水域、陆地 24 小时不间断巡查机制。全年新增退耕还林面积 55.33 万平方米（累计退耕还林 2378.81 万平方米）、新增林茶收储面积 1580 亩（累计收储 1540.67 万平方米）。大溪水库上游生态安全缓冲区洙漕河二期、三期均已竣工验收；大溪水库内源治理生态清淤项目完工交付；两大水库水质均达到Ⅱ类标准，达标率 100%。11 月，大溪水库高分通过水利工程标准化管理水利部评价，成为江苏省首家国家级水利标准化管理工程。生态安全缓冲区建设示范项目成功入选江苏省财政厅、省生态环境厅公布的 2021 年省生态安全项目奖补名单。天目湖旅游度假区入选国家级森林康养试点建设基地。深入打好蓝天、碧水、净土三大“保卫战”，强化 $PM_{2.5}$、水体污染及土壤整治，推动空气质量持续好转，两大水库和 4 个水环境功能区断面水质全部 100% 达标。投资 1.28 亿元的天目湖镇污水管网一期工程开工建设，提高全镇污水收纳处理能力。落细落实长效管护机制，制定并出台《2022 年天目湖镇村庄整治行动方案》，推进品质村庄创建，重点实施“乱堆放、乱散养、小微水体污染”集中整治。持续经营生态化产业，吸纳桂林游客中心、桂小星露营地、荒野厨房、南艺工作室等多种业态，“吃、喝、玩、乐上桂林”的青春旅游消费村形态初步形成，获江苏省乡村旅游重点村称号和省放心消费创建示范区域称号。天目湖镇桂林村、戴埠镇深溪岕村入选江苏省文化和旅游厅、江苏省发展和改革委员 2022 年 6 月联合公布的 2022 年江苏省乡村旅游重点村名录，全省共有 32 家单位上榜。

（方天乙）

【曹山旅游度假区】 曹山旅游度假区建成曹山花海、十里梅岭、千亩蓝莓、深山古刹、古道竹海、桂花天地等景观，有采摘、垂钓、骑行、露营、登山、参禅等系列休闲体验项目，有莓林果乡田园综合体、牛马塘特色田园乡村、火车来斯、汽车来斯、曹山未来城等景区特色项目，以及一批集观光娱乐、科普科研、休闲度假于一体的特色旅游农庄。

2022 年，曹山旅游度假区推动精品旅游项目建设，举办风筝露营节、曹玩市集等热门活动，引进柏枫民宿、风筝里、渔猎部落等特色民宿。共接待游客 201.99 万人次，营业收入 2.99 亿元。曹山旅游度假区获 2022

曹山省级旅游度假区　　（王倩倩　供稿）

年江苏春季赏花胜地，曹山旅游度假区、牛马塘村获2022年度江苏省放心消费创建示范区域，曹山美音茶园营地被授予常州市第四批中小学生劳动教育实践基地，棕榈湾美音研学基地入选溧阳市2022年度未成年人思想道德建设优秀项目并获江苏省自驾游协会授牌“省级自驾车旅游生态圈”，牛头山获第九批次江苏省特色田园乡村称号。度假区获江苏省自驾游协会授牌“省级自驾车旅游生态圈”，入选“2022水韵江苏·网红打卡地”“江苏广播水韵江苏春游大赏十大美丽乡村”“江苏春季赏花胜地”“摄影家眼里的水韵江苏摄影展”“2022乡村惠游季旅游线路”，牛马塘村、龙峰村入选《苏韵新农村》特别推荐乡村，曹山美音茶园营地被授予常州市第四批中小学生劳动教育实践基地，度假区、牛马塘村均被评为2022年度江苏省放心消费创建示范区域。

曹山旅游度假区宣传推广活动多措并举，有“日日春杨梅节”“白露山蓝莓节”“全国自行车邀请赛”“全国象棋甲级联赛”“全国舞龙舞狮争霸赛”“中国七星钓鱼文化节”等。溧阳高铁站、瓦屋山高铁站广告营销全面铺开。与文化旅游公司合作视频号发布，与“学习强国”学习平台、新华网等媒体平台合作，持续推进与腾讯、搜狐、今日头条等网络媒体平台合作，发布曹山热点讯息，宣传曹山亮点扩大影响力。运行“江苏省溧阳曹山旅游度假区”官方微信，推进原创文字、实景图片、新闻稿件三位一体的品牌宣传。围绕曹山旅游度假区发展目标，推进智慧景区建设，完善大数据客情分析、农业电商、微信助手小程序、自动化旅游停车管理系统、运营管理后台等内容，为游客提供涵盖“吃住行游购娱”六大要素的旅游资讯和服务，初步实现“一部手机畅游曹山”的功能。

（王倩倩）

【高静园】 原是明代嘉靖进士彭谦私家园林“青草池”的一部分，1987年重新修建，高静园的园名因“高静石”而得之。新设计建成的高静园为三面环水的三角形岛屿，占地面积为1.61万平方米，绿化率86.3%。全园建成“八园十六景”，将市级文物保护单位高静石、太白楼和元教授林公殉节处石碑点缀园中。在园林布局上以漾碧池、春草池为中心，纤巧玲珑，叠山架桥，有山有水，如诗如画，呈现出“水中岛，岛中水”的独特景观格局。春草池池畔矗立着百岁老树重阳木，池内筑有黄石假山一座，取名“春池石壁”。

【凤凰公园】 位于溧阳城西北的丹金溧漕河、濑河和溧梅河的交汇处，总面积3.27万平方米，南北长约542米，1990年建园以来已初具规模，园内苍松翠柏，奇葩异卉，已成为广大市民在此游憩娱乐的乐园。公园附近原有2座有名的桥梁名为凤凰桥，凤凰公园以此而得名。由于用地为一狭长形地带，分区和景物摆布，不用纵向“串联”，而采取“并联”的方式，通过纵向的游览主路，把各景点联系起来，组成一个有机整体，并使全园艺术风格，统一协调，形成古色古香的江南园林风貌。

该园最大的特色是文物和古建筑相结合：春秋末期史贞义女——浣纱女塑像立于饮水池，池畔存放着溧阳市千年以上的唐代文物——唐石井栏；抚廊壁间镶嵌以仿瓷工艺复制的被誉为中国“法帖之祖”的——宋代《淳化阁帖》，马一龙的狂草《重修广惠庵记》；建于明代的楠木厅由原在彭氏宗祠内的清代建筑铁木厅皆移建至本园内，现分别取名“凤凰堂”和“鸾栖山馆”。

【别桥原乡旅游区】 别桥原乡旅游区总面积2150万平方米，涉及7个行政村，惠及1.3万余人，

高静园　　（市文体广电和旅游局　供稿）

别桥原乡　　（市文体广电和旅游局　供稿）

其以打造“山水田间、诗意原乡”品牌为核心，共建成包含原乡美田、鲜果美林在内的十大旅游板块。

别桥原乡持续开展2017溧阳“嘉宝莉杯”徒步大会、2017溧阳“别桥原乡”国际半程马拉松赛、2018溧阳别桥“原乡花海”徒步大会、2018“别桥原乡过大年”等活动，吸引中央电视台新闻频道、体育频道的多次关注。举办花海音乐节、古风夜市等特色文旅活动，多元供给满足游客多样化需求，激发文旅产业发展活力。别桥原乡年均接待游客55万人次，已成为长三角地区乡村旅游热门目的地，先后被评为国家AAA级旅游景区、省级创意农园、常州市级现代农业产业园区。

通过集体、合作社与广大农民以“一村一策”的方式，因地制宜发展“一村一品”，如塘马村的富硒软米、百合，两湾村的白芹，玉华山村的野生苦瓜茶，黄金山村的黄金紫山芋，小石桥村的铁皮石斛，别桥村手工月饼等。为提高农产品知名度，打响特色农业品牌，由镇旅游开发公司牵头，统一注册“别桥原乡”总品牌、统一使用“别桥原乡”商标、统一包装形象识别、统一生产技术标准、统一质量等级标准、统一宣传推介，大幅提升农产品的农业附加值，为乡村振兴提供助力。

【合谷村上】　该民宿选址3年，建设5年，于2022年8月完工，位于天目湖上游6万平方原生态山谷之中。此地群山环烧，茂林修竹。民宿以山谷中的庭院为特点，11间客房无一相同，或共院，或独院，或需台，可竹林泡汤，可古井烹茶，亦可池塘垂钓，私享整个山谷的山野竹林。一期民宿由4栋组成，2栋保留江南村居的夯土、砖木房屋结构，两栋新建筑风格统一，可体验到原汁原味的山居村落的自然格局。

【锦桂园·院内】民宿成立于2020年，位于天目湖旅游区下涧里，以当地一块废弃的水泥制品厂进行修缮，以“工业遗珠”为主题打造而成，整体设计以江南建筑园林文化为载体，白墙灰瓦。布局上以北斗七星布局为结构，结合现代新中式设计手法，以江南新游园的四合院为载体，应四季之春秋冬夏，汇新意之梅兰竹菊。客房功能配套齐全，色调和谐统一，全屋智能系统运用其中，配以特色温泉泡池洗净旅途铅华。

旅游业态

【乡村旅游】　做强乡村旅游品牌，推荐旅游业态丰富、设施功能良好的乡村申报常州级以上乡村旅游重点村。戴埠镇入选国家级乡村旅游重点镇名录，戴埠镇深溪岕村、天目湖镇桂林村入选2022

四星级溧阳茶舍锦桂园·院内　　（市文体广电和旅游局　供稿）

年度江苏省级乡村旅游重点村名录；竹箦镇姜下村、昆仑街道方里村、上兴镇树头岗村、社渚镇洑家村和古县街道百家塘村入选2022年度常州市乡村旅游重点村名录。推出一批乡村旅游精品线路，溧阳"金色希望"秋意乡村2日游线路入选"稻花香里说丰年"全国乡村旅游精品线路；"乡间·锡阳"田园野趣两日游入选"乡村四时好风光乡村是座博物馆"全国乡村旅游精品线路；"乡见溧阳，田园野趣"之旅入选江苏省文旅厅推荐路线。由中央广播电视总台与文化和旅游部联合摄制的大型文旅探访节目《山水间的家》，走进全国乡村旅游重点村溧阳礼诗圩村，播出当晚，节目收视率为0.7，全国同时段排名第二，央视频站内央视一套直播观看人数达95万人，节目话题阅读总量近6亿次。

【培育"溧阳茶舍"品牌】 完成第五批"溧阳茶舍"的评定工作，评定出合谷村上等4家四星级、美音美墅等11家三星级单位；完成前4批、43家茶舍的星级复核工作。出台《溧阳茶舍信用评价管理办法》，民宿党委和民宿协会共同制定《溧阳市民宿行业自律公约》。开展民宿学院开讲活动，通过邀请文旅专家有针对性地开展运营管理、市场营销、宣传推广等专题培训。与南京旅游职业学院、江苏理工学院等专业院校开展人才定制培训合作，根据乡村旅游业市场发展需求，以溧阳民宿学院为平台，开展专业课程，为乡村旅游发展储备人才，全年培训近400人次。

【红色旅游】 用足红色资源，讲好红色故事，溧阳红色水西片区融合发展示范项目获评第一批江苏省红色旅游融合发展示范项目，在红色资源集聚、红色旅游产品丰富、旅游服务设施完善、红色旅游管理规范、红色文化影响力强，在产业融合业态创新方面形成典型示范效应。

【文旅夜间消费】 举办天目湖"有个大坝"、礼诗圩村"荷风市集"两大主题夜间文旅市集，共接待游客约14万人次，营业收入超百万元。天目湖旅游度假区滨湖核心区被评为第二批省级夜间文化和旅游消费集聚区。"精彩靓溧　花Young一夏"主题宣推活动、礼诗圩村"荷风市集"入选省文旅厅主办的第四届大运河博览会"2021—2022江苏文旅消费热力榜"。

【主题研学】 将研学基地向外延伸，结合省级文物保护单位淳化阁帖、市级文物保护单位贞女祠、贞女墓等历史文化资源，推出"探寻金濑"主题研学活动。8月22日开展第一期"阁帖之旅"，让孩子们在活动中创设思考、激发兴趣和学习内驱力，在乐学善学中增进对历史的理解。

旅游开发

【旅游规划建设】 根据溧阳市全域旅游和乡村旅游发展现状，出台《溧阳市"十四五"全域旅游发展规划》《溧阳市乡村旅游发展专项规划》，为全域旅游高质量发展谋篇布局、指明方向。

【项目招引与建设】 2022年，市文旅局围绕常州"532"战略目标和市委、市政府完成3000万元以上文旅签约项目10个、开工建设项目10个、竣工项目10个目标任务，抓紧抓实在手项目，着力招引领军项目，培育龙头项目。促成汤臣倍健威士忌工厂、《又见》系列大型实景演艺、伟光汇通、华泽集团等国内知名团队前往溧阳实地考察、洽谈项目合作近30批次；设置市重点文旅项目库，以资源倾斜促进重大文旅项目落地建设，从项目招引、开工、建设和投运服务管理等进行全生命周期保障和推动。全市33个重点文旅项目被纳入常州"532"发展战略，天目湖再生医学健康管理中心、蓝城悠然南山等7个项目入选省重点文旅产业项目名单。

向上争取政策资金支持，帮助天目湖夜间文旅消费集聚区和南山竹海景区提升项目分别获得100万元、90万元省级文化和旅游专项资金；南山花园、别桥原乡、曹山旅游等6个项目共获得35.7万元贷款贴息。

旅游宣传

【概　况】 2022年期间，文旅推广拓展宣推形式，创新出圈方式，讲好溧阳故事。通过发布文旅惠民政策、打造特色推介活动、搭建全域旅游智慧平台、开发精品旅游线路、构建达人宣推矩阵、推出文创IP等，塑造长三角更具辨识度的城市文旅标识。

春节期间，推出溧阳市民免费办年卡、常州市民春节免门票以及春节期间住全域酒店和民宿免景区门票三重惠民举措。4月，联合各大文旅企业共同推出"诗在溧阳　何必远方"春季踏青休闲活动。6—7月，分别在南京、苏州举办“精彩靓溧 花young一夏”主题宣推活动，通过主题地铁专列、城市地标亮灯、系列专场推介等组合拳，激活文旅消费市场活力。组织多批微博、国家摄影家协会达人到溧阳打卡，联动线上10余家媒体进行内容宣推，全网曝光过亿。溧阳文旅微博公众号话题曾8次登上微博热搜前6位，获2022年全国县域社交网络运营口碑奖。举办“龙城夜未央 越夜越靓溧”夜生活节。

9—12月，以“被溧阳治愈的秋天”“约见溧阳美好冬日”为主题，开展秋冬特色主题宣推，构建30多名头部旅游、美食、探店等达人的内容矩阵。完成“有时溧阳”全域文游智慧平台上线试运行。以“打造全市文旅咨讯总入口,农旅产品总出口”为目标，提升溧阳文旅产业的服务与管理水平，打造溧阳智慧文旅新形象、新品牌。举办“溧阳有礼·创享未来”文化创意设计大赛。促进溧阳城市文化资源生活化、场景化、产业化运用,提升溧阳知名度，打造溧阳品质城市新名片。

整合全域文旅活动资源指导文旅企业、单位办好“美芥山野赏萤节”“溧阳粮仓主题文化体验巡展”田野市集、“曹山杨梅节”“溧阳白露山蓝莓文化节”等系列时节活动；全年吸引新华社、“学习强国”学习平台、《中国文化报》《中国旅游报》等各类主流媒体报道上千次，在全市、全省乃至全国都产生较大声量，激发文旅内生动力。

【开设首家“美音溧阳”城市文创实体店】 首家“美音溧阳”城市文创实体店在“溧书房”平陵馆面向公众开放，开发并展示天目湖“鱼文化”系列文创产品100多项。

【南山后美食村开村】 上黄镇南山后美食村开村仪式于1月9日举行，村内多家特色餐馆同步上线，打响“好吃在上黄”美食品牌。以“食”兴村,以“食”兴旅，南山后美食村翻开农旅融合促进乡村振兴的新篇章。

【“溧阳粮仓主题文化体验巡展”活动】 “溧阳粮仓主题文化体验巡展”田野市集于1月15日在美岕·老宿舍开幕。田野市集分为溧阳粮仓、丰收之溧、溧阳传话筒、溧阳记忆、溧阳麦浪、溧粒有礼6个部分，旨在宣传溧阳民俗文化、特色小食和传统手工艺，进一步丰富文旅内涵。

【春节主景区“文旅惠民”三重举措】 在天目湖旅游开发30周年，溧阳市推出春节期间的三重惠民举措，让市民和游客感受“溧阳温度”。文旅惠民送福利，“双园”年卡免费享。2月1日起，溧阳市民凭身份证、溧阳新市民凭居住证和身份证，可在网上预约至景区售票处免费办理天目湖山水园景区、南山竹海景区双园年卡。新春贺岁，温暖“常”在。1月31日—2月6日，常州市民（含新市民）可凭证件免费预约天目湖山水园景区、南山竹海景区大门票。虎年新春特惠，全域酒店联袂。1月31日—2月28日住溧阳全域酒店（含民宿），即可免费预约天目湖山水园景区、南山竹海景区大门票。在文旅惠民政策之外，溧阳各文旅企业也推出别具特色的贺岁节庆活动。

【“诗在溧阳，何必远方”春季踏青休闲系列活动】 4月，联合各大文旅企业共同推出“诗在溧阳何必远方”春季踏青休闲活动，通过溧阳市民专属福利、常州市民限时特惠、文旅产品特色优惠、文旅惠民专场直播以及官方微博系列抽奖等一系列举措，推动文旅市场复苏。

【曹山旅游度假区入选江苏春季赏花胜地】 江苏春季赏花胜地名单经单位申报、专家评审、对外公示等流程，省文化和旅游厅于4月中旬评选出20个赏花区为江苏春季赏花胜地，溧阳市曹山旅游度假区榜上有名。春风起，花香醉，曹山旅游度假区以“七彩曹山”为主题,建设樱花林、紫薇谷、薰衣草花田等众多赏花基地。

【精品采摘活动】 天目湖第八届桑果游学采摘旅游节于5月1日开幕。溧阳首家蚕桑文化博物馆可供游客领略传统蚕桑文化。从古代蚕桑丝绸到现代的丝绸工业，从蚕桑故事到著名人物介绍，感受历史与文化的底蕴。

2022曹山日日春第十一届杨梅采摘节于6月12日开幕。日日春利用其丰富的自然资源，开展户外拓展、休闲垂钓、水果采摘、皮划艇和水上自行车、野外露营等多项休闲体验项目，打造“农业＋文化＋旅游”相结合的新业态模式，促进现有板块的转型升级，成为远近闻名的度假休闲去处。

2022溧阳白露山文化旅游节暨第十一届蓝莓采摘节于5月28日开幕。嘉宾们观看精彩的文艺表演，参与蓝莓品鉴、蓝莓互动游戏等多项活动。作为蓝莓种植基地的“大户人家”，白露山生态园不仅种植蓝莓等特色小浆果，还自带蓝莓果汁、果酒、冻干果、蜜饯等生产加工线，是一家集农业观光、产品深加工、休闲生态旅游于一体的省级农业龙头企业。

【“精彩靓溧，花 Young 一夏”主题宣推活动走进南京】 为推动文旅市场加快复苏，在全省文旅消费推广季期间，市委、市政府率先行动，在旅游目的地城市举办“精彩靓溧，花 Young 一夏”主题宣推活动。6 月 24 日，首场主题宣推活动在南京举行。37 家文旅企业以焦尾琴主题演艺、“茶百戏”主题茶艺、万有引溧文创产品、1 号公路咖啡驿站、萤火虫夜公园等各具特色的企业展台引起众多旅行社驻足点赞，100 多家长三角旅行社代表、文旅企业代表参加活动。

“精彩靓溧，花 Young 一夏”宣推活动结合溧阳应季主题和产品，联动飞猪、去哪儿、新浪、抖音、微信等线上平台，推出多项旅游活动和文旅惠民措施，激发消费潜力，入选“2021—2022 江苏文旅消费热力榜”文旅促消费优秀案例。“去溧阳享夏天”话题登上新浪微博热搜榜单后，点击量突破 900 万。

【文旅市集】 第四届“美岕山野赏萤季暨美好生活节”于 6 月 6 日在美岕山野温泉度假村开幕，活动一直持续至 9 月。2022 年的赏萤节，美岕山野引入“美好生活节”的理念，旨在把度假村中的健康、轻松的度假体验延续到日常生活中去。美岕研发萤火虫教育课程为慕名而来的儿童、青少年提供科学、有意义的自然教育。

悠然南山的夏日集市——湖畔夏集于 7 月 2 日在桃源湖畔开市。湖畔的集市上，有传统的戏曲演出及非遗文化画糖人、捏泥人。

“有个大坝”夏日周末市集于 7 月 8 日在天目湖西副坝火爆开市。活动时间为 7 月 8 日—8 月 27 日的每周五、周六晚 18 : 30—21 : 30，共持续 8 周。大坝好食、艺术匠心、玩趣手作、本土甄选、大咖助阵，爵士流行，街头芭蕾等 40 多次超人气品牌集聚现场。以“文创 + 音乐 + 美食”的沉浸式文旅消费新场景，精心布置的摊位让夜晚的天目湖环湖东路西副坝变得热闹非凡。

7 月 8 日，溧阳文旅市集亮相苏州园融天目夜市，聚焦新山水、新乡村、新体验三大主题，向苏州市民推介溧阳丰富多彩的夏季文旅产品。30 多家溧阳当地文旅企业在圆融天幕夜市进行专场推介、直播带货，传统饰品、曲艺杂耍、文创产品吸引了众多苏州市民及游客驻足体验。

2022 常州文化旅游节暨“龙城夜未央”夜生活节溧阳分会场于 7 月 15 日开幕。市民非遗主题市集展示了金坛刻纸、象牙浅刻、常州梳篦、留青竹刻等 21 个非遗项目，草地音乐节、篝火派对、天幕电影、户外 KTV 等多样业态吸引众多游客。活动中，常州主会场还和溧阳分会场进行视频连线。

第五届南山寿桃节开幕式于 7 月 17 日在沁谷 · 南山酒店举行。该次寿桃节欣龙生态园加大文化领域投入，打造属于欣龙特色“桃文化”，开拓中、小学生社会实践、科普教育、“国风汉学”特色文旅活动。

第四届天目四季春水果节“萄梨争霸赛”于 7 月 23 日开幕。该届水果节结合露营模式来打造，现场活动精彩纷呈、热闹非凡。天目四季春生态园成立于 2010 年 2 月，位于溧阳市区、天目湖旅游景区、和大溪湿地自然保护区，三角核心区域。半边环山，半面临水，风景如画，鸟语花香。区占地面积 111.33 万平方米，拥有绿色茶园 13.33 万平方米，生态果园 14 万平方米，水域面积近 6.7 万平方米。是以生态度假、亲子度假、观光摄影为主题的农旅度假综合体。

礼诗圩于 7 月 29 日开展“荷风市集”夜间市集活动，持续至 8 月 27 日。市集内容日趋多元，共吸引包括星巴克咖啡、金吞寿司、凝翠等知名品牌在内的 80 余家商户进驻，备受年轻游客青睐，累计接待游客超 10.8 万人次，入选“2021—2022 江苏文旅消费热力榜”文旅消费热门新场景。

【天目湖形象品牌发布会】 天目湖形象品牌发布会暨“点亮天目湖”夜游季启动仪式于 7 月 1 日在天目湖畔举行。启动仪式发布天目湖形象标识体系，进行天目湖夜公园、湖畔夜宴等夜秀、夜演活动首映。活动现场，数百架编队无人机在天目湖上空升起。以夜空为幕，无人机编队像闪烁的星辰，光影变换出喜庆“七一”、天目湖网红地标等创意元素，将天目湖的夏夜点亮。

夜游季有效融合夜游画廊、山水园夜公园、水世界、大坝市集、美岕萤火虫公园等项目，实现天目湖旅游时间轴上的“全时”、空间轴上的“全域”，让天目湖的夜景亮起来、人气旺起来、经济燃起来。

【跟着主播游溧阳】 江苏交通广播网电台节目《跟着主播去旅行》于12月12日到溧阳御水温泉景区开展活动，主播通过电台向听众朋友们介绍溧阳冬季的文旅资源和第二届冰雪温泉节的精彩活动。

【溧阳文化创意设计大赛】 “溧阳有礼·创享未来”文化创意设计大赛主题活动于12月30日正式启动。大赛共设定绿色生态文创、传统文化文创、红色主题文创和乡村振兴文创四大主题。该大赛进一步促进溧阳城市文化资源生活化、场景化、产业化运用，提升溧阳知名度，打造溧阳品质城市新名片。

旅游管理

【概　况】 2022年，市文旅局依据《中华人民共和国旅游法》《旅游安全管理办法》和《旅行社条例》等法律法规，规范旅游企业的经营行为，加大服务旅游企业力，提升旅游服务接待水平，全市旅游环境得到实质性优化。根据高质量发展需求，完成天目湖宾馆金鼎级文化主题旅游饭店评定；溧阳天目湖涵田度假村、溧阳美山野温泉度假村、溧阳御水温泉度假酒店江苏精品休闲度假饭店评定；溧阳天目湖涵田养心谷和水西涵田的“常州礼遇”品牌饭店评定；溧阳市天目湖旅行社有限公司、溧阳天目湖涵田度假村、新四军江南指挥部纪念馆文明旅游示范单位评定工作。由于新冠疫情对文旅市场的影响，积极争取各方资源，扶持文旅企业发展，帮助星级宾馆获取纾困资金218.8万元，帮助规模性社会酒店获取纾困资金573.5万元，共计792.3万元，帮助旅行社获取稳岗补贴9.7万元。

【文旅行业消防安全培训及演练】 为贯彻全国第二十一个“安全生产月”，提高工作人员的消防安全意识，落实安全月主题“落实安全责任、推动安全发展”的工作要求，6月22日，在溧阳宾馆开展“全市文旅系统消防演练培训暨宣讲活动”。全市网吧、娱乐场所、A级景区、星级宾馆、旅行社等文化旅游负责人与安全分管负责人共计200余人参加安全知识培训，以及应急逃生疏散，消防器材使用、烟雾逃生等科目演练。活动有效增强培训人员的消防安全意识，提高培训人员防范火灾、安全逃生、自救互救以及消防应急组织能力。

【文旅行业安全检查】 2022年，共开展旅游包车整治行动、高风险旅游项目整治行动、文化和旅游场所客流超载整治行动、无证照经营整治行动等8项专项整治行动，监管3场营业性演出，全面覆盖互联网上网服务营业场所、文化娱乐场所、游戏游艺经营场所、A级景区、星级酒店、旅行社等市场经营主体。通过专项检查、突击检查、暗访等形式，对经营主体依法经营、规范经营行为进行监管，纠正违规经营行为，严肃查处违法经营行为。

【旅游公共设施提质】 根据文旅部相关文件精神和全域旅游示范区、全国文明城市的相关要求，市文旅局配合、加强旅游厕所的建设和管理工作，优化提升旅游公共服务水平，从细节上强化溧阳旅游的良好形象。2022年，有12座旅游厕所列入建设计划（其中Ⅰ类5座、Ⅱ类7座）。至2022年年底，全市共有旅游厕所92座（其中AAA级22座、AA级29座、A级41座）。

【“有时溧阳”智慧文旅平台上线试运行】 “有时溧阳”智慧文旅平台是溧阳首个面向游客的一站式线上服务平台，于12月28日上线试运行。平台运用大数据、增强现实（AR）、人工智能（AI）等创新技术，通过基于微信、支付宝、抖音、小红书等平台的终端个性化设计，全面触达游客，为游客实现“一机化、跨区域、全覆盖”的品质溧阳游。包含地图导览、住宿景点和美食的介绍预订、场馆分时预约、预售券抢购、旗舰微商城、AI客服等功能模块。“有时溧阳”智慧文旅平台不仅是溧阳文旅消费的总入口，也是溧阳农产品的总出口。游客可以通过一部手机畅游溧阳，打卡各大景区景点，购买文旅和农产品，体验无障碍、沉浸式的出游服务。

【实施旅游惠民工程】 落实景区惠民，免费为溧阳市民办理天目湖山水园和南山竹海两大核心景区年卡。春节前公布相关政策及实施细节，2月全面推进实施。优惠政策下，溧阳市民（含新市民）凭身份证和暂住证（或第三代社保卡）进行线上预约，在首次入园时刷脸认证，即可在2022年12月31日前，无限次出入天目湖山水园、南山竹海两大景区。据统计，共为约35万名市民免费办理“双园”年卡。

（市文体广电和旅游局）

LIYANG
YEARBOOK

经济管理

栏目编辑 虞燕娟

宏观经济管理

【经济运行平稳】 主要经济指标增速总体保持合理区间，并位列常州前列，全年完成地区生产总值1416.2亿元，比上年增长6.2%，增速排常州第2位；规上工业总产值增速排常州第1位，工业应税销售收入、规上工业增加值排常州第2位；实际利用外资、进出口总额、全体居民人均可支配收入等指标增速均保持在合理区间。

【政策引领有效】 制定出台《关于发展“四大经济”争创“五个示范”三年行动计划的实施意见(2022—2024年)》，促进了溧阳市经济社会健康有序发展。制定出台《关于开展春节期间面向留溧外来员工送春风活动的通知》《关于加大力度助企惠民推动经济稳定健康运行的政策措施》《关于促进全市房地产市场健康稳定发展的通知》等疫情纾困政策，帮助企业和困难群众纾困解难。

发展成效显著。县城综合实力位居全省县（市、区）第26位，城市投资竞争力位居赛迪“百强县”第28位，荣登“中国科技创新百强县”第12位、“中国县级市基本现代化指数”百强榜第7位、“中国县城工业经济百强县”第18位。

（杨　波）

国有资产监督管理

【概　况】 2022年，落实围绕“532”战略目标，聚焦“文旅融合巩固突破年”主题，统筹资金运作，加快项目建设，探索企业转型，进一步提升竞争力、影响力，促进溧阳经济发展。在贯彻常州高标准打造“三个中心”上彰显溧阳特色，聚焦服务城市发展，加速推进市场化转型。在“苏南崛起绿色品质城市”发展新格局中找准新定位，助力全市经济社会高质量发展。发挥国有企业在保障和促进溧阳市经济高质量发展中的重要作用，为建设长三角生态创新示范城市作出新的贡献。

截至2022年年底，三家企业资产总额1296.02亿元，负债总额697.98亿元，所有者权益总额596.04亿元。市属三大国有企业经营状况平稳向好，国有资本运营质量稳步提升，国资国企改革重要领域和关键环节取得进展和突破。同时推进市属国企整合成立国投集团，为溧阳市经济高质量发展奠定坚实基础。

（王　盛）

自然资源管理

【水资源保护】 2022年，溧阳市水利部门牵头完成《“十四五”溧阳市节水型社会建设规划》《溧阳市水资源综合规划（2021—2035)》等规划编制，强化全市6.22亿立方米总量控制，“精打细算”用好水资源，制定“十四五”全市用水总量控制指标，并细化分解到各镇（街道），建立市、镇两级管控机制。2022年，对47家自备水用水户、186家公共供水用水户分别下达用水计划，通过启用溧阳市城市节水管理信息系统，加强用水户用水管理与考核，强化日常取用水监管。

2022年，溧阳市水利部门对江苏富春江环保热电有限公司、溧阳天山水泥有限公司等12家企业列入省、市重点监控用水单位名录加强行业监管。2022年6月，市水利部门联合工信等部门对计划用水户开展了水务经理培训，加快各类节水型载体创建30家，推进国家节水型复查、国家节水型社会达标县复查筹备工作。

（李　珍）

【耕地保护】 多措并举严守耕地保护红线，着手编制耕地“进出平衡”方案，积极推进补充耕地三年行动计划，大力开展耕地后备资源和耕地恢复潜力调查评价。科学谋划生态修复路径，编制完成国土空间生态保护与修复规划、城乡建设用地增减挂钩专项规划。全面推进土地综合整治，实施占补平衡补充耕地项目1621亩、增减挂钩复垦项目611亩，别桥镇获评年度省级耕地保护激励单位。

【用地保障】 编制预支空间规模落地上图方案，完成上级预下达的1296亩空间规模和1031亩省重大项目周转指标的落地上图。划定土地征收成片开发片区1.2万亩，优化调整生态管控区4543亩。累计获批用地批次35个、面积3744亩；获批林地项目14个、面积2382亩；供应各类国有建设用地6645亩，涉及土地出让金337亿元。稳妥推进集体经营性建设用地入市，积极探索入市流程和工作机制，着力构建“同权同价、流转通畅、收益共享”的农村集体经营性建设用地入市制度。提请市政府出台《农村集体经营性建设用地入市管理办法》等配套文件。试点工作开展以来，全市成交入市项目40宗、面积

2672 亩，涉及出让金 7.02 亿元，有效解决城镇开发边界以外项目用地无法保障问题。

【林业资源保护】 全面推进林长制建设，层层压实林业保护目标责任，完善森林资源保护发展长效机制；编制新一轮林地保护利用规划，组织开展造林绿化空间适宜性评估和森林草原湿地调查监测，有序推进省级公益林优化落界。大力开展绿化造林，完成造林 4900 亩、退化林修复和低效林改造 1500 亩、封山育林 3000 亩、湿地修复 606 亩，建设绿美村庄 10 个。全面开展林业有害生物防治，加强美国白蛾的疫情监测与入侵防控；加大松材线虫病疫木除治力度，除治病疫木 1.12 万亩、清理病死树 750 株。全面落实森林防火责任，建设完成 20 个视频监控点位，实现对全市境内 85% 以上重点林区的实时视频监测、精准定位和智能识别；开展各类森林防火督查 10 余次，累计清理散坟集中地周边和林下可燃物面积 4526 亩，有效降低森林火灾发生风险；组织开展森林防灭火技能比武大赛，进一步提升对突发森林火灾的应急处置能力。

【矿产资源管理】 加强露天矿山环境综合整治，积极推进绿色矿山"回头看"行动；在常州地区率先成功申报国家级历史遗留废弃矿山生态修复示范工程。"天目湖梅岭玉地质文化镇"获评全省第一家最高三星级地质文化镇。开展地质灾害隐患排查治理，完成全市地质灾害风险普查，编制年度地质灾害排查报告。深入推进矿山安全生产检查，对全市 6 座在采矿山的日常开采和安全生产情况开展常态化巡查检查和督促整改。

（陈平凡　宋晶晶）

财　政

【概　况】 2022 年全市财政系统真抓实干、担当作为，推进了一批具有鲜明特色的改革实践，取得了一批走在全省前列的发展成绩，财政重点工作连续 7 年获江苏省财政重点工作考核先进市县，连续 6 年受省政府督查激励，法治财政标准化管理工作连续 8 年获全省优秀单位称号，2022 年还被授予重大贡献奖 1 项、工作创新奖 1 项、优秀项目奖 3 项，进一步开拓了溧阳市财政工作局面。面对疫情反复，在财政收支矛盾加大的情况下，全市财政系统紧紧围绕全年财政工作目标任务，强化财政收入管理，优化财政支出结构，扣除留抵退税因素后一般公共预算收入同口径增长 6.02%，在常州七区县中，同口径收入增幅居第一位。全市一般公共预算支出完成 127.68 亿元，增长 16.16%，上级重大决策部署、各项重点支出得到有力保障。

【财政政策落实】 留抵退税红利充分释放。以力度空前的组合式税费支持政策帮助企业减负纾困，及时足额兑现留抵退税政策，2022 年溧阳市增值税留抵退税规模 29.25 亿元，较上年同期增加 23.34 亿元，增长 394.47%，为全市经济发展注入新活力、增添新动能。真金白银支持实体经济。及时兑付各项惠企政策，兑现"建安基金"1.83 亿元，拨付科技引导、领军型创业人才和创新创业项目、天目湖英才榜专项资金 1.47 亿元，引导创新创业类企业做大做优。发挥金融支持作用。完善政银担办法，政银担在保余额 3.6 亿元。搭建"财政＋金融"政策协同平台，整合贷款风险补偿资金池，小微贷贷款发放金额 9.8 亿元，苏科贷贷款发放金额 0.7 亿元，富民贷放贷金额 0.9 亿元。保障全市重大项目建设。争取上级专项资金和债券资金用于重大项目建设，全力支持 1 号公路及农村公路提档升级、溧阳市北河治理工程、溧阳市马垫小学、大溪小学校舍改造工程、"电动溧阳"充电站建设项目等全市重大项目建设。有序开展 PPP 工作，强化财政监督，加强绩效考核，拉动基建投资和项目提质增效。

【基本民生保障】 落实就业优先政策。继续实施普惠性失业保险稳岗返还政策，全年发放稳岗补贴 3700 多万元，惠及各类企业 5000 余家。针对"4050"和低保家庭等十类就业困难人群实施社保补贴放开，全年发放社保补贴 1.2 亿元。不断加大教育投入。全年安排超 25 亿元，用于完善政府助学体系，提升教师待遇水平，优化教育资源布局，支持教育优先发展。提升社会保障能力。落实低保标准和特困供养标准自然增长机制，稳步提高困难群体保障水平和城乡居民基本养老保障水平，全年安排 16.85 亿元，用于养老金和城乡低保提标、居家和社区养老服务改革、退役军人管理保障等支出。深化便民惠民。全年本级财政投入超 3.48 亿元专门用于疫苗接种、核酸检测和其他疫情防控物资购置等。安排 8.26 亿元推进棚户区改造，保障居民租房住房。投入1.23亿元支持城镇公交服务，保障群众便捷出行。安排近1000万元投入公共安全体系建设，打造平安护民工程。助力乡村振兴建设。统筹整合涉农资金超13亿元，发放耕地地力保护5.45亿元，对创成省特色田园乡村和溧阳美丽宜居乡村项目奖补，完成新一轮政策性农业保险承保机构遴选，政策性农业保险保费规模超5700万元。

【财政管理】 推进预算管理一体化建设。推进乡镇预算管理一体化改革，及时上线运行资产云平台、单位会计核算模块，强化市镇财政数据的传导与监督，构建“横向一体化、纵向集中化”的预算管理体系。2022年，率先在预算管理一体化系统实现工资授权支付改革，试点工作处在全省前列。深化预算绩效管理。牢固树立“花钱必问效、无效必问责”的绩效理念，对全市56个部门共826个项目组织开展单位项目支出自评价、部门（单位）整体自评价和自评价复审工作，为2023年部门预算编审提供真实可靠的支撑。开展33项财政重点绩效评价工作，提升财政资源配置效率和使用效益。行政事业单位国有企业改革。制定《溧阳市级行政事业单位所属国有企业改革实施方案》，对住建局、城管局、市监局等8个行政事业单位的国有企业，通过清理注销、合并、股权划转新成立的溧阳市国金资本运营有限公司和股权划市属国有企业4种方式，实施分类改革，实现国有企业集中统一监管。严肃财经纪律。规范收支行为，加强预算执行动态监控，2022年完成21项财政监督检查项目，规范财政资金管理。

（王　婷）

税　务

【概　况】 全市税务系统贯彻落实总局、省局、常州市局和溧阳市委、市政府的各项决策部署，推动全市税收现代化建设发展。坚持不懈加强党的政治建设，完善新“纵合横通强党建”机制体系，持续构建全面从严治党“六位一体”新格局，结合溧阳市红色教育基地资源开展沉浸式主题教育活动，升级改造基层党建阵地，以高质量党建凝聚强大合力，推动各项工作全面提升。以政治建设为统领，深入学习宣传贯彻落实中共二十大精神，落实党委会“第一议题”、党委中心组理论学习“第一主题”、青年理论学习“第一任务”等制度，通过“党委书记、支部书记讲党课”活动，引导党员干部多维度、深层次学深悟透中共二十大精神；发挥党建工作标准化、规范化、制度化效能，建强各级党组织、畅通组织体系，通过抓机关带系统，抓党建促业务，不断提高系统上下党的思想建设质量和水平。

【服务大局】 发挥税收在国家治理中的基础性、支柱性、保障性作用，统筹处理好“减”与“收”、“退”与“征”的关系，连续五年税收收入超百亿元，累计组织收入991.39亿元，新增减税降费106亿元，实现税费收入与经济发展的协调增长。紧紧围绕上级部署，确保新的组合式税费支持政策落实落地。全年累计新增减税降费及退税缓税缓费40.18亿元，惠及全市纳税人、缴费人8.05万户次；加强税源分析和预测摸排，做好收入规划核算，努力挖潜增收，保障组织收入总体可控，全年累计组织税费收入378.9亿元。

【依法治税】 推进新征管体系示范点建设，在总局、省局顶层设计框架内不等不靠、主动作为，实现基层税费治理能力和效能双提升。紧扣市委办、政府办意见、《江苏省进一步深化税收征管改革的实施方案》和省局“50条”工作要求，确立税务执法、税费服务、税

走访新能源企业　　（市税务局　供稿）

务监管3个体系作为推进改革的核心环节和主攻方向，智慧税务、协同共治、组织保障作为重要支撑；出台《税费服务专业职能一体化整合工作方案》，明确“前台受理、内部流转、限时办结、窗口出件”流程，股权转让和不动产转让业务办理时长大幅缩减；与公、检、法、司等部门协作联动，构建民间借贷案件利息收入个人所得税法税联动征收等机制体制，有效提升司法领域涉税问题的法治化处置水平，破产清算、司法拍卖、民间借贷利息收入个税追征等工作取得入库成效近1.4亿元。

【营商环境】 贯彻“便利度就是满意度，体验感就是获得感”的税费服务理念，深入推进“放管服”改革，连续九年开展“便民办税春风行动”，革新各项便民举措，有效提升纳税人、缴费人的满意度和获得感。以优化营商环境助力高质量发展为主线，全面推进税费服务融入地方政务服务体系，设置8个税费服务延伸点，实现个体户、自然人19项业务全城通办；承接2022年溧阳市委民生保障提标工程，创新灵活就业人员缴费“免选档”功能，推动形成“一网通办、一次就办、就近可办”的社保缴费服务新体系，全年社保费收入51.14亿元，比上年增长22.78%；组织开展“春雨润苗”“中小企业服务月”等专项行动，深度走访30家企业，召开8次税企座谈会，协调解决问题50余项；用好常州征纳沟通平台和“苏小税”智能咨询机器人，持续提升“12366”涉税咨询服务质量；精心打造“立·先锋”纳服直播间，开展溧阳市千户集团企业专题直播培训。

【税收风险管理】 强化系统观念，坚持底线思维，持续推进税务领域重大风险防范化解，保障“四个有人管”风险防控工作落实落地。建立健全风险管理岗责体系，将原有26项风险管理制度，整合修订形成6项制度，同时补充新增3项制度，不断夯实风险管理主体责任；确立“1+1+N”的团队化工作架构，明确职责、流程、规范、纪律、考核五个方面的要求，使风险应对团队化运转各司其职、有章可循，相关做法得到常州市局充分肯定；深化大数据驱动运用，紧盯土地、能耗、资源等第三方信息，深入挖掘涉税风险疑点，提高应对的精准性；注重部门联动，对纳税人经营的异常信息及时传递有关业务主管部门，及时精准防范化解留抵退税涉税风险；强化集体审议，成立专业小组把控两道审议环节，并在回函验证环节提前介入，对留抵退税、研发费加计扣除等高风险事项加强过程监控，全年实现综合应对成效6.53亿元，直接入库成效4.84亿元，应对质效明显提升。

【学习教育活动】 牢牢把握“党管人才”总要求，秉承“人才是第一资源”理念，实施“人才兴税”战略，促进税收改革发展。围绕“严管、善待、优选、善用”，配齐配强中层干部队伍，选拔使用正股级干部13名、副股级干部3名、专业工作组组长46名，完成职级晋升34人次，中层干部队伍结构显著改善；组织领导班子成员和各单位负责人开展“喜迎二十大 清风润税务”廉政警示教育活动，组织中层干部、新进公务员和事业编制人员进行集体廉政谈话，筑牢反腐倡廉思想防线；面向青年干部、机关股室、税务分局（所）、临退休干部等不同群体召开交流座谈会，征集关于内部制度、任务统筹、干部培养等方面的意见建议185条，想方设法做好防疫物资、药品筹措、办公环境改善等一系列后勤保障工作，有效减轻基层干部压力，政治生态持续向好，干事创业的活力愈发向上。

（袁琴琴）

道德讲堂 （市税务局 供稿）

价格管理

【价格调控】 制定《溧阳市 2022

年价格调控目标责任制实施意见》，分解落实价格调控目标任务到各个部门，形成调控合力。加强“菜篮子”“米袋子”重要民生商品价格及疫情期监测预警分析，为价格调控提供决策依据。积极落实新一轮平价惠民店审定工作，充分发挥平价惠民店利农惠民作用。牵头落实417.14万元临时价格补贴发放工作，惠及困难群众20857人次。

【创优价费环境】 全面清理规范水电气暖行业收费项目，公布本地供水供气行业收费项目清单。及时落实各项降减免收费政策，跟踪督查助企纾困减免费政策执行情况，确保上级政策有效落地。落实农产品初加工用电价格优惠服务三农政策，全年减轻企业用电负担10万余元。落实煤热价格联动机制，合理制定供热价格。

【保障民生】 加强水电气等公用事业价格监管，落实省“我为群众办实事”工作部署，调整优化我市居民生活用气阶梯价格政策。加强教育、物业、停车等收费监管，进一步规范收费行为，及时疏导各类收费矛盾。

（周丽春）

审　计

【概　况】 2022年度市审计局完成计划内审计项目26个。累计查出管理不规范金额24.49亿元，违规金额36.03万元，政府投资审计核减建设资金825.09万元。出具审计报告37份，提出审计建议77条，提交案件移送书4份，收到市领导批示34篇次。计划外完成疫情扶持政策兑现审计调查、人民医院政策性亏损认定专项调查、溧阳市隔离点财政补贴抽查等7个市领导临时交办项目。局机关获得全省审计机关“党建强审”先进单位，常州市审计机关综合考核第一等次和改革创新奖，溧阳市级机关先进基层党组织、模范职工之家和党政信息竞赛三等奖等荣誉。审计干部获得全省“五个强审”先进个人、常州市技术能手、常州市五一创新能手、常州市青年岗位能手和常州市审计信息宣传先进个人等称号。

【协同构建大监督格局】 深度参与省委巡视工作。根据省委、省政府相关文件精神和上级审计机关安排，抽调6名业务骨干配合省委巡视专项审计工作，其中3人赴新北区参与省委巡视债务专项审计，并指派专人配合市债务办，开展国有平台全口径债务摸底工作。重点保障重大审计项目实施。在审计“一盘棋”的大背景下，主动适应“一条鞭”项目渐增的新形势、新变化，在审计计划和全年项目安排中突出重点，合理安排进展和人员，攻坚克难，完成各项审计任务。选派8人审计组赴高邮市开展地方政府隐性债务化解情况及政府融资平台公司经营管理、风险防范审计，组织6人审计组赴武进实施全省养老服务体系建设政策措施落实情况专项审计调查。配合常州市局开展仪征市人民政府经济责任审计、扬州市公安局局长经济责任审计、全省生态环境保护专项资金审计、扬州市营商环境专项审计4个项目，在规范国企建设项目招投标、强化部门政府采购、优化营商环境、提高专项资金使用绩效等方面取得了良好的效果。发挥部门协同监督作用。配合市巡办完成上一轮巡视整改回头看，并对市工信局、南渡镇开展“巡审联动”，配合财政局开展“两节”期间作风建设专项督察，配合市纪委开展殡葬领域漠视侵害群众利益问题专项治理审计、涉农专项调查、“四风”检查“回头看”3个项目。

【深化财政预算执行审计】 精准赋能区域政策落实，2022年紧扣溧阳市委、市政府中心工作，围绕“文旅融合巩固突破年”总动员令，市审计局依托财政“同级审”，配套开展溧阳市全域旅游政策落实情况专项审计调查，助力推动县域旅游事业高质量发展和转型升级；配套开展溧阳市自然资源和规划局部门预算执行情况审计；融入市监、环保、农业富民贷等专项资金和债券资金项目审计，并通过大数据审计手段实现预算单位全覆盖。

【做优经济责任审计】 规范领导干部权力运行，以促进科学发展和领导干部守法守纪守规尽责、廉洁用权、干净干事为目标，2022年对溧城街道、溧阳中专、城发集团等10个单位的党政主要领导干部实施经济责任审计，做到三责联审、任中离任结合。围绕贯彻落实国家方针政策这条主线，突出“三重一大”，重点关注被审计单位主要经济和业务活动的重点领域和关键风险点，全面客观反映其财务收支、内控管理及廉洁自律情况。此外还对溧城镇主要领导开展自然资源资产任中审计，促进其切实履行自然资源资产管理和生态环境保护责任。

【严抓政府投资审计】 深化公共工程建设管理，跟进重大民生工程和重要基础设施建设，从工程财务管理和项目基本建设管理情况2方面，共抽取4个被审计单位的12个工程项目，对全市重点投资项目工程建设管理情况进行专项审计调查，促进重大政策落实，规范国有资金投资重点项目建设管理，提高资金使用效率，推动项目建设达成绩效目标。持续做好区域治污、农村污水治理2个PPP项目决算审计工作，推动改善生态环境质量的政策落地起效。

【强化内审指导监督】 明确将被审计领导干部内审职能履行情况纳入审计内容，提高被审计单位对内部审计的重视和关注。执行内部审计统计调查制度，全面、准确、完整掌握溧阳市内审机构情况、人员情况和业务开展情况，依据内审机构考核细则，开展常态化、动态化、持续化的监督。深化重点培育工作，分析其工作机制和流程，重点进行业务指导，梳理优秀做法，形成可复制、可推广的经验，发挥其标杆作用，带动溧阳市内审工作再上新台阶。

【夯实大数据审计建设】 以构建"审计实验室"为导向，以数据安全存储、永久存储为目标，进一步强化审计信息化建设。优化内部网络，全面整顿升级；新建法规库，采用云端服务器，提升访问速度和使用的便捷性；全面提升硬件水平，升级审计工作电脑配置标准，搭建安全、稳定的研究型审计环境。加强审计信息化人才队伍建设。根据现有力量，组建市审计局审计实验兴趣小组；加大信息化人才培训力度和通过人才引进等渠道引进计算机专业人才；在社会保险基金审计、自然资源资产审计等领域广泛推行"双主审"和"双方案"模式，加强大数据分析技术应用。

【推动巡视反馈问题整改】 聚焦省委巡视反馈意见，根据市委、市政府安排部署，推动涉审巡视发现问题全面整改落实到位。配合溧阳市委、市政府起草出台《溧阳市审计发现问题整改办法》（溧委办〔2022〕46号），建立健全审计查出问题整改长效机制和跟踪督促检查管理办法，从严督促机制落实走深，提高审计整改执行力。针对巡视指出的近3年审计报告中30个未完成整改问题、4个屡审屡犯问题，以及2个上级专项审计发现的问题，从严开展专项督促整改工作，过程中做到"动态跟踪、一周多促、定期汇总"，并积极促进相关单位建章立制，进一步深化整改成效。

【审计法治宣传】 立足提高干部职工依法审计意识，浓厚学法、守法、普法氛围，提升社会群众对审计机关和审计法的知晓度，以溧阳审计人物形象制作的《"漫"说新审计法》普法动画发表在"学习强国"学习平台，并获得溧阳市"喜迎二十大法治新时代"法治动漫微视频作品征集活动"三等奖"。

（钱映彤）

统计管理

【统计服务】 2022年，市统计局落实地区生产总值监测预警工作，常态化开展核算指标数据监测。积极完善部门间常态化沟通协调机制，坚持每月开展数据对接，推进部门数据与统计报表数据的匹配对比，强化信息共享，实现优势互补，合力推进溧阳经济高质量发展。2022年经济总体运行在合理区间，全市实现地区生产总值1416.22亿元，按可比价计算比上年增长6.2%。分行业看，第一产业增加值57.48亿元，增长0.2%；第二产业增加值767.58亿元，增长11.3%；第三产业增加值591.16亿元，增长0.9%。

组织实施常规统计调查，高质量完成工业、能源、贸易、服务业、建设领域等专业2021年统计年报和2022年定报报表的征集、汇总、上报分析任务。主动对接全省2021年高质量发展考核结果和2022年高质量发展评价指标体系，及时向市委、市政府传达考核体系、指标变化情况。同时，精心组织、合理安排，在全市36个村（社区）的248个调查小区开展人口变动情况抽样调查。年底前已完成队伍组建、人员培训和样本核实等工作，正在开展入户人口登记工作。

统计产品不断优化。依托丰富的统计数据，形成数据快讯、统计内参、统计分析的数据解读形式，全年共撰写经济形势分析报告和专题汇报材料50余篇，其中国家录用2篇；统计信息90余篇，其中国家录用3篇。全年共发布《统计信息》11期，印发《2021年溧阳市统计公报》，完成《溧阳统计年鉴（2021）》编印工作。完成全省各个季度地区生产总值完成情况收集工作，每季度向南京都市圈提供全市经济发展数据，与其他成员地区共同完成2021年以及2022年各季度南京都市圈概览。积极做好人口普查公报发布及数据解读工作，撰写《溧阳人口特征及产业优化人口发展效应研究》。

【统计法治工作】 全面提升法治意识。压实防范和惩治统计造假、弄虚作假主体责任，推进市政府常务会议和局党组中心组学习意见、办法、规定、监督意见等文件。严格执行领导干部违规干预统计工作记录制度，对领导干部违规干预统计工作行为全面记录、全程留痕。积极主动与组织部门加强沟通，及时把统计法纳入党校领导干部培训班，确保各级领导干部和统计干部统一思想认识，增强危机意识，提高忧患意识，切实扛起防范和惩治统计造假弄虚作假的政治责任担当。

开展专项纠治工作。局党组高度重视统计造假不收手不收敛专项纠治工作，出台专项纠治工作方案，成立专项纠治领导小组，召开纠治工作动员会。严格按照要求，坚持问题导向，紧紧围绕“四个必查”，扎实开展“三个一批”，聚焦统计造假突出领域、重点区域、主要方式，综合采取全面自查、重点抽查、执法检查等多种措施开展纠治工作。2022年，12个镇（区、街道）、多个部门开展全面自查，10家企业进行入库退库专项检查，未发现违法违规情况。

落实统计监督检查。坚持从统计工作实际出发，采取“双随机”执法检查、重点领域监督检查、专项执法检查和专业数据核查等方式，扩大执法检查覆盖面。根据“双随机、一公开”要求，建立部门联合执法机制，与住建等部门按年度制定执法计划。2022年，共开展统计数据质量核查30家，“双随机”执法检查50家，统计督查30家。

做好省统计督察。11月，江苏省统计局到溧阳进行统计督察，市统计局第一时间向市委、市政府汇报，迅速成立迎检工作联络保障组，制定保障联络工作方案。从接待安排、资料查阅、现场检查等方面进行细致部署，实现督察组需要的文件资料及时提供、迅速传达，督察组召集的谈话认真准备、妥善安排，督察组部署的工作全力推动、落地落实，全面保障督察工作顺利进行。

【队伍建设】 局领导带头行动，坚持组织业务骨干企业开展“上门服务”，对“个性化”问题进行“一对一”的调研和指导，切实将“数出有据”落到实处。持续开展基层统人员调研慰问工作，就统计工作开展情况进行深入交流讨论，听取基层人员对统计工作的意见和建议。2022年走访全部镇（区、街道），服务企业近100家。

组织“师徒结对传帮带 凝心聚力谱新篇”活动，开展“统计技能大比拼”活动，要求统计干部“转思维、对标杆、扬长板、强弱项”，不断提高业务水平和综合素质。深入推进“统计青年大讲堂”延伸进基层，探索“市镇齐上台”模式，通过多种形式，拓宽统计工作人员把握宏观经济的视野、分析微观经济的能力，切实提升统计队伍整体素质。

开展统计会审、工作部署和专业研判等多种类型的培训会，探索性地开展重点企业培训，努力实现统计业务培训全覆盖。2022年，各专业全年共召开培训20余次，培训人数约400人次，确保基层和企业统计人员深刻把握统计政策，熟悉调查方法，理解统计指标，明确取数来源，全面提升业务水平。

（王若凡）

市场监督管理

【概　况】 2022年，溧阳市市场监管局坚决贯彻落实“疫情要防住、经济要稳住、发展要安全”要求，围绕“532”发展战略，突出“强监管、优服务、树形象”工作主线，统筹监管服务，优化营商环境，改进行风作风，积极主动作为、果断克难求进，以市场监管的“稳”和“进”服务全市发展大局。

溧阳被评为2022年度省级食品安全示范城市。2022年，优化营商环境深化商事制度改革获省政府落实市场监管领域有关重大政策措施真抓实干成效明显督查激励，获得2022年度“常州市五一劳动奖”，2018—2021年连续四年被评为溧阳市年度目标管理优胜单位和溧阳市“五个好”党组织。

【实施质量强市提质扩面工程】 积极引导更多企业提升管理模式，辅导90家企业申报各级质量奖、“江苏精品”、省质量信用等级和标准化试点项目。上上电缆三次提名中国质量奖，江苏天目湖旅游公司成为全省唯一一家获得省长质量奖的旅游服务类企业，竹溪活性炭等3个产品获“江苏精品”认证，天目湖旅游被确定为2022年度国家级服务业标准化试点。政务服务标准化试点项目通过江苏省考核验收。鼓励抓好标准创新，支持动力电池等优势产业时代上汽等骨干企业、中联金供应链管理等服务企业主导或参与国际国内标准制定，辅导企业参与各类各级标准化试点项目，形成支撑全市重大战略实施与布局的高质量标准供给。溧阳市市场综合检验检测中心通过省局CMA扩项评审，具备茶叶、粮油、预包装食品等1195个参数检测能力。

【实施新型监管聚力增效工程】深化企业年报精细化管理，2021年企业年报率97.4%，创历史新高。推动“双随机、一公开”监管与企业信用风险分类管理相结合，促进“部门联查、随机抽查”的检查方式常态化制度化。牵头30个部门完成“双随机、一公开”“两库一单”（市场主体名录库、执法人员检查库、抽查事项清单）建设，会同公安、教育等部门开展跨部门联合检查，实施单部门和联合检查任务248批次，检查对象4938户，采取“进一次门、查多项事”的方式，有效降低检查频次，提高守信市场主体“无事不扰”比例。推进跨部门涉企信息归集共享，2022年，归集涉企信息18.9万条。完善失信修复机制，提升市场主体信用建设水平，帮助20家企业完成信用修复，4749家市场主体经营状态恢复正常。快速办理某城建集团异地多重信用修复入选全省助企纾困、稳企强链措施落地实例。积极对接审批部门，进一步厘清职责边界，建立常态长效的审管信息“双推送”“双回路”机制，实现审管联动、无缝衔接。按时序进度完成市委专项巡察反馈问题整改工作，不断提升市场监管综合能力和服务水平，优化全市营商环境。坚持线上线下一体化监管，依托溧阳市广告智能监测系统，加强传统媒体、互联网、户外广告监测，营造风清气正的广告市场环境。

【实施消费计量示范惠民工程】52个成员单位形成了形式多样、竞相推动、三级同创放心消费的良好局面，先后设立52个“12315”消费维权服务站和1个个人维权工作室，在南京航空航天大学天目湖校区设立常州市首个高校“12315”消费维权服务站。18家单位落实在线解决消费纠纷(ODR)模式，“溧阳1号旅游公路”沿线656家实体店作出无理由退货承诺。11个单位、区域被评为2022年度江苏省放心消费创建示范单位、区域，数量位居常州第一。2022年，办结消费投诉举报8721件，咨询6573件，为消费者挽回经济损失380余万元。

2021年起，牵头携手宜兴、安吉、长兴、广德、郎溪、上海市白茅岭农场共同推进“一地六县”满意消费长三角一体化示范区建设，制定《“一地六县”共同开展“满意消费长三角一体化示范区”行动实施方案（2021—2022年）》，发布全国首个区域性美丽乡村放心消费地方工作标准《美丽乡村放心消费体系建设与管理规范》。六县市共计6500余家线下实体店实行无理由退货制度，建成消费维权服务站800余个，为消费者挽回经济损失3600余万元。牵头成员单位组建名特优产品销售联盟，率先设立“一地六县”名特优产品销售平台，利用配送规模、电商平台优势，拓宽销售渠道，实现合作共赢。2022年该联盟销售额达980余万元。

开展“计量惠民”四进活动，提供计量器具校准服务，实施农贸市场等民生领域计量强制检定，实施水表、燃气表等各类免费强制检定3.5万余台件，为社会提供计量检定校准服务6万余台件。发挥江苏省预拌砂浆产品质量监督检验中心实验室作用，申报农产品质量安全检测机构资质，围绕食品和建筑材料等领域进行资质扩项。

【实施“三品一特”安全守护工

检查特种设备　　（市场监督管理局　供稿）

程】实施“三品一特”（食品、药品、重点工业产品质量、特种设备）安全守护工程。规范运行进口冷链食品集中监管仓，做好苏浙皖边界市场、“四类场所”等检查管控，督促餐饮单位、零售药店等重点场所落实防疫措施，督促11类重点人群90多万人次，按频次进行“应检尽检”核酸检测。

以创建省食品安全示范城市为契机，深入开展“守底线、查隐患、保安全”专项行动，检查食品药品、医疗器械生产经营主体1.4万余户，全力推动食品安全“两个责任”落地。市主要领导带头开展包保督导，在常州地区率先开展校园食品安全总监配备，“阳光餐饮”实施单位2668家，学校和养老机构食堂实施率100%。

全面排查药品安全风险隐患，解决药品流通使用环节存在的突出问题，对违反疫情防控要求的药店责令整改35家，停业整顿1家。制定并实时修订《溧阳市零售药店疫情防控工作预案》，印制发放《溧阳市零售药店疫情防控须知》宣传手册5000份，张贴海报400份。完善药械分类分级监管，建立跨区域零售药店交叉检查机制，开展药品、医疗器械流通环节全覆盖检查及化妆品双随机抽查。检查药械化经营使用单位1158家，上报评价药品、医疗器械、化妆品不良反应报告939份。

针对“涉安”工业产品、“一老一小”生活用品等，开展质量安全排查治理专项行动，坚决守住质量安全底线。对30家2021年度工业产品生产许可证获证企业开展年度审查。聚焦危化品、钢筋、水泥、电线电缆、燃气灶等10类重点产品，生产企业自查和监督检查相结合，经营户检查和风险监控相结合，推动重点工业产品质量提升。持续开展燃气器具及配件产品的专项检查，共检查销售企业232家380次，发放宣传资料248份，开展行政约谈32次，立案查处8件。

着力提升特种设备本质安全水平，全市7488台电梯纳入智慧监管系统，61家企业完成“专业化＋数字化”两化融合建设，典型经验被常州市局推广。超20万只液化油气瓶完成“赋码上链”，燃气高压管道70千米、中压管道672千米实现“应检尽检”，设备超期未检率率先在常州地区保持清零状态。出台《溧阳市叉车安全管理和作业规范》，为全国叉车安全管理试点提供溧阳方案。

【实施市场秩序规范提优工程】深度融合建立消保投诉、市场规范和执法办案一体化机制，实施重大疑难案件会商研讨制度，提升基层执法规范化建设水平。健全公平竞争审查机制，推进政策文件增量审查和存量清理，维护公平公正规则秩序。开展行业协会商会、水电气暖等重点领域涉企违规收费专项整治，实施包容监管柔性执法，推动惠企纾困举措“应享尽享”。 检查7家行政事业性单位落实清费减负政策情况，共减免退费用6.67亿元。为230家餐饮单位、宾馆酒店补贴、减免各类费用116万元。2起互联网广告不予处罚和从轻处罚案例入选助企纾困典型案例。聚焦食品药品、涉疫产品、保健养老等民生领域，开展“铁拳”“雳剑”行动，严惩违法行为。2022年，查处案件584件，移送涉嫌犯罪线索7件，罚没款入库605万元。“某商行非法经营医疗器械案”被评为2022年度全省市场监管系统优秀案卷，“某医药公司涉嫌哄抬价格案”入选常州涉疫违法典型案例。

（郁　云）

知识产权管理

【概　况】 2022年，溧阳市市场监督管理局（知识产权局）牢固树立“创新是引领发展的第一动力，保护知识产权就是保护创新”的意识，以创建江苏知识产权强

食品安全检查　　（市场监督管理局　供稿）

省建设区域示范建设为契机，坚持改革创新，主动作为，靠前服务，纵向比全市知识产权监管治理和综合服务能力取得长足进步，知识产权优化营商环境和赋能产业发展的作用进一步凸显。

【完善政策体系】 制定《溧阳市"十四五"知识产权发展规划》《溧阳市知识产权强企工作方案》等政策文件，高起点、高标准谋划溧阳市知识产权战略目标和工作举措，进一步鼓励自主创新意识，增加自主创新能力，知识产权创造再创新高。截至2022年12月，全市发明专利授权487件、增幅67%，完成2021年全年实绩的167%；有效发明专利2216件、增幅26%，万人有效发明专利拥有量为28件，有效商标注册量1.2万件。

【优化服务措施】 实施知识产权强企行动计划。以项目为抓手，以持续提升企业知识产权的运用能力为目标，推动知识产权高效益运用，主动服务和靠前服务相结合，2022年组织3家企业申报国家知识产权优势企业，其中江苏上上电缆集团有限公司、江苏时代新能源科技有限公司2家企业2022年10月被国家知识产权局认定为国家知识产权优势企业，实现溧阳市国家知识产权优势企业"零"的突破。铭丰电子、卓高新材料、威泽智能3家企业承担常州市企业知识产权战略推进计划。截至2022年12月，全市共办理知识产权质押融资26件、融资金额3.7亿元，高新技术企业知识产权贯标备案率已达91%。

【强化业务培训】 2022年4月26日，时值第22个"世界知识产权日"，会同溧阳市人民检察院及江苏擎航知识产权服务有限公司举办"知识产权管理与保护"线上培训。重点讲解如何通过建立完善企业知识产权管理体系，从而达成知识产权全链条、高质量管理，提升企业全员知识产权意识、降低企业各经营环节知识产权风险，为创新发展赋能。全市知识产权监管人员、150多家高新技术企业管理人员210余人参加了培训。

【集成分类建库】 依托溧阳市创新委员会办公室这一综合工作平台，建立多部门资源和信息共享机制，依据市工信局的"专精特新企业培育库"、市科技局的"高新技术企业培育库"，着手建立溧阳市规模以上工业企业知识产权创造监测库、培育库、辅导库。对"高新技术企业培育库"中无发明专利的企业建立监测库，对"专精特新企业培育库"有效发明件数不多但发明专利处于快速增长期的科创型企事业单位建立培育库，对国家级"专精特新"企业建立"辅导库"，会同中国（常州）知识产权保护中心的有关专家上门与相关单位进行座谈和调研，依据企业知识产权创造和运用的不同阶段，为企业制定个性化的知识产权创造和运用目标，提供"一企一策"的精准服务。

【构建协同保护】 2022年起草《关于建立和完善知识产权行政与司法协同联动，民事与刑事相互衔接的知识产权保护体系的实施意见》，从明确联络机构、建立会商机制、加强业务协作等方面谋划与市公安局、市人民法院、市人民检察院构建知识产权大保护体系，明晰行政机关与司法机关的职责权限和管理范围，健全行政保护与司法保护衔接机制，合理保障创新驱动发展战略，建设"严保护、大保护、快保护、同保护"的法治环境。

（郁　云）

LIYANG
YEARBOOK

交通·邮政

栏目编辑　刘建华

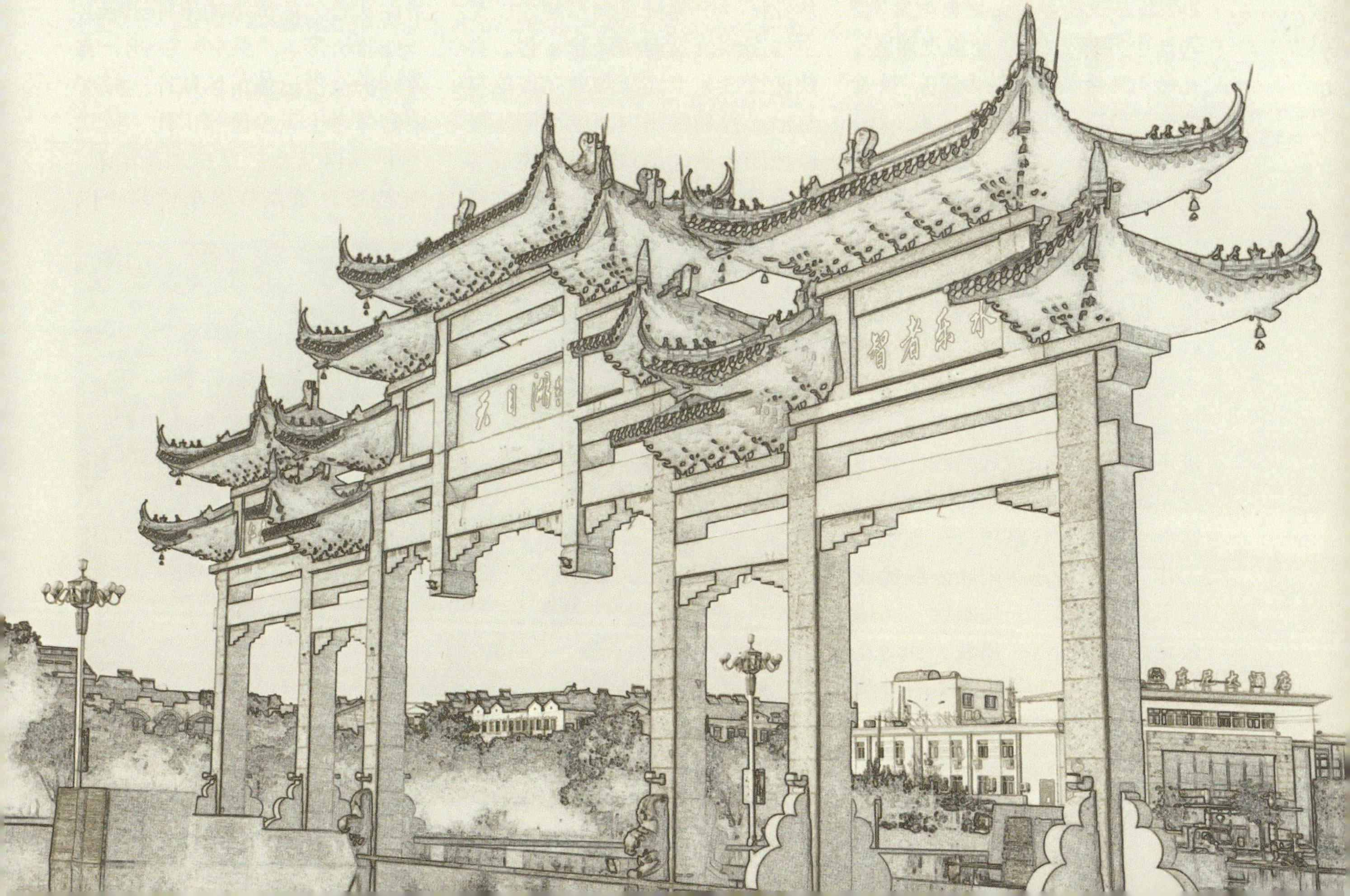

交 通

【概 况】 2022 年，在疫情冲击的力度和频次前所未有的情况下，溧阳交通系统闻令而动、连续作战，慎终如始，坚守在防疫一线，有力保障全市人民的身体健康和生命安全。2022 年，溧宁高速溧阳段建成通车，全市高速公路里程达到 116.93 千米，高速互通增至 13 个。341 省道竹箦段续建二期建成通车，全市国省干线公路里程达到 218 千米。实施通镇村公交道路黑色化改造工程，全市农村公路"黑色化"率达 65% 以上。向上争取 2022 年省补资金 8500 余万元。溧阳交通运输局被常州市委、市政府授予"高质量发展先进集体"称号；通镇村公交道路黑色化改造工程，作为人代会重点民生实事票决项目，完成情况满意度测评中位居第一；"溧阳 1 号公路赋能乡村振兴典型案例"入选中宣部 2022 年度重点课题；瓦屋山环线获评"魅力江苏 最美体育"2022 年度江苏最美跑步线。

【陆 路】 策应"长三角一体化""一地六县"等国家和省市重大战略，畅通综合交通运输大通道，提升溧阳市域及对外交通互联互通水平。深化镇宣铁路镇江至溧阳段前期研究，打通南北向通道，共建轨道上的长三角；推进苏锡常都市快线联络线、常州至芜湖铁路、南京至溧阳至宜兴、常溧连接线等铁路项目规划研究工作。溧宁高速溧阳段全线建成通车，构建起"一轴四射"高速公路路网，南渡、周城、社渚互通同步投运。341 省道溧阳段续建二期工程加快推进，焦尾琴公园隧道主体完工。持续深化"1 号公路"内涵，坚持用"1 号公路"串全景，继续实施"1 号公路"内涵提升工程，进一步推进"1 号公路"线型优化。景詹沙河大桥竣工通车，环沙河水库环线全线贯通。建成黄岗岭驿站，下宅驿站加快实施。全国农村公路管养体制改革试点工作持续深化，加快推进路长制工作，制定路长制考核、路长制公示牌设置方案和路长制推进任务分解表等相关细则，结合路长制考核完善"四好农村路"（平安放心路、美丽乡村路、美好生活路、特色致富路）考核细则，组织各镇、街道宣贯推进，建立覆盖市、镇、村道的"路长制"组织管理体系，基本形成权责清晰、齐抓共管、高效运转的农村公路管理机制和财政资金主导的资金保障机制。

【水 路】 2022 年，完成溧城西作业区（中关村）港口建设、芜申线高溧段淦西桥续建工程，并快速推进芜申线溧阳城区段航道整治工程和常州内河港溧阳港区溧城西作业区港口建设。完成养护项目芜申线河定桥段下游右岸半幅疏浚工程和丹金溧漕河左岸道成桥上游、董家舍桥下游护岸完善工程，改善两侧环境，提升航道形象。丹金溧漕河、芜申线、中河水环境整治、河面保洁日常工作常态化开展，完成干线航道断面测量、清障扫床、船舶流量观测，做好航道整治建筑物、助航标志、航道标牌设施维护等工作，2022 年航标保证率 100%，全面做好内河干线航道环境综合整治和城市长效管理工作，推进干线航道及水上服务区环境提升等。全年完成航道养护总投入 950 万元。

【运输管理】 完成春运工作任务，安全发送旅客 316.04 万人次，做好重大节日期间运输保障工作，确保旅客安全。强化道路运输打非治违，2022 年共查处道路运输案件 328 起，深化"两客一危"监管，查处班线及包车案件 9 起、危货运输案件 29 起，查处非法营运"黑车"78 起，有效维护全市运输市场秩序。做好中高考考生运输保障工作，运送考生 5814 人次。坚持源头治理，确定 35 家重点货源单位并予以

新昌枢纽 （市交通运输局 供稿）

政府网站公示。严格路面治超，依托104国道溧阳收费站查报点，严查重罚超限车辆，全年立案查处140宗，卸驳载6715吨，全市公路超限率压降至0.15%。处理“一超四罚”案件8起、非现场处罚29件，案件查处数量在全省85个超限检测站中，由之前的60位次提高到20位次。推进科技治超，在239省道上黄段建设一套不停车超载超限动态称重检测系统。2022年共办理交通行政许可1437件、处罚案件5370件，没有发生行政复议、行政诉讼案件，未发生媒体或网络曝光、投诉举报和上级通报批评事件。落实“双随机一公开”和“互联网+监管”检查机制，全年报送“双随机、一公开”监管任务19项，完成双随机检查438家次，主项覆盖率100%。加强培训教育，定期开展法制培训及业务考试，在2022年交通运输部综合执法人员抽考中，溧阳执法大队成绩排名全省第一。2022年共投入养护经费10125.5万元，干线公路优良路率达100%，县道好路率达99.06%，农村公路好路率达88.38%，路容路貌得到极大改善。建立执法与养护联合巡查机制，公路应急救援快速有效实施。巩固提升“四好农村路”创建成果，实施50千米通镇村公交道路“黑色化”改造工程，完成001县道、002县道、101县道、105县道大中修工程，农村交通条件得到进一步改善。严格履行安全生产“一岗双责”，深入开展“安全生产整治三年行动”，持续开展道路运输、水上安全和铁路运输安全生产专项整治工作，通过企业自查、行业检查、综合督查等形式，强化硬措施、打好组合拳。应急处置能力显著提升，妥善处理丹金溧漕河姚家桥水域船舶碰撞事故，调处工作得到事故双方一致认可。开展天目湖水上安全应急演练、“水上交通安全知识进校园”等活动，行业安全形势持续平稳，辖区公路、航道及管理水域安全、有序、畅通，天目湖连续29年水上安全无事故。

（谢新冉）

邮　政

【概　况】 2022年，邮政溧阳分公司完成总收入3.02亿元，占全区收入比重的16.21%，比2021年增长14.28%，累计完成率103.24%，排全区第三。规模列全省县分公司第16位，收入增幅12.92%。2022年，分公司获评“江苏省五一劳动奖状”，被省邮政分公司党委授予“2021—2022年度全省邮政先进基层党组织”称号。

【落实疫情防控要求】 2022年，围绕疫情防控要求，从严落实窗口防疫、寄递防疫，全环节压实疫情防控主体责任；展现行业国家队担当。特别是年底社会面疫情管控放开以来，分公司党委积极部署疫情防控工作，做好员工安全防护，为各网点和营投部配送药品及防疫物资充分展现行业“国家队”担当。

【履行普遍服务义务】 开展普遍服务达标集中整治行动，持续提升普遍服务水平。合理安排网点开业运营，全力保障机要通信安全和党报党刊及时投递。保持高度的政治敏锐性，严格落实邮政渠道“扫黄打非”工作；做好中高考录取通知书等寄递服务工作，做到零误投、零丢失。分公司通过培训、检查、考试等多种方式对服务质量工作进行常态化学习。全年视检人员、营业人员、支局长和投递员累计参加培训489人次、参加考试269人次，考试合格率达到100%。开展“转作风、优服务、赢满意”大讨论。利用邮政现有寄递网络和电商渠道优势，开展溧阳市电子商务进农村综合示范县相关工作，稳步推进溧阳市三级物流体系打造和镇村二级公共电商服务站点建设，打通工业品下乡、农产品进城双向通道，发挥邮政“三流合一”（物流、资金流、信息流合一）作用，促进农村电商、包裹快递、便民服务等业务协同融合发展。

【财务管理】 完善全面损益核算体系。将所有支局、代办所、营揽投部全部纳入损益核算体系，精确核算每个三级部门的损益情况；推进寄递“降本增效”工作，以精细化的损益核算服务好“降本增效”工作。完善欠费管控体系。2022年寄递业务超账期欠费始终控制在管控目标范围内，未形成坏账、死账，严格执行定期对账制度，及时发现风险点，及时解决问题。控制企业成本，完成公司固定资产清查工作，完善资产信息，出台管理实施细则，实行可控成本管控，挂钩部门月度绩效。实现报销报账及ERP总账核算审批流程优化，完成业财一体化系统的试点上线工作，为规范业务流程打好基础；利用新上线的外包费报账系统对外包费的使用进行审核、管理；集中录入损益平台对相关成本费用归口进行分摊。

【人力资源管理】 2022年，溧阳分公司全口径综合劳产率达55.66万元/人，较上年度增幅16.66%，列全省县区分公司第二。新提任5名青年员工充实到支局经理及营投部经理岗位，调整了4个名师工作室师徒15人，新成立1个溧阳揽投名师工作室。配备理财经理45人，点均1.32人，完成市定点均1.3人的年度目标。实施邮政营业台席外包，综柜专职化率达100%。优化绩效办法，合理平衡大小网点的差异；针对分拣分发、法院处理、市内邮运等内部岗位实现计件绩效；针对全体员工增加与业务体验营销挂钩的季度奖励。对文传、渠道2个专业部门推行实体化运营。推进末端经营机制创新。1月在溧阳营投部增设中关村准加盟经营单元，10月对溧阳营投部及七里岗营投部实行内部承包制。

【安全风险管控】 结合溧阳邮政实际，开展包括金融网点安防要点、防诈骗知识、道路交通安全知识、消防安全知识及消防演练、红十字会应急救护培训等在内的多种安全生产知识培训；开展防盗、防抢、防诈骗预案演练。组织开展“安全红袖章”“事故隐患大扫除”等活动，对生产作业现场进行安全监督。落实2022年代理金融风控合规工作总体安排，深入推进风控体系建设。全面排查262人次，排查发现问题人员4人，均按照相关制度办法进行问责处理，给予警告处分4人且调离金融岗位2人。严格执行合规要求，强化网点宣传、营销、“双录”合规性及员工个人行为规范的合规性，落实违规积分603分，约谈7人次。

【创新工作机制】 分公司党委制定《2022年溧阳邮政党的建设工作要点》及重点任务分解表。明确责任领导、责任部门及重要时间节点，确保组织到位、人员到位、工作到位、责任到位。开展名师工作室交流会、青年大讲堂、党务培训等活动。开展“党员干部绝不能‘躺平’”研讨活动。在溧阳市八字桥读书台组织开展“传承红色基因，做实党建工作”党务培训活动。常态化开展“党旗领航”“阵地飘党旗”“党员志愿服务”等主题活动及“一支部一特色”创建活动。融合外联资源。持续推进“龙城先锋邮政驿站”“支局与社区（村委）结对共建”“龙城红色驿站（龙城红色服务吧）”建设等活动，扩大党建“朋邮圈”的影响力。开展领题破题活动，确立党委领题破题项目1个、党支部领题破题项目3个。其中，分公司党委“发挥党建引领作用，促进党建经营融合发展”项目获市分公司三等成果奖。

2022年，分公司党委对照中央巡视、集团巡视和省分公司内巡察反馈问题开展自查自纠，制定反馈问题整改方案，形成9项持续整改“问题清单”。领导班子成员主动辨析问题，明确责任；责任部门负责人主动认领问题，划定责任；全公司上下深入分析查找问题的根源，逐项制定落实整改举措，全面完成9项整改问题。面向劳模、一线员工、困难员工及春节、端午节、中秋节和高温季节，实施送温暖工程。旺季竞赛期间开展“润喉糖”“爱心餐”“贴心包”“暖心包”等“送温暖”系列活动；发放大病补助金、三关爱补助金，为员工高考子女发放“升学礼”，为退休员工发放定制纪念品。关注青年员工思想动态，了解青年员工的思想、工作和生活状态，全年开展2次青年员工座谈会，加强与青年员工的沟通联系。丰富员工文体活动，组织开展妇女节茶艺培训活动、兴趣小组、团建、主题演讲、文艺汇演等多元化活动。

（钱恩民）

【农村物流】 农村物流服务拉近城乡距离，积极推进交通运输与邮政快递在农村地区融合发展，着力构建覆盖市、镇、村三级农村物流服务体系，成功创建成“江苏省农村物流达标县”，推进交邮融合、快递进村，全面提升农村邮政快递服务能力和水平。全市建制村快递通达率达100%，乡镇邮政快递服务网点实现全覆盖，农村末端服务能力持续增强，老百姓在家门口就能享受到便捷的邮政快递服务。

（谢新冉）

LIYANG
YEARBOOK

开放型经济

栏目编辑 虞燕娟

招商引资

【利用外资】 2022年，全市新增协议外资4.15亿美元。其中，新批项目14个，协议外资3.81亿美元，占比91.8%；增资项目5个，协议外资0.34亿美元，占比8.2%。新增制造业项目协议外资1.63亿美元，占比39.3%。实际到账外资4.03亿美元，其中到账大项目（到账500万美元及以上项目）12个，完成实际到账外资4.01亿美元，占比99.5%。

【项目招引】 2022年，全市常态化开展产业项目全流程服务管理，从产业导向、生态优先、项目选址、投资强度、投资规模、能效水平、环保安全影响等多方面对项目进行研判，每月组织全市相关评审部门开展项目评审，发挥高质量项目在全市高质量发展中的引领和支撑作用，实现招商引资资源集约化、产业集聚化的良性循环。持续优化完善招商引资“月通报、夺红旗”制度，对镇区项目招引工作的评价体系更为科学全性，进一步提高项目质量、提升项目落地效率。组织参加全市重大项目现场推进会、常州—日本产业合作推介会等经贸活动、对话德国、深圳开放创新合作活动周和产业链供应链金融论坛等重大经贸活动，一批世界500强企业、央企、上市企业、潜在独角兽企业、国家级高新技术企业和专精特新“小巨人”企业通过新建项目和增资扩能的形式实现新项目落地。

【专业招商】 完善招商推介资料库，制作招商宣讲ppt；编印中、英、日等多语种城市宣传手册和相关招商资料；加强打造公众号平台“投资溧阳”，拓展宣传内容，积极宣传溧阳投资环境、城乡风貌、人文底蕴、商务动态等内容。

围绕溧阳市“2+2+X”产业方向，建立招商工作交流例会机制，定期开展工作例会，交流有效项目信息、在谈项目情况和招商工作经验，加大项目质量筛选，做好压力传递，上下联动，提供有效服务，保障项目有序推进。2022年，累计对接有效项目信息共计256个，向各板块推荐项目信息16条。

9月，商务系统安全生产工作会议召开　　（市商务局　供稿）

完善驻外经贸代表处考核管理办法，注重规范管理，突出实绩导向，提升工作实效。加强与德国、英国、日本等驻外经贸代表处的联系，在疫情防控时期积极促进经贸往来，2022年举办境内外线下招商推介活动4场，境外线下招商推介活动5场，境外云端联合活动2场，视频交流活动3场。

以创新机制、优化考核、招商培训为立足点，为全市招商队伍建设工作指路领航。市政府《关于加强全市招商队伍建设的工作方案》，将“招才引智”项目纳入各板块招商考核细则，常态化开展“双招双引”系列培训，邀请一批经济学专家、部门领导、招商能手进行专业指导和业务交流。已累计培训招商干部和业务骨干450余人次。

对外及对港澳台贸易

【概　况】 2022年，全市实现进出口总值1522755万元，比上年增长34.5%，高于常州全市27个百分点。其中，出口1081728万元，比上年增长18.6%；进口441027万元，比上年增长100.2%。一般贸易进出口1354058万元，占比88.9%，比上年增长142.9%。进出口总值占常州全市的4.7%，占比增长23.7%。

对外及对港澳台经济技术合作

【概　况】 2022年，累计完成新签外经合同额2.05亿美元，完成年计划的175.2%，累计完成营业额2.3亿美元，完成年计划的220.41%，实际对外投资总额为

771万美元。工程项目涉及电站安装、电厂安装、锅炉安装、热电安装、道路改造、钢结构安装、变压器成套设备安装、调试、运营以及炼钢炼铁和水泥建设安装等项目，总计达50个项目，项目涉及国别和地区21个，主要分布在东南亚、非洲、西亚、北非及中东地区。

境外大工程项目包括：江苏华鹏变压器有限公司在美国承接的美国EDF风电场项目，总合同额为5416.7万美元。

贸易促进

【商贸流通】 2022年，全市实现社会消费品零售总额379.88亿元，比上年下降2.3%，增幅位居常州各辖市区第四。其中，限额以上社会消费品零售总额96.06亿元，比上年下降7.7%，降幅较三季度收窄0.8个百分点；限上批发和零售业实现社会消费品零售总额87.09亿元，比上年下降6.1%，限上住宿和餐饮业实现社会消费品零售总额8.97亿元，比上年下降20.1%。按照双随机抽查机制要求，定期开展单用途商业预付卡检查活动，确保备案发卡企业“三项制度”执行到位。定期开展商贸流通领域安全检查工作，确保不发生安全责任事故。

【电子商务】 2022年，全市电商网络销售额突破180亿元，其中农业农村电商网络销售额22.02亿元。全市400多家规模以上企业和2400多个个体工商户从事电子商务，电商直接从业人员6500余人。

（蒋依纯）

开发区发展

【江苏省溧阳高新技术产业开发区】 溧阳高新区位于溧阳市主城区西部，管辖面积118.08平方千米。2012年1月，在北京市委和江苏省委领导的见证下，北京中关村与常州市政府签约成立江苏中关村科技产业园，是中关村在北京市外设立的第一个科技产业园区，更是江苏对接中关村创新资源的第一个实质性载体。2016年5月，获批筹建省级高新区；2018年9月，正式设立为省级高新区；2019年9月，省政府向国务院行文申报园区升级为国家级高新区；2021年2月，科技部发出“以升促建”调研的正式通知，园区成功入围，名称正式调整为“江苏省溧阳高新技术产业开发区”。

溧阳高新区连续五年（2018—2022年度）位列江苏省省级高新区综合评价第一，连续三年（2020—2022年度）获江苏省“实施创新驱动发展战略、推进自主创新和发展高新技术产业成效明显的高新区”督查激励。先后被评为省大众创业万众创新示范基地、省高端装备制造特色和示范产业基地、省知识产权示范园区、省级特色小镇（溧阳锂享小镇）、国家绿色工业园区、国家新型工业化产业示范基地（新能源电力装备）、国家火炬特色产业基地（动力电池）、国家中小企业特色产业集群（动力电池）等称号。2022年，被省政府作为全省唯一单位优先推荐升级“国高新”。

2022年，溧阳高新区锚定“创成国高新、迈向科技城”目标愿景，深入实施园区《三年行动计划》，以重大项目招引、城市能级提升两大攻坚为主题，高效统筹疫情防控和经济发展，全面推动园区高质量发展迈上新台阶。

主要经济指标实现逆势上扬，增长幅度创历史新高。全年完成规模以上工业产值1847亿元，比上年增长超64%，在常州11个开发区中，规模以上工业总产值首次超过武进高新区，增幅位居第二；工业应税销售1913亿元，比上年增长近70%；高新技术产业产值1197亿元，增幅超97%；完成公共财政预算收入超27亿元。

牢固树立“项目为王”理念，紧抓产业链招商，引进中联金、恩捷、天目先导等总投资5000万元以上项目30个，其中百亿项目1个、50亿元项目1个、10亿元项目11个，协议总投资超280亿元。围绕“落地项目保开工，在建项目促投产”目标，加快推进总投资696亿元的42个重点工业项目，全年开工率93%、投产率83%，时代上汽二期、德龙热轧及冷轧等重点项目陆续投产；14个技改项目开工率100%、投产率86%。全年完成工业设备投入超56亿元，占全市比重超61%。

深耕“2+2+X”产业集群，接续做大做强动力电池、高端不锈钢、智能电网等主导产业。2022年动力电池产业产值突破1000亿元，比上年增长130%，产量分别约占全国的15%、全省的38%、常州的73%，规模实现全国县域第一；高端不锈钢产业规模突破500亿元；智能电网产业产值超475亿元，增长22%。时创能源IPO成功过会，上上、安靠、金源被评为国家制造业单项冠军企业（产品），天目先导、卓高新材料被评为国家级专精特新“小巨人”企业，科华、兴锻被评为省科学技术奖，新增省级智能制造示范工厂2家。

溧阳高新区在全省高新区创新综合评价中实现“五连冠”，再次获得省政府督查激励，入选省“双碳”科技成果转化基地。持续释放科技创新潜能，长三角物理研究中心等高端平台新增科学家工作室8个，孵化落地企业近20家。引进中国科学院汪卫华院士等顶尖人才团队。获批省级以上科技项目近20项，其中牵头国家重点专项2项。争创国家清洁能源材料技术创新中心，毛明院士工作站成立，长三角物理研究中心、重大智慧城市研究院入选省级新型研发机构。创新开展“揭榜挂帅”，联合近80家企业与机构组建“新型电力和新能源装备产业创新联盟”。累计举办高端论坛30余场，吸引超30名院士、超3000名专家学者汇聚溧阳。

坚持规划引领，编制完成园区国土空间一张图规划和核心区城市设计。持续提高民生供给水平，城西佳苑三期竣工验收，创智园59#人才公寓加速改造，南师大溧阳实验小学及幼儿园、蒋店新城幼儿园秋季顺利开学，巴中职业技术学院实训基地加快建设。围绕吸引人才、服务人才，通过党建带工建、团建、妇建等方式，举办集体婚礼、文体联赛等系列活动。推出存量房源“先租后售”安居模式，锂享小镇产改经验获全省推广，涵养具有吸引力的城市人文。深入打好污染防治攻坚战，出清整治“危污乱散低”企业24家，加快提升古渎、新昌、余桥等重点片区环境质效。推动立诚、宋庄等片区更新改造，为园区发展拓展新空间。

持续推进组织创新，深化“区街合一”改革，建设综合指挥中心，推进苏控集团产业实体化改革。成立巴中建设、停车秩序整治等11个工作专班，聚力攻坚重点、难点问题。进一步加强干部队伍梯队建设，开展“85后”干部成长纪实，实施年轻干部培养“活水”计划，遴选15名年轻干部到疫情防控、招商引资等基层一线挂职锻炼。开展“信用承诺零审批”，探索“先建后补、拿地即开工”审批模式，得到省政府主要领导高度认可，工程建设项目审批制度改革成功入选全省开发区体制机制改革第二批实践案例。推动江苏时代完成100千瓦时绿电平台交易，打通“绿电”获取路径。擦亮“溧Ma办”高新服务品牌，发布26个“免证办”事项清单，打造“独立审查官”试点，实现11个事项直接审批，项目服务迈入“交地即发证”新时期。

全年新增19家规模以上非公企业实现“两个覆盖”（党的组织覆盖和工作覆盖），成立新型电力和新能源装备产业链党建联盟，以“红色联盟”赋能产业发展。完成毛场、昆仑等11个村的党建阵地提升优化，搭建以新时代实践站为载体的理论宣讲示范点12个，建成2个“龙城红色驿站”、3个“龙城红色服务吧”。正昌新党群服务中心正式启用，江苏时代“芯动力”党建营、“星火”警企党建联盟等新兴品牌示范带动非公党建不断迈出新步伐。全力推进正风肃纪，坚持有案必查、违法必究，营造风清气正的政治生态。

严格落实“疫情要防住，经济要稳住，发展要安全”总要求，疫情防控有力有为。2022年全年开展12轮全员核酸检测，累计人数达376万人次。完成全年积案化解工作目标，确保中共二十大期间社会大局和谐稳定。深入推进安全生产百日攻坚和三年大灶专项整治工作，压紧压实安全生产责任，全年执法检查企业526家。持续深化文明典范城市建设，合心村等4个村（社区）再度被评为省级文明村（社区）。以美丽乡村建设为契机，加快打造方里班竹融合发展项目，同步推进12个行政村的改造提升工程。全年27个村总收入超3600万元，比上年增长13%。全年新建如意小食堂8家，建成居家养老服务站29个，实现100%全覆盖。

【溧阳经济开发区】 溧阳经济开发区（简称经开区）位于溧阳市西北部，与上兴镇、曹山省级旅游度假区实行区镇合一管理体制，区域面积245.6平方千米，户籍人口8.09万人，辖23个行政村和1个居委会，核心区面积80平方千米（其中制造业园区规划面积15平方千米，曹山省级旅游度假区规划面积50千米，集镇生活集聚区15千米），是国家应急产业基地和国家卫生镇。

2022年，面对复杂严峻的疫情形势和经济下行压力，区（镇）主要经济指标逆势上扬，保持20%左右增速。其中规模以上工模以业总产值（预计数，下同）完成335亿元，比上年增长17.5%，工业应税销售收入突破400亿元，比上年增长32.8%，高新技术产值72亿元，比上年增长 21.6%，实际利用外资和进出口总额分别迈上 1 亿美元和 10 亿元人民币大关，公共财政预算收入（扣除留抵退税影响）完成 4.57 亿元。全年净增规模以上企业 12 家，江苏友发成为经开区第二家销售破百亿元企业。经开区在全省省级经济开发区综合排名单年度上升 20 个位次，居第 14 位。

作为全省最早的省级开发区，同时也是最年轻的省级开发区之一，溧阳经济开发区成立于 1992 年，1993 年被江苏省人民政府批准为省级经济开发区。2016 年 8 月，溧阳市委、市政府围绕“融入常州、接轨南京”的发展战略，加之经开区原核准面积区域已为建成区和江苏中关村科技产业园竞合，为此经常州市委、市政府同意，溧阳市委、市政府作出将溧阳经济开发区主战场移师到上兴镇的重大决策，将上兴镇委托经开区管理，同时曹山旅游度假区于 2018 年 1 月创成省级旅游度假区，为经开区“二次创业”提供了更为广阔的舞台、注入了新的活力。

经开区始终把项目作为头版头条，高标准承办四季度全市重大项目集中开工和签约仪式。紧盯高端装备制造、新能源、休闲食品和会议会展四大主导产业，全年签约重点项目 12 个，中技储能、新拓不锈钢、卤江南食品、杰成新能源、威士忌庄园、喔喔宠物食品等一批总投资 10 亿元以上项目签约落地。曹山未来城、瓦屋山低碳城、国强兴晟、绝味食品等一批在建项目加快推进，长盈精密、嘉盛、洪海等重大项目竣工投产。东大创新中心投运在即，中航气动院南方分院即将开工。全年新增高新技术企业 10 家，国电新能源、盛杰机械等 5 家企业成功入选省“专精特新”中小企业，盛德电子获评省五星级上云企业，巴斯威成为经开区首家常州市瞪羚企业。完成“危污乱散低”企业治理 21 家，其中“困境企业”出清 17 家，治理企业数、面积数均位居全市前列。主动向上争取召开“行长园区行”暨经开区银企座谈会，帮助小微企业解决融资超 4000 万元。

牢牢把握市委、市政府赋予经开区“接轨南京第一城”的发展定位，以“三城共建”加速推动“三区联动”。高标准完成“三区三线”划定工作，划定城镇开发边界近 2 万亩；完成工业园区 11600 余亩土地控规编制和报批，6 个行政村实用性规划完成评审，上沛绿色建材产业园和曹山主入口片区策划顺利完成，城镇发展框架进一步拉开。总面积 64 万平方米的 5 个安置房项目加快建设，牌楼南苑分房工作获得群众点赞。北山污水处理厂、南渡新材料污水处理厂、青年人才公寓等功能配套项目扎实推进，上兴埠公园基本建成，老明路降等顺利完成，基础设施配套进一步增强，城镇整体面貌焕然一新。全年完成房屋征收面积 4.7 万平方米（含企业征收 9 家），其中扫尾清零 5 个项目，面积 1.1 万平方米。全面实施 46 个土地流征项目，年内完成 20 个，土地流征 214 万平方米，为经开区长远发展留白。与南京农高区携手签订友好园区战略合作协议，与东南大学土木工程学院党委打造共建联盟，南京域外孵化器呼之欲出，内外联动、双向互济的区域联动发展格局初步形成，更多南京方向的优质资源要素向经开区涌动。

在坚守粮食安全底线的前提下，加速农旅融合发展，深挖特色生态旅游资源，畅通要素流动，推动全面振兴和全域旅游。一乙花筑奢、威士忌庄园等一批文旅项目顺利签约，棕榈湾曹山美音研学基地、巴士驿站、姚河坝渔村等特色景点形象初展。在全市率先实现文旅市场复苏，年内举办国家级和省级活动各 2 场，接待游客 286 万人次，恢复率 81.4%，实现旅游总收入 2.9 亿元，曹山入选“2022 水韵江苏 · 网红打卡地”。以现代高效种养为核心，进一步优化农业区域布局，发展高效设施农业，永和、东塘 2 个高标准农田项目全面启动。因地制宜、一村一策推进乡村产业标准化、规模化、集约化发展，龙峰蓝莓、牛马塘地瓜、永和苗木、蒲村大闸蟹等一批特色产业品牌乘势擦亮。以文创旅游为延展，构建农旅融合特色 IP，推出各类主题乡村旅游目的地和精品线路，精心打造以一产为基础、二产为纽带、三产为提升的农业产业现代化发展之路，上兴镇农村产业融合发展先导区入选省农村一二三产业融合发展典型案例。高标准完成 14 个美丽宜居乡村建设，牛马塘村完成提升改造，花村宅基地改革试点扩面稳慎推进，留云村特色田园乡村蓄势待发。牛头山村被评为第九批“江苏省特色田园乡村”，省特色田园乡村数常州居首，上兴镇被评为常州市乡村振兴（新时代鱼米之乡、新江南水乡）示范镇。农村宅基地改革、新型城镇化、城乡融合发展等工作分别得到农业农村部和省政府主要领导肯定。

坚持将保障和改善民生作为一切工作的出发点和落脚点，不断提升民生厚度、政策温度和幸福刻度。守牢安全环保防线。深入打好污染防治攻坚战，严实推进中央环保督察反馈问题整改。$PM_{2.5}$和降尘量2项指标考核进入全市前三，上兴河二期整治工程完成总工程量的75%，天山廊道建成投运。对工矿企业、餐饮燃气、危化品、道路安全、食品安全等重点领域开展专项排查整治，着力防范重大风险，2022年全年未发生安全生产亡人事故。集中力量破解安置小区办证难题，6个小区2143户完成总证办理。经开区卫生院高标准创成二级综合医院——新上沛卫生院即将交付使用，完成11家村级卫生室的新（改、扩）建，疫情防控期间为群众免费发放药物1.4万余份；中考成绩成果斐然，省中、光华等四星级高中录取率大幅提高，上兴中心小学和汤桥小学获得“江苏省少年科学院”荣誉称号。深度探索实施养老机构公办民营化，接纳入住五保老人和社会寄养老人782余人次，建成如意小食堂8家，上兴社区获评全国示范性老年友好型社区。积极应对极端高温，确保农民稳产增收，顺势推动鸡龙坝等水库塘坝清淤扩容，防汛蓄洪、抗旱灌溉的功能切实提升。创新基层治理高线。文明典范城市创建逆势突破，上沛“口袋公园”落地生花，全省首个镇级“水电气一窗通办”落户经开。高标准推进半亩港湾、上沛散住楼等老旧小区改造，拆除各类违建151处，总面积达1.3万平方米，新增机动车位282个；开展“飞线”专项整治，清理私拉乱接220余处。

（王倩倩）

【别桥工业园】 别桥工业园位于溧阳工业重镇别桥镇。园区北靠省道上上线，西接扬溧高速后周道口，东、南分别与三级航道丹金溧漕河和五级航道北河相连，区位优势明显，水陆交通便捷。园区商业服务、园林绿化、环境保护、文化教育、卫生事业等市政公用工程设施和公共生活服务等配套设施齐全。

别桥工业园规划总面积18平方千米，其中工业用地12平方千米。园区按照国家一、二类产业规划分期组织实施，主要由东区的绿色建筑产业和西区的电梯产业和装备制造产业组成。园区一期5平方千米启动区已建成，区内道路20千米，土地平整、自来水、天然气、通信设施基本到位，由供电公司投资为园区配套建设的11万伏、22万伏变电所分别于2009年3月和2012年12月建成；为园区配套的日处理1000吨的生活污水处理厂已开始运行。自2007年启动以来已有40余家企业进驻。逐步形成新能源产业、车辆零部件产业、电梯产业和无人机特色产业集群。2022年，新入驻江苏泽胜汽车部件有限公司、江苏烯源谷新材料科技有限公司、常州成展精密机械有限公司以及慧创产业园等企业共计近30家。

（潘　超）

【江苏慧创科创产业园】 江苏慧创科创产业园管理有限公司成立于2020年，注册资本11168万元，位于溧阳市别桥镇政府西南侧。产品为50年独立产权高标准火车头式砖混结构厂房，集办公、生产、仓储功能于一体，预留10吨行车。园区集生产、研发、办公、综合配套于一体，旨在促进土地集约利用、智能制造产业转型升级和中小企业的成长壮大。园区积极推进通航产业和智能制造产业规模化生产建设，着力培育高品质的先进技术产业集群，与区域产业共同成长。

江苏慧创科创产业园项目总投资10亿元，征地约9.6万平方米，其中标准厂房建设占地8.7万平方米，建筑标准厂房12万平方米，办公用房约2万平方米。达产后可形成15亿元产值。至2022年年底，A区厂房正在进行主体建设，B区25幢厂房已竣工。

别桥作为溧阳智慧产业先行区，正聚力打造智能制造产业集聚区。慧创产业园主要承载五项功能：一是智能制造产业园（标准化厂房），二是通航（无人机）产业研发中心，三是智能制造系统研发中心，四是生活配套服务中心，五是网上运营平台。园区已有21家来自上海、无锡、常州等地的企业入驻。

（潘　超）

【埭头工业园区】 埭头镇工业园区总规划区域面积7.25平方千米，东至埭六路、经六路，南至腾飞路延伸段，西至镇域边界，北至阜溧高速、S239一线。2022年，园区内共有工业企业312家，规模以上企业67家，高新技术企业16家，外资工业企业15家，实现规模工业总产值58.5亿元人民币，完成进出口4.9亿元人民币，实际利用外资920万美元。江苏骏益科技创业园作为溧阳市第一个省级众创空间和国家级科技孵化器，促进了自动化仪表、金属掩模板、智能数控设备等新兴高端产业快速发展，推动了全镇工业转型升级。园区聚力推进产学研融合，助力企业与上海交通大学、南京师范大学、江苏大学、常州大学等高校院所紧密对接，推动企业与高校联合建设省级研究生工作站，推进溧阳常大新能源产业研究院有限公司落户，为园区创新注入科技人才活力。园区以江苏杰成、宁德金鑫等电池循环利用企业、江苏博科等新能源汽车检测企业、江苏杰洋等光伏设备制造企业，形成新能源产业链闭环生态圈；以嘉士伯天目湖啤酒（江苏）有限公司为龙头，形成啤酒酿造制造上下游产业链；以阿法拉伐四方不锈钢为细分领域的龙头，集聚一批不锈钢流体设备深加工制造企业；以江苏宝鹏建筑为代表，形成绿色建筑建材产业集群；以海祺船舶、诚鑫环保、好利医疗为代表，形成外资企业聚集区。

【上黄科创园】 上黄科创园始建于2006年3月，集镇区四至方位，东南至239省道，西至上林路，北至北环路。总体规划面积2.5平方千米，已开发面积1平方千米，尚有1500多亩发展备用地，区内自来水、污水管网、电力、通信、天然气、道路、路灯七通一平设施全部到位，基础设施投入5000多万元，年处理40万吨的污水处理厂已经运行。

截至2022年年底，园区已形成高端装备制造、信息技术、新材料、电子轻工等优势产业，入驻企业近50家，包括溧阳市飞跃机电有限公司、溧阳市宇政机械制造有限公司、常州和仕达机械装备制造有限公司、江苏瑞复达新材料有限公司、常州恒联五金有限公司、江苏共昌精密铝业有限公司、江苏利德塑业有限公司、溧阳中南化工有限公司等规模企业。

上黄镇政府着力推进园区二期基础设施建设，不断完善园区发展规划以及园内主干路工程，先行做好“七通一平”工作，开展“筑巢引凤”工程，为企业招引夯实基础。依托镇村环境综合整治，优化园区发展软环境，全面提升园区的承载能力。

【南渡新材料工业创新区】 溧阳市南渡新材料工业创新区位于南渡镇旧县村境内，104国道穿区而过，毗邻芜申运河，交通便利，基础设施完善，采取封闭式、信息化管理，紧守安全环保底线。园区以发展绿色纤维、动力电池、高端材料为主导，以上下游产业链补链强链为发展方向，已成为溧阳市招引新材料行业领军型、冠军型企业的主要载体。其中，赛得利（常州）项目总投资15.7亿美元，是从常州历史上单体外资投资最大的项目，赛得利集团也是全球最大的纤维素纤维生产商和全球纤维素纤维行业的领导者；江苏天赐高新材料有限公司是全球锂电池电解液的龙头企业广州天赐的全资子公司，溧阳项目已具备年产40万吨锂电池电解液的生产能力，被天赐总部定位为“华东基地”“全球运营中心”及“高效优品标杆”；江苏乔尔塑料有限公司是国内现有唯一能规模化生产高压氨基模（颗粒）塑料的企业，中国氨基模塑料行业之最。联盟科技是亚洲最大、技术最优的PVC稳定剂制造龙头企业，是行业标准制定参与者。

（顾　昕）

【南渡智能制造产业园】 南渡智能制造产业园区位于南渡镇东侧，东接中关村，南至芜申运河，西到新104国道。园区总用地规划4.8平方千米，以智能制造为产业导向，坚持“产业集群发展、企业融通发展、园区集约发展”战略模式，重点发展动力电池、人工智能、汽车零部件制造、轨道交通成套装备等产业。已引进江苏三乔房车门窗及零部件生产制造项目，是中国房车零部件生产基地；砚泽（江苏）专为宁德时代配套锂电池防爆壳体、正负极盖等产品；江苏广义牵引轨道交通车辆牵引及控制系统开发制造项目，专为铁路集团、中国中车集团、中国石油配套服务；江苏利华涡流纺纱项目则是由生态色纱龙头企业浙江华飞轻纺有限公司投资建设。同时，还有江苏润鼎、江苏法斯特、江苏沃德等一批项目关联高、牵引带动强、科技含量高、综合效益好的重大项目。

（顾　昕）

【社渚镇工业集中区】 社渚镇工业集中区致力打造集研发、制造、配套服务等功能于一身的综合性产业发展平台，以绿色、科技为背景，集科研孵化中心、制造生产中心、邻里中心于一体，是高效集约型的集聚产业园区。

园区秉持“生态优先、以人为本，产城融合、文化彰显”理念，规划用地面积10.42平方千米，构建“一轴一廊、一核双心四片区”的空间结构。“一轴”即突出“产镇融合发展轴”功能整合作用，串联形成综合服务核、产业集聚区、宜居生活区一体化发展格局。“一廊”即突出“滨河生态廊道”建设，加快推进社渚大河景观环境提升和六三公园改造提升。“一核”即把社渚大河及新开河围合的空间打造成“先导区综合服务核”，建设先导区客厅、商业综合体等公共设施，注入文化、体育、商务、休闲等新兴功能，打造精品生态社区、人才公寓和特色商业街，保障高端人才生活服务需求。“双心”即强化“智慧科创中心”和“生态宜居中心”建设，智慧科创中心引领先导区高端产业发展，生态宜居中心引导新型未来社区建设。“四片区”即形成的镇区核心板块、产城融合板块、生态宜居板块、镇北工业板块4个主题鲜明、功能互补的功能单元产业集聚区，其中产城融合区面积为5.35平方千米。

园区发展定位突出高端装备制造、新材料、汽车零部件、机械加工、数控机床等龙头企业的招引，紧抓传统制造业转型升级不放松，致力打造高品质绿色建材产业园。社渚镇不断优化发展布局，拥有以全国最大单体水泥生产基地金峰水泥集团、荣辉木业为龙头的绿色建材产业，以广道针织、阔拼户外为龙头的轻纺产业，以铭丰电子、天利智能为龙头的新能源装备产业，以恒勃控股、华强模具、惠太汽车科技为龙头的汽车零部件产业，以威玛斯精密机械、富力龙门机床为龙头的高端数控智能装备产业，以安华精工、社渚轴承为龙头的机械加工产业。江苏铭丰电子材料科技有限公司是国内领先的铜箔研发生产企业之一，2022年8月获评国家级专精特新“小巨人”企业，累计取得授权专利40余项，其中发明专利10项。恒勃控股股份有限公司是国家专精特新“小巨人”企业，是国家高新技术企业，是中国内燃机零部件行业排头兵企业。溧阳安华精工科技有限公司是主板上市公司、国家高新技术企业华菱精工在溧投资建设的子公司。罗开方德常州科创产业园为社渚先导区形成智能制造产业集群提供高质量、多元化载体支持。

（龚　鑫　毕　俊）

【戴埠镇工业集中区】 戴埠镇有工业集中区3个，分别是镇西、镇南和镇东工业集中区。全镇现有工业企业近140家，其中规模以上工业企业40家、国家高新技术企业12家。

镇西工业集中区规划面积约1.2平方千米，区内现有近40家工业企业，主要产业为有色金属、机械制造、机械零部件生产加工，已入驻企业主要有以鸿开金属为代表的有色金属企业、以谦胜合成为代表的合成材料企业。

镇南工业集中区规划面积约0.4平方千米，区内有30余家工业企业，主要产业为机械制造、机械零部件生产加工，已入驻企业主要有以江南烘缸为代表的高端零部件企业，以海德机械、天佑机械为代表的农牧饲料机械企业，以港鹏重工、德意利为代表的非标钢结构生产企业。

镇东工业集中区规划面积约1.1平方千米，区内有近40家工业企业，主要产业为高端成套装备、机械零部件制造。区内已入驻企业主要有以恒力通用为代表的成套装备企业、以翔能科技为代表的高端零部件企业。

（袁子杰）

【竹箦镇工业园区】 竹箦镇是国家火炬绿色铸造特色产业基地，是中国铸造协会授予的全国唯一一个“中国绿色铸造小镇”。

工业园区核心区面积1.2平方千米，园区内有企业32家，年产值60多亿元。产品涵盖汽车零部件、风电、核电、船舶、柴油机、农业机械、工程机械、轨道交通、环保机械、医疗器械、五金工具等20多个系列，涉及2000多个品种。园区内拥有8家国家高新技术企业，12个省、市级工程技术研究中心和企业技术中心，216个高新技术产品，355件国家专利授权，其中发明专利103件；已建成26条代表当今世界最先进的日本新东、丹麦迪砂等自动化生产线；规模铸造企业2015年全部被工信部批准为“行业准入企业”；区内道路、管网、水、电、气、通信等基础配套设施建设已经完成，65000平方米的综合性公共服务大楼孵化器中心建设已经交付使用。其功能涵盖产业产品展示、技术研发、检验检测、人才培训、专家咨询服务等。

（胡　涛）

海　关

【概　况】 2022年，常州海关驻溧阳办事处学习贯彻中共十九大、二十大精神，以“五化”为工作契机，推进自强立办、实干兴办、高效建办、和谐聚办、幸福润办，推动办事处各项工作再上新台阶。

全年累计监管进出口货运量15.67万吨，比上年增长4.5倍；入库税款2.29亿元，比上年增长5.2倍。签发各类出口原产地证书4633份，比上年增长4.7%，可为企业减免进口国关税约1986.2万美元；其中RCEP证书323份，可为企业减免进口国关税约18.1万美元。

【强化监管】 提升税收征管质效，在办事处首次办理公式定价货物进口；强化属地纳税人管理，吸引斯通贸易等进出口企业属地报关、属地纳税，办事处税收首次突破2亿元；加强加工贸易监管，指导强林生物等企业首次办理加工贸易手册业务，最大程度避免申报、操作不规范引发的各类问题；规范出口原产地证申报，开展印尼、马来西亚等多个国家和地区进口货物原产地证核查，对1家不实申报企业开展约谈。加强重点敏感商品检验监管，现场指导企业完善质量监控体系，着力帮扶企业提升质量管理水平，确保进出口产品质量安全；认真落实“口岸危险品综合治理”百日专项行动，查发“出口空运锂电池剩余电量超标”使用鉴定不合格1起，相关案例被海关总署录用为典型案例。维护国门安全，实施“首次协作”“新品”必查协助机制，实现江苏省首票麦芽糖顺利出口欧洲；联合开展进口商品疫情防控、食品安全宣传周、国门生物安全宣传等活动，齐抓共管形成监管合力，切实筑牢国门安全防线；加大打击走私力度，积极配合稽核查作业。

【优化服务】 加强“两步申报”、自报自缴、关税保证保险等相关政策的宣讲和合规引导，召开优化通关效率座谈会，指导企业通过“提前申报”模式，大幅缩短进出口货物通关时间；落实简政放权改革，推进属地业务属地办，拓展原产地证备案、AEO认证培育等业务；加大“口岸联动、属地验放”便捷通关模式宣传推广，与口岸海关沟通协调，帮助企业快速通关。深入开展调研宣讲，联合高新区、工商联、南渡镇，组织3场重点外贸企业座谈会，对海关促进外贸保稳提质具体举措进行宣贯；与市商务局等部门共同开展RCEP新规宣传培训，服务RCEP在溧阳全面落地生效；用好企业问题清零系统，全年办理企业问题清零事项2件。支持重点特色产业发展，走访赛得利纤维、重庆大学溧阳智慧城市研究院等重点企业和科研平台，提供进口设备减免税“零距离”服务，保障重大项目建设和顺利投产；采取“主动上门、提前介入，全程跟踪、个性定制”等服务措施，深入康特机具等企业现场指导，精准服务农具生产企业“走出去”，打造乡村振兴新亮点。完善关地协作机制，发挥海关统计职能作用，开展溧阳地区外贸总体情况和进出口重点商品、重点企业统计分析，向市委、市政府建言献策，全年累计向市委、市政府报送《海关统计》11期、《工作专报》4期，其中1篇被时任市委书记徐华勤批示。

（陆天一）

苏皖合作示范区

【推动交通互联】 签订《“苏皖合作示范区”交通互联互通建设合作协议》，约定按照“同步规划、等高对接、共同推进”的工作原则，共同打造毗邻地区公共交通运行新模式。溧宁高速江苏段建成通车，推动溧阳、郎溪、广德三地主城区迈入“1小时通勤圈”。

【推进产业互促】 建设社渚——梅渚产业园，提升省际边界地区产业协作水平。加强两地文旅交流及联合宣推，推进联合执法互通共有，深化交流执法协作共赢。

【促进服务共享】 建立省际毗邻公交联运机制，开通12条跨省毗邻公交线路，总里程337千米，提升居民出行便利度。常态化推进“胥河情”“竹海情”教育联盟活动，构建全方位、多层次的交流体系。推动政务服务“跨省通办”，“两省三地”共建共享数据、统一政务服务标准化体系，异地查询企业信用被推荐为“新华信用杯”全国信用典型案例。

【生态共保】 借力溧阳市省生态产品价值实现试点平台，持续拓展苏皖生态合作领域，常态化开展生态联保活动，提升跨区域生态治理水平。

（高　畅）

LIYANG YEARBOOK

生态建设

栏目编辑 刘建华

综　述

【概　况】2022 年，溧阳市持续做好山林、水网、大气整体保护工程，打好蓝天、碧水、净土保卫战。协调推进“532”生态中轴项目建设，完成 26 个重点项目，累计完成投资 13.41 亿元。创建生态岛试验区，围绕区域湿地生态保护修复、生态廊道建设、生物多样性保护等 4 个方面谋划 12 项重点工程，着力打造生物多样性保护网络空间。推进生态细胞建设，完成昆仑街道省级生态文明建设示范街道创建；完成宋村、百家塘村、龙峰村、姜下村和西庄村等 6 个村的常州市级生态文明建设示范村创建；完成溧城中心小学、上兴中心小学 2 所学校国际生态学校国家级申报。推进“两省三地”（江苏、安徽两省；溧阳、郎溪、广德三地）共保联治，重点围绕洙漕河流域治理、大气环境质量改善等开展对接交流，通过实施联合执法、生态共管、协同审批、信息共享、联合监测等措施，全面保障区域生态安全。2022 年，新一轮生物多样性本底调查，累计记录物种类 1968 种，其中动物界 833 种（其中白颈长尾雉、黑脸琵鹭等国家一级动物 9 种，白鹇、斑头秋沙鸭等国家二级保护动物 65 种）、植物界 1135 种（其中有银缕梅、香果树等国家级珍稀濒危保护植物 18 种）。升级生态文明建设成效，顺利通过生态文明建设示范市省级复核，协调天目湖镇政府组织申报并成功获评生态环境部授予的全省唯一的“第三届中国生态文明奖先进集体”。

环境质量

【概　况】2022 年，溧阳市 $PM_{2.5}$ 为 32.9 微克／立方米，优良率 80.3%。10 个国省控考核断面优Ⅲ比例 100%。饮用水源地沙河水库、大溪水库水质达标率 100%。区域环境噪声等级为二级，处于较好状态，其中区域环境噪声平均值（昼间）为 54.8 分贝，较 2021 年下降 0.2 分贝。交通干线噪声强度等级为一级，处于好状态，其中道路交通噪声平均值（昼间）为 65.2 分贝，较 2021 年下降 0.7 分贝。

（胡　琦　蒋　晶）

自然资源保护

【水资源保护】2022 年，平均降水总量 995.6 毫米，折合降水总量 15.28 亿立方米，属枯水年份。其中，汛期降水量为 348.6 毫米，占全年降水的 35.01%；2022 年入溧阳境内水量为 15.23 亿立方米，出溧阳境内水量为 17.46 亿立方米。2022 年常州市下达我市用水总量指标为 6.22 亿立方米，根据年度用水总量初步核算，2022 年全市用水总量 4.71 亿立方米，占比 78.1%，用水总量控制在年度目标范围内。万元国内生产总值用水量 36.97 立方米／万元，万元工业增加值用水量 5.18 立方米／万元。

2022 年，溧阳市水利部门牵头完成《“十四五”溧阳市节水型社会建设规划》《溧阳市水资源综合规划（2021—2035）》等规划编制，强化全市 6.22 亿立方米总量控制，“精打细算”用好水资源，制定“十四五”全市用水总量控制指标，并细化分解到各镇（街道），建立市、镇两级管控机制。2022 年，对 47 家自备水用水户、186 家公共供水用水户分别下达用水计划，通过启用溧阳市城市节水管理信息系统，加强用水户用水管理与考核，强化日常取用水监管。

2022 年，溧阳市水利部门将江苏富春江环保热电有限公司、溧阳天山水泥有限公司等 4 家企业列入省、市重点监控用水单位名录加强行业监管。2022 年 6 月，市水利部门联合工信等部门对计划用水户开展水务经理培训，加快各类节水型载体创建、节水技改项目共 24 项，强化用水管理，推进国家节水型复查、国家节水型社会达标县复查筹备工作。

（李　珍）

【耕地保护】多措并举严守耕地保护红线，着手编制耕地“进出平衡”方案，积极推进补充耕地三年行动计划，大力开展耕地后备资源和耕地恢复潜力调查评价。科学谋划生态修复路径，编制完成国土空间生态保护与修复规划、城乡建设用地增减挂钩专项规划。全面推进土地综合整治，实施占补平衡补充耕地项目 1621 亩，增减挂钩复垦项目 611 亩，别桥镇获评年度省级耕地保护激励单位。

【用地保障】编制预支空间规模落地上图方案，完成上级预下达的 1296 亩空间规模和 1031 亩省重大项目周转指标的落地上图。划定土地征收成片开发片区 1.2 万亩，优化调整生态管控区 4543 亩。累计获批用地批次 35 个、面积 3744 亩；获批林地项目 14 个、

戴埠镇戴南杨家村生态型土地整治项目　　（市资规局　供稿）

面积2382亩；供应各类国有建设用地6645亩，涉及土地出让金337亿元。稳妥推进集体经营性建设用地入市，积极探索入市流程和工作机制，着力构建"同权同价、流转通畅、收益共享"的农村集体经营性建设用地入市制度。提请市政府出台《农村集体经营性建设用地入市管理办法》等配套文件。试点工作开展以来，全市成交入市项目40宗、面积2672亩，涉及出让金7.02亿元，有效解决城镇开发边界以外项目用地无法保障问题。

【林业资源保护】　全面推进林长制建设，层层压实林业保护目标责任，完善森林资源保护发展长效机制；编制新一轮林地保护利用规划，组织开展造林绿化空间适宜性评估和森林草原湿地调查监测，有序推进省级公益林优化落界。大力开展绿化造林，完成造林4900亩、退化林修复和低效林改造1500亩、封山育林3000亩、湿地修复606亩，建设绿美村庄10个。全面开展林业有害生物防治，加强美国白蛾的疫情监测与入侵防控；加大松材线虫病疫木除治力度，除治病疫木1.12万亩、清理病死树750株。全面落实森林防火责任，建设完成20个视频监控点位，实现对全市境内85%以上重点林区的实时视频监测、精准定位和智能识别；开展各类森林防火督查10余次，累计清理散坟集中地周边和林下可燃物面积4526亩，有效降低森林火灾发生风险；组织开展森林防灭火技能比武大赛，提升对突发森林火灾的应急处置能力。

【矿产资源管理】　加强露天矿山环境综合整治，积极推进绿色矿山"回头看"行动；在常州地区率先成功申报国家级历史遗留废弃矿山生态修复示范工程。"天目湖梅岭玉地质文化镇"获评全省第一家最高三星级地质文化镇。开展地质灾害隐患排查治理，完成全市地质灾害风险普查，编制年度地质灾害排查报告。深入推进矿山安全生产检查，对全市6座在采矿山的日常开采和安全生产情况，开展常态化巡查检查和督促整改。

【执法监察】　全力推动存量违法用地整改，有序开展耕地保护督察、土地例行督察、违法用地综合整治三年行动涉及的整改工作。加大自然资源执法巡查力度，全面落实全覆盖、严查处的执法监察工作机制，累计开展日常巡查1115次，查办结土地类违法案件19宗、林业类违法案件25宗。严格森林植物检疫，开展林业有害生物防控执法专项行动，现场检疫踏查面积1800余亩，签发检疫证书2929份。

【节约集约】　全面落实节约集约用地节地水平、产出效益"双提升"目标责任，全省自然资源节约集约综合考核评价排名位居全省第十，连续两年考评优秀获得资金奖励。与陕西白河县签订增减挂钩节余指标调剂框架协议，进一步加大苏陕合作力度；累计调剂出耕地占补平衡指标6478亩，争取资金16.2亿元。以全市"困境企业"清理及"危污乱散低"出清提升行动为抓手，推进存量用地高效盘活利用，扎实做好低效用地、闲置土地再利用文章，累计处置批而未供土地3760亩、闲置土地181亩，盘活各类存量建设用地5326亩。

（陈平凡　宋晶晶）

节能减排

【概　况】　聚焦减污降碳，强化源头治理，持续优化产业结构。申特钢铁彻底关停并基本拆除，宝润不锈钢项目全面建设；新建公共充电站10座，实现"电动溧阳"智能快充网络镇（街道）全覆盖；38家企业完成强制性清洁生产审核；高新区、经开区基本完成园区循环化改造。

污染防治

【蓝天保卫战】 2022年，以$PM_{2.5}$与臭氧协同控制为重点组织开展VOCs整治，完成7家企业低挥发性有机物等原辅材料源头替代、14家企业VOCs综合整治项目，全面提升企业VOCs防治水平，完成金峰水泥4条生产线超低排放改造。组建大气溯源专班，引进技术团队，开展环境空气质量"百日攻坚""决胜百日"专项行动，同时强化科技赋能，借助大数据、互联网，探索建立"智慧+环保"新模式，充分利用扫描雷达、多组分析仪、热点网格、无人机、走航车等科技手段，开展高值时段的溯源分析，对站点周边3千米范围的餐饮、汽修、工地以及工业企业等废气排放单位强化精细化管控，切实削减内源排放影响。全市63家餐饮门店安装油烟在线监控设备，24小时自动监测油烟排放情况，实现环境监管的精准化。

【碧水保卫战】 组织完成上兴镇塘水库清淤、岸线整治、生态水土保持、上兴河河道综合整治提升和天目湖镇与社渚镇洙漕河污染减负扩容综合治理二期工程。积极推进劣V类河道水体整治，完成社渚河、城中河水环境综合治理工程以及战胜河等5条支流支浜整治工程。推进入河（湖）排污口排查整治工作，对丹金溧漕河等14条河流及大溪水库、沙河水库等6个湖泊开展入河（湖）排污口查测溯治工作，核定并录入省级系统排口1307个，省级筛选问题排口198个。截至2022年年底，已完成整治152个，整治完成比例达76.8%。水环境质量不断趋优，10个国省控考核断面优Ⅲ比例达100%，其中大溪水库湖心、沙河水库库中等5个断面符合Ⅱ类标准。

【净土保卫战】 协助建成利之生环保、春来环保两家危险废物收集单位，涉及25个危废大类，收集能力达到9800吨／年；督促指导社渚镇委托省环科院开展原宜巷化工地块封闭体内污染物处置方案和风险管控方案编制工作，对该地块拆迁遗留的污染物进行安全处置。45个土壤污染重点监管单位均完成自行监测，全面完成14个土壤污染重点监管单位周边监测及10个关闭搬迁遗留和详查超标地块土壤污染状况调查任务。

【生态安全保卫】 2022年，完成洙漕河污染减负扩容综合治理二期工程、6个生态绿城项目、10个绿美村庄建设，完成湿地修复500亩，新增造林727亩、封山育林3000亩、低效林改造1500亩。

【环境治理能力】 市财政完成拨付2022年中央大气污染防治资金8000万元，争取到位2022年太湖流域水环境综合治理资金1922万元、2022年省生态环境保护专项资金1751万元。天目湖流域7个水质自动站中，4个站点站房已完成建设，茶亭河舍溪桥等3个水质自动站正在有序建设之中。

生态环境监管

【概　况】 重点围绕省控站点周边3千米范围工业企业、国省考断面上游涉水企业、困境出清企业、重点信访举报问题和突出环境问题单位等开展专项执法检查，累计出动执法人员2860人次，立案查处各类环境违法行为289起，作出行政处罚决定书204份，决定书金额1820万元。其中对20个案件申请法院强制执行，29家环境违法单位进行查封，3家单位进行限制生产，对36起依法进行移送行政拘留，对2起涉刑案件依法进行移送。2022年累计受理并调处各类环境信访件533件，办结率100%。

（胡　琦　蒋　晶）

天目湖湿地公园　　（市资规局　供稿）

LIYANG
YEARBOOK

乡村振兴

栏目编辑 尹少鹏

农村改革

【概　况】 2022年，溧阳市持续深化农村宅基地制度改革试点，以推动城乡融合发展为方向，以改善群众居住条件和居住环境为重点，协同推进农村宅基地制度改革、美丽宜居村庄建设、省特色田园乡村创建和农村住房条件改善等工作。全市实施宅基地制度改革试点扩面行政村40个，实现12个镇（街道）全覆盖。制定《关于加快现代化宜居农房建设改善农村住房条件的实施意见（试行）》和《溧阳市农村宅基地和建房管理实施细则（试行）》，进一步完善和优化顶层设计，宅基地制度改革“1+1+N”政策体系完成制度闭环。按需推进“多规合一”的实用性村庄规划编制，完成农户宅基地资格权认定工作，并纳入宅基地管理信息系统管理，启动农村宅基地基础信息补充调查工作。围绕宅基地“三权分置”加大改革探索，完善宅基地所有权行使机制，探索资格权跨村配置和有偿退出，放活宅基地使用权推行有偿使用，着力激活“沉睡资产”。调整农村宅基地行政处罚权由镇（街道）行使，全面推进宅基地和建房联审联办、线上审批制度。加快试点新社区建设，推进农民集居聚居，整合盘活空间、发展产业，促进城乡布局优化、空间增值、实现强村富民。

（马　辉）

【农村产权改革】 2022年，溧阳市加强省第四轮改革试验区推进，扎实开展粮食类集约化用地供给试验和公共空间治理管护试验。以乡村公共空间规范整理和有序使用为抓手，推动农村“隐形空间资产”增值，支持戴埠松岭王家村“公共空间整治”和有偿使用。以粮食经营主体集约化配套设施用地建设为抓手，推动粮食产业振兴、探索解决农业经营主体发展的需求和现实受限之间的矛盾。支持上兴镇东塘村粮库项目，推进“村建自营”式用地供给模式试验、溧阳市海斌粮食专业合作社储量罐等建设。稳步推进土地经营权抵押贷款工作，对以土地经营权为主抵押贷款的新型农业经营主体给予贷款贴息支持，出台《关于完善延长〈溧阳市农村土地经营权抵押贷款贴息实施办法（试行）〉的通知》。全市共办理56笔土地经营权证，以经营权抵押新发放贷款7笔，额度16.5万元。深入推进农村集体产权制度股份制改革，进一步开展农村集体产权制度改革“回头看”，规范改革程序，完善档案管理，确保农村社会稳定。做好产权制度改革和整理归档工作，共形成案卷1572盒8736件。推进农村集体产权交易规范公平，农村产权交易成交标段数604个，成交金额20523.89万元，溢价1229.21万元，溢价率6.4%。线上交易量持续上升，成交标段数237个，成交金额9642.07万元，占全市项目总成交金额46.98%，溢价1174.94万元，占全市项目总溢价的95.58%，溢价率13.9%。2022年4月和2季度，溧阳市先后获江苏省县市区农村产权“交易之星”称号。

（刘　媛）

乡村产业发展

【概　况】 2022年，溧阳市制定《关于全面推进乡村振兴加快农业现代化先行区建设的扶持意见》，对列入全省农业农村重大项目管理系统并达到考核要求的现代农业重大产业项目给予资金补助。苏浙皖农产品交易中心项目、社渚青虾交易中心等7个重点工程入驻农业现代化先行区，总投资共计32亿元。松岭王家村农旅融合综合体项目采用政府主导、企业参与的开发模式，打造全市升级版的美丽乡村典范。山口村农旅融合综合体项目由戴埠镇人民政府和溧阳市萤光旅游投资有限

古县街道百家塘村村庄全貌　（陈刚　供稿）

公司共同打造，全面改善村庄环境面貌和生产、生活和生态条件。引进总投资3000万元的苏优精品大米及方便米制品生产、总投资5000万元的现代农业产业园“供港蔬菜基地”等重大项目。注重培养本土企业，建设南钱精品草莓园、苏浙皖农产品商贸中心、绿色优质食味大米生产加工等10余个带动能力强、符合溧阳产业发展新方向的本土项目。

【特色产业振兴】 2022年，溧阳市充分夯实以生态基底作为乡村振兴的基础，推动“1号公路”全面贯穿各试点村。全市由村集体累计收回农户退出的宅基地165处，改造建设如意小食堂、游客中心、党群中心等；村集体经济组织受委托统一流转盘活宅基地45处；农户自主经营或出租利用宅基地78户，农户年增加收入约76.3万元，在推动乡村振兴发展上激活新动能。

（陈　刚）

镇村建设

【特色田园乡村建设】 2022年，溧阳市坚持走城乡融合发展路线，持续打造乡村振兴的溧阳样本。围绕“1号公路”，科学规划布局设点。立足产业富民，厚植生态底色，优化村庄肌理，融入山水湖田。按照“新建一批、申报一批、储备一批”工作机制，形成点、线、面城乡融合、区域一体特色田园布局，确定曹山特色田园现场示范片区先行建设。组织专班推进，设计团队全过程参与规划设计和建设，结合乡村底色，挖掘传统文化，托起游子乡愁，成就匠心作品。先后创成牛头山、树头岗、

竹箦镇姜下村西汤夜游小火车　（陈刚　供稿）

洑家、西汤、百家塘、水西和王家7个省特色田园乡村，全市特色田园乡村总数达18个，位居全省第二。

【重点特色镇建设】 2022年，溧阳市立足特色区域、特色文化，打造历史文化特色镇建设。实施别桥镇老街改造示范项目，通过对老镇区重点片区的保护、升级改造与利用，包括镇西街道路环境综合整治和老镇区污水管网改造工程，不断对镇区基础设施进行完善，优化空间布局，增强服务功能。同时组织社渚镇积极申报重点及特色镇综合示范项目资金，有效解决老镇区东关街、南关街地块及周边地区整体风貌较差、配套功能不足等问题。

【省级传统村落创建】 2022年，溧阳市注重突出乡村规划统筹、修缮保护，还原传统历史价值，注重村落宜居形态，传统村落保护利用取得成效。市住建局开展传统村落和建筑组群调查，选择历史悠久、传统资源较为丰富、能够承载乡愁记忆的村落和建筑组群进行申报。至年底，溧阳市有江苏省传统村落9个。

（陈　刚）

乡村人居环境整治

【概　况】 2022年，溧阳市聚焦农村厕所、生活污水、生活垃圾整治和村容村貌提升等重点任务，高质量推动乡村人居环境整治提升工作。全面完成农村户用厕所无害化改造，普及率达100%，完成20座常州市级农村公厕任务。溧阳市被通报为全国村庄清洁行动先进县（市），农村人居环境整治提升行动获2022年度省第一等次。

【生活垃圾整治】 2022年，溧阳市生活垃圾无害化处理设施实行统筹规划建设，实现生活垃圾“全焚烧、零填埋”的处置目标。拥有2座生活垃圾焚烧处置设施，保障全市农村生活垃圾无害化处理率达100%。农村垃圾分类设施共设置垃圾分类亭3030座、智能化分类设备39套。完成12个垃圾分类示范村建设。

【生活污水治理】 2022年，溧阳

市1270个自然村完成农村生活污水治理，自然村治理率50.9%。171个行政村满足双“60”覆盖率的数量为72个，行政村治理率42.1%。全市共需完成整治行政村数为34个，其中由水利部门牵头的四期污水提质增效工程全面完成，新增完成行政村数13个；剩余21个行政村整治任务，排定戴埠及上兴镇约67个自然村开展污水治理。

【农膜回收治理】 2022年，溧阳市回收农药废弃包装物168.2768吨（江苏苏南农资配送有限公司94.4358吨，溧阳市兴禾植保有限公司73.841吨），运至溧阳市欣峰废弃物综合处置有限公司进行无公害化处理，处置率90.2%。全市优化建设农膜回收利用站点36个、集中存放点4个，农膜使用总量1230.93吨。全市农膜产生量1234.49吨，其中地膜202.21吨。回收农膜1154.547吨，其中地膜180.913吨；农膜回收率93.52%，其中地膜回收率89.47%。

（谢云钧）

【宜居农房改善】 2022年，溧阳市推进“美韵乡居”集中居住点建设，实施现代化宜居农房改善项目。通过量化目标，明确建设美韵乡居集中居住点16个，完成所在行政村的实用性村庄规划评审、审批，先后完成105个规划发展村村庄环境整治提升。统筹推进农村宅基地制度改革和现代化宜居农房建设，先后完成镇村风貌提升1572户、审批建房760户、维修加固108户，共计2440户。

【农村房屋整治】 2022年，溧阳市充分利用农村房屋安全隐患排查整治信息系统和“回头看”成果，逐步提升农房排查整治的工作质量。完成整治218户农村危房，全力保障农村住房安全。改造农村低收入群体的危房，针对全市36户农村低收入群体危房改造需求，共完成33户改造任务并通过验收，其余3户妥善安置，下达危房改造补助资金37万元。

（陈　刚）

乡村治理

【概　况】 2022年，溧阳市作为全国乡村治理体系建设和全国党建引领乡村治理双试点，进一步深化“党建＋四治＋村集体经济发展”的共建共治共享乡村治理体系建设。溧城街道八字桥村、南渡镇庆丰村获评全国第二批乡村治理示范村。“构建多元诉前处置体系，畅通化解乡村矛盾纠纷”模式，在全国乡村治理体系建设试点示范工作交流会上获各级领导肯定。

【乡村治理体系建设】 2022年，溧阳市强化四治着力点，促进治理载体高效融合。广泛运用“清单制”，创新“五社联动”机制，打造乡村自治品牌，筑牢自治基础。强化“五堂一站”建设，提升志愿服务运行质效，深入推进移风易俗试点，强化道德涵养。协同推进“三官一律”入村，聚焦农耕生产扩大法治宣传，精准推出农村法律服务，构建多元农村矛盾诉前化解体系，加大法治供给。整合平台资源一体化，打造数据信息一张图，建设村级网格联动站，加强智治支撑。

【农村基层党建】 2022年，溧阳市筑牢党建堡垒，引领治理机制有序运转。深入实施“薪火点亮”行动，全面推进红网格建设，点亮阵地。落实“党员代办制”，构建“党员积分制”，开展下沉服务。推进“头雁矩阵”，建强农村干部，强化乡贤力量，夯实基层治理基础。

【农村集体资产专项整治】 2022年，溧阳市农村集体经济发展结构稳定，通过“物业型、租赁型、产业型、服务型”等模式，涌现出天目湖镇镇事村管、昆仑街道人才公寓、竹簧镇闲置资产托管等典型。全市农村集体总资产46亿元，总收入4.3亿元，经营性收入3.1亿元。重点对资产资源租金未收取到位情况、未执行民主程序和农村产权交易“应进未进”等农村集体“三资”违规出租出借进行专项整治。梳理问题清单，进一步查找管理漏洞，强化整改措施。通过纳入农村产权交易平台、收回欠缴租金、完善合同、采取法律措施等方式，收回借款本息706.22万元，收回欠缴租金221.54万元。

（刘　媛）

LIYANG
YEARBOOK

农　业

栏目编辑　尹少鹏

7 月 ，溧阳市欣龙生态农业发展有限公司茶园管理技术指导

（魏继燕　供稿）

综　述

【概　况】 2022 年，全市农林牧渔业总产值 97.78 亿元，比上年增长 4.6%。其中：农业 53.52 亿元，比上年增长 6.4%；林业 2.49 亿元，比上年增长 130.0%；牧业 3.66 亿元，比上年降低 8.5%；渔业 30.00 亿元，比上年降低 9.9%；农林牧渔服务业 8.12 亿元，比上年增长 69.0%。

（张清雅）

【农业品牌建设】 2022 年，玉枝茶叶、南山韵龙茶叶品牌入选江苏农业品牌目录，溧阳青虾获首届江苏品牌农产品营销促销大赛铜奖。组织农业企业参加第十九届中国国际农产品交易会、第二十四届江苏农业国际洽谈会等农业展会，有效提升溧阳农产品品牌的影响力。

（朱　廷）

【产业融合发展】 2022 年，溧阳市着力构建农业与二、三产业交叉融合的现代产业体系，推进农业产业转型升级。戴埠镇入选全国“一村一品”示范镇，南渡镇入选国家农业产业强镇建设，曹山现代农业产业示范园被认定为省级现代农业产业示范园。全市各级龙头企业实现销售收入 157.9 亿元，其中省级龙头企业实现销售 145.3 亿元，市级龙头企业实现销售 8.6 亿元，各级农业龙头企业直接带动农户 14.9 万户。溧阳市天目湖肉类制品有限公司被认定为省级农业产业化龙头企业。全市休闲农业和乡村旅游接待游客超 831 万人次，实现经营性收入 31.3 亿元，带动 6.22 万户农民增收。新认定“苏韵乡情”江苏休闲旅游农业精品企业 3 家，其中四星级 1 家、三星级 2 家。获评全国休闲农业重点县。

（濮　俊）

【高标准农田建设】 2022 年，溧阳市高标准农田建设项目共 4 个 0.9 万亩，总投资 2750 万元，其中中央资金 930 万元、省级资金 170 万元、县级配套 1650 万元；受污染安全利用工程 171.56 万元；2019—2020 年新增 2.5 万亩耕地进行受污染状况调查，投资资金 367.22 万元（其中市级财政资金 61 万元、本级财政资金 306.22 万元）。

（葛惠兴）

种植业

【概　况】 2022 年，全市粮食种植面积 82.66 万亩，比上年增 0.20 万亩，增长 0.24%；粮食总产 40.92 万吨，与上年持平；单产 495.1 公斤／亩，比上年减少 1.2 公斤／亩，降低 0.24%。

【粮油作物良种推广】 2022 年，全市稻、麦、油播种面积 88.16 万亩，良种覆盖率 99% 以上。主要应用优质水稻品种 5 个、优质小麦品种 3 个、油菜品种 3 个。水稻主要种植优质高产武运粳系列及优质食味南粳系列品种，小麦主要种植

2022 年溧阳市主要农作物生产情况表

表 8

类　别	面　积（千公顷）	比上年（±%）	总　产（万吨）	比上年（±%）	单　产（千克／公顷）	比上年（±%）
稻谷	31.87	−0.04	29.44	−0.65	9237	−0.60
小麦	19.27	0.42	9.54	1.60	4950	1.13
油菜	7.63	13.25	2.08	13.66	2730	0.55

扬麦系列品种，油菜主要种植宁杂系列、油研系列、苏油系列等双低优质高产油菜品种。

【轻简高效栽培技术推广】 2022年，全市应用水稻高产优质精确定量栽培技术面积45.3万亩，占水稻种植面积94.8%；应用小麦群体质量栽培技术面积26.7万亩，占小麦种植面积92.4%；应用油菜轻简栽培技术面积7.2万亩，占油菜播种面积62.9%。

【农技服务】 2022年，全市从事粮油和经济作物的农技推广人员100余人。坚持抓好粮油基础产业，稳定粮食种植面积，扩大油菜种植面积，培育建设优质粮油生产基地。推广优质高产良种配套、精确定量栽培、新型轻简栽培、测土配方施肥、全程机械化生产和病虫草害绿色防控等技术，印发《溧阳农技》等农技资料1万余份。

【高产创建】 2022年，溧阳市全面开展部、省级水稻绿色高质高效创建行动，共建设部级示范片25个、面积7万余亩；省级五千亩示范片3个、千亩示范片8个、面积2.3万余亩；全市水稻绿色高质高效创建面积9万余亩；南渡庆丰部级水稻绿色高质高效示范方由"苏南第一方"提升为"江苏第一方"；全市建设省级小麦示范方13个，面积0.9万亩。

（葛家颖）

水产业

【概　况】 2022年，溧阳市以渔业现代化工程为抓手，以高效设施渔业为导向，加强渔业基础设施建设，推行水产标准化健康养殖，加快渔业结构调整和产业升级，加强渔业资源和生态环境保护。全市养殖水面19.76公顷，水产品总产量6.47万吨。养殖结构进一步调优调强，河蟹放养面积4914公顷，以蟹塘套养青虾、蟹虾混养为主要模式。青虾主养面积5491公顷，养殖模式进一步优化。社渚镇在"中国青虾第一镇"的基础上，通过苏皖合作示范区建设、对口帮扶、青虾市场等平台，将青虾养殖技术和效能逐步进行输出。黄颡鱼、加州鲈等名优品种养殖积极性突出，与特种鱼养殖、垂钓、餐饮、乡村旅游相结合的休闲游钓观光渔业蓬勃发展。

【渔业现代化工程】 2022年，溧阳市改造标准化池塘680公顷，借助加快推进"四圈三区二园一重点"工程的契机，推动三大渔业园区发展，树立产业亮点。进一步增强黄家荡园区责任担当，增加抗灾设施设备资金投入，不断加强变化异常的天气中抗旱抗涝抗高温能力，做好生态循环养殖尾水达标工作。"溧阳青虾"在创成中国特色农产品优势区，入选国家农业品牌目录基础上，市、镇各有关部门着力管控青虾"太湖二号"新品种的生产、销售环节，确保苗种市场规范性。青虾批发市场通过市场发力、集群发展，进一步打通青虾销售环节瓶颈，为养殖户增收和产业做大提供坚实保障。前马塘陈强特种水产养殖有限公司建成苏南最大的万余平工业化生态养殖水槽，公司获GAA（全球水产养殖联盟）颁发的BAP证书，成为全球首家通过BAP认证的黄颡鱼养殖基地。注册商标"汐泽渔畔"，黄颡鱼产品进驻上海"叮咚买菜""盒马生鲜"平台。

【渔业科技创新】 2022年，溧阳市重点推广河蟹"长江1号""长江2号"，青虾"太湖2号""太湖3号"等新品种，推广养殖水体水质调控、水产病害防治、渔用药物安全使用、青虾标准化生产、池塘尾水净化等技术。通过政府推动、市场拉动、项目带动、科技人员与养殖户联动，建立健全全市渔业科技成果快速转化长效机制，不断提升渔业综合生产

7月28日，江苏省耕环站抽检水样　　（史志刚　供稿）

能力和劳动者综合素质，促进渔业增效和渔民增收。

【长荡湖围网整治】 2022年，针对溧阳市长荡湖保护范围内围网养殖，采取果断措施，将长荡湖围网全部进行拆除。确认围网整治面积9817.2亩，涉及养殖户409户，其中专业渔民养殖户224户、失水渔民人数863人，符合条件的社保安置渔民693名。制定并发布《长荡湖围网整治实施方案》和围网整治通告，成立围网整治工作领导小组，稳妥制定出台船舶拆解、网围拆除清障验收和专业渔民社保安置实施方案。围网整治共签订489份协议，9817.2亩围网全部拆除到位，通过市级围网清障验收。围网整治共计投入市级财政资金1.66亿元。

【水产品质量安全】 2022年，溧阳市深入贯彻落实《农产品质量安全法》《江苏省农产品质量安全条例》等法律法规，加快推进农业现代化进程。印发《2022年溧阳市农产品质量安全工作目标任务考核办法》，明确监管机构职责分工和具体考核指标，溧阳市农业农村局与相关科站、镇（街道）农产品质量安全监管站签订责任书，确定相关责任单位和责任人员。市农业农村局与养殖生产企业分别签订农（水）产品质量安全责任状，建立质量安全责任制及责任追究制。全年开展以水产品质量安全生产为重点的培训39期，受训养殖户2975人次。明确学员水产养殖业主的农产品质量安全主体责任，建立健全水产养殖生产记录，规范养殖生产行为，扎实推进农业标准化生产。

【水产品质量监管抽检】 2022年，溧阳市完成297批次样品的监测抽检，接受省级抽检13批次，常州市级抽检8次。全年检查295家企业，出动检查人员1215人次；发放禁用渔药清单、“明白纸”等各类资料5517份。市农业农村局逐步强化水产品风险监测工作，按照国家法律法规要求，遵循抽样机构与检测机构分离的原则。抽样工作由局农产品质量安全监督科负责组织，市农业综合技术推广中心水产技术科具体实施。抽样实行现场取样方式，抽样的鱼采用现场撒网的方式进行，河蟹、青虾由市农业综合技术推广中心专人监督地笼下塘、抄网捕捞。抽样人员现场制备的样品分别用于检验检测、检验检测备用和留存备复检。全年完成113只样品的风险监测。

【渔政监督管理】 2022年，溧阳市共有446艘机动渔船参加年度检验，合格率100%。完成渔民人身平安互助保险5352份。定期开展长荡湖和天目湖禁捕专项执法行动，天目湖和大溪水库2个禁捕区收缴鱼竿1030根、丝网602.15公斤、地笼1754条、电瓶7个、撒网12扇、花篮13个，清理大溪水库网簖1处。渔政执法案件833起，其中行政处罚案件827起、处罚金额455000元，移交公安案件6起。进一步加强两大水库水上交通安全和渔业生产秩序管理，清理取缔两大水库内“三无”船只3艘。通过增殖放流、生态环境的营造等方式，丰富天然水域的渔业资源，持续优化沙河、大溪水库生物多样性种群。在台风、高温、冰雪等特殊时期，及时向社会及渔民发布相关信息，确保渔业生产及渔民生命财产安全。

（孙红辉）

表9

2022年溧阳市畜牧业主要指标情况表

项　目	单　位	指　标
生猪出栏	万头	6.35
生猪存栏	万头	3.56
能繁母猪	万头	0.29
家禽出栏	万羽	549.5
家禽存栏	万羽	130.95
羊存栏	万只	0.55
羊出栏	万只	0.48
兔存栏	万只	0.03
猪肉产量	吨	4762
禽肉产量	吨	8439
羊肉产量	吨	75
蜂蜜产量	吨	70
蜂蜜产量	吨	98

畜牧业

【概　况】 2022年，溧阳市以动物防疫安全为底线，以强化畜产品质量安全为手段，以提升畜牧兽医工作综合水平为总要求，加强部门和属地政府对接融合，进一步理顺工作组织机制，有效推动全市畜牧兽医工作有序开展，保障全市畜牧业健康平稳绿色发展。

【畜牧业发展平稳】 2022年，溧阳市生猪存栏3.56万头，其中，能繁母猪存栏0.29万头，较上年减32.19%；全年累计出栏生猪6.35万头，较上年增32.85%。生猪产能稳步恢复，市场供应明显改善。面对猪肉价格下降行情，养殖盈利空间减小，养殖企业急于出栏，生猪供应比较充足。家禽存栏130.95万羽，较上年增3.19%；出栏家禽549.5万羽，较上年增40.73%。羊存栏0.55万只，较上年增14.58%；出栏0.48万只，较上年增14.29%。

【种质资源保护】 2022年，根据《江苏省第三次畜禽遗传资源普查实施方案(2021—2023年)》和《江苏省第三次畜禽遗传资源普查系统调查实施方案》要求，对两个地方品种开展基本信息登记、影像采集以及体尺体重、生产性能、繁殖性能和屠宰性能等测定，科学评估其特征特性和生产性能的变化情况，配合专家组完成畜禽遗传资源系统调查表和资源调查报告编写。溧阳鸡和红灯笼猪相关申报工作在专家团队的指导下有序开展，完成全部测定工作。红灯笼猪申报国家级名录通过省级初评，相关资料报农业农村部审核。

【畜禽基础免疫】 2022年，按照规模场程序免疫，小规模场及散养户进行集中免疫的方式开展集中行动。分别于2月17日、7月18日和9月15日启动春、夏、秋三大防疫行动，累计使用牲畜口蹄疫苗8.496万毫升，免疫猪6.093万头次，羊1.509万只次；猪瘟苗7.138万头份，免疫猪6.223万头次；猪高致病性蓝耳病苗5.432万头份，免疫猪4.743万头；小反刍兽疫疫苗1.428万头份，免疫羊0.982万只次；高致病性禽流感苗117.78万毫升，免疫鸡175.39万羽次、鸭19.62万羽次、鹅1.45万羽次、其他禽类3.981万羽次；应免畜禽应免密度100%，免疫后家畜耳标悬挂率100%。在12个镇（街道）全覆盖设置犬只免疫点，免疫登记犬6647只、猫208只。

【流行病学调查监测】 2022年，按照年度监测计划在各镇（街道）进行流行病学调查和采样监测，坚持定点、日常和常规监测相结合，对各类动物疫病监测任务的时间、频次、数量和结果报告等进行明确规定。兽医实验室全年采样规模场（户）220场次，监测禽流感血样4157份、新城疫血样998份、猪口蹄疫血样281份、猪瘟血样291份、高致病性蓝耳病血样281份、羊口蹄疫血样255份、羊小反刍兽疫血样255份，各病种免疫抗体合格率均在70%以上；开展非洲猪瘟病原检测920份，禽流感病原检测384份，布病样品120份、家畜血吸虫样品120份、猪口蹄疫、猪瘟、猪蓝耳病样品150份，结果均为阴性。

【集中消毒清洗】 2022年，指导各生猪养殖场户开展灭蚊灭蝇灭鼠和日常消毒、重要时点消毒、突击消毒、应急消毒等“三灭四消”活动，并建立健全、落实落细日清洗消毒制度。分别于3月7日—13日、5月9日—15日、7月4日—10日、9月19日—25日组织全市范围开展四轮集中消毒清洗工作。清消面积126万平方米，使用消毒药1.4194吨，洗消场点1129个。灭害面积77.2万平方米，使用药物201.87公斤，灭害场点796个。

【废弃物资源化利用】 2022年，溧阳市畜禽污染治理继续按照“一场一策”要求，因场施策。积极探索和构建大、中、小不同养殖规模的粪污治理与综合利用模式。督促指导养殖场定期检修维护，适时更新完善，同步推进非规模畜禽养殖场户的整治提升。推进畜禽粪污资源化利用扶持项目指导、申报、验收和认定，1家企业通过项目申报和验收，1家通过畜禽场养殖污染治理检查三方认定。根据农业农村部直联直报系统数据，全市备案规模养殖场31家。其中，生猪养殖场15家，肉禽养殖场11家，蛋禽养殖场4家，规模羊场1家。

【动物疫病防治员技能竞赛】 2022年，为加快推进全市动物疫控系统队伍建设，全面提高基层人员技能，适应新时期动物疫病防控工作需要，6月15日，联合市农业农村局、市总工会、市人力资源和社会保障局、共青团溧阳市委员会举办溧阳市动物疫病防治员技能比赛。全市23名畜牧兽医技术人员参加比赛，评出“重大动物疫病防疫技术能手”6名。

【依法规范动物养殖屠宰】 2022年，建立产地检疫现场检查与县级审核联动机制，强化生猪产地检疫出证排查、抽查制度。明确官方兽医严格按规程实施各类动物产地检疫，强化资料审核查验等环节。规范产地检疫证明领取、使用和管理，加强检疫证明电子出证账号管理，明确出证人员的权限和责任，严禁“隔山出证”、倒卖检疫证章标志等违法违规行为。全年共产地检疫生猪4.0753万头，出具动物B证925张、动物A证48张；羊产地检疫210只，动物B证1张；禽类产地检疫429.78万羽，其中动物B证2608张、动物A证179张。无纸化检疫出证系统测试阶段，开具动物A证1张、动物B证25张、产品B证6张。屠宰检疫生猪14.3141万头。

【畜产品质量安全】 2022年，溧阳市结合全省食品安全示范市创建，摸排辖区内畜禽规模养殖场等各类经营主体17家。通过发放安全用药知识手册、“明白纸”、禁停用兽药清单等方式加强畜产品质量安全相关知识宣传引导，共计发放和张贴各类宣传资料600余份，指导培训210余人次。为落实和宣传经营主体畜产品质量安全主体责任，与各类经营主体签订畜产品质量安全承诺书74份。加大对养殖及屠宰环节的“瘦肉精”抽检监测力度,完成“瘦肉精”专项监测样品7202个，抽检合格率100%。抽取生产和经营环节饲料样品43个，兽药样品4个，经第三方检验机构检验全部合格。

（王　芸）

园艺业

【概　况】 2022年，全市茶园面积7.2万亩，开采面积6.2万亩，春季干毛茶产量约1075吨，与上年同期减产约5%；全年干毛茶产量约1340吨，与上年同期减产3%。春季采茶工均价约180元／天，与上年基本持平。

水果总面积略微下降，桃、梨、葡萄等大宗水果面积不断缩减，但通过新品种、新技术、新模式应用，水果单位面积产量、产值不断提高。全市水果面积2.5万亩、全年产量1.6万吨、产值21599万元。其中，葡萄3650亩、产量3460吨、产值3850万元；梨3450亩、产量3960吨、产值2980万元；桃7350亩、产量5680吨、产值6200万元；其他10585亩、产量6751吨、产值8569万元。

全市蔬菜播种面积14.07万亩。其中，设施蔬菜播种面积8.09万亩，产量35.03万吨，产值16.8亿元；西瓜播种面积1.76万亩，产量2.55万吨，产值1.02亿元，播种面积较上年略有下降。

全市蚕桑春季发种20张，全年发种30张，总产1.3吨，产值7.5万元。

【参加各类评比】 2022年，组织参加第二十届“陆羽杯”名特茶质量评比活动。选送茶样获较高评分，其中溧阳市天目湖时雨茶厂和溧阳市天目湖白埂茶场选送的“天目湖白茶”茶样获特等奖，综合得分全省第一、第二。组织水果种植企业在省级以上评比中送样6个，获金奖3个。溧阳市尚欣生态农业发展有限公司选送“玉霞蟠桃”获“蒙阴杯”全国早中熟桃鉴评大赛金奖，是江苏省唯一金奖获奖样品。

【产业调研】 2022年，溧阳市积极调研收集园艺产业生产信息、市场信息，为农户准确提供当前不同类型蔬果情况、市场行情、发展前景以及在全市可以稳定发展的优势产品类型、适宜种植时间、种植规模等。开展疫情防控期间蔬菜保供及生产管理工作，做出蔬菜保供预案，适时抢种保供速生蔬菜，保障疫情防控期间蔬菜供应。针对多变的不利天气条件及时指导农户采取合理应对措施，促进在田果蔬正常生产。认真搞好春耕备耕，及早谋划全年蔬菜保供。现场帮助指导农户兼顾保供和增效两条主线，及早规划全年生产布局。

【绿色高效创建】 2022年，溧阳市围绕菜果茶提质增效主题，积极推进园艺作物绿色高效创建。根据江苏省《绿色蔬菜产业基地监测评价工作指南》要求，完成7.5亿元产业的绿色蔬菜产业基地评价。实施“菜篮子”工程绿色蔬菜保供基地建设，配合完成《常州市绿色蔬菜保供区建设规划》《溧阳绿色蔬菜保供基地建设实施方案》，上报绿色蔬菜保供基地面积9888亩，完成年度考核指标。确定5家园艺企业开展省、市绿色防控示范区创建，其中水果1家、茶叶4家，核心示范区面积500亩，辐射推广面积5000亩。4家省级创建单位通过省植保植检站中期验收。积极组织申报标准园，入选创建单位3家，其中茶叶2家、蔬菜1家，核心区面积430亩，辐射推广面积3000亩。为推动常州市蔬菜产业绿色健康可持续发展，实施精美小菜园项目，戴埠、南渡等4个镇（街道）创建4个精美小菜园，面积80余亩。

（魏继燕）

农业机械化

【概　况】 2022年，溧阳市以服务乡村振兴战略，大力推进农业生产全程全面机械化，推进农机装备智能化绿色化提升行动。全市农机装备总动力达58.58万千瓦，特色农业畜牧、林果、渔业、设施农业机械化水平和农产品加工机械化综合水平68.91%。

【农作物生产全程机械化】 2022年，建成省级特粮特经全程机械化生产标杆基地（油菜）2家，省级“全程机械化＋综合农事服务中心”1家，省级农机维修示范点1家，市、县“全程机械化＋综合农事服务中心”5家。全市农业综合机械化率91.54%，农业机械化水平稳中有升。

【特色农业生产机械化】 2022年，溧阳市围绕畜牧业、水产养殖、设施农业、果茶桑和农产品初加工等五大类特色农业，开展以村为单位摸排装备保有量。举办11期特色农业生产机械化装备及技术培训班，受训197人次。以省现代农机装备与技术示范推广项目为引领，积极和农业农村部南京农机化研究所、南京农业大学联合，利用省级资金200万元，开展农业废弃物处理机械化利用、茶叶生产全程机械化装备及技术集成应用。建设茶果桑生产全程机械化示范点4个，畜牧养殖和设施种植循环生产机械化示范点1个。分别建成常州市级“特色农业生产全程机械化示范基地”设施蔬菜和茶叶各1个，溧阳市本级特色农业全程机械化茶叶生产基地1个、蔬菜基地1个、果园基地1个。特色机械化水平提升至68.91%，比上年升4.5个百分点。

【农机购置补贴】 2022年，溧阳市启动新一轮农机购置补贴政策，下发2022年农机购置补贴及农机报废更新实施方案。全面实行补贴辅助管理系统常年连续开放，使用手机App办理，全面实行补贴受益信息和资金使用进度实时公开，大力推行补贴申请受理和资金兑付限时办理，强化政策实施风险管控，组织开展延伸绩效管理。全年共兑付四批农机购置补贴，总资金676万元，补贴机具756台套，受益农户389户。

【农机报废更新】 2022年，坚持“农民自愿、国家扶持、安全环保”的原则，加大对耗能高、污染重、安全性能低下的老旧农机淘汰，促进农业机械安全生产和新农机、新技术推广应用水平不断提高。对拖拉机、联合收割机、水稻插秧机、机动喷雾（粉）机、饲料（草）粉碎机、铡草机6种机型实施定额报废补贴，鼓励引导陈旧农机更新，推动农机节能减排，优化农机装备结构，消除老旧机型安全隐患，保障农机安全生产。全年实施报废更新机具51台套，其中插秧机5台、拖拉机18台、收割机28台。

【秸秆机械化还田】 2022年，全市夏、秋收期间共投入大型秸秆还田机械1929台、联合收割机1121台、大中型拖拉1217台。秸秆机械化还田完成面积64.69万亩，夏季麦秸秆机械化还田完成面积27.67万亩；秋季完成秸秆机械化还田37.02万亩，全年还田率达85.8%，夏秋两季生态犁耕深翻还田完成面积6万亩，累计补贴用户36041户，全年兑付补贴资金1005万元。

【农机社会化服务】 2022年，持续开展以农机合作社“管理、服务、装备、人才、安全”五大水平提升的“强社”活动，通过“定标准、树典型、立榜样”，带动全市农机合作社建设。建成水稻全程机械化标准作业及育秧中心合作社4家。成立农机维修服务队6支，维修人员25人。在两季大忙时段，投入紧张而有序的插秧机、中拖、收割机等新农具的维（抢）修服务工作，开通24小时服务热线电话。全市共检修各种各类农机具2500台套，其中上门维（抢）修800多台次。

【农机示范推广】 2022年，根据基本设施建设和种植符合宜机化要求，中耕、施肥、植保、修剪、采收、田间转运6个环节配套机械化装备齐全，建设机械化水平85%以上的茶叶全程机械化示范基地1个、设施蔬菜示范基地1个。开展果园高枝修剪及采收平台、智能化茶叶色选及设施大棚果园机械化施肥植保等7种先进农机装备及技术的试验示范。引进林果类小型除草、耕翻、开沟设备、智能化肥水一体设备、烘干机电加热热风炉、智能化插秧机驾驶辅助系统等一系列先进适用的农机装备，加快研发和完善溧阳白芹生产机械化装备。

【农机安全生产】 2022年，溧阳市持续深化农机安全三年专项整治工作，开展农机专项整治和安全达标检查。各镇（街道）农村工作局与农机合作社签订安全生产责任状

110份，聘用村级农机网格管理人员168名，全年开展农机安全隐患排查2155次。全市12个镇（街道）设置临时检验点14个，采取社会化服务模式与第三方检测中心合作，对全市手扶拖拉机运输机组进行制动、灯光、号牌铭牌、车容车貌、警示标贴、放大号牌等进行逐项检测。组织开展21次轮式拖拉机、联合收割机集中实地检验，拖拉机及收割机年检率分别达87.5%、99%。农机窗口共受理办结行政许可事项2150件，其中拖拉机注册登记112台、年检679台，联合收割机注册登记53台、年检351台。驾驶证初次申领80人，增驾15人，有效期满换证115人。通过“送检下乡入户”、“3·5”学雷锋树新风、“6·16”安全月活动”安全检查等活动发放农机安全知识读本、农机安全宣传画册、农机报废更新补贴政策宣传册、农机购置补贴政策“明白纸”、安全警示标语等共5000余份，制作下发“农机合作社农机安全生产规范”展板150套，建成平安农机合作社10家，全年实现农机重特大“零”事故。

（蒋秋新）

树头岗百合种植基地　　（阳赛　供稿）

现代农业产业示范园

【概　况】 2022年，溧阳市现代农业产业示范园面积106平方千米，包含社渚镇4个村、上兴镇6个村、1个国有錾口良种场，共204个自然村，其中发展村（含集聚提升和特色保护类）50个，一般村116个、搬迁撤并村38个，户籍人口3.6万人。耕地面积4.78万亩，建成高标准农田面积2.9万亩，永久基本农田面积4.65万亩，其中永久基本农田范围内建成高标准农田2.82万亩。农业生产经营规模达20亩以上的土地流转面积6.95万亩，规模农业生产土地流转比例78.2%。主导产业为粮油、水产、苗木，其中粮食种植面积4.28万亩、水产养殖3.35万亩、苗木1.28万亩。园区现有各类注册经营主体121家、农业企业12家、合作社27家，其中省级示范合作社3家、常州市级示范合作社5家。有家庭农场82家，其中省级示范家庭农场6家。树头岗村创成省级特色田园乡村，获批省级最美乡村和第三批常州市乡村旅游重点村。

【园区建设】 2022年，现代农业产业示范园投资1亿元建设“优鲜到家”农产园总部和示范基地项目签订战略合作协议，投资5000万元的先正达集团中国高效蔬菜基地项目进入初试阶段，投资5000万元的白芹机械化种植示范基地项目一期顺利投产。通过传统产业提升和招引新型项目，产业园形成有机蔬菜、生猪养殖、循环生态农业、高端设施农业为特点的新型现代农业业态。其中，志华生猪养殖项目累计出栏2.6万头，300亩机械化种植示范基地白芹上市，阳光金米循环农业项目一期“虫子工厂”试运营，香港三农集团圃美鲜供港蔬菜基地项目完成一期50亩连栋大棚建设并正常生产。完成中心区土地综合整理项目，树头岗160亩百合特色产业、200亩种质种源推广基地初具形态，举办第二届百合节和快手垂钓等活动。启动16个具备实施条件的农业项目，产业园与优鲜到家、香港三农集团、李小白等供应链企业合作，建立“以销定产”全经营体系，打通从销售端到生产端的农产品供应链，建立订单农业基地1500亩，带动农民跟种600亩，带动群众用工10000人次。实施大塘等6个美丽宜居乡村建设、芳村港小流域综合整治工程、缪巷4500亩高标准农田建设、汤桥集镇环境综合整治提升工作。完成中心区道路基础设施5.2千米，铺设农村沥青道路4.54千米。产业园累计向上争取项目建设资金1.7亿元，争取农行项目贷款6000万元，同步推进1亿元融资项目。中心区乡村振兴项目通过国家发改委审批。

（阳　赛）

LIYANG
YEARBOOK

工　业

栏目编辑 莫　俊

综 述

【概 况】 2022年，全市工信系统深入贯彻市委十三届五次全会精神，全面落实“疫情要防住、经济要稳住、发展要安全”的重大要求，统筹疫情防控与经济社会发展，统筹发展与安全，稳投资、快转型，全市工业经济工作呈现稳中有进、进中提质的发展态势。2月，溧阳新能源电力装备产业基地入选工信部第十批国家新型工业化产业示范基地；6月，制造业“智改数转”成效明显，获省政府督查激励；8月，成功入围全省首批制造业高质量发展示范区建设地区名单；年底，动力电池特色产业集群成功申报工信部中小企业特色产业集群。

2022年，全市完成规模工业总产值2905.6亿元，比上年增长32.8%，增速列常州各辖市区第一。规模以上工业增加值增长20.5%，增速列常州各辖市区第二。实现全部工业应税销售收入3509.6亿元，比上年增长43.3%，增速列常州各辖市区第二。全年工业投入累计完成283亿元，比上年增长15.9%。全年工业设备投入累计完成92.4亿元，比上年增长22.2%。

坚持“项目为王”，以项目的快增进助推产业结构的快转型。江苏时代（四期）全部投产；时代上汽（二期）已投产2条产线，其余4条线将于2023年6月投产；德龙精品不锈钢、中联金高端不锈钢等一批百亿级项目持续推进。动力电池、绿色精品钢、智能电网、智能装备等“2+2+X”（2个全球有影响力的千亿级产业集群、2个全国有特色的五百亿产业集群，以及在战略性新兴产业领域形成若干个有地方特色的产业集群）重点产业产值占规上工业总产值比重超80%，实现产业结构调整和发展动能转换。面对疫情，溧阳市动力电池产业表现出突出的抗风险能力和产业韧性，以超100%的高速增长，为全市工业经济快速增长提供强力支撑。截至年底，溧阳市动力电池已建产能120百万千瓦小时、在建产能60百万千瓦小时，动力电池特色产业基地获评“国家火炬特色产业基地”，成功申报工信部中小企业特色产业集群。

持续推进专精特新“小巨人”企业培育库建设工作，注重开源挖潜，将更多高成长性、前沿发展方向的企业纳入其中，全力落实《关于实施工业经济跃升行动的若干政策》与精准扶持政策。全年新增国家级专精特新“小巨人”企业4家，制造业单项冠军企业（产品）3家（其中金源装备成为溧阳市首家国家级制造业单项冠军示范企业），省级专精特新中小企业55家。全年净增规模以上工业企业104家。

鼓励企业加大研发投入，瞄准核心技术和关键环节推进技术创新，安靠智电、华鹏变压器成功中标2022年省核心技术攻关项目；4家企业通过省级企业技术中心认定，17家企业通过常州市级企业技术中心认定；3家企业被认定为省工业设计中心；14个产品被认定为常州制造创新产品。引领企业走资源节约、低碳循环发展之路，做好绿色工厂培育工作。2022年，获评国家级绿色工厂2家、省级绿色工厂3家、市级绿色工厂11家。

（市工信局）

江苏省溧阳高新技术产业开发区 （溧阳高新区 供稿）

表10

2022年溧阳市工业企业产品销售收入前100家企业一览表

序号	企业名称	序号	企业名称
1	江苏时代新能源科技有限公司	51	溧阳市中大电力交通装备有限公司
2	江苏上上电缆集团有限公司	52	江苏华鹏智能仪表科技股份有限公司
3	溧阳德龙金属科技有限公司	53	江苏鹏程钢结构集团有限公司
4	时代上汽动力电池有限公司	54	嘉士伯天目湖啤酒（江苏）有限公司
5	江苏国强镀锌实业有限公司	55	溧阳市金昆锻压有限公司
6	溧阳龙跃金属制品有限公司	56	江苏翔能科技发展有限公司
7	江苏友发钢管有限公司	57	溧阳市飞跃机电有限公司
8	江苏金峰水泥集团有限公司	58	常州范斯特汽车部件有限公司
9	江苏瑞昕金属制品科技有限公司	59	溧阳市金峰新材料有限公司
10	溧阳市新金峰水泥有限公司	60	溧阳市鹏程彩钢有限公司
11	溧阳市宏峰水泥有限公司	61	江苏联赢激光有限公司
12	江苏金峰铜业有限公司	62	江苏司能润滑科技有限公司
13	江苏华鹏变压器有限公司	63	江苏迪赛诺制药有限公司
14	江苏弘溧新材料有限公司	64	溧阳市江山矿业金山有限公司
15	溧阳紫宸新材料科技有限公司	65	江苏维多股份有限公司
16	江苏国强兴晟能源科技有限公司	66	江苏开磷瑞阳化工股份有限公司
17	江苏富民新材料有限公司	67	江苏安靠智能输电工程科技股份有限公司
18	江苏科达利精密工业有限公司	68	常州乔尔塑料有限公司
19	上汽时代动力电池系统有限公司	69	江苏共昌精密铝业有限公司
20	常州时创能源股份有限公司	70	溧阳兰天化工有限公司
21	顺博合金江苏有限公司	71	溧阳市山湖实业有限公司
22	江苏国电新能源装备有限公司	72	上汽大通房车科技有限公司
23	科华控股股份有限公司	73	江苏奥冠首信薄钢有限公司
24	江苏明佳交通材料有限公司	74	江苏联盟化学有限公司
25	布勒（常州）机械有限公司	75	江苏富春江环保热电有限公司
26	溧阳市宏峰矿业有限公司	76	江苏冠宇机械设备制造有限公司
27	江苏卓高新材料科技有限公司	77	江苏宝鹏建筑工业化材料有限公司
28	溧阳安顺燃气有限公司	78	江苏翔鹰新能源科技有限公司
29	江苏正昌集团有限公司	79	冶建新材料股份有限公司
30	江苏铭丰电子材料科技有限公司	80	江苏开利地毯股份有限公司
31	江苏金源高端装备股份有限公司	81	江苏北星新材料科技有限公司
32	江苏国信溧阳抽水蓄能发电有限公司	82	江苏碧玉谷化工有限公司
33	常州海大生物饲料有限公司	83	溧阳天山水泥有限公司
34	江苏中关村嘉拓新能源设备有限公司	84	江苏宏光钢铁有限公司
35	江苏旗云油脂科技有限公司	85	江苏普正精密科技有限公司
36	江苏鸿开有色金属有限公司	86	江苏华冶钙业有限公司
37	立讯精密工业（江苏）有限公司	87	江苏南洋中京科技有限公司
38	江苏钢锐精密机械有限公司	88	圣地亚科技（江苏）有限公司
39	江苏鑫林钢铁有限公司	89	溧阳金利宝胶粘制品有限公司
40	江苏扬子水泥有限公司	90	溧阳壹连电子有限公司
41	溧阳中材重型机器有限公司	91	江苏保龙设备制造有限公司
42	溧阳市宏泰特种扁钢有限公司	92	江苏嘉盛环境设备制造有限公司
43	江苏国强民富建材科技有限公司	93	江苏兴锻智能装备科技有限公司
44	溧阳市四方不锈钢制品有限公司	94	常州震裕新能源科技有限公司
45	溧阳市力士汽车配件制造有限公司	95	江苏文轩热管理系统有限公司
46	溧阳索尔维稀土新材料有限公司	96	江苏国粮仓储工程有限公司
47	江苏久业新材料有限公司	97	溧阳市虹翔机械制造有限公司
48	江苏超强工程材料有限公司	98	江苏立达电梯有限公司
49	常州市宏豪制钢有限公司	99	江苏通达机械设备制造有限公司
50	宝拓来焊料（常州）有限公司	100	常州博尼特种钢管有限公司

2022年溧阳市工业企业产品实现利税总额前100家企业一览表

表11

序号	企业名称	序号	企业名称
1	江苏时代新能源科技有限公司	51	常州范斯特汽车部件有限公司
2	江苏金峰水泥集团有限公司	52	江苏旗云油脂科技有限公司
3	江苏国强镀锌实业有限公司	53	江苏铭丰电子材料科技有限公司
4	溧阳德龙金属科技有限公司	54	顺博合金江苏有限公司
5	江苏上上电缆集团有限公司	55	常州乔尔塑料有限公司
6	江苏瑞昕金属制品科技有限公司	56	江苏兴锻智能装备科技有限公司
7	溧阳市新金峰水泥有限公司	57	江苏天目照明有限公司
8	溧阳市宏峰水泥有限公司	58	立讯精密工业（江苏）有限公司
9	江苏华鹏变压器有限公司	59	溧阳市力士汽车配件制造有限公司
10	江苏卓高新材料科技有限公司	60	溧阳中材重型机器有限公司
11	江苏弘溧新材料有限公司	61	溧阳市江南烘缸制造有限公司
12	溧阳龙跃金属制品有限公司	62	冶建新材料股份有限公司
13	时代上汽动力电池有限公司	63	江苏兆年智能科技有限公司
14	江苏明佳交通材料有限公司	64	江苏中纺联针织有限公司
15	溧阳安顺燃气有限公司	65	江苏嘉盛环境设备制造有限公司
16	常州时创能源股份有限公司	66	江苏联盟化学有限公司
17	溧阳市宏峰矿业有限公司	67	溧阳金利宝胶粘制品有限公司
18	江苏国信溧阳抽水蓄能发电有限公司	68	江苏南洋中京科技有限公司
19	江苏鹏程钢结构集团有限公司	69	江苏友发钢管有限公司
20	江苏华鹏智能仪表科技股份有限公司	70	江苏沙河抽水蓄能发电有限公司
21	江苏科达利精密工业有限公司	71	溧阳市山湖实业有限公司
22	溧阳紫宸新材料科技有限公司	72	溧阳市金昆锻压有限公司
23	江苏安靠智能输电工程科技股份有限公司	73	溧阳市盛杰机械有限公司
24	嘉士伯天目湖啤酒（江苏）有限公司	74	江苏华冶钙业有限公司
25	溧阳市四方不锈钢制品有限公司	75	溧阳市江山矿业长山南有限公司
26	江苏金源高端装备股份有限公司	76	溧阳中南化工有限公司
27	溧阳索尔维稀土新材料有限公司	77	常州海大生物饲料有限公司
28	江苏迪赛诺制药有限公司	78	溧阳市华力金属有限公司
29	江苏超强工程材料有限公司	79	常州金纬挤出机械制造有限公司
30	上汽时代动力电池系统有限公司	80	江苏金峰铜业有限公司
31	江苏溧阳南方水泥有限公司	81	江苏司能润滑科技有限公司
32	江苏普正精密科技有限公司	82	常州金纬片板膜科技有限公司
33	江苏国强民富建材科技有限公司	83	南京宜热纵联环保科技溧阳有限公司
34	江苏国强兴晟能源科技有限公司	84	常州金纬智能化工装备有限公司
35	江苏久业新材料有限公司	85	溧阳市江山矿业长山北有限公司
36	江苏翔能科技发展有限公司	86	江苏省奥谷生物科技有限公司
37	江苏富民新材料有限公司	87	常州金纬片板设备制造有限公司
38	江苏国电新能源装备有限公司	88	兴跃洋新材料科技（江苏）有限公司
39	江苏北星新材料科技有限公司	89	溧阳市新力机械铸造有限公司
40	江苏富春江环保热电有限公司	90	江苏文轩热管理系统有限公司
41	江苏维多股份有限公司	91	溧阳天山水泥有限公司
42	江苏铭智新能源汽车零部件有限公司	92	江苏和胜新能源汽车配件有限公司
43	溧阳市江山矿业金山有限公司	93	江苏宏光钢铁有限公司
44	江苏冠宇机械设备制造有限公司	94	溧阳壹连电子有限公司
45	溧阳月泉电能源有限公司	95	江苏阿翔食品有限公司
46	江苏联赢激光有限公司	96	溧阳兰天化工有限公司
47	布勒（常州）机械有限公司	97	溧阳市佳禾电子材料有限公司
48	江苏宝鹏建筑工业化材料有限公司	98	法德尔（常州）流体设备有限公司
49	科华控股股份有限公司	99	中安（常州）电气有限公司
50	溧阳市飞跃机电有限公司	100	江苏惠太汽车科技有限公司

2022年溧阳市工业企业期末资产总计前100家企业一览表

表12

序号	企业名称	序号	企业名称
1	江苏时代新能源科技有限公司	51	江苏华鹏智能仪表科技股份有限公司
2	时代上汽动力电池有限公司	52	顺博合金江苏有限公司
3	江苏金峰水泥集团有限公司	53	江苏联盟化学有限公司
4	溧阳市宏峰水泥有限公司	54	江苏超强工程材料有限公司
5	江苏华鹏变压器有限公司	55	溧阳市四方不锈钢制品有限公司
6	溧阳市新金峰水泥有限公司	56	江苏国粮仓储工程有限公司
7	江苏上上电缆集团有限公司	57	江苏弘溧新材料有限公司
8	江苏国强镀锌实业有限公司	58	江苏开利地毯股份有限公司
9	溧阳龙跃金属制品有限公司	59	江苏开磷瑞阳化工股份有限公司
10	江苏国信溧阳抽水蓄能发电有限公司	60	江苏省前峰服饰有限公司
11	溧阳紫宸新材料科技有限公司	61	溧阳索尔维稀土新材料有限公司
12	科华控股股份有限公司	62	江苏省奥谷生物科技有限公司
13	江苏中关村嘉拓新能源设备有限公司	63	常州范斯特汽车部件有限公司
14	江苏安靠智能输电工程科技股份有限公司	64	溧阳市力士汽车配件制造有限公司
15	江苏科达利精密工业有限公司	65	江苏弘博热电有限公司
16	溧阳德龙金属科技有限公司	66	常州乔尔塑料有限公司
17	江苏卓高新材料科技有限公司	67	江苏恒义轻合金有限公司
18	江苏国强兴晟能源科技有限公司	68	江苏翔能科技发展有限公司
19	江苏正昌集团有限公司	69	嘉士伯天目湖啤酒（江苏）有限公司
20	江苏友发钢管有限公司	70	溧阳市华力金属有限公司
21	溧阳市宏峰矿业有限公司	71	溧阳市飞跃机电有限公司
22	上汽时代动力电池系统有限公司	72	江苏三乔智能科技有限公司
23	常州时创能源股份有限公司	73	溧阳市金昆锻压有限公司
24	江苏铭丰电子材料科技有限公司	74	江苏维多股份有限公司
25	江苏金峰铜业有限公司	75	溧阳月泉电能源有限公司
26	江苏国电新能源装备有限公司	76	江苏兴锻智能装备科技有限公司
27	江苏金源高端装备股份有限公司	77	江苏司能润滑科技有限公司
28	江苏瑞昕金属制品科技有限公司	78	江苏保龙设备制造有限公司
29	江苏钢锐精密机械有限公司	79	江苏新东周新材料有限公司
30	布勒（常州）机械有限公司	80	江苏迪赛诺制药有限公司
31	江苏联赢激光有限公司	81	江苏力乐汽车部件股份有限公司
32	江苏北星新材料科技有限公司	82	冶建新材料股份有限公司
33	溧阳宝润钢铁有限公司	83	江苏冠宇机械设备制造有限公司
34	江苏和中普方新能源科技有限公司	84	常州震裕新能源科技有限公司
35	立讯精密工业（江苏）有限公司	85	江苏南洋中京科技有限公司
36	溧阳市金峰新材料有限公司	86	申芝电梯有限公司
37	溧阳中材重型机器有限公司	87	江苏宝鹏建筑工业化材料有限公司
38	溧阳安顺燃气有限公司	88	江苏润鼎智能装备科技有限公司
39	溧阳水务集团有限公司	89	江苏鸿开有色金属有限公司
40	溧阳天目先导电池材料科技有限公司	90	上齿集团有限公司
41	纽威精密锻造（溧阳）有限公司	91	溧阳市江山矿业金山有限公司
42	江苏鹏程钢结构集团有限公司	92	溧阳市虹翔机械制造有限公司
43	江苏扬子水泥有限公司	93	溧阳市山湖实业有限公司
44	江苏富春江环保热电有限公司	94	江苏普正精密科技有限公司
45	江苏嘉盛环境设备制造有限公司	95	溧阳市万兴特种建材有限公司
46	溧阳新源水务有限公司	96	江苏德盛食品有限公司
47	上汽大通房车科技有限公司	97	金纬机械溧阳有限公司
48	溧阳天山水泥有限公司	98	江苏立达电梯有限公司
49	江苏翔鹰新能源科技有限公司	99	江苏溧阳南方水泥有限公司
50	江苏富民新材料有限公司	100	江苏华冶钙业有限公司

动力电池产业

【概　况】 溧阳的动力电池产业近年来发展速度惊人，并表现出突出的抗风险能力和产业韧性，为全市工业经济快速增长提供强力支撑，占全市工业企业销售收入的比重达30%。截至2022年年底，溧阳市动力电池已建产能120百万千瓦时、在建产能60百万千瓦时，动力电池特色产业基地获评“国家火炬特色产业基地”，成功申报工信部中小企业特色产业集群。

在江苏时代新能源的龙头引领下，溧阳市2022年度动力电池产量达80百万千瓦时，产值突破1000亿元，比上年增长130%，占全国总量的15%、全省总量的38%，规模实现全国县域第一。溧阳高新区锂离子电池产能可望突破200百万千瓦小时，将成为长三角最大动力电池研发与生产基地。2022年，江苏时代新能源销售收入512亿元，时代上汽销售收入180亿元，紫宸新材料销售收入41亿元，江苏天赐销售收入38亿元，科达利销售收入28亿元，上汽时代销售收入25亿元，时创能源销售收入23亿元。

【常州震裕新能源科技有限公司】 创建于2021年11月，位于别桥镇，是上市公司宁波震裕科技股份有限公司（股票代码：300953）的全资子公司。新能源动力电池顶盖项目总投资5亿元，其中设备投资3.2亿元，租用及改造厂房21500平方米。2022年，实现销售收入2.6亿元。

宁波震裕是中国电机铁芯模具重点骨干企业，有员工5500余人，注册资本5850万元，设备总投资16亿元，拥有世界一流精密加工设备，多次获得中国模具行业最高奖项——精模奖(一等奖)，已成为全球领先的精密模具综合解决方案供应商。模具产品应用于机电、汽车、家电等领域，销往广东美芝、松下万宝、珠海格力、广州三菱电机等知名公司；锂电产品主要应用于新能源汽车领域，销往大众集团、宝马、日产和现代、未来汽车等国内外知名汽车企业。

（潘　超）

【常州时创能源股份有限公司】 创建于2009年11月，坐落于江苏省溧阳高新区，由浙江大学硅材料国家重点实验室毕业的博士团队创立，有员工1000余人，其中研发技术团队200余人。主导产品为边皮料再利用制电池、太阳能电池制绒辅助品、太阳能电池设备（体缺陷钝化设备、链式退火设备、链式吸杂设备），均为国际首创，其中太阳能电池制绒辅助品、太阳能电池设备的国内外市场占有率达70%以上。

公司与浙江大学、厦门大学、电子科技大学、中国科学院半导体研究所、中国科学院宁波材料技术与工程研究所等高校和科研院所进行产学研合作，拥有专利221项，其中授权发明专利129项；申请中专利173项，其中发明专利160项。获得科技部中小企业创新基金、科技型企业创新基金支持，主创产品单晶硅太阳电池制绒催化剂被列入2013年度国家火炬计划。公司先后获得国家高新技术企业、江苏省最具成长性高科技企业、瞪羚企业、江苏省工程技术研究中心、江苏省工程研究中心、江苏省企业技术中心、国家级博士后科研工作站、国家专精特新“小巨人”等称号。董事长符黎明获评国家“万人计划”创业领军类人才奖。公司于2022年12月7日科创板过会，预计2023年完成科创板上市。2022年，实现销售收入23亿元，比上年增长200%；研发投入1.1亿元，占当期营业收入比例达15%。

（孙　涛）

【江苏恒义轻合金有限公司】 创建于2021年5月，位于溧阳高新区，是一家专业生产新能源汽车零部件、重型卡车、大型客车及工程机械零部件的高新技术企业。公司总投资12亿元，总用地13.3万平方米，总建筑面积12万平方米，其中一期投资6亿元，用地6.7万平方米；二期投资6亿元，用地6.7万平方米，项目达产后可形成年产新能源汽车电池托盘总成产品100万台（套）的生产能力，预计年销售额20亿元。公司拥有龙门加工中心、摩擦搅拌焊机、气密检测仪、焊接机器人工作站、合金成型生产线等国产设备306台（套），主要产品为电池托盘、电机壳和电机轴。公司与上汽、宇通、长城、小鹏、蔚来、理想、江淮、金龙等乘用车和客车头部企业建立密切的业务合作关系。公司将原先的单独电池托盘制造向产业链前端延伸，运用材料方面的新型专利技术、实现新能源造车“高强度、轻量化”，为上汽时代、江苏时代、常州理想基地等核心客户提供更加便捷的服务，进一步完善常州新能源汽车及核心零部件产业链，溧阳市场占有率已超10%。2022年，实现销售收入1.43亿元。

（孙　涛）

【江苏科达利精密工业有限公司】是深圳市科达利实业股份有限公司的控股子公司，位于江苏省溧阳高新区。新能源汽车锂电池精密结构件项目总投资30亿元，2017年9月实施一期项目，投资20亿元，建设用地14万平方米，达产后形成年产汽车动力锂电池结构件方形1.2亿套、圆形3亿套及电池包结构件10万件的生产能力；2021年实施二期项目，投资10亿元，建设用地7.2万平方米，建筑面积12万平方米，购置铝壳生产线20条、盖板生产线40条等其他设备，年用铝卷12000吨，辅材40万套，达产后可形成年产铝壳1亿套、盖板1亿套的生产能力，年新增销售收入20亿元。公司与宁德时代、LG、松下、力神、中航锂电等周边下游高端客户建立战略合作关系。2022年，实现销售收入28.38亿元，

总公司深圳市科达利实业股份有限公司创立于1996年，2017年3月在深交所中小板上市（股票代码：002850），为深圳500强企业。公司为全球新能源汽车动力电池精密结构件领域细分行业龙头企业，客户涵盖全球十大锂电池生产商中的8家，方形动力电池结构件国内市场占比60%左右，全球市场占比40%左右。

（孙　涛）

【江苏时代新能源科技有限公司】是宁德时代新能源科技股份有限公司（以下简称“宁德时代”，股票代码为300750）的全资子公司，创建于2016年6月，位于昆仑街道城北大道1000号，注册资本10亿元，主要从事新能源汽车动力电池系统、储能系统的研发、生产和销售推广。公司先后获评国家高新技术企业、省智能制造示范工厂并通过两化融合管理体系贯标评定认证。

2016年宁德时代在溧阳投资建设锂离子电池长三角生产基地；2018年增加投资120亿元建设（三期）扩能项目；2021年总投资近120亿元的江苏时代动力及储能锂电池研发与生产项目（四期）开工建设，12月投产，实现“当年开工、当年投产”。宁德时代在溧阳累计总投资近500亿元，设计产能达126百万千瓦时。2022年，江苏时代新能源科技有限公司全年产量超57百万千瓦时，比上年增长74%；产值达564亿元，增长140%；完成销售收入512.2亿元，增长105.6%；入库税收8.6亿元。在江苏时代的龙头引领下，溧阳高新区2022年度动力电池产量达80百万千瓦时，产值突破1000亿元，比上年增长130%，占全国总量15%、全省38%，规模实现全国县域第一。未来溧阳高新区锂离子电池产能可望突破200百万千瓦时，将成为长三角最大动力电池研发与生产基地。

（孙　涛）

【江苏卫蓝新能源电池有限公司】成立于2018年1月，为北京卫蓝新能源科技有限公司的全资子公司，是一家以固态锂电池研发与生产为主营业务的高新技术企业，产品广泛应用于覆盖无人机、电动工具、规模储能、电动汽车等领域。公司聚焦高能量密度、高安全、高功率和宽温度范围适应性的混合固液电解质电池和全固态电池产品，着力打造中科院物理所固态电池技术产业化平台，具备超薄复合金属锂制备技术、固态电解质／快离子导体制备技术、多涂层正极制备技术、全固态电池制备技术、预锂化技术和高电压集成技术，能够为各领域对电池技术的需求提供个性化解决方案。

公司已通过ISO 9001质量管理体系认证、ISO 14001环境管理体系认证、ISO 45001职业健康安全管理体系认证和两化融合管理体系认证，拥有专利24项，其中发明专利1项、实用新型专利21项、外观专利2项。公司先后获得高新技术企业、江苏省民营科技企业、2022年度企业创新成长奖、2022年度科技创新先进单位等称号。2022年，实现销售收入7394万元，比上年增长180.5%，研发费用893.9万元，研发占比12.09%。

（孙　涛）

【江苏嘉拓新能源智能装备股份有限公司】成立于2017年7月，注册资本30500万元，占地面积10.3万平方米，是一家集新能源技术研究、开发、生产和销售于一体的设备制造商和方案解决商。公司下设深圳市新嘉拓自动化技术有限公司、江西嘉拓智能设备有限公司、宁德嘉拓智能设备有限公司、东莞市嘉拓自动化技术有限公司、广东嘉拓自动化技术有限公司、四川嘉拓智能设备有限公司、香港嘉拓智能设备有限公司7家全资子公司以及东莞嘉拓日晟智能科技有限公司、东莞市超鸿自动化设备有限公司2家控股子公司。

公司为高新技术企业和江苏省专精特新企业，已通过两化融合管理体系认证、知识产权贯标体系认证、ISO 9000质量管理体

系认证、ISO 14001 环境管理体系认证及 ISO 45001 职业健康安全管理体系认证。公司建有省工业设计中心和企业技术中心，拥有发明实用新型专利和软件注册权 200 多件，其中国际专利 7 件。公司与大众、TDK 等国内外大客户建立密切的业务合作关系，海外业务具备一定规模。2022 年，实现主营业务收入 139663 万元，上缴税收 639 万元，研发投入占主营业务收入比重达 10%。

（孙　涛）

【江苏卓高新材料科技有限公司】 成立于 2017 年 4 月，是璞泰来集团投资项目“高安全性锂离子电池功能涂层隔膜生产基地及研发中心建设项目”的实施主体。公司主要从事中、高端锂电池用涂覆隔膜（陶瓷涂覆隔膜、PVDF 涂覆隔膜等）的研发、制造和销售，涂覆隔膜产品技术居于国内领先水平。公司已通过两化融合管理体系认证和知识产权管理体系贯标认证，先后获得国家专精特新“小巨人”企业、国家高新技术企业、省级民营科技企业、省级两化融合贯标试点企业等称号。

公司与高等院校、研究机构开展前沿项目合作，构筑高水平研发平台，组建江苏省工程技术研究中心和江苏省企业技术中心，从主导产品的核心技术到生产工艺的系列流程，创立自主知识产权体系。公司致力于为客户提供安全、高能量密度、高功率密度锂电池用涂覆隔膜，成功开发出陶瓷涂层隔膜、PVDF 涂层隔膜、陶瓷和 PVDF 混合涂层隔膜产品等新型涂覆隔膜，产品主要应用于高端锂离子电池市场。2022 年，实现销售收入 16.93 亿元，研发费用 6561 万元，研发占比 3.88%。

（孙　涛）

【溧阳天目先导电池材料科技有限公司】 成立于 2017 年，是一家专注于锂离子电池新型高端纳米硅碳负极材料和固态电解质研发、生产及销售的国家高新技术企业。2022 年，实现销售收入 2.48 亿元，比上年增长 316.6%，上缴税收 149 万元，研发投入占销售收入比重达 14.92%。

公司致力于纳米硅碳负极材料的规模生产及应用，产品应用场景丰富，市场需求旺盛，已通过 ISO 9001、IATF 16949 质量管理体系，ISO 14001 环境管理体系和 ISO 45001 职业健康管理体系认证。公司拥有世界范围内较早的纳米硅负极的核心授权专利，核心技术源于中国科学院物理研究所在纳米材料方面的持续研发积累和工程化放大经验，参与国家项目“面向中美合作的纯电动力系统前沿技术联合研究”。公司拥有 205 项专利，其中发明专利 196 件、实用新型专利 9 件；已授权专利 45 件，其中发明专利 39 件、实用新型专利 6 件；申请国际专利 17 项。公司先后获得国家级专精特新“小巨人”企业、江苏省“双创”企业创新类项目、常州市领军型创新人才引进培育项目、常州市“市级工程技术研究中心”项目、江苏省民营科技企业、国家高新技术企业、苏南潜在独角兽企业、溧阳市突出贡献奖等称号。

（孙　涛）

【溧阳紫宸新材料科技有限公司】 是上海璞泰来新能源科技股份有限公司的全资子公司，成立于 2017 年 9 月，位于溧阳高新区城北大道 588 号，用地面积 22 万平方米，有员工 796 人，其中博士 3 人、硕士 29 人、本科 132 人，为人造石墨负极材料细分领域的行业领军企业，居全国第三。公司与众多世界知名锂电客户建立密切的业务合作关系，经营范围包括纳米材料研发，锂离子电池负极材料、碳复合负极材料、硅负极、硅碳石墨体系等复合材料的研发、生产和销售，已形成年产 6 万吨高性能锂离子电池负极材料的生产能力。2022 年，实现销售收入 41 亿元。

公司与中科院及国内多家著名科研院所紧密合作，具有强大的自主研发实力，管理高层均为负极材料相关产品应用开发领域杰出人才。公司已通过 ISO 9001：2015 质量管理体系、ISO 14001：2015 环境管理体系、ISO 45001：2018 职业健康安全管理体系和 IATF 16949：2016 汽车质量管理体系认证，拥有授权发明专利 15 项、实用新型专利 15 项、已受理发明专利 31 项。2022 年，公司通过两化融合管理体系 AA 评定并获得证书，检测中心通过 CNAS 实验室认证，获评江苏省专精特新中小企业、常州市绿色工厂、常州市“专精特新”中小企业。

（孙　涛）

【上汽时代动力电池系统有限公司】 成立于 2017 年 6 月，总投资超 10 亿元，其中上汽集团占股 51%，宁德时代占股 49%，为上汽集团新能源产业链布局中的重要版块，主要从事动力电池模组和系统的开发、生产和销售以及动力电池专业技术领域内的技术开发、技术转让、技术咨询和服务，

上汽时代车间　　（溧阳高新区　供稿）

已形成年产36万台锂离子动力电池系统的生产能力。

公司量产以来，已实现配套10余种新能源车型，为上汽集团提供近20万套高品质动力电池系统，已成为上汽集团最大的动力电池系统供应商。公司主要生产第二代、第三代动力电池系统产品。第二代产品采用轻量化、大模组结构，工艺性好，系统能量密度高，多种电量和车型共用动力电池壳体，电气及机械接口统一标准，实现产品平台化；第三代产品创新采用无模组的CTP技术，大幅减少零件数量，在平台化的基础上进一步降低成本、提升安全性和能量密度。

公司获评省五星级上云企业和省级示范智能车间，通过两化融合管理体系贯标评定认定，研发人员占比超过20%。2021年，实现销售收入12亿元，净入库税收4075万元。2022年，实现销售收入25亿元，净入库税收6075万元。

（孙　涛）

【时代上汽动力电池有限公司】 由宁德时代新能源科技股份有限公司和上海汽车集团投资管理有限公司合资设立，其中宁德时代新能源科技股份有限公司占51%，上海汽车集团投资管理有限公司占49%。公司主要从事锂离子电池、锂聚合物电池、燃料电池、动力电池、超大容量储能电池的研发、生产和销售，先后获得江苏省示范智能车间、常州市智能车间等称号。

公司依托宁德时代强大的研发实力、丰富的科研平台及硬件基础及显著的规模效应，为上汽集团等整车企业提供配套产品。一期项目于2017年开工建设，总投资70亿元，规划产能18.6百万千瓦时，占地面积56.1万平方米，规划总建筑面积50万平方米，1号、2号厂房及配套设施已建成投入使用。二期项目于2021年5月开工建设，总投资不超过100亿元，规划产能30百万千瓦小时，占地面积66.7万平方米，规划总建筑面积74.5万平方米，3号厂房及配套设施正在建设中。2022年，实现销售收入179.7亿元，比上年增长127.5%，上缴税收1.61亿元。

（孙　涛）

【江苏天赐高新材料有限公司】 成立于2018年，是上市公司广州天赐高新材料股份有限公司的全资子公司，主要生产锂离子电池电解液，年产能达20万吨。公司向成为母公司“全球运营中心”及“高效优品标杆”的目标高速迈进。2022年，一期年产20万吨电解液项目顺利实现投产，实现税收8843万元，二期年产20万吨锂电池电解液改扩建项目当年完成签约备案。公司在做好安全生产和品质提升的同时，切实做好企业节能减排工作，挖掘绿色增长潜能，努力实现经济与环境效益的双赢。公司与CATL、LG、国轩高科、中创新航等新能源行业知名企业建立密切的业务合作关系。2022年，实现销售收入38亿元。

（顾　昕）

新材料制造产业

【概　况】 溧阳的新材料制造产业近年来发展迅速，已经形成稀土新材料和聚酰亚胺膜材料2个特色产业集群。

建设新材料基地是提升产业结构的重要途径之一。溧阳的新材料主要有稀土、激光、电子材料、氨基模塑料、有机硅、绿色建材和生物能源等，拥有以索尔维稀土为龙头的稀土新材料、以乔尔塑料为主的聚酰亚胺膜材料产业。2022年，索尔维稀土销售收入8.3亿元，乔尔塑料销售收入4.7亿元，铭丰电子销售收入15亿元，联赢激光销售收入5.4亿元。

【江苏金久科技新材料有限公司】 位于别桥镇，是一家研发、生产和销售新型节能环保型建筑材料的高科技企业，占地33.3万平方米（一期17.3万平方米），注册资金6000万元，总投资3亿元。公司引进德国及意大利精密设备，持续革新制造工艺，各项技术指标达到国家及行业标准。2022年，实现销售收入9500万元。

公司生产的节能环保幕墙陶板质地淳朴、色泽温润、隔音降噪、保温效果良好，广泛应用于写字楼、住宅等建筑。公司致力于海绵城市道路材料的研发与生产，生产的高强度陶瓷透水砖，采用陶瓷废料经高压并筛分选料，添加结合剂后，经成型、烘干、1200℃高温烧结而成，广泛应用于人行道、公园、广场、球场、植物园道路、轻量级道路、停车场、地下建筑工程以及新型体育运动场地。金久陶瓷透水砖具有良好的透水性，可以轻松应对60毫米每小时的降雨量，不仅可以渗透、储存、调节雨水，还可以改善植被的生态环境，调节大气湿度、净化空气，有效缓解城市“热岛效应”，多样的色彩还可丰富城市景观。

（潘　超）

【江苏隆迪新材料有限公司】 创办于2011年8月，位于别桥镇北山工业园，占地面积3.3万平方米，是一家专业生产涤纶加弹丝（DTY）的民营企业。公司拥有先进的工艺技术，实行现代企业管理模式，引进具有国际先进水平的德国巴马格高速加弹机。主要产品网络丝、低弹丝的各项技术指标均达到国内先进水平，主要销往韩国、埃及、斯里兰卡、越南、印尼、墨西哥等国家，国内销往常州、常熟、吴江等地区。2022年，实现销售收入1亿元。

（潘　超）

【溧阳市佳禾电子材料有限公司】 是集特种电磁线涂料、音圈涂膜胶水研发、生产、销售和服务于一体的国家高新技术企业、常州市专精特新中小企业。2005年与日本NIKKEI电机株式会社合资成立佳山电子材料有限公司。公司主要生产各种耐温等级的电磁线专用醇溶自粘漆、环氧自粘漆以及音圈基材涂膜用胶水等系列品种，产品配方科学、性能优良，填补多项国内空白，性能指标达到国际先进水平，广泛应用于高品质绕组线及电声器材产品的制造。公司与国内外众多知名企业建立良好的协作关系。2022年，实现销售收入6000万元。

公司先后承担“国家火炬计划”“国家级科技型中小企业创新基金”“江苏省科技型中小企业创新资金”等科技项目；获得“常州市科技进步奖”“溧阳市科技拔尖人才奖”等奖项及“科技先进集体”等称号。公司拥有多项国家新技术发明专利和省级高新技术产品，成立“常州市特种功能高分子材料工程技术研究中心 ”，是行业标准的署名起草单位之一；企业负责人被江苏省人才工作小组确定为“江苏省高层次创新创业人才培育计划”拔尖人才。

（蒋璐怿）

【江苏联赢激光有限公司】 成立于2017年，有员工800余人，其中专业研发及技术人员占比超40%，是从事精密激光焊接设备及自动化解决方案的主要供应商，为科创板上市公司深圳市联赢激光股份有限公司（股票代码：688518）的全资子公司，是联赢激光最大的生产基地和重要的研发基地。激光焊接设备及自动化解决方案广泛应用于动力电池、汽车制造、消费电子等领域。公司与宁德时代、比亚迪、欣旺达、亿纬锂能、上汽集团、松下、三星、LG等知名企业建立长期合作关系，产品远销至日本、越南、韩国、巴西、捷克、马来西亚等20多个国家及地区。2022年，实现销售收入5.37亿元。

公司先后获得国家级高新技术企业、江苏省专精特新企业等称号，已通过ISO 9000质量管理体系认证、3C认证、CE认证，拥有激光焊接相关专利139项，其中发明专利19项、拥有软件著作权131项。基于母公司在激光光学系统研发、激光器研发、激光焊接工艺研发、自动化研发、智能产线信息化管理等方面的先进技术体系，组建高水平研发团队和先进研发平台，打造新能源汽车生产装备基地、省级激光焊接重点实验室和自动化技术人员实训中心，拥有常州市高精度激光焊接技术工程技术研究中心、常州市企业技术中心和常州市工业设计中心。与溧阳高新区、长三角物理研究中心深化合作，签约共建溧阳激光研究院。

（孙　涛）

【溧阳索尔维稀土新材料有限公司】 是比利时索尔维（SOLVAY）集团在全球投资规模较大的稀土电子与催化剂新材料生产企业，成立于2000年8月，主要从事稀土相关产品（含稀土新材料）的开发、应用、生产与销售。

公司依托索尔维集团的技术研发优势，成功实现从冶炼分离为主向稀土应用新材料开发的转型升级。用于汽车尾气净化处理的稀土催化材料、用于电子领域的稀土精密电子电容陶瓷材料等稀土应用产品得到德国巴斯夫、英国庄信万丰、比利时优美科等国际知名跨国公司和无锡威孚等国内高端客户的青睐。2022年，实现销售收入8.3亿元。

公司已通过ISO 9001质量管理体系认证、ISO 14001环境管理体系认证、ISO 50001能源管理体系认证、ISO 45001职业健康安全管理体系认证、中国合格评定国家认可委员会实验室认证（CNAS）。企业的HSE管理水平、分析检测能力、产品质量档次、信息技术应用、技术创新能力、社会经济效益在国内稀土行业中处于领先地位。

公司始终追求公司经济效益和社会效益的双丰收，先后获得“海关高级认证企业”“江苏省劳动保障诚信示范企业”“常州市安全生产先进企业”“常州市四星明星企业”“常州市环保信用评价绿色企业”“溧阳市工业四星企业”“溧阳市五星级外贸企业”“溧阳市资源利用集约综合评价优胜企业”等称号。

（薛志远）

【常州乔尔塑料有限公司】 成立于2005年，位于南渡镇旧县工业园区，占地面积8.6万平方米，建筑面积6万平方米，总资产6亿元，有员工500余人，其中科技研发人员120名。公司为绿色发展领军企业和江苏省专精特新中小企业，拥有发明专利等自主知识产权40余件，年生产氨基模塑颗粒料4.5万吨、甲醛15万吨。2022年，实现销售收入4.7亿元。

公司先后与北京航空航天大学、中石化北京化工研究院、四川大学、南京航空航天大学等科研院校进行产学研合作。2009年9月，承担江苏省科技计划支撑项目“低成本高性能氨基模塑复合材料及其新工艺技术”。2010年9月，被江苏省科学技术厅认定为高新技术企业。2011年5月，成立江苏省热固性新材料工程技术研究中心、江苏省工程中心、江苏省企业技术中心。2013年9月，获批江苏省科技成果转化专项资金项目“环保型高性能氨基模塑颗粒料关键技术研发与产业化”，项目竣工验收后被常州市评为产学研合作成果奖。2015年5月，获批科学技术部（产业化示范）火炬计划项目。2015年12月，获江苏名牌产品证书。2016年，成立江苏省博士后创新实践基地。2015年3月和2017年11月，分别成功申报并获批江苏省“双创计划”——双创团队和双创博士（企业博士后类）2个项目。董事长肖和平于2015年被科技部评为“创新人才推进计划科技创新创业人才”，2017年被评为“国家‘万人计划’科技创业领军人才”。

（顾　昕）

【江苏瑞复达新材料有限公司】 由江苏瑞复达高温新材料股份有限公司于2012年投资设立，占地面积3.5万平方米，为高技术不定型高温材料和高温功能材料专业制造商。公司致力于为铝熔铸行业提供定制化高温材料及解决方案，生产系统和工艺流程依据国际标准设计，产品广泛应用于铝加工、铝压铸、再生铝、汽车配件（轮毂、发动机等）、铸造、轨道交通、航空航天、钢铁、电力、垃圾焚烧、热能设备等高温领域。公司在全国设有11个销售服务中心，服务网络覆盖亚太。2022年，实现销售收入9907万元。

公司拥有2000平方米的研发测试平台、完整的质量管理体系、先进的检测设备和手段。研发中心团队由材料研发专家、应用专家和具有跨国公司研发管理背景的专业人士组成，核心骨干为具有多年高温材料研究开发经验和国际化产品开发理念的江苏省“双创人才”专家及常州市“龙城英才”专家，同时聘请国家级专家等作为技术支持顾问。2014年，研发中心被常州市认定为“常州市碳纳米材料及功能热陶瓷工程技术研究中心”。2016年，公司与上海交通大学共同建立“工程实践教育中心”。

（狄　霞）

【兴跃洋新材料科技（江苏）有限公司】 成立于2018年3月，位于溧阳经济开发区，占地面积6.7万平方米，厂房建筑面积5万平方米，是一家专业生产各种异型不锈钢线材及棒材的民营企业。公司与大连理工大学常州研究院合作进行医用合金新材料的研发及产业化，专业生产各种300、400系列不锈钢棒材、线材及各类医用合金新材料等，年生产能力达5万吨。2022年，实现销售收入1.9亿元。

公司引进国际先进水平的不锈钢生产线及检测设备，拥有各种先进生产设备100余台套，拥有经验丰富的工程技术人员和技术娴熟的员工队伍，产品技术指标和工艺技术国内领先，部分材料填补国内空白。产品广泛应用于航空、航天、核电、石油、新能源、发动机零部件、轨道交通、海洋工程及近海建筑、船舶、IT、通信电子、食品、医疗、化工、造纸、炼油、陶瓷模具、精密仪器、精密轴承制造等领域。

（王倩倩）

【江苏铭丰电子材料科技有限公司】 成立于2013年，注册资金3739万元，有员工380人。公司长期致力于电池、电容器等电极材料的开发、材料表面处理工艺及助剂研究等工程技术开发和成果转化，为中国电子材料协会铜箔分会会员企业和江苏省表面工程协会会员单位，产品70%销往生益科技、华正新材、金安国纪、CATL、星恒电源、鹏辉能源等上市公司。2022年，实现销售收入15亿元。

公司拥有应用于PCB的电子铜箔和应用于锂电池的双面光等多种生产技术，先后引进国内诺德、湖北中科、灵宝华鑫、招远金宝等技术团队并融合日本电解的铜箔生产处理技术，开发出国内最新一代锂电箔生产工艺技术。公司力争解决国外高档电解铜箔产品的“卡脖子”现象，应用于5GPCB的RTF反转处理电解铜箔、应用于挠性覆铜板的LP铜箔、应用于高频高速PCB的HVLP铜箔等产品已小批量进入市场，并获得市场认可。公司已通过IATF 16949:2016质量管理体系认证和ISO 50001:2018能源管理体系认证。

公司与电子科技大学、哈尔滨工业大学、天津大学、中科院青海盐湖所等高校院所进行产学研合作，拥有江苏省工程技术研究中心、江苏省企业技术中心、江苏省工业设计中心、常州市工程研究中心、江苏省研究生工作站等各类研发平台，正在研发低轮廓（Rz ≤ 2.0微米）耐高温高延伸铜箔、4微米锂电双面光铜箔、5G高频高速特种低轮廓RTF铜箔以及HVLP（Rz ≤ 1.0微米）、黑化铜箔、超厚铜箔等多种类型的铜箔生产处理工艺技术。

公司先后获得2017年国家高新技术企业、2020年国家高新技术企业、国家专精特新“小巨人”企业、江苏省民营科技企业等称号。“耐高温高延伸电解铜箔”被评为2019年“江苏省专精特新产品”，“高性能超薄锂电池用电解铜箔关键技术研发及产业化”获评2020年“中国表面工程协会科学技术奖一等奖”。

（毕　俊　龚　鑫）

【江苏前峰电子有限公司】 成立于2016年4月，位于社渚镇，占地面积6.7万平方米，建筑面积2万平方米，注册资本人民币1000万元，有员工1300人，其中中高级管理人员120人。公司主要从事电子产品及电子元器件的加工和制造，具有从SMT贴片到成品老化、包装的完整工艺流程，产品结构丰富，共有7个生产车间。公司先后通过ISO 9001质量体系、ISO 14000环境体系及职业健康体系认证，拥有固定合作厂商 21家。公司秉承“安全为天，质量为本”的高质量发展宗旨，各项经济指标处于同行业第一方阵。2022年，实现销售收入4241万元。

（毕　俊　龚　鑫）

输变电设备制造业

【概　况】 2022年，溧阳市输变电产业在全市工业经济中继续保持着领先地位。输变电行业主要靠龙头规模企业带动发展，上上电缆集团的特种电缆和华朋集团的特种变压器等产品在国内外具有很大的知名度和很高的市场占有率，两大集团利税总额均在溧阳市位列前十。安靠智能为溧阳市首家A股上市公司，股票代码为300617。

【江苏安靠智能输电工程科技股份有限公司】 成立于2006年，注册资本1.68亿元，为智能电网产业领军型企业，2017年2月在创业板上市，是全球唯一同时掌握两种地下输电技术（超高压电缆输电、气体绝缘输电）的高新技术企业。公司致力于高压及超高压电缆连接件、气体绝缘输电、智慧模块化变电站及相关产品的研发和生产，并以上述产品为基础，构建服务未来能源体系的先锋输变电系统，为客户提供智慧输变电系统整体解决方案，先锋输变电超级装备连续两次被央视《大国重器》节目报道，代表了中国电力装备的最高技术水平。2022年，实现销售收入7.73亿元、净利润1.56亿元，上缴税收6723万元。

公司拥有国家战略性新兴产业研发平台——超特高压地下输电研究中心、省级工程中心、工程技术中心、工业设计中心和博士后科研工作站。公司先后获得“第七批国家制造业单项冠军产品”“国家专精特新科技‘小巨人’”“江苏省百强创新型企业”等称号。共有39项产品被评为省级和国家重点新产品，取得96项专利，其中发明专利21项。公司在产品及系统工程方面创造了多项国内和国际行业第一，为国家电力建设节约数十亿元，保障国家电力能源运行安全。5个系列12项产品填补国内空白，其中6项技术和产品属于世界首创。在输电工程方面创造10项国内第一，其中9项世界第一。

（孙　涛）

【江苏华朋集团有限公司】 始建于1967年，占地29.84万平方米，资产总额104.5亿元，年生产能力2亿千伏安。公司是国家定点生产电力变压器和特种变压器的专业制造企业，为国家重点高新技术企业、江苏省百家重点培育发展企业、中国机械工业企业核心竞争力100强企业，建有国家级企业技术中心、国家地方联合工程研究中心、企业院士工作站、博士后科研工作站、博士后技术创新中心和江苏省高压智能变压器工程中心。自2005年起，公司一直被评为“中国工业行业排头兵企业”；2009年获得全国机械工业质量奖；2014年被《华尔街日报》《世界工业杂志》誉为世界品种最全、规模最大变压器制造厂之一，是北美变压器十大品牌中唯一入选的中国企业。

公司专注于变压器“高、精、尖”领域的研发制造，逐步形成自身的核心竞争优势。2021年，110千伏电力变压器被工信部评为制造业单项冠军产品。2022年3月，110千伏及以上产品发运突破11000台（全球最多）。500千伏级超高压电力变压器性能水平达国际先进，在北美市场份额占比位列国内同行业第一位；1000兆伏安 525千伏变压器应用于首个500千伏电压等级接入电力系统的风电项目；研发的世界首台63000千伏安 110千伏干式变压器可有效代替六氟化硫，填补世界空白；研发的48脉波干式整流变压器技术为国际首创；华朋干式变压器广泛运用于国内500米以上高楼以及银行数据中心；8200千伏安 35千伏海上风电机舱变压器为国内首台通过内燃弧试验的变压器。产品广泛应用于国内各大火电、光伏、特高压等领域，并远销北美、南美、欧洲等88个国家和地区。2022年，实现销售收入66.38亿元，上缴税收3.65亿元。

（孙　涛）

【江苏上上电缆集团有限公司】 创建于1967年，始终专注于电线电缆产品的研发、制造和服务，全球绝缘线缆企业规模排名“中国第一，全球第七”。公司先后获得中国制造业企业500强、国家级制造业单项冠军产品、国家知识产权优势企业等称号，获评中国工业界“奥斯卡”——“中国工业大奖”，分别于2016年2月、2018年11月和2021年9月获得第二届、第三届和第四届“中国质量奖提名奖”，拥有国家认定的企业技术中心和博士后科研工作站。

公司坚持“专精特新”发展战略，以数字化转型为主攻方向，拥有自主知识产权和国家级新产品等288件，其中发明专利29件，建成现代化集成制造系统——CIMS集控中心，实现超高压电缆生产的全过程质量控制。公司具备从220伏直至50万伏全系列电力电缆及各类特种电缆的生产能力，产品涉及新能源、输配电、海工及船舶、建筑工程等领域，出口全球80多个国家和地区。自主研发的核电站用电缆、港口机械用电缆入选“全国制造业单项冠军产品”榜单，其中三代核电壳内电缆填补了世界核级电缆领域空白，华龙一号壳内电缆达到国际领先技术水平。新能源汽车用电缆、柔性防火电缆等一大批新型特种电缆引领中国电缆技术的前沿。2022年，实现销售收入352亿元，上缴税收8.3亿元。

（孙　涛）

【中安（常州）电气有限公司】 创建于2007年，是中安集团经贸有限责任公司的全资子公司，注册资金6000万元，占地面积4万平方米，建筑面积2万平方米，有员工120名，其中大专学历以上人员达50%以上。公司先后开发出容量范围在30～1600千伏安、电压等级在10千伏及以下的各种规格型号的配电变压器、干式配电变压器和非晶合金变压器，年生产能力达10000台以上，产品广泛应用于国家电网和南方电网建设工程。2022年，实现销售收入1.66亿元。

公司与北京中机联供技术、美国霍尼韦尔公司、美国通用电气公司、联信公司等知名企业开展技术合作，坚持自主研发和再创新，取得具有创新性的“非晶合金铁芯电力变压器的减震结构、矩形线圈相间的复合绝缘”专利。公司自主研制生产的非晶、硅钢、干式变压器全部通过国家变压器监督检验中心型式试验，并完成型号注册。公司为国家节能产品惠民工程高效节能变压器推广企业，生产的变压器具有空载损耗低、空载电流小、节能环保、价格低廉等优点，使用于负荷波动大且密度高的农配电等场所，更具节能优势。S（B）H15-M-30～630系列产品获得国家级节能产品认证，并获得中国节能产品认证证书。

（陈 诺）

工程机械制造业

【概　况】 溧阳的工程机械制造主导产品有汽车部件、风电设备、电梯设备以及农牧机械设备，该产业的龙头企业规模较大、数量较多。布勒（常州）机械有限公司建成亚太地区最大最高端谷物食品加工基地，2022年实现销售收入17.7亿元。正昌集团是中国行业内第一家“中国驰名商标”企业，2022年实现销售收入32.78亿元。金源高端装备2022年实现销售14.6亿元。国强兴晟已形成光伏支架高端原材料制造、光伏支架加工、热镀锌加工等完整的光伏支架产业链，2022年实现销售收入40亿元。国电新能源装备2022年实现销售收入22亿元。科华控股为溧阳市第3家上市企业，股票代码为603161，2022年实现销售收入22亿元。

【布勒（常州）机械有限公司】是瑞士布勒集团设立在中国的全球的最大生产加工基地和研发中心，创建于2006年，占地面积20万平方米，建筑面积16.5万平方米，有员工1000余名，其中大专以上学历的员工600多名，硕士40多名；共有200多名销售、服务和技术人员（包含20余名外籍员工）。作为布勒全球动物营养业务单元总部，承接着布勒集团在全球范围内动物营养业务领域（畜禽饲料、水产饲料、预混料、宠物食品、谷物输送）的研发、生产以及销售、安装、售后、培训咨询等业务。每年向全球输出3万多台套优质设备，用于饲料加工、面粉加工、大米加工以及谷物处理等行业，成为饲料及食品加工技术和整体解决方案的市场领导者。公司专注于生产包含畜禽、水产、宠物食品在内的饲料加工机械设备和饲料成套工程，并为客户提供专业的技术咨询、服务和培训。2022年，实现销售收入17.7亿元。

公司已成长为集产品研发与制造，工程设计与安装于一体的知名企业，在饲料机械行业中名列前茅，产品销售到欧洲、东南亚、南亚、东亚、南美、中东、远东等100多个国家和地区，饲料机械出口占据中国饲料机械出口总量的20%。公司饲料成套设备用户包括通威集团、新希望集团、海大集团、泰高集团、正大集团、中粮集团、嘉吉集团、Bunge集团、帝斯曼集团、九鼎集团、温氏集团、康地集团、唐人神集团、正邦集团、天邦集团、光明集团、淮安天参等600家国内国际知名企业。

（陈 诺）

【江苏水蛙环境科技有限公司】创建于2019年9月，注册资本1000万元，位于别桥镇，占地面积8.4万平方米，厂房面积6万平方米，为苏州飞驰环保科技股份公司的全资子公司。公司主要经营水面清洁船、特种船舶、铝合金船的研发和制造，拥有集船体焊接、功能部件制造、总装调试于一体的全自动水面清洁船流水化生产线，全自动环卫设备制造项目是全国最大的全自动水面清洁船制造项目。

苏州飞驰环保科技股份公司为全国唯一一家上规模的水面清洁船专业制造商，占据国内全自动水面清洁船市场70%以上的市场份额，拥有行业内80%以上的专利。2015年1月，在“新三板”挂牌上市（证券代码为831846）。2016年，FEICHI商标被认定为江苏省著名商标。

（潘 超）

【江苏盈德机电设备制造有限公司】 创建于2016年11月，位于别桥镇北山工业园区，厂区面积6.4万平方米，注册资金1000万元，有员工150余人，主要从事机械设备、机械零部件及电气控制系统设备的研发、制造、销售和安装。公司拥有各种先进的机械加工设备和大型检测设备，致力于为客户提供贴心的技术服务。公司已通过ISO 9001—2008质量管理系统认证、GB/T 24001—2004环境质量管理体系认证和GB/T 28001—2011职业健康安全管理体系认证，部分员工取得国际认可的埃比埃斯不锈钢和Q345钢材的焊工资质。公司与瑞士布勒集团、德国必诺、日本恩斯克、上海博凯机械、葆柯物流、拓斯克、萨伊感应设备、上海ABB工程、江苏中兴西田数控科技等知名企业建立长期稳定的合作关系。

（潘 超）

【赫菲斯热处理系统江苏有限公司】 成立于2010年10月，位于埭头工业集中区东培路66号，是一家专业研发热处理工艺和热处理装备的高新技术企业，正在申报常州市专精特新企业，主要产品为各类自动化可控气氛热处理生产线、真空热处理生产线。2012年，与世界著名的法国ECM公司联合成立中法合资企业，共同开发和制造高端热处理装备。公司能够解决热处理设备及工艺在节能、环保、安全等方面的技术难题，建有省级研究生工作站，先后获得国家热处理行业协会理事单位、江苏省高新技术企业、江苏省民营科技企业等称号。2022年，实现销售收入1.2亿元。

（蒋璐怿）

【溧阳市江南烘缸制造有限公司】 创建于1993年4月，位于戴埠镇镇南工业集中区，有员工130人，是一家专业从事钢制烘缸设计、研发、生产的国家高新技术企业。主要产品为钢制扬克烘缸、镀铬烘缸、夹套镀铬烘缸、光泽缸、高速导辊、纸机机架及非标设备等，投放市场各种型号钢制烘缸多达1.6万余台，主要客户有比利时考克利、德国福伊特、奥地利安德里茨、维达纸业、玖龙纸业等国际国内造纸机械行业知名企业。公司旗下另有江苏维美轻工机械有限公司（同厂区配套生产），一期占地5.6万平方米，拥有标准化现代厂房3.5万平方米和大型数控机床装备及加工中心。

公司吸收欧洲先进技术理念，成功研发制造出具有自主专利技术的钢制扬克烘缸，钢制扬克缸生产规模水平居全球同行业之首。公司先后获得国家专精特新“小巨”人企业、江苏省企业技术中心、江苏省工程技术研究中心、江苏省工业设计中心、常州绿色工厂等称号。2020年，公司新上高效钢制烘缸项目，总投资3亿元，其中设备投资1.1亿元，规划用地3.3万平方米，计划建设厂房办公楼3.6万平方米，达产后，将新增3.5亿元销售收入。2022年，实现应税销售1.95亿元。

（袁子杰）

【江苏正昌集团有限公司】 是一家集饲料机械与工程、粮食加工装备与仓储、农牧饲料与油脂、房地产于一体的大型产业化集团，创建于1918年，有员工1500余人，下属20家分支企业和海内外30多家服务机构。公司是国内饲料机械行业的领军型企业，为中国饲料机械行业内第一家ISO 900国际质量体系 认证企业，连续12年被评为国家级“守合同重信用企业”，2021年获得“全国先进基层党组织”称号，先后获得“亚洲名优品牌”“中国国家重点高新技术企业”“中国行业标志性企业”“全国模范劳动关系和谐企业”等称号。产品通过欧盟CE认证和俄白哈海关联盟CU-TR认证。

正昌系列饲料机械和成套工程广销全球80多个国家和地区，为全国1万多家饲料企业中65%的企业提供10000多台套制粒机装备，累计为粮食、港口、油脂、面粉、饲料、酿造、建材、化工、环保等行业的国内外1800多家用户设计6500多套交钥匙仓储成套工程。粮食加工装备与仓储技术是国家粮食局科研院“十一五”新技术，获得国家科技进步奖一等奖。2022年，实现销售收入32.78亿元，上缴税收3.31亿元。

（孙　涛）

【溧阳金纬产业园】 位于江苏省溧阳高新区，占地22.6万平方米，有员工700余人，拥有金纬机械溧阳有限公司、常州金纬挤出机械制造有限公司等13家专业公司，其中8家公司是高新技术企业，多家专业公司获得溧阳市优秀企业、溧阳市五星企业、江苏省质量、服务和诚信三星企业等称号。主要产品有各类汽车塑料配件设备、医疗塑料设备、管道生产线、各类塑料异型材生产线、塑料辅助回收生产线等配套件，多项产品被评为国家重点新产品。

产业园拥有一支高素质的研发队伍和经验丰富的机械、电气调试工程师团队，以及先进的机械加工基地和规范的装配车间，年生产1000多（台）套高档的塑料挤出生产线和其他成套设备，连续11年挤出行业排名国内第一。产业园拥有完善的ISO 9001质量管理体系，通过CE认证，获得发明专利8个、实用新型专利228个、软件著作权9个。产品畅销全国各地，并出口到俄罗斯、印度、韩国、印尼、中东、非洲和南美洲、西班牙、意大利等100多个国家和地区。2022年，实现工业产值达10亿元。

（孙　涛）

【科华控股股份有限公司】 创建于2002年，有员工2700余人，为全球知名的汽车涡轮增压器零部件细分行业头部企业，2018年1月5日，公司在上海证券交易所主板上市，股票代码为603161。

公司专业生产汽车涡轮增压器零部件、工程机械配件、液压泵阀以及新能源汽车零部件，已与盖瑞特、博格华纳、三菱重工、石川岛、GKN、宁波丰沃、长城汽车等国内外知名企业建立战略合作关系，产品大量出口国际市场，并被广泛应用于绝大多数国内外知名汽车品牌。营业收入年复合增长率超过20%，国内市场占有率达30%，全球市场占有率达12%，排名国内第一、国际前三。2022年，实现销售收入22亿元，上缴税收9202万元。

公司坚持创新驱动发展战略，建有江苏省博士后创新实践基地、江苏省（科华）涡轮增压器部件工程技术研究中心、江苏省企业技术中心、江苏省工业设计中心、常州市工程研究中心等科研平台，共有各类技术人员300名。公司与多所高校、科研单位建立产学研合作基地，累计获得专利授权110项，其中发明专利35项。公司先后获得国家高新技术企业、国家绿色工厂、中国铸造行业综合百强企业、中国优秀民营科技企业、江苏省智能制造示范工厂、江苏省两化融合贯标重点培育企业等称号。

（孙　涛）

【上汽大通房车科技有限公司】 成立于2016年9月，是上汽集团旗下上汽大通汽车有限公司的全资子公司。公司对标国际最先进的技术和标准，致力于推进房车全产业链布局，涵盖房车的研发、生产、销售和售后，为国内最先进、最大的房车研发及生产基地。

公司为国内第一家能够与基型车同步开发的房车企业，第一家完全引入整车开发流程的房车企业，也是国内第一家实现批量化C2B产品开发的房车企业，拥有授权专利25件、受理状态专利4件。公司从前期整车、系统及零部件技术方案的制定评审到后期的试验验证始终遵循严谨规范的前装车开发流程体系，产品覆盖全系列智能房车，包含B型房车、C型房车、皮卡房车、公路拖挂、营地拖挂等车型，产量、销量和市场占有率均位于全行业第一。2022年，销售房车1710辆，实现销售收入5.21亿元，全国市场占比达20%。

（孙　涛）

【溧阳中材重型机器有限公司】 是一家专业从事水泥机械设备、冶金机械设备、电力机械设备、矿山机械设备、普通机械设备及配件制造安装的江苏省高新技术企业，创建于2007年，注册资金1亿元，总投资11亿元，占地面积21.8万平方米，总建筑面积9.48万平方米，有员工550人，其中专业技术人员50多人，涉及机械设计、企业管理、外贸、电器设备安装等20余个专业。2022年，实现销售收入9.9亿元。

公司拥有年产日产5000～10000吨新型水泥生产线装备6.93万吨的研发、设计、制造能力。拥有各项专利33项，其中授权发明专利7项、授权实用新型专利26项。生产的破碎机、板喂机均为江苏省高新技术产品，产销量位居业内第一；堆取料机、辊压机、立磨、回转窑等产品拥有自主知识产权，市场占有率达20%以上，位居业内前三。研制的LRM矿渣立磨经中国建筑材料联合会科技部鉴定，主要技术经济指标达到国际先进水平。

产品畅销全国，并出口沙特、尼日利亚、巴基斯坦、越南等国家。2019—2020年，公司连续签订两个乌兹别克斯坦2500吨／天水泥生产线总承包项目，总项目投资金额达到7000万美元。

（陈　诺）

【溧阳市力士汽车配件制造有限公司】 创建于1976年，是江苏省定点生产汽车配件的重要企业，产品质量具有国内一流的设计技术水平。2018—2020年，连续三年被溧阳市政府授予资源集约利用综合评价“优胜企业”称号。

公司是上汽集团、北汽集团、比亚迪集团、东风集团、吉利集团、南京依维柯、上汽时代等传统以及新能源车企的一级配套企业，过硬的产品质量和周到及时的服务受到合作企业的普遍赞誉。2022年，实现销售收入8.2亿元。

公司有职工400余人，其中专业技术人员50多人，注册资金2000万元，总资产4.9亿元，其

上汽大通车间　　（溧阳高新区　供稿）

中固定资产2亿元，占地面积5.3万平方米，建筑面积4万平方米，其中厂房建筑面积3.5万平方米。拥有精加工设备近300台，其中大型、高精度设备78台；冲压设备近50余台，其中新冲压线16台。具有精良的检测仪器，其中三坐标测量仪2台、多元素分析仪2台；拥有完善的零件表面处理设备，包括现代化焊接设备，其中点焊机器人工作站18台、弧焊机器人工作站16台、固定台焊机14台。

（陈　诺）

【江苏通达机械设备制造有限公司】 创建于1996年，注册资金1.2亿元，总投资9000万元，占地面积2.7万平方米，建筑面积1.8万平方米，有员工148人。公司主要承接仓储成套、粕库成套和酿酒成套工程，主要生产斗式提升机、埋刮板输送机、皮带输送机、气垫输送机、螺旋输送机、桥式堆包机、除尘器、圆筒初清筛、锤片粉碎机以及蒸锅、摊粮机、网带机、配比秤等设备。公司大部分产品为消化吸收机型，质量可靠，品种齐全，其中，斗式提升机具有两大系列几十种规格，处理量达每小时1200吨；网带式初清筛处理量达每小时400吨；圆筒初清筛和网带清理筛处理量达每小时300吨；各种型号皮带输送机的输送量达每小时2000吨，产品畅销全国各地。公司在国内粮食机械系统具有技术和品牌优势，在酿酒成套工程上取得客户的一致好评。2022年，实现销售收入2.7亿元。

（陈　诺）

【溧阳市储丰钢板仓设备制造工程有限公司】 创建于2008年，注册资金2028万元，总投资1亿元，占地面积2万平方米，建筑面积2万平方米，有员工90余人。公司专业从事各种物料存储技术的研究、开发、设计及相关产品的销售和服务，产品广泛应用于粮食、建材、港口、环保等领域。公司拥有世界先进的钢板仓成套设备，核心技术处于国内领先水平。公司汇聚了一批从事钢板仓行业数十年的专业人才和资深管理者，具备项目咨询、土建、工艺、钢结构、电气、机械制造等专业化能力，能够为行业客户提供从前期咨询、钢板仓研发设计、工程项目施工到售后服务的整体解决方案，成功实施并管理着几百个钢板仓成套项目。2022年，实现销售收入1.8亿元。

（陈　诺）

【溧阳市山湖实业有限公司汽车装饰材料分公司】 创建于2005年，注册资本5088万元，总资产2.2亿元，坐落于南渡新材料工业集中区，主要从事PU类汽车顶棚基材、天窗遮阳板基材、发动机机盖及前围隔热垫及汽车备胎盖板、搁物板、地毯支架、发动机装饰罩的研发与生产，年生产顶蓬用PU基材150余万台、发动机机舱50余万台、PHC备胎盖板200万台、低密度成型件150余万台。公司已成为北汽新能源、长城汽车、吉利集团以及深圳比亚迪等知名企业的一级供应商，在国内内饰基材行业奠定品牌优势，产品覆盖大部分国产轿车及部分具有代表性的合资车车型。2022年，实现销售收入4.5亿元。

公司在低气味环境指标、吸声、轻量化、高强度等内饰件基材应用关键性能指标上取得突破性成果，已通过ISO 9000质量体系认证、ISO 14000环境体系认证、IATF 16949：2009质量管理体系认证和国家知识产权管理体系认证。公司与安徽工业大学、南京金陵科技学院、南京工程学院建立良好的产学研合作关系，2018年获评江苏省车用聚氨酯复合增强材料工程技术研究中心和江苏省企业技术中心。公司先后获得长城汽车最佳供应商奖、省级专精特新中小企业等称号，连续4次获评国家级高新技术。

（顾　昕）

【溧阳市飞跃机电有限公司】 成立于1984年，位于上黄镇科创园，注册资金1000万元，占地面积12万平方米，有员工900名，主要从事风力发电机、电梯、轨道交通等领域的机械部件制造和加工。2015年，新增用地4万平方米，投资1.8亿元，建设现代化厂房1.8万平方米。公司拥有精密焊接机器人、大型数控激光切割机、大型数控等离子切割机、大型数控落地镗铣床、大型数控龙门镗铣床、大型数控立式车床等主要机械设备250多台套和完整的原产料检验设备、焊接检验设备、全套表面处理检查设备，在大中型焊接部件及精密加工领域达到国际一流水平。公司与西门子、上海电气等多家国内外知名企业建立战略合作关系。2022年，实现销售收入5.5亿元。

（狄　霞）

【申芝电梯有限公司】 成立于1999年，是一家集电梯设计、生产、销售、安装及维保于一体的大型现代化电梯企业，拥有国家定点设计、制造、安装、维保的“双A”级资质。公司注册资金2.08亿元，总面积5万平方米，厂房面积4.5万平方米，有员工近400人，已通过ISO 9001质量管理体系认证、ISO 14001环境管理体系认证、OHSAS 18001职业健康安全管理体系认证。拥有机器人折弯、机器人焊接、数控激光切割机、数控多工位转塔冲床、数控剪板机、数控折弯机、数控加工中心加速度测试仪、限速器测试仪等一整套先进的制造加工设备和检测仪器。公司获得几十项各类专利，在业内独家研发成功无油导靴，该技术成为绿色技术典范品牌。2022年，实现销售收入1.38亿元。

（狄　霞）

【常州恒联机械五金有限公司】 成立于2008年，位于上黄镇科创园，占地面积18800平方米，有员工300名，注册资金3800万元，主要从事机械设备、五金产品、把手的制造加工和塑料零件制造。公司新建自动化阳极氧化线、手动阳极氧化线和喷粉线，拥有环保防爆抛光机10台、环保防爆拉丝机10台、自动涂抹钝化液设备、压铸自动线集成设备等主要机械设备150台，配有洁净室和加工中心。2022年，实现销售收入1.67亿元。

（狄　霞）

【常州和仕达机械装备制造有限公司】 成立于2015年5月，注册资本4075万元。公司以生产回转体金属坯件为主要方向，主要从事模具的设计、回转体金属坯件的生产和销售，自主研发生产半轴、低碳钢薄壁回转体金属坯件；异型环件等产品。公司拥有1.6万吨ACDR（Axial Closed Dies Rolling）、3150吨双动液压机、630吨液压机、1000吨液压机、630环轧机以及配套设备，可以生产长750毫米半轴、直径500毫米盘件、异型环件等回转体金属锻件。

公司已通过ISO 9001质量管理体系等认证。公司拥有3台四核32线程工作站，可以对生产工艺进行全过程仿真；采用PFTC质量管控平台，全程跟踪质量和加工进度，建立产品参数数据库，对产品质量和进度进行溯源管控；利用ACDR专有技术，降低传统生产工艺投资成本，提高生产效率。公司与西安航天动力机械厂、烟台东星集团有限公司、常州常发农业装备工程技术研究有限公司等知名企业建立长期合作关系。2022年，实现销售收入2114万元。

（狄　霞）

【江苏国电新能源装备有限公司】 成立于2015年，占地面积7.5万平方米，有员工400余人，总资产16亿元，为中国民营企业500强江苏国强集团下属企业。公司是一家集研发设计、生产制造、施工服务于一体的系统解决方案型智能装备高新技术企业，主要生产智能集成爬架产品、声屏障产品、盘扣式脚手架和新型通信铁塔类等产品。2022年，实现销售收入22亿元。

公司与东南大学、华南理工、宝武钢铁中央研究院等科研院所建立深度合作关系，形成稳固的产学研三位一体的高效运营模式，拥有国家发明和实用专利80多项。公司先后获得“江苏省优秀企业”“江苏省专精特新企业”“常州市民营科技企业”“常州市高新技术企业”等称号。

（王倩倩）

【江苏国强兴晟能源科技有限公司】 成立于2020年12月，隶属于中国民营企业500强江苏国强集团，拥有全球员工1700余人。2021年，国强集团把原有体系中的光伏支架业务剥离、整合并纳入国强兴晟名下。国强兴晟已逐步形成光伏支架高端原材料制造、光伏支架加工、热镀锌加工等完整的光伏支架产业链。公司专注于智能制造大中小型支架并提供全球先进的智能光伏跟踪支架系统解决方案，是服务于全球清洁能源事业的科技型企业，拥有江苏溧阳、河北唐山、河南信阳三大制造基地，具有32吉瓦的波峰年产能值，累计交付量突破40吉瓦。2022年，实现销售收入40亿元。

公司深度聚焦光伏追日跟踪系统发展趋势，持续实施技术研发，聘请专业的第三方机构进行知识产权体系建设和研发体系建设，已拥有相关专利80余项。公司在常州、南京建立研发基地，拥有强大的研发团队和CNAS实验室，与上海交大、华南理工、南京理工、东南大学、宝武研究院等国内众多知名科研院所建立深度合作关系，形成产学研三位一体的运作模式。公司已通过ISO 9001质量管理体系、ISO 14001环境体系认证、ISO 45001职业健康与安全管理体系认证。

公司为中国电建、中国能建下属各设计院提供产品及服务，与隆基、天合、通威、晶科、晶澳、阿特斯等大型企业保持良好的合作关系，客户遍布于德国、澳大利亚、欧洲、拉美、中东、东南亚等10多个国家和地区。产品经过权威风洞测试，广泛应用于华能、大唐、华电、国电投、国家能源等“五大六小”企业，新一代光伏跟踪产品获得TUV、CE、UL等欧美主流认证。产品应用于多个国内外重点项目，其中，国内单体最大的光伏跟踪项目——国家级重点工程青海省特高压配置光伏工程，供货达1吉瓦；国内首次应用镀铝镁锌的特大型案例——山东滨州项目，供货达300兆瓦。

（王倩倩）

【溧阳市盛杰机械有限公司】 成立于2003年8月，注册资本2600万元，占地面积6.5万平方米，标准厂房4.5万平方米，有员工350名，位于上兴镇工业园区，是一家专业从事工程机械部件研究、开发、制造和销售的高新技术企业。

公司为常州柳工、三一重工、现代（江苏）等知名工程机械制造企业进行配套生产装载机、挖掘机、压路机、平地机等零配件产品，主要产品有挖掘机大臂、小臂、上部车架、下部车架、铲斗、侧框、推土板、前罩、提升臂、油管、连杆、销轴、轴套、法兰、阀块、链轮、不锈钢管等精加工件、结构件和钣金件，年配套能力达6万台套。2022年，实现销售收入20127万元，上缴税收1132万元。

公司拥有大型涂装流水线、数控龙门加工中心、数控双面镗、数控卧式铣镗床、精细数控等离子下料线、大型液压机、大型工件加工台、斗杆焊接机器人系统、TIG自动熔焊机、数控铣边机、数控折弯机等先进设备。具备一定的技术开发实力，拥有发明专利3件、实用新型专利21件、省高新技术产品2件。公司已通过ISO 9001国际质量管理体系认证、ISO 14001国际环境体系认证和两化融合贯标评定认证，先后获得最优秀供应商、信用（合同）AAA级企业、银行信得过企业、A级纳税信用等级企业等称号。

（王倩倩）

【博飞特（江苏）汽车设备自动化有限公司】 成立于2017年8月，是由博飞特（上海）汽车设备自动化有限公司在溧阳经济开发区投资设立的全资子公司。公司站在汽车装备行业的技术前沿，专注于汽车自动化设备解决方案，主打产品有普通辊床输送线、焊装线高速辊床输送线、电动单轨小车(EMS)、摩擦线输送系统(FCS)、推板线输送系统、非标输送系统、钢结构以及电气自动化控制系统等。

公司先后为上汽大众、上汽通用、沈阳通用、沈阳宝马、长春一汽、北京奔驰、一汽大众、芜湖奇瑞等汽车厂的车身车间、总装车间、油漆车间、动力总成设备提供制造、装配、安装及调试等方面的服务，并与通用SGM公司、大众汽车有限公司、德国AFT、德国杜尔、德国爱达克、德国诺帮以及意大利柯马等外企建立稳定的合作关系。2022年，实现销售收入2亿元。

（王倩倩）

【法德尔（常州）流体设备有限公司】 是德国法德尔集团独资企业，占地4.3万平方米，建筑面积2.5万平方米，是国内搪玻璃行业的龙头企业，主要产品为搪玻璃塔器、储罐、反应罐、搪玻璃管道等。2022年，实现销售收入1.8亿元。

法德尔集团是世界搪玻璃行业的领军企业，是世界上最大、最先进的搪玻璃设备制造商，已有百年的历史。集团在市场上拥有多个品牌产品线和品种繁多的产品组合，包括Edlon含氟聚合物系统、Mavag过滤和干燥系统、Montz工程塔器系统、Normag实验室玻璃系统、Interseal动态密封技术等系列设备和Pfaudler

博飞特（江苏）汽车设备自动化有限公司（溧阳经济开发区　供稿）

搪玻璃设备与合金设备等，在全球的化工、制药和食品行业拥有大量客户。

（王倩倩）

【江苏嘉盛环境设备制造有限公司】 成立于2020年，是一家专业从事环境工程设计、施工及高端环境设备制造的民营企业，主要产品为冷冻除湿机，产品性能优越，且均拥有国家注册商标，达产后年产锂电高端转轮除湿机1500套、VOCs尾气处理系统及NMP回收系统100套。主要客户有CATL、ATL、BYD、亿纬锂能、欣旺达、中航锂电、杉杉科技等新能源高科技公司。公司拥有经验丰富的研发团队，先后开发出低露点转轮除湿机、转轮类尾气处理系统、尾气回收处理类系统及设备。公司具有自主知识产权和自主核心技术，累计获得国家专利22项，其中发明专利1项、实用新型专利21项；正在申请中的专利共10项，其中发明专利1项、实用新型专利9项。公司已通过ISO 9001质量管理体系认证、职业健康安全管理体系认证和环境管理体系认证。2022年，实现销售收入5亿元。

（王倩倩）

【江苏惠太汽车科技有限公司】 成立于2016年12月，位于社渚镇工业集中区，占地面积2.9万平方米，是一家集汽车安全气袋科研、生产、销售和服务于一体的高科技企业，已形成年产汽车OPW安全气囊袋45万只、传统安全气囊袋120万只的生产规模。公司拥有自主知识产权和2项专利，具有国内自主品牌及贴牌生产资质，为国内多家知名汽车厂家的30余种车型匹配缝制安全气袋装置。厂房建设分为两期，一期已竣工验收，主要为传统缝制车间、激光切割车间、各类原料、成品仓库及公司办公场所，建筑面积11979平方米；二期厂房为OPW气袋织造车间，大型进口成套设备及全自动整经、定型车间，建筑面积12400平方米。2022年，实现销售收入1.7亿元。

（毕俊龚鑫）

【江苏华强模具科技有限公司】 成立于2010年5月，位于社渚镇工业集中区振兴大道1号，占地面积6万平方米，固定资产5500万元。公司是靖江华强模具有限公司的整体搬迁企业，主要从事汽车模具和汽车冲压件的设计、加工、制造和销售，具备年产铸造冲压模具4000吨的生产能力。

2006年12月，公司通过ISO 9002质量体系认证；2010年3月通过ISO/TS 16949质量体系认证。公司先后申请10多个新产品的实用及发明专利。2009年8月26日，在中国国家知识产权局成功申请发明专利（申请专利号：200910131520.5），成为中国在汽车铝隔热板模具领域拥有该专利的唯一厂家。

公司与上海大众、一汽大众、上海通用、广州本田、广州丰田、奇瑞汽车、江淮汽车、东风悦达起亚、济南重汽、江铃汽车、上海拖内、宁波华众、北京汽车等国内知名大型汽车企业建立长期配套合作关系，并为上海汽车旗下两大合资公司（上海大众、上海通用）提供冲压加工服务。2022年，实现销售收入1.6亿元。

（毕俊龚鑫）

【江苏省社渚轴承有限公司】 始建于1971年，为国有中型企业，从业人员700余名，总资产2亿元，占地面积14.7万平方米，厂房面积5万平方米。公司具有圆锥滚子轴承及其零件全流程制造资源，拥有各类加工设备和检测仪器1600余台套，年产轴承720万套、各类锻件1.2万吨，“球星牌”轴承广泛应用于汽车、工程机械、减速机、农用机械等领域。圆锥滚子轴承产销规模居全国轴承行业同类产品前十位，2018年获评“中国圆锥滚子轴承十大品牌”。公司与东风德纳、上汽红岩、青特集团、上汽大通、福田汽车、义和车桥、三环集团、江西五十铃、山东临工、中联重科、中国一拖、沃得集团、江苏国茂、江苏泰隆等大型知名企业建立稳定的配套合作关系。2022年，实现销售收入1.3亿元。

公司拥有江苏省汽车用圆锥滚子轴承工程技术研究中心、常州市级企业技术中心，多项研究成果获国家和省级科技成果、重点新产品奖项，拥有20余项国家专利。公司已通过ISO 9001质量管理体系认证、IATF 16949质量管理体系认证和OHSAS 18001职业健康安全管理体系认证、ISO 14001环境管理体系认证、ISO 10012测量管理体系认证和GB/T 23001—2017两化融合管理体系认证。2020年，公司通过国家高新技术企业和江苏省高新技术企业认定，被评为常州市“专精特新”中小企业。

（毕俊龚鑫）

【江苏钢锐精密机械有限公司】 成立于2006年，注册资金1.3亿美元，总投资2.6亿美元，占地面积29万平方米，隶属于永冠能源科技集团（股票代码：1589），是一家符合《战略性新兴产业分类（2018）》要求的国家高新技术企业，主导产品广泛应用于新型电力和新能源装备等重点产业。

公司不断优化生产工艺、更新生产设备，确保劳动者合法权益得到保证，不断提升质量管理，推行绿色制造与精益生产的卓越管理，实现客户期望与企业可持续发展。历经十多年的发展，具备独立研发和生产大型再生能源、注塑机械、产业机械及医疗设备机械四大类设备关键零部件的能力，已成为国内装备先进、技术力量雄厚的大型铸件生产厂家之一。2022年，实现销售收入10.8亿元、税收3000余万元，被评为常州市工业三星级企业、溧阳市创新成长型企业。

公司已通过质量、环境、职业健康安全、能源及两化融合贯标体系认证，先后获得中国铸造行业综合百强企业、中国绿色铸造企业、中国铸造信用评价AAA级企业、国家级绿色工厂、江苏省专精特新中小型企业、江苏省智能制造示范车间、江苏省两化融合示范企业、江苏省产教融合试点企业、江苏省信用贯标企业、江苏省厂务公开民主管理先进单位、江苏省集体协商示范单位、常州市和谐劳动关系创建五星级企业、常州市信赖职工之家等称号。

（方天乙）

【江苏永川模型有限公司】 成立于2015年，位于天目湖镇田家山工业园区，投资近1500万元，厂房面积5000余平方米，是一家专业设计制造精密模具的公司，主要从事大型木模的设计制造加工、风电类设计制造及钢构件焊接加工。公司可以为客户提供产品设计、结构设计、模具设计、模具制造等一系列配套服务，产品涵盖机床、风电、汽轮机、船用柴油机、注塑机等领域。公司已通过ISO 9001质量管理体系认证，拥有CNC加工中心6台、磨床2台、裁板锯3台等生产设备。2022年，实现销售收入3054万元。

（方天乙）

【溧阳市北方机械有限公司】 创建于1994年，注册资本1000万元，位于中国唯一绿色铸造示范小镇——溧阳市竹箦镇，是一家集黑色金属铸造和全门类数字化金属切削加工于一体的高新技术企业，产品覆盖汽车零部件、工程机械、农业机械、运输机械、冶金机械、流体机械、液压（润滑）等领域。公司与上汽集团、鲍斯股份、美桥汽车、长城汽车、江铃集团、南京汽车等多家国内知名企业形成长期稳定的合作关系。2022年，实现销售收入1.4亿元。

公司拥有精良的生产设备、先进的生产工艺、雄厚的研发实力、完备的检测手段和健全的售后服务，生产过程严格执行IATF 16949：2016汽车质量管理体系、ISO 14001：2015环境管理体系及ISO 45001：2018职业健康安全管理体系标准，累计获得国家专利授权36项，其中发明专利3项。2018年，公司获得"国家高新技术企业"和"江苏省科技型中小企业"称号；2019年获评"江苏省民营科技企业"；2022年，被常州市工业和信息化局认定为"常州市企业技术中心"，被中国铸造协会认定为"中国绿色铸造试点企业"。

（胡　涛）

【溧阳市虹翔机械制造有限公司】 创建于1995年，位于中国绿色铸造示范小镇竹箦镇，主要从事汽车零部件、工程机械、农业机械、传动齿轮箱体及新能源汽车零部件铸件的生产和销售，主要客户为浙江亚太、上汽大众、上海通用、江铃底盘、现代、沃尔沃等大型汽车主机厂，产品远销欧美等海外地区。2022年，实现销售收入2.7亿元。

公司已通过质量管理、环境管理、职业健康安全管理体系认证，拥有国家专利授权39项，其中发明专利11项。2011年，公司获得"国家高新技术企业""江苏省科技型中小企业""江苏省创新型企业"和"江苏省高成长型中小企业"称号；2013年建立"江苏省汽车传动系统部件制造技术工程技术研究中心"；2014年被工信部确认为首批通过"铸造行业准入条件企业"；2020年被常州市工业和信息化局认定为"常州市工业设计中心"，同年被中国铸造协会认定为"中国绿色铸造企业"；2021年创建成"江苏省博士后创新实践基地"；2022年被江苏省工信厅认定为"江苏省企业技术中心"和"江苏省专精特新企业"。

（胡　涛）

【江苏普正精密科技有限公司】 创建于2019年，由深圳普正精密科技有限公司全额投资成立，位于中国绿色铸造示范小镇竹箦镇，主要从事精密模具、精密结构电子零组件、汽车零部件及配件的制造与销售。公司引进业内领先的日本高精密高速冲床、注塑机及精密冲压配套体系生产线，拥有较强的精密结构件制造能力和品质管控能力，致力于成为新能源电池结构件“一站式”服务商。2022年，实现销售收入3.6亿元。

公司已通过质量管理、知识产权管理、职业健康安全管理体系认证，拥有国家专利23项，其中发明专利2项。公司先后获得竹箦镇创新示范企业、溧阳市企业创新成长奖、溧阳市资源集约利用综合评价优胜奖等称号，研发设计的新产品被认定为常州市创新产品和常州市高新技术产品。2021年，公司获得“国家高新技术企业”称号；2022年被认定为“常州市工业设计中心”“常州市企业技术中心”和“常州市工程技术研究中心”，同年获评“江苏省专精特新中小企业”。

（胡 涛）

【溧阳市新力机械铸造有限公司】 是一家专业生产灰口铸铁、球墨铸铁的国家高新技术企业，创建于1994年6月，位于中国绿色铸造示范小镇竹箦镇。公司主要生产新能源电池用搅拌机传动箱体、工程机械用传动箱体、泵阀、液压件、医疗器械、高端农机、新能源纺织机械、机床铸件等，产品远销美国、德国、意大利、英国、日本等多个国家，主要客户有美国爱科、卡特彼勒、儒博、希捷、德国阀安格、斯宝传动、卡尔迈易、意大利威尔姆、日本小松、中国安阀、迈瑞医药等知名企业。2022年，实现销售收入1.7亿元。

公司已通过质量管理、环境管理、职业健康安全管理和能源管理体系认证，取得ABS、LR、BV和CCS船级社工厂许可认证证书，拥有国家专利授权42项，其中发明专利16项。公司制定2个企业标准，参与编制2个行业标准和1个团体标准。2015年，公司被工信部认定为《铸造行业准入条件》公告企业；2020年再次被认定为“国家高新技术企业”；2021年被认定为“江苏省高精度薄壁医疗器械工程技术研究中心”和“江苏省绿色工厂”；2022年被认定为“江苏省省级企业技术中心”“江苏省新能源传动机械工程研究中心”和“江苏省专精特新中小企业”，同年被中国铸造协会评为“第四届中国铸造行业铸铁分行业排头兵企业”。

（胡 涛）

生物医药和精细化工业

【概 况】 溧阳的生物医药和精细化工保持稳定增长，生产生物医药产品、农用化工产品、化学试剂等多个大类几百个产品，其中有些产品的质量居国内领先水平。2022年，联盟化学销售收入4.4亿元，江苏碧玉谷销售收入3.8亿元，维多股份销售收入5亿元，迪赛诺制药销售收入5.2亿元，兰天化工销售收入6.5亿元。开磷瑞阳化工是全国最大的多元醇制造商，2022年实现销售收入4.9亿元。

【溧阳兰天化工有限公司】 成立于1999年11月，坐落于旧县集镇，注册资本800万元，总资产1.08亿元，有员工41名，生产基地于2004年迁移至宁夏银川贺兰县，2018年搬迁至内蒙古阿拉善左旗。主营业务为生产及销售靛蓝产品，年产能达2万吨，产品主要应用于牛仔布染色工艺，具有强度高、经久耐磨、色光鲜艳等特点。公司采用先进的技术生产高含量的靛蓝产品，深受中高端客户的认可，九成销往国外，主要销往日本、韩国、印度、土耳其、巴西、德国等国家。2022年，实现销售收入6.5亿元。

（顾 昕）

【江苏开磷瑞阳化工股份有限公司】 成立于2001年11月，注册资本22593万元，有员工422人，为主要从事UV光固化单体和低聚物系列产品生产销售、涂料油漆树脂的生产销售、水性PU制造销售、化工非标和搪瓷设备三类压力容器加工制作的国家级高新技术企业。

公司拥有江苏溧阳、湖南衡阳、江西黎川、江苏天健4个生产基地，具有年产2万吨UV单体装置、6000吨UV树脂装置、5000吨水性聚氨酯、8000吨色漆涂料、1000吨特种涂料、1000吨水性涂料、15000吨各类树脂、800万米水性生态合成革的生产能力。公司拥有江苏省级工程技术研究中心等研发创新平台和一个博士后科研工作站，与多所科研院所和高等院校建立长期稳定的合作关系。公司是江苏省质量信用AAA级企业，已通过ISO 9001质量管理体系、ISO 14001环境管理体系及职业健康安全管理体系认证。“瑞阳”品牌被评为常州市“重点培育和发展的国际知名品牌”，产品畅销全国及全球50多个国家和地区。2022年，实现销售收入4.9亿元。

（顾 昕）

【溧阳中南化工有限公司】 始创于1970年，位于上黄镇，占地面积1万平方米，厂房面积2000平方米，生产成品库面积2500平方米，有职工63人，1992年由原溧阳市农业局下属企业改制为股份制企业。公司拥有粉碎、造粒加工、包装成套粉剂自动生产线和水基化产品加工、罐装、封盖、贴标、喷码全自动流水线，年生产能力达1000吨以上。公司已通过石油和化工企业质量检验机构认证、江苏省质监局计量合格C标志认证，安全生产许可证及各项环保指标均符合国家规定的标准。2022年，实现销售收入14660万元。

公司高度重视技术研发，有技术研究开发人员16名，法人代表陈保林为高级农艺师，长期从事农药新产品的研究和开发。公司与江苏省农科院、江苏省植保站、中国农业大学等科研院所建立长期稳定的合作关系，先后承担完成国家重点新产品1项、部星火计划2项、江苏省三项工程项目1项、市科技攻关项目2项。2004年，“9708表面活性剂在水溶性农药中的研究与应用”项目获常州市科技进步二等奖、溧阳市科技进步一等奖。2008年，“含9708表面活性剂的新农药开发及技术推广体系建设”项目被科技部列为科技成果转化资金项目。

1998年，公司被列为“国家农药定点生产企业”；2000年被江苏省科技厅命名为“民营科技企业”；2007年被江苏省科技厅认定为“江苏省高新技术企业”；2011年被江苏省科技厅认定为“江苏省农业科技型企业”。公司已通过ISO 9001：2008质量管理体系认证和ISO 14001:2004环境体系认证。企业银行资信评价为AAA级，企业信用（合同）等级证书为AAA级。

（狄　霞）

建材工业

【概　况】 建材工业是溧阳的传统产业，溧阳的建材工业以水泥为主，主要生产干法新型水泥及熟料。2022年，金峰水泥销售收入295亿元，扬子水泥销售收入10.6亿元，天山水泥销售收入4.9亿元，江苏宝鹏销售收入15亿元。金峰集团是江苏省最大的水泥生产企业。

【江苏宝鹏建筑工业化材料有限公司】 成立于2014年1月，是由江苏鹏程钢结构集团有限公司出资成立的全资子公司，注册资金1.45亿元，占地面积22.4万平方米，有员工210人，主要经营蒸压砂加气混凝土板材（简称ALC板）等装配式建筑产业化产品。蒸压砂加气混凝土板材生产线于2016年9月正式投产，该生产线引进国际一流的德国威翰（WEHRHAHN）全自动智能化生产设备及配套技术（国内仅有5家企业拥有该技术），年产量可达50万立方米，居全国第一。公司先后获得江苏省建筑产业现代化示范基地、江苏省服务型制造业优秀企业、常州市工程设计中心等称号。2022年，实现营业额15亿元，其中蒸压砂加气混凝土板材业务收入达4亿元。

（蒋璐怿）

【江苏扬子水泥有限公司】 始建于1985年，拥有2条日产2500吨新型干法水泥熟料生产线暨纯低温余热发电，固定资产总额6亿元，占地面积45万平方米，有员工500多人。公司已通过产品质量认证、质量管理体系认证和环境管理体系认证，产品获得“产品质量国家免检”“江苏省名牌产品”称号。公司先后获得“江苏省建材行业优秀企业”和“常州市明星企业”等称号；被原农业部授予“全面质量管理达标企业”称号；被江苏省人民政府命名为“重合同、守信用企业”；连续十年被常州市人民政府命名为“重合同、守信用企业”“常州市文明单位”。2022年，实现销售收入10.6亿元。

（狄　霞）

【溧阳天山水泥有限公司】 成立于2002年，位于上兴镇上沛集镇，注册资本8000万元，占地面积20万平方米，有员工152人，是一家专业生产水泥熟料并可协同处置各类废弃物的绿色环保型企业，隶属于中国建材集团有限公司。

公司拥有1条日产5000吨新型干法水泥熟料生产线，具备利用水泥窑炉每日无害化协同处置城市生活垃圾450吨和年处置危险废弃物2.98万吨的能力，配套9兆瓦纯低温余热发电系统及脱硝工程。通过质量、环境、职业健康安全三合一体系及能源体系认证并达到国家安全标准化二级，拥有实用新型专利15项、发明专利3项。2022年，实现销售收入4.9亿元。

公司充分体现国有企业的社会和环境保护责任，始终坚持“党建引领发展、创新驱动发展、改革赋能发展”的高质量发展战略，率先在地区达到环保“超低排放”标准，成功完成水泥熟料生产企业向绿色环保型企业的转型。2014年，和中材国际环境工程公司合作建设的“利用水泥窑炉协同处置城市生活垃圾系统集成创新技术与工程运用项目”通过中国建筑材料联合会的成果鉴定，认定该项目具备多项技术创新成果，达到国际先进水平。

公司先后获得“建材行业百家节能减排示范企业”“中国大型水泥集团环保标杆企业”“中国水泥工业水泥窑协同处置示范工程”及“江苏省管理创新优秀企业”等称号，连续三年被评为常州市及溧阳市工业五星企业。2020年，获得两化融合管理体系贯标及评定证书。2022年1月，获评“常州市级绿色工厂”。公司党支部多次获得溧阳市经开区、天山股份公司“优秀基层党组织”称号，党建品牌“水泥+、水泥家”被评为天山股份公司优秀党建品牌。

（王倩倩）

【协多利洁净系统（常州）有限公司】 成立于2011年，为昆山协多利洁净系统股份有限公司的全资子公司，隶属于国有央企——中国电子信息产业集团，直属于国有控股中国电子系统工程第四建设有限公司。

公司专业从事洁净室材料的研发、生产和销售，主要生产中置铝结构洁净壁板、石膏中空洁净壁板、各种形式吊顶系列产品、洁净门窗系列产品以及药厂专用洁净设备，为行业内品种最全、质量最优、品牌最佳的龙头型生产企业。产品60%供应国内市场，40%远销欧美、中东、俄语区、北非、东南亚、澳洲、南美等市场。公司技术力量雄厚，引进欧美等地区的先进生产技术与设备，不断完善产品结构与质量标准，2013年获得高新技术企业证书。2022年，实现销售收入1.8亿元。

（王倩倩）

【溧阳爱格板业有限公司】 成立于2017年，由杭州华新木业有限公司投资创建，坐落于上兴镇经济开发区园中路118号，是一家专业生产、销售饰面板（刨花板饰面、中纤板饰面、多层板饰面）的企业。公司拥有德国温康纳自动生产线3条、国内先进的贴面生产线4条以及先进的产品检测设备，具有年产高质量饰面板450万余张的生产能力。公司生产的浮雕样板颜色有 300 多种，样式有几十种，规格有4×10尺、6×8尺、5×8尺、7×10尺、5×10尺、4×8尺等，也可按客户要求特殊定制。2022年，实现销售收入9842万元。

（王倩倩）

【江苏金峰水泥集团有限公司】 成立于2000年5月，注册资本10.28亿元，总部位于社渚镇金庄村谷山，是江苏省最大的水泥生产企业和全国最大的单个水泥熟料生产基地，已成为拥有多家子公司的大型企业集团，经营范围涉及水泥制造、矿山开采、房产开发、铜材加工、金融服务等领域，固定资产规模达200多亿元。2006年12月，被国家发改委、国土资源部和中国人民银行三部委列入全国60家重点支持水泥工业结构调整大型企业（集团）名单。公司先后获得中国民营企业500强、全国私营企业纳税百强企业、中国民营建材企业十强、江苏省私营企业纳税大户和常州市重大贡献奖等称号。2022年，集团公司实现销售收入294.64亿元、入库税收10.89亿元。

公司拥有9条新型干法旋窑水泥熟料生产线（1条2000吨／天、8条4500吨／天）及4台80兆瓦配套纯低温余热发电，全年总发电量5.5亿千瓦时；2条200万吨的水泥粉磨生产线，年水泥生产能力达3000万吨。公司加大投入，向环保、节能、低碳的绿色产业转型。2018年以来，先后投资9亿元建设了水泥窑协同处置项目，年处置危废能力达6万吨；处置城市生活垃圾能力达53万吨；年发电量1.5亿千万时。投资32.8亿元兴建智能化、数字化全电机器人矿山输送廊道项目，以机器人智能控制原材料输送系统替代原先的公路运输模式，项目建成后将极大地减少粉尘排放和道路运输压力及环境提升，极大地改善当地的生态环境。

（毕　俊　龚　鑫）

【江苏华冶钙业有限公司】 成立于2002年10月，主要生产冶金氧化钙与建筑氧化钙，是江苏省较大的石灰生产企业之一。活性氧化钙项目于2010年3月开工建设，2012年年初投产，2015年10月通过保留整治验收。公司拥有国内最新研制开发的LM系列固然自控竖式600型生产线4条，可年产60万吨高活性炭氧化钙。产品色泽洁白、产浆量高，含钙量达到国家和行业优等品标准，广泛应用于化妆品、食品添加剂、制药、造纸、电缆塑胶、土壤治理、锅炉脱硫、KR 脱硫剂、城市污水处理、工业消泡剂等领域，常年供应宝武集团、沙钢集团、永钢集团、南钢集团、兴澄特钢、南京化纤、金浦锦湖、上海康恒环境股份有限公司等知名企业及新兴环境修复治理企业。2019年，公司投资近3000万元建成大气污染物超净排放系统，大幅度降低烟尘、二氧化硫、氮氧化物排放。2022年，实现销售收入3.5亿元。

（毕　俊　龚　鑫）

【江苏荣辉木业有限公司】 位于社渚镇振兴南街183号，注册资本3000万元，总投资1.8亿元，占地面积31万平方米，总建筑面积16万平方米，主要从事轻质板、家具板、镂铣板、基材、薄板和超薄板的生产和销售。公司拥有北京亚联31.6米连续平压生产线、芬兰维美德热磨系统和苏福马砂锯生产线，具备18万立方米中密度板、900万平方米房子密度板贴面及30万立方米刨花板的年生产能力。2020年9月，公司入选第3批中国森林认证产销监管链（COC）示范试点单位。2022年，实现销售收入2.4亿元。

（毕　俊　龚　鑫）

食品加工和制造业

【概　况】 溧阳的食品加工和制造业以天目湖啤酒为龙头，拥有以天目湖啤酒为主的酒类系列产品，以果蔬原汁、矿泉水、植物蛋白饮料为主的饮料系列产品，以畜禽水产深加工为主的天目湖香肠、周城羊肉火锅、天目湖鱼头、竹箦风鹅、社渚青虾等生熟制品。2021年，天目湖啤酒实现销售收入6.2亿元。

【嘉士伯天目湖啤酒（江苏）有限公司】 创建于1985年，啤酒年生产能力达20万吨，是嘉士伯集团（全球第三大啤酒公司）在华东地区的主要生产基地。公司前身为天目湖啤酒厂，后由重庆啤酒集团收购，2014年加入嘉士伯成为公司发展的分水岭。随着嘉士伯投资的不断扩大，公司向打造国际啤酒行业标杆、高端品牌生产基地、传统优势产业典范、绿色工厂及智能化工厂目标奋进。公司具有国际高端品牌啤酒生产线，从德国KHS引进世界领先的拉罐线，整体装备水平处于行业领先地位。啤酒糖化车间改造和智能仓储项目正在加快建设中。2022年，实现销售收入6.2亿元。

天目湖系列啤酒不仅覆盖江苏全省，而且远销上海、浙江、安徽、河南、山东等周边省份，多次获得“常州市明星企业”“溧阳市工业四星企业”“埭头镇重大贡献奖”等称号，成为溧阳市传统企业的标杆，江苏啤酒行业的知名企业，溧阳的城市名片。公司引入嘉士伯高新技术和管理模式，持续推进高端化战略和生产网络优化战略，形成了“国际高端品牌（K1664、皇冠铝瓶、嘉士伯、乐堡等）+本地强势品牌（天目湖）”的强大品牌组合，并持续推进产品高端化，应对啤酒消费结构变化所带来的机遇和挑战。公司通过节约水电、减少能耗、降低排放的模式提高生产能效，实现以“零碳排放”“零事故文化”和“零非理性饮酒”为重点的可持续发展目标。

（蒋璐怿）

金属冶炼和加工业

【概　况】 金属冶炼和加工业是溧阳的重要产业，占全市工业企业销售收入的比重超过20%。德龙金属启动600万吨高端不锈钢热轧项目及500万吨高端不锈钢冷轧项目，国强镀锌公路护栏产品连续多年市场占有率排名全国第一。2022年，国强镀锌销售收入136亿元，德龙金属销售收入277亿元，江苏友发钢管销售收入102亿元，瑞昕金属销售收入90亿元，富民新材料销售收入33亿元，金峰铜业销售收入68亿元。

【江苏国强镀锌实业有限公司】 成立于1998年，拥有员工7000余人，总资产70亿元，占地86.6万平方米，是全国重要的高速公路安全设施生产企业和全球光伏行业重要的光伏支架生产企业。公司专注于交通安全、光伏新能源和智能装备等领域产品的研发制造，提供各类公路安全防护设施、光伏支架、铁路声屏障、智能集成爬架、盘扣式钢管支架等产品，年综合生产能力达500万吨，连续多年获评“全球光伏支架企业首榜”。市场营销网络覆盖全国，并与美国、欧洲、中东和东南亚等国际知名客商建立长期业务合作关系。2022年，实现销售收入136亿元。

公司积极响应国家“双碳”战略，全面推进轻量化钢铁产品的应用推广，先后与东南大学、华南理工、宝武钢铁中央研究院等科研院所开展产学研合作，以创新赋能助推企业高质量发展，获得国家发明和实用新型专利130多项。公司自主研发制造的ETC门架防护、桥梁防护等高强护栏产品填补了国内类似产品防护的空白，得到广泛应用。参与制定GB/T 31439.1—2015波形梁钢护栏第1部分、两波形梁钢护栏、GB/T 31439.2—2015

波形梁钢护栏第 2 部分：三波形梁钢护栏，《高强钢轻量化波形梁护栏》(T/CCTAS16—2020)团体标准，为国家标准的制定提供多项技术支撑。

公司先后获得“中国民营企业五百强”“中国交通企业百强”、国家级“守合同重信用企业”“江苏省电子商务示范企业”“常州市五星企业”“常州市纳税销售贡献企业”“AAA 级资信企业”等称号，产品被授予“中国交通名牌产品”。2022 年，公司位列“中国民营企业 500 强”榜单 380 位，比上年提升了 21 位。

（王倩倩）

【溧阳市四方不锈钢制品有限公司】 成立于 1995 年，占地面积 20.6 万平方米，有员工 750 名，是专业从事不锈钢卫生流体设备研发与制造的高新技术企业，2009 年与瑞典阿法拉伐集团合资。公司专注于卫生泵、阀门、管件的研发与制造，在卫生级流体产品领域不断进行专业化投资和研发，生产规模、装备水平、专业化程度、市场占有率等均处于国内领先水平，在食品和药品级不锈钢管件国内市场占有绝对领先地位。2022 年，实现销售收入 8.3 亿元。

公司始终注重设备投入和升级，拥有江苏省工程技术中心和常州市智能车间，是埭头镇“智改数转”标杆企业。公司向电子级新材料领域拓展，新厂区 13.3 万平方米一期单体 5 万平方米厂房已投入使用，二期 4 万平方米厂房正在建设，建成后年销售额预计将突破 12 亿元，税收超 7000 万元。

（蒋璐怿）

【江苏南洋中京科技有限公司】 成立于 2017 年 10 月，位于埭头镇，占地 4.3 万平方米，厂房 1.6 万平方米，有员工 200 余人，为中国锻压协会理事单位、国家高新技术企业和江苏省民营科技企业，前身为上海交大中京锻压有限公司（上海交通大学和日本东海锻造株式会社于 1989 年合资创建）。公司具有上海交通大学、交大中京和南洋中京的三重品牌优势，依托上海交通大学锻压专业的高新技术，主要生产汽车行业类、工程机械行业、工业仪表行业类模锻件产品，同时拓展工业用不锈钢锻造件，客户覆盖大众、沃尔沃、奔驰等多家知名品牌。2022 年，实现销售收入 3.4 亿元。

（蒋璐怿）

【江苏鸿开有色金属有限公司】 创立于 2011 年 1 月，位于戴埠镇镇西工业集中区，总投资 12 亿元，注册资本 10100 万元，生产占地 6.3 万平方米，有员工 100 人。公司是一家专注于高导铜导体材料研发、生产和销售的科技型企业，主要产品为铜金属和合金压延拉丝等高标准通信绞合导体。拥有国产连铸连轧和德国尼霍夫大拉机等多条先进生产线，形成年产 27 万吨低氧光亮铜杆及 3 万吨各类铜绞线生产加工能力。产品主要应用于高铁、核电、船舶和信息工程领域，广泛服务于江浙沪地区电缆行业相关企业。2022 年，实现应税销售 13.1 亿元。

（袁子杰）

【江苏翔能科技发展有限公司】 成立于 2012 年 5 月，位于戴埠镇镇东工业集中区，占地面积 4.1 万平方米，总投资 2 亿元，是一家从事异形环锻件等专业化精密锻造生产的国家高新技术企业，为中国锻压协会成员单位，产品主要应用于风电领域。2018 年 12 月，与中信泰富特钢正式签约合作，中信泰富特钢注资 965 万美元，共同启动中大型高端环锻件项目，致力于打造国际先进的环锻件生产线。公司进军航空航天零部件等高端环锻件市场，在高温合金、钛合金、高强合金以及不锈钢高端材料复杂环轧近终成形、精确控尺控性、立式和卧式环轧等领域具备技术优势。公司与南京航空航天大学、江苏大学、西北工业大学等院校建立产学研合作关系，先后获得国家级专精特新“小巨人”企业、“国家高新技术企业”“国家级绿色工厂”“江苏省企业技术中心”等称号。2022 年，实现应税销售 5.45 亿元。

（袁子杰）

【常州博尼特种钢管有限公司】 成立于 2005 年 5 月，位于戴埠镇镇南工业集中区，注册资金 5000 万元，占地面积 1.9 万平方米，有员工 100 人。公司主要从事不锈钢无缝钢管的生产加工，生产的流体输送管及换热管主要应用于石油、化工、制药、航空航天等领域。公司借鉴国内外领先的冷拔、冷轧不锈钢无缝钢管技术，参与中国不锈钢行业标准制定起草，产品通过国家石油钻采炼化质量监督局、国家质量监督检验检疫总局多项质量认证。公司与中石化、德国拜尔、日本三菱化学等多家国内外知名企业开展业务合作。2022 年，实现应税销售 2.65 亿元。

（袁子杰）

【江苏冶建锌业有限公司】 成立于2007年4月，位于戴埠镇镇南工业集中区，占地面积1.7万平方米，是一家集锌基料生产、加工和销售于一体的高新技术企业，产品主要应用于化工、医药、染料、冶金、涂料等行业领域。研制的涂料专用亚微米锌粉具有良好的附着力、显著的防腐抗氧化效果、高强活性以及优良的导电性能，产品性能达到国内同行业先进水平。公司已通过ISO 9001质量管理体系认证，先后获得“国家高新技术企业”“江苏省民营科技企业”“常州市民营科技企业”“省级守合同重信用企业”等称号。2022年，实现应税销售1.5亿元。

（袁子杰）

【溧阳德龙金属科技有限公司】 成立于2020年11月，是江苏德龙镍业有限公司的全资子公司，坐落于溧阳高新区，是一家专业从事不锈钢轧制生产与销售的民营企业，致力于打造不锈钢钢坯冶炼、不锈钢热轧卷板和不锈钢冷轧薄板全链条高端不锈钢生产基地。2022年，实现销售收入277亿元。

江苏德龙镍业有限公司成立于2010年8月，是一家集镍铁生产、不锈钢冶炼、热轧、固溶酸洗、冷轧于一体的综合现代化钢铁联合企业，在2021年中国民营企业500强排行榜中排名第101位。2020年，江苏德龙镍业有限公司作为申特钢铁系企业的破产重整投资人，投资176亿元对原申特钢铁进行改造升级，设立溧阳德龙金属科技有限公司，建设国家产业政策鼓励的绿色、环保高端不锈钢项目。项目达产后将形成年产276万吨不锈钢钢坯、380万吨2680毫米高端不锈钢热轧卷板、86万吨3500毫米不锈钢中厚板的生产能力。其中2680毫米热轧生产线为全球产品宽幅最大、生产效率最高的不锈钢热连轧生产线。2021年，江苏德龙镍业有限公司在溧阳再次投资108亿元新建高合金钢压延加工（冷轧）项目，为江苏省重大项目，项目达产后可形成年产540万吨300系高性能冷轧不锈钢薄板的生产能力，产品份额将占国内市场的35%以上。2022年，2680毫米热轧项目及冷轧项目部分产线陆续投产，不锈钢炼钢项目正在加速建设中。

（孙　涛）

【江苏宏光钢铁有限公司】 成立于2002年10月，位于溧城街道金山路88号，占地面积6.7万平方米，注册资本1000万元，主要生产HRB400、HRB400E、HRB500、HRB500E型号钢筋混凝土用热轧带肋钢筋。公司于2010年5月开始搬迁技改项目，年设计产能55万吨。公司取得“全国工业产品生产许可证”，通过ISO 9001质量管理体系认证和中冶冶金产品认证（MC认证），2013年3月通过由常州市经信委组织的重点用能单位能源审计验收，2016年8月通过江苏省清洁生产审核验收抽查，2020年1月通过企业安全生产标准化三级复审。公司先后获得江苏省节水型企业、江苏省钢铁协会常务理事单位、常州市非公企业党建工作示范点等称号。2022年，实现销售收入4.83亿元。

（薛志远）

【江苏瑞昕金属制品科技有限公司】 坐落于南渡镇金山路8号，是华东地区最大的镀锌带钢生产企业，成立于2012年，占地面积46.6万平方米，厂房面积23万平方米，注册资金12800万元，有员工1800余名。

公司主要生产镀锌带钢、冷轧带钢、轻钢龙骨料、电缆铠装料、型钢料、镀锌带钢管、黑方管、热镀锌管、热轧型钢、热轧带钢及钢铁跳板等，产品广泛应用于建材、钢结构、新能源、装饰装潢、农业、电缆、仓储及汽车等领域。公司已通过ISO 9001质量管理体系认证、ISO 14001环境管理体系认证、OHSMS 18001职业健康安全管理体系认证，拥有20余项国家专利，产品通过多家国内知名企业认证。2022年，实现销售收入90亿元。

公司先后获得“江苏省AAA级资信企业”、中华全国工商业联合会颁发的“规模民营企业”、中国建筑材料协会颁发的“企业信用评估AAA级企业”等称号。2022年9月，公司被江苏省工商业联合会评为“2022江苏民营企业200强”第142名、“2022江苏民营企业制造业100强”第94名。

（顾　昕）

【溧阳市中大电力交通装备有限公司】 成立于2016年11月，坐落于南渡镇五笪路8号，占地面积2.7万平方米，建筑面积2.1万平方米，有职工180余人，总资产1.5亿元。公司具有年加工30万吨镀锌钢材的能力，产品广泛应用于建材、铁塔、钢结构设施等领域。公司先后通过ISO 9001质量管理体系认证、ISO 14001环境管理体系认证、ISO 45001职业健康安全管理体系认证，

2020年12月被认证为高新技术企业。2022年，实现销售收入6.5亿元。

（顾 昕）

【溧阳市宏泰特种扁钢有限公司】 位于上黄镇坡圩桥垸，占地面积5万平方米，有员工100多人，是一家以优质扁钢、弹簧钢为主，其他型钢为辅的生产贸易型企业。拥有轧机1套、连轧机组9套等轧机流水生产线，年产量30万吨以上，产品畅销全国各地及东南亚、欧美等海外地区。公司已通过ISO 9001质量管理体系认证，先后获得“银行信得过企业”“信用（合同）AAA企业”等称号。2022年，实现销售收入10亿元。

（狄 霞）

【江苏共昌精密铝业有限公司】 位于上黄镇，成立于2013年12月，注册资金1亿元，其中宜兴共昌轧辊投资有限公司控股51%；常州祥龙冶金设备有限公司占股49%。公司主要从事微通道铝扁管、脱氧杆、电工杆及相关铝制品的研发和销售，为微通道铝扁管国家标准第一副主编单位和上海铝业行业协会理事单位。

公司是上海交通大学产学研基地之一，拥有专门的微通道铝扁管研发中心，专业技术开发团队由博士生导师、教授级高工、高级工程师引领。公司已通过IATF 16949、ISO 9001、ISO 14000、OHSAS 18001四合一体系认证，拥有发明专利1项、实用新型专利9项，江苏省高新技术产品1项、常州市高新技术产品2项、溧阳市科技进步奖1项。由上海交大主持研发并获国家科技进步二等奖的“微通道管材与换热器制造技术及其应用”项目实现产业化。

公司拥有行业内领先的微通道铝扁管生产线装备，意大利达涅利35MN卧式型挤压机，具有挤压力大、速度稳定、可控性强等特点；德国IAS加热炉，是世界上最好的铝棒加热炉，具有热效率高、能耗低、温度控制精度高、生产能力强等特点；瑞典收卷机，为国际著名品牌，具有张力可控性好，运行稳定等特点。实验室引进德国金相显微镜、美国拉力试验机、德国光谱仪、英国锌层测厚仪等高端仪器设备。

2019年，公司对原有铝制品生产线进行全面技术改造，引进并优化熔化炉、保温炉、连铸连轧设备、铝杆切粒机等设备，主要生产脱氧杆、电工杆、铝包铁等相关铝制品，年产量达4万吨。用于钢厂炼钢脱氧的产品有直径9.5毫米以上的铝线、铝丸、铝块、铝丝、钢砂铝等，用于电缆厂所需电工铝杆有A4、A6、A8纯铝产品，1、3、5、6、8等系列合金杆产品，尺寸也可根据客户需求定制。2022年，实现销售收入4.8亿元。

（狄 霞）

【江苏友发钢管有限公司】 成立于2021年1月，总占地面积64.6万平方米，是友发集团旗下六大优质钢管生产基地之一，主要生产热浸镀锌钢管、直缝高频焊接钢管、热浸镀锌方矩管、方矩形焊接钢管、钢塑复合管、薄壁不锈钢钢管、双面埋弧螺旋缝焊接钢管等。全部建成后，预计年产各品类钢管550万吨，年销售收入达200亿元，年实缴税收2亿元。

受益于溧阳市良好的营商环境，江苏友发2021年1月立项、一期项目3月开工、6月投产，创造了友发集团11家工厂建厂史上唯一的“百日投产、半年盈利”的奇迹。江苏友发的成立，填补了江浙沪地区缺乏超大型焊接钢管生产制造企业的空白，满足了本地区用户节约运费、资金、时间成本、产品规格的需求。公司被中国质量检验协会认证为“全国钢管行业质量领先企业”，并筹备建设国家AAA级旅游景区。2022年，实现产值970193万元、销售收入1015679万元、税金4069万元。

（王倩倩）

【江苏奥冠首信薄钢有限公司】 成立于2017年9月，位于社渚镇工业集中区，注册资本1000万元，占地面积1.2万平方米，有员工100余人，各类专业科技人员占20%以上，营销团队有30余人，是一家金属薄板系列生产销售企业，拥有薄钢行业完整的生产线。公司投入1亿元，建有一条1250型150米／分钟PC板材及彩色涂层钢板生产线，年产能达10万吨。公司与浙江奥冠薄钢科技有限公司、安徽奥冠新型材料有限公司和上海斌昌实业有限公司等建立长期稳定的合作关系。2022年，实现销售收入4.5亿元。

（毕 俊 龚 鑫）

【溧阳市立方贵金属材料有限公司】 是以白银为原料进行深加工的高新技术企业，成立于2007年，总投资5000万元，占地面积1.3万平方米，绿地面积达50%，位于天目湖镇田家山工业园区。主要生产超纯银粉、超细银粉、片状银粉、球形银粉、光亮银粉、电子浆料等产品，产品广泛应用于电器、电子、粉末冶金、太阳能光伏等领域。2022年，实现销售收入2.5亿元。

公司与国内著名院校、科研单位和众多国际知名客户建立深层次的战略合作关系，拥有多项国家发明专利，产品远销国内外。研发中心拥有教授、博士和高级工程师5名，工厂员工20余名，不断为公司的发展提供动力源泉。公司为员工提供前瞻性的培训学习课程，建立独具特色的员工健身娱乐文化活动中心。2012年，通过ISO 9001质量管理体系和ISO 14001环境管理体系认证。2014年5月，被授予“江苏省企业研究生工作站”和“江苏理工学院研究生实践基地”称号。

（方天乙）

纺织服装业

【概　况】 纺织服装业是溧阳的传统产业，也是溧阳的主要出口创汇产业之一，同时更是高就业、广富民的产业，呈现出地毯、纺织两大系列产品。2022年，开利地毯销售收入3.9亿元，东发纺织销售收入1.3亿元，宝丽佳塑胶销售收入1.2亿元，恒天宝丽丝销售收入2亿元。

【江苏开利地毯股份有限公司】 是集地毯及其材料的专业设计、研发、生产、销售和服务于一体的国际型全产业链式地毯集团公司，拥有国内7家子公司和国外1个生产基地。2004年，在新疆奎屯成立新疆开利地毯织造有限公司。2016年3月，在新疆沙湾新投资8亿元，注册成立新疆天目湖地毯织造有限公司。

公司产业规模居于中国地毯行业领先行列，拥有世界一流的技术和生产设备，并不断在航空、汽车、游轮专业地毯项目上持续加大投入，各类地毯年产能达3000万平方米，BCF纺丝年产能达2.6万吨。威尔顿满铺块毯、阿克明工程毯、仿手工毯、船用毯、火车毯、汽车用毯、单面威尔顿航空毯、各类印花家用、工程毯、PVC、沥青方块毯均名列行业品类前列。公司凭借不断增强的设计制造创新能力、突出的柔性定制能力、日趋完善的工程服务能力赢得客户的信任与合作，销售网络遍布全国各地及全球10多个国家和地区。2022年，实现销售收入3.9亿元。

2004年，公司与日本大野公司在地毯领域开展合资合作。2014年8月，收购南非Clossley公司，同时拥有美国Crossley Axminster Incorporated公司、英国Master Weaver Limited公司的控股权及其在北美和欧洲的专业销售服务与设计团队。2015年10月，与美国The Dixie Group旗下Masland Contract品牌签署战略合资协议，获得在东南亚地区市场销售服务的主导权。结合Crossley公司在国际市场上的品牌渠道优势，将“开利地毯”品牌推向全球。

公司严格按照国际环保及等级要求，将“绿色、环保”理念贯穿整个产品制造的全过程，生产流程坚持按照ISO 9001：2015质量管理体系、ISO 14001:2015环境管理体系进行管理营运。公司拥有中国环保地毯认证书、国际环保地毯认证书和美国CRI+PLUS室内空气质量认证书。2012年，公司被文化部、商务部等六部委授予“国家文化产业出口重点企业”称号；2014年11月，通过全球最具权威的认证机构挪威船级社（DNV　GL）认证并获得证书；2016年3月，获得由欧洲权威认证机构Dedal颁发的欧盟CE证书；2016年12月，与上海纺织集团等共同发起成立中国纺织国际产能合作企业联盟；2019年，开利地毯被评为“中国商用满铺地毯十大品牌”。

（陈　诺）

【溧阳市宝丽佳塑胶纺织有限公司】 成立于2015年4月，有员工140人，是一家牛津布、箱包面料生产企业，注册资本1000万元，拥有从织布到涂层的完整产业链。织布工厂和压延工厂分别位于埭头镇和上兴镇，总占地面积2万平方米。公司在业内拥有良好的品牌影响力，产品广泛应用于新秀丽、瑞士军刀等众多户外用品知名品牌。2022年，实现工业产值2亿元，纳税500万元。

（王倩倩）

【江苏省前峰服饰有限公司】 创建于1985年，有员工3000余人，有现代化厂房4万多平方米，是专业从事梭织、针织服装和羊毛衫成衣加工的企业。公司拥有RGV自动物流、WMS智能仓储管理信息系统；成衣分析系统、自动裁剪系统、信息化管理系统、自动节拍流水线等各种服装生产专业管理系统，以及全自动钉扣机、大型模板机、开袋机等各类装备3600余套。主要承接衬衫、T恤衫、拉链衫、棉衣、牛仔装、童装、睡衣、羊毛衫等各类产品，年加工成衣3500万件。2022年，实现销售收入5836万元。

公司拥有良好的口碑，“前峰加工”品牌已得到业界人士的广泛认可。2014年，公司被江苏省服装协会评为“江苏省服装精品加工基地”。2015年，被江苏省方源集团评为“精品加工集群”。2018年，被江苏省方源集团评为“专业化精品加工示范单位”。

（毕 俊 龚 鑫）

【恒天宝丽丝生物基纤维股份有限公司】 成立于2015年7月，是一家以研发、生产和销售再生纤维素生物基复合纱线为核心业务；集纺纱、捻线、染整和制线于一体的领军型纺织企业。公司拥有各类长丝、短丝倍捻机、复合机，主要生产再生纤维素生物基长丝、生物基长丝复合纱线、生物基短纤复合纱线、高档绣花线、高强涤纶缝纫线、高强尼龙缝纫线等产品。公司着力打造染整生物基纤维精加工基地，配置完整的ERP系统与中央集控系统，拥有筒子缸、喷缸两条染色生产线，筒子染色月生产能力达120吨，绞纱染色月生产能力达180吨。

公司坚持以“服务品牌设计师、服务消费者”的理念为核心，大力实施“互联网＋生物基天蚕丝”的云销售模式，引领细分行业升级。公司联合国内知名服装学院，成功研发生物基蚕丝宝纱线，银纤维混纺纱线等高新技术产品，主要新品纱线有蒙娜纱、丽丝纱、天蚕丝、宝研纱、维纳丝等品种，织物丝滑干爽、光泽莹润、透气保湿又具有良好的亲肤性和悬垂性。产品赢得皮尔卡丹、梦特娇、老人头、鳄鱼等高端品牌商的青睐，远销欧洲、南美、日本、韩国等市场。2022年，实现销售收入1.2亿元。

（毕 俊 龚 鑫）

【溧阳广道针织有限公司】 成立于2001年，位于社渚镇，占地面积1.8万平方米，建筑面积1.1万平方米，固定资产7000万元，有职工980人，是一家集织造、水洗、绣花、印花、成衣于一体，专业生产各类针织服装的中外合资企业。2022年，实现销售收入2410万元。

公司拥有各类全自动电脑横机500余台，生产设备齐全，工艺完善，产品质量稳定。公司以南京纺织品进出口股份有限公司为依托，原河心针织服装厂为核心，拥有下属加工企业30多家，年产各类针织毛衫100万件套，产品销往日本、美国、澳大利亚、瑞典、法国等国家和地区。主要客户有H&M、家乐福、华特、迪士尼、凌志等知名企业。公司先后获得溧阳市“先进基层党组织”、常州市“优秀基层党组织”、溧阳市“安全文明单位”、社渚镇“纳税大户”、溧阳市“巾帼示苑岗”等称号。2020—2021年，被常州市工商局私营个体协会授予“光彩之星”称号。

（毕 俊 龚 鑫）

【溧阳东发纺织有限公司】 成立于2000年，占地面积7.5万平方米，建筑面积7万平方米，拥有喷水织机140台，PVC压延生产线2条，PE复合生产线2条，TPE生产线1条，PU、PA涂层生产线2条，印花生产线2条，染缸40只。产品有单色、双色、提花、印花等系列的PVC、PE、TPE、PU、TPU、PA复合涂层六大类面料上千个品种，应用于各种系列的箱包、旅游用品、沙滩椅、野营床等。产品被中国国际贸易委员会、法国科技质量监督委员会评为高科技产品和向欧盟市场推荐产品，国内销往十多个省市，国外销往美国、墨西哥、俄罗斯、乌克兰、埃及、南非、土耳其、印度、日本、韩国等20多个国家和地区，RPET环保再生产面料受到客户的一致好评。公司先后获得国家“AAA级诚信企业”、中国民营企业500强、中国“外商投资优秀企业”和江苏省明星企业等称号。2022年，实现销售收入1.3亿元。

（方天乙）

【溧阳市诚亿布业有限公司】 创建于1998年，位于天目湖镇田家山工业园区，占地面积2万多平方米，注册资本500多万元，员工百余人。主要生产经营各类真丝绸织品、化纤织物、麻类织物、化纤和棉混纺交织织物，是从事涤棉（T/C）及全棉织物等基材涂层深加工的专业工厂，年产纺织涂层布料5000万米。产品主要应用于服装服饰、工业用布（汽车罩、飞机罩、电脑罩、画布、通风道等）、旅游用品用布（遮雨棚、旅游帐篷、睡袋、箱包）等领域，产品性能优越，具有防风、防尘、防雨、防静电、阻燃、抗紫外线等优点。公司是常州AAA级信用企业，已通过ISO 9001质量管理体系认证和ISO 14001环境管理体系认证，先后从意大利、德国、西班牙引进国际一流的纺织染整设备，进口设备占公司总设备的70%。2022年实现销售收入1亿元。

（方天乙）

造纸印刷、塑料制品、仪器仪表、日用杂品及其他行业企业选介

【江苏谦胜合成材料有限公司】 成立于2004年4月，位于戴埠镇镇西工业集中区，注册资本1500万元，占地面积3.3万平方米，厂房和办公楼3万平方米，有员工200人，其中技术人员30余人。公司拥有全自动流水专业发泡生产线4条，主要生产抗疲劳垫、防滑垫、瑜伽垫等产品。公司引进德国、中国台湾相关行业专业技术，已通过ISO 9001质量体系认证，产品通过EN71（欧盟市场玩具类产品规范标准）认证、SGS认证和PAHS(多环芳烃)检测，主要出口美国、欧洲等国际市场。2022年，实现应税销售1.22亿元。

（袁子杰）

【溧阳金利宝胶粘制品有限公司】 成立于2008年，占地面积4万平方米，有员工230余人。公司有7条涂布线及附属设备，生产日用品、医药、物流、服装、防伪、玩具、酒、交通、电子胶带、电子电器、广告装饰、安全警示等3000多种类别标签产品，广泛应用于电子电器、日化、汽车、轮胎、啤酒、防伪、玩具标签等领域。公司全面导入企业资源规划管理系统（ERP），全面把控客户订单、采购、生产、出货等流程，已通过ISO 19001标准质量管理体系认证和ISO 14001标准环境管理体系认证。根据生产需要建立千级、万级无尘洁净车间，引进先进的RTO设备等自动化设备，实现节能减排和热能循环再利用。公司建立专业研发团队，提升材料与配方技术、基础研发、分析技术等核心技术的研发能力，通过数据库快速获得可靠有效的数据支撑，掌握多项新技术专利，建有不干胶材料（金利宝）工程技术研究开发中心。2022年，实现销售收入3.18亿元。

（陈　诺）

【安顺集团】 始建于2000年，是以能源、建设为主的多元化发展企业集团，下辖安顺集团建设有限公司、安顺控股股份有限公司、溧阳安顺燃气有限公司、宁国安顺燃气有限公司、歙县安顺燃气有限公司、南平安顺燃气有限公司、政和安顺燃气有限公司等10多家成员企业，集团业务遍布于全国10多个省份30多个市县。安顺集团建设有限公司拥有市政公用工程施工总承包一级、建筑工程施工总承包二级等资质，拥有各类技经人才380多人，工程遍布全国10多个省份、20多个城市。

安顺控股股份有限公司是安顺集团有限公司下属能源版块的管理总公司。公司以天然气为核心业务，立足溧阳，辐射全国，经营范围涵盖天然气销售、储配、管道安装、加气站等多个方面。业务覆盖江苏、安徽、福建三省多个区域，下辖溧阳安顺燃气、宁国安顺燃气、歙县安顺燃气、南平安顺燃气、政和安顺燃气等公司。公司拥有天然气门站3座、LNG储备站6座、LNG加气站3座、高中压调压站4座。截至2021年11月，拥有高压管道70千米、中压管道约1000千米、发展居民用户23余万户、工商用户2000余户。2022年，溧阳安顺燃气有限公司实现销售收入16.23亿元。

集团为全国“守合同重信用企业”，连续多年获得“常州市明星企业”“溧阳市服务业五星企业”称号；获得“溧阳市市长质量奖”“江苏省文明单位”“江苏省放心消费创建活动先进单位”“江苏省平安企业”“溧阳市纳税大户”“溧阳市书香企业”“溧阳市先进基层党组织”等称号。董事长邵良先后获得“江苏省诚信之星”“常州市明星企业家”“常州市劳动模范”“常州好人”“中国好人”“溧阳市杰出企业家”“常州市十佳爱国拥军企业家”等称号。集团总裁邵顺先后获得“溧阳市十佳转型发展青年先锋”“中国长三角十大杰出青商”“溧阳市创新之星”等称号。

（薛志远）

【江苏东方印务有限公司】 创建于1978年，位于溧城街道东升路218号，占地面积3.9万平方米，厂房面积4万平方米，有员工130多名，是一家集印前、印刷、印后和服务于一体的综合型纸制品包装生产企业。公司拥有德国罗兰大全张五色＋上光胶印机、大对开罗兰五色＋上光胶印机、单瓦及三层高速瓦楞线等先进设备，印后表面处理工艺齐全（包括上光、UV、覆膜等工艺），贴面、压痕、糊盒等工序均实现自动化。公司长年服务于国内外啤酒、小家电、快消品、汽车配件等行业内标杆企业。2022年，实现销售收入8510万元。

公司已通过ISO 9001质量管理体系认证、ISO 14001环境管理体系认证、GB/T 28001职业健康安全管理体系认证、两化

融合管理体系认证、绿色印刷认证、森林认证和GMI认证。公司先后获得江苏省印刷示范单位、江苏省双优诚信印刷企业、江苏省2021年度文化产业引导资金单位等称号。

（薛志远）

【溧阳水务集团有限公司】 成立于2008年5月，由中国水务投资有限公司收购溧阳市自来水有限公司重组而来，总资产15.3亿元，是一家集自来水生产、污水处理、工程建设、再生水生产销售于一体的综合性水务企业。

公司拥有中心水厂1座，一期规模15万立方米／天，采用沙河和大溪水库的优质源水，供水区域面积300多平方千米，城区供水普及率达100%；拥有南渡水厂1座，总规模9万立方米／日，取用大溪水库的优质源水，供水服务范围覆盖溧阳市南渡、上兴、社渚、别桥、竹箦5个镇，服务面积875平方千米；拥有天目湖水厂1座，一期规模4万立方米／天，取用沙河水库优质源水，供水服务范围主要覆盖溧阳市戴埠镇、天目湖镇两镇区。拥有污水处理厂1座，总规模为9.8万吨／日，采用AAO处理工艺，污水配套收集管网主管网长212.8千米，污水处理收集范围95.12平方千米，服务人口28万人，服务区域覆盖主城区及城郊部分地区，出厂水水质稳定达到《太湖地区城镇污水处理厂及重点工业行业主要污染物排放限值》(DB 32/1072—2018）二级保护区标准，其中20%中水由溧阳德龙金属科技有限公司回用。2022年，实现销售收入1.8亿元。

溧阳水务集团坚持“用心”为广大百姓提供优质、安全、足量、放心的自来水，先后获得水利部综合事业局“昆仑奖”、中国城镇供排水协会“中国供排水行业企业文化先进单位”、江苏省价格诚信单位、常州市四星明星企业、常州市“安康杯”竞赛优胜班组、常州市信赖职工之家、常州市单位治安保卫工作先进集体、常州市价格诚信单位、溧阳市服务五星企业、溧阳市巾帼文明标兵岗、溧阳市和谐劳动关系先进企业等称号；旗下污水处理厂被评为全国城镇污水处理厂节能减排绩效考核达标竞赛优秀达标单位，连续多年被评为“江苏省优秀污水处理厂”；旗下工程公司获得江苏省十佳工程施工企业、江苏省质量安全管理AAA优秀施工企业等称号。

（薛志远）

【溧阳市双马塑胶纺织有限公司】 成立于2000年，位于溧城街道永定路28号，是一家拥有自营进出口权的独资企业，主要生产和销售各类瑜伽垫及地垫。公司注册资本800万元，有员工130余名，占地面积2.3万平方米，厂房面积2.5万平方米，办公面积3600平方米，总投资1亿元，其中设备投资5000万元。

公司拥有进口PVC瑜伽垫生产线2条、TPE生产线3条、NBR生产线2条、PVC地垫生产线2条、数码喷绘打印机5台。公司专业生产环保PVC瑜伽垫、NBR运动垫、TPE瑜伽垫、橡胶瑜伽垫、机械垫、PU抗疲劳地垫、PVC数码喷绘地垫等100多种产品，年产量达1000万条，产品畅销全国各地并出口至欧洲、美国、日本、韩国、俄罗斯等10多个国家和地区。公司已成为沃尔玛、TARGET、LIDL等多家国外知名大型品牌的供应商。2022年，实现销售收入9654万元。

（薛志远）

【江苏旗云油脂科技有限公司】 位于南渡镇强埠集镇，成立于2013年6月，占地面积2.2万平方米，规划总面积1.6万平方米，注册资本2500万元。公司拥有2条年产5万吨工业油和1条年产1万吨脂肪醇生产线，配套近2万吨储油罐和附属设施，累计投资5500万元。公司将废弃动植物油脂作为原材料，致力于打造循环经济，提高再生利用技术，每年再生利用“地沟油”十余万吨，精炼油生产线在业内名列前茅，产品主要出口欧洲发达国家用于生产生物柴油。2022年，实现销售收入14亿元。

（顾 昕）

【江苏利德塑业有限公司】 成立于2016年6月，位于上黄镇工业集中区飞跃路10号，注册资本3000万元，总投资3亿元，占地面积4.7万平方米，现代化厂房面积3万平方米，有员工120名。公司主要从事再生聚酯切片、化纤及化纤制品的生产与销售，收购废塑料与废弃化学纤维及制品，自营和代理各类商品及技术的进出口业务。2022年，实现销售收入0.81亿元。

（狄 霞）

【江苏盛德电子仪表有限公司】 始建于2001年3月，是一家集电能表设计开发、生产、销售、服务于一体的民营企业，注册资金3000万元，有员工200多名，占地面积2.7万平方米，厂房面积4万平方米，其中电表生产综合楼1.6万平方米。电能表年生产能力达500万只。

公司主要生产普通单、三相有功电能表，单、三相485电能表，三相无功电能表，三相有功无功组合电能表，单、三相复费率电能表，单、三相预付费电能表，三相多功能电能表。公司拥有深圳海琳达、南京军超、苏源悦力、南京舜义等优秀原料供应商，产品全部取得（CMC）许可证、质量体系认证和相关的“3C”认证，国家及省质量技术监督部门质量抽查全部合格。国网集中招标产品的单、三相智能电表均通过国家电力科学院的检测并获得合格报告。产品主要销往陕西、宁夏、湖南、江西、四川、甘肃、云南等省份及哥伦比亚、中东等地区。2022年，实现销售收入7120万元。

公司拥有12条流水线、国网与非国网校验设备58台。生产车间实行防尘、防静电管理，产品质量全过程实施监测与跟踪，拥有雷击浪涌测试设备、快速脉冲群测试设备、耐压测试设备、高温高湿和低温设备、灼热丝（阻燃）设备、振动试验设备、误差检测设备等整机试验设备，可靠性设备及校验台设备齐全。

（王倩倩）

【溧阳中材环保有限公司】 位于上兴镇北厂村环保路1号，主要从事城市和区域环境治理的综合方案提供及投资运营，是由中国中材国际工程股份有限公司（上市代码：600970）旗下的中材国际环境工程（北京）有限公司在溧阳市成立的全资子公司。

中材国际环境工程（北京）有限公司集中了中国中材国际环境工程领域的研发人才、技术、资源等优势，以水泥行业为依托，致力于发展环保产业。公司着力发展环保产业中的新工艺、新技术、新装备，为用户提供工程咨询、工程设计、装备制造、工艺总承包等综合集成服务，拥有水泥窑协同处置城市生活垃圾、污泥、污染土、危险废物技术以及废渣处置协同CO_2减排——合成无机盐、生物质能源及发酵、水泥窑氮氧化物减排等技术。

公司已建设完成水泥窑协同处置城市生活垃圾和污泥示范项目、水泥窑协同处置危险废物示范项目。公司独家拥有溧阳市生活垃圾30年特许经营权，可日处置溧阳市生活垃圾450吨、市政及工业污泥120吨，保证溧阳市城市生活垃圾及污泥的日产日清。危险废物处置示范项目可无害化处置“国家危险废物名录”中18大类危险废物，年核准处置量为2.7万吨。2022年，实现销售收入5128万元。

（王倩倩）

【江苏天目照明有限公司】 成立于2010年4月，是一家集LED照明产品研发、设计、生产、销售、安装服务于一体的高科技民营企业。公司已通过ISO 9001质量管理体系认证、ISO 14001环境管理体系认证和OHSAS 18001职业健康安全管理体系认证，拥有国家“城市及道路照明工程专业承包”一级、“专项／照明工程设计”乙级资质证书。

公司致力于为客户提供室内外照明工程设计、施工及维护服务，承建了上海浦东机场、金坛钱资湖大桥、南航天目湖校区、南京宁海路片区等众多项目。公司先后获得江苏省优秀民营科技企业、中国LED照明行业最具创新力企业、江苏省十佳民营企业、江苏省明星企业等称号；多个项目获得中照奖、江苏照明奖、亚洲照明设计奖等奖项。2022年，实现销售收入4647万元。

（方天乙）

（注：以上具体企业选介中的数据由于统计口径原因，可能有所偏差，仅供参考）

LIYANG
YEARBOOK

建筑业

栏目编辑 刘建华

建筑施工

【概　况】 2022 年，在新冠疫情强烈冲击下，经济下行明显。溧阳建筑行业，聚力打造苏南绿色崛起品质城市，全年完成施工总产值达 1200 亿元（其中电梯安装 88 亿元），比上年增长 7.9%；地方税收贡献 30 亿元，比上年增长 9.1%；建筑业施工总产值占常州区域近一半，千万元以上税收贡献企业占比达 1/4，占全市地区生产总值的 8%。

建筑管理

【建筑企业资质管理】 2022 年，全市建筑施工资质企业 644 家，其中特级企业 2 家、一级企业 66 家、二级企业 283 家，培育特级资质企业 1 家，总承包、专业承包及各类资质企业均衡发展，呈稳中向好发展态势。共有省建筑业百强企业 3 家，常州市表彰企业 12 家，溧阳市三星以上企业增加至 13 家。

【建筑队伍】 溧阳建筑业产值 80% 来自市外，在巩固沪宁一线老根据地的基础上，开拓京津冀、海南省、雄安新区等热点开发区，且紧跟国家发展战略方向的转移及“两新一重”项目的实施。大踏步迈进西部市场，推进施工总承包转向工程总承包，面向国（央）企合作共赢的方向转化，向微改造、新基建方向转型，面向海外发展，触及更多“一带一路”国家。

2022 年，引进建造师 150 余名，全面提升溧阳市建筑业核心竞争力，为经济稳进提质注入强劲动力。

【勘察设计】 2022 年，溧阳市内勘察设计单位 11 家，完成 184 个项目，建筑面积 72 万平方米。抽查住宅及公建 1 项，涉及 2 家勘察设计单位。

【施工图审查】 2022 年，完成施工图审查项目 404 项，报审面积 127 万平方米。

【企业发展转型】 2022 年，推进全市建筑业高质量发展，顺应经济社会发展的新形势，市住建局多措并举，从加强政策引导、优化营商环境、完善信用体系等方面着手，促进建筑业持续健康发展。统筹疫情防控和企业发展，全面落实“疫情要防住、经济要稳住、发展要安全”的重大要求，成立疫情防控小组，深入基层，摸排了解企业发展中出现的问题，帮助企业逆“疫”而上，渡过难关。统筹服务指导企业发展，严格落实省、市相关政策，促进建筑企业提质发展，多措并举，完善扶持政策。深化精准扶持建筑业三年行动计划，实施推动行业转型升级、引导企业多元化经营、引进规模优质企业、开拓国内外市场等一系列扶持政策，延伸产

龙海建设集团承建的南京航空航天大学溧阳校区（二期）　　（市住建局　供稿）

业链、提升价值链。兑现建安基金1.8亿元、奖励基金989万元，用经济杠杆撬动更多企业回乡纳税，反哺家乡；联合公检法司、税务、金融系统深化“建筑业之家”大融合，开展公检法司，银企对接，纳税服务，为企业发展保驾护航，全力营造良好的营商环境；想方设法突破重重壁垒，推进建筑业企业综合信用考核，促进建筑市场健康发展。统筹安全生产和企业发展，强化安全生产意识，建设领域安全专项整治卓有成效，事故起数和伤亡人数呈双下降趋势，城市建设安全生产治理体系和治理能力显著提升，从组织领导、精准防治、源头管理、过程监督、加大奖惩、加强联动机制等方面加大力度，促进全市建筑业健康发展。

强化政策扶持，始终把建筑业作为重点产业予以支持，加强规划引导、行业指导和监督服务，尤其在人才引进、工程创优、金融扶持、财政奖励等方面，做进一步调整、落实和细化，引导产业合理布局、错位竞争，鼓励企业找准定位和方向，实施差异化经营战略，为建筑业健康可持续发展，营造良好环境。提升服务实效，统筹联动，做好项目审批服务、工程联动监管、企业信用管理、工程质量监督，支持建筑企业发展。搭建政银企对接融资桥梁，完善合作长效机制，推动助企纾困和政银企良性互动，撬动建筑业市场发展。建立建筑业供应链金融平台，降低企业融资成本。发挥行业协会桥梁纽带作用，从饭桌更多的回归课桌。定期举办建筑企业家交流活动，鼓励企业各展所长、抱团发展，建立企业间信息、技术、设备、人才、产业工人共享机制。积极组织政银企座谈交流，推动企业与政府、金融机构合作，加快建筑业资源整合，逐步形成以大公司为龙头、以区域分公司为支点、以专业分工和内部联动为基础的战略经营体系，促进有序竞争，实现融合发展，塑造溧阳建筑“铁军”形象。抓牢安全生产，始终坚持“生命至上、安全至上”理念，开展建筑施工领域安全生产深化提升行动，严管施工质量和安全，加大安全生产执法力度，坚决杜绝重特大安全生产事故发生。

建筑企业选介

【苏华建设集团有限公司】 成立于1976年，是中国建筑业成长性百强企业、全国优秀施工企业、全国安装行业先进企业、全国守合同重信用企业、全国用户满意安装企业、江苏省建筑业百强企业、常州市五星企业、溧阳市特别贡献奖企业。公司注册资本3.28亿元，总资产超28亿元，2022年完成建筑业产值156.8亿元，上缴税费近8亿元，其中溧阳本地4.23亿元。苏华建设集团作为一级资质企业，能够以EPC总承包的方式承建各种发电项目和冶金、石油、化工领域的设备成套以及房屋建筑、市政公用工程项目，并具有独立的对外承包工程经营权。拥有锅炉安装、修理、改造A级、起重机械安装、压力管道安装等生产许可证和电力设施承装（修、试）资格、具有培训中心和职业技术学校以及职业技能认定资格。

【江苏天目建设集团有限公司】 创建于1958年，于1995年10月组建省级集团公司，注册资本3亿元，具备建筑工程施工总承包特级，建筑行业工程设计甲级，机电工程、市政公用工程施工总承包一级等建筑行业资质，以及锅炉安装Ⅰ级、起重安装A级和压力管道安装等特种资质，资质门类齐全。拥有天目钢机、天目安装等6家子公司和16家注册分公司，施工区域辐射全国各省、直辖市及海外。2022年，完成国

苏华建设集团承建的中国能源建设集团湖南省电力设计院有限公司新疆和田2×350MW热电联产项目EPC总承包项目

（市住建局　供稿）

天目建设集团承建的中国科学院高能物理研究所江门中微子实验中心地下700米探测器有机玻璃球安装平台升级工程

（市住建局　供稿）

内外施工产值139.18亿元，上缴地方税收2.8亿元，税收贡献在全市名列前茅。先后获得“全国安装行业先进企业”“全国优秀施工企业”“全国守合同重信用企业”“全国建筑业AAA级信用企业”“江苏省建筑业百强企业”等称号，现拥有鲁班奖1项、国优工程奖5项、中国安装工程优质奖（中国安装之星）12项，以及省市级优质工程和省市级文明标化工程数百项。

【龙海建设集团有限公司】　成立于1998年，公司注册资本5.02亿元，拥有40家分公司，2022年完成施工产值148亿元，本地纳税2.7亿元，是常州地区首家建筑工程施工总承包特级企业。同时还具有建筑行业甲级设计资质、市政公用工程施工总承包一级资质、机电工程施工总承包一级资质、公路工程施工总承包二级资质等施工资质。拥有商务部授予的对外工程承包签约权及省级技术中心。公司多次获得中国建筑业AAA级信用企业、江苏省建筑业50强企业、江苏省守合同重信用企业，江苏省五一劳动奖状、江苏省民营百强企业、常州市五星企业、常州市纳税百强企业、常州市建筑业优秀企业、溧阳市五星企业、溧阳市突出贡献企业等称号。

【江苏天力建设集团有限公司】具有市政公用工程、石油化工工程、建筑工程施工总承包一级及其他多项资质的综合建安企业，公司注册资本5.0218亿元，2022年完成施工产值92亿元、税收1.2亿元，获评常州市五星级企业江苏省建筑业百强企业。天力集团积极开拓、不断进取，在全国多个省市从事建设工程项目施工。

【江苏溧阳城建集团有限公司】具有建筑工程施工总承包一级及多种专业承包资质的综合性大型施工企业。2022年，公司完成产值30.06亿元，销售收入20.43亿元，全年入库溧阳税收超亿元。各项指标都比2021年有所增长。2022年，公司被评为江苏省“守合同重信用”企业、“江苏省建筑业安全生产先进单位”、常州市“五星明星企业”、溧阳市“五星企业”。获评常州市优质结构工程6项、常州市优质工程奖（金龙杯）3个、江苏省建筑施工标准化星级工地3个、江苏省建筑业绿色施工示范工程2项、江苏省优质工程奖（扬子杯）1个、申请实用新型专利3项。

【江苏金马工程有限公司】　成立于1989年，专注于安装领域，围

龙海建设集团承建的常州工学院产教融合发展项目

（市住建局　供稿）

天目建设集团承建的现代（越南）船厂 700T 龙门吊提升安装项目　　（市住建局　供稿）

绕市场和客户的需要持续创新，与中石化、中石油、中能建等大型央企长期协作，在机电设备安装行业树立金马主力军品牌。公司秉承"团结、诚信、务实、创新"的经营理念，从细节入手培养企业凝聚力，形成团结、诚信、务实、创新的经营理念和企业文化核心，通过强化规范管理、建设精英团队、培育企业文化、打造优质品牌等，保证企业的持续、健康、稳步发展。2022 年，已发展成为拥有消防施工专业承包一级、机电施工总承包二级等施工资质，具有特种设备安装四大类全部 A 级资质，业务遍及国内各省、市、自治区。2022 年，完成承揽工程 3300 项，完成施工总产值 33 亿元，上缴税收 1.4 亿元，上缴税收连续三年突破亿元大关。2022 年度，获评常州市明星企业、溧阳市五星企业、溧阳市住建局突出贡献企业、溧阳市高新区重大贡献企业。

【江苏正方园建设集团有限公司】
创建于 1968 年，曾用名溧阳市河心建安公司（1968—2001 年），2001 年改制完成。集团公司具有建筑施工总承包一级资质、装修装饰一级资质，地基基础、消防设施和机电设备安装二级专业承包资质。公司注册资本 3.2 亿元，是集建筑施工安装、市政道桥、商品混凝土生产销售、建材物流、建筑施工机械设备租赁、轻质墙板生产销售于一体的专业化管理多元化发展的集团企业。创建数十项国家级、省市级优质工程。承建的无锡市土地交易市场工程、无锡市人民医院儿童医疗中心工程、无锡市环境监测控制中心工程和无锡地铁 1 号线控制中心及配套工程，连续获得中国建筑工程鲁班奖，布勒（常州）机械有限公司新厂区——谷物加工成套设备制造项目获国家优质工程奖。

【江苏苏南建设集团有限公司】
成立于 1993 年，公司注册资本 3.8 亿元，具有建筑工程总承包、地基基础工程专业承包、建筑装修装饰工程专业承包一级资质，电机安装专业承包、防水防腐保温专业承包、市政公用工程施工总承包二级资质。公司连续几十年工程施工质量合格率达 100%，累计获评省、市建筑施工标准化星级工地，智慧工地，优良工程 15 项，省级工法 6 项，QC 小组活动成果奖 16 项，国家实用新型专利 30 项；2022 年，施工产值达 50 亿元，上缴国家税收超亿元，为溧阳地方经济发展，贡献"苏南"力量。被授予江苏省"最具成长性百强企业"、省"建筑企业安全生产先进单位"称号；获常州市"明星企业"、溧阳市"三星企业"称号。董事长花新华获评常州市明星企业家、溧阳市优秀企业家。

2022 年度溧阳市省级建筑施工标准化文明示范工地一览表

表 13

工程名称	施工单位	项目经理	获奖名目
NO.2016G09（D 地块）01#–05#、08#、地下室	龙海建设集团有限公司	王川云	江苏省标准化星级工地
溧阳市御湖城东侧皇仓村（二期）地块建设工程（含 A3 航空自动化实验教学中心、A11 民用航空、飞行技术实验教学中心、E6 体育馆、东门卫、南门卫、东区体育场及室外附属工程）	龙海建设集团有限公司	周　瑜	江苏省标准化星级工地
溧阳市上兴镇老河中心村安置房建设工程（含 1–17# 住宅楼、社区服务用房、1～3# 配电房、物管房、门卫、地库及围墙、道路、照明）	龙海建设集团有限公司	张志刚	江苏省标准化星级工地
溧阳市梅园村地块拆迁安置房项目二期建设工程	龙海建设集团有限公司	李火蓉	江苏省标准化星级工地
天宁城市共享停车场项目施工总承包	龙海建设集团有限公司	顾光华	江苏省标准化星级工地
溧阳市原湾里水厂地块开发建设项目（1～20 号楼及地下车库）	江苏溧阳城建集团有限公司	朱丽清	江苏省标准化星级工地
溧阳市永平初中项目综合楼、地下室、门卫	江苏溧阳城建集团有限公司	陈洪福	江苏省标准化星级工地
新能源汽车锂电池精密结构件项目（二期）（车间一、车间二、精品车间、5# 宿舍、6# 宿舍、9# 宿舍、10# 宿舍、11# 宿舍工程）	江苏溧阳城建集团有限公司	殷丽华	江苏省标准化星级工地
常青北路东侧、季子路北侧（ZL020613–01）地块项目（常青北路东侧、季子路北侧（ZL020613–01）地块项目设计、采购、施工工程总承包（EPC 一体化）（园林绿化工程除外）	江苏溧阳建设集团有限公司	迟荣财	江苏省标准化星级工地
幸福公寓（泓口区）地块一期开发建设项目 1# 商业楼 1#～4# 宿舍楼、地下车库	江苏溧阳建设集团有限公司	王　振	江苏省标准化星级工地
上海铁路局南京地区西善桥铁路职工集资建房项目二标段	江苏溧阳建设集团有限公司	陈　晨	江苏省标准化星级工地
溧阳市看守所迁建工程项目（武警用房、留置场所、食堂、综合楼、看守所监区、1# 岗楼、2# 岗楼、大门、人防地库及室外附属工程）	江苏溧阳建设集团有限公司	蒋国洪	江苏省标准化星级工地
常州市科教城幼儿园项目施工总承包	江苏溧阳建设集团有限公司	管金忠	江苏省标准化星级工地
XDG–2019–60 号地块建设项目（17# 等）	江苏正方园建设集团有限公司	赵文征	江苏省标准化星级工地
商用车关键零部件建设项目（研发楼、员工中心 2）	江苏正方园建设集团有限公司	叶元龙	江苏省标准化星级工地
XDG–2020–9 号地块开发建设一期、二期项目（世界物联网博览会永久会址、配套设施）	江苏正方园建设集团有限公司	张军阳	江苏省标准化星级工地
溧阳市燕山片区 16# 地块开发项目 1# 楼～3# 住宅楼、5#～12# 住宅楼、1#～2# 小区变、物业管理用房、门卫、地下车库及室外附属工程	江苏鼎邦建设工程有限公司	史建军	江苏省标准化星级工地
溧阳市燕山片区 17# 地块开发项目——燕山片区 17# 地块开发项目（1#～3# 楼、5#～13# 楼、15# 楼、16# 楼、17# 楼、18# 楼、1#～2# 门卫、1#～2# 小区变、开闭所、基层社区中心、幼儿园、地下车库及相关附属工程）	江苏鼎邦建设工程有限公司	李士超	江苏省标准化星级工地
溧阳市赵家村棚户区改造工程一期工程	江苏瑞峰建设集团有限公司	孔文亚	江苏省标准化星级工地
京沪高速公路沂淮段扩建工程 JHK–SQ22 标	江苏华晨路桥建设有限公司	陈建胜	省公路水运工程平安工地
341 省道溧阳段改扩建工程（方里村 –X108）施工项目一标	江苏华晨路桥建设有限公司	孙　健	省公路水运工程平安工地
江苏中关村科技产业园科创基地项目	百茂建设集团有限公司	王　琛	江苏省标准化星级工地
常州市新北区衡山路以西、汉江中路以北地块开发项目	百茂建设集团有限公司	赵　涛	江苏省标准化星级工地
溧阳市燕山新区游子吟大道南侧八号地块建设工程～办公楼（含地库）及附属工程	百茂建设集团有限公司	史胜强	江苏省标准化星级工地
勤丰路东侧、泓口路北侧地块建设开发项目 1～5# 楼、9#、10# 楼、物业办公楼及地下室一期工程	百茂建设集团有限公司	朱金荣	江苏省标准化星级工地

续表 13

工　程　名　称	施　工　单　位	项目经理	获奖名目
溧阳市南大街西侧 9#、10#、11# 地块开发建设项目四标段 10# 地　块开发建设项目工程总承包(10～1办公楼、10～2商业楼、10～3住宅楼、10～4住宅楼、2号配电房、10# 地下室）工程	中峥建设集团有限公司	朱　卿	江苏省标准化星级工地
溧阳市南大街西侧 9#、10#、11# 地块项目三标段 9# 地块（9～1酒店楼、9～2商业楼、9～3住宅楼、9～4住宅楼、1号配电房、9# 地下室）工程	中峥建设集团有限公司	方　略	江苏省标准化星级工地
年产百万公里特种电缆厂房建设项目——7# 车间、8# 车间	江苏苏南建设集团有限公司	唐俊超	江苏省标准化星级工地
溧阳市奥体大道西侧 8～2# 地块项目（A1～A3# 住宅楼、A5住宅楼、地下车库、南门卫、消控室、室外附属工程）工程	江苏鸿恺建设有限公司	唐存裕	江苏省标准化星级工地
溧阳市南渡镇老小学地块开发建设项目 1～3#、5～13#、15～20# 楼及地下车库（含人防地下室）、门卫建筑工程	江苏鸿恺建设有限公司	庄　超	江苏省标准化星级工地

2022 年度溧阳市建筑施工省级及以上优质工程一览表

表 14

工　程　名　称	施　工　单　位	项目经理	获奖名目	评审单位
曲周县垃圾综合处理发电项目	苏华建设集团有限公司	史有顺	中国安装之星	中国安装协会
河南心连心化学工业集团股份有限公司采用清洁生产技术进行产业升级项目（一期）	苏华建设集团有限公司	顾益民	国家优质（参建）	中国施工企业管理协会
溧阳市光华高级中学新校区建设工程	苏华建设集团有限公司	王玉林	扬子杯	江苏省住房和城乡建设厅
溧阳市御湖城东侧皇伦村（一期）地块开发建设项目	苏华建设集团有限公司	张　伟	扬子杯	江苏省住房和城乡建设厅
荣成市长青环保能源有限公司垃圾焚烧发电项目工程	苏华建设集团有限公司	嵇志峰	泰山杯	山东省住房和城乡建设厅
曲周县垃圾综合处理发电项目	苏华建设集团有限公司	史有顺	优质安装工程	北京市建筑业联合会
江阴热电替代整合澄东南地区小热电蒸汽保供项目（二标）	江苏天目建设集团有限公司	尤　飞	中国安装之星	中国安装协会
兖矿鲁南化工有限公司 30 万吨／年己内酰胺项目	江苏天目建设集团有限公司	芮青维	5A 级优质精品工程	中国化工施工企业协会
溧阳市御湖城东侧皇仑村（一期）地块开发建设项目	江苏天目建设集团有限公司	胡　宾	扬子杯	江苏省住房和城乡建设厅
常州市武进区火炬路教育培训中心建设项目机电安装及消防分包	江苏天目建设集团有限公司	袁俊红	扬子杯	江苏省住房和城乡建设厅
锂离子电池正极材料智能化生产线建设项目	江苏天目建设集团有限公司	赵　锋	扬子杯	江苏省住房和城乡建设厅
常州工学院产教融合发展项目实训楼 1# 建筑工程施工总承包	龙海建设集团有限公司	王建平	扬子杯	江苏省住房和城乡建设厅
无锡市太湖新城建设指挥部办公室综合办公用房及市应急指挥中心项目	江苏正方园建设集团有限公司	张军阳	扬子杯	江苏省住房和城乡建设厅
溧阳市蓄能电站大桥及其连线工程	江苏华晨路桥建设有限公司	钱军成	品质工程	江苏省交通厅
安博南京六合物流园 4# 仓库	中易建设有限公司	查回回	金钢奖	上海市金属结构行业协会
年产 30 万吨精密钢管项目（一期）建筑工程	江苏鹏程钢结构集团有限公司	史永平	金钢奖	上海市金属结构行业协会

表 15

2022 年度溧阳市工程建设省级工法一览表

序号	工法名称	主要完成单位	主要完成人
1	在役管道免拆保温层基于 DDA 数字成像检测施工工法	苏华建设集团有限公司	黄柏枝、周胜、施俊杰、夏斌、闻中全
2	富水地层地下室防排一体式整体防水施工工法	龙海建设集团有限公司	华卫、张峻诚、任蓓蓓、孙建中、朱新健
3	基于横竖双向防护体系外脚手架安全拆卸施工工法	江苏瑞峰建设集团有限公司	朱振宇、芮华、缪技峰、姚宣宇、王克诚
4	板附式倾角可调型变截面爬模施工工法	中峥建设集团有限公司	董方、沈鸥、赵莉春、黄军、王凯
5	装配式建筑悬挑架分离组合型压环锚固施工工法	江苏溧阳建设集团有限公司	高荣、韩建敏、吴文娟、吕科希、党斌锋
6	大跨度高空网架结构悬挂架装饰涂刷支撑系统施工工法	中一达建设集团有限公司	任中群、沈彩娥、陈琦、陈新源、胡强

表 16

2022 年度溧阳市工程建设类专利一览表

序号	专利名称	专利权人	专利号	类别
1	一种高强度钢桁架支撑结构	苏华建设集团有限公司	ZL2022 2 0428205.X	实用新型
2	一种钢桁架顶部防护结构	苏华建设集团有限公司	ZL2022 2 0428365.4	实用新型
3	一种屋面钢桁架防水结构	苏华建设集团有限公司	ZL2022 2 0430435.X	实用新型
4	一种高效吸烟风箱	苏华建设集团有限公司	ZL2022 2 0428682.6	实用新型
5	粮食流速可控的溜管	江苏天目建设集团有限公司	ZL 2019 2 1336551.X	实用专利
6	气垫输送机的机头／机尾与气室连接处的皮带支撑装置	江苏天目建设集团有限公司	ZL 2019 2 1336545.4	实用专利
7	基于智能建筑物联网的数据处理系统	龙海建设集团有限公司、中易建设有限公司	ZL 2020 1 1540031.8	发明专利
8	智能建筑监测系统	龙海建设集团有限公司、中易建设有限公司	ZL 2020 1 1540067.6	发明专利
9	结构降板及止水坎台模板的可调式装配支撑结构	江苏溧阳城建集团有限公司	ZL 2021 2 2921312.4	实用新型
10	可重复使用的钢管微型桩	江苏溧阳城建集团有限公司	ZL 2021 2 2530058.5	实用新型
11	用于桩地注浆的止返浆装置	江苏溧阳城建集团有限公司	ZL 2021 2 2530244.9	实用新型
12	一种框架结构构造柱钢模板	百茂建设集团有限公司	ZL 2022 2 2127836.0	实用新型
13	一种装配式建筑叠合楼板后浇板带吊模体系	百茂建设集团有限公司	ZL 2022 2 2127846.4	实用新型
14	一种施工场地基坑降水系统智能控制方法	江苏中安建设集团有限公司	ZL 2022 1 0785079.8	发明专利
15	一种建筑节能给排水系统智能控制方法	江苏中安建设集团有限公司	ZL 2022 1 0818029.5	发明专利
16	用于给排水工程的水资源处理进程控制方法	江苏中安建设集团有限公司	ZL 2022 1 0855790.6	发明专利
17	一种暖通管道过滤除污器	江苏中安建设集团有限公司	ZL 2022 1 0983854.0	发明专利
18	一种建筑物内部安装的供热通风装置	江苏中安建设集团有限公司	ZL 2022 2 0496527.8	实用新型
19	一种暖通管道内部的水垢清理装置	江苏中安建设集团有限公司	ZL 2022 2 0497419.2	实用新型
20	一种机电安装用的电缆线卷绕设备	江苏中安建设集团有限公司	ZL 2022 2 0497818.9	实用新型
21	一种具有防潮性能好的室内电气柜	江苏中安建设集团有限公司	ZL 2022 2 0513039.3	实用新型
22	一种具有过滤功能的给水排水管道结构	江苏中安建设集团有限公司	ZL 2022 2 0513295.2	实用新型

续表 16

序号	专利名称	专利权人	专利号	类别
23	一种建筑智能化工程使用的配线架	江苏中安建设集团有限公司	ZL 2022 2 0513867.7	实用新型
24	一种应用于给水排水和管道阀门结构	江苏中安建设集团有限公司	ZL 2022 2 0533979.9	实用新型
25	一种应用于机电安装的管线防松脱机构	江苏中安建设集团有限公司	ZL 2022 2 0546049.7	实用新型
26	一种应用于暖通风管的吊架结构	江苏中安建设集团有限公司	ZL 2022 2 0546277.4	实用新型
27	一种用于建筑智能化安防的监控装置	江苏中安建设集团有限公司	Z L2022 2 0548258.5	实用新型
28	一种自稳定型装配式板支撑系统及其施工方法	中峥建设集团有限公司	ZL 2021 1 0322186.2	发明专利
29	一种纤维水泥板幕墙穿透式固定结构	中峥建设集团有限公司	ZL 2022 2 1912804.5	实用新型
30	用于建筑机电安装支吊架系统的锁紧装置及锁紧结构	江苏溧阳建设集团有限公司	ZL 2021 1 0423202.7	发明专利
31	一种市政雨水收集灌溉系统	江苏溧阳建设集团有限公司	ZL 2020 1 0382304.4	发明专利
32	一种应用于软土地基加固的集水排水装置	江苏溧阳建设集团有限公司	ZL 2021 1 0809888.3	发明专利
33	一种便于运输的房屋建筑集成组装墙体及其组装方法	江苏溧阳建设集团有限公司	ZL 2021 1 0962315.4	发明专利
34	一种悬挑工字钢锚固体系	江苏溧阳建设集团有限公司	ZL 2021 1 0809896.8	发明专利
35	一种房屋建筑立柱结构	江苏溧阳建设集团有限公司	ZL 2021 1 0809897.2	发明专利
36	一种装配式钢结构房屋建筑体系	江苏溧阳建设集团有限公司	ZL 2021 1 0963635.1	发明专利
37	市政工程基坑安全防护装置	江苏溧阳建设集团有限公司	ZL 2021 1 0963650.6	发明专利
38	一种建筑装修用墙体喷涂设备	江苏溧阳建设集团有限公司	ZL 2021 2 1531259.0	实用新型
39	钢筋混凝土内、外墙体连接结构	中一达建设集团有限公司	ZL 2022 2 0284789.8	实用专利
40	轻质高延性混凝土装配式梯形组合梁楼板	中一达建设集团有限公司	ZL 2022 2 0284797.2	实用专利
41	一种建筑地基桩	中一达建设集团有限公司	ZL 2022 2 0284800.0	实用专利
42	一种房屋女儿墙排水装置	中一达建设集团有限公司	ZL 2022 2 0284816.1	实用专利
43	混凝土搅拌装置	中一达建设集团有限公司	ZL 2022 2 0284873.X	实用专利
44	一种简易结构的可手动调节轻质起吊设备	中一达建设集团有限公司	ZL 2022 2 0256974.6	实用专利
45	一种便于临时组装的建筑幕墙	中一达建设集团有限公司	ZL 2022 2 0256977.X	实用专利
46	室内楼板端部出风口节点结构	中一达建设集团有限公司	ZL 2022 2 0256983.5	实用专利
47	楼板与楼板梁的连接结构	中一达建设集团有限公司	ZL 2022 2 0256984.X	实用专利
48	一种组装式抗拔桩	中一达建设集团有限公司	ZL 2022 2 0208205.9	实用专利
49	一种便携式墙面修补用工具	中一达建设集团有限公司	ZL 2022 2 0208209.7	实用专利
50	一种可调节高度的支撑用建筑模板	中一达建设集团有限公司	ZL 2022 2 0256979.9	实用专利
51	一种装配式建筑混凝土剪力墙外墙板结构	中一达建设集团有限公司	ZL 2022 2 0284808.7	实用专利
52	一种便于移动与固定的消防泵房	中一达建设集团有限公司	ZL 2022 2 0256978.4	实用专利
53	一种建筑用锁紧式脚手架	中一达建设集团有限公司	ZL 2022 2 0208194.4	实用专利
54	一种吊顶内消防喷洒软连接	中一达建设集团有限公司	ZL 2021 2 1591883.X	实用专利
55	一种整体式现浇结构变形缝	中一达建设集团有限公司	ZL 2021 2 1595059.1	实用专利
56	一种市政施工用吊装设备的智能控制方法	江苏顺联工程建设有限公司	ZL 2022 1 0781319.7	发明专利
57	一种用于市政施工的吸尘设备智能控制方法	江苏顺联工程建设有限公司	ZL 2022 1 0828753.6	发明专利

续表 16

序号	专利名称	专利权人	专利号	类别
58	基于挖方形态测量的市政工程挖填方辅助方法	江苏顺联工程建设有限公司	ZL 2022 1 1015542.7	发明专利
59	一种耐水型硫氧镁板	江苏正方园建设集团有限公司	ZL 2022 1 0427827.5	发明专利
60	环保型硫氧镁材料生产工艺及硫氧镁板	江苏正方园建设集团有限公司	ZL 2022 1 0448249.3	发明专利
61	一种脚手架中间连接装置	江苏正方园建设集团有限公司	ZL 2022 2 0997125.6	实用新型
62	一种复合风管	江苏正方园建设集团有限公司	ZL 2022 2 0957558.9	实用新型
63	一种双排错位孔结构墙板	江苏正方园建设集团有限公司	ZL 2022 2 0957557.4	实用新型
64	一种用于低耗能保温墙体建筑变形缝连接节点结构	江苏天一建设有限公司	ZL 2022 2 2110385.X	实用新型
65	一种建筑防水卷材连接用热熔封边装置	江苏天一建设有限公司	ZL 2022 2 0157853.6	实用新型
66	一种用于装配式建筑室内软包面层与玻璃饰面连接结构	江苏天一建设有限公司	ZL 2022 2 0874650.9	实用新型
67	一种钢管混凝土拱桥保温膜施工装置	江苏天一建设有限公司	ZL 2022 2 1218456.1	实用新型
68	大型建筑的连廊式幕墙安装结构	江苏天一建设有限公司	ZL 2022 2 1253281.8	实用新型
69	一种装配式钢结构支架	江苏天一建设有限公司	ZL 2022 2 1568565.6	实用新型
70	一种室内建筑装饰用打孔装置	江苏天一建设有限公司	ZL 2022 2 1743575.9	实用新型
71	一种压型钢板金属屋面单坡屋脊节点结构	江苏天一建设有限公司	ZL 2022 2 1792305.7	实用新型
72	一种快速成型多层建筑模板热压机	江苏天一建设有限公司	ZL 2022 2 1819135.7	实用新型
73	一种旧建筑节能保温改造勒脚节点结构	江苏天一建设有限公司	ZL 2022 2 1961554.4	实用新型
74	一种泡沫建筑混凝土用快速下料装置	江苏天一建设有限公司	ZL 2022 2 1992343.7	实用新型
75	一种建筑装修用切割机	江苏天一建设有限公司	ZL 2022 2 2002073.7	实用新型
76	一种建筑工程用泡沫混凝土稀释装置	江苏天一建设有限公司	ZL 2022 2 2010901.1	实用新型
77	一种建筑装修用铁棒除锈装置	江苏天一建设有限公司	ZL 2022 2 2012234.0	实用新型
78	一种建筑外墙抹灰装置	江苏天一建设有限公司	ZL 2022 2 2174889.8	实用新型
79	一种建筑外墙顶部的防水结构	江苏天一建设有限公司	ZL 2022 2 2174974.4	实用新型
80	一种建筑幕墙安装固定支架	江苏天一建设有限公司	ZL 2022 2 2181849.6	实用新型
81	一种装配式构件	江苏天一建设有限公司	ZL 2022 2 2194524.4	实用新型
82	一种钢结构厂房基础支撑机构	苏阳建工集团有限公司	ZL 2022 2 2714553.6	实用新型
83	一种房屋用的管道减震支架	苏阳建工集团有限公司	ZL 2022 2 2714148.4	实用新型
84	一种拼接式脚手架	苏阳建工集团有限公司	ZL 2022 2 2714537.7	实用新型
85	一种深基坑支护结构	江苏苏南建设集团有限公司	ZL 2021 2 1656305.X	实用新型
86	一种房屋女儿墙排水装置	江苏苏南建设集团有限公司	ZL 2021 2 1521953.4	实用新型
87	一种建筑地基桩	江苏苏南建设集团有限公司	ZL 2021 2 1541923.X	实用新型
88	一种建筑施工用围挡	江苏苏南建设集团有限公司	ZL 2021 2 1436846.1	实用新型
89	混凝土搅拌装置	江苏苏南建设集团有限公司	ZL 2021 2 1516543.0	实用新型
90	一种防积水门窗安装结构	江苏苏南建设集团有限公司	ZL 2021 2 1439491.1	实用新型
91	便于安装的预应力梁板加工装置	江苏苏南建设集团有限公司	ZL 2021 2 1658307.2	实用新型
92	一种建筑用脚手架扣件分拣方法	江苏绸缪建设工程有限公司	ZL 2021 1 0783848.6	发明专利
93	一种建筑施工用固定夹具	江苏绸缪建设工程有限公司	ZL 2021 1 0107870.9	发明专利

续表 16

序号	专利名称	专利权人	专利号	类别
94	一种建筑工程垂直度检测用红外线检测仪	江苏绸缪建设工程有限公司	ZL 2021 2 2987407.6	实用新型
95	一种多功能混凝土性能检测系统	江苏绸缪建设工程有限公司	ZL 2021 2 3373508.0	实用新型
96	一种防渗水型建筑基坑	江苏绸缪建设工程有限公司	ZL 2021 2 3350720.5	实用新型
97	一种建筑施工用踢脚板组合连接装置	江苏绸缪建设工程有限公司	ZL 2022 2 0154117.5	实用新型
98	一种建筑施工用顶部可调简易防护装置	江苏绸缪建设工程有限公司	ZL 2022 2 0114023.5	实用新型
99	一种建筑工程排水装置	江苏绸缪建设工程有限公司	ZL 2022 2 1228172.0	实用新型
100	一种建筑施工中临边防护的预警装置	江苏绸缪建设工程有限公司	ZL 2022 2 1266500.6	实用新型
101	一种用于装配式建筑的钢构连接节点	江苏绸缪建设工程有限公司	ZL 2022 2 1333863.7	实用新型
102	一种工具式安全平网	江苏天力建设集团有限公司	ZL 2021 1 0965756.X	发明专利
103	一种自锁式风管吊架	江苏天力建设集团有限公司	ZL 2021 1 0800775.7	发明专利
104	一种风化地质逆作法用钢管混凝土立柱及施工方法	江苏天力建设集团有限公司	ZL 2021 1 0802445.1	发明专利
105	一种预制楼板安装结构	江苏天力建设集团有限公司	ZL 2021 1 0840420.0	发明专利
106	一种连接稳定的预制墙体	江苏天力建设集团有限公司	ZL 2021 1 0840437.6	发明专利
107	一种建筑基坑用支护结构	江苏天力建设集团有限公司	ZL 2021 1 0965991.7	发明专利
108	一种阳台防护结构	江苏天力建设集团有限公司	ZL 2021 1 0965993.6	发明专利
109	一种便于运料的反开挖水稳摊铺装置	江苏天力建设集团有限公司	ZL 2022 2 2169373.4	实用新型
110	一种高稳定性的塔吊型钢平台	江苏天力建设集团有限公司	ZL 2022 2 2118495.0	实用新型
111	一种立柱桩钢格构住安装辅助装置	江苏天力建设集团有限公司	ZL 2022 2 2104218.4	实用新型
112	一种立柱桩钢格构住安装结构	江苏天力建设集团有限公司	ZL 2022 2 2237442.0	实用新型
113	一种塔吊基础施工用工具式型钢平台	江苏天力建设集团有限公司	ZL 2022 2 2105584.1	实用新型
114	用于路基反开挖水稳施工的上料式摊铺系统	江苏天力建设集团有限公司	ZL 2022 2 2174552.7	实用新型
115	一种装配式建筑管线定位结构	江苏天力建设集团有限公司	ZL 2022 2 2536853.X	实用新型
116	一种振平效果稳定的市政道路施工振平装置	江苏天力建设集团有限公司	ZL 2021 2 0614251.4	实用新型
117	一种屋面排水天沟结构	江苏天力建设集团有限公司	ZL 2022 2 2482762.2	实用新型
118	一种地下室引光结构	江苏天力建设集团有限公司	ZL 2022 2 2494475.3	实用新型
119	一种智能房屋保温供能结构	江苏天力建设集团有限公司	ZL 2022 2 2536967.4	实用新型
120	一种幕墙防变形结构	江苏浚译建设有限公司	ZL 2022 2 2047666.5	实用新型
121	一种绿色建筑废水处理系统	江苏浚译建设有限公司	ZL 2022 2 1334822.X	实用新型
122	一种预制电力排管结构	江苏浚译建设有限公司	ZL 2022 2 1281627.5	实用新型
123	一种电力排管安装结构	江苏浚译建设有限公司	ZL 2022 2 1281665.0	实用新型
124	一种建筑保温及隔热绝缘材料检测装置	宏昌建筑集团有限公司	ZL 2022 2 1218830.8	实用新型
125	一种建筑设计用测量装置	宏昌建筑集团有限公司	ZL 2022 2 1329204.6	实用新型
126	一种建筑施工用降雨排水结构	宏昌建筑集团有限公司	ZL 2022 2 1740179.9	实用新型
127	一种建筑物地基加固构造	宏昌建筑集团有限公司	ZL 2022 2 1696475.5	实用新型
128	一种绿色建筑屋顶排水系统	宏昌建筑集团有限公司	ZL 2022 2 1835076.2	实用新型
129	一种土木工程用河沙筛选装置	宏昌建筑集团有限公司	ZL 2022 2 1352769.6	实用新型

续表 16

序号	专利名称	专利权人	专利号	类别
130	一种土木建筑桩	宏昌建筑集团有限公司	ZL 2022 2 1394343.7	实用新型
131	一种易拆卸保温建筑板材	宏昌建筑集团有限公司	ZL 2022 2 0521152.6	实用新型
132	一种新型防撞耐挤压性能高的建筑工程排水管道	江苏圣科建设有限公司	ZL 2022 2 1189506.8	实用新型
133	一种装配式低能耗建筑外墙保温体系	江苏圣科建设有限公司	ZL 2022 2 1911572.1	实用新型
134	一种装配式钢结构建筑用钢结构厚板切割与坡口安装结构	江苏圣科建设有限公司	ZL 2022 2 1853926.1	实用新型
135	一种工作效率高的现场墙体传热系数检测仪	江苏圣科建设有限公司	ZL 2022 2 1201828.X	实用新型
136	一个用于桥梁的钢丝吊桥	江苏华晨路桥建设有限公司	ZL 2021 2 2624490.0	实用新型
137	一种连续空间异性拱梁组合结构	江苏华晨路桥建设有限公司	ZL 2021 2 2624500.0	实用新型
138	一种用于桥梁的桥面钢箱结构	江苏华晨路桥建设有限公司	ZL 2021 2 2627308.7	实用新型
139	一种用于桥梁的单箱多室结构	江苏华晨路桥建设有限公司	ZL 2021 2 2627321.2	实用新型
140	一种用于桥梁工程用拱肋	江苏华晨路桥建设有限公司	ZL 2021 2 2633393.8	实用新型
141	一种桥梁工程用锚箱	江苏华晨路桥建设有限公司	ZL 2021 2 2633394.2	实用新型
142	一种桥梁工程用临时支架装置	江苏华晨路桥建设有限公司	ZL 2021 2 2633395.7	实用新型
143	一种用于桥梁工程的滑移支架	江苏华晨路桥建设有限公司	ZL 2021 2 2633406.1	实用新型
144	一种用于桥梁工程的浮托设备	江苏华晨路桥建设有限公司	ZL 2021 2 2633407.6	实用新型
145	一种用于桥梁工程的吊装装置	江苏华晨路桥建设有限公司	ZL 2021 2 2635211.0	实用新型
146	一种市政道路修补用小型压路机	江苏汉宇建筑有限公司	ZL 2022 1 0242462.9	发明专利
147	一种管道清淤工作规划用量泥装置	江苏汉宇建筑有限公司	ZL 2022 1 0231959.0	发明专利
148	一种市政绿化用营养土及肥料的铺洒装置	江苏汉宇建筑有限公司	ZL 2022 1 0252897.1	发明专利
149	一种市政管道的淤泥清理装置	江苏汉宇建筑有限公司	ZL 2022 1 0253413.5	发明专利
150	一种市政道路的中部隔离防护栏	江苏汉宇建筑有限公司	ZL 2022 1 0242279.9	发明专利
151	一种便于机械设备倾倒处理的市政垃圾桶	江苏汉宇建筑有限公司	ZL 2022 2 0502242.0	实用专利
152	下穿桥前预设置的市政道路限高杆	江苏汉宇建筑有限公司	ZL 2022 2 0503090.6	实用专利
153	一种建筑及市政工程用基坑降尘装置	江苏汉宇建筑有限公司	ZL 2022 2 0530658.3	实用专利
154	一种大型多车道用的绿化隔离栏	江苏汉宇建筑有限公司	ZL 2022 2 0502275.5	实用专利
155	一种建筑市政工程用边坡锚固装置	江苏汉宇建筑有限公司	ZL 202220530849.X	实用专利
156	基坑钢结构支护体系及其施工方法	江苏茂盛建设集团有限公司	ZL 2021 1 0838966.2	发明专利
157	一种装配式深基坑施工用钢支撑结构	江苏茂盛建设集团有限公司	ZL 2021 2 1696253.9	实用新型
158	一种移动式室内粉体清扫过滤装置	江苏万晟建设发展有限公司	ZL 2022 2 1345678.X	实用新型
159	一种建筑工地用的钢筋弯曲装置	江苏万晟建设发展有限公司	ZL 2022 2 1325197.2	实用新型
160	一种机械式高层建筑外墙去污装置	江苏万晟建设发展有限公司	ZL 2022 2 1325255.1	实用新型
161	一种新型多用 U 型管卡加工装置	江苏万晟建设发展有限公司	ZL 2022 2 1349046.0	实用新型
162	一种用于建筑工地钢筋调直装置	江苏万晟建设发展有限公司	ZL 2022 2 1351044.5	实用新型
163	一种新型机械式墙体面漆粉刷装置	江苏万晟建设发展有限公司	ZL 2022 2 1351323.1	实用新型
164	一种室内工程用的墙面铺线开槽装置	江苏万晟建设发展有限公司	ZL 2022 2 1357192.8	实用新型
165	一种移动式多用途室内作业登高装置	江苏万晟建设发展有限公司	ZL 2022 2 1357503.0	实用新型

续表 16

序号	专利名称	专利权人	专利号	类别
166	一种用于工程建筑薄板金属材料校平装置	江苏万晟建设发展有限公司	ZL 2022 2 1358630.2	实用新型
167	一种室内工程用的手推式砂浆搅拌装置	江苏万晟建设发展有限公司	ZL 2022 2 1359384.2	实用新型
168	一种新型手持式墙面抹灰装置	江苏万晟建设发展有限公司	ZL 2022 2 1364382.2	实用新型
169	一种垃圾焚烧落灰管道自动清理装置	江苏万远建设有限公司	ZX 2022 2 2360467.X	实用新型
170	一种水管过滤与更换装置	江苏万远建设有限公司	ZL 2022 2 2342796.1	实用新型
171	一种用于雨污分流市政管路的储污池	江苏万远建设有限公司	ZL 2022 2 2283175.0	实用新型
172	一种可拆卸式卷扬机安装设备	江苏万远建设有限公司	ZL 2022 2 2196017.1	实用新型
173	一种冷油器自动清洗装置	江苏万远建设有限公司	ZL 2022 2 2198492.2	实用新型
174	一种垃圾焚烧炉渣仓出闸口自动清理装置	江苏万远建设有限公司	ZL 2022 2 2196016.7	实用新型
175	一种可调节的基坑支护结构	江苏万远建设有限公司	ZL 2022 2 2211756.3	实用新型
176	一种道路修补用灌缝机	江苏万远建设有限公司	ZL 2022 2 2198166.1	实用新型
177	一种便于调节装配尺寸的 PC 构件用吊具	江苏万远建设有限公司	ZL 2022 2 2116921.7	实用新型
178	一种快捷安装式安全型施工平台	江苏万远建设有限公司	ZL 2022 2 2117256.3	实用新型
179	一种过热器改蒸发器快速对管装置	江苏万远建设有限公司	ZL 2022 2 2128598.5	实用新型
180	一种市政工程沟槽垃圾清理装置	江苏万远建设有限公司	ZL 2022 2 2132421.2	实用新型
181	一种无基础塔吊	江苏万远建设有限公司	ZL 2021 2 2196575.3	实用新型
182	一种房屋建筑砌墙用辅助装置	臻龙建设有限公司	—	实用新型

表 17

2022 年度溧阳市省级绿色施工示范工地一览表

序号	工程名称	单位	项目经理	获奖名目
1	溧阳市御湖城东侧皇仑村（二期）地建设地块	江苏溧阳城建集团有限公司	沈　俊	江苏省绿色示范工程
2	前马中小学校舍改造	江苏溧阳城建集团有限公司	周　静	江苏省绿色示范工程
3	东蕾苑安置房新建项目施工二标段	江苏正方园建设集团有限公司	谢小飞	江苏省绿色示范工程
4	XDG−2017−25 地块建设项目—14#、15#、16#、25#、28#、31#、P1#、B 地块地下车库（四期）	江苏正方园建设集团有限公司	卞思聪	江苏省绿色示范工程
5	溧阳市燕山新区 37 号地块一期（时代天悦）4# ～ 12# 住宅楼，13#、14# 变电站及地下车库和相关附属工程	江苏正方园建设集团有限公司	翟建东	江苏省绿色示范工程
6	金峰又一城 D2 ～ D5,E2 ～ E5，地库及相关附属工程	江苏正方园建设集团有限公司	吴　建	江苏省绿色示范工程
7	溧阳市御湖城东侧皇仑村（二期）地块建设工程（含 A7 工培中心、A9 行政楼及室外附属工程）	江苏正方园建设集团有限公司	周大为	江苏省绿色示范工程
8	溧阳市创智园北区二期人才公寓工程项目（含 65 ～ 69# 楼、地下车库、门卫、配电房及室外附属工程）	江苏正方园建设集团有限公司	薛　姣	江苏省绿色示范工程
9	惠山古镇 I 地块商业、旅游景点建设及文物古迹保护修复项目—烧香浜地块	江苏正方园建设集团有限公司	张二庆	江苏省绿色示范工程
10	徐州 2013—6 号地块好得家商城 BC 区	江苏苏南建设集团有限公司	刘少勇	江苏省绿色示范工程
11	徐州 2013—6 号地块好得家商城 R 区	江苏苏南建设集团有限公司	黄　冲	江苏省绿色示范工程
12	徐州 2013—6 号地块好得家商城 1#、2# 商办楼工程	江苏苏南建设集团有限公司	葛春荣	江苏省绿色示范工程
13	溧阳市燕山新区南侧 7# 地块项目（办公楼）	江苏苏南建设集团有限公司	王　恒	江苏省绿色示范工程
14	江苏中关村科技产业园科创基地项目	百茂建设集团有限公司	王　琛	江苏省绿色示范工程

表 18

2022 年度溧阳市建筑业突出贡献企业一览表

序号	企业名称	董事长	序号	企业名称	董事长
1	苏华建设集团有限公司	宋小华	4	江苏天力建设集团有限公司	史俊生
2	江苏天目建设集团有限公司	周天喜	5	江苏溧阳城建集团有限公司	赵文斌
3	龙海建设集团有限公司	张龙海	6	江苏金马工程有限公司	马亚平

表 19

2022 年度溧阳市建筑业十佳企业一览表

序号	企业名称	董事长	序号	企业名称	董事长
1	江苏正方园建设集团有限公司	吕树宝	6	中峥建设集团有限公司	陈　杰
2	江苏苏南建设集团有限公司	花新华	7	江苏万远建设有限公司	潘志荣
3	中易建设有限公司	张　悦	8	江苏茂盛建设集团有限公司	陈建平
4	江苏瑞峰建设集团有限公司	缪文峰	9	苏阳建工集团有限公司	陈　琪
5	百茂建设集团有限公司	任　庆	10	安顺集团建设有限公司	邵　良

表 20

2022 年度溧阳市建筑业先进企业一览表

序号	企业名称	序号	企业名称
1	江苏华晨路桥有限公司	16	江苏通用路桥工程有限公司
2	江苏中安建设集团有限公司	17	江苏溧阳晶鑫建设有限公司
3	江苏鼎邦建设工程有限公司	18	溧阳市立达安装工程有限公司
4	江苏汉宇建筑有限公司	19	江苏圣科建设有限公司
5	江苏鸿恺建设有限公司	20	江苏万晟建设发展有限公司
6	江苏科嘉建设有限公司	21	溧阳市水利市政建筑有限公司
7	江苏溧阳建设集团有限公司	22	江苏中天市政工程有限公司
8	晟唐伟业建设集团有限公司	23	江苏鹏程钢结构集团有限公司
9	常州东华建筑安装工程有限公司	24	宏昌建筑集团有限公司
10	江苏顺联工程建设有限公司	25	江苏金之润建设工程有限公司
11	江苏绸缪建设工程有限公司	26	江苏益弘建设工程有限公司
12	江苏毓恒建设工程有限公司	27	江苏恒昌建设工程有限公司
13	中一达建设集团有限公司	28	溧阳市金燕建筑安装工程有限公司
14	臻龙建设有限公司	29	江苏恒卓工程建设有限公司
15	江苏海菱机电设备工程有限公司	30	溧阳市常兴环保工程有限公司

2022 年度溧阳市建筑业十佳项目部一览表

表 21

序号	项　　目	项目负责人	承建单位
1	北京怀柔区生活垃圾焚烧发电项目机电安装工程	史卫忠	苏华建设集团有限公司
2	江苏省人民医院溧阳分院科研教学中心项目	周建伟	江苏天目建设集团有限公司
3	常州遥观镇新建小学项目	戴明瑜	龙海建设集团有限公司
4	上海丰树奉贤综合产业园工程	黄坚英	江苏天力建设集团有限公司
5	溧阳市永安西苑建设工程	史建松	江苏溧阳城建集团有限公司
6	溧阳市高新区智能停车运营项目	薛金斌	江苏金马工程有限公司
7	无锡市世界物联网博览会永久会址配套设施	杨　飞	江苏正方园建设集团有限公司
8	江苏上上电缆集团有限公司厂房工程	范金明	江苏苏南建设集团有限公司
9	安徽池州海螺水泥新材料溶剂灰岩项目	陈　闯	中易建设有限公司
10	常州武进高新区滨湖幼儿园新建项目	吴忠平	江苏瑞峰建设集团有限公司

2022 年度溧阳市建筑业十佳个人一览表

表 22

序号	姓　名	企业名称	序号	姓　名	企业名称
1	杨善伟	苏华建设集团有限公司	6	朱丽平	江苏金马工程有限公司
2	蒋金保	江苏天目建设集团有限公司	7	李国荣	百茂建设集团有限公司
3	陈炜炜	龙海建设集团有限公司	8	张欣华	中峥建设集团有限公司
4	赵桂民	江苏天力建设集团有限公司	9	周学良	江苏万远建设有限公司
5	曹晓海	江苏溧阳城建集团有限公司	10	高晓良	江苏茂盛建设集团有限公司

2022 年度溧阳市建筑业先进项目部一览表

表 23

序号	建筑单位	项目部
1	苏华建设集团有限公司	罗云新项目部
2	苏华建设集团有限公司	杨志龙项目部
3	苏华建设集团有限公司	路志浩项目部
4	江苏天目建设集团有限公司	周家平项目部
5	江苏天目建设集团有限公司	史志冬项目部
6	江苏天目建设集团有限公司	沈留坤项目部
7	龙海建设集团有限公司	陶春项目部
8	龙海建设集团有限公司	沈崇良项目部
9	龙海建设集团有限公司	蒋建国项目部
10	江苏天力建设集团有限公司	徐杰项目部
11	江苏天力建设集团有限公司	蒋国平项目部
12	江苏天力建设集团有限公司	高红星项目部
13	江苏溧阳城建集团有限公司	许才洪项目部
14	江苏溧阳城建集团有限公司	朱江明项目部
15	江苏溧阳城建集团有限公司	赵文全项目部

续表 23

序号	建筑单位	项目部
16	江苏金马工程有限公司	郑正球项目部
17	江苏金马工程有限公司	史文涛项目部
18	江苏金马工程有限公司	马菁良项目部
19	江苏正方园建设集团有限公司	吴建项目部
20	江苏正方园建设集团有限公司	王生项目部
21	江苏正方园建设集团有限公司	余日升项目部
22	江苏苏南建设集团有限公司	吴建伟项目部
23	江苏苏南建设集团有限公司	刘少勇项目部
24	江苏苏南建设集团有限公司	黄振伟项目部
25	中易建设有限公司	宋华平项目部
26	中易建设有限公司	徐梓轩项目部
27	中易建设有限公司	陈志浩项目部
28	江苏瑞峰建设集团有限公司	孔文亚项目部
29	江苏瑞峰建设集团有限公司	张保兴项目部
30	江苏瑞峰建设集团有限公司	周力强项目部
31	百茂建设集团有限公司	史胜强项目部
32	百茂建设集团有限公司	朱金荣项目部
33	中峥建设集团有限公司	方略项目部
34	中峥建设集团有限公司	朱卿项目部
35	江苏万远建设有限公司	王小平项目部
36	江苏万远建设有限公司	袁金伟项目部
37	江苏茂盛建设集团有限公司	邱德保项目部
38	江苏茂盛建设集团有限公司	吴军项目部
39	苏阳建工集团有限公司	严雪涛项目部
40	苏阳建工集团有限公司	周勇刚项目部
41	安顺集团建设有限公司	史红兴项目部
42	安顺集团建设有限公司	陈鹏项目部
43	江苏华晨路桥有限公司	钱军成项目部
44	江苏中安建设集团有限公司	史钼彬项目部
45	江苏中安建设集团有限公司	潘有兵项目部
46	江苏鼎邦建设工程有限公司	李士超项目部
47	江苏汉宇建筑有限公司	许建锋项目部
48	江苏鸿恺建设有限公司	王瑜项目部
49	江苏科嘉建设有限公司	陶文峰项目部
50	江苏溧阳建设集团有限公司	王建浩项目部
51	江苏溧阳建设集团有限公司	迟荣财项目部
52	晟唐伟业建设集团有限公司	史超项目部

续表 23

序号	建筑单位	项目部
53	晟唐伟业建设集团有限公司	王苏蓉项目部
54	常州东华建筑安装工程有限公司	郑良芬项目部
55	江苏顺联工程建设有限公司	张晶项目部
56	江苏绸缪建设工程有限公司	龚翼项目部
57	江苏毓恒建设工程有限公司	芮建才项目部
58	中一达建设集团有限公司	朱琪中项目部
59	臻龙建设有限公司	卜友健项目部
60	江苏海菱机电设备工程有限公司	陈琤项目部
61	江苏通用路桥工程有限公司	钱志华项目部
62	江苏溧阳晶鑫建设有限公司	刘洪春项目部
63	溧阳市立达安装工程有限公司	钱勇旭项目部
64	江苏圣科建设有限公司	胡青海项目部
65	江苏万晟建设发展有限公司	王顺才项目部
66	溧阳市水利市政建筑有限公司	眭建卫项目部
67	江苏中天市政工程有限公司	徐田亮项目部
68	江苏鹏程钢结构集团有限公司	史永平项目部
69	宏昌建筑集团有限公司	陈良项目部
70	江苏金之润建设工程有限公司	狄福坤项目部
71	江苏益弘建设工程有限公司	钱华平项目部
72	江苏恒昌建设工程有限公司	汤小牛项目部
73	溧阳市金燕建筑安装工程有限公司	李杰项目部
74	江苏恒卓工程建设有限公司	陶小明项目部
75	溧阳市常兴环保工程有限公司	杨骏跃项目部
76	江苏驰丰建设有限公司	任飞项目部
77	江苏天之恒建设有限公司	孔维项目部
78	江苏恒皓建设有限公司	江潮娟项目部
79	江苏中辰建设工程有限公司	赵国庆项目部
80	江苏天目神威建设有限公司	史明珠项目部

2022 年度溧阳市建筑业先进个人一览表

表 24

序号	姓 名	序号	姓 名	序号	姓 名	序号	姓 名
1	卢建平	8	王士美	15	陈海波	22	宗国强
2	金海全	9	沈 峥	16	袁观木生	23	王国利
3	徐建青	10	芮青维	17	袁茂水	24	刘爱金
4	谢国庆	11	王建军	18	姚 伟	25	史 莲
5	范伟星	12	王纪生	19	郭 健	26	陈洪福
6	邹 渊	13	虞国庆	20	潘 晶	27	吕 虹
7	黄晓琦	14	潘韶其	21	史元凯	28	李先利

续表 24

序号	姓 名	序号	姓 名	序号	姓 名	序号	姓 名
29	方卫军	67	强小钟	105	周祥清	143	王立为
30	王佐义	68	邱　超	106	强建林	144	杨晓映
31	王文霖	69	黄春润	107	邵海峰	145	王金琳
32	叶子红	70	陈　飞	108	葛方平	146	吴文彬
33	宋押才	71	赵洪伟	109	李国锋	147	王梁衡
34	张惠民	72	潘　青	110	李　强	148	吴宁德
35	沈国伟	73	韩忠平	111	刘加庆	149	戴　怡
36	史　裕	74	周小俊	112	吴德保	150	王正奇
37	史金平	75	谢高明	113	葛振康	151	翁　炜
38	张爱国	76	陈　超	114	钱志君	152	陈　溪
39	周红富	77	蒋云平	115	王东浩	153	王　迪
40	张　成	78	左方兴	116	沈家豪	154	吴　波
41	沈银虎	79	吴　珏	117	房勇军	155	陈　耀
42	李大猛	80	陈洪建	118	虞宏柏	156	吕志伟
43	马明华	81	王庆安	119	杨　超	157	杨军浩
44	刘　涛	82	王国强	120	潘　飞	158	谈旭浩
45	黄德星	83	姜　颖	121	吕红军	159	刘　鑫
46	徐洪庚	84	李志贞	122	许才洪	160	潘春峰
47	陈木林	85	芮　敏	123	王少南	161	杨　超
48	赵玉平	86	黄秋伟	124	李佳灵	162	杨　健
49	狄国华	87	谢方旭	125	史　丹	163	史文球
50	扈保华	88	倪　勇	126	钱承昊	164	陆惠仁
51	陈雪峰	89	蒋建松	127	张　华	165	周　俊
52	刘明法	90	葛　俊	128	傅招英	166	胡旭锋
53	滕　兴	91	徐中平	129	葛朝晖	167	陈　乐
54	罗丽军	92	朱叶峰	130	周　皓	168	殷卫芝
55	强永忠	93	刘建明	131	赵文华	169	陶金龙
56	邱冬平	94	郭乐群	132	赵晶晶	170	王冠达
57	吕科华	95	柳晓春	133	熊富根	171	黄　懋
58	蒋中秋	96	费　翔	134	高　杨	172	毛中强
59	陈建财	97	唐　毅	135	陈海明	173	吕映遐
60	嵇国华	98	蒋建军	136	朱骏宇	174	葛云锋
61	向泽仁	99	陈红星	137	马益波	175	赵赟丞
62	卢建国	100	程　飞	138	吕长泉	176	潘文君
63	宋　炜	101	叶云飞	139	彭小功	177	潘　浩
64	许　伟	102	邹立新	140	柳　颖	178	蒋　慧
65	杨思远	103	钟全清	141	陈爱兵	179	赵之新
66	杜昶旭	104	张　涛	142	汤小浩	180	马　程

（蒋　琳）

LIYANG
YEARBOOK

商贸服务业

栏目编辑 虞燕娟

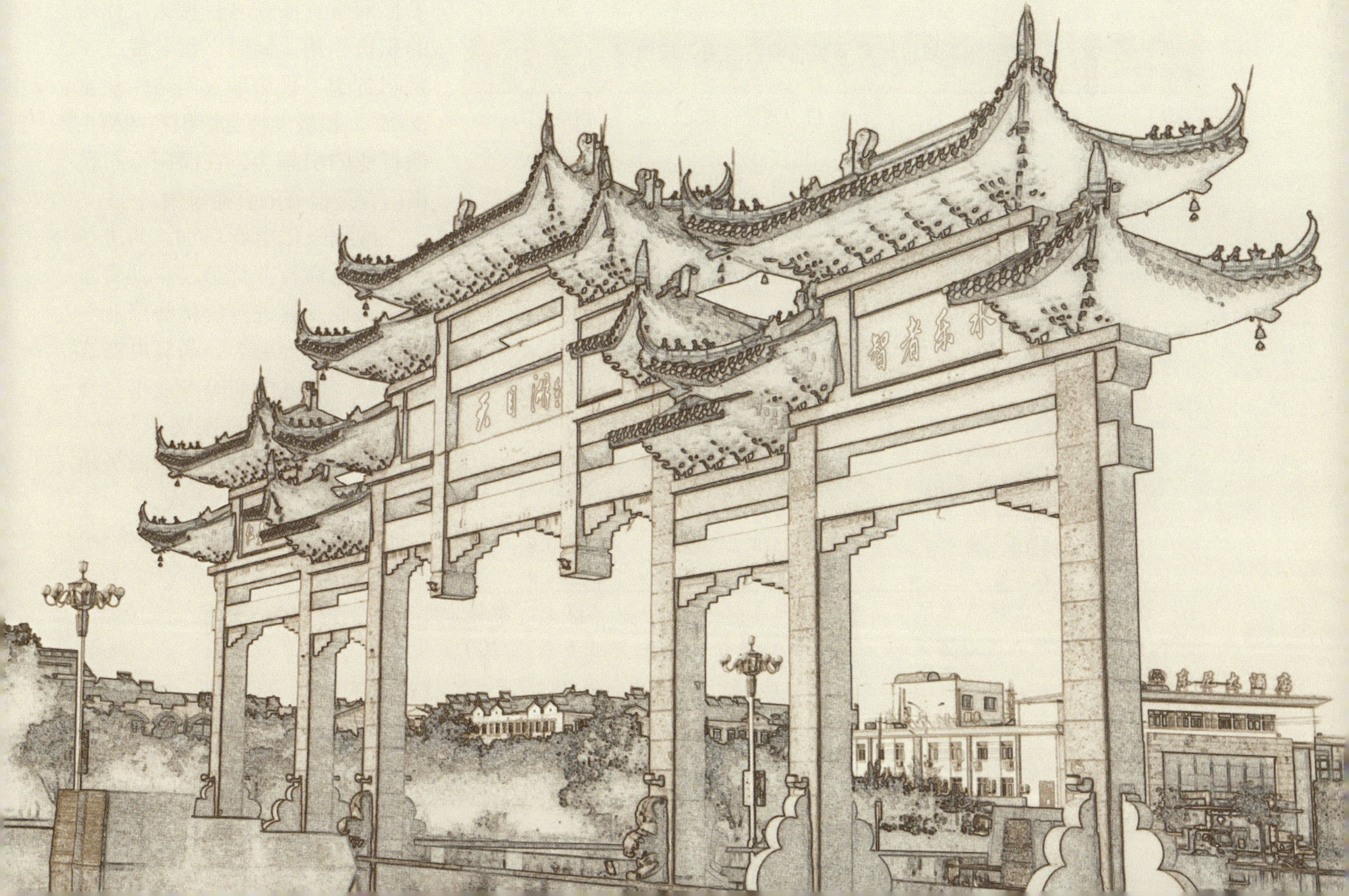

综　述

【概　况】2022 年，溧阳市高效统筹疫情防控和经济发展，不断采取有效措施，全力保民生、稳经济、促发展，克服了人流物流受阻、车企发展受困、居民消费信心下降等因素，扭转疲软态势，实现持续恢复，2022 年全市实现社会消费品零售总额 379.88 亿元，比上年下降 2.3%，较三季度提升 0.5 个百分点，增速位列常州市各辖市区第四。

【消费品市场】限上社零降幅收窄。全市共实现限额以上社会消费品零售总额 96.06 亿元，比上年下降 7.7%，降幅较三季度收窄 0.8 个百分点。总量占比为 25.3%，而常州市占比最高的辖市区比重为 63.4%。按销售所在地分，城镇消费品零售额 89.47 亿元，同比下降 8.6%；乡村消费品零售额 6.59 亿元，比上年增长 7.6%。按消费形态分，商品零售 87.46 亿元，比上年下降 6.2%；餐饮收入 8.60 亿元，比上年下降 20.3%。

限下社零占比较大。限额以下社会消费品零售额 283.82 亿元，比上年下降 0.4%，总量占比为 74.7%。

2022 年限额以上社会消费品零售类值完成情况

表 25

指标名称	1—12 月累计（万元）	增幅（%）
粮油、食品类	115457	−9.2
饮料类	32290	−23.2
烟酒类	47282	−4.2
服装、鞋帽、针纺织品类	49033	−6.9
化妆品类	11867	−5.3
金银珠宝类	17089	−4.6
日用品类	17348	−34.8
体育、娱乐用品类	482	−80.6
书报杂志类	4842	−25.1
家用电器和音像器材类	38978	−3.6
文化办公用品类	5879	−30.8
通信器材类	17335	10.2
石油及制品类	51877	50.8
汽车类	293039	−4.9

注：限额以上标准为批发业年主营业务收入 2000 万元以上，零售业年主营业务收入 500 万元以上，住宿、餐饮业年主营业务收入 200 万元以上

（戴　欢）

电子商务

【概　况】2022 年，全市电商网络销售额突破 180 亿元，其中农业农村电商网络销售额达 22.02 亿元。全市 400 多家规模以上企业和 2400 多户个体工商户从事电子商务，电商直接从业人员达 6500 余人。社渚镇青虾产业园成功获评首批省级县域电商产业集聚区，江苏依路物流科技有限公司荣获省级数字商务企业称号，全市示范主体阵容进一步扩大。

【电商助农】开展电商活动。为进一步发挥电子商务在释放消费活力、推动消费升级中的重要作用，策划举办“2022 网上年货节，留溧过大年”“自在溧阳　云上品茗”“苏新消费　爱商溧阳　仲夏嗨购季”“中国溧阳快手钓鱼电商节”“第一书记直播探村”系列活动等 12 场，集聚网络流量 132 万人次，累计销售额 313 余万元，进一步拓宽企业的销售渠道，将溧阳本地的农旅特色产品更多元地呈现在消费者面前。

着力打造直播平台。借区域公用品牌 1 号优选小程序开通“1 号溧直播”平台，以“互联网 + 有线电视”同步直播的形式，展现溧阳的农旅发展，助力乡村振兴，累计开展助农带货、旅游推介、普法宣传、人才招聘等各类直播活动 40 余场，获得中央广播电视总台央视频栏目和《常州日报》等多家主流媒体报道，充分发挥网络直播在乡村振兴工作中的积极作用。同时，指导成立了常州首个“兴旅助农网络主播党支部”，积极发挥党组织在网络主播行业的引领力，在溧阳全市范围内营造良好的直播氛围。

持续强化电商培训。为进一步发挥电商行业优势，带动青年创业就业，促进传统优势产业与电子商务深度融合，与省电商直播联盟、龙道电商等专业平台合作，开展了“乡村振兴在行动”和“网络创新创业”电子商务培训班，累计培训 480 人次。

（蒋依纯）

粮　油

【粮食购销】2022 年，按照粮食安全省长责任制要求，全力抓好

粮食收购工作。市农业农村局扎实推进粮食收购工作，积极了解农民售粮、企业收粮意愿，及时掌握市场动态，确保全市丰产的粮食颗粒归仓。两季收购前，溧阳市提前备足仓容和收购资金，分别召开全市夏秋粮食收购会议，组织企业入市收购。受安徽地区籼稻收购价格影响，溧阳最早开秤的粮食收购码头中晚籼稻收购价格 2.5 元／公斤，较托市价低 0.08 元／公斤，开秤后稻谷价格整体稳中有升，但一直在托市价以下运行。10 月 18 日溧阳市启动最低收购价中晚籼稻执行预案，托市启动的消息发布后，收购价格一路上扬，11 月 2 号一等品籼稻价格到 2.7 元／公斤，托市取消。普通粳稻的平均收购价一等品在 2.9 元／公斤，优质粳稻的收购量在 3.2 元／公斤左右。全年收购粮食约 18.21 万吨左右。其中，小麦 5.06 万吨，籼稻 7.09 万吨，粳稻 6.06 万吨。

【粮食机制体制改革】 落实中央、省委、常州市委关于粮食安全决策部署，2022 年 7 月制定出台国有粮食购销领域机制体制改革总方案，将储备运营业务和商业经营活动分类开展，从业人员不得混岗混编、相互兼职，按粮食性质划分专门区域，把政策性粮食与商业经营性粮食分库储存，加快制定国有粮食企业商品和储备改革分离方案，不断加快推进“两分离、四分开”改革步伐。12 月初，溧阳唯一一家国有粮食企业正式分离到位，实现人员、实物、账务和账务管理的完全分开。新成立的溧阳市储备粮管理有限公司专门从事储备粮运营管理。12 月底，围绕全市国企改革三年行动方案各项工作目标任务，为加快打造一支高素质国有粮食企业经营决策领导班子及人员队伍，搭建运转科学高效的企业架构，溧阳两家国有粮企正式划入溧阳国投（政府平台公司）进行规范化管理，实现政企分开。

【粮食安全责任制】 粮食安全是国家安全的重要基础。溧阳市人民政府高度重视粮食安全工作，贯彻落实粮食安全省长责任制下的市县长负责制，从 2016 年开始，常州对辖市（区）实施粮食安全责任制考，溧阳市粮安考核工作始终保持常州辖市（区）前列。2022 年粮食安全责任制考核纳入年度高质发展绩效考核，由常州市发展改革委员会对溧阳市落实粮食安全责任制开展专项考评。溧阳市农业农村局（粮食行政管理部门）主动与上级对口部门沟通汇报，准确把握考核要求，保证自评材料与评分标准一致，确保考核任务落实到位。按照考核要求，经过资料收集整理自评和汇总，按时上报常州市发展改革委员会，完成 2022 年度粮食安全责任制考核工作。

【粮食流通监督】 2022 年溧阳市粮食流通监督工作，落实《粮食流通管理条例》《江苏省粮食流通条例》等相关要求，重点围绕《江苏省粮食流通“监督检查质量年”活动方案》，开展粮食流通监督检查，确保全市粮食流通秩序正常。开展粮食库存检查工作。按照上级有关要求，加强和改进检查方式，建立随机抽查、专项检查等检查模式，守住数量真实、质量良好、储存安全的行业底线。加强粮食收购市场和政策性粮食销售出库监管。开展粮食收购市场专项检查，规范收购秩序，严厉查处“打白条”、压级压价等坑农害农行为。严格检查督促粮食收储企业遵守“五要五不准”收购守则，保护好农民利益和种粮积极性。进一步加强国家政策性粮食储存、销售出库管理，督促和指导企业严格执行仓储管理和国家政策性粮食销售的有关规定，依法治理各种形式的“出库难”。做好 12325 全国粮食流通监管热线工作。按照 12325 热线管理的有关规定，做好案件接收、分办转办、组织调查等工作，做到工作程序完整、审批审核手续齐全、各环节记录存档，出现问题时可倒查追溯；开展形式多样的宣传活动，扩大知晓度和覆盖面，确保溧阳市监管热线的监督作用发挥实效。加大涉粮案件查办力度。加大对违反国家粮食购销政策案件的查办力度，案件查办动真碰硬、勇于担当，办结案件要事实清楚、有根有据、定性准确、处理得当，办成铁案，经得起检验。

（丁　黎）

供销合作

【概　况】 2022 年，启动创建全国供销合作社县域流通服务网络强县，发展日用消费品连锁网点 100 余家，形成市镇村三级流通服务网络，改造提升基层供销合作社 2 个，改造提升农村综合服务社 14 家，发展农民专业合作社 3 个，新建改造乡镇级超市 5 个。开展农产品展示展销活动 12 场，在浙江杭州和陕西安康两大城市各建成溧阳名优农产品展销中心 1 家。全市供销合作社系统完成销售总额 123 亿元，其中农产品电商销售额20亿元。戴埠、社渚2个基层社分别召开代表代会，建立“三会”制度。溧供电子商务有限公司（简称“溧供电商”）入驻《人民日报》视频客户端。溧阳市供销合作总社在2022年度考核中，获常州市供销社系统第一等次；首次进入全省县级供销合作社二十强第六位。

【农资保供】 2022年，受疫情和国际形势影响，大宗农资商品价格起伏不定，给农资供应带来极大挑战，市供销总社落实措施，以农资龙头企业苏南农资配送有限公司牵头，与多家国内大型农资生产企业签订农资供销合同，针对大起大落的农资市场，实行保底供应、让利于民，确保农资价格稳定、货源充足，全年销售各类化肥12.67万吨（其中推广生态肥0.8万余吨）、农药460吨，供销社系统占全市农资市场份额85%以上。

【农业社会化服务】 构建“高产试验示范田+大户俱乐部+测土配方实验室+组合套餐+农飞防服务”于一体的农资综合服务新模式。2022年完成“农飞防”植保作业服务达25万亩次，统防统治面积达30万余亩。免费开展测土配方117份，涉及面积21万余亩，销售定制配方肥2万余吨，推广新型高效肥料6000余吨，开展科学施肥施药培训会110场，参加人数3680人次，组织“庄稼医生”田间巡诊85次，适时开展病虫测报，及时通报病虫信息，全年利用微信公众号、短信平台发送测报信息96条。

【农药废弃包装物回收】 2022年，投入资金200余万元，回收农药包装废弃物132.65吨，全部送专业机构进行无害化处理，处置率100%。自2019年启动以来，截至2022年12月底，由点到面，累计回收农药包装废弃物380余吨，极大地降低了农业面源污染危害，提升了乡村生态环境质量。

【溧阳白茶获四项国家级荣誉】 由市供销合作总社牵头与中国茶叶流通协会对接，组织申报天目湖镇“中国白茶小镇”和溧阳市“特色白茶之乡”评审命名工作，4月初获批准命名。12月，溧阳被中国茶叶流通协会授予“2022年度全国茶业百强县”称号，居全国10个茶产业规模化发展示范县域第一位。

9月6日，江苏省供销合作总社党组书记、理事会主任陶长生（右）在苏南农资配送有限公司调研　（市供销合作总社　供稿）

【“十百千万”工程】 为贯彻常州市委“532”发展战略，常州市供销总社制定出台促进共同富裕“十百千万”工程规划，溧阳市供销合作总社细化方案，稳步推进，组建农业特色产业供销联盟2家；培育金牌农产品经纪人100名，带动1000户低收入农民增收；成立溧阳市优质稻米产业“农合联”1家，全产业链服务和致富带动作用显著。

（朱伟忠）

专营专卖

【食盐专营】 溧阳市盐业有限公司是在溧阳行政区内注册的，唯一一家持有工信部颁发“食盐批发许可证”的省属国有食盐批发企业，承担溧阳全市食盐的供应工作。溧阳市盐业有限公司承担溧阳市政府食盐储备职能，并积极履行社会责任的企业食盐储备，为地方政府的应急储备工作和“菜篮子”工程做出国企担当。

2022年，溧阳盐业公司全力拼搏，克服困难，踏实求进，突出以“为国创利、为民造福”为理念，用市场化的工作手段、创新改革的办法统筹全年工作，着重抓好“准牌”食盐“生命线”，加快思想转型步伐，确立新定位、顺应新形势，努力开创溧阳盐业发展新局面。全年实现营业收入1411.78万元，实现利润总额60万元，销售小包装食盐2937吨。

2022年公司上下统一思想认识，坚守主营阵地不动摇，极力捍

苏南农资配送有限公司技术人员在提取测土配方土样　　（市供销合作总社　供稿）

卫市场份额，工作进度上抓头抓早，根据市场情况，做到政策不过夜、措施不过夜，迅速传达布置，抓好落实。开展“淮盐”品牌宣传活动，坚持品牌战略引领，宣传“淮盐”“大清淮盐”的品质安全和历史文化底蕴，以中高端食盐第一品牌形象占领市场。通过进广场、进社区、农贸市场、进超市等形式，不断提升淮盐影响力和企业品牌形象。全年组织开展“淮盐”品牌宣传80余场次，出动200余人次，深受百姓欢迎，成效明显。非盐经济已是盐改后公司效益的重要来源之一，和主营工作相辅相成，相互促进，渠道共享。加大对特通渠道的开发，年初和市教育局签订2022年度全市119家大中小学校食堂食盐供应合同，确保全市学校的食盐安全。

根据国家颁布的《食盐专营办法》，随着盐政检查职能的移交，协调推动市政府出台《溧阳市盐业体制改革实施方案》，签订《职能移交协议》，将盐业行政管理职能分别移交市经信局和市食品药品监督管理局，已经实现新旧监管体制平稳过渡。公司对员工加强新出台的盐业法律法规和工信部、国家发改委等有关盐改过渡期相关文件的培训与学习，提高人员的综合素质和业务技能，始终把维护人民群众食盐安全作为重点，确保溧阳市盐业市场的秩序稳定。

公司为提升全员素质，持续夯实人才队伍基石建设，履行全面从严治党责任，年初组织签订全面从严治党责任书，每季度召开党建工作领导小组会议。支部规范“三会一课”、党费收缴、组织关系管理等党建工作实务，按时召开组织生活会和党员评议工作。开展了系列企业文化教育活动，营造出良好的企业文化氛围，提升队伍的整体素质，打牢高质量发展的队伍。

加强财务资金风险、库存商品风险、应收款风险是整个经营工作重中之重，在风险控制上常抓不懈，从制度上、程序审批上落手，做到事前有审批、事中有跟踪、事后有落实，做到事事有人负责，对风险防范做好前瞻性预案。在经营工作中不断强化全员风险意识、成本意识，在细节管理上，要做到审时度势，确保所购商品成本低，避免难销、高成本商品的采购，对应收款、应交款及时跟踪处理，库存现金、库存商品坚持日清月结，确保经营风险管理零事故。

在溧阳高新技术产业开发区新建一座“苏盐常溧配送中心”物流仓储项目，项目位于江苏中关村科技产业园昆仑街道宏昌路南侧、泓叶路东侧，项目占地7800平方米，新建建筑面积5505.88平方米，总投资1987.75万元。该项目申领施工许可证的资料已上传，开工前的相关手续基本办结。

随着溧阳盐业物流仓储项目的建成，溧阳市盐业有限公司将整合临近溧阳市周边常州行政区域的部分业务，融入溧阳市盐业有限公司进行供应和管理，这将有力提升溧阳盐业的发展后劲和企业影响力。

溧阳盐业依法严格执行国家规定的食盐定点批发制度，不断加强行业自律，做到守法诚信经营。参与食盐安全的维护工作，加强对派出的盐政协管员的管理，主动融入市市场监督管理局对食盐安全的监督管理，切实增强溧阳地区食盐安全的监管能力，规范溧阳市场盐业经营秩序。认真履行溧阳市人民政府赋予的食盐政府储备责任，主动承担食盐的企业社会责任储备，确保自然灾害或突发事件发生时溧阳市食盐的安全供应。

（蒋志宏）

【烟草专卖】 2022年，市烟草局党建引领更加扎实有力，从严治

食盐安全进商超　　（盐业公司　供稿）

党更加全面深入，市场监管更加务实精准，营销网建更加提质增效，企业管理更加规范拓新，队伍建设更加活力迸发，各项工作均取得了发展与进步。

通过党组会、党组理论中心组、支委会等形式，学习领会党的十九届六中全会、中共二十大精神，毫不动摇地坚持和捍卫“两个确立”，进一步增强“四个意识”、坚定“四个自信”、做到“两个维护”。深化拓展党史学习教育成果，持续推动党史学习教育常态化长效化，着力推进支部标准化规范化。全年相继开展志愿防疫、“金丝利 · 爱心GO！”、责任路段巡查等活动，较好发挥了基层党组织战斗堡垒作用和广大党员先锋模范作用。市委、市政府连续4年被授予分公司“服务业五星企业”称号。

落实《中共常州市烟草专卖局党组印发关于加强对“一把手”和领导班子监督的责任清单的通知》，将“一把手”与班子其他成员作为监督重点，做实做细同级监督。制定《中共溧阳市烟草专卖局党组关于2022年绩效考核工作的指导意见》，细化对中层干部的半年考核。积极开展员工轮岗调岗活动，实现了前后台、跨科室的良性互动。全面开展阳光扶贫、“慈善一日捐”“楼长制”“路长制”等公益活动。被评为“2021年度溧阳市书香机关”“2021年度溧阳市模范职工之家”。

2022年，查获各类违法卷烟案件296起，涉案卷烟数量966.6万支。与市场监管部门协调推进“守护成长”专项行动，开展联合检查，清理中小学及幼儿园周边零售户。加大“攻坚100”大户治理力度，查处多起各类违法违规案件。联合公安部门，成立专案组，聚焦涉烟案件侦办过程中的难点堵点，进一步明确网络案件侦办方向。

高效统筹疫情防控与经济发展，抓好疫情防控、意识形态、信访工作、网络安全、安全生产等工作。谋划推进智慧安全中心建设、优化企业微信相关流程审批、提高精品案件查办率、严厉打击无证批发烟草制品违法行为并形成典型案例，做好转变传统监管模式、机关岗位员工数字化考核、用纪检监察文书模板编写模拟案卷等多项创新转型任务，在实践中均取得了一定的积极成效。

（杨怡凌）

市场和物流

【江苏苏浙皖边界市场发展有限公司】 2022年，江苏苏浙皖边界市场发展有限公司深入推进深化改革和企业高质量发展要求，围绕“服务溧阳、面向苏浙皖、辐射长三角”的发展理念，全面夯实基础管理，

市烟草局开展“学习党的二十大 砥砺奋进新时代”主题党日活动
（市烟草局　供稿）

持续提升经营品质，在经营业绩、项目建设、业态优化、市场容貌等方面都得到了实实在在的提升。

苏浙皖边界市场始建于2001年，是江苏、浙江、安徽三省交界地区规模最大的综合性专业市场集聚区。市场占地面积32.6万平方米，总建筑面积近30万平方米，划分为农副产品区、建材及仓储物流区、景丽家具城、精品建材城4个区域。

2022年全年总成交额达118亿元，上缴各项税费2000余万元；市场经营户达1800余户，从业人员超1.6万人，相关源头产业及配套用工人员已达5.5万人；知名商标品牌入驻市场500余个；经营范围辐射全国10多个省市。苏浙皖边界市场先后被授予全国标准化示范市场、江苏省文明市场、江苏省重点物流企业、常州市星级服务企业等称号。

为进一步整合资源，打造“服务溧阳、面向苏浙皖、辐射长三角”的现代化新市场，苏浙皖边界市场对农副市场进行了全面的新建，新建后将现有市场中农副产品包括：粮油、蔬菜、水果、水产、家禽、肉类等业态进行整体外迁；对现有市场建材区和商业街商铺立面、地下隐蔽设施等进行改造，提升市场整体效果和功能。

据统计，2022年累计投入五十万余元对自产自销区场地、市场内部管线、智慧停车系统、交通标识停车线、蔬菜大棚隔离设施等硬件进行了升级改造。通过长效管理工作的落实与硬件改造的投入，市场环境面貌、员工精神面貌、市场管理技能均得到改观与提升。2022年8月建迎检工作期间得到上级相关部门和领导的表扬。

2022年，作为溧阳市唯一的农副产品批发市场，保障全市人民的蔬菜、水果、水产、粮油等农副产品供应。在疫情防控初期公司就成立了市场防疫领导小组，制定了防疫工作方案和应急预案。2022年3月随着常州疫情、上海疫情的出现，为了确保民生保障，市场公司积极采用应急预案实施闭环管理。

2022年3月27日—6月1日市场防疫领导小组对市场商户自备车辆外出进货进行闭环管理，严格执行凌家塘专线运输，将25部车辆纳入统一管理，每天从凌家塘到假日酒店实行闭环管理，其间累计完成车辆消杀3860车次；统一申请“龙城畅运”实行闭环管理每天进场配送车辆50部左右；溧阳车辆（商户市内配送车辆及溧阳市范围内进市场批货车辆）实行登记制度，对驾驶员车牌号码、身份信息、联系方式进行登记，统一发放市场印制的场内通行证265张。

为了市场环境的安全，防疫小组对市场内交易区、卫生间每日三次消毒处理；为了保障民生用品的需求，每日由管理组统计肉菜粮价格、进出货及库存量并做好登记，严禁囤积居奇、哄抬物价的行为。通过以上措施，为全市的疫情防控和农产品保供工作作出了应有的贡献。

深度挖掘溧阳发展历史，发扬溧阳市井文化，以丰富农产品批发市场的文化内涵和业态外延，吸引多元化的客流，激发农批市场的经营活力，为溧阳市民打造城市公园型的市场集群。公司“苏浙皖农产品商贸中心”项目总投资逾35.5亿元，并于2021年被列为江苏省重点工程。该项目在改造提升综合交易市场的基础上，新建农副产品交易区、冷链物流中心，茶叶展览展示中心、茶道创意体验馆、商务酒店、配套建设商务商贸区等。构建“市场规模领先，结构布局合理，整体联合有序，服务配套完善，管理运营科学，市场竞争力强，发展空间广阔”的农产品物流供应链枢纽集散中心及综合交易市场。截至2022年年底，项目累计完成投资130000万元，其中商贸展示中心（茶文化楼）已建成并对外开放。项目建设既策应实施国家乡村振兴战略和长三角一体化发展的需要，同时又推进服务业供给侧结构性改革，提高溧阳及周边地区消费者食品安全，满足广大人民群众对美好生活的多样化、多层次需求。全力打造集文化娱乐、购物休闲、旅游观光、茶产业链交易、收藏鉴赏、学术交流于一体，在全国具有一定知名度的茶文旅产业融合发展体验基地。

（姜　云）

【溧阳八佰伴（溧阳华地百货）】 溧阳八佰伴位于商业区燕山路2号，总面积40000平方米。隶属于江苏华地国际控股集团有限公司，集团于2010年10月21日在香港主板上市（股票代码：01700.HK）。溧阳华地百货于2002年8月8日开业，2003年9月26日乔迁现址营业。2011年7月起重装调整，于12月下旬升级为溧阳八佰伴开业。溧阳八佰伴是按照香港华地国际集团的连锁化标准规划、布局和经营管理的全方位大型高档商场。2022年主营收入（含税）57307万元，利润总额3038万元，上缴税款2466万元。

（赵燕玲）

【常州溧阳万达广场】 常州溧阳万达广场位于南大街199号，于2018年6月1日开业，占地面积10.09万平方米，计租面积5.9万平方米，总品牌数222个，地面停车场车位648个。2022年度共计开展大型营销活动26档，投入营销费用500万元，2022年实现总客流860万人次，总销售49115万元。

溧阳万达2022年引进大统华超市、德天肥牛、奔驰城市展厅、恐龙宝贝乐园、KK桌球等品牌，丰富广场的经营业态。其中恐龙宝贝乐园，通过常州恐龙园IP（恐龙主题教培科普新体验、运营避险体验馆生命健康与应急安全教育实训基地等）来进一步提升广场形象及客流。

2022年疫情点状暴发。为保障广场正常运营，溧阳万达严格落实政府防疫管控要求，各大门安排人员对顾客进行测温扫码工作，每日对广场重点区域进行多频次的消杀工作。每月核对防疫物资物料，保障好防疫后勤工作，并主动积极联系政府为广场提供免费口罩机、核酸监测站，更好地便捷了顾客，也获得了政府的称赞。2022年度获得溧阳市“防疫先进单位”称号。

2022年，因疫情减免各类商户扶持金额总计650万元。广场全年实现收入7500万元，缴纳所得税112万元、土地使用税40.2万元、房产税408.15万元，共计纳税3532万元。

（陈　敏）

【江苏华达国际物流有限公司】 江苏华达国际物流有限公司成立于1982年4月，公司下属溧阳市贝特贸易有限公司。公司有员工26人，固定资产7200万元，注册资金500万元，公司有车辆5辆，联合运输车辆13辆，货物运输总能力达560吨。公司下设联运分公司、运输分公司、物流分公司、外运分公司、贸易分公司、常州分公司6家分支机构。2022年完成营收2150万元。

国内运输　公司一贯奉行“您的满意就是我的工作”为经营宗旨，创造了“团队管理”和“管理团队”的企业文化。主要运输线路有：溧阳至上海、北京、广州、西安、乌鲁木齐、成都、哈尔滨的快速物流通道。公司力求以一流的管理塑造良好的企业形象，以一流的服务与广大客户真诚合作，携手并进。

国际货运　经过多年超常规的发展，在国际化、综合性、科学化发展方面取得了长足的进展，确保向每一个客户提供全天候、无缝隙、无差错、日臻完善的服务。主要航线有“美加、欧洲、中东、东南亚、地中海”航线等。公司秉承“想得更多、做得更好”的服务观念，发扬“每天进一步”的员工精神，务求协助顾客准确达成目标。

国际贸易　开展纺织服装、轻工、机电、五金、化工等商品的进出口贸易；承接来料加工、来件装配、来样订货的“三来一补”业务。

（吴文彬）

居民服务业

【人事服务】 2022年，溧阳市大力推进“龙城英才计划”，深入实施“天目湖英才榜”三年行动方案，拨付2021年度“天目湖英才榜”专项基金7100.55万元，惠及3051人次。完成“龙城英才计划”创业类项目28个。全年引进人才1.4万人，位列常州第一；引进高层次人才超1000人，新招博士后15人，3人入选2022年度江苏省卓越博士后计划资助对象名单，7人获常州市突出贡献人才称号。开展编内招聘11次，招录327人；组织编外招考15次，招录人员1388名。被市人才办授予领军型创新创业人才工作先进单位称号。

（黄　颖）

【住宿餐饮业】 2022年，溧阳市共有限额以上（年主营业务收入200万以上）住宿、餐饮业法人单位52家。其中，住宿业33家，餐饮业19家（按住宿业餐饮业营业额所占比重来区分），年平均从业人数4018人。

2022年，全市限额以上住宿、餐饮法人单位全年营业额91233.7万元。其中，客房收入30505.9万元，餐费收入53893.6万元，商品销售额2366.3万元，其他收入4467.9万元。年末床位数8778个，餐位数25025个，客房数5492间。

2022年，全市限额以上住宿业法人单位全年营业额58514.9万元。其中，客房收入28228.5万元，餐费收入26224.1万元，商品销售额228.2万元，其他收入3834.1万元。年末床位数7886个，餐位数13685个，客房数4969间。

2022年，全市限额以上餐饮业法人单位全年营业额32718.8万元。其中，客房收入2277.4万元，餐费收入27669.5万元，商品销售额2138.1万元，其他收入633.8万元。年末床位数892个，餐位数11340个，客房数523间。

（戴　欢）

金融业

栏目编辑 尹少鹏

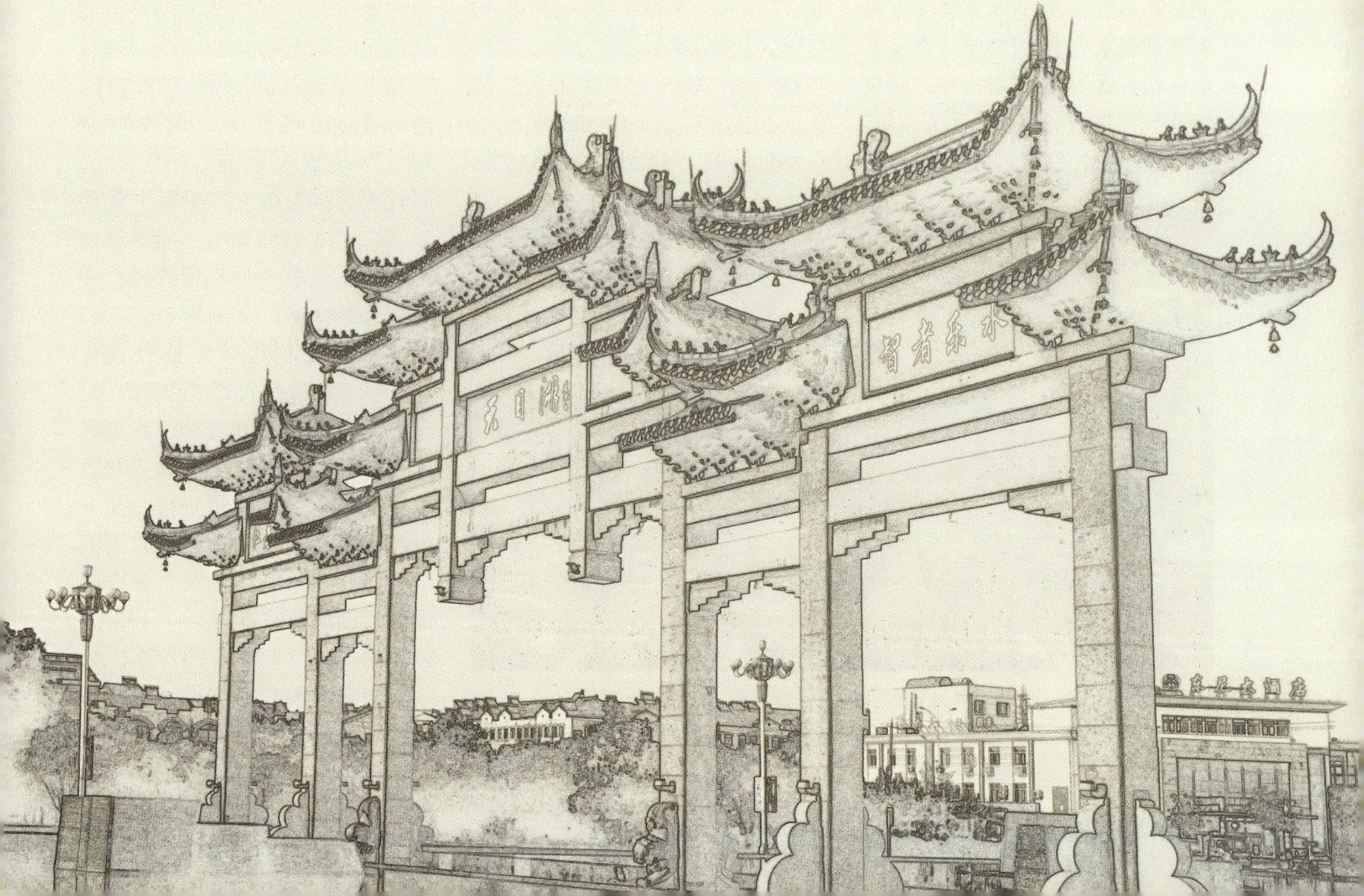

综 述

【概 况】 2022年年末，全市金融机构本外币各项存款余额2165.97亿元，比年初增加433.77亿元，增长25.04%；本外币各项贷款余额1614.29亿元，比年初增加288.52亿元，增长21.76%。银行业金融机构不良贷款余额13.94亿元，比年初增加2.90亿元；不良贷款率0.86%，比年初上升0.03个百分点。辖内五大主要保险公司保费收入19.28亿元，理赔支出5.84亿元。东海证券全年交易额1015.5亿元。

【金融服务】 2022年，中国人民银行溧阳市支行秉承“党建统领，业绩导向，履职尽责，争创一流”的工作总基调，以“稳增长、促改革、调结构、惠民生、防风险”为重点，全面贯彻落实稳健有力的货币政策，促进地方经济金融更高质量、可持续发展。牵头争创省级绿色金融创新试点，制定《溧阳市“推进绿色金融服务创新”奖励办法操作细则》，建立“绿色企业”名录库，配合出台《溧阳市建立健全生态产品价值实现机制省级试点工作方案》。年末，溧阳市绿色金融贷款余额242.29亿元，比年初增加93.73亿元，增长63.09%，高出同期贷款增幅41.33个百分点。全年普惠小微首贷户新增2550户，新发放小微企业贷款、贴现分别为471.65亿元、373.47亿元，占比分别为45.83%、65.62%，对5663笔、82.02亿元到期普惠小微贷款进行延期或转期安排，银行业金融机构普惠小微贷款平均融资利率下降22个BP,减费让利约1亿元。

制定《溧阳市金融支持专精特新企业专项行动方案》，建立《溧阳市专精特新企业名录库》，对符合条件的名录库及其上下游企业给予信贷倾斜和政策支持，投放常州地区首笔“智转数改贷”。年末，全市专精特新企业贷款余额154.37亿元，比年初增长22.30%；承兑汇票余额82.92亿元，比年初增长78.29%。实现各级次预算收入455.07亿元，同比减少1.35%；支出533.86亿元（含调拨），同比增长10.41%；办理各类退税13.27万笔、金额48.38亿元。

以溧阳市移动支付建设引领县创建工作为契机，携手银联推进“电动溧阳”接入云闪付，打造“智慧旅游”“示范商圈”“便民服务”等具有溧阳特色的移动支付场景。不断加强征信业务和信息安全管理，防范信息泄露风险，全年共受理企业信用报告查询1385笔、个人信用报告查询21334笔、司法查询24笔、异议处理26笔。持续推进反假货币宣传长效机制，全年共收缴假币1006张，金额95440元，鉴定人民币76份。

6月24日，国家外汇管理局溧阳市支局联合商务等部门召开“金融护航 助力外贸企业企稳远航”政策研讨会 （肖懿珊 供稿）

【外汇管理和服务】 2022年，全辖跨境收入20.04亿美元，同比增长23.07%，支出9.86亿美元，同比增长37.88%，收支顺差10.18亿美元，同比增长11.46%；结汇11.32亿美元，同比减少8.9%，售汇6.00亿美元，同比增长55.3%,结售汇顺差5.32亿美元，同比减少37.89%；进口7.74亿美元，同比增长88.15%，出口16.90亿美元，同比增加15.33%,进出口顺差9.16亿美元，同比减少13.09%。开展“金融23条”涉汇政策督导，指导辖内银行为企业办理便利化收付汇业务合计840笔，金额约20387.23万美元，便利化结汇业务合计198笔，金额1473.5万美元。组织召开涉外企业外汇管理政策宣传培训会、“金融护航 助力外贸企业企稳远航”政策研讨会及全市金融支持市场主体服务月系列活动等，全年辖内外贸企业办理银行套期保值产品合计76192.31万美元，比上年增长75.17%。

加强资本项目监控，防范跨境资本流动风险，营造良好营商

2022 年度溧阳市银行类金融机构业务情况一览表

表 26　　　　单位：亿元人民币、万美元

项　目	工商银行	农业银行	中国银行	建设银行	江南银行	农业发展	交通银行	中信银行	江苏银行	华夏银行	招商银行	兴业银行	邮储银行	浦发村镇	光大银行	民生银行	浦发银行	广发银行	南京银行	平安银行	合计
各项人民币存款余额	169.57	346.17	147.63	172.62	552.64	3.31	30.26	46.16	50.47	44.38	35.93	56.44	176.02	17.58	53.17	63.67	13.87	30.23	75.39	29.56	2145.83
与年初相比（%）	27.49	18.28	30.76	27.89	14.37	92.44	17.56	14.74	35.20	22.36	39.81	51.80	29.69	6.61	6.94	57.33	-9.17	11.10	98.50	92.45	25.32
其中：储蓄存款余额	81.88	210.02	66.55	97.82	333.73	—	6.07	9.73	11.05	9.33	8.81	13.09	158.52	8.77	12.15	17.22	4.53	3.73	16.33	4.31	1073.64
与年初相比（%）	20.23	16.33	22.27	17.78	25.07	—	11.17	67.18	34.10	19.62	45.14	33.57	25.41	19.81	21.50	6.36	26.18	18.04	53.48	34.27	22.46
单位存款余额	87.64	136.12	80.73	74.72	218.88	3.31	24.15	36.38	39.41	35.05	27.04	43.34	17.51	8.81	41.01	46.45	9.34	26.50	59.04	25.24	1041.16
与年初相比（%）	35.14	21.81	38.45	44.11	1.18	92.44	19.32	20.66	35.62	23.16	38.03	58.29	88.08	-4.03	3.27	91.31	-19.97	10.23	116.11	107.74	27.38
各项人民币贷款余额	169.63	263.17	127.28	163.22	352.98	36.66	38.61	64.48	48.75	34.79	42.55	21.88	41.55	16.08	58.35	19.98	13.67	37.97	48.56	12.15	1612.31
与年初相比（%）	21.70	27.36	26.82	35.81	14.67	-0.46	22.45	8.72	64.25	2.63	108.17	-6.89	7.03	0.19	12.15	6.73	22.60	11.12	30.12	82.16	21.73
外币存款余额	2696.89	4739.02	12690.80	3507.10	781.63	—	77.46	564.07	2176.00	104.80	369.00	414.68	11.78	–	108.74	43.98	148.00	1.03	103.85	3.47	28542.32
外币贷款余额	267.41	1313.21	720.94	1.40	1198.89	—	—	—	—	—	—	—	—	—	—	—	—	—	—	—	3501.85
结售汇总额	51494.38	33723.76	57425.97	30127.37	10219.92	—	1649.39	192.23	163.26	204.31	813.45	146.42	33.11	—	3093.93	—	0.00	0.00	896.45	—	190183.95
出口收汇	26441.21	17894.95	66245.52	18315.57	5258.71	—	339.31	0.00	275.44	7.31	5956.26	62.01	10.24	—	1083.68	—	1.69	0.00	1068.63	—	142960.54
进口付汇	8798.11	7099.61	24291.46	13179.87	4032.83	—	0.60	0.00	35.50	0.00	527.48	7.28	0.00	—	205.80	—	0.00	0.00	135.58	—	58314.12
利用外债	400.00	0.00	0.00	0.00	0.00	—	0.00	0.00	0.00	0.00	0.00	0.00	0.00	—	0.00	—	0.00	0.00	0.00	—	400.00
资本金结汇	0.00	3406.05	4438.49	18.78	0.00	—	1152.00	0.00	0.00	0.00	0.00	0.00	17.41	—	455.00	—	0.00	0.00	0.00	—	9487.73

2022 年年底溧阳市银行机构网点一览表

表 27

银行名称	网点数	乡镇	一级支行（家）	二级支行（家）	三级支行（家）	从业人员（人）	备注
工商银行	11	1	1	10		166	离行式自助银行 5 家
农业银行	21	10	1	20		290	离行式自助银行 5 家
中国银行	11	0	1	10		168	离行式自助银行 2 家
建设银行	15	3	0			213	离行式自助银行 7 家
农业发展银行	1	0	1			21	
江南农村商业银行	32	23	12	13	7	471	金融便民点 175 家
交通银行	1	0	1			24	离行式自助银行 1 家
邮政储蓄银行	4	2	1	3		76	只包含邮储银行正式员工，不包括代理网点工作人员
中信银行	1	0	1			21	
江苏银行	1	0	1			27	
华夏银行	2	0	2			37	
溧阳浦发村镇银行	3	1	2			61	法人机构：1 家总行，2 家一级支行
招商银行	1	0	1			22	离行式自助银行 2 家
兴业银行	2	0	1	1 家社区支行，没有现金柜		32	
光大银行	2	0	1	1 家社区支行，没有现金柜		21	
民生银行	2	0	1	2 家社区支行，没有现金柜		24	
浦东发展银行	1	0	1			17	
广发银行	1	0	1			18	
南京银行	2	0	2			45	
平安银行	1	0	1			16	
浙商银行	1	0	1			22	

2022 年溧阳市全辖本外币存贷款分机构情况统计表

表 28

单位：亿元

		合计	农发	工行	农行	中行	建行	交行	中信	招商	华夏	浦发	兴业	民生	光大	广发	平安	南京	江苏	江南	邮政	村镇	浙商
一、各项存款	余额	2165.97	3.31	171.53	349.73	157.56	174.40	30.31	46.62	36.08	44.45	13.97	56.66	63.70	53.26	30.23	29.56	75.45	51.28	553.46	176.03	17.58	0.50
	比上月	10.87	−0.17	6.75	4.24	2.39	3.77	−4.14	3.12	−6.27	1.34	3.29	−10.15	−3.82	2.54	7.26	1.34	4.15	−7.13	−11.39	2.57	−0.12	0.50
	比年初	433.77	1.59	36.46	51.13	35.64	37.87	4.46	6.21	10.28	8.12	−1.34	19.32	23.19	3.34	3.02	14.20	37.36	13.71	70.15	40.29	1.09	0.50
	增长(%)	25.04	92.44	26.99	17.12	29.23	27.74	17.25	15.37	39.84	22.35	−8.75	51.74	57.25	6.69	11.10	92.45	98.08	36.49	14.51	29.68	6.61	
其中：个人存款	余额	1076.32		82.22	210.17	67.86	98.06	6.11	9.86	8.91	9.33	4.60	13.25	17.25	12.20	3.73	4.31	16.36	11.07	333.73	158.52	8.77	
	比上月	25.98		1.56	3.41	2.48	2.84	−0.07	1.87	1.04	−0.34	0.16	0.37	0.20	−0.15	0.12	0.06	1.54	0.18	11.22	−0.58	0.09	
	比年初	197.16		13.82	29.50	12.16	14.73	0.60	3.92	2.77	1.52	0.96	3.35	1.02	2.16	0.57	1.10	5.69	2.81	66.89	32.12	1.45	0.50
	增长(%)	22.43		20.20	16.33	21.83	17.68	10.89	65.99	45.11	19.46	26.37	33.84	6.28	21.51	18.04	34.27	53.33	34.02	25.07	25.41	19.81	0.50
单位存款	余额	1057.80	3.31	89.26	139.53	89.33	76.26	24.16	36.71	27.10	35.12	9.38	43.41	46.45	41.05	26.50	25.24	59.08	39.41	219.70	17.51	8.81	0.50
	比上月	−26.89	−0.17	5.18	0.83	−0.26	0.94	−4.07	1.27	−7.34	1.69	3.13	−10.52	−4.02	2.69	7.14	1.28	2.61	−8.07	−22.61	3.16	−0.21	
	比年初	223.01	1.59	22.64	21.99	23.29	23.15	3.85	6.50	7.47	6.59	−2.30	15.96	22.17	1.17	2.46	13.09	31.66	10.16	3.26	8.18	−0.37	
	增长(%)	26.71	92.44	33.98	18.71	35.27	43.59	18.96	21.52	38.05	23.10	−19.69	58.14	91.31	2.93	10.23	107.74	115.46	34.74	1.51	87.67	−4.03	
二、各项贷款	余额	1614.29	36.66	169.82	263.73	127.78	163.23	38.61	64.48	42.55	34.79	13.67	21.88	19.98	58.35	37.97	12.15	48.56	48.75	353.72	41.55	16.08	
	比上月	27.80	−0.46	2.95	9.02	−0.09	9.13	0.42	−1.40	−1.50	1.78	0.97	0.39	1.40	−0.82	−0.33	1.58	2.59	1.18	1.14	−0.24	0.08	
	比年初	288.52	−0.17	30.08	56.76	27.40	43.04	7.08	5.17	22.11	0.89	2.52	−1.62	1.26	6.32	3.80	5.48	11.24	19.07	45.35	2.73	0.03	
	增长(%)	21.76	−0.46	21.53	27.42	27.30	35.81	22.45	8.72	108.17	2.63	22.60	−6.89	6.73	12.15	11.12	82.16	30.12	64.25	14.71	7.03	0.19	
其中：短期贷款	余额	569.71	2.89	41.27	77.91	25.44	34.71	15.28	7.03	5.53	17.23	5.27	4.93	3.93	17.20	8.25	11.05	23.00	14.23	224.47	19.57	10.52	
	比上月	5.24	−0.02	1.57	3.78	0.58	−0.55	−0.69	0.01	−0.17	1.42	0.03	0.05	−0.01	−0.06	−1.64	1.58	2.12	−1.34	−1.08	−0.48	0.13	
	比年初	39.85	0.08	7.55	11.78	4.97	7.55	−1.77	1.15	1.99	−6.33	−2.29	−1.78	−0.10	1.80	1.33	4.38	−0.21	−0.64	8.68	1.58	0.12	
	增长(%)	7.52	2.85	22.39	17.81	24.28	27.80	−10.38	19.56	56.21	−26.87	−30.29	−26.53	−2.48	11.69	19.22	65.67	−0.90	−4.30	4.02	8.78	1.15	
中长期贷款	余额	998.57	33.77	127.97	167.33	100.36	124.47	22.25	57.45	37.02	17.55	8.31	16.95	16.05	41.14	10.18	1.10	25.55	34.51	129.06	21.98	5.56	
	比上月	16.77	−0.44	1.26	1.65	0.65	8.24	1.40	−1.41	−1.33	0.35	0.84	0.34	1.40	−0.76	−0.62		0.47	2.52	2.02	0.24	−0.05	
	比年初	241.57	−0.25	22.13	38.42	23.82	34.53	8.80	4.02	20.11	8.38	4.71	0.15	1.36	4.52	1.07	1.10	11.45	19.70	36.47	1.15	−0.09	
	增长(%)	31.91	−0.73	20.91	29.80	31.12	38.39	65.43	7.52	118.92	91.38	130.83	0.89	9.26	12.34	11.75	#DIV/0!	81.21	133.02	39.39	5.52	−1.59	
票据融资	余额	45.82		0.57	18.49	1.98	4.05	1.08				0.10				19.55							
	比上月	5.58		0.12	3.59	−1.32	1.44	−0.28				0.10				1.94							
	比年初	6.89		0.40	6.56	−1.39	0.96	0.04			−1.17	0.10				1.40							
	增长(%)	17.70		235.29	54.99	−41.25	31.07	3.85								7.71							

注：汇率 6.9646，各项存款包括财政性存款 30.28 亿元

2022 年年底溧阳市主要保险、证券类机构业务情况表

表 29

单位：亿元

险种	单位	保费收入	保险理赔（给付）
财产险	中国人民财产保险股份有限公司溧阳支公司	3.41	2.39
	中国太平洋财产保险股份有限公司溧阳支公司	1.93	1.26
	中国人寿财产保险股份有限公司溧阳支公司	0.70	0.35
	财产险小计	6.04	4.00
人身险	中国人寿保险股份有限公司溧阳支公司	5.71	1.41
	中国太平洋人寿保险股份有限公司溧阳支公司	7.53	0.43
	人身险小计	13.24	1.84
保险业务合计		19.28	5.84
东海证券溧阳南大街营业部证券成交额		1015.50	

环境，对4家银行、3家企业开展现场核查，对1家银行开展合规性检查，对9家银行、71家企业开展非现场核查，对1家企业程序性违规进行降级处理，对1家企业擅自改变结汇资金用途的实质性违规案件进行查处并收缴罚款，维护辖内外汇交易市场稳定有序。

（肖懿珊）

【企业股改上市】 2022年8月，溧阳市出台《关于促进企业利用资本市场加快发展的政策意见》，大幅提升股改上市奖励力度，分阶段奖励累计最高1350万元。成立以市政府主要领导为组长、分管领导为副组长、相关职能部门为组员的企业上市工作领导小组，各部门、镇（街道）各司其职，形成齐抓共管的良好局面。全市在3家上市公司的基础上，新增1家过会待发（时创能源）、1家在会审核（安顺控股）、3家拟辅导、8家拟股改企业。22家企业纳入常州市“双百行动计划”上市后备企业名单，其中重点上市后备企业10家，一般上市后备企业12家。同时深入挖掘16家“科创苗圃企业”和27家“后备种子企业”，逐步夯实全市上市后备资源基础。

（罗卫忠）

【信贷服务】 2022年，溧阳市加大普惠金融支持实体经济力度，以“行长园区行”“金融助溧市场主体服务月”“普惠金融县区行”等活动为载体，组织20家银行信贷负责人深入中小微企业、个体工商户、农业合作社开展8次融资需求对接走访活动。年末，普惠小微贷款余额172.49亿元，同比增长28.66%，首贷户新增2550户。进一步提升金融助企纾困力度，推动“政银担”信贷模式扩容扩面，高效利用政府、银行、担保机构三方信贷风险分担补偿机制，有效降低企业融资门槛和成本。“政银担”帮扶企业68笔，担保金额3.75亿元。开展金融机构年度考核，督导激励金融机构助企纾困，全辖金融机构对5663笔、82.02亿元到期普惠小微贷款进行延期或转期安排，小微贷款平均融资利率下降22个BP，减费让利约1亿元。用好苏创融、常信贷、信易融等创新类特色产品，2022年7月常州市首笔“智改数转”贷落地溧阳。持续引导金融机构创新推广“整村授信”“整行业特色授信”等信用模式。已授信农户104765户，金额185.04亿元。辖区江苏省金融服务平台企业注册5477家，累计发布融资需求5023项，解决融资4311笔，融资金额174.32亿元。

【防范金融风险】 2022年，组织开展“守住钱袋子，护好幸福家”为主题的防范非法金融活动宣传，联合镇（街道）、法院、检察院、各金融机构开展宣传活动，整理印制《防范和处置非法集资工作典型案例选编》，通过以案释法的方式提高群众的风险意识。与市市场监管局联合开展“双随机、一公开”非法金融活动检查行动，对全市75家企业进行金融活动合规性检查。积极帮助资金困难企业转贷116笔，9.92亿元。

（蔡　瑜）

银行业

【中国工商银行股份有限公司溧阳支行】 2022年年末，工行溧阳支行本外币各项存款余额172亿元，比年初增加37亿元，增幅27%；日均余额156亿元，日均增30亿元。本外币各项贷款余额170亿元，比年初增加30亿元，增幅22%；日均余额155亿元，日均增加26亿元。不良贷款余额400万元，不良率为0.02%，较年初下降0.2个百分点。支行获2019—2021年度常州市文明单位、2022年度溧阳市五星企业称号；支行营业室获2022年度工人先锋号、营业室职工小家获省分行“最美职工小家”，支行1名员工获2022年常州市银行业金融机构现金服务知识与技能竞赛第一名，1名员工获评溧阳市青年岗位能手称号。

全力支持重大项目建设。紧跟积极财政政策导向，加大对公共基础设施、园区更新、产业升级、新农村等重点领域的融资支持力度，全年累计审批项目8个、总金额58亿元。全力扩大普惠金融供给，进一步加大信贷投放，主动深入开展金融需求对接。普惠贷款余额16亿元，较年初增加5亿元，增幅50%；普惠客户增195户，增幅41%。支持专精特新企业发展，制造业贷款余额33亿元，较年初增加6亿元，增幅22%，绿色贷款余额35亿元，占全部公司贷款的27%。积极拓展大宗消费金融服务以及住房改善、汽车、教育医疗文化体育等领域消费金融服务，全年个人贷款增加3亿元，其中个人住房按揭贷款累计发放703笔、5亿元。

（杨　珏）

【中国农业银行股份有限公司溧阳市支行】 2022年年末，农行溧阳市支行本外币存款余额349.7亿元，比年初增加51.1亿元，各项存款峰值首次突破350亿元大关。其中，全行人民币个人存款时点余额210.1亿元，比年初增加29.5亿元。人民币对公存款时点余额136.1亿元，比年初增加24亿元。各项贷款时点余额263.7亿元，比年初增加56.8亿元，全年贷款增量在常州系统内7家支行居第一位，份额达26.2%。其中，法人贷款余额168.5亿元，比年初增加34.3亿元，个人贷款余额58.9亿元，比年初增加4.2亿元，票据融资18.5亿元，比年初增6.6亿元。全面完成普惠贷款投放目标，普惠贷款余额30.1亿元，新增7.4亿元，个人住房按揭贷款比年初增加1.04亿元。积极推动绿色金融，绿色信贷余额42亿元，比年初增加4.6亿元，日均余额41.2亿元，比年初增加14.5亿元。持续保持制造业贷款高水位增长态势，贷款余额77.2亿元，比年初增加26.5亿元。全年实现营业收入9.03亿元，同比增加1.7亿元。金融市场交易类业务22.2亿元，同比增加8.7亿元；实现代销基金业务量7.82亿元，同比增加3.41亿元。

持续开展重点领域信用风险专项治理和潜在风险客户风险化解，积极推动行内不良贷款处置。年末，裸贷治理下降6.93%。对城区过密网点实行撤迁，溧城、城中2家网点分别搬迁至平陵西路和行政审批中心。支行规范化服务创建系统内排名第一、全省第二。溧阳支行获农总行“三化三达标”先进支行、2020—2021年度中国农业银行职工代表大会制度建设示范单位等称号，并获溧阳市五一劳动奖状。

（潘尚君）

【中国银行股份有限公司溧阳支行】 2022年年末，中行溧阳支行本外币存款158亿元，本外币货款127.78亿元。连续多年取得外汇业务综合考核A类银行。全年授信客户数新增165户，对公货款余额新增23亿元。秉承“以客为尊，不断创新”的宗旨，由专业的客户经理提供“一对一”的优质银行服务，依托遍布海内外服务网络、资深的理财专家和多元化的投资理财产品，实现财富的保值增值。

（黄一超）

【中国建设银行股份有限公司溧阳支行】 2022年年末，建设银行溧阳支行内设部门7个，下辖营业网点15个，其中乡镇营业网点3个，全行干部员工213人。全行一般性存款时点余额173.1亿元，各项贷款余额163.48亿元。公司类贷款较年初新增加41.11亿元。全年新增个人全量有效客户1.1万户，新增私行客户45户，新增对公全量客户899户，新增信用卡客户6655户，新增机构重点账户3户，基层政府账户1户，新增农民工账户25户，非税执收账户7户，新增溧阳市国有土地网上招投标保证金代理银行资格以及集体土地代理资格。全年普惠贷款新增发放4.9亿元，普惠客户新拓475户。积极推动创新产品应用，在农业领域投放市分行首单苏才贷，投放市分行首单“农机云贷2.0”。协助分行开展金融助力乡村振兴培训班，邀约市供销社、村支两委负责人、镇农村局工作人员参加，扩大建行乡村振兴品牌声誉。年底，对公涉农贷款增加27.68亿元，农户生产经营贷款增加2.36亿元，裕农快贷及裕农线下产品新增2.58亿元。为溧阳市中医医院搭建简易支付，实现辖内“15分钟核酸检测圈”建设要求。联合苏宁广场开展线下商圈开业暨“建行生活”推广活动。

联合省分行部门与天目湖镇桂林村委开展“金融赋能新发展 乡村振兴添动力”三方共建活动。与省市分行相关部门、市农业农村局、农业龙头企业共同开展“学习党的二十大 、乡村振兴谱新篇”党建共建活动暨战略合作签约仪式，与市农业农村局党委签订结对共建协议。拓展“金融+”服务场景，与市商务局联动，协办溧阳市首届网上年货节，探索乡村振兴服务新模式。

（杨嘉昕）

【江苏江南农村商业银行股份有限公司溧阳市支行】 2022年年末，江苏江南农村商业银行股份有限公司溧阳市支行各项存款553.46亿元，较年初增加70.15亿元，增幅14.5%；各项贷款353.72亿元，较年初增加45.35亿元，增幅14.6%；存贷款存量市场份额均稳居溧阳同业第一。获评溧阳市2022年度“服务业五星企业”，支行行长王晓俊获评溧阳市2022年度“杰出企业家”，6位客户经理获评“在溧银行业金融机构优秀客户经理”；1名员工获评总行业务技能大赛团体第一，1名员工获评理论和手工识假点钞项目个人第一、个人全能第三。在人行溧阳支行举办的金融系统青年职工“点钞识假”技能大赛中获评团体第一，1名员工获评全能第一、常州市五一创新能手称号。

支行聚焦制造业、服务实体，全力支持地方经济发展。年末，支行制造业贷款余额59.80亿元，较上年增加3.79亿元；涉农及小微贷款余额301.95亿元，较上年增41.56亿元；个人普惠贷款余额67.88亿元，较年初增10.36亿元；企业普惠贷款余额21.33亿元，较年初增加4.43亿元；支行企业供应链系列产品——“融E链”用信户数215户，新增用信3.11亿元。

支行积极探索支持服务乡村振兴发展新模式，抓住现代农业、观光农业、乡村设施、公共服务、农村消费等领域市场机遇，做出城乡融合发展业务特色。以“农担贷”“家庭农场贷款”“专业合作社贷款”等产品为依托，加大对新型农业经营主体的支持，积极探索“产业＋农户”“合作社＋农户”“大户＋农户”多层次信贷模式。“家庭农场贷款”累计投放213户金额5.57亿元，贷户122户金额7530万元；“专业合作社贷款”累计投放142笔金额1.95亿元，有贷户3户金额1030万元；“农担贷”累计投放455户金额4.755亿元，贷户371户金额1.91亿元；支行小额信用贷款——“一起富阳光贷”体验户22367户，金额9.30亿元，较年初增加7.06亿元。

（陈小兵）

【中国农业发展银行溧阳市支行】 2022年年末，农发行溧阳市支行累计投放各类贷款14.24亿元，同比增加6.41亿元；贷款余额36.66亿元，较年初减少0.17亿元；存款余额4.45亿元，较年初增加2.45亿元；存款日均4.63亿元，较年初增加0.44亿元。

立足农业政策性银行职能定位，扎实推进粮油信贷业务，积极支持溧阳地区地方储备粮扩储轮换和市场化粮食收购的资金需求。年末，累计投放粮食收购贷款2.41亿元，保障夏秋两季粮食收购工作顺利。积极配合地方政府涉粮巡视整改工作，支持全市深化粮食购销领域体制机制改革方案的实施，共同推进粮食共同担保基金实施意见出台。积极响应中央和总行“藏粮于地、藏粮于技”战略，支持2.5亿元经开区农田提质增效项目获批。以溧阳经开区高效水产养殖3亿元项目为支点，以项目建设推动青虾等农产品种业育繁推一体化发展，实现了全市系统内首笔种业贷款投放。全力支持政策性金融工具有效应用，审批投放农发基础设施基金项目2个，金额3.155亿元。切实服务保障民生，投放专项借款3960万元，保障专项借款业务顺利落地。

（李小满）

【中国邮政储蓄银行溧阳市支行】 2022年年末，邮储银行溧阳市支行各项存款余额33.48亿元，年净增10.02亿元，增幅42.74%；各项贷款余额53.06亿元，年净增13.73亿元，增幅34.91%。收入指标增幅达20.48%，系统内全省排名第五，获“江苏省分行十优支行”“常州市分行先进集体”等称号。开展“邮爱公益日”“慈善一日捐”“红铃铛”课堂等公益活动，连续7年走进平桥小学，为困难学生送上冬衣和学习用品。支行党支部“多维发展助力公司负债提升”课题被评为常州市分行领题破题活动优秀课题，支行党支部书记周炜获评省、市分行优秀党务工作者。

加快融入地方经济建设，制造业贷款新增 1.43亿元，比上年增长109 %；普惠型小微企业贷款新增2.1亿元，增幅235%。全力服务溧阳新能源产业建设，强化对动力电池、光伏等行业的支持，积极对接地方龙头企业和重点产业，量身打造授信方案，为时代上汽、平陵集团等授信6亿元，投放3.15亿元。重点支持园区建设，为中关村产业园区项目授信14亿元，投放7亿元。支行以创新乡村振兴营销服务体系为突破，坚持全面下沉和科技赋能协同并进，聚焦中小农户、新型农业经营主体和农业产业链，建立有效下沉、快速触达、主动授信的乡村振兴营销服务体系。全年小额贷款投放10.7亿元，新增1.43亿元；普惠型涉农贷款4.35亿元，新增7300万元；绿色融资6884.69万元，新增1387.05万元；建成信用村160个，信用户4837户。

（史志琴）

【溧阳浦发村镇银行股份有限公司】 2022年年末，溧阳浦发村镇银行股份有限公司各项存款余额17.58亿元，比年初增加1.09亿元，增幅6.59%。各项贷款余额16.08亿元，比年初增0.03亿元，增幅0.2%。探索营销团队在各镇（街道）设置乡村振兴金融服务点，开展“驻村驻社”工作。先后在社渚镇社渚村、上兴镇上兴村、上黄镇河西村设立乡村振兴金融服务点。加强与人行、地方金融监管局、农业农村局等合作，以普惠金融服务点为依托，分别在上黄镇、戴埠镇、上兴镇、社渚镇举办金融产品推介会、金融服务工作座谈会和政银企对接会等，进一步提升普惠金融服务质效。

（肖　潇）

【浙商银行股份有限公司常州溧阳支行】 2022年11月28日，浙商银行股份有限公司常州溧阳支行领取营业执照，位于市区天目路22号。2022年年末，浙商银行股份有限公司常州溧阳支行公司存款余额20.01亿元，公司条线授信金额合计79.15亿元，其中流动性支持额度30.85亿元，已用信25.04亿元。

（浙商银行溧阳支行）

保险业

【中国人民财产保险股份有限公司溧阳支公司】 2022年，人保财险溧阳支公司完成保费收入35626万元，实现报表利润3026万元。保费规模、市场份额、赔付金额均列溧阳市场第一。

车险业务质态持续改善。高度重视车险业务质态的选择、效益险种的推进、单均保费的提升。针对渠道特点，差异化推进不同种类的效益险种。线上服务团队积极推进三者350万元、3万元/座、医保外用药、新能源车外部电网损失险，全年车险保费收入2.05亿元,实现报表利润688万元。

车险业务渠道持续拓新。通过业务和理赔联动，开通多家合作星级修理厂业务，拥有星级修理厂32家，与同期相比增加10家。修理厂渠道家非车保费2098万元，同比增长31%。

战略险种规模高速发展。利用家非车客户资源，通过渠道协作、车个融合，大力推进驾意险业务。驾意险完成保费收入1061万元，同比增长84%，家用车渗透率63%。个非保费收入1598万元，实现报表利润683万元。

全年农险招标累计实现保费收入5913万元，同比增长13.6%，实现利润215万元，边际贡献率10.15%。仅用6天即完成全市123个雪灾案件的结案赔付工作，支付赔款210万元。针对7月强对流天气和夏季持续高温，公司高效类险种青虾、内塘螃蟹、茶叶累计共支付赔款2411.9万元，种植业水稻减产支付赔款842.46万元。因地制宜新增自主开发青虾养殖气象指数保险产品，全力保障地方农业发展。为国家地理标志保护产品——溧阳青虾配套专属保险，获江苏人保2022年重点创新项目称号，首年推广承保3.03万亩，支付赔款817万元。开办商业险产品7个，实现保费收入214.17万元，同比增长31.6%，支付赔款415万元，简单赔付率194%。

（杨泾渭）

【中国人寿保险股份有限公司溧阳支公司】 2022年，中国人寿保险股份有限公司溧阳支公司实现总保费5.71亿元，短险保费4395.3万元，赔付支出总计1.41亿元，同比增长15.6%。国寿不断提高客户服务品质，拓宽助老化服务形式。经办溧阳市城乡居民基本医疗保险参保人数45.3万人，全年累计补偿251.7万人次，补偿金额53897.2万元；承办城乡居民大病保险补偿2.84万人次，补偿金额6316.6万元；"安康关爱行动"老年人意外保险实现老年人口全覆盖。

（苏大伟）

【中国人寿财产保险股份有限公司溧阳市支公司】 2022年，中国人寿财产保险溧阳市支公司实现保费7031.8万元，同比增长26.88%；车险3970.2万元，占全险种比56.46%，同比增18.62%；非车险3061.63万元，占全险种比43.54%，同比增长39.46%。全险种综合赔付率67.64%，连续多年持续盈利。

2023年7月，在溧阳市政策性农业保险新一轮招标中中标，承接溧阳市昆仑街道政策性农业保险业务。公司以服务乡村振兴为中心，加强农业保险基层服务体系建设，推进农险业务持续健康快速发展。持续推进客户价值、体验和消费者权益保护工作品质提升，不断加强数字化转型，增强自助理赔项目、绿色服务站、微信平台等多样化服务平台的运用。在人伤、车物、抵扣追偿、反欺诈等关键环节坚持开展专项活动，不断提升理赔服务效能。

（王云红）

【中国太平洋财产保险股份有限公司溧阳支公司】 2022年，中国太平洋财产保险股份有限公司溧阳支公司牢固树立责任意识，充分认识加快业务发展、提高人均产能、巩固市场地位，全年实现保费收入1.93亿元、保险理赔1.26亿元。进一步提升"用心承诺，用爱负责"的服务理念。各对外窗口部门、各销售渠道专员积极做好与客户的沟通与协调，全心全意为客户提供全面周到、合规合理的承保流程和良好的服务体验，中后台部门员工在各自的工作岗位上尽心尽责。

（何丽薇）

【中国太平洋人寿保险股份有限公司溧阳中心支公司】 2022年，中国太平洋人寿保险股份有限公司溧阳中心支公司实现总保费收入7.53亿元，市场占比47.8%。其中，个险业务提质增效，达成新保保费0.93亿元。办理各类给付、理赔案件33658件，累计支付金额1.12亿元。公司坚持服务初心，从客户需求出发，形成特色化专业服务。强化协同，提升体系化能力，让服务“一图看懂，一键办理”。

（耿剑磊）

证券业

【东海证券股份有限公司溧阳南大街证券营业部】 东海证券股份有限公司溧阳南大街证券营业部成立于1994年，位于城区南大街12号，是溧阳第一家设立的证券营业部，员工26人，营业面积近7000平方米，设有贵宾室、大户室等现场交易设施，是全国券商中拥有最大营业面积的营业部之一。营业部坚持“合规、严格、创新、发展”的经营思路，严抓内部管理、积极应对地区竞争，在不放松传统经纪业务的基础上，大力拓展创新业务。通过增加投资顾问数量等方式齐集精兵强将再次整合组成全新的理财中心，对客户的服务工作分片包干，责任到人。对于客户托管在营业部巨大的证券资产市值，依托公司总部理财中心，通过一对一、一对多的主动服务，对客户进行辅导、咨询，指导客户进行操作，不断使得客户资产保值增值。2022年实现交易额1015.5亿元，网上交易委托方式交易量占营业部总交易量的85%以上。

（施陈梁）

【南京证券溧阳营业部】 2022年，南京证券溧阳营业部秉持打好客户基础，做好营业部“团队建设，合规经营，稳中求进”的经营思路，为广大投资者资产保值增值，享受资本市场红利做好服务。托管资产和交易量每年以数倍增长。继续实现内部经营指标的高完成率，收入和利润指标在南京证券内部排名连续提升在20名以上。积极服务溧阳当地企业，自江苏省股交中心推动新四板挂牌业务以来，累计为溧阳市中小企业挂牌10多家。跟进拟IPO企业2家，提供专业化的财务顾问服务，引进投资公司投资溧阳当地企业。

（谭　茂）

其他金融机构

【小额贷款公司】 2022年年末，全市小额贷款公司13家，就业总人数约80人，总注册资本11.36亿元。全年累计发放贷款金额10.31亿，比年初增长37.87%；年末贷款余额13.93亿元，比年初增长21.7%。在2022年常州市地方金融从业机构年度综合评优评先活动中，溧阳市国强农贷被评为“行业优秀企业”，安顺东方农贷被评为“最佳服务企业”。全市6家小贷公司获2022年省级普惠金融发展专项资金57.3万元。

【典当业】 2022年年末，全市有典当业企业2家，注册资本5500万元。实现典当余额484.16万元，比年初增长2.41%；实现典当总额513.3万元，比年初增长2.91%。其中，动产典当业务101.23万元，占比20.41%，比年初增23.47%；房地产典当业务412.07万元，占比80.28%，比年初减少1.14%。

【担保业】 2022年年末，全市有融资性担保机构4家（含2家分公司），注册资本4.03亿元。其中国有担保机构3家、民营担保机构1家；国有注册资本3.53亿元，民营注册资本0.5亿元。全市担保机构为272家企业提供融资担保16.09亿元，比年初增长47.31%；全年发生担保代偿4001.17万元，代偿率为3.54%；年底在保户数269户，在保责任余额15.04亿元，比年初增长47.16%。全市2家担保公司获2022年省级普惠金融发展专项资金414.62万元。

（罗卫忠）

LIYANG
YEARBOOK

信息化建设

栏目编辑 虞燕娟

智慧城市建设

【智慧城市】 溧阳市智慧城市大数据云平台由中国电信溧阳分公司云计算中心提供平台保障维护服务。该云平台主要基于几方面建设：按照一个中心，统一架构，依托云中心搭建大数据云平台，利用云计算高可靠性、弹性计算、按需服务等特性，为基于政务大数据的政务信息资源开发以及政务系统应用提供有力保障。整套系统部署在电子政务网内，采用私有云的组网方式，确保了网络安全高效。聚焦四类数据，统一数据。即：人口、法人、宏观经济、地理信息公共基础库；公共安全业务库、旅游业务库、城市管理业务库公共业务库；政务视频、城市运行体征、政务共享编目、专题库、诚信库；遥感影像数据、GIS专题数据时空信息库公共服务库。对接了54个部门，超3.2亿条数据入库。应用服务平台包括应用集成、工作流、目录服务、统一权限管理、统一身份认证等功能。主要包含资源目录体系和数据交换体系的集成服务平台；MapGIS系统搭建的时空服务平台；基于ESB产品和消息总线产品构建的数据服务平台；监控、资产配置、操作审计、流程管理、集成展现等子系统的运维服务平台。

【天目湖国际数据中心】 由中国电信投资建设，位于江苏省溧阳市燕山新区，总投资约4.5亿元，具备满载2156个机架的服务能力，于2016年4月正式投入运营。

该中心具备六大优势。网络优势。实现了骨干网直连；出口带宽达200G（后续扩容至400G）；是中国电信在华东江浙地区重要节点。星级优势。机房按最高标准五星级建设，是省内唯一县级五星级云数据机房、常州地区最大的云计算资源提供商。承重优势。机房地面全面积承重均达1.6吨，承重标准在同类机房中处于领先地位。安全优势。电力系统双路配置；双管路按照空调水系统；水蓄冷能满足市电停电时15分钟的不间断供冷。交通优势。周边有常溧高速、宁杭高速，有常州机场、杭州机场、上海虹口等多个机场，距南京禄口机场仅45分钟车程，交通四通八达。服务优势。机房可以按客户需求提供全面个性化定制服务；网络质量在历次第三方网络质量测评中，均列江苏第一。

2022年已有腾讯、网易、云里雾里等一批国际互联网公司正式入驻，并积极服务于地方政务云、智慧教育、平安护民、智慧城市等一批民生政务项目及企业信息化建设。

【信息化管理】 依托于云计算中心的建设运营，溧阳市信息化方面的基础能力得到极大提升。智慧溧阳、智慧教育、智慧卫生、智慧自然资源局（国土、规划系统）、城管管理局“数字城管”、市政府协同OA平台、市政府网站、电子政务网、生态环境局、房屋征收等系统得到溧阳市云计算技术的运用推广，工业信息化融合、市政务服务、地方经济建设、民生服务、城市管理等方面的信息化平台投入使用。溧阳市智慧经济发展水平的提升，为支撑“四大经济”建设，加快地方经济转型发展注入了活力。

（史春荣）

高考通信保障团队　　（市电信公司　供稿）

【智能制造】 2022年，完成330家企业“智改数转”免费诊断，制定《溧阳市“智慧城市”十四五规划》。江苏时代成功入选工信部2022年智能制造优秀场景；3家企业成功中标2022年省专项资金“智改数转”类项目；新增省级智能制造示范工厂2家，实现“零”的突破；新增省工业互联网标杆工厂3家。全市工业互联网标识解析二级节点建设及应用项目获省转型升级专项资金500万元扶持，截至年底，累计

江苏时代新能源科技有限公司 （市工信局　供稿）

接入企业1307家，累计标识注册量3.9亿个，累计标识解析量3.4亿个。全年新增星级上云企业38家。江苏时代的5G专网项目和科华控股的5G+MEC专网建设项目入选省“5G+工业互联网”项目库。产业互联网平台通过测试，“智改数转”服务商联盟即将揭牌。

（市工信局）

数字社会建设

【数字赋能治理】 持续激活数据要素潜能，以数字化赋能政府管理服务，提升政府履职效能，实现资源高效配置，助推公共服务高效化、社会治理精准化。

强化项目管理　统筹协调全市智慧城市建设，出台《溧阳市政务信息化项目建设管理办法》，在部门共建、信息共享、集约发展等方面，引入更多创新且能够落地的管理要素，统分结合，注重实效，形成全流程闭环管理，加强对政务信息化项目的并联管理，优化发展大数据的顶层设计。2022年，共对11个信息化项目进行了项目评审，最终匡算约1.1亿元。

提升监管效能　推进“互联网＋监管”，有效提升政府监管水平，成为数字政府和法治政府建设的重要支撑。2022年，按照“谁审批、谁监管，谁主管、谁监管”的原则，溧阳市共认领483个监管事项，报送11553条监管数据，检查实施清单编制率和监管实现覆盖率均达100%。同时实时汇总部门各类监管动态和曝光台，营造全市协同高效的监管环境，推动形成全民崇法守信的良好市场生态。

助力社会治理　推进“一网统管”建设，以数字化手段推动市域治理模式创新，重点选取7个场景，着力提升社会矛盾化解能力、社会治安防控能力、公共安全保障能力、基层智慧治理能力。举办市大数据“一网统管”建设专题培训班，围绕优化管理体系和管理流程，强化数字治理意识，加速构建横向到边、纵向到底、全闭环的数字化治理模式，实现城市“运、管、服”能力的整合统一。

（赵　惠）

通信服务业

【中国电信股份有限公司溧阳分公司】 中国电信溧阳分公司（溧阳市电信局）是为溧阳地区各党政机关、企事业单位和居民提供话音及数据通信服务的主要电信运营商。公司经营业务范围包括固定电话、宽带、天翼手机、网络电视和社会信息化应用等诸多电信业务。分公司先后获得江苏省文明单位、江苏省诚信单位、常州市保护消费者权益先进集体等称号。

2022年公司业务收入增长幅度和业务收入再创历史新高。通过坚持终端引领带动智能手机规模发展，加快光纤入户改造，积极推进启动5G布局建设工作；开展“极速宽带”和“高清iTV”免费体验活动，以实实在在的优惠让广大客户体验网络时代的便利与快捷。

公司认真履行央企的社会责任，加快推动地方信息化建设步伐，主动参与政府电子政务公开服务平台、医院医生工作站、镇区社会面治安监控系统扩容等信息化项目的建设，提升政务管理、社会管理的信息化水平；平安护民、数字卫生系统、数字城管等一批“智慧型”项目有力地促进了政府及企业的现代化转型。

2022年，全市电信服务门店有100多家，其中乡镇门店达80余家，方便全市人民更加快捷的享受电信优质服务；着力推动服务门店模式转变，方便广大客户更加直观的选择需要的产品；公司营业厅全部配置兼职辅导员，帮助新入网客户熟练掌握智能软件安装和使用，时刻引领“移动互联网时代”新潮流。强化落实首问负责制和服务升级处理制度，优化管理流程，持续提升客户满意度。

全面推进“光网城市 宽带溧阳”战略，实现全市光网络全覆盖，打响中国电信“光宽带”品牌，全面提供家庭千兆的高速宽带接入服务。有效改善景区、高层小区和重点区域的5G信号质量；持续开展宁杭高铁沿线网络优化；积极推进Wi-Fi网络规模化建设，强化热点的全面有效覆盖；在当前覆盖的基础上，加大建设力度，加快推进5G网络覆盖。

以深入推进创先争优为契机，以“创新推动转型上水平，争先实现发展新突破”为主题，以树旗帜、展风尚，铸品质、促和谐为主线，积极开展党建生态区建设和基层党组织建设、“道德讲堂”等活动，全面推进学习型企业建设。引导和鼓励广大员工积极投身市场，争先创优；举行丰富多彩的文体活动丰富员工业余生活和有效缓解员工工作压力；增强员工的生产安全防范意识，严格落实安全生产责任制。

（史春荣）

电信公司燕山路营业厅爱心翼站端午送温暖

（中国电信溧阳分公司　供稿）

【中国移动通信集团江苏有限公司溧阳分公司】 中国移动通信集团江苏有限公司溧阳分公司（简称溧阳移动）是溧阳地区客户数量最多、网络覆盖最全的全业务通信运营商，截至2022年，移动宽带用户超21万户，移动手机用户规模超56万户，继续保持行业主导地位。

溧阳移动党支部强化党建引领作用，紧密结合主责主业，持续提升支部“凝心聚力”品牌影响力，深化品牌内涵，以“强队伍、强支撑、强效能”为抓手，对内探索“党建+”党业融合模式，持续开展“书记项目”“常移先锋”“岗区队”等活动，推动党建工作与生产经营深度融合。对外开展“党建和创”，2022年度党建结对29家企事业单位，5G赋能企事业单位智慧生产，助力高质量发展。持续发挥“三个显性化”作用，不断激发基层党支部战斗堡垒作用，为公司高质量转型发展提供坚强的政治和组织保障，推动各项工作更上新台阶。

溧阳移动围绕“数字民生、无线政务、网络文化、信息兴业”，助力全国文明城市创建和“品质城市”“智慧城市”“数字经济”建设，为溧阳打造苏南绿色品质城市、构建文明和谐社会贡献应有的力量。

截至2022年，溧阳移动在全市共有各类营业厅130家，通过

315 党员服务先锋队活动　　（溧阳移动　供稿）

开展“心级服务，百厅创优”活动，全面提升溧阳移动营业厅整体形象。2022 年，溧阳移动已在全市范围内开设 40 家宽带电视服务站，营业网点覆盖面宽、受理业务全，满足人们多元化需求，为周边群众打造“家门口的宽带电视服务好管家”，实现移动智慧家庭产品的体验、销售、服务一体化，不断提升服务质量，打造“十分满意”的高品质服务体系，营造“服务创造价值”的良好氛围。

溧阳移动发挥行业优势，持续推动城市转型升级，承建智慧水利、智慧停车、平安城市等项目，其中智慧排水项目，通过对全市排水管网、泵站、污水厂、排污纳管企业、排污口及其他相关附属设施的智能管控与分析，建成一个集“在线监控—防汛预警—巡查养护—事件管理—远程控制—指挥调度”于一体的、可伸缩、易扩展的智慧排水信息化系统。智慧停车系统则通过车位检测器、视频识别、智能道闸等前端物联网设备的使用，实时采集停车数据，基于大数据平台的决策分析和共享交换，对全市路内外泊位信息进行一体化运营监管。同时针对企业，积极推动固话、互联网专线、商务宽带及跨境、跨省、跨市数据专线建设，提供专用、稳定、安全的链路，惠及大中型企业 500 余家、小微企业 6000 余家。溧阳移动持续助力政府全面建设 5G 智慧城市、绿色品质城市，全面提升通信基础设施建设水平，让信息化成果惠及千行百业。

溧阳移动致力社会服务，为溧阳市社会治理现代化指挥中心、溧阳市政法委、溧阳市文体广电局、溧阳市医疗保障局、各镇政府等单位发送疫情防护宣传、旅游宣传、扫黑除恶、防诈骗、“12345”网格满意度、社保续费、招聘等燃信及政务短信。借助和目高清画质、双向语音、异动报警和 24 小时不间断云存储的优势结合 NB 门磁的出入告警功能，实现了对外地以及境外返溧人员的居家隔离监控，并将监控视频接入疫情防控指挥部的大屏展示。利用人工智能技术、云技术、物联网和 5G 技术的优势，结合传统闸机，实现苏康码识别、体温检测和身份证人脸比对等功能，为住建局、环保局、行政审批局等政府局办单位、医院提升了安全管理水平，提供了更优质的服务。

5G 是数字经济战略的先导领域，是推动供给侧结构性改革的重要引擎，是新基建的重中之重。2022 年，溧阳移动立足前瞻思考，做好全局规划，实现整体推进，抓紧 5G 网络的建设，截至 2022 年年底城区和乡镇中心已实现 5G 网络全覆盖，并同步对部分农村进行了 700M 覆盖，累计开通 5G 站点 1075 个（928 个宏站、147 个室分），5G 峰值速率可达 1500 兆；4G 方面持续优化建设溧阳整体网络，4G 宏站达到 2695 个，城区 4G 覆盖率达到 99.5%，镇区 4G 覆盖率达到 98.9%，宁杭铁路溧阳沿线专网覆盖率 100%，高速覆盖率 99%。2022 年建成通车的溧广高速和溧宁高速沿线，新增建了 18 座 4G 通信塔，以保障高速沿线的移动信号覆盖。22 年通过 4G 建设，网络结构优化调整，溧阳移动持续对 4G 网络加大、加厚，4G 无线建设投资约 1300 余万元，5G 无线建设投资约 9000 万元，城市光网建设投资约 2500 万元，所有小区均具备千兆宽带接入条件，为品质城市建设和各类物联网业务应用打造优质承载网络。

2022 年，溧阳移动助力全市抗疫通信服务、积极响应政府中、高考通信服务需求，提供社会各种活动应急和通信保障，做到全年保障期间批量投诉零次，为溧阳打造苏南绿色品质城市贡献力量。溧阳移动与各镇政府街道对接，为全市 96 个核酸检测现场的采集设备、居民信息读取、移动办公设备提供优质通信服务。

溧阳移动 2022 年累计出动志愿者 530 多人次投身绿色环保、

应急救援、禁燃禁放、疫情防控等志愿服务，用实际行动为改善城市环境面貌、优化社会公共秩序、改进公共服务质量、提升市民文明素质、助力疫情防控做出应有的贡献，赢得良好的社会美誉，获得市委、市政府一致好评，先后获得江苏省文明单位、江苏省青年文明号、江苏省巾帼文明岗、常州市工人先锋号、常州市诚信单位、溧阳市创建全国文明城市先进集体等称号。

（王丽园）

溧阳联通团建活动　　（溧阳联通　供稿）

【中国联合网络通信有限公司溧阳市分公司】 中国联合网络通信有限公司于2008年10月15日，由中国网通（集团）有限公司和中国联合网络通信有限公司合并而成。中国联合网络通信有限公司溧阳市分公司作为下属机构，自成立以来也一直以服务质量为保证，以用户满意为宗旨，以有效发展为目标，不断强化主营业务和优势产品，优化内部管理，不断深化企业改革，推进双文明建设工作，企业工作都有了新的进展。2022年1月，溧阳联通被复评为江苏省放心消费创建先进单位；2022年3月，溧阳联通被复评为常州市文明单位；2022年11月被评为2022年度江苏省放心消费创建示范单位。

2022年，在网用户13万户。溧阳联通利用产品优势，加大推大力度，集团业务、渠道业务和自有人员营销业务全面提升，近两年经营业绩排在常州各区县前列。

联通凭借其诸多优势，助推溧阳经济社会信息化进程，为全市广大企事业单位提供更多高效便捷的信息化服务，并进一步加强与市政府在信息化基础设施建设、产业链整合与提升、先进信息技术应用、农村信息化推进等多个领域的长期深度合作，共同打造互联网经济的精彩未来。越来越多的企业选择联通5G业务，为企业的信息化管理带去更便捷的服务。

溧阳联通致力于加大加快零售渠道建设、自有人员营销队伍，为市民提供更加便捷的通信服务。截至2022年年底，溧阳联通共建成营业厅40家，各网点约50家，自有营销服务人员25人，进一步丰富了为广大市民服务的平台。

溧阳联通全力建设和改善4G/5G网络，实现4G覆盖基本满足用户需求，语音渗透基本无缝隙。同时加快5G网络，为用户提供更快速的网络服务，已覆盖溧阳的全部城区和乡镇的主要景点和基础交通设施，在所覆盖范围内，可以提供高速数据业务，用户的网络满意度大幅提升。

溧阳联通在向外界提供良好的通信服务的同时，不断强化内部管理，向管理要效益，进一步提高了工作效率；狠抓安全生产，落实安全责任目标，确保了全年无一起安全责任事故；加强预算管理和可控成本管理，提高财务管理水平；注重开展思想工作，积极开展各类工会活动，员工队伍保持稳定，有在职员工80人。

（徐　丽）

LIYANG YEARBOOK

科技创新

栏目编辑 陈 莉

综　述

【概　况】 2022年，溧阳市科技工作以高质量发展为主线，落实中共二十大会议精神，围绕“532”发展战略，坚持创新在现代化建设全局中的核心地位，探索创新发展的新路径和新模式。创建江苏省首批创新型示范县市。深化科技体制机制改革、加快创新驱动发展2项工作获省政府督查激励；获评全省科技统计工作成效突出单位称号。中科海钠、安靠智电、时创能源、长三角物理研究中心4家企业项目获得省碳达峰碳中和科技创新专项资金支持。上上电缆、恒欣仓储、重庆大学溧阳智慧城市研究院等5家单位获省科技计划专项立项支持。争取上级科技经费超1亿元。毛明院士工作站获批。动力电池特色产业基地获批“国家火炬特色产业基地”。

【高新区建设】 溧阳高新区创建国家级高新区，锚定“创成国高新，迈向科技城”的目标，围绕创新、产业和人才等重点方向锻长补短、稳固优势，连续4年位列省级高新区创新驱动高质量发展综合评价第一，获2022年全省高新区奖励资金1300万元。被列为“江苏省实施创新驱动发展战略、推进自主创新和发展高新技术产业成效明显的地方”，获得省政府督查激励。溧阳高新区动力电池创新型产业集群入选“江苏省创新型产业集群”。溧阳高新区高效绿色动力电池科技成果转化基地入选“江苏省碳达峰碳中和科技成果转化基地”。

高新技术企业

【概　况】 2022年，实现高新技术产业产值1499亿元，同比增长68.1%，占规模以上工业产值51.6%。2021年全社会研发经费支出占GDP比重达3.23%。创新企业集群进一步扩大。全年认定高新技术企业87家，全市累计拥有高新技术企业242家、潜在独角兽1家、苏南国家自主创新示范区瞪羚企业5家、常州市瞪羚企业17家、全年入库科技型中小企业212家。

9月8日，召开全市科技人才座谈会　　（市科技局　供稿）

创新主体培育

【概　况】 成立新型电力和新能源装备产业创新联盟暨党建联盟。联盟吸纳全市57家科技型企业、9家科研机构、7家科技中介机构、6家金融服务机构等参与。联盟将推动溧阳的产业资源、创新资源进一步集聚、整合与共享，加速强链、延链、补链，打通产业链上下游，强化动力电池、智能电网、智能制造产业互联互通，加速大中小企业融通创新,形成“参天大树”与“灌木丛”共生的良好产业创新生态。

参与举办“动力和储能电池产业创新论坛暨先进电池产学研对接峰会”“电动航空创新技术国际峰会”“超导新材料研讨会”等多场行业领域高端会议，吸引超千位专家、学者和企业家参与，就深化产学研合作、攻克关键核心技术、推进行业绿色可持续发展等方面内容开展交流。组织参加首届省产学研合作对接大会，组织19家企业、26人次参与线上20场项目路演活动。

参与2022年南京都市圈创新合作大会暨数字经济（人工智能）产业专场交流会，会议围绕“共话新经济 共画都市圈”主题，发布《南京都市圈科技创新协同白皮书》和南京都市圈科技创新生态图谱成果展示，10个“南京都市圈科技创新合作项目”和10个南京都市圈城市人工智能项目线上集中签约（溧阳2项）。在数字经济暨人工智能产业专场对接交流会上，11个优秀项目进行路演（应用场景）比赛，溧阳市推荐的东南大学溧阳研究院的“基于人工智能的低碳园区应用”项目获优秀奖。

表30

2022年溧阳市高新技术企业名单

序号	名称	序号	名称	序号	名称
1	江苏卓高新材料科技有限公司	40	常州金纬智能化工装备有限公司	79	江苏保龙设备制造有限公司
2	江苏集能易新能源技术有限公司	41	江苏上上电缆集团新材料有限公司	80	江苏国粮仓储工程有限公司
3	江苏联赢激光有限公司	42	溧阳市永新绝缘粉末有限公司	81	江苏亲科生物研究中心有限公司
4	常州三森机电科技有限公司	43	溧阳紫宸新材料科技有限公司	82	溧阳华湖新材料有限公司
5	江苏宏伟除尘配件研发有限公司	44	江苏金松新材料有限公司	83	溧阳天目先导电池材料科技有限公司
6	溧阳市中豪热处理有限公司	45	科华控股股份有限公司	84	江苏卫蓝新能源电池有限公司
7	江苏世科同创环境技术有限公司	46	江苏司能润滑科技有限公司	85	溧阳市万盛铸造有限公司
8	溧阳月泉电能源有限公司	47	江苏富春江环保热电有限公司	86	溧阳市正阳燃气设备制造有限公司
9	时代上汽动力电池有限公司	48	江苏南电智慧能源服务有限公司	87	江苏嘉盛旺环境科技有限公司
10	江苏丽阳电子仪表有限公司	49	溧阳市鑫盛化工设备有限公司	88	天和无人机科技溧阳有限公司
11	江苏良友正大股份有限公司	50	江苏擎高精密工业部件有限公司	89	江苏正昌制粒机科技有限公司
12	溧阳市苏菱机电有限公司	51	常州范斯特汽车部件有限公司	90	江苏三十六科技股份有限公司
13	常州时创能源股份有限公司	52	常州金纬管道科技有限公司	91	常州市常科信息技术有限公司
14	常州微焓热控科技有限公司	53	江苏金源高端装备股份有限公司	92	江苏阿李动力科技有限公司
15	溧阳市振大铁路设备有限公司	54	江苏新东周新材料有限公司	93	江苏常净环保科技有限公司
16	溧阳市华威过滤设备有限公司	55	溧阳市永恒热处理有限公司	94	溧阳市超强链条制造有限公司
17	溧阳市振和机械制造有限公司	56	江苏开利地毯股份有限公司	95	江苏鑫冷工业制冷设备有限公司
18	天目湖先进储能技术研究院有限公司	57	溧阳中科海钠科技有限责任公司	96	溧阳市高邦电缆材料有限公司
19	常州金纬管道设备制造有限公司	58	江苏富民鑫科重型机械有限公司	97	江苏劲连通信技术有限公司
20	江苏冠宇机械设备制造有限公司	59	江苏兴锻智能装备科技有限公司	98	江苏科达利精密工业有限公司
21	江苏华鹏变压器有限公司	60	安住机械设备（江苏）有限公司	99	溧阳山水信息技术有限公司
22	常州索维尔电子科技有限公司	61	溧阳卓越新材料科技有限公司	100	溧阳艾维睿信息科技有限公司
23	常州大云环保科技有限公司	62	江苏翔鹰新能源科技有限公司	101	溧阳智擎脑云科技有限公司
24	江苏保龙机电制造有限公司	63	常州金纬片板设备制造有限公司	102	溧阳泽西影业有限公司
25	江苏正昌粮机股份有限公司	64	顺博合金江苏有限公司	103	溧阳筱澜科技有限公司
26	江苏兆年智能科技有限公司	65	荷贝克电源系统（溧阳）有限公司	104	溧阳顺宏珊琪科技有限公司
27	江苏中关村科技产业园节能环保研究有限公司	66	江苏迪赛诺制药有限公司	105	溧阳鑫心源科技有限公司
28	江苏文轩热管理系统有限公司	67	江苏安控智汇科技股份有限公司	106	布勒（常州）机械有限公司
29	常州金纬挤出机械制造有限公司	68	江苏时代新能源科技有限公司	107	溧阳市力士汽车配件制造有限公司
30	常州美通新能源科技有限公司	69	安可捷检测（常州）有限公司	108	溧阳市金牛环保机械有限公司
31	江苏润德物流科技有限公司	70	上汽时代动力电池系统有限公司	109	常州朱美拉模具技术有限公司
32	江苏中关村嘉拓新能源设备有限公司	71	常州金纬片板膜科技有限公司	110	上齿集团有限公司
33	溧阳市金昆锻压有限公司	72	江苏立达电梯有限公司	111	江苏富昌机械设备有限公司
34	溧阳德维透平机械有限公司	73	溧阳市鸿岳机械制造有限公司	112	常州索韬自动化科技有限公司
35	江苏亿鼎传动机械有限公司	74	常州汉德机车工业有限公司	113	江苏安靠智能输电工程科技股份有限公司
36	常州金纬化工成套设备有限公司	75	江苏省奥谷生物科技有限公司	114	江苏通达机械设备制造有限公司
37	江苏华鹏智能仪表科技股份有限公司	76	溧阳极盾新材料科技有限公司	115	江苏顶塑实业有限公司
38	溧阳市宏达电机有限公司	77	江苏铭智新能源汽车零部件有限公司	116	江苏米多机械有限公司
39	溧阳二十八所系统装备有限公司	78	溧阳市裕达机械有限公司	117	恒电科技有限公司

续表 30

序号	名称	序号	名称	序号	名称
118	江苏科滤环境科技有限公司	160	江苏开磷瑞阳化工股份有限公司	202	江苏蓝海住宅工业有限公司
119	江苏沃姆克电子科技有限公司	161	江苏人民机具有限公司	203	江苏京晶光电科技有限公司
120	江苏佳联环境科技有限公司	162	溧阳市乔森塑料有限公司	204	江苏腾业特种有色金属科技有限公司
121	苏鼎（江苏）环保技术有限公司	163	溧阳艺佳超微粉体科技有限公司	205	江苏瑞复达新材料有限公司
122	江苏威泽智能科技股份有限公司	164	江苏广义牵引技术研究所有限公司	206	常州百奥生物科技有限公司
123	溧阳中材重型机器有限公司	165	常州市天盾涂料有限公司	207	溧阳中南化工有限公司
124	溧阳康达威实业有限公司	166	江苏联盟化学有限公司	208	常州中冷环保技术有限公司
125	常州市宏寰机械有限公司	167	江苏金隆新材料有限公司	209	江苏积力环保科技有限公司
126	江苏益尔机电有限公司	168	江苏鼎力新材料有限公司	210	江苏华能墙材有限公司
127	江苏晨丰机电设备制造有限公司	169	溧阳市山湖实业有限公司	211	江苏力乐汽车部件股份有限公司
128	溧阳市储丰钢板仓设备制造工程有限公司	170	江苏乾昭新材料有限公司	212	常州永诺机械科技有限公司
129	江苏华能节能科技有限公司	171	江苏汉德纳米材料科技有限公司	213	常州艾克瑞特衡器有限公司
130	江苏欧标有限公司	172	常州谷德机械有限公司	214	江苏云博智能科技有限公司
131	江苏玛德克智能科技有限公司	173	溧阳市嘉雄不锈钢设备有限公司	215	溧阳市腾达机械设备有限公司
132	金亿源（江苏）新材料有限公司	174	常州百佳纺织科技有限公司	216	德阀机械（江苏）有限公司
133	常州益林机械有限公司	175	溧阳力诺机械有限公司	217	溧阳伟航众创科技有限公司
134	常州赛密思新材料有限公司	176	江苏南洋中京科技有限公司	218	江苏竹溪活性炭有限公司
135	江苏中恒电子新材料有限公司	177	赫菲斯热处理系统江苏有限公司	219	溧阳市虹翔机械制造有限公司
136	溧阳市安华机电设备有限公司	178	溧阳市佳禾电子材料有限公司	220	溧阳市新力机械铸造有限公司
137	溧阳市新丰收机械有限公司	179	江苏中远机械设备制造有限公司	221	溧阳市金桥机械有限公司
138	江苏叶琦机械有限公司	180	江苏亚泰智能科技有限公司	222	柳晶机械设备（溧阳）有限公司
139	溧阳市盛杰机械有限公司	181	溧阳福思宝高速机械有限公司	223	溧阳市北方机械有限公司
140	江苏国电新能源装备有限公司	182	溧阳荣耀塑胶有限公司	224	江苏恒欣仓储设备有限公司
141	溧阳中材环保有限公司	183	江苏羚羊机械有限公司	225	江苏普正精密科技有限公司
142	江苏国强交通科技有限公司	184	常州高光半导体材料有限公司	226	溧阳市新明机械配件制造有限公司
143	江苏巴斯威节能科技有限公司	185	溧阳市天盛绝缘材料有限公司	227	柳晶（溧阳）环保科技有限公司
144	常州容导精密装备有限公司	186	江苏翔能科技发展有限公司	228	溧阳壹公理科技有限公司
145	江苏盛德电子仪表有限公司	187	江苏维美轻工机械有限公司	229	江苏省社渚轴承有限公司
146	博飞特（江苏）汽车设备自动化有限公司	188	江苏竹海活性炭有限公司	230	江苏铭丰电子材料科技有限公司
147	江苏壹光科技有限公司	189	江苏冶建锌业有限公司	231	江苏惠太汽车科技有限公司
148	常州淳璞游乐设备制造有限公司	190	溧阳市腾新机电设备有限公司	232	常州净界环保科技有限公司
149	江苏江南绝缘粉末有限公司	191	溧阳市江南烘缸制造有限公司	233	恒天宝丽丝生物基纤维股份有限公司
150	溧阳信诺越达科技有限公司	192	江苏锦源机械制造有限公司	234	江苏德优镁轻合金科技有限公司
151	全景（江苏）节能科技有限公司	193	溧阳市创新机械有限公司	235	溧阳陶鑫林信息科技有限公司
152	溧阳市铀链科技有限公司	194	溧阳市格林机械有限公司	236	溧阳东禹科技有限公司
153	溧阳乐森工坊产品设计有限公司	195	溧阳文力龙科技有限公司	237	溧阳京智惠科技有限公司
154	常州乔尔塑料有限公司	196	溧阳木塔楠科技有限公司	238	常州福升新材料科技有限公司
155	溧阳市大地新材料有限公司	197	溧阳市飞跃机电有限公司	239	溧阳市双马塑胶纺织有限公司
156	溧阳市中大电力交通装备有限公司	198	溧阳维信生物科技有限公司	240	江苏百斯福科技股份有限公司
157	江苏三乔智能科技有限公司	199	常州和仕达机械装备制造有限公司	241	冶建新材料股份有限公司
158	江苏东南焊材有限公司	200	申芝电梯有限公司	242	江苏钢锐精密机械有限公司
159	溧阳市荣鑫环保科技有限公司	201	常州恒联机械五金有限公司		

表 31

2022 年溧阳市科技型中小企业入库名单

序号	名称	序号	名称	序号	名称
1	江苏威泽智能科技股份有限公司	42	江苏晨丰机电设备制造有限公司	83	江苏云博智能科技有限公司
2	江苏叶琦机械有限公司	43	盛航博测（溧阳）科技有限公司	84	常州中冷环保技术有限公司
3	溧阳市新丰收机械有限公司	44	溧阳市新力机械铸造有限公司	85	溧阳中南化工有限公司
4	溧阳康达威实业有限公司	45	江苏今日智能科技有限公司	86	江苏竹海活性炭有限公司
5	江苏中关村科技产业园节能环保研究有限公司	46	江苏众揽环境科技有限公司	87	江苏中远机械设备制造有限公司
6	江苏广义牵引技术研究所有限公司	47	江苏亚泰智能科技有限公司	88	江苏腾业特种有色金属科技有限公司
7	江苏积力环保科技有限公司	48	江苏同创环境技术有限公司	89	常州艾克瑞特衡器有限公司
8	江苏江南绝缘粉末有限公司	49	溧阳市中豪热处理有限公司	90	江苏佳联环境科技有限公司
9	常州汉德机车工业有限公司	50	江苏亿鼎传动机械有限公司	91	溧阳华溯新材料有限公司
10	溧阳益植生物技术有限公司	51	江苏泰元量子科技有限公司	92	溧阳市正平锻造有限公司
11	江苏集能易新能源技术有限公司	52	东方加悦（江苏）医疗科技有限公司	93	溧阳三益智能科技有限公司
12	江苏佳世达环保工程有限公司	53	江苏园伟重型机械有限公司	94	溧阳市天目湖保健品有限公司
13	江苏瑞复达新材料有限公司	54	江苏良友正大股份有限公司	95	江苏兆年智能科技有限公司
14	江苏竹溪活性炭有限公司	55	江苏天目照明有限公司	96	柳晶科技集团股份有限公司
15	江苏羚羊机械有限公司	56	江苏铭智新能源汽车零部件有限公司	97	柳晶（溧阳）环保科技有限公司
16	江苏中南锂业有限公司	57	江苏巴斯威节能科技有限公司	98	溧阳市荣鑫环保科技有限公司
17	常州百奥生物科技有限公司	58	江苏南电智慧能源服务有限公司	99	溧阳市新明机械配件制造有限公司
18	江苏保龙机电制造有限公司	59	江苏爱森韦尔仪表科技有限公司	100	溧阳维信生物科技有限公司
19	江苏平陵机械有限公司	60	常州索维尔电子科技有限公司	101	溧阳奥维食品科技有限公司
20	普兰特换热设备（溧阳）有限公司	61	江苏觅丹智能电器有限公司	102	江苏国强交通科技有限公司
21	江苏安控智汇科技股份有限公司	62	溧阳市永恒热处理有限公司	103	磐固合金（常州）有限公司
22	常州安控电器成套设备有限公司	63	江苏维美轻工机械有限公司	104	常州三森机电科技有限公司
23	常州安控电气信息技术有限公司	64	溧阳市万盛铸造有限公司	105	溧阳市苏菱机电有限公司
24	溧阳市鑫盛化工设备有限公司	65	江苏普正精密科技有限公司	106	江苏卫蓝新能源电池有限公司
25	溧阳市振和机械制造有限公司	66	江苏壹光科技有限公司	107	江苏中纺联针织有限公司
26	江苏益尔机电有限公司	67	溧阳市北方机械有限公司	108	常州恺宸环保科技有限公司
27	溧阳市万邦金属制品有限公司	68	常州容导精密装备有限公司	109	安可捷检测（常州）有限公司
28	恒电科技有限公司	69	常州福升新材料科技有限公司	110	溧阳德维透平机械有限公司
29	溧阳市江南烘缸制造有限公司	70	常州高光半导体材料有限公司	111	溧阳市永新绝缘粉末有限公司
30	溧阳市安华机电设备有限公司	71	溧阳市高邦电缆材料有限公司	112	江苏正昌制粒机科技有限公司
31	溧阳市佳禾电子材料有限公司	72	江苏华永烯科技有限公司	113	溧阳极盾新材料科技有限公司
32	江苏金梧实业股份有限公司	73	苏鼎（江苏）环保技术有限公司	114	江苏常净环保科技有限公司
33	常州虾氧氧鱼农业科技有限公司	74	溧阳市兴达机械有限公司	115	江苏米多机械有限公司
34	江苏水蛙环境科技有限公司	75	江苏英拓动力科技有限公司	116	江苏彩康隐形眼镜有限公司
35	江苏布诺科技有限公司	76	常州市常科信息技术有限公司	117	溧阳储慧智能软件科技有限公司
36	溧阳市精卫新型材料有限公司	77	溧阳荣耀塑胶有限公司	118	溧阳东恒能源科技有限公司
37	溧阳市华威过滤设备有限公司	78	常州赛密思新材料有限公司	119	溧阳市创新机械有限公司
38	江苏瑞德环保工程有限公司	79	溧阳市联华机械制造有限公司	120	溧阳市超强链条制造有限公司
39	江苏擎高精密工业部件有限公司	80	溧阳市乔森塑料有限公司	121	溧阳市裕达机械有限公司
40	江苏润德物流科技有限公司	81	赫菲斯热处理系统江苏有限公司	122	江苏亲科生物研究中心有限公司
41	江苏佳力得新材料科技有限公司	82	荷贝克电源系统（溧阳）有限公司	123	江苏恒欣仓储设备有限公司

续表 31

序号	名称	序号	名称	序号	名称
124	溧阳市鸿岳机械制造有限公司	154	溧阳市尼恩过滤设备有限公司	184	溧阳顺宏珊琪科技有限公司
125	江苏苏豪蚕种有限公司	155	常州微焓热控科技有限公司	185	溧阳筱澜科技有限公司
126	江苏玛德克智能科技有限公司	156	常州金纬挤出机械制造有限公司	186	江苏三十六科技股份有限公司
127	溧阳市格林机械有限公司	157	常州金纬国胜管道设备有限公司	187	溧阳泽西影业有限公司
128	江苏嘉盛旺环境科技有限公司	158	常州朱美拉模具技术有限公司	188	溧阳智擎脑云科技有限公司
129	溧阳市振大铁路设备有限公司	159	江苏科滤环境科技有限公司	189	溧阳山水信息技术有限公司
130	溧阳市金土地节能科技有限公司	160	溧阳市金牛环保机械有限公司	190	溧阳艾维睿信息科技有限公司
131	常州大云环保科技有限公司	161	江苏晶亮新能源有限公司	191	江苏三元汽车零部件有限公司
132	常州金纬管道设备制造有限公司	162	江苏华力易电科技有限公司	192	常州九天机电设备有限公司
133	金纬机械常州有限公司	163	江苏鑫冷工业制冷设备有限公司	193	江苏鑫长合金材料科技有限公司
134	常州金纬化工成套设备有限公司	164	江苏富昌机械设备有限公司	194	金亿源（江苏）新材料有限公司
135	常州金纬智能化工装备有限公司	165	江苏金百合门窗科技有限公司	195	溧阳市双马塑胶纺织有限公司
136	常州金纬管道科技有限公司	166	柳晶机械设备（溧阳）有限公司	196	溧阳互丰新能源科技有限公司
137	常州金纬片板设备制造有限公司	167	溧阳市东风柴油机配件厂有限公司	197	江苏欧能机械制造有限公司
138	天和无人机科技溧阳有限公司	168	江苏恒洲智能科技有限公司	198	常州市富月砝码有限公司
139	常州索韬自动化科技有限公司	169	溧阳市三和电力机械制造有限公司	199	江苏顶塑实业有限公司
140	溧阳市宏达电机有限公司	170	德阀机械（江苏）有限公司	200	常州瑞持机械有限公司
141	安住机械设备（江苏）有限公司	171	江苏锦源机械制造有限公司	201	溧阳市嘉德机电设备有限公司
142	常州美通新能源科技有限公司	172	江苏强林生物能源材料有限公司	202	江苏凌瑞电力科技有限公司
143	江苏金松新材料有限公司	173	江苏宝鲲模块建筑有限公司	203	江苏晨瑞电力科技有限公司
144	江苏云顶卡本炭素有限公司	174	江苏鼎力新材料有限公司	204	溧阳市嘉雄不锈钢设备有限公司
145	江苏金亿农牧机械有限公司	175	溧阳市正阳燃气设备制造有限公司	205	江苏沃姆克电子科技有限公司
146	江苏中恒电子新材料有限公司	176	江苏濑江人防工程科技有限公司	206	江苏利信新型建筑模板有限公司
147	南京宜热纵联环保科技溧阳有限公司	177	溧阳中科海钠科技有限责任公司	207	溧阳市科创电子电器有限公司
148	常州益林机械有限公司	178	常州市天盾涂料有限公司	208	常州晶丽光学科技有限公司
149	常州五颗星新材料有限公司	179	江苏优力克自动化设备有限公司	209	江苏文轩热管理系统有限公司
150	江苏宏伟除尘配件研发有限公司	180	江苏戴胜实木家具制造有限公司	210	江苏华强模具科技有限公司
151	江苏新东周新材料有限公司	181	溧阳市天目湖农业发展有限公司	211	江苏五洲机械有限公司
152	江苏德迅科技股份有限公司	182	溧阳市玉莲生态农业开发有限公司	212	溧阳艺佳超微粉体科技有限公司
153	江苏阿李动力科技有限公司	183	溧阳鑫心源科技有限公司		

创新平台载体

【概　况】 与国内知名科研院所对接合作，共建高端科创平台。建成国家火炬特色产业基地2个。引进中科院物理所长三角研究中心、重庆大学溧阳智慧城市研究院等重大科创平台13家，其中4家为省级新型研发机构并获省项目资金支持。上上电缆、华鹏变压器等4家行业龙头企业与省产业技术研究院建立了联合创新中心，形成科技创新“强磁场”。全市拥有省级以上“三站三中心”180家，常州市级以上众创空间、孵化器、加速器34家，省级以上孵化器入孵企业累计达234家。

科技成果

【概　况】 贯彻人才工作部署，发挥企业创新主体作用，打造人才平台、增强对创新型人才的核心吸引力，营造有利于科技人才干事创业、健康成长的氛围，助力科技创新人才引育增量提质。2022年入选省“双创团队”1个、省“创新人才”3名、省“双创博士”2名、省科技副总6名、常州市“领军型创新人才引进培育项目”6名。

【重大科技项目】 科技型企业向

更高层次迈进，科技项目取得全方位突破——中科海钠、安靠智电、时创能源、长三角物理研究中心等4家企业项目获得省碳达峰碳中和科技创新专项资金5300万元支持。上上电缆、恒欣仓储、重庆大学溧阳智慧城市研究院等5家单位获2022年省科技计划专项立项支持。科华控股股份有限公司、江苏兴锻智能装备科技有限公司获得省科学技术三等奖。

重庆大学溧阳智慧城市研究院

【概 况】 重庆大学溧阳智慧城市研究院是由重庆大学与溧阳市人民政府共建的事业单位，于2021年1月25日正式签订合作协议，同年3月完成事业单位注册，占地面积1.3万平方米，建筑面积1.37万平方米。研究院正式院区总体规划用地面积66.67万平方米，一期规划20万平方米，设计入驻专职科研人员超过200人。

研究院围绕智能化、绿色化、低碳化开展科学研究；以智慧城市、土木建筑、环境与生态、城市规划、管理科学与工程、智慧能源、现代物理、计算机、软件、大数据等智慧城市相关的学科方向，培养研究生人才；创新引领行业发展的科学技术，加速科技成果转化，孵化高新技术企业，助力实现长江经济带高质量发展。

人才建设 组建由周绪红、杨永斌、田村幸雄、王翔宇4名院士领衔的专兼职高水平人才团队，其中专兼职骨干专家37人，包括国家级人才15人、省部级

表32 2022年溧阳市瞪羚企业名单

序号	企业名称	名目
1	常州金纬管道设备制造有限公司	苏南国家自主创新示范区瞪羚企业
2	常州汉德机车工业有限公司	
3	江苏省奥谷生物科技有限公司	
4	常州时创能源股份有限公司	
5	江苏卓高新材料科技有限公司	
6	常州百佳纺织科技有限公司	常州市瞪羚企业
7	常州永诺机械科技有限公司	
8	常州中冷环保技术有限公司	
9	常州朱美拉模具技术有限公司	
10	江苏安靠智能输电工程科技股份有限公司	
11	江苏巴斯威节能科技有限公司	
12	江苏鼎吉能源工程技术有限公司	
13	江苏鼎力新材料有限公司	
14	江苏金贝装饰材料有限公司	常州市瞪羚企业
15	江苏人民机具有限公司	
16	江苏威泽智能科技股份有限公司	
17	江苏翔能科技发展有限公司	
18	江苏竹海活性炭有限公司	
19	溧阳市北方机械有限公司	
20	溧阳市荣鑫环保科技有限公司	
21	溧阳市中大电力交通装备有限公司	
22	溧阳维信生物科技有限公司	

表33 2022年溧阳市新增省级创新创业平台名单

序号	企业名称	名目
1	江苏智能无人装备产业创新中心有限公司	省级企业院士工作站
2	江苏卓高新材料科技有限公司	省级企业工程技术研究中心
3	江苏三乔智能科技有限公司	
4	溧阳市新力机械铸造有限公司	省级企业技术中心
5	江苏省奥谷生物科技有限公司	
6	江苏翔能科技发展有限公司	
7	溧阳市虹翔机械制造有限公司	
8	溧阳市新力机械铸造有限公司	
9	天目湖先进储能技术研究院有限公司	
10	江苏时代新能源科技有限公司	
11	常州益林机械有限公司（南京林业大学）	省级研究生工作站
12	江苏智能无人装备产业创新中心有限公司（南京理工大学）	
13	江苏南洋中京科技有限公司（常州大学）	
14	江苏省溧阳中学（扬州大学）	

人才10人，进站博士后17人，已入驻博硕士研究生100人，其中博士研究生30多人。研究院围绕“低碳建筑、智慧能源、智能建造和智慧环保”四大科创平台，开展应用基础研究和成果转化，建有智慧建造、智能设计与检测、智慧地下空间、智慧环保、智慧能源、智能交通、现代物理、智慧城乡规划8个专业研究团队。

科技合作　研究院获批2022年江苏省科技计划专项资金（创新能力建设计划—新型研发机构)、江苏省博士后创新实践基地、常州市工程技术研究中心等科研平台，成立输配电装备及系统安全与新技术国家重点实验室溧阳分中心、科技部低碳绿色建筑国际联合中心溧阳分中心和重庆大学建筑规划设计研究总院有限公司溧阳分院，孵化江苏重华数字科技有限公司、江苏建深环境科技有限公司、常州安可瑞建筑科技有限公司、溧阳思锐电力科技有限公司、江苏斯维尔地下工程有限公司、江苏阁林环境科技有限公司6家科技创新型企业。研究院及孵化企业共承接横向课题、工程设计、咨询服务等共计20余项，合同金额3000万元。先后获得2021年度溧阳市最高奖“特别贡献奖”、2021年度溧阳高新区“突出贡献奖”、2021年度—2022年度溧阳高新区“科技创新示范单位”等称号。

（市科技局）

长三角物理研究中心

【概　况】 长三角物理研究中心（简称“中心”）由中科院物理所与溧阳市人民政府深度合作、联合共建，成立于2018年8月。中心依托物理所数十年技术积淀，瞄准科技成果转移转化和前沿技术研发，致力解决华东地区企业在能源、信息、尖端仪器与智能装备等相关领域的关键技术需求，开展科技交流、科教融合、科学普及活动，建设成为世界知名的技术研发与产业基地、国际学术交流与会议中心、科学普及与教育实践基地。

人才建设　中心成立以来，引进以3名两院院士、18名研究员（教授）为核心的研发团队，搭建先进金属材料器件、光伏太阳能电池设备、钠电池研发创新、医用应用物理研发4个公共技术服务平台，孵化麦格低温、江苏固能等5家科技公司。

科技合作　引入ICAM等国际学术组织，形成电动中国、天目量子、天目湖论坛等极具影响力的系列品牌会议，吸引上万人次科技工作者到溧阳开展学术交流和研讨，与北京航空航天大学、北京理工大学等18家高校共建“双创实践基地”，组织专家团队为溧阳中、小学开展科学前沿培训等活动，推动科学普及和科技创新两翼齐飞。围绕清洁能源材料，中心正在牵头争创国家技术创新中心。

“十四五”期间，中心将围绕国家“双碳”战略目标，聚焦储能、先进金属材料器件、高端仪器设备国产化、太阳能电池四大方向，以科技创新驱动高质量发展，助力溧阳建设长三角生态创新示范城市。

（孙　涛）

东南大学溧阳研究院

【概　况】 东南大学溧阳研究院，是由东南大学与江苏省溧阳高新技术产业开发区合作共建，于2019年3月正式揭牌运营，开办资金30万元，截至2022年年底，有办公和研发测试场地1.6万平方米。全职人员23名，其中在常州的社保人员14名、研发人员15名、博士8名、硕士3名。

主要从事智能电网、新能源领域创新研发。2022年实现营业收入704.15万元，技术服务收入398.85万元。累计申请国家发明专利202件，其中国际专利PCT共5件，累计授权发明专利80件，授权率达83%。

研究院先后获国家级博士后科研工作站、江苏省研究生工作站、江苏省级众创空间、常州市级孵化器、园区科技创新示范单位等称号。并建成“智慧能源互联网实验平台”，2022年获得CMA检测认证资质，2023年获得CNAS检测认证资质完成实验室资质建设并开展实验检测业务。

2020年以来，获得省级以上项目4个：2022年申报“推进知识产权权益分配改革的优化研究”课题，入选《2022年度江苏省知识产权软科学研究计划》并立项；在站博士张江楠成功入选2022年江苏省卓越博士后计划；入选2022年博士后国际交流计划联合资助引进项目名单；研究院研发“溧阳高新区能碳协同指挥系统”，入选2022年江苏省数字化绿色化协同转型发展典型案例。

累计孵化江苏南电智慧能源服务有限公司、江苏觅丹智能电器有限公司等科技企业、团队21家，其中6家获得“龙城英才”人才计划资助资格。

（市科技局）

LIYANG
YEARBOOK

城乡建设

栏目编辑 刘建华

城乡规划

【概　况】 围绕溧阳发展战略全局，完成国土空间“三区三线”划定，科学划分生产、生活和生态三大空间，合理界定建设用地、农业用地、生态用地。推动全市各镇区控规编制全覆盖，启动编制两湖创新区溧阳片区概念规划，深化常州“532”发展战略，整体谋划环长荡湖区域的一体化发展。编制完成16个中心城区控规，有效保障德龙等重大项目的土地征收和成片开发方案编制。完成16个村庄规划评审，庆丰村村庄规划作为江苏唯一案例入选自然资源部组织的全国性论坛作经验交流。累计完成规划方案审查36批次、施工图审查38批次，办理建设项目选址意见书26件、建设用地规划许可证49件、建设工程规划许可证190件。健全历史建筑保护管理制度体系，开展第二批历史建筑保护名录的资料整理和筛选。

（陈平凡　宋晶晶）

重点项目建设

【概　况】 2022年度实施的市政建设项目共6项。其中西后街西延伸、码头街西延伸、龙虎路等道路工程完成部分路段建设；凤凰东路道路工程建成通车，打通了一条城市断头路；新建项目梅园路道路工程建成通车；东升路停车场完成昆仑南路往东约150米长路段建设，剩余约200米正在施工中。

（谢　勇）

城市更新

【概　况】 2022年度进行的城市更新工作主要有3项。实施体育路周边院落敞开工程，对住建局、商务局、公积金中心、机关食堂等大院院落进行敞开，新增约200个共享停车位，实现公共资源共享，收到便民、利民的社会效果。推进老旧小区功能完善工作，实施既有建筑加装电梯工作，全年完成加装并投入使用电梯13台，开工建设中18台，正在设计中9台；实施既有住宅小区增设电动汽车充电桩、电动自行车智能充电位工作，全年完成增设电动汽车充电桩200个、电动自行车智能充电位1000个的目标任务。推进溧阳市历史文化遗产保护传承工作，完成宝塔湾遗址公园保护修复工程；推动旧盐库及旧红旗水厂修缮和活化利用工程，完成设计方案，准备适时启动建设。

（谢　勇）

【房屋征收】 溧阳市征收办聚焦建设长三角生态创新示范城市，突出溧阳市“文旅融合巩固突破年”工作主题，在做好疫情防控的前提下，围绕溧阳市级以上重点工程建设要求，从大处着眼，从细节着手，聚力创新，攻坚克难，坚持依法征收、阳光操作，房屋征收项目快速推进，为全市争创“五个示范”作出努力。2022年，征收项目主要围绕基础设施建设、园区开发、旅游项目等几个方面展开，均是集体土地上房屋征收项目。全年征收项目52个，其中往年结转21个、新启动31个；全年完成征收住户2472户，面积88.3万平方米，其中征收企业48家，面积35.8万平方米，清零项目25个，新开项目平均完成率96%。

【重点征收项目】 前班竹村项目　需征收住户268户，面积50400平方米，由昆仑街道负责实施，已完成清零，为快速通道和沙涨大道的顺利建设提供必要条件。

庄家村项目　是旧城改造项目，需征收住户234户，面积31690平方米，由溧城街道负责实施，已完成清零。

徐格笪上宗、圩里村项目　需征收住户123户，建筑面积26438平方米，由昆仑街道负责实施，已完成清零，为芜申运河航道拓宽奠定坚实基础。

金峰廊道项目　第一批启动2个村庄共105户，面积25434平方米，由社渚镇负责实施，已完成清零。

动物王国项目　是旅游项目，共需征收住户314户，建筑面积80000平方米，由天目湖镇负责实施，完成率95%。

大庄、郑笪里村项目　共需征收住户424户，建筑面积92104平方米，是生命康原建设项目，由古县街道负责实施，完成率96%。

【司法程序保障】 溧阳市的征收司法程序工作一直走在前列，坚持全面保障服务各镇、街道房屋征收司法程序工作，主动指导新启动项目的征收前期程序，并根据项目推进情况及时跟进，依法依规做好司法强制工作，营造征收行业良好的法治环境。2022年，共办理各属地镇上报的司法征收案件18件，作出责交令4份，经调解后搬迁的5件，办理诉讼、复议案件3件，申请法院强制执行5件，实施强制执行3件。

（蒋昊峰）

【不动产管理】 完成不动产权属登记4.1万件，发放不动产权证书2.63万件，化解35个安置小区1.45万户群众的权证办理历史遗留问题。推进农村宅基地抵押贷款改革试点，探索“农宅贷”登记工作。推动工业项目不动产分割及分割转让，支持工业企业提高土地资源利用率。

（陈平凡　宋晶晶）

市政设施

【供　水】 2022年，溧阳市城市供水量5834.78万立方米（其中区域供水量100.63万立方米），售水量5121.8万立方米，最高日供水量18.3万立方米，水质综合合格率、主要供水设备完好率、管网抢修及时率和用户投诉处理时率达99%以上。除溧城街道、昆仑街道、古县街道、上黄镇、埭头镇外，其余7个建制镇有集中式供水设施7座，供水总量约5071.71万立方米，售水量约2559万立方米。所有水厂供水水质由市水利、卫健部门定期监督检测，确保达标供水。

【排　水】 2022年，城市污水处理厂污水处理规模12.8万吨/日，实际处理污水3958.3万吨，出水化学需氧量、氨氮、总氮、总磷符合《太湖地区城镇污水处理厂及重点工业行业主要水污染物排放限值》(DB 32/1072—2018)，其他污染物符合《城镇污水处理厂污染物排放标准》(GB 18918—2002）一级A标准限值，城市污水集中处理率98%，污水厂处理处置污泥2.57万吨，通过水泥窑协同处置和焚烧制砖等方式处理。城市污水厂再生水生产能力12.8万吨/日。溧阳市现有建制镇污水处理厂3座，污水处理总量883.34万吨，乡镇污水处理厂由市水利局、发改委、财政局、审计局、生态环境局共同进行运维绩效考核，督促污水厂实现安全、稳定、尾水达标排放。

（李　珍）

【供　电】 2022年，溧阳全社会用电量122.83亿千瓦时，比上年增长10.95%，完成售电量115.65亿千瓦时，同比增长13.24%。全网最高用电负荷172.90万千瓦，同比增长22.52%，创历史新高。安全生产专项整治三年行动圆满收官。促请政府成立常州首个电力执法工作领导小组。推动出台密集输电通道安全管理办法。配网故障、客户侧故障数量得到有效压降。有力应对夏季持续高温天气，科学引导企业错峰、避峰，实现全市民生用电、电量增长、重点产能“三未影响”。电网建设进度加快，开展220千伏双环网及110千伏“两线三站”规划。编制新型电力系统先导区方案。启动建设低碳节能、数智融合的110千伏横涧变。支撑白江工程顺利竣工投产。开工建设国内最长220千伏GIL管廊线路。投运全省首个“茶光互补”源荷储光协同自治台区。服务品质迈上新的台阶，“开门接电”服务实现省级园区全覆盖。“一户一策”保障德龙高端不锈钢、时代上汽二期、金鹰莱赛尔等27个重大项目接电投运。业扩“三零”服务延伸覆盖至200千瓦用户。全年保持95598“零投诉”，意见单数量同比压降36.8%。“获得电力”指标连续三年保持全省第一。新兴业务见成效，构建“电动溧阳”2.0服务体系，聚焦全电文旅、电动出行、工业减碳、公共节能、电力助农五大板块全面发力。挂牌成立国网首家县级电动汽车服务公司。电动汽车渗透率单月最高超40%。全口径充电量累计达1520万千瓦时，同比实现3倍增长。实施全市22所学校全电厨房改造，省内率先实现中小学100%“油改电”和“瓶改电”。

（蒋品丰）

【供　气】 2022年度管道燃气销售量4.06亿立方米，新增燃气管道23千米，改造小区老旧户外立管25千米。全年开展季度安全检查4次，开展溧阳市城镇燃气安全排查整治工作行动1次，对经营单位、餐饮等公共场所、老旧小区、灶具等产品质量、燃气管网、居民使用等进行全面排查整治。累计发放安全宣传资料54万余份。已排查并整改完成车库、储藏室使用燃气的4740户。更换餐饮燃气用户橡胶软管1978户、农村软管9594户。督促燃气经营企业入户安检181643户，对发现的隐患及时督促整改到位。

（谢　勇）

公共交通

【城乡公交】 2022年，根据城镇空间分布、居民出行规律等实际情况，优化调整公交线网布局，新增城乡（镇村）公交线路5条，调整、优化8条，在全省率先开行省际毗邻公交，拥有省、市际毗邻公交8条，相邻县市之间毗邻公交开通率全省领先，城乡公交通行政村率保持在100%。深化交通出行网络建设，165条城乡（镇村）公交线路均已纳入“溧阳行”、“自在溧阳”App，“溧阳交通”微信公众号实时公交信息查询模块，实现全域公交信息查询“一张网”，为市民提供全程实时出行服务，城乡公交服务品质进一步提升。加快“电动溧阳”建设，更型纯电动公交车100辆，“电动溧阳”引领市民出行新风尚被市委、市政府评为“优秀项目”。提升公交基础设施建设，全年新建、更新城乡智能化公交站亭217个。

【网约车、出租车】 便捷民众，绿色出行，规范网约车经营。全市共有网约车平台公司4家，网约车723辆，其中2022年新增网约车447辆。完成全市24辆巡游出租车电动化更型工作，截至2022年12月底，全市359辆出租车全部实现纯电动化，巡游出租车新能源车辆达100%。

（谢新冉）

【公共自行车】 2022年上半年，溧阳高新区新建公共自行车站点50个，投放公共自行车1000辆。截至2022年年底，全市共设置公共自行车站点202个，投放公共自行车5000辆，注册用户134212人（智能卡用户7655人，手机用户126557人）。市城管局严格落实《溧阳市城市公共自行车运行管理考核办法》，采取日常巡查与定期抽查、问题整改、现场考评和市民投诉处理情况相结合的考核机制，确保公共自行车高效、安全、规范运行。

（陶英杰）

园林绿化

【概　况】 2022年，市城管局聚焦绿色发展，优化人居环境，主动扛起品质城市攻坚重任，全力营造公园城市生活场景，不断增加人民群众的幸福感和满意度。大体量增绿，“森林长廊”基本贯通，建成生态绿道40千米，完成绿化建设30万平方米。优化城乡绿道体系，完成233国道（滨河路—迎宾大道）段绿化景观提升改造，新增10公顷绿地，串联城乡绿道景观。景观化造绿，大力实施“口袋公园”建设，新建改建8个城区“口袋公园”和12个乡镇“口袋公园”，城市公园体系日益完善，其中“时光园”项目被列入江苏省民办实事“乐享园林”项目。溧阳市樱花公园入选“江苏省公众喜爱的高品质绿色空间实践项目”。新增14个立体绿化小品和2组大型立体绿雕，用绿化美化打造城市美景。精细化管绿，深化城市绿化专项考核，组织实施“绿化专项考核”“社会化管养标段”“在建工程”三大类考核；加强园林绿化精细化管理，狠抓养护质量，通过强化一线养护人员培训、严抓社会化管养标准等措施，切实提升绿化精细化管养水平。科技化护绿，加强绿化四新技术创新运用，完成“绿化覆盖物景观应用”“全自动绿篱修剪机应用”“柳絮生物防治应用”3项园林技术创新；改进绿化废弃物处置工艺，全年收集处置园林废弃物5200吨。特色服务惠民，强化行业指导职能，完成金峰太禾、拾光花园等8处方案评审工作，开展10余次社区业务指导及乡镇绿化方案评审指导。举办燕山公园月季花展、凤凰公园荷花展、高静园秋菊展等园事花事活动，丰富市民娱乐生活。在高静园设立溧阳市市民园艺中心，为市民提供一站式园艺服务。高标准推进江苏省生态园林城市创建工作，完成省住建厅现场调研，打造优美靓丽的城市环境。

（陶英杰）

城乡水利

【概　况】 2022年，溧阳市水利水务基础设施总投资超8亿元。新昌河枢纽汛前具备运行条件，汛期发挥工程效益，并通过竣工验收；溧阳市有史以来投资规模、建设强度均位居第一的单体水利基础设施项目——北河治理工程，2022年完成进度87%，完成投资约4.3亿元，计划2023年全面完工，区域防洪标准提高至50年一遇，排涝标准提高至20年一遇，可有效保护12.4万亩圩区、19.4万名群众。11月12日，溧阳市大溪水库顺利通过水利部水利工程标准化管理评价，为江苏省首家国家级水利标准化管理工程。农水项目全面推进，2022年完成5座5万立方米以上塘坝除险加固；国家水土流失重点工程圩庄小流域综合治理项目和常州、溧阳本级农水项目全面完工；溧阳市中涧河综合整治工程完成60%；成功创建国家水土保持示范县。水务项目稳促转型，总投资2500万元的曹山未来城供水增压站已完工调试。总投资3.6亿元的城镇供排水提质增效转供水改造工程已实施359个村，累计完成二级管网165千米、三级管网901千米，计划2023年12月底完成；南渡水厂3万立方米/日改扩建工程已投入运行；城区23处二次供水泵房改造，已移交溧阳水务统一运维；智慧水务系统已进入调试运行阶段；总投资9040万元的南渡取水和再生水厂已通水试运行。总投资4700万元的城区河道水环境治理5条河道清淤完成，控源截污工程扫尾。总投资2.5亿元的规划发展村生活污水提质增效107个村已全面完工。总投资2.8亿元的花园污水处理厂改扩建力争2023年基本完成主体部分，并进行设备安装。此外，市水利局督促溧阳水务集团加快推进中心水厂大溪取水泵房迁建和中心水厂扩建等工程。

（李　珍）

房地产

【概　况】 2022年，溧阳房地产开发投资和市场供需两端均有所回落。全市房地产开发完成投资71.55亿元，比上年下降9.11%；新建商品房（已剔除政府安置小区）新增供应93.68万平方米，其中商品住宅77.59万平方米，比上年分别下降33.6%、34.5%；新建商品房签约成交80.30万平方米，其中商品住宅60.55万平方米，比上年分别下降30.3%、36.1%；新建商品房成交均价10404元／平方米，其中商品住宅12106元／平方米，比上年分别下降0.3%、增长9.2%。

2022年楼市的特征概况为：受房地产开发企业普遍资金紧张、少数房地产开发项目施工缓慢，叠加新冠疫情多点发生等因素影响，虽然2022年年初以来房地产调控政策及信贷环境不断优化，但市场各方面预期趋冷，政策效果并不明显。四季度，多个监管部门接连释放利好政策稳定市场预期，房地产市场有所企稳回升。

（戴雪峰）

城市管理

【概　况】 2022年，溧阳市城市管理部门坚持城乡一体全域管理，“优环境、提品质、强服务”，提高城市精细化、长效化管理水平，为深化全国文明城市建设夯实基础。市容秩序规范有序。深化城乡文明停车，新增机动车停车泊位2000余个，完成市中医院周边2条道路（西后街、和平南路）智能化改造。开展城区产权地专项整治，对城区商业综合体、大中型宾馆停车场、私有单位院落等200余个产权地点位进行整治，环境面貌焕然一新。全年整治露天烧烤264处，查处渣土车227辆，拆除违建11.8万平方米，整改违章户外广告1600余块，市容环境显著改善。城乡环境干净整洁。完成欣峰项目一期技改和生活垃圾卫生填埋场封场工程，实现全市生活垃圾日产日清和全量化焚烧处置。推进生活垃圾分类和治理工作，新增37个垃圾分类达标小区、12个垃圾分类示范村，建成溧阳市建筑垃圾转运中心和8座新型乡镇环卫综合体。实施城区公厕提升工程，新建5座、改造74座，增加便民及智能化设施。开展城乡环卫精细化管理提质提标行动，城区主要道路实行深度保洁，道路机械化清扫率达95%以上。街景容貌愈发靓丽。持续推进精品街道建设，新增3条城区精品街道（南大街、建设西路、天目路）和11条乡镇精品街道。开展市容环卫责任制信息化管理示范路创建，完成城市路隔、绿隔专项清理。建立市政设施维修快速处置机制，更换公益广告3700余块，营造出浓厚的文明创建氛围。制定《市政府关于进一步完善溧阳市城市长效综合管理考核工作的实施意见》（溧政发〔2022〕2号），加强城郊接合部、背街小巷、交通干线沿线等重点部位环境整治，2022年溧阳市城市长效考评位列常州辖市区第二名。城管队伍更具活力。根据省委巡视、市委巡察的反馈意见和相关要求，在规定时间内完成整改任务，促进城市管理工作整体提升。加强执法队伍管理，通过常态化的教育、培训、整顿，努力打造一支“政治坚定、作风优良、纪律严明、廉洁务实”的学习型和服务型城市管理执法队伍。组织500余名党员干部、年轻干部下沉社区一线、交通卡口参与疫情防控工作，从严从紧做好菜场、公园等重点场所疫情防控，为全面打赢疫情防控阻击战作出贡献。2022年，溧阳市城市管理行政执法大队被省住建厅授予“巩固深化‘强基础、转作风、树形象’专项行动表现突出单位”称号，市城管局下属国有企业溧阳市绿苑市政园林绿化有限公司获评“常州市推动高质量发展先进集体”，乡镇环卫综合体项目获评“溧阳市优秀项目奖”，周建英、狄红获得常州市五一劳动奖章。

（陶英杰）

教　育

栏目编辑　陈　莉

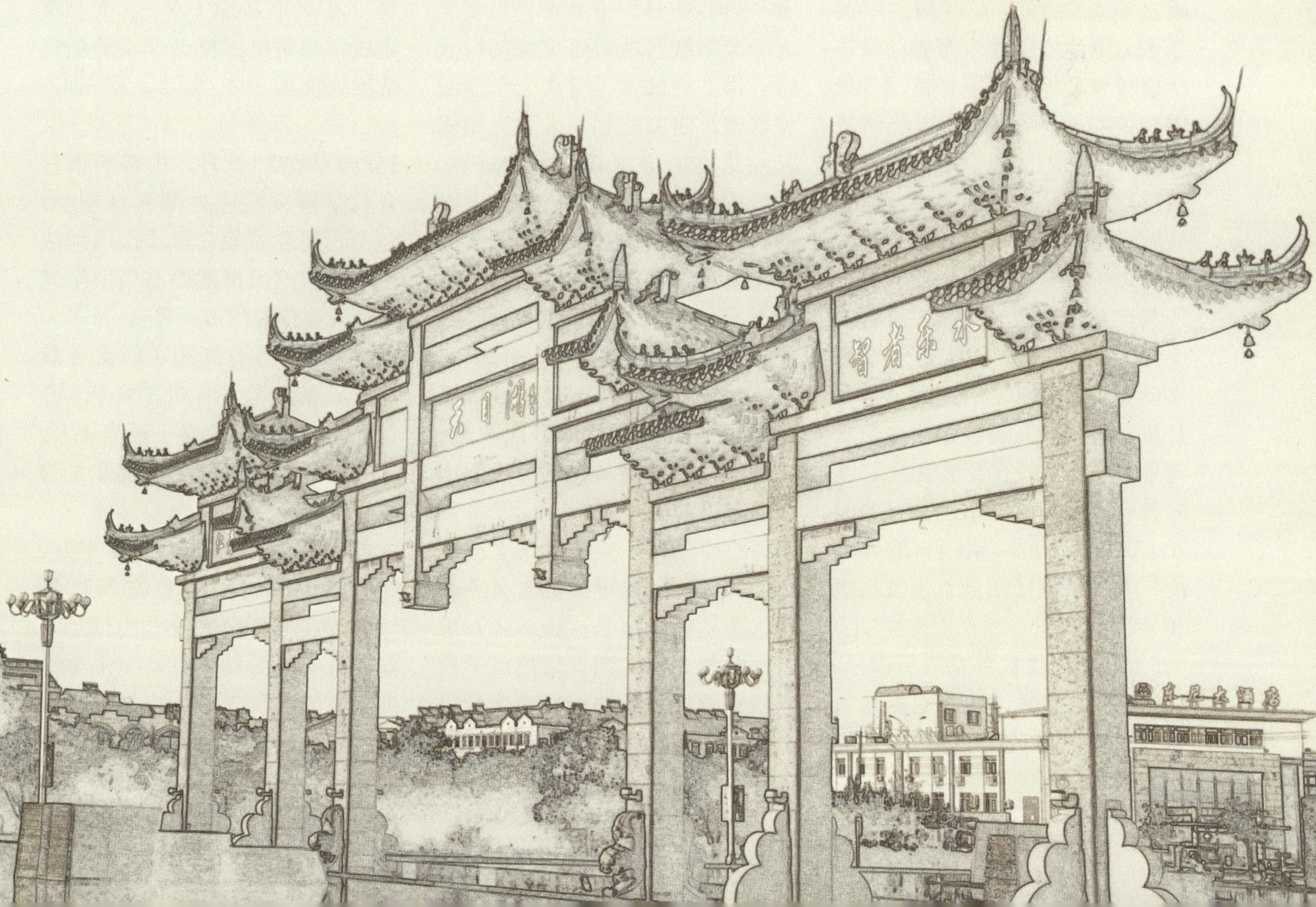

综　述

【概　况】 2022年，全市共有各级各类学校158所。其中，幼儿园76所（含民办23所），小学45所，初中25所，普高7所（含完中1所、民办高中1所），中职2所，少体校、培智学校、青少年活动中心各1所。在校学生99583人，其中，在园幼儿20542人，小学生43963人，初中生19449人，普高学生10995人，中专学生4634人；教职工总数9630人，其中专任教师6860人。

【党建工作】 优化组织建设，联合市委组织部印发《关于贯彻落实中小学校党组织领导的校长负责制的实施方案》，分批推进学校党组织隶属关系调整，建立健全管理体制机制。深化党风廉政，配合做好省委巡视、中共二十大维稳安保驻点督查、全市学前教育投入管理运行情况专项审计，对30所学校开展经济责任内审，完成市委巡察“回头看”问题整改报结工作。与南京航空航天大学定期开展意识形态领域情况分析研判会议，开展教育宣传与网络安全培训活动，《省委快报》、省教育厅官网信息录用实现突破，《中国教育报》《新华日报》等国家、省级媒体多次宣传报道溧阳市教育发展成果，“溧阳教育发布”推介市级教育新闻206篇，策划的“家门口的好学校”等网络直播活动点击量高达30余万次。市委教育工委被授予“五个好”市级机关党组织称号，4个党支部创建“秋白党支部”，26个品牌项目被授予溧阳市中小学校“一校一品”党建文化品牌项目建设成果称号。

【教育资源】 落实教育经费投入增长机制，全年完成投资约6.5亿元，推进14个基本建设项目，其中，南师大溧阳实验小学、蒋店新城幼儿园等9所学校年内竣工投用，新增学位5610个。投入6820万元，实现中考标准化考场全覆盖，改造244个中、小学实验室，分两年安装中、小学空调教室980个和新建、改造中小学学生计算机房73个。新增4所常州市教育装备管理应用示范校，全市所有中、小学100%通过省级智慧校园审核认定，教育现代化水平全面提升。联合长三角物理研究所实施教师赋能计划，启动南航天目湖校区南区建设，校地合作共建天目湖碳中和技术研究院，有效提升全市优质教育资源水平。

8月31日，市教育局与重庆大学溧阳智慧城市研究院举行战略合作签约仪式。重庆大学溧阳智慧城市研究院相关人员介绍研究院基本情况及其在人才培养、智慧校园建设与建筑设计等方面的研究成果。市教育局与重庆大学溧阳智慧城市研究院本着“优势互补、互惠双赢、协同创新、共同发展”的原则，在科普教育、人才培训、智慧校园等领域加强合作，推动优质教育资源共享，提升区域教育品质，助力溧阳市教育高质量发展。

【教育品牌】 推进江苏省义务教育优质均衡发展县（市、区）反馈问题整改，取消5所热点学校择校，做好县域学前教育普及普惠监测，指导江苏省溧阳中学完成高品质示范高中自评申报工作，新高考再创佳绩，本科上线率达92.4%，清华北大录取5人。增强学校主动发展意识，新增江苏省文明校园8所、常州市主动发展示范校3所、“新优质”学校3所、绿色学校1所、优质园1所，6所省优质幼儿园通过现场复评。举办“幼儿园课程质量提升项目”总结大会，新增省级基础教育内涵建设项目1个、常州市前瞻性项目5个，推进江苏省中等职业学校领航计划建设单位项目建设，新增江苏省职业教育校企合作示范组合培育项目1个。获全国职业院校技能大赛金牌3枚、江苏省职业院校技能大赛金牌4枚。33个融合教育资源中心常态化运转，推进融合教育。面向社会培训达3万人次，1人获评中国“百姓学习之星”称号、江苏省社区教育品牌项目1个、常州市终身教育品牌项目1个、教育服务“三农”高水平基地1个，5个乡镇完成常州市第二批游学实验项目结项验收。

【竞赛获奖】 5月，由常州市教育科学研究院主办的常州市初、高中心理健康教育优质课展评活动闭幕，溧阳市戴埠高级中学老师黄国芬获常州市一等奖。

6月，溧阳市选送的义务教育课后服务学生活动方案在江苏省评比活动中获小学一等奖4人、二等奖3人，初中一等奖2人的成绩。

7月，由江苏省教育厅主办，江苏省电化教育馆承办的2022年“领航杯”江苏省中小学生信息素养提升实践活动闭幕。文化小学机器人团队代表常州市参加江苏省比赛，以满分的成绩获江苏省

溧城中心小学大课间足球操　　（市教育局　供稿）

一等奖。

8 月，“省长杯”卡尔美江苏省青少年校园足球联赛暨全国青少年校园足球夏令营选拔赛（小学精英训练营男子乙组）在溧阳市开赛。溧城中心小学足球队连胜 6 场，在决赛中夺得亚军。队员赵峻亿获最佳球员称号，并入选江苏省最佳阵容，代表江苏省参加全国校园足球比赛。2022 年“奔跑吧 · 少年”常州市中小学生足球锦标赛于 8 月 10 日开赛，溧城中心小学男子甲组以全胜战绩获得常州市锦标赛冠军。24 日，由江苏省教育厅、江苏省体育局主办，江苏省学生体育协会、江苏省体育局青少年训练与反兴奋剂中心承办，溧阳市光华高中协办的 2022 年江苏省青少年校园篮球联赛暨江苏省中学生篮球锦标赛（高中男子组）在溧阳市光华高中体育馆闭幕，全省共有 18 支高中代表队参加该次比赛，光华高中男子篮球队获得第四名的成绩。

11 月 28 日—12 月 1 日，由江苏省教育厅主办的 2022 年“江苏省基础教育青年教师（高中音乐）教学基本功大赛”于常州市正行中学举行，全省各地级市的 26 名老师参与评比。江苏省溧阳中学老师王珂代表常州市参赛获一等奖。

【育人质量】 推进“双减”落地落细，印发《关于进一步减轻义务教育阶段学校作业负担和校外培训负担的实施方案》《关于全面提升中小学课后服务的指导意见》，小学课后服务学生参与率提高至 93.46%，初中提高至 96.41%，获评常州市级“双减”优秀案例奖项 32 个。完善溧阳市校外培训机构专项治理工作联席会议制度，构建乡镇网格员日常巡查、局专班督查、多部门联合抽查的三级管理机制，全年派出检查人员 485 人次，检查机构 695 个，规范培训机构市场持续向好。深化“五育”融合，坚持德育为先，组建溧阳市德育名师工作室 20 个，表彰常州市中小学德育先进工作者 33 名、优秀班主任 47 名，新增常州市品格提升工程项目 6 个。完成 5 万名中小学生心理普测工作，联合市妇联、市融媒体中心打造《1205 时光》家庭教育指导栏目，每期浏览量超 3 万人。坚持艺体两翼，学生体质健康测试合格率保持在 95% 以上，组织溧阳市中小学生绘画、书法、“三独”等比赛，近 1100 名学生获奖，新增常州市艺术教育特色学校 2 所、墨香校园 2 所。坚持劳技固本，开展青少年益智科学、建筑模型、创客机器人等科技竞赛，下发《溧阳市教育局关于进一步加强中小学劳动教育的实施意见》，新增常州市级中小学生劳动教育实践基地 3 个、优秀校本课程 18 个、优秀食育课程 16 个。

3 月 19 日，市教育局组织

12 月 23 日，《1205 时光》栏目启动仪式　　（市教育局　供稿）

召开线上心理健康教育专题培训活动，全市各中小学专兼职心理健康教育教师、未成年人成长指导中心志愿者、溧阳市家庭教育名师工作室成员等100余人参与活动。该活动邀请解放军第904医院心理科主任李宁做题为“疫情期间学生常见心理问题及对策”的讲座。该次线上专题培训活动为全市心理健康教育工作者提供一次学习和成长的机会，也为学校心理健康工作的开展指明方向。

5月31日，2022年溧阳市中小学生舞蹈比赛活动在文化小剧场闭幕。活动共有45所中小学报名参加比赛，参赛学生达782人，是历年来舞蹈比赛规模最大的一次。中、小学生舞蹈比赛是2022年度中、小学艺术节活动的其中一项赛事，也是溧阳市全面贯彻党的教育方针，有效实施美育活动的重要举措。

6月14日，由市教育局、市妇联联合组织的溧阳市首期家庭教育指导师高级研修班在燕湖小学开班。东北师范大学家庭教育课题组专家张旭玲上开班第一课——“家庭教育指导师的教育技能与自我成长”。该次家庭教育指导师培训班旨在通过培训，使学员能将所学到的理论知识切实运用到家庭教育实践之中，携手为孩子的健康成长、家庭的和谐幸福、社会的发展进步作出积极贡献。

6月18日，“未来科学之星院士专家进校园”活动启动仪式在江苏省溧阳中学举办，中国科学院院士、南京大学博士生导师都有为为全场师生带来题为《青春无悔创人生》的专题报告，讲述自身从事科技工作的经历和感悟，教导同学们培养爱国精神、树立远大理想、学习科学知识、回报祖国、回报社会。

11月2日，“向党旗致敬 为队旗添彩”——溧阳市“十佳少先队辅导员”候选人风采展示活动在溧阳市平陵小学举行。14位辅导员展现各自学校的少先队文化及个人的才艺水平，阐述新角度新思维模式下的少先队工作观。最终10名辅导员获得溧阳市“十佳少先队辅导员”称号。

【教师队伍建设】 下发《教育系统“铸魂育人”行动方案》，持续开展师德建设月活动，表彰溧阳市级以上师德模范32位、优秀教育工作者231位。组织教师参与师德师风在线培训、网络竞赛等活动，参与人数达6000余人次。

出台《溧阳市高层次教育人才引进、培养奖励办法（修订）》。引进高层次教育人才2名，公开招录中小学教师75名、备案制幼师267名，实施“优才计划”，引进新教师27名，与13名“双一流建设高校”师范专业溧阳籍学生签订回乡协议，为教师队伍注入源头活水。推行“县管校聘”管理体制改革，参与流动的中、小学教师人数299名，其中优秀骨干教师占比55%，切实优化教师资源配置。建好用好名师成长营、双师课堂、乡村骨干教师培育站等平台，“乡村义务教育教师培训千人计划”获江苏省2022年中小学教师和校长省级培训项目称号，新增省级名师工作室1个、省级网络名师工作室2个、常州市三级名校长10位、常州市三级名班主任15位、龙城十佳8位，教师基本功竞赛省级获奖6人、评优课竞赛获常州市一等奖13人，推荐5所学校参与常州市“四有好教师”评选。

【干部队伍建设】 1月10日，江苏省任祥春名校长工作室培育计划项目启动仪式在溧阳市南渡中心小学举行。江苏省教育行政干部培训中心常务副主任季春梅作主题为“新时代校长变革领导力的价值省思与实践自觉”的专题报告。

5月20日，江苏省教师培训中心、江苏教育行政干部培训中心公布2022年中小学教师和校长省级培训承办单位的评审结果，溧阳教师发展中心中标江苏省2022年中小学教师和校长省级培训招标项目（乡村义务教育教师培训千人计划）。

【教育科研】 1月7日，江苏省教育科学“十三五”规划2018年度课题结题鉴定活动在溧阳市第二实验小学举行。江苏省教科院规划办博士宗锦莲，常州市教科院博士王俊、主任黄天俊，溧阳市教师发展中心主任汤建国等6位专家到校指导，全市共15个省级课题参与此次结题鉴定活动。课题组负责人分别就研究成果作具体汇报，与会专家对各课题进行专业点评和问题指导。此次课题结题鉴定活动为各课题组提供学习与交流机会，推动全市教科研水平再上新台阶。

1月13日，市教育局组织人事科、市教师发展中心组织全市各校市级培训基地，进行年度考核评估。评委组采取听取汇报、查阅资料、现场交流等方式，严格对照市级培训基地评分细则进行考评，评选出12个优秀培训基

市文化小学劳动教育研学旅行 （市教育局 供稿）

地，深化以基地为纽带的多校联培“大校本”研修模式。

3月11日，溧阳市小学美术“双师课堂”专题研讨活动在溧阳市文化小学举行。研讨课由文化小学老师周祥倩主讲、汤桥小学老师李丹琳助教。各位研训员分别从课堂组织、技术应用等维度进行剖析。文化小学与汤桥小学以城乡结对形式开展常态化“双师课堂”，强化城乡校际交流合作，为城乡资源共享、教师共同发展提供新途径。

5月11日，上兴中心幼儿园和上兴中心小学联合开展以“基于儿童需求的探究性学习”为主题的幼小衔接专题研讨活动，学前教育及小学科学学科中心组约30人参加活动。上兴中心小学老师姜翩和上兴中心幼儿园老师杨平，结合孩子的年龄特征，先后展示一年级科学课“自制打气筒”和大班科学活动“找空气”。上兴中心幼儿园园长王兆军以“园本课程中幼儿科学探究能力培养”为主题开展讲座。该次联合教研借助真实课堂情境，为幼儿园和小学的双向衔接架起桥梁，强化幼小协同合作，明确幼小衔接工作的方向和具体实施策略。

10月17日，江苏省溧阳市乡村中小学数学骨干教师培育站第一次研修活动在溧阳市埭头中心小学举行。培育站的3位导师和全体学员参与活动。埭头中心小学老师房芸执教研讨课，常州市数学教研员杨波和市教师发展中心苏瑜分别作专题讲座。活动明晰课改方向，为新课程改革积淀更多基层经验。

【教育生态】 印发《市委教育工委、市教育局领导班子2022年安全重点工作任务清单》，推进防范中小学生校园霸凌专项治理行动，打造课后“法”服务等法治教育品牌，落实“1530安全教育机制”“常州市学校安全教育平台”覆盖率达100%，创成“常州市平安校园”4所。全年会同公安、交通和属地政府，出动75人次对391条校车接送线路、1918个上下车站点的安全状况进行常态化抽查，完成12所学校“全电食堂”改造，14所新建食堂接入“阳光餐饮”平台，“阳光餐饮”实施率达100%。接受常州市督政考评及“学生生命健康关爱”等专项督导，对全市22所学校开展综合督导工作，规范办学行为。

2月21日，溧阳市中小学课后“法”服务启动仪式在溧阳市文化小学举行。市委教育工委副书记、教育局副局长虞锡平，人民法院审判委员会专职委员邵益勇，少年及家事审判庭负责人蒋园圆，12所中小学分管校长及人民法院的部分法官参与活动。蒋园圆介绍学期课后“法”服务活动方案，各分管校长为“法官”老师颁发聘书，并交流课后“法”服务活动内容。本活动不仅丰富学生课后服务内容，落实“双减”政策，更为校园普法打开新的路径。

8月9—10日，溧阳市教育局联合溧阳市红十字会在光华高级中学举办全市教育系统红十字救护员培训班。全市各小学、初中、高中、中专校部分体育教师及校医共90余人参加培训。培训邀请南京工业大学生物与制药工程学院副主任医师何军进行授课，并组织实操训练。培训班提高教师应对突发意外伤害和处置应急事件的能力，普及应急救护知识和实用急救技能。

10月18日，溧阳市禁毒办联合溧阳市教育局，在溧阳市燕山中学报告厅召开2022年秋季学生毒品预防教育活动培训部署会。教育局张志豹通报全市2021年开展青少年禁毒知识竞赛情况，并对全市开展2022年秋季开学在校学生毒品预防教育“五个一”活动进行传达部署。旨在部署巩固学校毒品预防教育成果，增强在校学生识毒防毒拒毒意识和能力，有效培养青少年学生形成“珍爱生命、远离毒品”“健康人生、绿色无毒”的理念。

11月9日，溧阳市中小学“11·9”消防安全宣传月启动暨消防应急疏散演练观摩活动在泓口小学举行。该次活动由市教育局、消防大队联合主办，泓口小学协办，全市150多位各校分管安全的领导参加活动。观摩活动让学生既学习消防安全知识，又提高应对突发事件的防范意识及技能，同时也为各校消防演练活动提供很好的示范和借鉴。

【督查检查】 2月14—15日，市教育局领导班子带队分成6个检查组，对全市所有中小学、幼儿园春季开学工作进行全面检查。各检查组对2022年春季疫情防控、安全稳定等方面进行专项检查，并指导各校严格落实“双减”精神，提升课堂质量，继续做好课后服务。

【创成“江苏省义务教育优质均衡发展县（市、区）”】 11月14—16日，江苏省义务教育优质均衡发展县（市、区）评估专家组对全市创建工作进行现场评估。专家组通过会议座谈、现场答疑、分组访谈、查阅台账、实地走访等形式，了解全市义务教育均衡发展的推进情况。根据《江苏省义务教育优质均衡发展县（市、区）评估报告书》，溧阳市创成“江苏省义务教育优质均衡发展县（市、区）”。

【获“2021年度职业教育改革发展成效明显地区”督查激励】 全市推进苏锡常都市圈职业教育改革创新发展，深化产教融合、协同育人。2022年，溧阳中专与杭州职业技术学院2所学校牵头成立“机械行业电梯工程技术职业教育集团”。深化产教融合，校企共建职工培训基地和产业学院各1个，江苏省示范性虚拟仿真实训基地1个。

学前教育

【调研活动】 5月16日，上兴牌楼幼儿园迎接常州市优质幼儿园评估现场考察活动。经济开发区党工委副书记、上兴镇党委副书记陈雁，市教育局副局长张康桥，学前办主任金玉琴，书院巷幼儿园园长陈茹对上兴牌楼幼儿园进行考察。迎评活动明确了幼儿园未来的发展方向，对幼儿园的品质提升、文化积淀奠定良好基础。

6月15日，由江苏省特级教师张绿枝、蒋惠娟、常州市武进区教育局基教科包丽娜组成的省优复审专家组，对东升实验幼儿园开展现场评估。专家组一行实地查看校园环境及课堂教学对学校给予高度评价。

11月29日，溧阳市新区实验幼儿园与盐城市滨海县幼儿园围绕“聚焦评估指南，优化一日生活”开展专题研修活动。新区实验幼儿园全体专任教师、陕西白河县幼儿园及白河县第一教研协作区幼儿园约300人参与线上活动。在三地连线直播活动中，新区实验幼儿园开设3场教学活动，新区实幼教师代表卞超、滨海县幼儿园教师代表王姝尹、陕西白河县幼儿园教师代表刘文以及新幼援陕教师梁霄云在线上围绕《幼儿园保育教育质量评估指南》，结合各幼儿园实际谈自己的收获和感悟。

12月9日，溧阳市天目湖中心幼儿园召开项目区域推进现场调研研讨会，溧阳市教育局基教科金玉琴、章明鹏及教师发展中心姜田芳、溧阳市常规调研小组部分成员共7人参与调研。现场调研工作分3组进行，分别对3个班级进行半日沉浸式观摩与指导。调研提出园本化践行课程游戏化项目的优化路径，践行“一日生活皆课程”的理念，推进江苏省课程游戏化项目的区域实践。

【南京师范大学溧阳实验幼儿园】 该校是由溧阳市人民政府与南京师范大学合作共建的一所公办幼儿园。位于溧阳市昆仑街道码头街西街18号，占地面积约1.3333万平方米，设计规模6轨18个班。2022年，开设2个小班48名幼儿，13名教职员工。校园设施配置齐全，设有科探室、小厨房、木工坊3个专用教室及7个公共游戏区。学校以陈鹤琴“大自然就是活教材”为理论依据，以溧阳“公园城市”构想为精神指引，以打造“城市中的森林幼儿园”为办园愿景。让现代化城市学校返璞归真，既有现代化、智能化的“时尚气息”，又有最质朴、最自然的“教育本真”。

【溧阳市实验幼儿园】 该校创办于1994年，占地面积1.33万平方米，建筑面积0.94万平方米。学校设有26个教学班、836名幼儿、117名教职工，学校一直秉承“以人为本，自主发展”的办园理念，重视园本化的“小主人成长”课程建设，坚持幼儿“自主、自信、乐享、乐为”的宗旨，以“课程建构生活化、幼儿活动游戏化”为方向，让幼儿成为一日活动的主人。先后获评全国足球特色示范幼儿园、教育部国培计划江苏项目基地园、江苏省优质幼儿园、江苏省教育科学研究所实验基地、常州市主动发展示范校、常州市特色幼儿园、常州市集团化办学先进单位、常州市园本教研优秀示范园、常州市幼小科学衔接优质园等称号，深受社会大众的认可与信赖。

【溧阳市永平幼儿园】 该校东邻南航天目湖校区，侧畔永平小学。学校总投资0.76亿元，总用地面积1.28万平方米，总建筑面积约1万平方米，设计规模为8轨24个班级，可提供学位720个。学校于2020年12月正式开工，2022年9月正式投用，是古县街道第一所全日制公办幼儿园。建筑整体采用“橡皮泥”的概念，打造糅合儿童教育、游乐、生活于一身的“橡皮泥综合体”；建筑外墙融入“竹元素”，以“竹片竹帘”构建摇篮式建筑结构，结合柔性的外立面线条、白色的金属质感，营造了整体柔和的氛围。

义务教育

【德育工作】 6月10日，江苏省溧阳市第二实验小学与安徽省芜湖市徐凌俊、朱彤彤名师工作室联合开展线上教学观摩研讨活动。苏皖两地共推出3名老师围绕统编版小学《道德与法治》四年级下册内容展开线上授课，共100多位教师线上参与课堂观摩、研讨。

6月10日，市文化小学举行江苏省“蚕精灵”课程基地成果展示暨蚕桑馆开馆仪式活动。活动的主题是“传承与创生　交流与分享　融合与升华”，活动由“生成现场”、开馆仪式和成果展示3个环节组成。活动全方位、立体化地展现了文化小学课程基地建设的历程、成果，将蚕桑文化与现代教育融合，构建蚕桑文化课程体系，促进学生核心素养的提升，形成独特的校园文化。

9月10日，燕山中学联合燕山南苑社区，开展“浓情庆中秋，传承好家风”的主题活动。燕山南苑居委会书记程亚秋、社区委员于叶，燕山中学德育处副主任吴蓉、团委副书记姚雪娇、初一年级部分学生及家长全程参与活动。

9月21日，溧阳市实验初级中学学校发展三年行动规划论证会在学校行政楼会议室召开。副校长高国民以“在和谐中奋进　在坚守中提升”为主题向参会专家、代表汇报学校前三年发展行动规划实施情况以及取得的主要成果。校长室、德育处、教研处、教务处职能部门依次阐述未来三年学校发展规划，社区、属地派出所、家长、学生、教师、兄弟学校及教育局领导先后对学校未来三年发展规划建言献策。

9月21日，由常州教育工会主席徐红兵、武进区教育工会主席贾小南、金坛区教育局人事科工会主席张建明组成的专家组到南渡小学对该校创建常州市“五好乡村教工之家”进行现场调研评审。南渡小学党支部书记、校长任祥春汇报学校“教工之家”的建设情况。专家组一行实地查看工会活动室、职工书屋、心灵驿站等活动阵地的建设情况，既肯定创建工作，也对下阶段工作提出指导性建议。

9月24日，溧阳市2022年小学综合实践活动优秀课评比在永平小学举行，共有20位教师进入复赛。比赛采用模拟课堂形式，要求参评教师在12分钟内，围绕第一轮教学设计的课题，模拟真实的课堂情境展开教学。该次竞赛不仅为参赛教师搭建锻炼能力和展示风采的平台，还充分展示全市综合实践活动课程的常态化、科学化实施的进步与提升。

9月27日，江苏省节水型学校创建专家组在市教育局科长王益民、水利局科长宋乐天的陪同下，对河心小学创建江苏省节水型学校进行省级现场复查。省专家组现场查看校园的雨水回收系统和绿化喷灌系统，检查学校节水设施设备，了解学校开展的各类丰富多彩的节水活动，对学校开展各项工作给予高度评价。

10月27日，新时代“家文化”乡村自然课堂教学暨省级重点课题“基于乡村儿童经验的数学语言品质培养的研究”专题研讨活动在溧阳市社渚中心小学开展。专题研讨活动一共展示8节教研课、3场专题讲座，内容涵盖语文、数学、英语、音乐、劳动、道德与法治等学科。各位教师分别从教学目标的达成、学科素养的形成、教师行为、学生学习以及核心素养的培养等几方面进行专题讲座、评课议课。

【南京师范大学溧阳实验小学】 该校是由溧阳市人民政府与南京师范大学合作共建的一所公办小学，位于溧阳市奥体大道和码头西街交会处，全校占地面积4万平方米，建筑面积约2.1万平方米，设计规模6轨36个班级，可提供1620个学位。2022年首届招收一年级2个班级、90名学生。学校传承南京师范大学“厚生笃

南师大溧阳实验小学 （市教育局 供稿）

学”理念，依据溧阳市生态型城市和校园立体化结构的特点，设计“创建生态立体教科书”的办学方案，以“生态化教育”理念为指导，以“课程育人、活动育人、环境育人、文化育人、管理育人”为路径，绘制“全景育人”图谱，通过“成长学生、成全教师、成就学校”，实现“人校共荣”的办学愿景，切实落实“立德树人”的学校宗旨。

【溧阳市燕湖小学】 学校创办于2018年2月，位于燕山新区燕湖湖畔，占地面积6.03万平方米。至2022年年底，学校57个班级3631名学生，209名教职工，有江苏省特级教师1名，常州市名教师工作室1个。学校秉持“有教无类、因材施教”的办学理念，以“共享高品质的学习与生活”为愿景，以培养“完整而积极的人”为育人目标，以“学习群”为中心建构组织，深度构建任务型的学习群教学。先后获江苏省教师发展示范基地校、江苏省健康促进学校（金牌）、江苏省优秀家长学校、常州市平安校园、常州市依法治校先进校、常州市劳动教育示范校、常州市艺术特色学校、常州市“四有”好教师团队称号、常州市教育装备示范校等荣誉，于2022年创成常州市义务教育“新优质”学校。

【溧阳市杨庄小学】 该校创办于1920年，2019年投入1.6亿元易地新建，位于溧阳市正昌东路99号。占地面积5.13万平方米，建筑面积3万多平方米，至2022年年底学校有18个教学班679名学生，55名教职工，其中“四类优秀教师”占比达53%。先后获江苏省中小学健康促进金牌学校、江苏省智慧校园、常州市优质学校、常州市教育技术装备示范校、常州市科技创新示范校、常州市园林式单位、常州市绿色学校、常州市平安校园、常州市依法治校示范学校、溧阳市德育先进学校、2021年度溧阳市“教育贡献奖”等称号，于2022年创成常州市义务教育“新优质”学校。

【溧阳市实验初级中学】 该校创办于2000年，位于溧阳市平陵中路251号，占地面积6.67万平方米，建筑面积4万多平方米。至2022年年底，学校有44个班级2218名学生，192名在职教职工，其中硕士研究生12人，全国、省、市教师竞赛获奖近300人次。先后获全国青少年足球特色学校、江苏省示范初中、江苏省文明校园、江苏省平安校园、江苏省绿色学校、江苏省诗教先进单位等称号，于2022年创成常州市义务教育“新优质”学校。

【溧阳市燕山中学】 该校前身是江苏省溧阳中学初中部，1995年分离独立，位于溧阳市南环路35号。占地面积7.73万平方米，建筑面积1.8万平方米。至2022年年底学校有41个教学班、2043名学生、210名教职工。开发《国学润心》德育校本教材，营造书香校园，艺体社团在各级各类比赛中成绩突出，先后获教育部国防教育特色学校、江苏省文明校园、常州市义务教育“新优质”学校等称号。

【溧阳市永平初级中学】 该校前身为茶亭中学，初建于1958年，后与茶亭小学、沙河中学合并，成立天目湖实验学校。因行政区划调整和小学分设，总投入3.55亿元实施学校易址重建位于溧阳市屏峰路燕山美林东侧，占地面积面积5万平方米，总建筑面积4.92万平方米，校园整体呈围合形建筑综合体，屋顶设有400米标准跑道的学校。新校区于2022年11月起投用，有16个教学班、768名学生、64名教职员工。其中专任教师合格率100%，硕士研究生2名，市学科带头人3名，骨干教师8名，四类优秀教师总人数达32名，高级职称教师28

溧阳市永平初中　　（市教育局　供稿）

名。先后获“全国青少年足球特色校园”“江苏省智慧校园”“江苏省健康促进学校”“江苏省优质初中”“常州市文明单位”“溧阳市德育先进学校”等称号。

普通高中教育

【概　况】 5月31日，常州市教育局副局长戚宝华到江苏省溧阳中学察看监控室等重点场所，现场询问突发情况的紧急处理方案，强调高考组考工作要把情况想得更复杂，把预案做得更周全，把工作落实在细节，筑牢疫情防控和考试安全“两道防线”，确保高考各项工作万无一失。

9月17日，江苏省硅酸盐学会理事郑茂松研究员和上海应实材料科技有限公司宁刚主管到溧阳市戴埠高级中学开展“全国科普日”活动。郑茂松和宁刚分别就各自科研领域进行科普教育，耐心解答学生提问。

9月30日，溧阳市2023届高三毕业班工作研讨会在江苏省溧阳中学举行，7所高中分别就各校2022年高考工作进行汇报交流。高中英语研训员姚超英、化学研训员董小川和政治研训员陈慧分别就期初教学调研情况进行现场集中反馈。研讨会促进了全市2023届高三毕业班教育教学及时反思、总结优化、明晰重点，行政、教研、学校三位一体，密切配合，形成合力，精准高效备考。

11月21日，溧阳市教育局组织专家对光华高中等6所高中进行行政视导，全面了解各校教育管理和教学质量情况，与各校共同总结经验、诊断问题、商讨解决问题的有效策略，助力溧阳教育高质量发展。11月30日，行政视导集中反馈会议在光华高中召开。

12月21—22日，江苏省四星复审专家组一行4人对戴埠高级中学进行为期2天的现场考察。校长高锁林作题为《聚力特色谋发展，“继善”扬帆启新程》的自评报告，专家组一行通过查看校容校貌、随堂听课、查阅台账资料、问卷调查、个别访谈等方式，对学校进行全面、深入、细致的考察。

【江苏省溧阳中学】 该校创建于1946年，1963年被列为江苏省18所示范中学之一，2000年被命名为国家级示范性普通高中，2003年晋升为江苏省四星级普通高中，2019年被确立为江苏省高品质示范高中首批建设培育学校，2021年以来获评北京大学博雅人才共育基地、江苏省文明校园、江苏省健康促进金牌学校等称号。学校于2004年迁至溧城镇永定路666号，占地面积18.2万平方米，建筑面积9.3万平方米。至2022年年底，学校有62个教学班3021名学生，339名教

6月18日，江苏省溧阳中学举办“未来科学之星·院士专家进校园”活动　　（市教育局　供稿）

职工。每年清华、北大录取5人左右，优质本科率逐年提高，自2015年以来12人摘得常州市文（理）科头名，高分群体位居大市前列，在各级各类竞赛及评比中屡获佳绩。

【溧阳市光华高级中学】 该校创建于1939年，是由陈毅、粟裕等老一辈无产阶级革命家创建的具有光荣革命历史和优良传统的红色学校，1999年创成江苏省重点高中，2005年初高中分离，高中独立办学定名为溧阳市光华高级中学，2007年创成为江苏省四星级普通高中。2019年，学校整体迁至溧阳市燕鸣路8号，占地面积8.8万平方米，建筑面积8.11万平方米，至2022年年底，学校有43个教学班、2000余名学生、300余名教职工。学校始终秉承“人人是才”的办学理念，大力弘扬陈毅等老一辈无产阶级革命家为学校奠定的红色革命精神和优良传统，凝成了“诚以为人，毅以处事”的“诚毅”校训，铸就“爱国荣校、艰苦奋斗、团结实干、开拓创新”的光华精神。学校坚持“一体两翼”的办学路径，不断深化改革，教育教学质量始终稳居常州市先进学校行列，社会美誉度不断提升。

（市教育局）

职业教育

【江苏省溧阳中专】 2017年，该校牵头组建“溧阳市职业教育集团”，与溧阳市天目湖中等专业学校实行资源整合，形成“一个集团、两所学校、一个校区”的办学格局。学校占地面积28.87万平方米，建筑面积18万平方米，有专任教师550多人，其中副高级以上职称教师206人，硕士学历（学位）教师130人，江苏省特级教师3人，常州市“五级梯队”优秀教师、溧阳市“四类教师”近百人，“双师型”教师占专任专业教师80%以上。五年制高职、三年制职业中专等全日制在校学生近5000人，开放教育、现代远程教育、函授等各类成人本、专科学历教育在籍学员1800多人，举办各类岗位或等级培训，年培训达8000人次。学校开设有9大专业群20多个专业，建有5个省级实训基地，1个国家紧缺型数控人才培养培训基地，全省首个混合所有制电梯实训基地，每年向社会输送约1400名中、高职毕业生，毕业生就业率在99%以上，历年普通高校单独招生考试成绩保持常州市第一、江苏省前列。学校是首批“国家中等职业教育改革发展示范学校”“江苏省高水平现代化职业学校”“江苏省现代化示范性职业学校”“江苏省智慧校园”“江苏省现代学徒制试点单位”“江苏省职业学校教学管理30强”，2019年被确定为第一批“江苏省中等职业学校领航计划建设单位”，2021年转设江苏省联合职业技术学院溧阳办学单位。

【现代职业教育建设】 3月2日，常州市职业教育“技术精英”讲

表34 获2021—2022年中等职业教育国家奖学金学生一览表

学生姓名	性别	班级	专业
陈远洋	男	20603班	建筑工程造价
黄鸿奕	男	20502班	电梯安装与维修保养
张莉莉	女	20901班	中餐烹饪与营养膳食
俞丞萱	女	20203班	计算机平面设计
宋苏甜	女	20801班	现代农艺技术
张　立	女	20201班	计算机应用
钟　健	男	20302班	电子技术应用

职教学生顶岗实习 （市教育局 供稿）

表 35

2022 年各级各类技能大赛溧阳中专参赛队获奖名单

项目	组别	获奖 / 排名	专业部	选手姓名	指导教师	组织部门
农机维修	中职学生	一等奖（第一名）	农业部	刘华金	周航辉	国家级
电梯维修保养	中职学生	一等奖 /（第一名）	电梯部	孔云飞、龚成金	史汤豪、王成	
建筑设备安装与调控（给排水）	中职学生	一等奖	建筑部	陈远洋、蒋俊杰	毕永光、吕浩	
农机维修	中职学生	一等奖 /（第一名）	农业部	刘华金	周航辉	江苏省教育厅
导游	教师	一等奖 /（第一名）	服务部	蒋健		
电梯维修保养	中职学生	一等奖 /（第一名）	电梯部	孔云飞、龚成金	史汤豪、王成	
电梯维修保养	教师	一等奖 /（第一名）	电梯部	徐刚、何文超		
蔬菜嫁接	教师	二等奖	机电部	周俊英		
农机维修	教师		农业部	沈应兴		
禽病综合诊断	中职学生		农业部	杨楠、钟亚璇	王科、黄璟	
禽病综合诊断	教师		农业部 / 机电部	王科、周华		
工程测量	教师		建筑部	张晓菲		
工程算量（BIM 技术）	中职学生		建筑部	黄昊	蔡佳雯	
工程算量（BIM 技术）	教师		建筑部	蔡佳雯		
焊接技术	中职学生		机电部	刘帆	潘旭超	
数字影音后期制作技术	教师		计算机部	芮刚		
虚拟现实（VR）制作与应用	中职学生		计算机部	方正、施尧、黄诗媛	周浩、杨柳	
建筑 CAD	教师		建筑部	毕永光		
电梯维修保养	中职学生		电梯部	黄鸿奕、杨航	史汤豪、王成	
电梯维修保养	教师		电梯部	王成、刘辉		
建筑设备安装与调控（给排水）	中职学生		建筑部	陈远洋、蒋俊杰	毕永光、吕浩	
蔬菜嫁接	中职学生	三等奖	农业部	蒋易轩	周俊英	
蔬菜嫁接	中职学生		农业部	赵静怡	张举印	
农机维修	中职学生		农业部	周志浩	周航辉	
农机维修	教师		农业部	周航辉		
工程测量	中职学生		建筑部	周恒阳、徐兆晖、孙旭、刘翔华	张晓菲、吕浩	
电子技术	教师		电工部	强艳		
会计技能	教师		文经部	张英		
艺术设计（平面设计）	中职学生		文经部	李智勇	钱铖	
虚拟现实（VR）制作与应用	教师		计算机部	周浩、杨柳		
酒店服务（客房教师组）	教师		服务部	张珊		
酒店服务（餐饮教师组）	教师		服务部	杨涵茜		
建筑装饰技能	中职学生		建筑部	骆强、王志鸿	毕永光、潘丹萍	
建筑 CAD	中职学生		建筑部	王智浩、钱嘉伟	毕永光、吕浩	
工业产品设计与创客实践	教师		实训处	滕旭明		
烹饪（中餐热菜 + 中餐面点）	中职学生		服务部	王臣	郭超	

续表 35

项目	组别	获奖／排名	专业部	选手姓名	指导教师	组织部门
烹饪（中西面点）	教师	三等奖	服务部	郭超		江苏省教育厅
建筑智能化系统安装与调试	中职学生		农业部	颜昭宪、居峰	金玉华、芮国优	
建筑智能化系统安装与调试	中职学生		农业部	葛文强、吕聪	芮国优、王瑛	
建筑设备安装与调控（给排水）	中职学生		电工部、建筑部	姜国强、陈咨豪	毕永光、吕浩	
工程算量（BIM 技术）	中职学生	二等奖	建筑部	陈浩	蔡佳雯	常州市教育局
工程算量（BIM 技术）	中职学生	三等奖	建筑部	王俊玲	赵旭萍	
建筑 CAD	中职学生		建筑部	戚文翔、陈远洋	毕永光、黄文娟	
会计技能（珠算）	中职学生		文经部	倪思棋	张英	
酒店服务	中职学生		服务部	周思宜、崔弘博	杨涵茜、张珊	
导游	中职学生		服务部	史昕瑜	蒋健	
导游	中职学生		服务部	钱香好	蒋健	
烹饪	中职学生		服务部	杨飞	周俊、郭超	
烹饪	中职学生		服务部	王艺蒙	周俊、郭超	
烹饪	中职学生		服务部	马春宇	周俊、郭超	
艺术设计（平面）	中职学生		文经部	史羽嘉	钱铖	
艺术设计（平面）	中职学生		文经部	马雪文	孙丽云	
艺术设计（平面）	中职学生		文经部	吴雯静	钱铖	

师团送教进校园活动首站在江苏省溧阳中等专业学校举行。中华技能大奖、国家级技能大师工作室领衔人、江苏大工匠、全国技术能手、黑牡丹（集团）股份有限公司技术总监邓建军作题为《创新引领未来，争当知识型技能型创新型人才》的主题讲座。活动由学校副校长杨志新主持，加工制造类专业、技能优才训练营等共 500 余名师生聆听讲座。3 月 14 日的《中国教育报》以《“双师三场 育训结合”培育高素质电梯人才——江苏省溧阳中等专业学校推进深度产教融合背景下的人才培养体系改革》为题报道学校人才培养模式改革成果。

4 月 26 日，溧阳市中小学生“体验职业文化，感受工匠精神”职业体验活动暨溧阳中专旅游服务类省级职业体验中心揭牌仪式在溧阳中专举行。《人民日报社》、人民数字联播网、《扬子晚报》接连报道该次活动，取得很好的社会反响。

5 月 12 日，江苏省教育厅发布《关于公布 2022 年全省五年制高等职业教育专业设置审核结果的通知》，申报的电梯工程技术、烹饪工艺与营养专业获批。

8 月 23 日，溧阳中专获全国职业院校技能大赛金牌

（市教育局　供稿）

6月28日，省教育评估院专家组到江苏省联合职业技术学院溧阳中专办学点调研五年制高职办学情况，与溧阳市教育局、溧阳中专办学点负责人进行交流，了解学校五年制高职专业建设情况，共商结对帮扶的重点内容和具体措施。

11月8日，东西部“组团式”教育帮扶学生技能竞赛联合集训开训仪式在江苏省溧阳中等专业学校举行。白河县职业教育中心校长张平方，江苏省溧阳中等专业学校副校长王光夏，两校相关部门负责人、指导教师和参训学生出席开训仪式。

12月16日的《中国教育报》以《立德立人立业 构建“三全育人”新格局》为题报道学校“三全育人”综合改革成果。

（市教育局、职教中心）

社会教育

【芮金川获中国“百姓学习之星”称号】 在中国成人教育协会全民终身学习活动周工作小组组织的2022年“百姓学习之星”“终身学习品牌项目”评选中，江苏省溧阳中学退休教师芮金川获评中国“百姓学习之星”，全省仅4人，常州唯一。

【实践活动】 1月10日，江苏省社区教育名师暨常州市潘阿芳名师工作室到溧阳市外国语小学开展活动。参加此次活动的有常州市潘阿芳名师工作室成员、溧阳市外国语小学全体美术组成员等。本次研讨活动的开展，不仅让外国语小学美术组教师在教学方面有所收获，更重要的是中华传统文化进课堂带来的美术教学思想观念转变，研讨活动成果显著。

1月22日，陈志芳家庭教育工作室携手3所中学14组家庭走进五里亭社区，开展“双减”主题家庭教育活动。活动展示“21天家长成长营”的教育成果，工作室成员狄珂羽分享“双减”背景下的家庭教育经验，组织亲子体验游戏《潜力无极限》、微电影《孩子 影子》。

5月20日，昆仑街道社区教育中心、江苏优鲜到家农业科技有限公司在古渎村联合举办教育服务“三农”农业技术培训班，古渎村近40名农民朋友参加活动。优鲜到家技术总监、高级农艺师荆和平重点针对家禽家畜饲养、食用菌种植等方面进行专题培训。

5月31日，南渡镇庆丰村召开社区教育中心负责人会议。各镇（街道）社区教育中心负责人汇报2022年上半年社区教育工作和2022年下半年的工作思路。教育局副局长崔恩在肯定上半年成绩的基础上，强调各镇（街道）要根据区域特色和发展有针对性地开展社区教育工作。

6月16日，竹箦镇社区教育中心和镇老龄委联合举办的“银发无忧 智慧助老”公益课堂举行开班仪式暨首期培训。培训采用班级授课与一对一辅导结合的方式，为老年人介绍网络诈骗的方式和惯用手法，指导智能手机使用技巧，有效解决老年人面临的“数字鸿沟”问题。

9月6日，由常州市教育局、农业农村局、开放大学组成的联合专家组，对别桥镇社区教育中心创建的教育服务“三农”高水平示范基地进行现场复查评估。专家组通过听取汇报，查看资料、观看基地展示沙盘等形式，就评估考核情况作交流反馈。该次评估为全市教育服务“三农”工作指明方向，找准依托地域资源的特色发展之路。

【培训机构管理】 1月18日，市教育局组织各镇（街道）社区教育中心主任，对校外培训机构寒假期间疫情防控及规范办学情况进行专项督查。对于在检查中发现的培训机构收费标准公示不详细、教师资质信息未公示、体温监测记录不全、卫生清洁不到位、灭火器过期等问题，当场反馈、现场指导，并要求限期整改到位。寒假期间，市教育局将继续强化校外培训机构的监管力度，对存在违规和违法办学行为的校外培训机构依法依规予以查处，坚决制止各类不规范办学行为，确保校外培训机构安全运营，为学生营造一个良好的校外培训环境。

2月22日，常州市教育局、市发改委、市市场监管局等多部门对全市所有学科类校外培训机构进行收费情况专项检查。检查人员就“营转非”手续办理等方面进行重点检查，对经营中可能会存在的规范合同、规范收费等问题提出指导意见，并要求限期整改到位，有效防范“退费难”“卷钱跑路”等事件的发生。

（市教育局）

【溧阳市老年大学】 溧阳市老年学校创办于1991年9月，附设在溧城镇平陵一村的市职工学校内。2002年6月，溧阳市老年学校更名为溧阳市老年大学，学校迁址昆仑南路3号，属于全民事业行政差额拨款单位。学校从创办初期的1个班级42位学员到2022年年底有8个学科，45门专业课程，85教学班，4402人次，已成为一所多学科、多学制、多层次、综合性的优质老年大学。2014年获“江苏省示范老年大学”称号，2016年被评为江苏省老年大学教材建设先进单位。

“霜叶红”教育工作品牌活动是展示教学成果、接受教学评价的一项有特色的系列活动。学校开展“读好书、唱好歌、讲故事、传箴言”的“十五字”校园文化活动，满足广大学员的精神需求。

文化旅游专业班开展“喜迎中共二十大召开暨天目湖旅游景区开发三十周年诗歌朗诵会”活动。溧阳市老年大学第二届桥牌比赛开幕，共有29位学员参与此活动。在2022年第四届“开利杯”体育舞蹈大赛决赛中，老年大学参与该次活动，并取得优异成绩。沪剧专业班在埭头史侯祠开展“欢庆二十大 同心跟党走”慰问演出活动。书法行书班开展学习中共二十大精神座谈会，学员们踊跃发言，畅谈学习心得。溧阳市“五粮春杯”木兰拳联赛，木兰拳代表队荣获团体第一名。

（市老年大学）

南京航空航天大学天目湖校区

【概　况】 校区总体规划用地面积163.07万平方米，规划地上建筑面积130万平方米，其中溧阳市代建90万平方米。至2022年年底学校有558名教职员工，其中专任教师51人，管理、教辅、专技154人，后勤保卫一线员工353人。学校形成多校区师资共享机制，每学期约450位高水平教师赴天目湖校区任教。有在籍本科生、研究生等近4700人，分布在自动化学院、电子信息工程学院／集成电路学院、民航学院、计算机科学与技术学院／人工智能学院、通用航空与飞行学院、继续教育学院等7个学院，有交通运输、飞行器适航技术、土木工程、自动化、电气工程及其自动化、探测制导与控制技术、探测技术与仪器、生物医学工程、电子信息类、微电子科学与工程、计算机科学与技术、信息安全、软件工程、物联网工程、人工智能、飞行技术及载运工具运用工程、通用航空等32个本科专业和研究方向。

【规划建设】 7月16日，天目湖校区南区规划设计方案及施工图

南航天目湖校区西北角全景　　（南航天目湖校区　供稿）

设计招标完成，东南大学建筑设计研究院有限公司中标；11 月 8 日，举办南区建设启动仪式，标志着南区的规划建设进入实质性实施阶段。行政楼、工程训练中心配楼正式交付使用；学院楼组团、体育馆游泳馆项目完成工程竣工验收；图书馆项目完成地下室施工；教师公寓与培训中心完成总承包招标，启动开工前各项准备工作；国际学术交流中心项目完成外立面方案定稿；教师住宅小区项目按计划完成主体结构施工，推进室内装修工程建设并完成部分样板房建设，为预售工作提供保障。推动碳中和技术研究院落户溧阳，11 月 8 日签约。校区投入使用 3 年，随着入驻单位和师生规模的扩大，对已投入使用单体的特殊化需求也在不断提出，全年完成学院装修方案审定 10 余次，实施零星改造项目 20 余项，完成改造经费合计 40 万元。

【运行管理】 组织召开天目湖校区管理运行工作推进会，推动校区人员招聘、实验室建设、管理运行机制、研究生办学、学生管理等方面工作，确保校区运行有序、管理有方。协调完成 10 余批次学生集中返校及新生报到工作，4 批次跨校区搬迁及校内搬迁工作，实现学院、年级相对集中住宿，为实现“一站式”社区管理模式提供条件基础。广泛听取师生意见，完善校内保障配套设施及服务，完成 6 家生活服务网点的布点与招标，完成校园绿化养护等合作项目引进工作，完成二期建筑自动体外除颤仪（AED）布局安装工作。为贯彻落实校地疫情防控要求，组织开展常态化核酸检测，累计完成近 40 万人次；设立校内观测点 2 个，累计保障临时观测近 2000 人次；组织开展新冠疫苗集中接种 2 次，累计接种 1846 人次；组织开展校园突发新冠疫情情况应急处置演练 1 次。推进各类安全检查和安全专项巡察问题整改，全年组织全面安全大检查 2 次，开展实验室安全、食品安全、消防安全等专项检查 10 余次，形成问题清单，跟踪督促整改落实情况。

【人才培养】 以“天目讲堂”“湖畔有约”平台打造名师大家和校领导与学生常态化沟通交流平台；以“喜迎二十大、永远跟党走、奋进新征程”主题教育实践活动及校庆日升旗仪式、三航嘉年华等主题教育活动传承红色基因；探索校区低年级本科生党员“1234”培养模式；打造“青”系列品牌，构建“1+5+X”思政育人格局。建设泗水湖湖铭石、校训石、校风墙、院士墙、学校大事记文化墙等校园文化景观，策划承办校史展览、“非凡十年”办学成就展、廉洁文化作品展等；持续开展湖畔嘉年华文体节，首次举办五四火炬接力、社团巡礼、青春诗会活动；加强校区联动，同步举办校庆志愿者招募、迎新晚会等活动；校内外联动，与溧阳地方共建基地、拓展岗位打造青益行志愿服务品牌。在严格督促习惯养成的基础上联动驻区学院开展经验交流会、优秀事迹分享会等 20 余场，突出榜样引领；统筹资源开展辅导、答疑、公开课录制等 60 余场，注重学支帮扶；举办校区首届学生科创节，发布自由探索项目选题 118 项，开展青科创讲堂、沙龙、训练营等 50 余期，强化科创赋能。

（南航天目湖校区）

LIYANG
YEARBOOK

文 化

栏目编辑 陈 莉

综　述

【概　况】 2022年，市文旅局开展公共文化服务，完善基层文化阵地的长效管理机制，提升基层文化阵地的管理和服务水平。推进文化活动进农村，完成送书下乡30000册，送戏下乡96场，组织开展各类社会教育活动87场，公益培训20场，各类线上活动50余场次。推进公共文化服务数字化建设，完成图文博、12个镇（街道）综合文化站在省公共文化云平台申报入驻工作，平台覆盖率达100%。

文化馆场馆全年免费开放，开设春季、秋季以及暑期“全民艺术普及课堂”项目97个，群众报名2112人次；全年举办各类文艺活动25场，展览15场，下乡巡展6场，书画、摄影讲座4场，对外培训和指导42场，直播1场，线上展厅22场。图书馆首次参与常州市公共图书馆系统图书集中带量采购，累计入藏纸质新书24058册，全年外借图书25.2万册次，办理读者证12394张，馆本部及各溧书房累计接待读者110万人次，开展阅读推广活动30余项110余场次。溧书房市委党校馆、昆仑街道馆、者里一仓、社渚馆等项目相继建成开放，总数达14家，接待读者突破60万人次。

规范文物保护工作机制，编制出台《溧阳市文物保护管理办法》《溧阳市文物保护专项资金管理办法》。完成《新四军江南指挥部旧址保护规划》《溧阳市革命文物保护利用规划(2022—2035)》保护规划编制工作。完成省级文保单位淳化阁帖保护建筑、市级文保单位菡子故居本体修缮工程竣工验收工作，完成一般不可移动文物百家塘29号王氏宅修缮工程竣工验收工作。完成宝塔湾3处市级文保单位鲁仙宫、古城墙、旱灾赈济塔修缮及环境整治工程。实施市级文保单位水东桥抢险加固工程完成市级文保单位铁木厅的维护保养工作。进行上兴溧阳经开区刘庄土墩墓群、鲍家村遗址和古县遗址三项考古发掘工作，出土一批具有时代特征的遗物。

做好中国共产党成立101周年，全国、全省两会，北京冬奥会以及春节等重要时期广播电视安全播出工作。对溧阳智慧广电乡村工程进行基础设施提档升级，全市12个镇（区、街道办）双向网络实现100%全覆盖，城乡农网FTTH网络100%全覆盖，高清家庭普及率达98.62%，其中4K超高清占高清用户比例全市为93.54%。

2022年，市文化市场综合行政执法大队围绕“五心”（红心、舒心、放心、同心、暖心）检查内容，组织部署，重点对溧阳市旅游市场秩序、娱乐场所、经营性演出市场、校园周边治安与文化环境、境外电视传播秩序和“扫黄打非”进行专项整治。共出动执法人员3850人次，检查各类经营单位1934家次，开展全行业专项检查行动11次，联合执法38次，查获并拆除“黑广播”3套，受理“12345”平台工单600多个，立案查处违规经营案件52件。

2022年，溧阳市获首批江苏省文化和旅游产业融合发展示范区、江苏省文化和旅游消费示范单位、2022中国体育旅游精品项目“十佳体育旅游目的地”、2021年省级文化产业和旅游产业督查激励对象。天目湖旅游度假区滨湖核心区创成第二批省级夜间文旅消费集聚区，溧阳市广播电视信息网络有限责任公司成功入围第六批常州市文化产业示范基地名单。天目湖夜间文旅消费集聚区和南山竹海景区提升项目分别获得100万元、90万元省级文化和旅游专项资金；南山花园、别桥原乡、曹山旅游等6个项目共获得35.7万元贷款贴息。

文化遗产保护

【法制保障】 9月，溧阳市人民政府出台《溧阳市文物保护管理办法》，溧阳市财政局与溧阳市文体广电和旅游局联合出台《溧阳市文物保护专项资金管理办法》，规范溧阳文物保护工作程序，科学利用文物保护专项资金。

【文物保护】 完成《新四军江南指挥部旧址保护规划》《溧阳市革命文物保护利用规划(2022—2035)》保护规划编制工作。获得2022年度省级文物保护专项资金补助50万元，开展全市省级以上文保单位的风险评估工作。完成省级文保单位淳化阁帖保护建筑修缮工程，并通过省文物局验收。完成市级文保单位菡子故居本体修缮工程竣工验收工作。完成宝塔湾3处市级文保单位鲁仙宫、古城墙、旱灾赈济塔修缮及环境整治工程。实施市级文保单位水东桥抢险加固工程。完成一般不可移动文物百家塘29号王氏宅修缮工程竣工验收工作。完成市级文保单位铁木厅的维护保养工作。

【考古发掘】 考古前置工作全面推开，全年完成3处文物资源区域评估验收工作，验收面积 7.11 平方千米。古县遗址持续推进发掘，城墙四至已经基本揭露，城池规模与史料基本吻合。完成古县西侧地块与上兴刘庄土墩墓群考古发掘工作并通过省文物局验收。联合南京博物院开展胥河溧阳段考古调查工作，确认 11 处文化遗址，复核 140 余处土墩墓，为江苏文明探源工程提供重要支撑。

【文物安全】 对全市 69 处文物保护单位每季度进行一次全面巡查，针对巡查过程中发现的问题，要求相关管理使用单位及时整改并上报整改情况。查处文物保护范围违法施工、文物遗存区域违法施工各 1 起。联动消防大队持续开展古建筑安全督查，排除文物安全隐患。全年开展文物安全排查及专项检查 5 次，消防安全培训 2 次，消防安全演练 2 次，消防安全宣传 2 次。

公共文化服务

【图书馆】 2022 年，溧阳市图书馆务实严谨做好党建工作，提升馆员素质能力；落实疫情防控措施，做好日常服务；完善图书馆服务体系，持续推进全民阅读，被评为江苏省公共数字文化工作先进集体、常州市文明单位，获得常州市公共图书馆业务竞赛个人一等奖、团体二等奖、常州市红领巾读书征文优秀组织奖。在常州市级以上评奖竞赛活动中，15 人次获奖。

文献资源建设与读者服务　首次参与常州市公共图书馆系统图书集中带量采购，实现节约资金、提高质量和效率等多重目标，累计入藏纸质新书 24058 册，订购各类报纸杂志 535 种。全年外借图书 252525 册次，办理读者证 12394 张，馆本部及各溧书房累计接待读者 110 万人次。

阅读推广活动　全年开展阅读推广活动 30 余项 110 余场次，包括“浓情端午书香相随”等传统节日文化活动；美音溧阳故事会、溧图书韵公开课等未成年人阅读推广活动；“文化遗产永流传”“重返侏罗纪”等主题讲座；“牵手冬奥　冰雪追梦——冬季奥运会主题展”“爱心献社会　真情暖人间——纪念雷锋暨中国青年志愿者文化展”等线上线下展览以及“红领巾”读书征文比赛、阅读马拉松、“七彩故事会”故事大王比赛、文明小义工等活动。

网络机房更新与新技术应用　按照二级等保要求对网络机房进行更新改造；定制开发客流统计系统与大数据智慧墙，实现业务数据和读者流量的智能统计、实时发布；与常州市图书馆共同开展信息化系统异地灾备演练，提高服务管理过程中科技应用的水平。

溧书房建设　溧书房市委党校馆、昆仑街道馆、者里一仓、社渚馆等项目相继建成开放，总数达 14 家，完善公共图书馆服务体系。溧书房建设、运营成效显著，接待读者突破 60 万人次。

图书馆评估　参加第七次全国县级以上公共图书馆等级评估，从服务效能、业务能力和保障条件 3 个方面、分 64 项指标，对图书馆近四年来各方面的情况进行全面的评估，总结经验，找出差距，明确工作方向。

【博物馆】 2022 年，博物馆全年共接待游客 23 万余人次，接待政府及企事业单位嘉宾 116 场（因疫情反复，2022 年 3 月 13 日至 4 月 3 日，博物馆暂停开放；2022 年 4 月 4 日恢复参观接待服务）。博物馆已成为党政机关、学校社区学习溧阳历史文化、进行文明礼仪和进行社会主义核心价值观教育的重要场所。

宣教工作　2022 年博物馆举办各类宣教活动 13 场。在“5·18”国际博物馆日举行“溧阳博物馆外型泥塑”活动，通过蔡邕及焦尾琴知识讲座，以及泥塑手工活动，将活动的知识性、娱乐性与互动性相结合，优化博物馆“第二课堂”模式。举办“我们的节日端午·仲夏里的茶余时光”活动，让参与者了解、体验宋代点茶艺术。7 月，借力非遗元素打造文化场景空间，开展“博物馆里的奇妙动物——亲子戳戳乐”活动，以淡色雅致的苏绣为基底，帮助青少年用奇思妙想绣出动物文物的静态美。

多元展陈　对馆内外历史文化资源进行整合研究、精心策划、梳理诠释，用通俗易懂、有趣新奇形式向群众展示，丰富群众精神文化生活。2022 年承办或协办 6 场临展，分别是“陈晓南艺术人生展”“虎虎生福——壬寅新春生肖文物图片联展”“千年古县——古县街道文物保护工作展”“衣饰平安岁　身居快乐时——南京市民俗博物馆馆藏儿童用品展”“光辉印迹——溧阳革命文物图片展”“民国文化一昆仑——狄平子先生 150 周年纪念展”。

文物交流　开展藏品借展，拓宽溧阳历史文化资源与周边城市的融合交流，推动文物、文化走出去，让更多观众了解溧阳地区的历史文化。2022 年，常州武进区博物馆因“享·动——常州体育文物展”借展溧阳市博物馆宋代捶丸、现代“乡试石”碑文拓片共计2件藏品。

文物修复 定期梳理清点藏品现状，推进修复工作，提升馆内受损藏品的保护力度。2022年，溧阳市博物馆对包括铜器、陶器、漆木器、瓷器、纸质文物在内的37件馆藏文物进行修复，针对藏品现状细密采集信息，制定专业性修复保护方案，专业严谨进行修复，以还原文物的历史面貌，利于其保护、展示。

文物保护 为提高博物馆馆内珍贵文物预防性保护能力，开展保护方案编制工作并获得国家级文保资金163万元，2022年5月28日实施方案通过省专家验收。实施方案包括搭建文物环境监测平台对文物保存环境实施有效监测和调控，对部分珍贵文物展柜进行恒温恒湿监测调控，以最大限度地防止或减缓环境因素对文物本体的损坏；对藏品库房进行整体改造提升，合理分区，定制专业箱柜囊匣，使之符合等级博物馆库房标准两部分内容。

考古发掘 配合南京博物院考古研究所进行上兴溧阳经开区刘庄土墩墓群、鲍家村遗址和古县遗址三项考古发掘工作，刘庄土墩墓群土墩分布规律，出土一批具有时代特征的遗物，为探讨江南地区土墩墓的时代演变和丧葬习俗提供重要材料。与南京博物院考古研究所联合向省文物局申请“胥河溧阳段考古调查与勘探”研究课题并获得省级补助资金110万元。2022年6月完成胥河溧阳段的第一期调查与勘探工作并通过省局验收。胥河溧阳段考古调查勘探将为研究先秦时期江南溧阳地域聚落分布、形态与变迁提供重要文物资料。

文物巡查 博物馆对全市文物保护单位每季度开展一次巡查，并定期联合文化市场执法大队开展全市范围内江苏省文物保护单位巡察工作。对全市87处文物监控探头，每周进行文物技防台账记录。完成全市范围内的不可移动文物（207处土墩墓）钢架标志牌树立工作。

【文化馆】 2022年，溧阳市文化馆严格疫情防控工作，做好文化馆免费开放，开设春季、秋季以及暑期“全民艺术普及课堂”项目97个，群众报名2112人次。场馆全年免费开放，前三季度文化馆线下服务群众约7.89万人次，线上共服务群众14.85万人次。

群众文化活动 全年举办各类文艺活动25场，展览15场，下乡巡展6场，书画、摄影讲座4场，对外培训和指导42场，直播1场，线上展厅22场。为政协会议、溧阳灯会，文明家庭颁奖、吾美吾家行动展示推进会、常州文旅节开幕式等市、镇各级演出、会议、活动提供专业设备和人员支持60多场。举办“影像溧阳”年度摄影大赛，组织“春之光”“记录新时代 我眼中的最美溧阳”“这就是夏天”“最美秋冬”等摄影赛事，收到来件近千件，并组织专家评选和展览。

未成年人活动 开展“童绘冬奥 逐梦未来”青少年冬奥会主题绘画活动、“小荷竞放”江苏省青少年优秀美术书法作品展、“万物皆可书”青少年书法作品等征集和线上展示活动。以“二十四节气”“复兴少年宫”“传统文化研习”为主题，开展暑期少儿公益培训、社渚傩文化园少儿研习活动、少儿书法篆刻体验活动、藏书票制作活动、“手拉手”美溧行活动、航天科普公益讲座等青少年活动30余场。

文化志愿者队伍 在江苏省“千支优秀群众文化团队培育”工作指导下，培育文化志愿团队20支，发挥团队在丰富群众精神文化生活、提供优质公共文化服务中所起到的重要性。截至2022年年底，共发布志愿服务700余场，累积志愿者服务时长达2万余个小时。

文艺精品创作 组织多场省市级展览征集工作，溧阳多件作品入展。朱富平作品入选第九届江苏省水彩（粉）画作品展览，黄晖作品入选江苏省书法院春联作品展、常州辖市区市书协主席书法作品邀请展以及江苏省书法院中青年书法家学术提名展等。陈华作品入展2022年“信仰之基”2022常州市群众书法美术摄影作品展、礼赞新时代——常州市中青年美术书法主题创作展等。

社会文化

【公共服务效能提升】 以高质量考核为契机，开展群众文化活动。推进文化活动进农村，完成送书下乡30000册，送戏下乡96场，组织开展各类社会教育活动87场，公益培训20场。开展各类线上活动50余场次。受疫情影响，未组织开展大型群众性文艺演出活动。推进公共文化服务数字化建设，完成图文博、12个镇（街道）综合文化站在省公共文化云平台申报入驻工作，平台覆盖率达100%。溧阳市声乐协会、

溧书房·天目湖者里一仓　　（市文体广电和旅游局　供稿）

溧阳市天目雅韵京昆研习社、溧阳弘梅京剧研究会3支团队入选江苏省“优秀群众文化团队”培育对象名单，“秋白书苑·溧书房平陵中路馆”“溧书房·溧城印象”2个空间入选江苏省“最美公共文化空间”打造对象名单。新增“溧书房·者里一仓”“溧书房·昆仑街道馆”“溧书房·社渚馆”“溧书房·市委党校馆”4家城市书房。

【群众文艺创作】　推进优秀群众文艺作品生产，完成第十五届江苏省“五星工程奖”参评工作。打磨锡剧小戏“我要投诉”参加舞台艺术类评比；组织国画作品《清风和煦》和书法作品《李白五言诗〈关山月〉》等9件书画作品参加美术类作品评比。推进“八大美院”在溧阳落户创作基地事宜，中央美术学院在南渡镇庆丰村挂牌校外实践教学（写生）基地。

【非遗保护】　加强非遗代表性项目名录体系和传承人梯队建设，完成国家级非遗传承人和江苏省第五批非遗项目申报工作；启动溧阳市第六批非遗申报工作，收到各镇及街道推荐的“梅岭玉雕刻技艺”“汪德龙酱油制作技艺”“留青竹刻”等22个申报项目。搭建非遗展示平台，组织“钱马糖人”“流云米酒”“竹篑风鹅”等非遗项目参加江苏省第七届乡村旅游节、常州“非遗八进”启动仪式。

广播电视管理

【安全播出】　根据《关于开展迎接党的二十大广播电视安全播出大检查的通知》要求，开展全市广播电视安全播出检查工作，组织指导市融媒体中心和广电网络公司开展应急演练，完成中共二十大期间全市广播电视安全播出保障工作。在中国共产党成立101周年，全国、全省两会，北京冬奥会以及春节等重要时期，加大检查督查力度，确保各项活动直播转播工作稳定有序、万无一失。2022年，全市广播电视未发生安全播出事故。

【推进智慧广电建设】　对溧阳智

慧广电乡村工程进行基础设施提档升级，实现全市12个镇（区、街道办）双向网络实现100%全覆盖，城乡农网FTTH网络100%全覆盖，高清家庭普及率达98.62%，其中4K超高清占高清用户比例全市为93.54%。推进云平台县级地方分平台建设，在一镇一屏的基础之上进行多业务融合，融合电视端和移动端，实现大屏小屏多形式互动。服务业态创新方面，开展直播带货，电商助农，助力乡村产业振兴；建设地方馆平台，服务业态跨县（市、区）域输出，形成辐射效应，打造广电服务区域经济、文化发展的模式。

7月，溧阳市被评为全省“智慧广电”乡村工程建设成效突出县（区）之一。12月，溧阳宁南生态创新城“一镇一品”平台被省广播电视局、省工信厅评为2022年度江苏省智慧广电示范项目。12月，溧阳广电网络公司被评为常州市文化产业示范基地。12月15—17日，溧阳广电网络公司作为常州市唯一的博览会参展单位，参加长三角高新视听博览会，重点展示溧阳智慧广电服务平台及智慧广电乡村建设工程成果。

【广告和黑广播管理】 为落实广告审查制度和落实播出责任，开展在播广告全面梳理排查工作。对不符合新《中华人民共和国广告方法》《广播电视管理条例》和《广播电视广告播出管理办法》等规定的广告全面整改，要求电视台健全广告审查制度，落实播出责任。配合市有关部门做好全市非法无线广播清理整治工作，全年及时查处并拆除3起非法无线广播；根据校外培训广告管控的内容，及时上报工作情况和校外培训广告管控工作情况月统计表。全年未收到广播电视广告相关投诉。

（市文体广电和旅游局）

地方志工作

【概　况】 2022年，市委党史工委、市地方志办公室在市委、市政府的领导下，围绕“五个示范”（组织示范、队伍示范、制度示范、保障示范、作用示范）方向引领，开展“文旅融合巩固突破年”活动，发挥史志部门“以史鉴今、资政育人”的职能作用，以推进年鉴、镇村志编纂、口述村庄史编纂工作为重点，推动溧阳史志事业科学发展。

【《溧阳年鉴（2022）》编纂工作】 《溧阳年鉴（2022）》编纂工作自2022年1月启动以来，全市各镇区、各部门及时撰写、报送稿件。4月完成组稿，6月完成编辑合成，8月完成单位审稿，9月完成统稿校对，11月通过方志出版社审核，12月出版发行。《溧阳年鉴（2022）》共设30个类目，1053个条目，80张表格，77.4万字。该卷年鉴公益专版创新后设工业经济、创新平台、生态环境、乡村振兴、红色党建各1个通版，民生实事和特色田园乡村各2个通版，让读者直观地从彩图上了解溧阳的全貌。

【推进镇村志编纂工作】 根据镇村志编纂工作的总体部署，镇志编纂实现全覆盖，竹箦镇水西村、陆笪村和南渡镇旧县村启动村志编纂试点工作。《别桥镇志》完成出版社审核和修改，2022年11月底出版发行；《天目湖镇志》《埭头镇志》《上兴镇志》《戴埠镇志》《南渡镇志》在总纂阶段，预计12月底形成送审稿；《上黄镇志》《社渚镇志》初稿撰写中；《旧县村志》《水西村志》《陆笪村志》完成评审和验收，《旧县村志》进入出版社审稿阶段；督促昆仑街道启动《沙涨村志》编纂工作。

【推进《吾村吾民》第四季编纂工作】 2022年，推进《吾村吾民》

7月2日，《水西村志》《陆笪村志》终审会在陆笪村召开

（莫俊　供稿）

第四季编纂计划，启动古县街道百家塘村、戴埠镇李家园村2个村的村庄口述史编纂工作。搭建工作团队，拟定工作方案，进村入户采访，撰写初稿，广泛征求意见，形成送审稿。11月底，百家塘村、李家园村2个村的口述史将完成初稿。

【组织旧志整理工作】 在出版《弘治溧阳县志》《康熙溧阳县志》《乾隆溧阳县志》《嘉庆溧阳县志》的基础上，加大旧志整理力度，组织专家对光绪《溧阳县续志》进行整理，12月编印发行。

【开展史志理论学习研究活动】 开展多种形式的史志理论学习活动，提高史志工作人员业务工作能力。参加江苏省、常州市地方志办公室举办的年鉴、镇村志编纂业务培训班，集中学习地方志理论知识，提高编纂工作水平；结合市志党史年鉴编纂实际工作开展史志理论研究，以理论引导实际工作，以实际工作促进理论研究。

（市地方志办公室）

档案工作

【概　况】 2022年，市档案馆推行“局馆联动、一体化运行”工作机制，推进“四个体系”建设，构建全市档案事业发展新格局，实现档案工作“四个好”（好收集、好整理、好保管、好利用）、“两个服务”（服务用户、服务社会）的良好局面，为苏南绿色崛起品质城市建设贡献档案智慧和力量。通过省档案馆组织的国家综合档案馆业务建设评价考核，获评江苏省示范档案馆。

【档案馆业务建设】 实施“数字溧阳”档案记忆工程。推进全省首家百亿级工业项目——江苏德龙高端不锈钢项目全周期档案数字影像记录工作，建立完善溧阳重大项目专题档案数据库。采集项目建设视频约750分钟。实施溧阳市美丽乡村建设档案数字记录研究项目，编辑出版《大美吾乡——溧阳美丽乡村建设》图书和画册；编创摄制系列数字档案记录视频总时长100分钟，在溧阳电视台陆续播出，有2部专题片被“学习强国”江苏平台采用。实施溧阳市老城区历史文化档案数字影像记录第二期项目，为美丽宜居城市试点建设建档，为历史文化街区复兴助力，全力协助省级历史文化名城申报。完成老城区历史建筑拍摄制作及宝塔湾、文昌阁、古城墙等文化地标性复建工程影像资料拍摄，采集视频资料时长1525分钟。启动溧阳地域历史文化档案研究工作，初选10个村庄作为记录研究对象进行数字建档。做好溧阳大事记2021年年度版及2022年月度版的编审、报送工作，做优做强档案资政服务工作品牌。

红领市档案体验中心举办“走进红色档案　追忆光辉岁月”“领悟红色档案　追忆建军历程”“兰台金秋日　家国共团圆”等7期主题活动。以“喜迎二十大·档案颂辉煌”为主题，创新策划“6·9”国际档案日系列活动。在《溧阳日报》专版宣传新修订的《中华人民共和国档案法》；全省首创完成《档案时光机之话说档案法》动漫口袋书的创作和发放；开通“溧阳档案”微信公众号，向广大市民全方位解读《档案法》、展示档案馆工作。

创新查档服务模式，利用珥仁馆室一体化档案管理平台，深化三省一市民生档案异地查询和“一网通查”服务体系，为每一位来访者、利用者提供态度最优效率最高程序最简的暖心服务，全心全意保障人民权益。2022年接待利用者1915人次，提供档案资料6547卷（件），复印9542页，出具证明2866份。

【档案馆资源体系建设】 加强档案行政执法队伍建设，组织馆内

8月11日，国家综合档案馆业务建设评价考核

（市档案局　供稿）

工作人员进行档案管理行政执法资格证考试，有5人取得相关资格证。联合市委办公室（市档案局）重新修订下发《溧阳市档案工作年检办法》，对公安局、法院、人社局等18家单位组织实施档案年检工作。深化农村土地承包经营权确权登记等重大工作部署，以及重点项目、重点民营企业档案的监督指导。参与长深高速公路曹山互通项目竣工档案验收，指导市法院争创首批“江苏省示范档案室”，主动前往埭头镇、法院、农业农村局等单位实地沟通交流。

档案从业人员参加省档案人员远程教育平台的学习教育，参与省、常州市举办的档案培训；在全市范围内举办1次专题业务培训，现代农业产业园、苏皖集团、古县街道等单位共计150余名档案员参加。

【档案移交工作】 推进到期档案移交进馆工作。依据《2022年全市档案工作要点》文件要求，通过现场指导、电话联系、网络沟通等多种方式，对列入2022年移交范围的12家单位逐一进行督促指导。将市委办、科技局、疾控中心等10家单位档案接收进馆。持续收集征集重要人物档案、红色档案、地域文化史料等方面不同载体形式的档案、资料。2022年征集进馆姚氏宗谱共19册、地方性资料31册、名人陶希晋及夫人朱琏档案6件、蓄能电站水利水电工程移民档案43卷、重要活动及美丽乡村建设照片约1200多张。2022年，共接收文书、专门、股改、土地确权、人事、代保管等纸质档案4218盒暨20332卷26575件10张，光盘档案10张，实物档案2件。

【档案信息化建设】 将移交进馆的市委办、政府办、卫健局等单位63000余条数字化档案数据导入档案管理系统平台，并及时做好数据挂接校验工作。日常维护现代化智能机房，遵守机要保密网络信息安全等有关管理规定，定期审核备份核心档案数据库，定期抽样检查核验档案数字化副本，纠正遗留的档案全文挂接错误。

（市档案馆）

溧阳市传媒集团

【艺术推广】 市锡剧团在古县街道举办“古县戏韵周周演”；在埭头镇葫芦村进行医保政策下乡巡演、司法宣传巡演，并完成古县街道、溧城镇、埭头镇、上黄镇、上兴镇、戴埠镇等送戏下乡任务。引进各种演出5场，邀请省锡剧团、省京剧团到溧阳进行展演。

创排大型原创现代锡剧《站长日记》，锡剧小戏《我要投诉》《医路有你》《海岳堂》，其中《站长日记》《医路有你》2部作品7月入围2022年度常州市文化艺术基金资助项目。10月，完成常州市文化艺术基金资助项目结项工作。锡剧第七代传承人之一田诗钰同学获2022年度“中国少儿戏曲小梅花荟萃”江苏省选拔活动“小梅花”称号。

【演艺拓展】 文化艺术中心剧院共接待政府会议和各类演出33场次，负责承办执行的市级、省级、国家级大中型活动（会务）40余场，包括全国县域工业经济论坛、第四届不锈钢及新能源材料高峰论坛、全国先进储能技术创新挑战赛新闻发布会暨启动仪式、全省第一次城乡融合现场会、省对台交流基地讲解词优秀案例大赛、“天目湖渔歌”冬日生态文化季启动仪式、全市重大项目集中开工仪式、“天目湖英才榜”创新创业大赛启动仪式、金融助“溧”市场主体服务月开幕式暨“行长园区行”启动仪式、市委党校新校区揭牌仪式、市委组织部“红色研学之路”发布仪式、上上电缆晚会直播、天目湖“新年第一会”、全省城乡融合现场会、司法局法治溧阳直播（两场）、传承红岩精神赓续铁军血脉活动、助推“常溧一体化”协商一试活动、龙城英才计划直播、农林局“江苏第一方”测产活动、《品质城市青年说》等。

参与乡村振兴建设，助力打造古县街道办百家塘戏曲村，在美丽乡村上筹建锡剧艺术馆，参与设计，策划和布馆，打造全村的戏曲氛围布置，完成杨企雯艺术展览馆布置并负责艺术馆日常运营。

【平面媒体】 承接溧阳市传媒集团户外广告的创收和广告设计制作安装项目。现传媒集团户外广告资源有：高铁站进出站通道灯箱24块、月台出站楣头4块、出站口风雨长廊电子屏2块、廊道写真车贴50块；汽车总站广告牌9块；公交出租车显示屏600块；市区公交站亭276个；团结路、长山路、燕山一号附近广告大牌10块；明珠大道和天目湖大道十字路口三面高炮1个。2022年共完成各类项目34个，其中2022年，市区春节氛围布置、茶叶节户外广告宣传保障、创建文明典范城市户外宣传布置等一批重大项目。

（市融媒体中心）

文化产业

【概　况】 全市贯彻学习中共二十大精神，把文化产业作为推动经济转型升级的重要契机和落实高质量发展的重要载体，围绕“做强文化重点行业，培育文化产业特色，壮大文化骨干企业”的建设目标，推进文化和旅游产业深度融合发展，不断优化空间布局，突出项目带动，创新产品供给，打造文旅产业“溧阳标杆”，被省政府办公厅表扬为“文化产业和旅游产业发展势头良好、文化和旅游企业服务体系建设完善、消费质量水平高的地方”。

2022 年，溧阳市获首批江苏省文化和旅游产业融合发展示范区、江苏省文化和旅游消费示范单位、2022 中国体育旅游精品项目“十佳体育旅游目的地”、2021 年省级文化产业和旅游产业督查激励对象称号。天目湖旅游度假区滨湖核心区创成第二批省级夜间文旅消费集聚区，溧阳市广播电视信息网络有限责任公司入围第六批常州市文化产业示范基地名单。

【政策扶持】 组织全市 4 家 A 级景区和 17 家乡村旅游重点村、星级溧阳茶舍，申报常州市提质扩容项目建设，共计奖励 120 万；帮助文旅企业申请市级纾困资金 1700 余万元。组织全市 32 家旅行社，申报旅行社稳岗就业补贴，并落实旅行社质保金 100% 清退工作；帮助旅行社、文化市场经营单位申请纾困贷款约 288 万元。

【产业空间布局】 科学利用土地资源，确保规划规范有效实施。结合国土空间规划，溧阳明确城市功能定位，践行绿色生态发展理念，形成“绿带绕外郭、山水楔入城、秀水织绿带、多园缀平陵”的绿地与开敞空间系统格局，塑造“揽山引水、山嵌城中、古韵今朝、青秀溧阳”的旅游城市风貌。以“一路两廊”为骨架，“三山两湖宋团城”为重点，明确养生度假、乡村休闲等五大文旅主题，并结合在地特征规划全市文旅等产业布局，先后完成规划方案编制、永久基本农田核实整改补足和城镇资源开发边界试划等工作，“三区三线”划定成果矢量数据已纳入江苏省国土空间规划“一张图”监督信息系统。

文化市场管理

【概　况】 2022 年，溧阳市文化市场综合行政执法大队统以“护航”任务为主线，围绕“五心”检查内容，精心组织部署，重点对溧阳市旅游市场秩序、娱乐场所、经营性演出市场、校园周边治安与文化环境、境外电视传播秩序和“扫黄打非”开展专项整治行动，为中共二十大胜利召开营造良好的社会环境。

2022 年，市文化市场综合行政执法大队被江苏省“扫黄打非”工作领导小组评为江苏省“扫黄打非”先进集体，被江苏省广播电视局评为江苏省境外卫星电视传播秩序专项整治工作成绩突出单位。

【日常监管】 加强文旅市场开展巡查工作，确保文旅场所疫情防控到位、安全生产可控、市场秩序规范。出动执法人员 3850 人次，检查各类经营单位 1934 家次，开展全行业专项检查行动 11 次，联合执法 38 次，查获并拆除“黑广播”3 套，受理 12345 平台工单 600 多个，立案查处违规经营案件 52 件。

运用“互联网 +”手段，新建溧阳市文旅市场“智慧监管”指挥中心，将文化、旅游、文物、出版、印刷等场所纳入实时监控，每天开展网上巡查。在全国市场技术监管与服务平台录入日常执法检查 954 家次（其中 257 家次是执法移动终端录入），通过省“双随机”平台下发任务 20 次，检查经营单位 122 家次。

【合作交流】 深化苏皖文旅执法协作，根据市委、市政府建设区域协作示范城市的要求，秉持“精诚协作、互学互鉴、共建共赢”的理念，组织召开两省三地（江苏省溧阳市，安徽省广德市、郎溪县）文旅执法区域协作示范共建暨文旅执法融合联席会议，共同签订《江苏省溧阳市与安徽省广德市、郎溪县“扫黄打非”及文旅市场互查区域联防协作协议》，促进两省三地文旅市场健康繁荣发展，该项工作先后被《文旅中国》和“学习强国”学习平台宣传报道。

与张家港、宜兴等地文化市场综合执法大队互相学习，通过座谈交流、现场联合执法等方式，进一步对文化市场综合行政执法过程中的难点分别进行交流，分享办案经验，重点探讨新形势下如何加强对文化市场新业态密室逃脱、私人影院和剧本杀等行业的监管。

【扫黄打非】 联合市教育局，在全市范围内深入开展“扫黄打非”——护苗 2022 暨“绿书签”进校园活动，并在市燕湖小学发起首场“远离非法出版物，防止网络沉迷”法治宣讲和学生签名活动，发放绿书签等宣传资料600余份。采用“互联网＋”模式，通过“视频＋案例探讨”的形式开展线上圆桌论坛直播活动，推动“护苗”行动更加深入、扎实。

市“扫黄打非”工作领导小组办公室组织对全市30名镇（区）、街道办“扫黄打非”工作负责人开展业务培训，签订目标管理责任书，部署落实镇、街道办文旅市场管理、疫情防控、安全生产、市场规范以及“扫黄打非”工作。会后由各镇和街道办组织开展村（居）级“扫黄打非”238名联络员全员培训，全面提升“扫黄打非”基层站点联络员的业务水平。

【疫情防控】 按照市防疫指挥中心和上级条线部门的要求，安排专人落实“应检尽检”工作，开展文旅市场检查，落实旅游景区、旅行社、互联网上网服务营业场所、娱乐场所、演出场所等疫情防控措施指南要求和各项防控措施，严格要求各场所和单位落实测量体温、出示健康码、佩戴口罩、扫描场所码、人流控制、制定疫情防控应急预案等制度，在做好新冠疫情常态化防控前提下，为人民群众提供优质放心的文化旅游服务。

【专项整治】 *开展“红心”行动* 加强网络文化市场执法，对全市大型网络社交平台、电商平台进行摸排整治。对全市歌舞娱乐场所播放的曲目、MV内容和游戏游艺场所设备进行审查，全面清查文娱活动和产品禁止性内容，查处演出场所变更演出举办单位、参加演出的文艺表演团体、演员或者节目未重新报批案件5起。

开展“舒心”行动 以未经许可经营旅行社业务为重点，对保险、养老、食品、保健品、日用品等领域中出现的以中老年为主要目标群体、以养老诈骗为目的的户外旅游活动进行整治，共出动执法人员共268人次，检查旅行社及服务网点66家、旅游购物店2家，联合交通运输局执法大队检查旅游包车28辆，查处2起个人未经许可经营旅行社业务案件。

开展“放心”行动 做好未成年人的关心和保护工作。联合市纪委巡查组对“人教版”教材教辅问题开展专项督查；联合市委宣传部、市教育局、市公安局等部门对校园周边环境和教辅教材开展专项检查，共抽查教辅教材14类166册，检查校园周边小卖部、书店、文具店等经营场所22家，检查印刷企业、广告公司、复印店等经营单位共48家，未发现违法违规问题。暑假期间，重点对量贩式KTV、游戏游艺场所和网吧进行未成年人检查，查处1起未成年人进入歌舞娱乐场所案件、3起歌舞娱乐场所未张贴未成年人禁止入内宣传标语。

开展“同心”行动 联系市公安局、城管局、市场监督局、教育局、交通运输局、属地镇区等单位和部门，以标本兼治、防打结合、属地管理、突出重点为原则，对社会热点和难点问题展开调查研究和执法工作。通过文旅执法牵头、各部门配合的方式，实施全覆盖、拉网式行动，开展艺术品经营场所专项检查、境外卫星电视传播秩序专项、“扫黄打非”专项检查、所谓“私人影院”专项检查和高危险性体育项目专项检查等联合行动，积极做好全市文旅经营场所安全生产大检查和疫情防控检查工作。

开展“暖心”行动 围绕“扫黄打非”、打击“不合理低价游”、境外电视传播整治、养老诈骗等内容，开展普法宣传进校园、进景区、进社区、进乡村活动共8次，现场接受群众法律咨询3000余人次，发放宣传资料15000余份。联合公安、消防和网吧协会等单位，在网吧、KTV统一设置宣传栏，统一张贴各部门宣传海报，营造良好的宣传形象，提升场所经营环境，并增加视频广告机，循环播放各部门的法律法规宣传视频。

（市文体广电和旅游局）

LIYANG YEARBOOK

卫生健康

栏目编辑 陈 莉

综　述

【概　况】 截至2022年年底，全市共有各级各类医疗机构306家。其中，综合医院13家、中医医院1家，妇幼保健院1家，专科疾病防治所1家，专科医院3家（含晴明眼科医院），护理院1家，镇（区）卫生院17家（不含中医院泓口分院），厂矿、学校、养老机构医务室（卫生站、门诊部、诊所）105家，村卫生室（社区卫生服务站）163家。全系统医疗卫生从业人员6967人。其中，卫技人员5554人，执业（助理）医师数2361人，注册护士数2345人。实有床位数4306张。2022年，全市医疗机构总诊疗量484.29万人次，总收入254726万元。

【设施建设】 推进卫生重点工程建设，上兴镇上沛卫生院总投资7863万元，新建建筑面积约1.05万平方米，于2022年12月竣工验收；别桥镇卫生院后周分院总投资3000万元，新建建筑面积约3500平方米，于2022年12月竣工验收；竹箦镇中心卫生院前马分院总投资3500万元，新建建筑面积约3700平方米，于2022年12月完工；埭头镇卫生院总投资2000万元，新建建筑面积约1600平方米，改造面积约4300平方米，于2022年12月竣工验收；基层公共卫生设施提升项目总投资16000万元，主要包括村卫生室建设、社渚镇中心卫生院改造、竹箦镇中心卫生院和别桥镇卫生院改建，社渚镇中心卫生院改造持续进行，竹箦镇中心卫生院和别桥镇卫生院改建项目完成前期手续办理。江苏省中医院溧阳分院一期主体结构完成验收，外立面装饰工程完成，室内装饰工程正在进行；二期溧阳市公卫中心项目完成立项和设计，项目主要含综合楼及感染楼，总建筑面积2.72万平方米。

【医疗资源】 加强重点学（专）科能力建设，建有省级重点专科1个、常州市级共建重点学科2个、常州市引进医学创新团队2个、常州市级重点专科15个。常州市领军人才、拔尖人才培养对象各1名，常州市青苗人才培养对象4名。加大引智培智工作力度，深化“院府合作”内涵，完成2022年常州市卫健委及财政局对2个医学创新团队的年度考核，并对2个学科进行规范建设。

【队伍建设】 2022年，全市卫健系统科教人才专项经费使用200多万元。全市市级及以上科技项目立项数13项（其中南京医科大学1项，江苏大学7项，常州市卫健委3项，溧阳市科技局2项）；常州市新技术二等奖1项；溧阳市医学新技术引进奖11项；发表SCI（E）收录论文11篇、出版著作57篇；国家发明专利2项，实用新型专利260项。组织开展“8·19”医师节主题评选活动，评选“优秀科主任”21名，“优秀专业团队”20个，“最美医生”47名,“抗疫先进个人”60名。举办第111个“5·12”国际护士节庆祝活动，表彰6个“护理团队之星”、5名“护理管理之星”、5名“护理服务之星”、35名“护理战疫之星”。组织参加常州全市护理先进典型征文评选活动，2篇征文获常州市“5·12”护士节护理先进典型优秀奖。

【医学教育】 5名乡镇卫生院院长完成省管理培训班；15名毕业生到全科医师规培基地报名。从事临床医师岗位的新录用医学本科生参加全科医师规范化培训达100%。全市继教学分达标率≥95%，完成继续医学教育项目51项，其中国家级继教项目2项。

【血液管理】 2022年共采血8266人次、采血量为13348.2单位，同比增长0.34%、0.24%；血小板采集872人次、采集量为1387单位，同比增长36.5%、41.6%；全年供应红细胞13783.5单位、血小板520单位、血浆10915单位、冷沉淀4293单位，同比增长5.78%、46.89%、15.65%、49.36%。全年无控制临床用血，基本满足临床需求。全年累计实现车载广播6次、可视直播访谈1次、溧阳电视台、溧阳广播电台7次、《常州日报》1次、《溧阳时报》6次、穿越短信2次、血站微信公众平台和血站网宣传报道26次。

医政中医

【落实政府重点工程】 完成陕西省白河、汉阴两县挂钩科教工作任务，接受16人到溧阳市人民医院、溧阳市中医医院进修学习；共选派19名优秀医务人员到白河县开展扶贫协作支医工作。

【医院综合管理】 全市公立医疗机构门急诊人次359.3万人次。全市二级及以上医疗机构全面实行预约就诊制。溧阳市中医医院心血管科、骨伤科成为江苏省中医临床重点专科建设单位，眼科、儿科、肺病科、外科及肛肠科通过常州市中医临床重点专科（专病）评审，心血管科被确认为常州市区共建医学重点学科。

【医联体工作】 2家市级医院为17家乡镇卫生院共举办各类讲座187次，累计培训基层医务人员2136人次，会诊病人1984余人次，开展手术674余例。组织省级专家下乡义诊、讲学、带教66人次。区域影像远程会诊中心、心电中心、消毒供应中心运行正常。

【中医工作】 对21名基层医务人员开展基层卫生技术人员中医药知识与技能培训。常州市孟河医派百人传承培养工程结业4人，在培3人。市中医医院制定修订《关于加强中药应用规定的通知》等文件，加强对中药处方及中药饮片处方、门诊非药物治疗、临床路径实施、院内制剂及中药协定方的考核，提升中医医疗质量；选派14名主治医师到乡镇卫生院进行城乡对口支援工作，开展中医适宜技术推广活动4次。所有乡镇卫生院均设置有符合国家标准的“中医馆”，中医类别人员均达医务人员的20%以上，能提供300种以上中药饮片及100种以上中成药，并提供中药代煎、打粉、装胶囊、切片等服务，实现中医药阵地全覆盖。在村卫生室推进“中医阁（角）”项目，90%以上的村卫生室均配备中医相关人员，开展不少于4种的中医药技术方法。

妇幼卫生

【妇幼安全健康】 规范新冠疫情防控期间妇幼健康服务，推进妇幼公共卫生服务项目，提高全市妇女儿童健康水平。健全危重孕、产妇和新生儿救治体系，完善出生缺陷预防干预三级网络，提升综合防治服务水平，规范开展孕、产妇保健服务和计划生育技术服务，严格高危孕、产妇管理。细化分级服务要求，拓展服务内涵，推进全市儿童眼健康和视力筛查工作、完成幼儿园在园儿童视力筛查21828人。孕、产妇艾滋病、梅毒和乙肝检测率100%，阳性病例均得到随访和治疗。适龄妇女“两癌”检查26388人次，任务完成率105.56%；增补叶酸1531人次，任务完成率95.69%。 规范实施免费基本避孕服务项目，推进药具“四进”工作、流产后关爱项目和基本避孕手术服务；加强避孕药具不良反应／不良事件监测与防治，1—12月共上报避孕药品不良反应283例、避孕药具不良事件220例，其中严重药具不良反应2例。

【新生儿出生情况】 2022年，全市活产3396例，5岁以下儿童死亡13例，死亡率3.83‰，婴儿死亡5例，死亡率1.47‰，新生儿死亡3例，死亡率0.88‰；产前筛查率98.16%。

老年健康

【概　况】 截至2022年年底，全市人口平均预期寿命83.29岁，有百岁老人271人（男性78名，女性193名），按月足额发放百岁老人尊老金。溧阳市天目湖御水温泉被认定为2022年中国长寿之乡康养示范基地。开展“敬老月”“长寿文化节”“十佳孝星”“老有所为十佳人物”以及老年模范评选等活动，宣传涉老惠老政策、老龄事业发展成果和健康老龄化理念，普及《中华人民共和国老年人权益保障法》，营造尊老爱老助老良好社会风尚。建成全国敬老文明号3家、省级3家、市级21家，全国示范性老年友好型社区2家、省级1家。

【开展关爱老年人工作】 开展“安康关爱行动”，减轻老年人意外伤害带来的额外经济负担，2022年参保老年人数达20.94万人，承保覆盖率达101.95%，保费规模较2021年同比增长20.38%。组织镇、村（社区）开展人口老龄化国情教育，重点宣传和解读老龄政策法规，受益人次达10万余人。开展老年人跨越“数字鸿沟”教育支持专项服务。全市18家老龄（年）协会获常州市先进老龄（年）协会称号，18名会长获常州优秀老龄（年）协会会长表彰。

【老龄健康工作】 市中医医院建成二级老年病医院，市人民医院和市中医医院开设老年病专科，开通专家门诊、老年综合评估等工作，颐康护理院为老人提供“养生＋健康管理”“护理＋康复”和“安宁疗护”等专业化服务。全市所有综合性医院、康复医院、护理院及基层卫生院均已开设老年人就诊绿色通道，全部创成江苏省老年友善医疗机构，其中3家为优秀单位，实现老年人“完全一站式就诊”。加快实施老年人心理关爱项目试点工作，完成全市12个试点地区4544名65岁及以上的老年人心理健康宣教、心理健康状况评估等工作，并根据评估结果开展分级干预、专科诊疗等服务，实现老年人心理关爱项目点乡镇（街道）全覆盖。

疾病防治

【概　况】与苏州大学公共卫生学院达成慢病项目随访合作，与常州市疾病预防控制中心合作开展“恙螨监测专项调查”“蜱虫种群、密度及综合专项工作”“炎症通过 miR–21 调控 BCL2 在吸烟所致胰岛细胞凋亡中作用机制研究”。统筹疫情防控各项工作，全年累计接收协查函 1489 份，协查重点人员 5262 名；共处置异常情况事件 107 起，累计转运隔离 23376 人；2022 年参加能力验证、盲样考核、室间比对等 16 次 34 项，结果满意。监测食品安全风险样 9 类 60 件，食源性疾病监测哨点医院报告 786 例。每季度对 36 个农村饮用水监测点、8 个市政供水监测点采样检测，并在市政府网站公示监测结果。

2021—2022 学年学生健康监测系统录入学校 77 所，学生 75738 人，发生学生传染病预警 392 条，处置率 100%，上报学生体检信息 66392 人，监测 20 所中小学教学、生活环境卫生。农村环境卫生调查完成学校卫生状况调查表 10 份，入户调查 100 份、采检土壤与水稻样各 20 份。完成江苏省人体生物样本监测项目，抽取戴埠镇、南渡镇、别桥镇 3 个乡镇 144 名调查对象，完成问卷调查及健康体检工作。完成 4 家企业重点人群职业健康素养监测与干预、问卷调查等工作。对 36 家重点行业企业开展现场职业病危害因素检测；对全市 88 名存活的尘肺病患者开展随访调查工作。疾控中心 PCR 实验室新冠核酸检测 971942 人次、农贸市场采样 5356 份（冷链食品及包装样 2843 份、重点环境样 1877 份、从业人员 636 份）、集中监管仓采样 560 份。2022 年共收到并及时处置国家传染病预警信息系统的传染病预警信息 119 条，以手足口病、流行性腮腺炎及猩红热为主，及时处置率 100%。全市共报告学校等集体人群传染病相关疫情 2 起，均为水痘疫情，规范处置率、及时率均达 100%；规范处置上报一起食源性疾病暴发事件。

【预防接种】落实国家免疫规划政策，全年开展儿童免疫规划疫苗免费接种 98231 针次，免疫规划疫苗基础免疫接种率均达 95% 以上；地方性水痘共接种 13487 剂次，接种率均达 95% 以上。组织医务人员 1461 人次支援常州、苏州、扬州、上海等地疫情防控。

【疾病预防控制工作】报告甲乙类传染病 11 种 867 例，发病率 110.24/10 万；丙类传染病 4 种 341 例，发病率 43.36/10 万。及时开展流行病学调查，共接收各类协查 1975 份，管控 4383 人。累计建立居民电子健康档案 701677 份，建档率 89.33%。国家医改重大专项肿瘤综合筛查项目筛查 3160 人。

【结核病、糖尿病防治】完成“江苏省糖尿病高危人群筛查干预”项目，共调查 3006 人，发现糖尿病前期人群 628 人、患者 253 人。结合 65 岁以上老年人体检开展肺结核病人发现和规范管理工作，累计结核症状问诊 108045 人，问诊率 100%，发现肺结核可疑症状 398 人，免费拍胸片 398 人；共管理糖尿病患者 21106 人，开展结核症状问诊 21104 人，发现肺结核可疑症状 198 人，免费拍胸片 198 人，均未发现肺结核病人。

【艾滋病防治】完成治疗艾滋病病人和感染者 CD4 淋巴细胞检测共计 319 人次。“三热病人”血检 327 例次无阳性，全市无疟疾。

爱国卫生

【概　况】落实溧阳市《深入开展爱国卫生运动的实施方案》，提升国家卫生城市水平，形成城市卫生长效管理机制，督促、指导各镇做好卫生镇村的长效管理工作。开展第 33 个爱国卫生月活动，引导广大群众主动学习健康知识，养成良好的卫生习惯。市卫健局获评省爱国卫生运动 70 周年表现突出集体称号，2 人获省爱国卫生运动 70 周年表现突出个人称号。2022 年度健康常州行动考核中，指标考核和组织实施考核均为优秀等次，其中 39 项指标考核辖市区排名第一。

【健康场所建设】组织开展健康镇村建设调研督导和培训班，部署落实年度健康镇村建设工作。社渚镇建成江苏省健康镇，昆仑街道方里村、天目湖镇田家山村等 12 个村建成江苏省健康村。

【健康知识普及】制定《2022 年健康教育主题宣传活动安排》，“一月一主题”组织开展系列健康普及宣传活动。全年开展各类健康讲座、咨询等 1000 余次，受益人群 30 余万人次。多个单位及个人获省卫生科普先进集体和个人。

【爱国卫生运动】开展环境综合整治和病媒生物防制，加强城乡环境卫生综合治理，确保四害密度达到国家病媒生物密度控制水平标准C级以上要求。加强烟草烟雾危害控制，鼓励医院主动提供戒烟咨询热线，建设一家国家级戒烟门诊，提高戒烟干预能力。

卫生监督

【卫生监督执法】 全年实施行政处罚50件，其中一般程序21件、简易程序29件，共罚没金额51.26万元。全年开展法制审核案件6件，申请法院强制执行1件。全年受理各类投诉举报22起（医疗卫生类20起、其他2起），办结及时率100%，群众满意度100%。完成134家“双随机”检查任务，对23家抽查不合格单位实施行政处罚，并在溧阳市政府网站公示检查结果。开展医疗机构规范执业专项整治活动，共检查94家医疗机构，查处无证行医18例、取缔18例、实施行政处罚5例。加强医疗机构监督检查，对疫情防控措施落实不到位的14家单位进行行政处罚。开展集中餐具消毒单位专项整治，督促餐消单位规范消毒、完善化验及质量检测步骤，每季度开展消毒餐具监督抽检10件，合格率100%。实施“互联网+口腔”管理，安装卫生监督执法在线监测系统25家。全年完成卫生监督协管巡查2901户次，报告卫生监督协管线索数37次。首次将职业卫生工作纳入基本公共服务监督协管项目，制定相关管理制度，修订卫生监督协管考核制度。

【饮用水及涉水产品监管】 开展饮用水专项检查，实现全市集中式供水单位监督检测全覆盖。对全市10家游泳场所水质进行2轮抽检，对1家抽检不合格的单位进行约谈并责令立即整改。

【职业健康监管】 推进职业病危害专项治理工作，确定被整治对象50家。对7家省级督办的职业卫生风险单位进行跟踪风险化解。开展非医疗放射单位放射防护管理专项整治。完成非医疗放射性职业病危害项目申报29家，完成非医疗放射单位放射防护管理专项整治9家。

【卫生应急】 完成新冠疫情防控各项要求，保持指挥体系的“平战结合”状态，常态化设置24小时值班值守和电话专线。流调队、核酸检测队、消杀队、医疗救治队保持激活状态。采样服务点24小时双人值守采样，主动对外公布咨询服务热线。组建60支流调队伍和100人消杀专业队，并开展2轮次人员更新培训。做好重点人群、入境人员的闭环管理，迅速应对处置上海、常州等地突发疫情。与江苏宁杭高速公路有限公司共同完成疫情防控应急处置演练。举办2022年溧阳市食源性疾病暴发事件应急处置演练活动，全面加强医疗机构院感防控。全市各级各类医疗机构认真落实场所码管理、预检分诊制度和发热门诊管理极做好“党代会”等重大活动期间疫情防控、医疗救治工作的备案、指导、督查、保障。

基层卫生

【概　况】 开展“优质服务基层行”活动，10家乡镇卫生院达到基本标准，7家乡镇卫生院达推荐标准，基本标准达标率为100%，推荐标准达41.2%。

【基层卫生服务能力建设】 2022年，村卫生室建设被列入市政府重点民生实事项目。全市新建村卫生室27家，改扩建村卫生室56家，并为64家村卫生室配备设备，实现所有行政村标准村卫生全覆盖，所有村卫生室达省定基本标准。家庭医生签约实现常住人口签约率45.37%，重点人群签约率75.17%，七类特殊人群签约率96.27%。创成常州市级基层医疗卫生机构特色科室9个，17家乡镇卫生院均建成1个以上特色科室，完成“一院一特色”总体目标任务。选派10名基层卫技人员参加基层卫生人才能力提升培训，组织250名基层卫技人员参加基层适宜卫生技术培训。安排120名全科医生以师带徒，指导全市144名年轻乡村医生理论及实践学习，提升乡村医生服务能力。

【基本公共卫生服务与社区卫生】 推进项目实施进度。2022年，全市基本公共卫生服务经费补助标准达到94.17元／人。加强项目组织管理工作，强化服务人员培训，年终进行绩效考核，群众满意度不断提升。2022年全市健康档案使用率为79.1%，举办健康教育讲座1227次，举办健康教育咨询活动178次；预防接种建证数39871人，建证率100%；早孕建册率89.43%，产后访视率97.59%；0～6岁儿童健康管理率为98.48%；65岁以上老年人健康体检率70.23%；管理高血压患者79786例，2型糖尿病患者21940例，血压控制率69.43%、血糖控制率71.60%；全市传染病及突发公共卫生事件报告率、及时率和规范处置率均为100%。

信息化建设

【概　况】按照“健康中国2030”规划纲要目标要求，推进“健康溧阳”信息化建设工作。以“国家医疗健康信息互联互通标准化成熟度测评”和“江苏省全民健康信息平台分级评价”为契机，创新互联网健康医疗服务模式，规范提高“互联网+健康医疗”服务。

【优化系统平台建设】改进优化既有信息系统功能，推进卫生院诊间支付项目，在上黄镇卫生院、新昌卫生院及别桥镇卫生院继续投入10台设备开展工作，优化就医流程管理、提升医疗服务能力；深化“影像云”项目对接工作，完成区域HIS系统医生工作站的影像跨院共享、重复检查提醒功能的改造、云胶片功能，截至2022年年底，共上传影像云平台报告单数量114806份，影像序列数量188554个，影像存储量达5833.4GB；相继完成国家医保事前事中监管、进销存及结算清单、月度结算、个人医疗待遇余额查询、医保电子凭证升级等功能对接；完成区域65岁及以上老年人体检与常州市级体检系统的对接，实现体检数据实时上传，共上传91855条体检数据；完成区域公共卫生信息系统的电子健康档案与常州市健康档案的对接，共上传791970份；完成区域家庭医生体检、住院病历首页上传等接口的对接任务；完成溧城卫生院、昆仑卫生院第三方体检系统与区域公共卫生信息系统对接。落实常州市全民健康信息平台统一数据标准工作要求，统一溧阳市全民健康信息平台数据采集标准，推进数据对接工作。做好卫健数据与市大数据云平台对接和基础数据定期上报工作，每月按时上传13类数据。推进溧阳市全民健康信息平台国家互联互通四甲、江苏省全民健康信息平台功能应用分级评价工作。

【互联网+健康】依托“互联网+健康”模式，完善市人民医院微信公众号功能，实现线上预约挂号、线上诊疗等服务。完善互联网医院建设，市人民医院新增互联网医院新冠问诊服务，市中医医院开通互联网医院电子发票、互联网病案邮寄和病理复印功能，上线互联网护理服务小程序，实现患者线上下单、护士上门服务。

【网络安全】开展网络安全宣传周活动，实施网络资产排查、对通报的网络漏洞按时整改。与中国电信溧阳分公司、第三方网络安全技术支撑单位开展卫健系统网络信息安全培训、互联网资产自查和巡查工作。

医疗机构选介

【江苏省人民医院溧阳分院】2022年，医院设有内、外、妇、儿、肿瘤等病区28个，开展一级诊疗科目13个，二级诊疗科目26个。医院是常州市县域胸痛中心、卒中中心和创伤中心，以及溧阳市孕产妇危急重症救治中心、新生儿危急重症救治中心、区域化消毒供应中心、临床病理诊断中心、影像会诊中心、心电诊断中心、临床检验中心。创有常州市临床重点专科8个，江苏省临床重点专科1个——普外科。截至2022年年底，医院有在职员工1583人，其中卫技人员1353人、高级职称252人、硕士及以上学历128人、市级以上委员会委员130余人。医院拥有100万元以上大型医疗设备63台：医用直线加速器、飞利浦3.0T核磁共振、飞利浦128排螺旋CT、奥林巴斯3D腹腔镜、高端医用血管造影机（西门子Artis Q）、高端心脏彩色多普勒超声（EPIQ 7C）、高端妇产彩色多普勒超声(E10)、智能化连续升降输送机系统、自动发药机等大型医疗设备。2022年，江苏省人民医院溧阳分院的门急诊量、出院人次和总手术量分别为78.19万人次（已剔除核酸检测50.89万人次）、3.55万人次和13547台次，同比增长5.41%、1.56%和6.10%。入选全国首批“千县工程”县医院名单，成为南京医科大学康达学院附属医院，骨科创成常州市区共建医学重点学科。全院入选省“333工程”培养对象2名，获市科协青年托举人才培养项目1名、常州市科协青年托举人才培养项目1名。急诊科护理组获评“江苏省巾帼文明岗”称号。

【溧阳市妇幼保健院】成立于1995年5月，2005年9月与溧阳市人民医院整体合并。建筑面积1.17万平方米，业务用房9211平方米，开设床位76张，开设妇产科2个病区和儿科1个病区。2022年有在职职工235人（其中在编职工153、编外82人）。其中，卫技人员183人，卫技人员占比78%；高级职称 51人，中级专业技术职称94人，初级专业技术职称32人。研究生学历1人。截至2022年年底，医院有专业设备共计567台。其中10万～100万元设备共计28台，共计原值716万元；100万元以上设备1台，共计原值235万元。

【江苏省中医院溧阳分院】 2022年，医院心血管科、骨伤科为江苏省中医重点专科建设单位，中医心血管病学为常州市区共建医学重点学科，心血管科、骨伤科、肾病科、妇科、脾胃病科、中医儿科、中医肺病科、中医外科、中医眼科为常州市中医重点临床专科，中医肛肠科（混合痔病）为常州市中医重点临床专病，脑病科、针灸推拿科为江苏省基层医疗机构中医特色专科。截至2022年年底，医院有临床一级专科14个、二级专科20个、医技科室9个、专病特色门诊73个（其中中医特色门诊31个）。职工总数1070人。其中，卫技人员967人，在编职工628人，高级职称180人，研究生学历150人，医学博士3人，中级专业技术职称339人。核定床位450张，实际开放床位490张。全年门急诊71.14万人次、三四级手术5841例、中药饮片收入4344.95万元、中医特色技术总量1556.1万元，同比增长12.6%、9.06%、24.82%、22.02%；百元医疗收入消耗卫生材料30.19元，同比下降15.51%。益胃颗粒和降脂舒心胶囊恢复生产供应。五级电子病历通过省级初审。建成满足五级电子病历评级现场审查和互联互通测评的新机房。被江苏省卫健委确认为“江苏省老年友善医疗机构优秀单位”。省中医院专家全年来院授课、临床指导、教学查房、手术、门诊等共242人次；派遣16名医学博士、硕士分期到院参与科室的管理、临床医疗工作。2022年业务收入6.36亿元，门诊诊疗72.90万人次，出院2.31万人次。固定资产总值达到2.22亿元。

拥有德国西门子炫速双源CT、西门子SOMATOM SCOPE CT、德国西门子1.5T核磁共振仪、日本岛津800毫安DSA、美国威视飞秒准分子激光、德国椎间孔镜、芬兰全景X射线机、GE乳腺钼靶X光机、西门子数字胃肠机、荷兰飞利浦彩色超声诊断仪、瑞典全自动酶免分析仪、罗氏化学发光仪、西门子生化分析仪、美国科医人钬激光治疗仪等大型先进医疗设备。

【溧城镇卫生院】 成立于1956年8月，由原城南乡卫生院、溧城医院发展而来，医院承担老城区大部分居民的防病治病工作。医院占地面积2.11万平方米，建筑总面积1.93万平方米，业务用房面积1.69万平方米。医院核定床位99张，实际开放床位102张，内科30张、外科20张、妇产科32张、其他科室20张。截至2022年年底，有在职职工131人，卫技人员108人，医生61名，护士47名。卫技人员配备齐全，结构合理，占职工总数的82.4%；副高以上职称49人，中级职称28人，高中级占卫技人员71.3%。

医院科室设置齐全。妇产科为特色专科。大内科设置内分泌科、呼吸内科、消化内科；大外科设置普通外科、泌尿外科及骨科。

医院具备多项多功能急诊抢救的能力，于2021年成立120院前急救小组，承担溧城镇“120”分站急救任务，实时与上级医院进行医疗救治沟通、转运，降低患者的死亡率和伤残率。开展常见的外科急腹症的手术处理、甲状腺次全切除术、胸腹联合损伤的救治、无张力疝修补术；独立开展四肢骨折钢板或髓内钉内固定术、关节融合术等骨科手术；开展子宫肌瘤剔除术、子宫全切术、附件切除术、剖宫产、宫外孕等妇产科手术。眼科能熟练开展白内障小切口摘除＋人工晶体植入术，青光眼滤过性手术、翼状胬肉切除术，倒睫矫正术，鼻泪管吻合术等手术。中医科熟练运用中医内治法，毫针针刺法，拔罐法，穴位贴敷法，推拿法治疗常见病与多发病，并开展特色“三伏贴”及“火龙灸”技术，艾灸相应经脉，激发人体阳气，以达到调节周身气血的目的。

【马垫卫生院】 成立于1956年，是一所以医疗、康复、预防保健、健康教育、计生指导等为一体的一级甲等综合性医院。医院于2013年12月异地新建、2020年9月异地扩建，总建筑面积达1.01万平方米，其中医养中心6000平方米。总住院床位121张，开设内科、外科、骨科、针灸推拿科、口腔科等。医院在职职工101人，党员21人，在编职工59人，服务人口4.06万人。

口腔科是溧阳市口腔病防治重点专科，科室有口腔专业技术人才12人（中级职称7人、本科7人）。主要开展口腔综合治疗、口腔修复、口腔正畸、口腔种植等口腔门急诊工作，承担全市40%儿童口腔疾病干预项目任务。在龋病治疗及预防、根管治疗、正畸、修复、种植、机用镍钛器械根管预备技术、热牙胶充填技术、牙周刮治、牙周翻瓣术等方面在全市具有广泛影响。医院添置普兰梅卡四合一口腔全景CT、WH种植机、进口口内数字扫描仪、进口数字化牙片机、牙周治疗仪、热牙胶治疗仪，在全市率先开展口腔种植牙技术，规划创建二级口腔医院。

中医针灸推拿专科收治溧阳及周边地区患者10余万人次。科室成员先后在国家权威杂志共发表高质量论文10余篇。开展针灸、推拿、拔罐、牵引、浮针疗法、刺血等多种技术。在2012年10月24日通过溧阳市中医重点特色专科的创建。

手足创伤专科配有专科标准化手术室2间和系列现代化手外科设备，拥有专科手术显微镜，专科手术器械，显微外科手术器械，麻醉机等先进设备。经过多年的发展，科室已成为开展断指断肢、四肢神经、血管损伤、肢体皮肤缺损、手部畸形、手部肿瘤等疾病的专科医疗中心。创伤手外科建立10年来，共收治各类外伤门诊病人5000余例，住院病人3000余例，服务范围辐射周边。

程氏中医骨科于2001年由句容磨盘老人山祖传骨伤科到医院进行门诊。坐诊的医生程世海出身于骨科世家，在正骨、固定及内、外用药方面都有独到之处；程世海在祖传基础上，不断改进正骨接骨的方法、技能，经过多年的实践创立独具特色的正骨理论和手法——“程氏正骨技法”；运用中医古老的内外因理论，总结出利用传统天然药物，契合患者特点，配制而成的骨科伤膏药，经过长期实践治疗，缩短骨科疾病的恢复周期，获得满意的临床疗效。

【平桥卫生院】 成立于1956年8月，占地面积7250平方米，房屋面积4170平方米。截至2022年年底，医院有职工47名。其中，在编人员32名，非卫技人员1名，卫技人员31名；编外人员共15名，其中卫技人员13名。副高及以上人员11名，中级12名。卫技人员中30岁以下5人。临床科室有内科、外科、中医科、中西医结合科、五官科（口腔科）、妇科；其他科室有影像科、超声科、心电图室、检验科、收费处、药房、防保科、药库、输液室、病区。中医科于2015年被授予江苏省乡镇卫生院中医特色专科称号，2019年被授予常州市基层卫生医疗机构特色科室称号。2017年与溧阳市中医医院签订医联体合作单位，合作项目有“血管及浅表超声”“内镜”以及中医护理和十二导联动态心电图分析等。

【戴埠镇中心卫生院】 成立于20世纪50年代，2019年12月与鼓楼医院签订“合作共建溧阳市戴埠镇中心卫生院”的协议，并增挂“南京鼓楼医院技术合作医院”及“江苏省风湿免疫疾病诊疗中心溧阳分中心”两块牌子。投资约5000万元新扩建一幢9750平方米（地下车库面积2950平方米）的综合医疗楼，于2021年12月份完成上级部门的竣工验收并即将投入使用。医院占地面积2.4万平方米，建筑面积含相关辅助用房在内约2万平方米。全院在职职工169人（在编128人）。其中，卫技人员150人，高级职称57人（其中正高7人，副高50人），中级职称45人。中级及以上职称占68%。有全科医师45人、各级护士58人。卫技人员中获得本科学历者103人，大专学历32人，大专及以上学历占比90%。医院设有内科、外科、妇产科、风湿免疫科（病区）、老年康复病区、儿科、中医科、血液透析科、眼科、耳鼻喉科、口腔科、皮肤激光科、针灸推拿康复理疗科13个临床科室；医技科室有药剂科、检验科、放射科、病理室、手术室、彩超室、心电图室、内窥镜室8个辅助科室。普外科被评为江苏省乡镇卫生院特色科室和江苏省人民医院普外科基层特色科室孵化中心孵化单位；消化内科被评为常州市乡镇卫生院特色科室；血液透析科是常州地区乡镇卫生院首家开设血透的单位，于2016年7月开诊。连续多年位列溧阳市基层医疗卫生机构年终绩效考核第一档。

为加强医疗服务能力和诊断水平，医院拥有进口1.5T西门子核磁共振、进口16排西门子螺旋CT、飞利浦DR、飞利浦四维彩超、超高清进口腹腔镜、超声刀、进口钼靶、钬激光、血透机、血滤机、电子胃肠镜、大型全自动生化仪、心电监护仪、心电除颤仪、C臂机、进口麻醉机等先进仪器。

【竹箦镇中心卫生院】 成立于1956年，是一所功能齐全的一级甲等卫生院。医院占地面积1.95万平方米，建筑面积1.26万平方米，住院床位101张，下辖15个行政村、2个居委会及15个村卫生室，服务人口5.3万人，辐射周边人口约15万人。截至2022年年底，医院有在职职工125人。其中，卫技人员108人、高级职称23人、中级职称53人、初级职称32人。本科学历65人、大专学历34人、中专学历9人。

临床科室设有急诊科、儿科、眼科、耳鼻喉科、口腔科、麻醉科、中医科、皮肤科、消化内科、呼吸内科、内分泌科、骨科、泌尿外科、普外科、妇产科、计划生育科、疼痛科、甲乳外科、肛肠科、皮肤科，其中内科二级科室3个、外科二级科室3个、妇产科二级科室2个。在原有科室的基础上增设消化内科、呼吸内科、内分泌科、骨科、泌尿外科、普外科、计划生育科等二级科室，增设了疼痛科、甲乳外科、肛肠科、皮肤科等专科。

2018年普外科被评为常州市基层特色科室，2022年呼吸内科被评为常州市基层特色科室。

【上兴镇卫生院】 成立于1956年10月，是一所集医疗、预防、保健、健康教育、康复、计划生育等多功能于一体的非营利性综合性乡镇卫生院。2018年8月迁至新院区，新院区占地面积1.73万平方米，房屋总面积1.45万平方米，开设5个病区，可开放床位180张，2022年设置床位100张。有职工总人数87名（在编人员55人）；卫技人员73人，具有高级职称17人，中级职称13人，中级以上职称占全部卫生技术人员的46%，占职工比例达到93%。本科学历28人，专科学历22人，专科以上学历占卫生技术人员的81%。2022年8月评定为二级综合医院。负责辖区内的基本医疗卫生服务和基本公共卫生服务的二级医院，是全科医生社区规范化培训基地。

2018年8月与江苏省中西医结合医院合作成立技术合作医院，合作推进建立大医院带基层医院的模式和医疗、康复、护理有序衔接的服务体系，进行技术合作。

【南渡镇中心卫生院】 2022年，医院占地2.33万平方米，建筑面积2万平方米。医院先后购置西门子16排螺旋CT、菲利浦彩色B超、奥林巴斯电子胃肠镜、超高清腹腔镜系统、全自动生化分析仪、多功能麻醉机、进口血球分析仪、心电监护仪、无创呼吸机、心电除颤仪等许多现代化诊疗设备。截至2022年年底，医院有在职职工128人，编外人员37人，合计165人。中、高级职称101人。其中，正高8人、副高30人、中级63人。医院设有预防保健科、全科医疗科、内科、外科、妇产科、儿科、眼科、耳鼻咽喉科、口腔科、精神科、急诊医学科、麻醉科、医学检验科、病理科、医学影像科、中医科。开放床位250张，能独立开展普通外科、骨外科、妇产科、五官科等手术。为溧阳市乡镇首批二级综合医院，被国家卫计委评为溧阳首家群众满意的乡镇卫生院，江苏省首批省级示范乡镇卫生院，第三批“江苏省社区医院”、江苏省首批农村区域性医疗卫生中心基本建成单位，江苏省老年友善医疗机构。医院配有先进的医疗设备，与南京脑科医院、常州市第一、第二人民医院、江苏大学附属医院、常州德安医院签订合作协议，成为技术合作医院，让患者不出远门即可享受三级医院专家服务。

【社渚镇中心卫生院】 2022年，医院占地面积约1.5万平方米，建筑面积约1.7万平方米，绿化面积达7500余平方米，固定资产6000余万元，是常州市首批一级甲等医院。下辖17个村卫生室，负责全镇16个行政村5.2万余人的医疗保障及基本公共卫生服务的重任，医疗服务能力辐射溧阳市南部区域周边约20万人。截至2022年年底，医院有在职职工134人，卫技人员118人，执业医生43名，注册护士55名。卫技人员占职工总数的88.06%；副高以上职称52人，已聘32人，中级职称44人，中高级职称占卫技人员的64.4%；其中本科学历88人，大专学历30人，中专学历3人。每床配备1.17名卫技人员，每床配备护士0.54名。医院核定床位79张，实际开放床位101张，其中内科40张、外科38张、妇产科19张、眼科1张、耳鼻咽喉科1张、中医科2张。

医院科室设有急诊、内、外、妇、儿、眼、耳鼻咽喉、口腔、皮肤、中医等科室；病区设有内科病区、外科病区、综合病区3个病区。普外科是常州市基层特色科室，其中以腹腔镜微创手术治疗胆囊炎胆囊结石、阑尾炎、腹股沟疝为特色。

拥有西门子16排螺旋CT机1台、菲利浦和GE彩色多普勒超声诊断仪各1台、日本奥林巴斯和日本富士高清电子胃肠镜各1套、德国高清腹腔镜系统1套，神州医疗医用内窥镜摄像系统1套、GE数安化摄影DR机、移动式平板C臂X光机、美国强生超声刀、美国威力进口电刀，骨密度测定仪、白内障乳化超声仪、全自动生化分析仪、尿沉渣仪、全自动血球分析仪、多功能麻醉机、各种心电监护仪等。

在2021年、2022年连续两年通过“优质服务基层行”国家推荐单位评审。

（市卫健局）

LIYANG
YEARBOOK

体育

栏目编辑 陈 莉

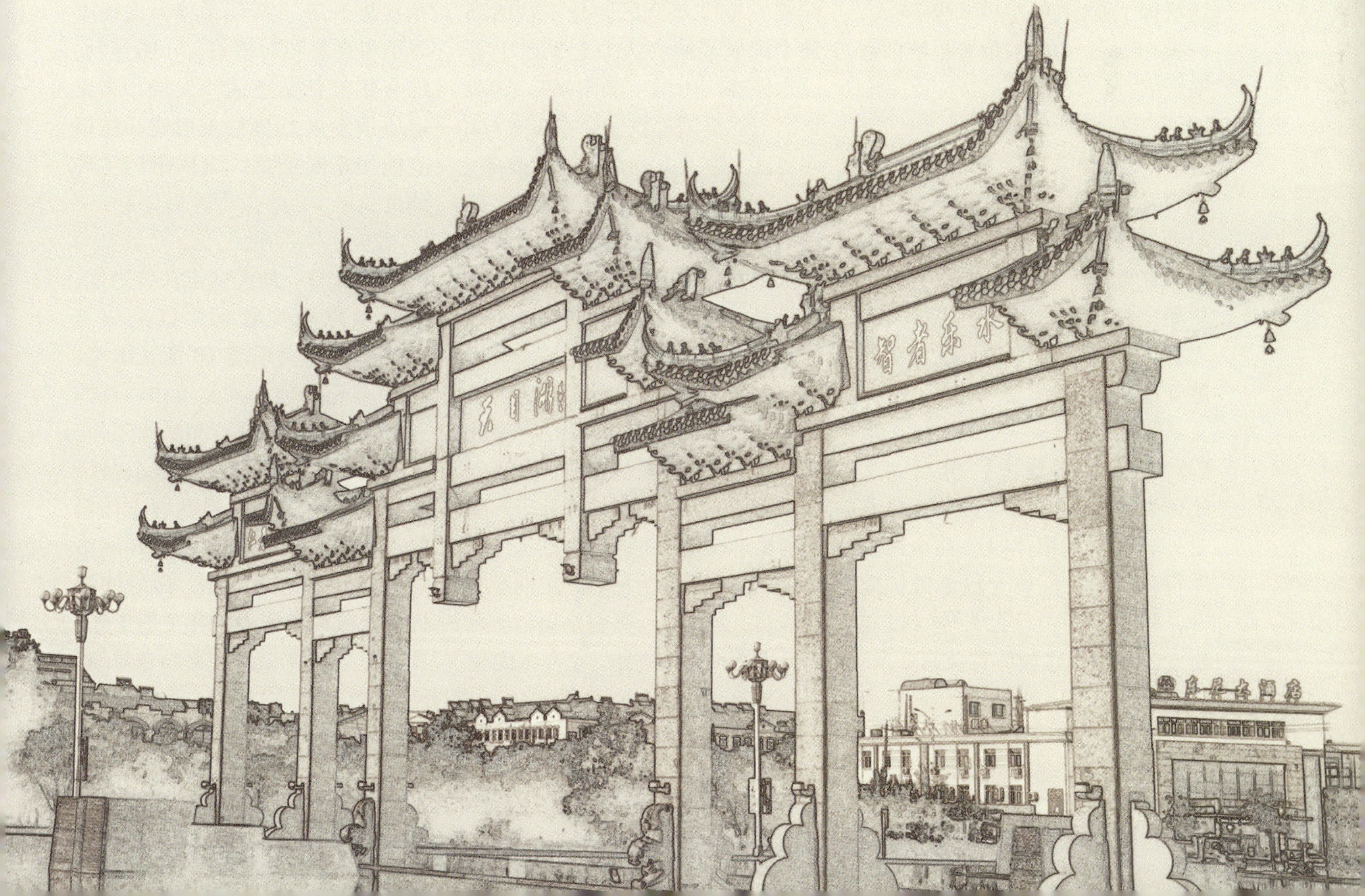

群众体育

【概 况】 2022年，市文旅局以“更好地满足群众体育健身需求”为目标，优化公共体育设施与健身服务，促进全民健身运动更加深入持久地开展，引导更多群众享受体育发展成果。2022年举办各类健身活动200余场次，参与人数超10万人。2022年溧阳市“全民健身日”网络健身竞赛，共收到参赛作品200多个，视频关注度达300多万人次。溧阳市获评2018—2021年度江苏省群众体育先进单位。

【社会体育指导员队伍建设】 全市设有晨晚练健身点800多个，社会体育指导员4000余名。举办一线体育指导员再培训26期，全年参加培训人员达1200余人次，完成二级以上社会体育指导员输送培训工作，其中申报二级34人、一级18人，均取得指导员培训合格证书。

【完成省级体质测定】 根据国家体育总局《关于做好体质测定与运动健身指导站建设运行工作的通知》要求，2022年全市省级体质测定与运动健康指导站向3000人提供免费国民体质测试和科学健身指导。

【体育基础设施建设】 市公共文化体育中心体育馆实行全天免费对外开放。利用体彩公益金，推动行政村、社区体育设施维护提升，带动社会力量投入体育设施建设，2022年建成体育公园2个、健身步道6000米，新建笼式灯光篮球场地12片、健身路径（场地）130套、篮球场地50片，赠送各镇(街道)室内外乒乓球台76张，全市城市公园、绿地配建体育设施达100%。

竞技体育

【概 况】 2022年，全市竞技体育水平稳步提升，竞技体育运动取得新佳绩。溧阳市运动员参加江苏省第二十届运动会获得金牌46枚，多人次在参加全国各级各类体育竞赛中获得前三名。举办江苏省中学生篮球赛、江苏省“省长杯”足球赛，少体校、光华高中、燕山中心小学等一批学校在省、常州市级比赛中获得优异成绩。

【品牌赛事】 举办2022年中国国际标准舞（体育舞蹈）青少年锦标赛、2022年全民健身主题活动暨中国射箭协会大众运动水平等级达级赛（中国·溧阳站）、2022年第七届全国象棋业余棋王赛(溧阳赛区)等一系列国内重大赛事，成为新闻媒体报道的“常客”，在满足市民在家门口观赏精彩赛事需求的同时，进一步提升溧阳的国际知名度和城市美誉度。

【推进体教结合】 建立以学校体育为依托培养后备人才的训练机制，形成以少体校为龙头，多所省级、常州市级特色学校为骨干，广大基层学校为基础的业余训练点网络。以安全工作为核心，定期开展教练员、运动员反兴奋剂集中学习和反兴奋剂知识讲座，全年未发生一例训练安全责任事故。

体育产业

【概 况】 推进体育与文化、旅游、医疗、农业等产业深度融合发展。依托曹山、瓦屋山等山地旅游资源优势，打造马拉松、徒步探险、自行车、露营等多类型户外运动体验项目。在符合相关规划的地域，建设以旅游度假村、体育训练营地、房车营地、溧阳茶舍等为中心，以山涧小道、健身步道、自驾游线路为轴线，各类山地户外运动项目为支点的融运动、旅游、度假、养生于一体的运动休闲度假产业。

【体育彩票销售】 2022年全市销售体育彩票2.1054亿元，增幅49.44%，全省排名第16位。应对高频玩法退市的严峻形势，通过调研走访、数据研判、竞彩培训、帮扶提升等一系列举措，促使全年销售形势相对平稳。小微便利、综合体等新渠道稳步发展，多渠道协调发展态势初步形成，抗风险能力不断增强，巩固市场主导地位。

【体彩工作】 加大网点扶持力度，加强网点合规管理。打造热点游戏，做好大乐透10亿元派奖、5000万元排列3派奖工作，及即开型彩票、世界杯竞猜销售工作。通过助力大型赛事，开展公益活动等多渠道宣传增强品牌市场影响力。加强技术保障，做好网络安全及网络运营工作，做好终端机及外接设备的维护和更新工作。

（市文体广电和旅游局）

LIYANG
YEARBOOK

社会保障

栏目编辑 尹少鹏

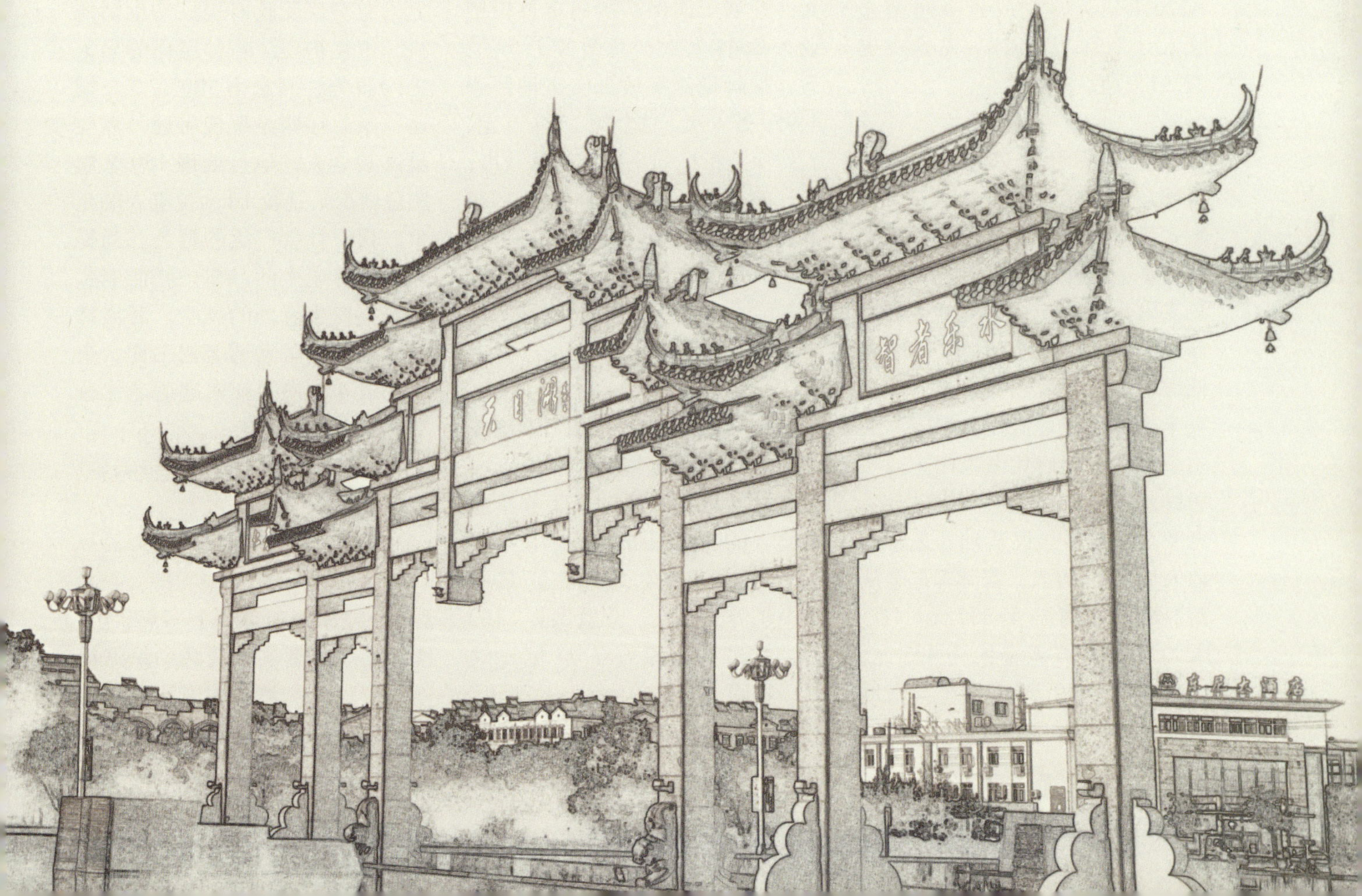

社会保险

【概　况】 2022年，溧阳市城镇职工基本养老、医疗和失业“三大保险”综合覆盖率均超98%。社会保障工作2020—2022年连续3年获得省政府真抓实干督查激励，社保基金收支绩效管理工作被省财政厅评为一等奖。

【企业养老保险】 2022年，溧阳市企业职工养老保险总收入26.8亿元，企业职工养老保险总支出27.9亿元，净增缴费人数1.62万人。城镇职工基本养老保险参保人数212379人，新增参保人数1.62万人，完成年度目标的150%。企业职工基本养老保险人均增资91.8元／月。企业退休人员养老金实现18连增，惠及全市企业退休人员10.84万人。全市企业职工基本养老保险基金收入26.8亿元，完成省下达基金收入计划的121.62%，基金支出27.91亿元。

【居民养老保险】 2022年，溧阳市城乡居民基本养老保险参保人数6.7万人，城乡居民基本养老保险基金总收入6.55亿元，基金总支出6.03亿元。符合城乡居民养老保险政府代缴条件的4134名低保对象、重度残疾人、原建档立卡未标注脱贫低收入等困难人员全部纳入政府代缴范围。城乡居民基本养老保险实现13连涨，惠及全市城乡居民基础养老金领取人员12.3万人。基础养老金从272元／月调整至332元／月。人均月基本养老金约为403元，比上年增长19.6%，位居苏南地区前列。

【机关事业单位养老保险】 2022年，溧阳市机关事业单位养老保险参保人数1.55万人，机关事业单位养老保险基金总收入7.72亿元，基金总支出7.68亿元。机关事业单位退休人员养老金实现7连增，惠及全市机关事业单位退休人员0.99万人。

【工伤保险】 2022年，溧阳市工伤保险参保人数27.19万人，工伤保险基金总收入1.25亿元，基金总支出1.41亿元，全面执行全省统一工伤保险行业基准费率和工程建设项目工伤保险费率。开展非全日制就业、多重劳动关系劳动者、超过法定退休年龄人员和实习生参加工伤保险，参保单位141家、1533人。推进“同舟计划”和新业态从业人员参保，办理建筑业项目参保299个7万人。完成2022年度工伤定期待遇调整补发，补发554人次、70万元。开展工伤保险待遇零星报销业务8641人次，总金额1.59亿元，按时足额发放工伤定期待遇4.956万人次，总金额1304万元。工伤保险指标列全省考核县（市、区）第2名，获省级储备金1913万元。

（黄　颖）

社会福利

【概　况】 2022年，溧阳市积极应对人口老龄化趋势，加快形成居家社区机构相协调、医养康养相结合的养老服务体系。全市共有农村特困对象1773人，其中集中供养371人、分散供养1402人。启动建设投资2.77亿元的市级特困人员供养中心。社渚镇、竹箦镇、上黄镇、埭头镇启动敬老院提升改造工程，其中3家敬老院完成改造并投入使用，有力提升养老服务保障水平。颐康护理院、颐和康复中心和汤桥养老公寓3家医养结合机构在疫情防控期间注重发挥医疗资源优势，全力做好疫情防控、健康指导和疾病救治等服务工作，为老人筑牢健康安全“保护墙”。聚焦农村老年群体用餐需求，推动如意小食堂助餐服务向农村延伸，建成如意小食堂（助餐点）80家，“覆盖城乡、布局均衡、方便可及”的老年人助餐服务网络逐步形成。出台《关于推进如意小食堂规范化建设的意见（试行）》，全力推动如意小食堂标准化建设、规范化运营。如意小食堂的工作成效及做法，多次在“学习强国”学习平台、省政府办公厅《每日要情》《江苏民政》等媒体报道和关注。

全市2.9万名80周岁以上老人免费享受政府提供的生活照料、康复护理、精神慰藉等居家上门服务，满意率100%。“一键通”紧急呼叫系统覆盖近万名空巢高龄老人，运行处理150余起紧急情况，挽救10余位老人的生命，获得社会广泛的赞誉。为提升居家养老生活品质，降低老年人居家发生意外的风险，开展特殊困难家庭居家适老化工作，全年完成400户困难家庭适老化改造，满意率达100%。

（陈志琴）

社会救助

【社会救助制度体系】 2022年，溧阳市坚持落实社会救助保障标准与居民人均消费支出挂钩联动机制，最低生活保障标准提高到

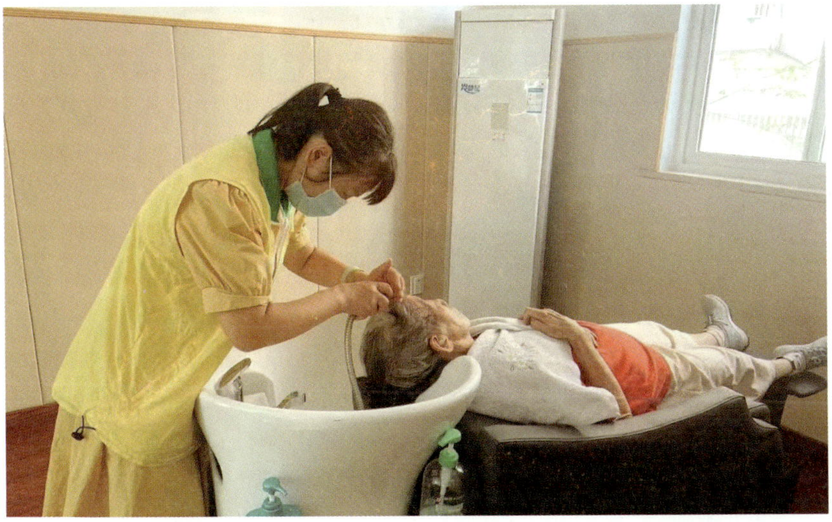

日间照料中心工作人员为老人细心洗头　　（陈志琴　供稿）

1000元/人·月；城市特困人员救助供养标准按照1945元/人·月执行；农村特困人员救助供养标准按照1300元/人·月执行。全市保障低保对象1828户、2797人，发放生活保障金3029万元；农村特困供养对象1773人，发放供养经费2687万元；残疾人两项补贴对象17157人，发放困难残疾人生活补贴7775万元、重度残疾人护理补贴955万元。

【“溧即助”社会救助品牌】 2022年，溧阳市立足早发现、早救助，积极打造“溧即助”社会救助品牌。建立临时救助备用金制度，在常州市范围内率先将低保标准2倍以内的临时救助审批权限下放到镇(街道)，开辟困难群众“救急难”快速办理的绿色通道。全年实施临时救助5620人，发放救助资金329.93万元。加强落实主动发现机制，确保困难群众在特殊时期的正常生活，为困难群众发放疫情临时价格补贴293万元，发放高温生活补贴48.29万元，为3046户困难家庭提供65千瓦时免费用电补贴。

【结对低保边缘家庭】 2022年，为切实巩固拓展脱贫攻坚成果同乡村振兴有效衔接，继续开展“结对低保边缘户　共走发展幸福路”活动。全市567名副科职以上干部“一对一”结对低保边缘家庭，通过生活、就业、教育、住房等救助帮扶，探索实现低保边缘户享受政策待遇与建档立卡对象一致，并首次将低保边缘对象纳入医疗救助范围。共走访慰问低保边缘家庭2531户次，发放慰问金及各类救助资金420余万元，为154名困难学生提供教育救助，为40名待就业人员提供就业帮扶，将567户低保边缘对象全部纳入医疗救助和危房改造范围。

（陈志琴）

住房保障

【概　况】 2022年，全市保障性安居工程开工11530套，建筑面积1347436.99平方米。办理房改房、经适房上市备案400户，办理公有住房出售2户。完善公租房退出机制，清退不再符合公租房条件的家庭11户。全年共争取到上级住房保障专项补助资金8894.75万元，省棚改专项债券3.79亿元。

（彭　俊）

【住房公积金缴存发放】 2022年，全市新增住房公积金缴存开户单位697家，较上年增2.35%；新增开户职工3.57万人，较上年增1.62%，其中灵活就业缴存人员新开户1285人，超额完成市政府明确的1000人为民实事目标任务。全市缴存职工人数13.12万人，较上年末增1.5万人。归集住房公积金19.07亿元，较上年增14.47%；提取住房公积金13亿元，较上年增9.54%；年末，归集余额47.84亿元。全年向2045户职工家庭发放住房公积金个人贷款9.46亿元，回收住房公积金贷款8.11亿元，较上年增3.23%。年末，住房公积金个贷余额57.82亿元；计提廉租住房建设补充资金2006.83万元，累计提3.74亿元。

【住房公积金增人扩面】 2022年，市政府召开全市住房公积金会议，住房公积金扩面与贷款发放列入全市重点工作和“532”分解任务。分中心与全市12个镇(街道）签约扩面协作协议。以新增1000名灵活就业人员纳入市政府重点工作和“青春留常”政策为契机，承办灵活就业人员在线直播宣传活动。联合天目湖镇、戴埠镇、古县街道“三区联办”扩面宣传活动。联合高新区经发局、江苏时代公司开展“刚好寓见你”服务品牌溧阳地区发布活动，宣传住房公积金的人才优惠政策。与溧阳融媒体合作，全面启动有关住房公积金政策业务的专栏宣传、综合广播访谈等，全年累计各类宣传90次。针对立洋纺织群体投诉案件，梳理全市老企业改制情况，落实专人分别联系天源制丝、天盛纺织、骏马五金等企业，促成江苏嘉盛旺、骏马五金2家企业开户建缴。

【住房公积金缴存基数调整】 2022年，全市共有3386家单位11.17万名职工参加基数调整，比上年分别增长5%和16.5%；单位参调率94.28%，职工参调率99.17%，月应缴存额比调整前增991.03万元，增幅7.7%，人均月缴存额由调整前的1070元，增加到调整后的1136元。每月对重点缴存企业进行电话提醒催缴，按季对欠缴3个月以上单位发送催缴函并短信联系。

【住房公积金风险防控】 2022年，做好重点投诉案件的调解工作，抓好投诉接待受理、立案、告知等关键环节的要素控制，确保投诉处置依法依规有序进行。窗口主动识别防范2起骗提案件，按规定流程进行约谈当事人。落实上级房源管理新规定，实现房源准入和放款业务的收件和录入全部在大厅窗口办理。在准入和贷款两方面对企业和职工做好服务，由专人负责跟进。全年受理20个开发项目41张预售证，准入面积82.16万平方米。加强潜在风险楼盘的处置应对，联合担保开展查勘工程进度工作并形成台账，做好每次结果比对。针对荣盛、恒大、融创等潜在风险楼盘，从开发企业的“三道红线”指标、楼盘现场建设、担保企业担保意见三方面情况综合判断，按暂停准入、暂停受理、暂停放款3个类别提出防范措施，联合市中心业务处、集审处共同会商，完善操作规程，首次实践潜在风险楼盘管控实施和解除的完整流程，并对不同情况的楼盘分类处理。要求担保公司在楼盘准入报告中必须有潜在风险提示内容，组织担保公司参与专项业务分析，确保分中心业务操作的规范性和安全性。

【住房公积金服务】 2022年，溧阳市住房公积金管理中心明确窗口人员对镇（街道）划片、对口联系重点企业的网格化服务要求，完成100余家重点企业和窗口人员的对接分解，形成分中心、对口镇和企业的联系工作清单。以进驻政务服务中心新址为起点，全力抓好服务质量和作风建设，进一步推进服务转型工作。向1000余家规上企业发放提醒函、帮扶文件、指导手册等政策礼包，以挂号信方式邮寄到位。通过与医保系统数据比对，筛选新增开户单位名单，发放855份催建函，为潜在缴存单位提供超前服务。制定分中心的专项绩效和浮动绩效的考核实施办法，突出作风建设、工作质量、服务评价等考核因素。开展窗口作风专项提升活动，总结全年服务考核工作，提升窗口服务水平。履行优秀窗口示范岗行动，加强服务标准化、规范化建设，为广大缴存职工提供更周全服务。

（张　蕾）

9月8日，住房公积金服务基地在“锂享家”授牌　　（张蕾　供稿）

医疗保障

【概　况】 2022年，溧阳市基本医疗保险参保人数75.55万人。职工基本医疗保险参保人数30.33万人，比上年增13.2%。生育保险参保人数18.54万人，比上年增长15.75%。城乡居民基本医疗保险参保人数45.22万人。全市职工医保（含生育保险）基金收入136810万元，其中职工医保收入125976万元，生育保险收入8537万元。职工医保（含生育保险）基金支出109783万元，其中待遇支出105892万元（生育待遇支出6064万元），转移支出132万元。居民医保基金收入7.87亿元，其中保险征缴费2.81亿元，财政补助4.90亿元。居民医保基金支出5.80亿元。

全市构建15分钟医保服务圈　（邱天　供稿）

【医保政策】 2022年，溧阳市全面实施基本医疗保险、大病保险、医疗救助常州市级统筹政策。城乡居民医保补偿标准市内定点三级医院由65%提高至70%，定点二级医院由75%提高至80%，补偿费用封顶线提高至30万元，大病保险报销比例达60%以上，困难人群在市内定点医院住院取消起付线。居民医保进一步提高保障水平，增加普通门诊统筹待遇，扩大门诊慢性病病种范围，由2种病种扩大至14种病种。职工医保和城乡居民医保政策范围内住院费用基金支付比例分别达89.8%和81.01%。

【医保扶贫】 2022年，溧阳市财政全额补助救助对象个人保费1238.06元，惠及1.77万人。9.90万人次享受门诊救助，受益人门诊总费用4413.48万元，其中基本医保支付2338.17万元、大病保险支付260.14万元、医疗救助支付1062.74万元；8898人次享受住院救助，受益人住院总费用9791.49万元，其中基本医保支付6059.27万元、大病保险支付1759.37万元、医疗救助支付842.1万元。在全市范围内试点推行长期护理保险政策，为年老、疾病或伤残导致生活不能自理的参保人提供更全面保障。全年受理5843人，评估人数5776人，其中评为重度2261人、中度2636人。40家长期护理保险定点服务机构签约服务4746件。支付各项待遇和费用4367.2万元，涉及待遇享受人数4525人。

【医保基金监管】 2022年，溧阳市以全覆盖检查为重点，以自纠自查、常州专项检查、各地区交叉检查、上级飞行检查等为补充，经常性开展“回头看”、抽查复查，持续形成医保基金监管高压态势。完成全市213家定点医疗机构和291家定点药店全覆盖现场稽核，追回医保基金963.63万元，处罚违约金82.19万元。加强医保经办机构内部管理，规范基金会计和财务制度，积极引进第三方参与对经办机构开展内控检查，进一步提高检查的科学性和规范性。建立溧阳智慧医保平台，通过医保智能信息库、数据挖掘、报表分析等手段，不断实现医保基金监管智能化。利用基金监管集中宣传月，重点宣传《医疗保障基金使用监督管理条例》，召开全市定点医药机构警示教育大会。出台举报奖励办法，公布监督投诉电话，落实举报奖励制度。

【医保服务】 2022年，溧阳市推动医保综合柜员制，进一步简化百姓办事程序。按照推进“一次办好”改革工作要求，实现医保服务标准化、窗口结算一体化、服务管理流程化、业务办理集中化、急需业务快捷化、特殊诉求订单化，打破业内行业界限，政策打通壁垒，提升综合业务能力。推动医保经办服务下沉，打通医保服务“最后一公里”。将服务窗口延伸至各镇（街道）、村（社区），实现线下服务“就近办”，全面完成镇级便民服务中心“15分钟医保服务圈”示范点建设工作。各级医保定点医疗机构设置“医保支付综合业务”窗口，建设完成2个医保服务站，在建3个医保服务站。充分利用国家医保信息平台子模块功能及线上办理渠道，强化直接结算经办能力、提升异地结算宣传力度，督促定点医疗机构规范高效办理转诊手续，为异地就医直接结算提供高效、便捷服务。全年异地就医直接结算率75.1%，其中居民医保参保人员异地就医住院实时结算7578人次，总费用21981万元，基金支出12249万元；职工医保异地就医住院实时结算8219人次，总费用21199万元，基金支出13799万元。

（邱　天）

LIYANG YEARBOOK

社会事务

栏目编辑 尹少鹏

人口家庭

【概　况】 2022年，溧阳市户籍人口78.19万人，总户数27.03万户。男女性别比为100.18。溧阳市常住人口80.6万人，其中城镇人口52.07万人，城镇化率64.6%。

【人口监测】 2022年，溧阳市稳步推进新全员人口信息综合管理平台应用，不断提升个案库信息质量，做好平台中身份证重复、身份证错误等个案清理工作。开展溧阳市人口监测和生育支持状况调查，了解群众生育意愿情况，对溧阳市人口数量、结构等进行综合评价和预测。全市出生人口2965人，人口出生率3.67‰，人口自然增长率为−4.06‰。其中，一孩出生1728人，二孩及以上出生1237人。

【普惠托育服务】 2022年，溧阳市根据《常州市促进3岁以下婴幼儿照护服务发展实施方案》要求，充分履行牵头职责，积极争取党委政府的重视和支持，运用财税、监管等综合政策，激发社会参与托育服务的积极性。推进托育机构风险隐患排查整治，落实婴幼儿安全和健康主体责任，主动规范经营行为。对相关政策文件、托育机构设置标准和管理规范、托育机构登记和备案办法进行宣传解读，让有意向进入托育行业的市场主体了解相关政策，知晓工作流程，为社会力量参与托育服务提供支持与帮助。积极培育普惠示范托育机构，建成2家省普惠托育机构和1家省示范性托育机构，45家服务机构开展3岁以下婴幼儿照护，其中备案机构6家，开设托班的幼儿园17家，年末托位数2792个，全市每千人口拥有3岁以下婴幼儿托位数3.5个。

【计生惠民政策】 2022年，溧阳市规范实施农村部分计划生育家庭奖励扶助和独生子女伤残死亡家庭扶助制度。年底，全市累计享受农村部分计划生育家庭奖励扶助对象27406人、享受独生子女伤残死亡家庭扶助2903人。发放农村部分计划生育家庭奖励扶助金2535.4万元、独生子女伤残死亡家庭扶助金1892.87万元。做好企业持证退休职工的一次性奖励金的发放，着力解决2008年1月1日至2017年12月31日期间企业持证退休职工一次性奖励金兑现问题，并做好年满60周岁持独生子女父母光荣证的城镇无业人员、进社保的被征地农民和灵活就业人员的登记审核及一次性奖励金的发放，共计1555.56万元。

【计划生育特殊家庭帮扶】 2022年，溧阳市加强生育示范关怀基地建设，深化计划生育特殊家庭帮扶工作，完善精神慰藉、走访慰问、志愿服务、保险保障四项制度。建成常州市生育示范关怀基地2个。以计生家庭需求为导向，组织开展健康家庭主题活动，广泛传播健康知识、推荐保险保障等措施，提升广大计生家庭的综合健康保障水平。全面推进特殊家庭心理关怀帮扶工作，以戴埠镇、竹箦镇为试点镇，通过入户探访、团体辅慰、个性化帮扶等形式，建立“一对一”心理关爱和持续心理干预机制，给失独家庭成员做好心理疏导、实施精神关爱。举办各类宣传活动16场次，宣传6000多人次，发放宣传折页9000余份，帮助失独家庭走出阴霾融入社会。

（周　辰）

【婚姻登记】 2022年，溧阳市全面推进江苏省婚俗改革实验区建设工作，市委办公室、市政府办公室制定出台《溧阳市婚俗改革实验区试点工作方案》等文件，积极开展婚姻家庭辅导服务，倡导良好家风家教，不断推动婚姻领域移风易俗工作走深走实。全年办理结婚登记4125对，补发结婚证1017对；办理离婚登记1327对，补发离婚证174对。继结婚登记“省内通办”之后，2022年9月1日起，离婚登记实现“省内通办”。

【未成年人社会保护】 2022年，溧阳市强化未成年人关爱保护，成立市未成年人保护中心，着力打造“小树之家”品牌，并以其为依托，推动服务向基层延伸，形成“1+N”市镇关爱阵地联动模式。积极落实困境儿童保障标准自然增长机制，2022年7月1日起，散居孤儿、父母监护缺失的儿童和父母无力履行监护职责的儿童基本生活保障金发放标准提高到2194元／月，重病重残儿童按照孤儿保障标准的50%发放基本生活费补贴。全年共有保障困境儿童850名，发放困境儿童保障金446.5万元，为803名困境儿童（含低保家庭）购买儿童关爱保险。

【殡葬管理】 2022年，加强溧阳市上姚殡仪服务中心运行管理，实现殡仪服务功能从单一向全能发展。10部门联合印发《关于印发溧阳市巩固和深化"活人墓"等突出问题整治规范工作行动方案的通知》，开展专项整治工作。开展"移风易俗树新风，文明祭祀我先行"清明文化宣传月活动。扎实推进殡葬移风易俗工作，引导广大群众树立绿色殡葬理念。殡葬服务设施建设管理工作获省政府督查激励。

（陈志琴）

老龄事务

【概　况】 2022年，全市老龄工作聚焦"十四五"老龄事业规划设计、老年合法权益维护、老年精神关爱和老年友好型社会构建，积极应对人口老龄化国家战略为指引，加快建设居家社区机构相协调、医养康养相结合的老年健康服务体系，提升推进老年健康服务水平，推进医养结合工作再发展。

截至2022年12月31日，全市人口平均预期寿命83.29岁，百岁老人271人，其中男性78名、女性193名，按月足额发放百岁老人尊老金。溧阳市天目湖御水温泉被认定为中国长寿之乡康养示范基地。

【敬老爱老】 2022年，全市积极开展"敬老月""长寿文化节""十佳孝星""老有所为十佳人物"以及老年模范评选等活动，广泛宣传涉老惠老政策、老龄事业发展成果和健康老龄化理念，重点宣传《中华人民共和国老年人权益保障法》，营造尊老爱老助老良好社会风尚。全市有全国敬老文明号3家、省级3家、市级21家，全国示范性老年友好型社区2家、省级1家。

【安康关爱行动】 2022年，全市各镇（街）、村联动开展"安康关爱行动"，切实减轻家庭因老年人意外伤害带来的额外经济负担。进一步强化宣传发动，优化保险方案，提高理赔服务效率，全市"安康关爱行动"参保老年人数20.94万人，承保覆盖率101.95%，保费规模较上年增长20.38%。

【心理关爱项目试点】 2022年，溧阳市贯彻落实《国家卫生健康委办公厅关于实施老年人心理关爱项目的通知》和省、常州文件精神，规范实施老年人心理关爱项目试点工作。新增7个试点地区共计完成3184名65岁及以上的老年人心理健康宣教、心理健康状况评估等工作，根据评估结果对其开展分级干预、专科诊疗等服务，实现老年人心理关爱项目试点镇（街道）全覆盖。

【人口老龄化国情教育】 2022年，溧阳市贯彻落实习近平总书记关于加强老龄工作重要讲话和重要指示精神，开展人口老龄化国情教育。举办中共党史学习教育培训班，全市各镇（街道）100余名老龄工作者参加培训。在机关、企业、学校、社区、养老机构、老年大学、基层老年协会等场所开展宣讲活动，受益达10万余人次，重点宣传和解读老龄政策法规。

【老龄协会建设】 2022年，全市老龄（老年）协会充分发挥协会组织和协会会长的示范引领作用。全市18家市、镇两级老龄（年）协会获评常州市先进老龄（年）协会，18名市、镇协会会长获评常州优秀老龄（年）协会会长。

【老龄健康工作】 2022年，溧阳市全面提升老年医疗健康服务能力，打通医养结合"最后一公里"。溧阳市中医医院建成二级老年病医院，市人民医院和市中医医院开设老年病专科，开展专家门诊、老年综合评估等工作，颐康护理院为老年人提供"养生＋健康管理""护理＋康复""安宁疗护"等专业化服务，确保老年患者医疗质量。所有综合性医院、康复医院、护理院及基层卫生院均开设老年人就诊绿色通道，全部创成江苏省老年友善医疗机构，其中3家为优秀单位，为老年人打造"完全一站式就诊"。

【智慧助老】 2022年，溧阳市为有效解决老年人运用智能技术困难，帮助老年人跨越"数字鸿沟"提供教育支持服务。依托全市镇（街道）、村（社区）老年活动中心（室）、"如意小食堂"、居家养老服务站等场所，发挥老年协会组织作用，共享智慧社会带来的便利性、快捷性和智能性。

（汤雨萌）

就业创业

【就业帮扶】 2022年，溧阳市城镇新增就业15600人，城镇失业人员再就业4020人，就业困难人员再就业2630人，支持成功自主创业4418人，引领大学生创业284人，扶持农村劳动力自主创业4134人。城镇登记失业率1.1%。对接劳务用工3万人以上，

6 月 15 日，清溪路社区被授予国家级充分就业社区称号

（黄颖　供稿）

新增公益性岗位 83 个。承办“名城名校合作行 创新创业赢未来”主题活动周获评 2021 年度重大贡献奖，清溪路社区获评国家级充分就业社区，“溧阳高新区新能源电力装备师”获评省级劳务品牌。

【职业技能培训】 2022 年，溧阳市组织创业培训 1047 人，城乡劳动者就业技能培训 9387 人，新生代农民工职业技能培训 1626 人，补贴性职业技能培训 11000 人，新增各类技能人才 1 万人，每万名劳动者中高技能人才 1380 人，位居江苏前列。新型学徒制培训 945 人，新增数字技能人才 1615 人，完成率 162%。组织开展“能工巧匠 聚溧飞扬”职业技能竞赛活动，培育高技能人才 1922 人。承办南京都市圈茶艺技能（网络）决赛，选手扶庆湾斩获个人一等奖，溧阳市获团体优秀奖。

【劳动关系和谐发展】 2022 年，溧阳市规范工程建设领域工资支付行为，全面落实保障农民工工资支付“四项制度”，推动实现农民工工资“月结月清”。收缴 79 个项目工资保证金 3748 万元，为 13 个项目办理工资保证金缓缴 444 万元。累计检查用人单位 270 户次，涉及劳动者 2 万余人。深入开展根治欠薪夏、冬季专项行动，责令用人单位追发 3218 名劳动者被克扣、拖欠工资 1011.25 万元。为 36 名职工补交社会保险费 66.27 万元。推行“互联网＋调解”劳动保障监察执法，仲裁总立案 813 件，结案 796 件，结案率 98%；调撤案件 606 件，调撤率 76% 以上。连续 5 年获评常州市保障农民工工资支付 A 等级。

【人社服务】 2022 年，溧阳市提升第三代社保卡应用覆盖，养老保险全险种关系转移实现“一地申请、联网办理”，办理网点 87 家。扩大银行网点“就近办”渠道，45 项业务在全市 78 个银行网点办理。开设退休、工伤“一件事”专窗，入选全省人社系统综柜改革先进地区之一。经验做法被《组织人事报》《劳动保障报》人社部网站等报道推广；以群众喜闻乐见的形式宣传人社政策，拍摄《剧说人社》短视频获省人社厅创新案例奖和“人社助力乡村振兴”主题征集活动一等奖。

（黄　颖）

退役军人事务

【概　况】 2022 年，溧阳市退役军人事务局组织全系统深入学习贯彻党的二十大精神，打造“戎耀溧阳”退役军人志愿服务品牌，组织退役军人通过“志愿者”“模范示范岗”“政治辅导员”等多种方式，在应急救援、社会治理、国防教育、乡村振兴、创业创新等方面发挥示范带动作用。“百名村支书向党献礼”活动在央视栏目播出，第二轮“溧阳市最美退役军人”评选活动社会示范效应显著。创成“第十二届江苏省双拥模范城”（八连冠），被江苏省退役军人事务厅授予“2022 年度权益维护工作先进集体”称号。江苏正昌集团被江苏省退役军人事务厅授予“戎耀之家”，陆瑛被江苏省授予“2022 年度双拥工作先进个人”，洪骥、陶洪昌被评选为第三届“常州最美退役军人”。

【退役军人安置】 2022 年，溧阳市按照上级关于做好退役军人工作高质量发展绩效评价考核要求，坚持“阳光安置”，秉持对标对表、内挖潜力、外拓资源的原则，不断提升转业军官、退役士兵等服务对象移交安置质量。坚持“公开、公平、公正”的阳光安置机制，完善“直通车”式安置和考试考核安置相结合的安置办法，实现政府、退役军人、用人单位、部队“四满意”。依据《考核考试积分选岗安置办法》接收安置营职以下及技术军转干部。按照《关于进一步加强由政府安排工作退

表 36

2022 年溧阳籍获二等功以上现役军人一览表

姓名	籍贯	入伍时间	立功等级
戴安东	溧阳市	2007 年 9 月	一等功、二等功各 1 次
朱海涛	溧阳市	2004 年 9 月	二等功

役士兵就业安置工作的意见》，接收安置政府安排工作的退役士兵。发放 2021 年度 220 名秋、冬季退役士兵自主就业一次性经济补助资金 1754 万余元。接收 2022 年秋、冬季自主就业退役士兵 202 人，组织开展全员适应性培训（除复学外），就国情省情市情、法律法规、心理调适等内容进行授课，帮助自主就业退役士兵调整就业预期，做好职业规划等。在溧阳中专、千里马职业培训学校、苏华建筑职业技能培训学校开设电工、汽修等领域的短期职业技能个性化培训，20 余名退役士兵参加免费职业技能培训，100 多名退役士兵参加电商创业培训。实施退役士兵学历教育补助政策，组织 100 余名退役士兵参加各类学历教育培训，发放自主就业退役士兵学历教育培训补贴资金 127.35 万元。

【退役军人就业创业】 2022 年，溧阳市鼓励退役士兵自主创业，为 12 名退役士兵落实税收减免、贷款贴息优惠政策，帮助退役士兵创业致富。市退役军人事务局联合市人力资源市场举办 3 场退役军人专场招聘会，260 余名退役军人与企业签订劳动用工合同。积极组织全市退役军人参加“戎耀常州”第三届退役军人创新创业大赛，获常州市大赛一等奖、二等奖、优秀奖各一名，并参加江苏省第二届退役军人创新创业大赛获三等奖。

【优抚优待】 2022 年，溧阳市按照省、市《关于提高部分优抚对象抚恤补助的通知》等文件要求，调整各类优抚对象抚恤补助金标准，抚恤补助金标准平均增长超 8%。年底，全市享受国家定期抚恤补助的优抚对象共 3525 人，享受生活补助金的复员军人遗孀 529 人，全年发放优待抚恤补助金 5800 万元。全年新增定补优抚对象 147 人，其中伤残军人 26 人、牺牲病故军人遗属 5 人、带病回乡退役军人 5 人、参战参试退役人员 2 人和部分农村籍退役士兵 107 人。全年共有 44 名现役军人荣立三等功及以上奖励，发放现役军人立功奖励金 46.48 万元，溧城街道现役军人戴安东荣立一等功。义务兵基础优待金由上一年 2.5 万元提高到 2.73 万元，全年发放义务兵家庭优待金 450 人次、1671 万元。安排 46 名重点优抚对象参加省荣军医院短期疗养，组织 160 名国防施工退役军人参加硅肺病排查。投入医保资金 1000 万元，落实 1452 名重点优抚对象医疗保障待遇。帮扶困难退役军人家庭大病救助、危房改造等 1114 人次，投入资金 290 万元。对全市革命伤残军人、在乡复员军人、参战参试退伍军人等重点优抚对象开展走访慰问 1166 人次、发放慰问金（品）84 万余元。

【拥军褒扬】 2022 年，溧阳市退役军人事务局向优抚对象家庭发放年画、慰问信 6 万余份，赴扬州慰问常年住五台山医院的退伍军人。扎实开展“情系边海防官兵”拥军优属活动，通过基层退役军人服务站点对点、一对一的方式帮助协调解决边海防官兵家庭看病就医、家属就业、子女入学、权益维护等方面困难，开展边海防官兵家属中秋节走访及免费体检套餐活动。落实各类优待抚恤政策，做好登门送喜、“光荣之家”匾牌上门悬挂等工作。举行 2022 春秋两季入伍新兵欢送仪式。联合市检察院开展维护军人权益检察公益诉讼专项活动，对

9 月 30 日，溧阳市举行向革命烈士敬献花篮仪式 （沈姝吟　供稿）

全市各为民服务中心、医疗机构、客运站等地“军人依法优先”政策落实情况进行实地检查，推动行政机关依法履行监督管理职责，保护军人就医、出行优先权益落到实处。联合天目湖检察院开展“结对共建 · 送法进军营”活动，走访慰问驻溧部队并赠送《中华人民共和国民法典》《民事执行法规汇编》等书籍。组织“2022·奋进 · 网上祭英烈”网上祭扫及西山烈士陵园祭英烈活动，开展烈士纪念设施数据校核审核工作，完善全市162处烈士纪念设施信息。提升西山烈士陵园园区环境，铺设草坪4000余平方米，栽种绿植柏枝500余棵，实现园区监控全覆盖。全年接待团体93个，其中中小学、职业学校、高校等55个，参祭师生逾7000人，个人散客来访3000余人，祭拜英烈活动人数总计达10000余人次，免费赠送《溧阳英烈》8000余册。举行天目湖“拥军号”游船揭牌启航仪式。在《溧阳时报》开设“溧阳籍现役军人立功光荣榜”专版，宣传35位2021年溧阳籍立功现役军人，军地联合开展向一等功臣戴安东等立功官兵家庭送立功喜报活动。推广宣传省双拥模范先进个人陆瑛事迹微视频。

【基层服务站建设】 2022年，全市统一制作基层服务站窗口温馨提示牌等，规范窗口服务工作要求。指导社渚镇镇村两级服务站、戴埠镇李家园村和河西村服务站等站点提档升级工作。推动市镇村三级退役军人服务保障体系政治文化氛围更新补充，全员落实“总书记关怀”四幅图片的增挂到位。实地检查上兴镇等5个镇级服务站、桂林村等10个村级服务站，促进和推动基层服务站有效建设和实质运转。组织全市241个服务中心（站）完成百度和高德地图地理位置信息定位采集，采集率为100%。全程参与优待证制发常州市试点及溧阳市优待证工作，得到省厅优待证专项工作调研组好评。为社渚镇、别桥镇等困难退役军人家庭申请省“扬子关爱基金”救助，对1300余名老复员军人、老复员军人遗孀和伤残军人进行免费体检并更新完善健康档案。241个单位开展全国退役军人管理服务系统登记，推进全市3万余名服务对象信息建档立卡审核工作，完成速度和效率均在常州市前列。分区域和时间段开展接收201名年度返乡退役士兵报到工作。市退役军人服务中心获评2022年度省“两个100”优秀退役军人服务中心，昆仑街道、社渚镇、上黄镇、别桥镇、竹箦镇等9个站点获评2022年度常州市优秀服务站。

【军休服务】2022年，组织军休干部开展迎新春座谈会、参观京华康复医院、八字桥读书台，赴天目湖山水园乘坐“拥军号”游轮，感受家乡发展变化。开展优待证集中发放仪式，为军休干部现场发放优待证。在八一、春节、端午等节日走访军休干部，组织健康体检，关怀军休干部身心健康。

（沈姝吟）

社区建设

【基层自治组织建设】 2022年，溧阳市新建或改建20个村（社区）综合服务中心，有效推动社区服务扩能提质。出台《关于全面推行“全科社工”的实施意见》，推动社区工作者从“一人一岗”到“全科全能”发展，实现群众办事从“等人办事”到“随到随办”，切实提升基层服务质效，“全科社工”实现228个村（社区）全覆盖。调整社区工作者薪酬待遇，全市专职社工年平均纯收入增幅38.8%。出台《社区专职工作者等级评定方案》，通过等级评定引导社区工作者提升业务素养。举办“最美社工”评选和岗位技能大比武，共有9名“全科社工”获评常州市“最美社工”。

【社区治理创新】 2022年，以溧城街道八字桥村入选“全国村级议事协商创新实验试点”为切入点，深化“百姓议事堂”品牌建设，不断发挥“百议堂”民事民议、民事民办、民事民评的作用。全市3500余名村（社区）级“百姓议事堂”理事每年共参与化解各类纠纷5000余起，推动居民参与的理念贯穿到社区治理与服务的全过程，实现“小事不出村，大事不出镇，矛盾不上交”。顺应基层治理新形势，积极开展“融治理”品牌建设，溧城街道八字桥村、昆仑街道濑阳村、天目湖镇东陵社区被列为常州市基层社会治理创新观察点，天目湖镇“社区营造师”项目获“2021年度江苏省基层社会治理十大创新成果提名奖”。

社会组织管理

【概　况】 2022年，溧阳市有登记注册的社会组织388家，其中社会团体249家、民办非企业单位139家。全面落实社会组织“党建入章”，推进社会组织党建与业务“五同步”，全市社会组织共建

9月9日，“弘扬红色地名 赓续红色基因”启动仪式

（陈志琴 供稿）

立党组织23个，实现了在社会组织领域党的工作全覆盖。

【社会组织等级评定】 2022年，溧阳市民政局积极开展社会组织等级评定，有164家社会组织获得等级评定，其中获评AAA及以上等级社会组织36家。开展社会组织动态清查专项工作，对4类“僵尸型”社会组织进行重点整治。

（陈志琴）

地名管理

【概　况】 2022年，溧阳市民政局充分挖掘地名文化蕴含的红色基因，举办“弘扬红色地名 赓续红色基因”红色地名宣传推广活动。新四军江南指挥部旧址、塘马村等4个地名入选江苏省红色地名，黄金山、平桥石坝等9个地名入选常州市红色地名，溧阳市、沙涨村等4个地名入选江苏省地名文化遗产。作为江苏省唯一县级市，入选民政部“深化乡村地名服务 点亮美好家园”全国首批试点。通过借力试点工作，推动乡村地名命名设标、特色资源宣传推广、地名服务应用等工作有序开展。

（陈志琴）

民族宗教事务

【深化思想引领】 2022年，全市民族宗教工作以强化教育引领，筑牢民宗界思想根基，指导宗教界持续深入开展“三爱”“五个认同”和崇俭戒奢等主题教育；引导宗教界积极融入慈善公益事业致力服务社会；不断加强教风建设，切实从严治教，着力解决影响宗教健康传承的突出问题。用中华优秀传统文化浸润宗教，创建溧阳市基督教堂爱国主义教育基地，进一步深化主题教育效果，积极引导宗教与社会主义社会相适应。

【促进民族团结】 2022年，溧阳市民宗局在清安小学、马垫小学、中关村小学等学校开展铸牢中华民族共同体意识进校园工作，创设特色课程，把铸牢中华民族共同体意识贯穿于教学的整个过程。开展“中华民族一家亲，同心共筑中国梦”“同心相拥石榴籽”“播种希望，点亮成长”“童享美溧，童心同行”等专题宣传活动。推进建立相互嵌入式的社会结构和社区环境，以“来到溧阳城，就是溧阳人”的开放包容理念，落实“民族八省区”劳务输入安排工作。梳理9家重点企业参与“红石榴就业行动”，全年“民族八省区”到溧阳务工人员约1.5万人。为外来少数民族144名小学生、126名中学生协调入学，着力解决入学难、路途远问题。在外来经商务工人员较多的中关村派出所设立“红石榴警务室”，提升新时代城市民族工作社会服务管理水平。

【宗教事务管理】 2022年，溧阳市民宗局开展宗教领域燃气安全、消防安全等专项排查整治，有序推动问题整改。以推动全市宗教活动场所落实《宗教活动场所安全工作标准化建设指南》为抓手，逐步完善场所安全生产责任链条、制度规范、管理办法、重点工程、工作机制和预防控制体系，促使场所安全生产由被动接受监管向主动加强管理转变，安全风险管控由政府推动为主向场所自主开展转变，隐患排查治理由部门行政执法为主向场所自查自纠全面转变。持续发挥“宗安码”系统作用，不断完善系统功能，探索引入“AI人工智能识别系统”，全面提升场所安全效能。

（李　刚）

慈善工作

【概　况】 2022年，溧阳市慈

善总会广泛动员社会力量，多方筹募慈善资金，精心实施救助项目，积极参与乡村振兴，大力弘扬慈善文化。全年累计募集善款1818.18万元，救助支出1237.62万元，惠及各类困难群众1.67万人次。全年新增冠名基金、定向捐赠36笔，到账资金561.58万元，协议认捐到账297万元。“慈善一日捐”募得全市22536名干部职工及社会爱心人士捐款443.63万元，第一糖烟酒公司首开民营企业“一日捐”先河，自发组织员工参与。全年接收公众自发捐赠42笔，共计26.76万元。

【慈善救助】 2022年，溧阳市慈善总会助医支出329.36万元，为全市1.1万名低保、低边、五保和建档立卡对象购买慈善大病保险209.99万元，并首次取消病种限制。对低保及低保边缘家庭“医保目录外常用药”费用予以保险补助，进一步减轻保障对象看病负担。救助7名患有法布雷病、神经母细胞瘤、急性髓系白血病等重大疾病的困境儿童42.62万元；对因病导致基本生活困难的155户家庭实施急难救助。助学支出183.16万元。

资助全市145名低保、贫困残疾人家庭大学生89.4万元，其中，向23名研究生发放助学金23万元。联合晨煊光伏电力设立“刘昶均爱心助学基金”，为上沛小学困难学生提供从小学至大学甚至研究生阶段的长期资助，开启溧阳慈善“一对多”全程助学育才新模式。拨付“安靠助学基金”20万元，资助省溧中品学兼优的贫困学生。

助困支出172.47万元。救助捐赠企业160名困难职工16万元；联合巨凝集团慰问全市100户家庭劳动力基本丧失的特困家庭；联合中纺联、第一糖烟酒、亚泰焊材等爱心企业，慰问贫困残疾人、特殊儿童、困难老人等对象56.47万元。

对外援助支出50万元。向“溧汉教育扶贫关爱基金”拨付第三期帮扶款，助力汉阴县108名学生圆了大学梦，溧阳善举获人民日报社《中国经济周刊》推介。

【助力乡村振兴】 2022年，溧阳市慈善总会紧扣市委、市政府乡村振兴工作部署，积极搭建平台，推出“乡村振兴基金”，动员、引导在溧企业和在外成功人士回报家乡。全年共筹资386.51万元，为南渡镇旧县村、别桥镇北山村、竹箦镇西芮村、天目湖镇平桥村、社渚镇王家村等14个村实施道路提质、路灯亮化、村民广场建设、宜居工程建设等项目18个，切实改善百姓生活。

【慈善宣传】 2022年，溧阳市慈善总会集结5年来溧阳慈善优秀宣传稿件78篇，汇编《慈善之声》。刊发微信推文15篇，在学习强国、中国农网、江苏电视台、《常州日报》《溧阳日报》等各级各类主流媒体发文43篇（次），宣传重点工作和爱心事迹。其中，专题采访《江苏溧阳：汇聚慈善力量 助力乡村振兴》被新华社报道，点击量突破65万人次；《江苏省溧阳市助学扶贫行动记》刊发在中国农网；联动献血协会、二胡协会、蓝天救援队、大眼睛少儿艺术团等公益性社会团体开展志愿服务、公益培训、义演义捐等公益活动15次，弘扬慈善理念，营造良好氛围。

（周　密）

老区开发

【概　况】 2022年，全市老促会系统发扬“团结、敬业、责任、奉献”精神，高举旗帜、通力协作，发挥参谋助手作用，开展“献礼二十大、创新争一流”“弘扬老区精神，办实事、做好事”等系列活动。助学帮困行动、红色资源普查、探索公募新模式、建立健康关爱基金、庆祝建党百年系列活动、纪念陈毅元帅诞辰120周年、缅怀“罗廖英烈”、纪念塘马战斗80周年系列活动等18项工作入选《2021年全国老区工作年鉴》。获2019—2021年度江苏省扶贫示范项目管理先进单位、2021年度江苏省社会慈善公募活动“特等奖”；市老促会会长和秘书长获评2021年度江苏省社会慈善公募活动先进个人。

【“五好五有”竞赛】 2022年，全市老促会系统在推广溧城分会经验的基础上，深入开展“五好五有”竞赛活动，形成“一个好班子、一支好队伍、一块好阵地、一套好机制、一批好成果”的良好局面。相继成立市老促会南渡镇旧县村分会、旧县村爱心服务中心、上兴镇老促会龙峰村分会、龙峰村红色小院教育基地和昆仑街道陶家村乡村振兴促进站。

【编纂红色书刊】 2022年，根据全国和省老促会的统一部署，市老促会出版《溧阳红色记忆》和《溧阳红色地图》。《溧阳红色记忆》共47万字，《溧阳红色地图》按

10月14日，《溧阳红色记忆》《溧阳红色地图》首发式暨红色资源普查工作汇报会 （陈志明　供稿）

照省和常州市的统一标准，双面彩印，标注红色点位。红色书刊汇集227处红色星火，从1919年“五四”运动溧阳人民的觉醒，到2021年的建党百年大庆，形成一个追寻红色印记、赓续红色血脉、重温红色文化的红色经典。

【老区宣传工作】　2022年7月9日，在全国老区宣传工作会议上，溧阳市老促会获全国老区宣传工作特等奖称号。溧城街道、古县街道、昆仑街道、上兴镇、社渚镇、竹箦镇、南渡镇、别桥镇、天目湖镇、戴埠镇、埭头镇、上黄镇等镇（街道）老促会（分会）获全国老区宣传工作优秀奖。市老促会秘书长陈志明获得全国老区宣传工作优秀通讯员称号。《科技创新铸就中国第一，上上集团联村联心亮点纷呈》《打好老区三张牌，唱响春天的故事》《众筹助老区、盛开向阳花》《赓续塘马铁军精神　谱写原乡时代新篇》等80多篇调研文章，被《溧阳日报》《常州日报》《铁军》《大江南北》《江苏老区》《江苏扶贫之窗》《中国老区网》等刊物宣传报道。

【建立全省首家健康关爱基金】　2022年，经江苏省革命老区、乡村振兴、社会帮扶“三会”批准，溧阳市城中医院冠名“江苏省社会帮扶基金会·溧阳健康关爱基金”，捐赠100万元，被省“三会”授予“杰作贡献奖”称号。挂牌“溧阳市老区爱心医院”“退役军人优抚医院”，为抗日战争、解放战争、抗美援朝战争中的老兵及遗孀来医院就诊者进行医疗补助，为全市3000多名退役军人进行优质服务，为革命老区和边缘山区的有关农村老年人进行上门义诊保障，为百名无偿献血志愿者等先进个人进行免费体检。

【南渡镇入选省级扶持】　2022年，市老促会协助南渡镇与省有关部门沟通，通过省发改委、省乡村振兴局、省老促会调研申报。省政府决定从2022年12月15日至2027年12月15日，通过10项优惠政策支持全省29个革命老区乡镇，南渡镇名列其中。

【助学帮困】　2022年，市老促会与常州市江南农发行对接开展“滴水筑梦”助学帮困行动，对接光华高级中学和南渡高级中学的10名高中在读学生，每年每人资助3000元。会同志愿者服务队和9个示范单位、连续五年支持上兴镇吐祥村80名小学生完成学业，连续十年支持500多名中学生走进大学校园、为新录取百名大学生提供助学金，为200多名学生赠送《溧阳市革命老区发展史》《中国老区建设》《铁军》《大江南北》以及《溧阳红色记忆》等红色书刊。其中南渡镇石街村连续三年为33名大学新生发放助学金。在南渡高级中学举行爱心组织揭牌仪式和助学金发放、红色书刊赠送活动。

（陈志明）

应急管理

栏目编辑 虞燕娟

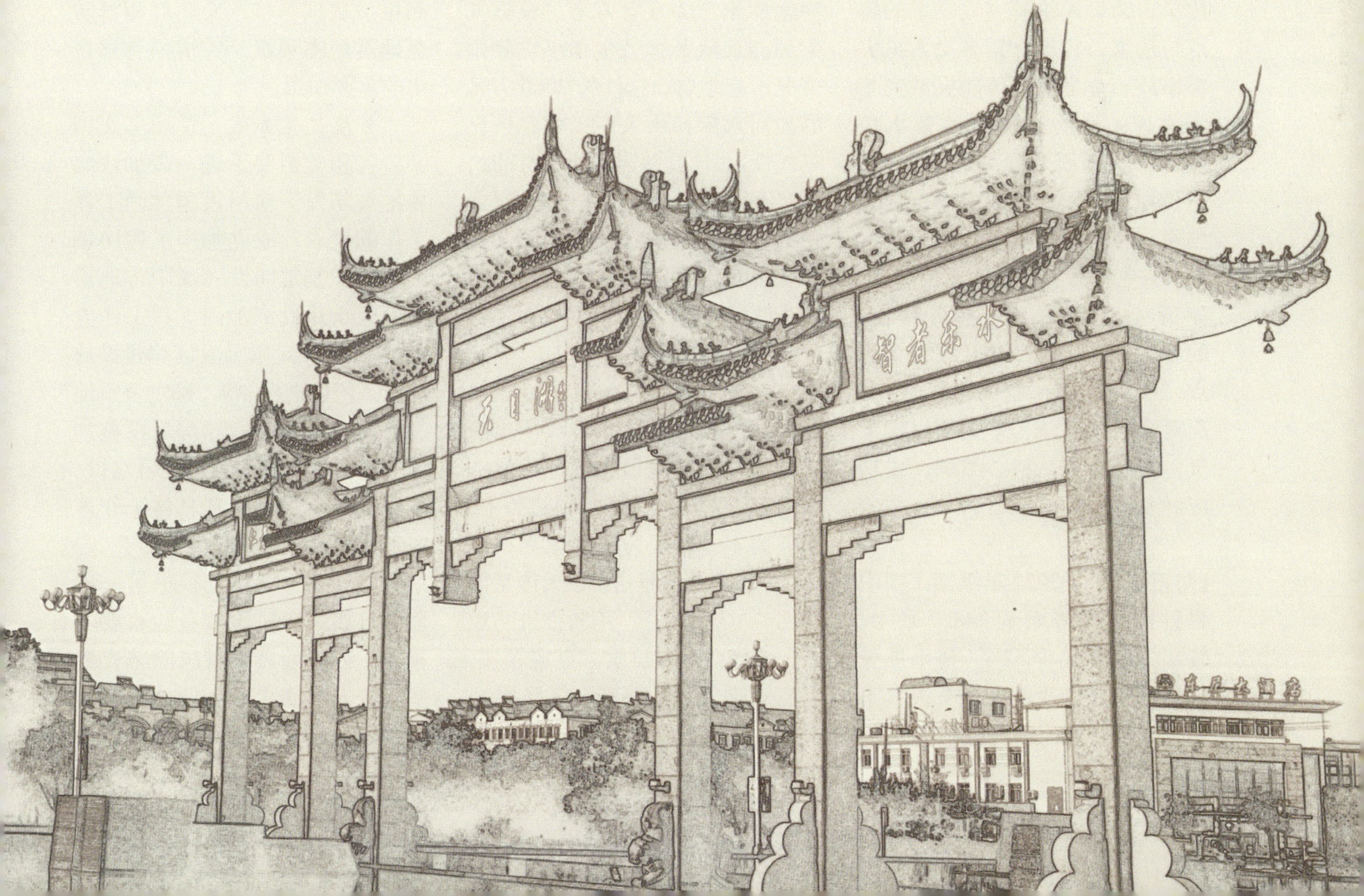

防灾减灾

【概　况】 在防灾减灾救灾工作中，践行“人民至上、生命至上”理念，坚持抓重点、促创新、补短板、打基础，多举措推进防灾减灾救灾工作高质量发展。

事前防范靶向到位。加强极端天气防范，年均向各类企业、社会公众发送预警短信3万余条。根据应急物资储备品种目录和溧阳市实际需求，完善物资储备。布局建设县级应急物资储备前置点，与发改、水利等部门联合储备救灾物资，无法长期保存的救灾物资，建立与大型商超代储的机制，兼顾资源节约与调配速度。

防灾宣传入脑入心。组织全体网格员进行集中培训，累计开展培训140余场，培训人员1.6万余人。向村民发放防灾减灾宣传单，为村民讲解突发灾害的特点与危害，详细介绍各类常见灾害事故，全方位宣传防灾减灾基本常识、避险自救互救基本技能。广泛开展全国减灾日宣传，稳步推进全国综合减灾示范社区创建。

灾害处置有力有序。按照“监测精密、预报精准、服务精细”的要求，以防御和减轻灾害为重点，实时跟踪、监视天气变化。面对多次强对流、旱灾等极端天气，及时防范，精心组织，成功应对多起自然灾害风险。

【防汛防旱】 2022年汛期，溧阳累计面平均降雨量348.7毫米，较历史同期偏少52%。梅雨期降水更是明显偏少，且分布极其不均，全市累计面平均梅雨量53.9毫米，较常年（264.7毫米）偏少80%。同时，高温日数达54天（2013年历史最长47天），较历年平均高温日数（21天）偏多33天，其中大于37℃的有35天（含大于40℃的有7天），极端最高气温为41.2℃（8月15日）。对此，全市上下众志成城，在市防指的科学指挥下积极开展生产自救工作，累计投入抗旱资金1472万元，抗旱救灾1.76万人次，疏浚河道173千米，投入机械157台套，抗旱设备1621台套。作为全市重要水源地的沙河、大溪两大水库抗旱效益尤为显著：沙河水库一级提水泵站向东干渠提水97万立方米，中干渠架机提水224万立方米，西干渠架机提水88万立方米，共节约水库水600万立方米；大溪水库石街提水站向东干渠提水256万立方米，西干渠架机提水316万立方米，望婆桥提水站提水180万立方米，共节约水库水752万立方米。根据气象预测及秋冬季节多年平均降雨情况，应急启动总投约2000万元的沙河水库补水入库工程建设已正式投运，已具备运行能力。同时，制定溧阳市节水补水保供方案（含相关子方案）、抗旱工作思路与相关要求等，为全力保障全市用水安全做好准备。

（李　珍）

【防震管理】 2022年，溧阳市防震减灾牢固树立居安思危、常备不懈的管理理念，坚持预防为主、服务为本、管理为重的原则，坚持“一个方针”，推进“三大体系”，深化“七进活动”，不断推进防震减灾工作向更深层次、更宽领域、更高水平发展。获得全省防震减灾县级先进单位十连冠。

震情监测管理　科学制定实施年度震情跟踪和应急准备方案，强化震情监视与短临跟踪，严格执行24小时震情值班和重大异常报告制度，每月对全市地震监测数据进行分析汇总，认真研判地震趋势，重点监视茅山断裂带附近地区地震活动。加强监测台站管理，提高监测台网运维能力，确保全市13种手段31套地震观测仪器正常运行，不断提升观测数据的质量和连续率。在全省观测资料评比中观测资料质量、体应变、水温、强震和台站信息节点获第二名，水位获第三名。GNSS获得全国观测资料评比第三名。

群测群防工作　进一步完善地震宏观测报网络建设，优化调整15个地震宏观观测点，落实《溧阳市地震宏观观测点管理办法》《地震宏观点年度考核办法》，加强对宏观观测点监督管理和宏观测报员培训考核，发挥群测群防在地震短临预报、灾情信息报告中的重要作用。

房屋设施加固　贯彻落实国家、省和常州关于进一步加快实施地震易发区房屋设施加固工程工作的要求，成立加固工程协调工作组，制定印发《溧阳市地震易发区房屋设施加固工程工作方案》《溧阳市地震易发区房屋设施加固工程协调机制》，确定全市地震易发区范围，指导房屋设施加固工作信息管理与服务平台建设，确保加固工程每一项具体工作落实到位。

风险普查调研　根据第一次全国自然灾害风险普查验收要求和《江苏省地震灾害风险普查典型区域人员伤亡修正评估模型验收方案》，在省地震局专家组指导

下，选取溧城街道、上兴镇和竹箦镇进行调研，重点调查人口情况，当地房屋主要结构类型、比例及建造年代，当地重要目标、危险源，民众防震意识，为地震灾害风险普查验收夯实数据支撑。

强化应急管理　为进一步应对突发地震灾害，在《溧阳市地震应急预案》的基础上，编写《地震应急响应手册》，手册从指挥体系、分级响应和应急处置等方面进一步简化规范应急处置流程和规范，提升实用性和可操作性，确保震情处置科学、及时、准确、可靠。深化地震应急指挥平台和"12322"地震灾情信息平台建设，修订完善地震应急响应人员分工表和24小时应急处置时刻表，及时调整各镇、街道地震灾情速报员，保证地震应急指挥信息通畅。

宣传实效提升　以防灾减灾日、安全生产日和国际防灾减灾日为契机，深入开展各类防震减灾宣传活动，建立"溧阳防震减灾"微信公众号定期更新科普知识内容。在《溧阳时报》专刊宣传防震减灾工作，联合应急等部门在天目湖镇开展防灾减灾暨居民应急自救能力提升专项演练；开展以"平安中国　平安溧阳"为主题的防震减灾电影季宣传活动，在镇（街道）、社区播放防震减灾题材电影及科普动漫宣传片20场，举办防震减灾现场宣传活动8次，科普知识讲座5场，累计发放宣传用品3000余份，宣传资料10000余份，通过多种形式的宣传活动使社会公众进一步了解地震科普知识、增强防震安全意识和提高应急避险能力。

防震减灾进校园　为加强学校防范地震灾害的能力，专门印制《中小学校地震避震指南》，开展防震减灾进校园进课堂活动。联合教育局开展"科普先行，共访科普馆"参观研学活动，组织师生们参观地震科普馆、观看地震科普影视作品和体验地震小屋。会同客运公司通过课堂讲解地震科普知识和公交车厢模拟地震场景，让学生掌握安全乘车和应对突发地震灾难的紧急避险注意事项。在市实验幼儿园、天目艺术幼儿园，给孩子们观看《地震知识知多少》科普动漫片，深入浅出介绍地震常识，开展"震动人心　安全同行"为主题的应急避震安全系列活动。通过形式多样、内容丰富的宣传活动，师生进一步了解地震知识，增强地震安全防范意识，提高应急避险能力。

（狄永军）

安全生产管理

【概　况】 2022年，溧阳市应急管理局对照"疫情要防住、经济要稳住、发展要安全"的重大要求，切实扛起"勇挑大梁"的政治责任。以深化提升专项整治三年行动、开展安全生产大检查为主线，有效防范和遏制生产安全事故，全市安全形势平稳向好。

全市连续9年未发生较大事故，其中化工行业连续11年未发生亡人事故，安全生产形势稳定向好，被评为常州市推动高质量发展先进集体。

【专项整治活动】 推进安全生产专项整治。对照省安委办关于安全生产专项整治行动新任务，锚定"三年大灶"整体工作目标，制定出台《关于深化提升安全生产专项整治三年行动的实施方案》，明确12类共40项重点任务，在27个行业领域纵深推进安全生产专项整治，有效消除、化解、破解了一大批监管薄弱环节、重大安全风险、历史遗留难题。开展安全生产大检查。深入贯彻安全生产大检查15条硬措施并结合溧阳市实际情况细化为50条重点，细致排定检查方案，排定工作表，全市派出检查组1198组次，检查企业5735家次，排查整改隐患10469条。

建立专业委员会运行新机制。根据新形势、新需要，新成立养老等民政服务机构、体育赛事和场所、群租房等5个专委会，安全生产专业委员会数量达到18个。全面完善会商研判和防控协同机制，发挥专委会工作优势，有力构建覆盖全行业领域的安全生产专业委员会工作机制。构建安全生产督导考核新常态。出台安全生产警示提示等5项规定和安全生产督导制度，完善安全生产督导机制，"条块共进"开展专项督导。按"共性＋个性"原则设置板块和部门考核指标，以考核促工作落实。

【改革推进】 逐步完善执法监管体系。深入贯彻落实国家、省市关于深化应急管理综合行政执法改革要求，提升应急管理综合行政执法能力，按照市委编办印发的《溧阳市应急管理综合行政执法大队机构职能编制规定》，对应急管理综合行政执法队伍机构、人员和工作职能进行明确，市应急管理综合行政执法队伍机构建设基本到位。全力加强执法队伍建设。结合《江苏省应急管理综合行政执法队伍规范化建设标准》和市应急管理综合行政执法改革，印发溧阳市创建方案、成立创建工作组，4个执法中队，采取分区域驻派的方式下沉至板块，与镇区现有执法队伍建立健全执法协调配合机制，解决基层执法力量薄弱、专业能力不足、执法不精准等问题。

【应急救援体系建设】 应急队伍逐步壮大。打响“溧急应”品牌，指导建立“溧急应蓝盾救援服务中心”，为“溧急应蓝盾救援服务中心”配备冲锋舟、无人机等专业救援装备，与南航天目湖校区签订框架协议培育大学生志愿救援队伍，社会救援力量得到充实。常态化联系危化、通信、电力等29支、1087人的应急救援队伍，前置14支、262人的森林防火巡查队，应急救援网络进一步织密。

信息建设成效明显。进一步优化视频调度、网络调试、运行维护等相关工作。强化运维队伍建设和管理，择优选取网络知识丰富的应急干部任运维人员，对视频会议保障系统、通信指挥调度系统等各应用系统开展24小时巡检、调试、维护和管理工作，发现问题及时解决，确保各应用系统的正常运行。

值班值守毫不放松。严格执行领导带班、值班人员24小时在岗值班制度，重点加强节假日、中共二十大、疫情防控等重点时期，以及森林防火敏感期、防汛防旱关键期值班值守工作。

（黄　震）

消　防

【概　况】 2022年，溧阳消防大队以着力遏制较大以上和有影响的火灾事故、防范重大火灾风险隐患为目标，以服务发展为宗旨，深入开展消防安全大检查、“除患治违”等专项行动，深化推进消防安全专项整治三年行动攻坚，全面提升队伍综合应急救援能力和政府专职队伍“促规提能”行动，全力维护辖区火灾形势持续平稳。

2022年，大队完成中共二十大、两节、两会等重大消防安保任务，成功扑救“1·28”上兴中材工业废料火灾、高效处置“9·5”社渚金峰水泥厂矿区坍塌救援事故。截至12月12日，全市消防救援队伍接警出动1963起，其中火灾扑救733起、抢险救援255起、社会救助932起、其他出动43起，死亡4人，受伤1人；累计检查单位1625家次，督促整改火灾隐患或违法行为2250处，下发临时查封决定书54份，责令“三停”19家，行政处罚单位122家，罚款125万元，拘留1人。

年内，大队被授予江苏省文明单位称号，在全市执勤岗位练兵比武竞赛中取得大队团体第四名、政府专职队团体第三名，1名党员参加省总队模范共产党员评选，1名消防员被评为常州市技术能手，1名消防员被评为溧阳市“爱岗敬业”好青年并报评溧阳市“十大杰出青年”，36名指战员和政府专职队员获支队表彰。

【消防事业发展】 提升政治地位。推动溧阳市委、市政府下发《2022年溧阳市各镇人民政府、街道办事处及市消防安全委员会成员单位消防工作任务清单》，将消防工作纳入区各部门、各街镇目标管理和党政领导班子督查考核内容和安全生产巡查范畴。建立消防工作（当日要情、每周火情以及消防工作重点）向市委、市政府直报快报机制，进一步提升党委政府对消防工作的感知度、关联度和亲密度。

加强组织建设。严格落实党委“七议”制度，持续学习贯彻新时代中国特色社会主义思想和总书记重要训词精神，紧紧围绕“喜迎二十大、全力保安全”，巩固深化“牢记领袖训词、永做忠诚卫士”主题教育，持续开展安全“九无”创建和“安全万里行”活动。第一时间组织全体指战员学习贯彻中共二十大会议精神，重新打造营区氛围，重塑标志标

消防日常训练　　（市消防大队　供稿）

识"亮身份明职责"，制作公告灯箱、主题展板强化党建教育营造中共二十大会议精神学习良好氛围。通过深入一线调研实情、"送奖上门"、个人征信查询，梳理问题23个，研究对策建议53条，较为全面地掌握社会面消防工作短板不足和基层指战员思想诉求。在支队工会和溧阳市总工会指导下成立大队工会，依托党建引领组织和队伍建设更上新的台阶。

抓实监督执纪。开展消防执法领域群众身边腐败问题专项整治、财经领域突出问题排查整治等专项工作，对照上级作战训练安全专班、督察队等到溧阳发现问题，高标准第一时间落实整改，高频次开展"回头看"。2022年，大队累计开展节前教育4次，运用监督执纪"第一种形态"16次，集体廉政谈话2次。

【火灾防控】 以风险防范强推顽症治理。深入推进消防安全大检查和"除患治违"行动，指导属地按照"6个最"安全风险研判导向，查实找准地区消防安全风险点和火灾危险源。完成在全市范围内推广安装独立式感烟报警器602只、简易喷淋80套，推动安装电动自行车集中充电系统120套，推广电气火灾监控安装25套。完善重大火灾隐患举报、督办、整改和责任追究等工作机制，按期完成2家重大火灾隐患单位整改销案。持续落实各级政府、职能部门、社会单位消防安全宣传教育工作责任，提升公民消防法律法规意识、消防安全常识知晓率和火灾自防自救能力，实现九类重点人群培训率100%。以平台建设筑牢立体防线。完成12个板块乡镇消委办和消防管理服务所挂牌，其中10个板块已正式发文明确监管职责。与公安出台"六联工作机制"，与检察院出台"消防安全领域公益诉讼与行政执法协作配合工作机制"，推动65家村委建立微型消防站，全市466家消防安全重点单位全部接入应用单位消防安全管理系统，并开展常态化线上提醒。以消防服务赢得百姓口碑。"消防电子告知单"（大脸盆）违停占用消防通道、车道专项治理，被市文明办纳入文明城市建设项目，作为工作亮点被省级媒体报道，共处理违章案件2904起，罚款18.29万元，得到社会群众广泛赞誉。协调阳光城市小区试点安装电动自行车电梯禁入系统45套，缓解电动自行车高层入户、违规停放充电等老大难问题。打造"一路遇见蓝朋友""红蓝融合"、移动消防宣传点等前沿宣传新阵地，与旅游景区、高铁站、邮政储蓄网点等合作消防安全扫码等宣传新模式，备受广大市民关注。

【管理工作】 突出力量建设。结合政府专职消防队伍管理能力和作战能力"双评估"工作，推动全市8个已建政府专职消防队"促规提能"行动，率先完成法人登记事宜，年内新招队员50人，并按要求第一时间落实队员增资工作，统筹解决了7个队站执勤人员数量不达标、2个队站车辆装备配备特别是个人防护装备配备不符合要求等问题。3个队站已满足达标创建要求。深化岗位练兵。坚持立足岗位、瞄准实战、从严从难开展实战实训，科学制定方案，深入推进冬训、夏训两大岗位练兵工作，提档升级9支自然灾害、事故灾难类专业救援队伍，开展了动力电池企业研学研训活动，完成了朗盛（溧阳）多元醇有限公司、万豪大酒店、江南春商城等"6个最"实战演练。严格队伍管控。坚持以"两严两准"标准推进队伍正规化建设，常态化开展救援站、政府专职队个人防护装备摸排点验，统筹解决尚未配备到位、破旧无法使用或超出使用年限等问题，全力维护作战训练安全，紧盯"人、车、酒、赌、密、财、舆、执法"八大重点领域开展隐患排查整治，加强技术防范、安全教育和安全文化建设，

消防宣传 （市消防大队 供稿）

消防保障 （市消防大队 供稿）

突出抓好重点人员、岗位、部位、时段的管控，杜绝各类责任事故的发生。

【发展保障】 强推基建落地。年内，大队新增车辆2辆，采购器材装备2583件。紧盯“十四五”消防事业发展规划任务，以“五年规划、三年建成”的目标，完成上兴专职队搬迁并投勤工作，天目湖综合应急救援中心已开工，别桥救援站已纳入政府立项计划。完善战勤保障。挂牌成立战勤保障分队，与12家地方部门、单位签订战勤保障协议，在交通、油类、泡沫补给、餐饮等方面为消防应急救援提供全方位的后勤保障措施，应对和满足突发、大型或持续作战需求。夯实卫勤基础。持续推进市内各大医院落实消防救援人员优先政策，进一步畅通指战员绿色就医渠道。与辖区重点医院进一步深化联勤联保合作机制，累计邀请专家诊疗团队到队开展防疫讲座和急救培训5次，先后为9个队站培训核酸检测人员36名，有效实现队伍核酸检测自检。

（芮俊韬）

气象服务

【概 况】 2022年，溧阳市发布《天气公报》30期、《一周天气预报》53期、《气象信息》9期、《旅游气象服务材料》49期，发布各类预警信号61次，制作的专题类气象服务材料有：春耕春播材料7期、夏收夏种服务材料9期，秋收秋种服务材料12期，供电气象服务专报51期，曹山杨梅节服务材料4期，白茶特色农气材料6期，春运气象服务材料41期。启动重大气象灾害应急响应命令8次。

自2022年6月起溧阳市由于高温和少雨天气，导致中—重度的干旱天气，严重影响了溧阳市工农业生产和人民生活。针对此次高温干旱天气，市气象局及时启动重大气象灾害应急响应命令，全局人员严守岗位，密切关注天气形势的演变，认真制作抗旱信息专报，抓准一切时机进行人工增雨作业，共实施16批次人工增雨作业，有效降低高温干旱对溧阳市造成的损失。

市气象局为提升生态文明气象保障服务体系，安装3套大气负氧离子自动采集器及控制系统，6套LEDP5全彩显示屏及控制系统，聚焦智慧气象、生态气象、旅游气象。

与溧阳生态环境局，常州市环境科学院开展溧阳市环境空气质量预报系统分析，加强空气污染气象条件分析研判及信息共享工作，开展以空气污染气象条件为主要内容的专项气象服务。发布《空气污染》专报365期，遇重大活动保障、重污染天气出现时，参加多部门联合会商，共同发布环境空气质量预报预警信息。在蓝天保卫攻坚战期间，市气象局提供的空气污染气象条件预报为全市统一部署、各部门联合行动，共同打赢蓝天保卫战起到了很好的科学决策参考。

市气象局开放特色科普场馆——溧阳市防灾减灾科技馆，积极做好气象科普宣传工作。利用“3·23”世界气象日、“5·12”防灾减灾日 、“全国科普日”等活动为契机，通过开放溧阳气象科普馆的形式，对公众进行防灾减灾宣传，派出业务骨干进学校、进社区宣传气象科普知识，着力提高全民气象科学素质和气象灾害防御能力。指导社区开展气象防灾减灾工作。

本着“监测精密、预报精准、服务精细”的目标，2022年度协助市政府通过“中国天然氧吧”复评审工作，2022年获得江苏省文明单位、常州市气象局观测网络业务先进集体等称号。2022年度 1人获得常州市观测网络先进个人称号、1人获得常州市重大气象服务先进个人称号、1人获得常州市优秀预报员称号。

（市气象局）

镇·街道

栏目编辑　刘建华

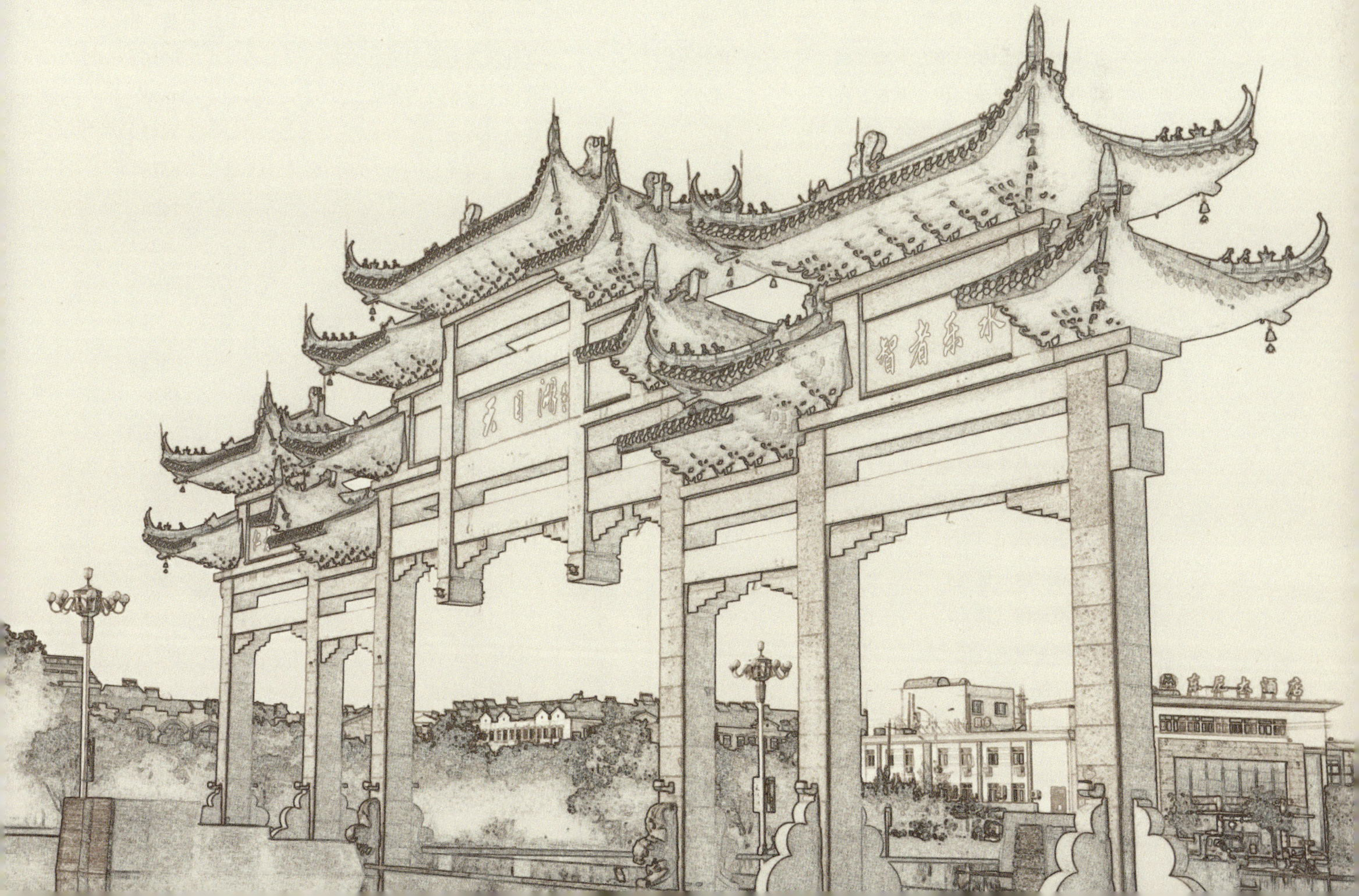

天 目 湖 镇

【概　况】 天目湖镇位于溧阳市南部，233国道纵贯全镇南北，宁杭高速公路溧阳南道口、宁杭城际高铁溧阳站紧临镇区，交通便捷。风景宜人、闻名遐迩的天目湖，集国家级旅游度假区、国家AAAAA级旅游景区、国家生态旅游示范区称号于一身。全镇区域总面积210.63平方千米，旅游度假区规划面积320平方千米。辖12个行政村、1个居委会，总人口5.8万人。2022年，全镇实现地区生产总值51.47亿元，完成公共财政收入2.53亿元。旅游区接待游客907.45万人次，实现旅游营业收入22.86亿元，获评中国（天目湖）白茶小镇、第三届中国生态文明奖先进集体、三星级地质文化镇。

【经济发展】 重点项目强势突破。成功签约总投资45亿元的动物王国文旅综合体项目，总投资10亿元的异星宇宙航空营地项目正在同步保持积极接洽。顺利推进中国再生医学健康管理中心、东野精品酒

青峰·九间堂　　（天目湖镇　供稿）

店、龙海精品酒店、涵田度假村酒店改造提升等项目。洲际英迪格酒店完成方案修改和报批，成功开工建设。成功建设方所文化村、安悦·天目山居、隐湖居度假村、合谷村上茶舍民宿酒店、青峰·九间堂、遇·碧波园酒店等项目。整合盘活优质资产。方所文化村项目与原茶文化城存量资产迅匹配，深化改造现有建筑，已建成投运；天目湖“者里一仓”对老旧建筑进行升级；鼎·历史文化艺术馆、阿里云联合创新中心等项目均对存量资源进行变闲为“宝”、

表37　2022年天目湖镇主要社会经济指标一览表

项　目		数　据	项　目		数　据
自然概况	年末土地总面积（平方千米）	210.63	农业	农林牧渔业总产值（万元）	70970
	其中：镇区建成面积（平方千米）	4.32		其中：农业（万元）	54676
	居民委员会、行政村委会（个）	13		林业（万元）	7812
	总人口（人）	58473		牧业（万元）	2618
	其中：非农业人口（人）	1282		渔业（万元）	5436
综合实力	地区生产总值（万元）	514700		农业服务业（万元）	428
	人均地区生产总值（元）	88024		粮食产量（吨）	10306
	财政收入（万元）	43268		年末农机总动力（万千瓦）	2.57
	全社会固定资产投资（万元）	93000	第三产业	第三产业实体（家）	418
	实际利用外资（万美元）	2000		第三产业从业人员（人）	1875
	人均可支配收入（元）	33371		第三产业增加值（亿元）	34.41
	社会消费品零售总额（万元）	29500		集贸市场（个）	2
工业	工业企业（家）	42		注册工商经营户（户）	319
	工业企业职工（人）	1526	社会事业	中学（所）	1
	工业总产值（亿元）	25.21		在校中学生（人）	268
	工业增加值（亿元）	11.01		小学（所）	2
	工业销售收入（亿元）	24.19		在校小学生（人）	1135
	工业利税（亿元）	1.65		文化娱乐场馆（个）	–
	工业固定资产净值（亿元）	1.38		体育健身场所（个）	70

"腾笼换鸟"，进一步释放高质量文旅发展空间潜力。系统思维规划布局。完成《天目湖重点区域十四五发展战略规划》编制，开展天目湖镇重点区域发展控制性详细规划研究及城市设计，完成《天目湖集镇街区涉旅化改造提升策划设计方案》并着手启动。破题湖区夜间经济，以夜游画廊、景詹沙河大桥、山水园夜公园、桂林青春不夜村、涵田聆湖湾商业街区等项目为支撑，布局"夜景、夜游、夜食、夜娱"多元业态，点亮夜天目湖。举办天目湖品牌形象发布会暨"点亮天目湖"夜游季仪式、"有个大坝"周末市集。暑期旅游经营收入和接待人次比2021年同期分别增长1.62倍和2.55倍，同比2019年均增长60%左右。天目湖旅游度假区滨湖核心区获评第二批江苏省夜间文旅消费集聚区。品牌效应初显成效，挖掘鱼文化、梅岭玉、茶文化等文化元素，推出在地文化IP，并全力推动文旅IP产业化。鱼文化文创产品已全部生产投放，创成天目湖梅岭玉地质文化镇，获评中国（天目湖）白茶小镇称号。优化运营"天目湖玩咖"B站、抖音官方账号和"中国·天目湖"微信公众号旅游板块，开通"天目湖玩咖"小红书官方账号，同步央视、《人民日报》《新华日报》等主流媒体和南京地铁创意专列宣传推广。2022年9月，江苏天目湖旅游股份有限公司获评"2022年江苏省省长质量奖"。

【城乡建设】 精细化推进水源地保护。按照"四无一有"管理目标对水源地保护区域进行精细化管理。对林业资源巡护、退耕还林和林茶收购区域管护进行规范化处置。完善森林和水资源保护中队建设，构建水域、陆地24小时不间断巡查机制。全年新增退耕还林面积830亩、新增林茶收储面积1580亩。大溪水库上游生态安全缓冲区洙漕河二期、三期均已竣工验收；大溪水库内源治理生态清淤项目已完工交付；两大水库水质均达到Ⅱ类标准，达标率100%。11月，大溪水库高分通过水利部水利工程标准化管理评价，成为江苏省首家国家级水利标准化管理工程。生态安全缓冲区建设示范项目入选江苏省财政厅、省生态环境厅公布的2021年省生态安全项目奖补名单。天目湖旅游度假区入选国家级森林康养试点建设基地。立体化提升环境治理效能。深入打好蓝天、碧水、净土三大保卫战，强化$PM_{2.5}$、水体污染及土壤整治，推动空气质量持续好转，两大水库和4个水环境功能区断面水质全部100%达标。投资1.28亿元的天目湖镇污水管网一期工程开工建设，进一步提高污水收纳处理能力。落细落实长效管护机制，制定并出台《2022年天目湖镇村庄整治行动方案》，推进品质村庄创建，重点实施"乱堆放、乱散养、小微水体污染"集中整治。生态化赋能

天目湖方所文化村 （天目湖镇　供稿）

天目湖景詹大桥　　　　　　　（天目湖镇　供稿）

乡村发展。上桂林吸纳桂林游客中心、桂小星露营地、荒野厨房、南艺工作室等多种业态，“吃、喝、玩、乐上桂林”的青春旅游消费村形态初步形成，获评“江苏省乡村旅游重点村”、省放心消费创建示范区全域。一村一品藏富于民。印发“2022年天目湖镇村（社区）‘一村一品’项目建设目标任务表”，田家山村、桂林村、南钱村通过购置资产经营增收；平桥村、田家山村通过社会事业收租增收；南钱村草莓园通过实体产业增收；三胜村集装箱租赁服务和梅岭村生态劳务工作公司通过服务产业增收。

【社会管理】 公共服务便民利民。投资2500万元、设计规模9个班的平桥新幼儿园投入使用。正式启动平桥小学新校园建设工程，力争两年时间完成。高标准建设文旅教体培训中心，加强与名校合作办学，力求打造南部片区新教育高地。着力打造安全舒适就医环境，2个卫生院新建门诊楼、住院楼已投入使用。升级改造村级卫生室项目，12个村级卫生室按照时序进度建设到位，天目湖村、田家山村如意小食堂均已正式运营。“社计师”社区治理品牌获评“2021年度江苏基层社会治理创新成果提名奖”。科学防范护企护民，深入开展提升安全生产专项整治三年行动和“早安·天目湖”安全生产系列活动，持续落实危化品、建筑工地、城镇燃气等领域安全专项整治。扎实推进信访突出问题攻坚化解，常态落实好领导带班接访等机制。成功化解天目湖村委拆迁安置问题、桂林村委关厂补偿问题、退役士官安置工作问题和天目湖镇皇珈置业楼盘交付等问题。

表38

2022年天目湖镇各村（社区）基本情况表

村（社区）	中共支部（总支、党委）书记	村委（社区）主任	经济总收入（万元）	村（社区）	中共支部（总支、党委）书记	村委（社区）主任	经济总收入（万元）
天目湖	孟广富	孟广富	863.56	杨　村	管朝华	—	185.57
田家山	杨建伟	杨建伟	660.77	平　桥	王荣建	王荣建	298.78
桂　林	许浩生	许浩生	372.14	梅　岭	陆云龙	—	317.00
南　钱	葛小宇	葛小宇	324.44	毛　尖	胡　珍	胡　珍	164.34
三　胜	陈国军	陈国军	297.78	观　山	罗阿宝	罗阿宝	121.12
吴　村	陈建国	陈建国	184.46	洙　漕	韩金华	韩金华	378.97

表39

2022年天目湖镇销售收入2000万元以上企业一览表

企业名称	法人代表	销售收入（万元）	企业名称	法人代表	销售收入（万元）
江苏钢锐精密机械有限公司	张贤铭	100542	溧阳市诚亿布业有限公司	袁阿保	6124
溧阳市立方贵金属材料有限公司	王自伟	25410	江苏天目照明有限公司	蒋伟年	4647
溧阳东发纺织有限公司	蒋伟年	14190	江苏永川模型有限公司	孙喜香	3054

（方天乙）

上 兴 镇

【概　况】 上兴镇位于溧阳西北，属丘陵地带，四季分明，气候宜人，拥有丰富的矿产资源。有耕地面积近 1 万公顷，水域面积 2000 公顷，林地面积 3300 公顷。镇域面积 245.6 平方千米，辖 4 个集镇、1 个居委会、23 个行政村，总人口 80961 人。上兴镇距南京禄口国际机场 38 千米，宁杭城际铁路、宁杭高速公路、104 国道、341 省道在集镇区交会。2022 年区（镇）主要经济指标逆势上扬，保持 20% 左右增速。其中规模以上工业总产值完成 335 亿元，同比增长 17.5%，工业应税销售收入突破 400 亿元，同比增长 32.8%，高新技术产值 72 亿元，同比增长 21.6%，实际利用外资和进出口总额分别迈上 1 亿美元和 10 亿元人民币大关，公共财政预算收入（扣除留抵退税影响）完成 4.57 亿元人民币。全年净增规上企业 12 家，江苏友发成为经开区第二家销售破百亿元企业。上兴镇综合实力位列全国千强镇第 413 位。

10 月 29 日，溧阳市 10 月份重大项目现场推进会暨国强兴晟光伏智能装备制造项目开工仪式在溧阳经开区举行　　（上兴镇　供稿）

【经济发展】 2022 年，上兴镇成功签约重点项目 12 个，中技储能、新拓不锈钢、卤江南食品、杰成新能源、威士忌庄园、喔喔宠物食品等一批总投资 10 亿元以上项目签约落地。曹山未来城、瓦屋山低碳城、国强兴晟、绝味食品等一批在建项目加快推进，长盈精密、嘉盛、洪海等重大项目竣工投产。东大创新中心投运在即，中航气动院南方分院即将开工。

2022 年上兴镇主要社会经济指标一览表

表 40

项目		数据	项目		数据
自然概况	年末土地总面积（平方千米）	245.6	农业	其中：农业（万元）	—
	其中：镇区建成面积（平方千米）	40		林业（万元）	—
	居民委员会、行政村委会（个）	24		牧业（万元）	—
	总人口（人）	80961		渔业（万元）	—
	其中：非农业人口（人）	36918		农业服务业（万元）	—
综合实力	地区生产总值（亿元）	103.77		粮食产量（吨）	61727
	人均地区生产总值（万元）	15.5		年末农机总动力（万千瓦）	6.33
	财政收入（亿元）	2.77	第三产业	第三产业实体（家）	—
	全社会固定资产投资（亿元）	33.5		第三产业从业人员（人）	—
	实际利用外资（万美元）	11951		第三产业增加值（亿元）	22.57
	农民人均纯收入（元）	—		集贸市场（个）	5
工业	工业企业（家）	423		年末个体工商经营户（户）	—
	工业企业职工（人）	16230	社会事业	中学（所）	3
	工业总产值（亿元）	352.2		在校中学生（人）	1600
	工业增加值（亿元）	64.01		小学（所）	4
	工业销售收入（亿元）	401.5		在校小学生（人）	2978
	工业利税（亿元）	30.94		文化站馆（个）	1
	工业固定资产净值（亿元）	—		体育健身场所（个）	26
	农林牧渔业总产值（万元）	—		人口自然增长率（‰）	−4.97

曹山旅游度假区　　（上兴镇　供稿）

全年新增高新技术企业10家，国电新能源、盛杰机械等5家企业成功入选省专精特新中小企业，盛德电子获评省五星级上云企业，巴斯威成为经开区首家常州市“瞪羚”企业。完成“危污乱散低”企业治理21家，其中困境企业出清17家，治理企业数、面积数均位居全市前列。主动向上争取召开“行长园区行”暨经开区银企座谈会，帮助小微企业解决融资超4000万元。加速农旅融合发展，深挖特色生态旅游资源，畅通要素流动，推动全面振兴和全域旅游。一乙花筑奢、威士忌庄园等一批文旅项目顺利签约，棕榈湾曹山美音研学基地、巴士驿站、姚河坝渔村等特色景点形象初展。在全市率先实现文旅市场复苏，2022年举办国家级和省级活动各2场，接待游客286万人次，恢复率81.4%，实现旅游总收入2.9亿元，曹山入选“2022水韵江苏·网红打卡地”。

表41

2022年上兴镇各村（社区）基本情况表

村（社区）	中共支部（总支、党委）书记	村委（社区）主任	经济总收入（万元）	村（社区）	中共支部（总支、党委）书记	村委（社区）主任	经济总收入（万元）
分　界	王文彬	王文彬	211.83	龙　峰	余庆贵	余庆贵	186.43
陶　村	徐达清	徐达清	182.19	桥东干	张益安	张益安	125.58
老　河	邹荣国	邹荣国	273.91	东　塘	陈和国	陈和国	108.7
上　城	江　波	江　波	438.76	毛　家	张仕良	张仕良	103.86
上　兴	陆建春	陆建春	223.61	缪　巷	马国强	马国强	109.64
练　庄	毛建军	毛建军	218.48	祠　堂	施国林	施忠良	106.32
赵　沛	何忠华	何忠华	97.1	蒲　村	陈　耿	陈　耿	109.92
余　巷	蒋志敏	蒋志敏	216.21	吐　祥	芮爱国	芮爱国	155.8
永　和	董明洪	董明洪	105.54	圩　庄	伊水银	伊水银	215.44
步　村	戴洪彬	戴洪彬	134.58	汤　桥	汤惠军	汤惠军	118.72
涧　东	韦建华	韦建华	174.18	上兴居委会	施　蓓	施　蓓	—
万家边	强文俊	强文俊	126.86	上沛居委会	张红军	余小琴	—
沛　民	王佩峰	王佩峰	120.22				

表42

2022年上兴镇销售收入2000万元以上企业一览表

企业名称	法人代表	销售收入（万元）	企业名称	法人代表	销售收入（万元）
江苏国强镀锌实业有限公司	袁国强	1362356	溧阳天山水泥有限公司	李　阳	49040
江苏友发钢管有限公司	董希标	1030645	溧阳强盛科技有限公司	袁传水	39589
江苏国强兴晟能源科技有限公司	袁国强	399445	溧阳市华力金属有限公司	易会盛	20895
江苏国电新能源装备有限公司	冯　玮	219633	博飞特（江苏）汽车设备自动化有限公司	潘全妹	20060
江苏明佳交通材料有限公司	许先明	197637	兴跃洋新材料科技（江苏）有限公司	顾玉育	19152
江苏国强民富建材科技有限公司	吴厚英	95539	溧阳市盛杰机械有限公司	潘剑青	19106
江苏超强工程材料有限公司	黄桂珍	77559	法德尔（常州）流体设备有限公司	马克·戈德史密斯	18351

续表 42

企业名称	法人代表	销售收入（万元）	企业名称	法人代表	销售收入（万元）
江苏国强交通集团有限公司	袁国强	74480	协多利洁净系统（常州）有限公司	周昌晶	17648
江苏嘉盛环境设备制造有限公司	黄　胜	50674	常州长盈精密技术有限公司	雷井泉	15291
江苏国智建筑科技有限公司	吴翔凌	14694	常州淳璞游乐设备制造有限公司	许立斌	4466
江苏阿翔食品有限公司	苏靖翔	13709	溧阳市南方活性炭厂	朱　涛	4286
溧阳市宝丽佳塑胶纺织有限公司	孙　勇	12538	江苏轩博金属制品有限公司	董天云	3653
溧阳比利美英伟生物科技有限公司	谭跃德	10407	溧阳市盛翔新型建材有限公司	葛芙妹	3408
溧阳爱格板业有限公司	郭继新	9842	兴锐五金科技（江苏）有限公司	吴丽萍	2723
溧阳市兴亚王胖门窗科技有限公司	王荣庆	9526	溧阳双翔木业制品厂	向自喜	2712
溧阳康本复合材料有限公司	龚建峰	8878	常州江帆冷却塔有限公司	江建华	2703
江苏英诺威洁具有限公司	刘宗权	8504	江苏天伦活性炭有限公司	李　鑫	2697
溧阳市塑宝塑胶科技有限公司	丁雪峰	8203	江苏中恒电子新材料有限公司	周　静	2696
江苏盛德电子仪表有限公司	陈志萍	7120	欧申（常州）交通科技有限公司	曾文超	2685
常州容导精密装备有限公司	董兴玉	6141	溧阳市康达新材料有限公司	张建新	2650
江苏北山建材有限公司	张忠明	5739	江苏阳帆机电设备制造有限公司	杨宏伟	2533
江苏巴斯威节能科技有限公司	陈成国	5561	江苏新曙锻造有限公司	周达明	2499
溧阳中材环保有限公司	朱宝华	5128	江苏江南绝缘粉末有限公司	虞金卫	2276
江苏国强交通科技有限公司	彭栋敏	5120	江苏永青工程机械有限公司	李洪生	2230
常州赛密思新材料有限公司	黄金锋	5040	常州翰洋智能科技有限公司	赵前耀	2131
江苏倍文自动化设备股份有限公司	沈俊明	4581	溧阳市宇峰新材料有限公司	周剑宇	2047
江苏叶琦机械有限公司	巢卫东	4553	江苏晶宇液压机械有限公司	潘宗浩	2030
众雅（江苏）机械设备有限公司	蒋　铮	4519	江苏佳力得新材料科技有限公司	叶永泉	2029

【城乡建设】 2022年，上兴镇牢牢把握市委、市政府赋予经开区“接轨南京第一城”的发展定位，以“三城共建”加速推动“三区联动”。高标准完成“三区三线”划定工作，划定城镇开发边界近2万亩；完成工业园区11600余亩土地控规编制和报批，6个行政村实用性规划完成评审，上沛绿色建材产业园和曹山主入口片区策划顺利完成，城镇发展框架进一步拉开。总面积64万平方米的5个安置房项目加快建设，牌楼南苑分房工作获得群众点赞。北山污水处理厂、南渡新材料污水处理厂、青年人才公寓等功能配套项目扎实推进，上兴埠公园基本建成，老明路降等顺利完成，基础设施配套进一步增强，城镇整体面貌焕然一新。全年完成房屋征收面积4.7万平方米（含企业征收9家），其中扫尾清零5个项目，面积1.1万平方米。全面实施46个土地流征项目，年内完成20个，土地流征3204亩，坟墓迁移869塚，为经开区长远发展留白。与南京农高区携手签订友好园区战略合作协议，与东南大学土木工程学院党委打造共建联盟，南京域外孵化器呼之欲出，内外联动、双向互济的区域联动发展格局初步形成，更多南京方向的优质资源要素向经开区涌动。以现代高效种养为核心，优化农业区域布局，发展高效设施农业，永和、东塘2个高标准农田项目全面启动。因地制宜、一村一策推进乡村产业标准化、规模化、集约化发展，龙峰蓝莓、牛马塘地瓜、永和苗木、蒲村大闸蟹等一批特色产业品牌乘势擦亮。以文创旅游为延展，构建农旅融合特色IP，推出各类主题乡村旅游目的地和精品线路，精心打造以一产为基础、二产为纽带、三产为提升的农业产业现代化发展之路，上兴镇农村产业融合发展先导区入选省农村一二三产业融合发展典型案例。高标准完成14个美丽宜居乡村建设，牛马塘村完成提升改造，花村宅基地改革试点扩面稳慎推进，留云村特色田园乡村蓄势待发。牛头山村获评第九批“江苏省特色田园乡村”。上兴镇获评常州市

乡村振兴（新时代鱼米之乡、新江南水乡）示范镇。农村宅基地改革、新型城镇化、城乡融合发展等工作分别得到农业农村部和省政府主要领导肯定。

【社会管理】 2022年，上兴镇坚持将保障和改善民生作为一切工作的出发点和落脚点，提升民生厚度、政策温度和幸福刻度。守牢安全环保防线，打好污染防治攻坚战，推进中央环保督察反馈问题整改。$PM_{2.5}$和降尘量两项指标考核进入全市前三，上兴河二期整治工程完成总工程量的75%，天山廊道建成投运。对工矿企业、餐饮燃气、危化品、道路安全、食品安全等重点领域开展专项排查整治，着力防范重大风险，2022年全年未发生安全生产亡人事故。集中力量破解安置小区办证难题，6个小区、2143户完成总证办理。经开区卫生院高标准创成二级综合医院，新上沛卫生院即将交付使用，完成11家村级卫生室的新（改、扩）建，疫情防控期间为群众免费发放药物1.4万余份；中考成绩成果斐然，省中、光华等四星级高中录取率大幅提高，上兴中心小学和汤桥小学获得“江苏省少年科学院”称号。深度探索实施养老机构公办民营化，接纳入住五保老人和社会寄养老人782余人次，建成如意小食堂8家，上兴社区获评全国示范性老年友好型社区。积极应对极端高温，确保农民稳产增收，顺势推动鸡龙坝等水库塘坝清淤扩容，防汛蓄洪、抗旱灌溉的功能切实提升。创新基层治理高线，文明典范城市创建逆势突破，上沛“口袋公园”落地生花，全省首个镇级“水电气一窗通办”落户经开。高标准推进半亩港湾、上沛散住楼等老旧小区改造，拆除各类违建151处，总面积达1.3万平方米，新增机动车位282个；开展“飞线”专项整治，清理私拉乱接220余处。紧盯作风效能，自身建设持续增强。在做好经济社会发展各项工作的同时，上兴镇始终坚持以政治建设为统领，确保党的各项方针政策落实到事业发展全过程。以学习宣传贯彻中共二十大精神为主线，凸显党建工作对高质量发展的引领作用，省委领导和党的二十大代表分别到经开区开展二十大专题宣讲。常州首个非公企业“链式”党建项目高质量“破题”，瓦屋山低碳城“项目党支部”高效率“答题”，积极谋划龙峰—余巷—赵沛党建引领共同富裕展示区，以点扩面形成党建引领乡村振兴“样板区”。创新实施“兴溧量”青干班，全面优化青年干部队伍。严格依法依规决策，深入推进政府法律顾问工作制，确保政府重大决策的科学性、合法性与可操作性。加强法治工作队伍建设，实现村法律顾问全覆盖。依托大调解平台，开展多元调解，受理化解各类矛盾纠纷400余件，上兴村、缪巷村创建成为省级民主法治示范村。慎独慎微，廉洁从政。以不折不扣推动省委巡视整改和常州审计局对经开区专项审计为契机，全面落实从严治党要求，建成“山水廉音园”，风清气正的浓厚工作氛围。持之以恒落实中央八项规定精神，保持高压严管态势，严查“懒政”“怠政”行为，强化党风廉政建设责任制，通过党务政务公开等形式加强监督，让权力和责任在阳光下运行。

（王倩倩）

七彩曹山“最美赏花地，四季百果园”　　（上兴镇　供稿）

社 渚 镇

【概　况】 社渚镇位于溧阳西南部，属茅山革命老区，地处苏皖两省的溧阳、高淳、郎溪三市（县、区）交界处。镇域面积 207 平方千米，常住人口 68635 人（户籍人口 7.2 万人），下辖 22 个行政村、2 个居委会、610 个村民小组。2022 年，社渚镇经济形势平稳发展、稳中向好，完成地区生产总值 150.11 亿元，公共财政预算收入 6.75 亿元；实现工业应税销售（征收期）378 亿元，高新技术产业产值 23.02 亿元，全社会固定资产投资 30.1 亿元，其中工业投入 27.24 亿元、服务业投入 2.85 亿元。

3 月 27 日，社渚镇举办第 21 届民俗节

（社渚镇　供稿）

【经济发展】 聚焦产业发展，着力重大项目突破，培育绿色发展动能，推动产业集群形成，打造先导区高质量发展新“增长极”。主攻项目选资突破。做到疫情防控和项目招引工作“两手抓”，建设溧阳苏州创新基地，探索产业发展新引擎。2022 年，共签约亿元以上项目 5 个，其中 10 亿元以上项目 1 个、5 亿元以上项目 3 个。拟签约项目 3 个。社渚镇 4 次获得全市重大项目招引月度“流动红旗”。行稳项目推进步伐。2022 年全镇在库产业项目 15 个，计划总投资 115.8 亿元；计划实施基本建设项目 19 个，计划总投资 6.95 亿元。专班推进全省重点项目——金峰全电机器人智能控制原材料输送项目，坚持每天一调度、每周一例会、每月一督促，堵点难点一事一议，推进项目早开工、早投产、早见效。夯实要素保障支撑。治理“危污乱散低”企业 28 家，用地 936 亩，其中

表 43　2022 年社渚镇主要社会经济指标一览表

	项　　目	数　据		项　　目	数　据
自然概况	年末土地总面积（平方千米）	207	农业	其中：农业（万元）	—
	其中：镇区建成面积（平方千米）	6.3		林业（万元）	—
	居民委员会、行政村委会（个）	24		牧业（万元）	—
	总人口（人）	68635		渔业（万元）	—
	其中：非农业人口（人）	—		农业服务业（万元）	—
综合实力	地区生产总值（亿元）	150.11		粮食产量（吨）	73263
	人均地区生产总值（万元）	20.41		年末农机总动力（万千瓦）	6. 9901
	财政收入（亿元）	6.7534	第三产业	第三产业实体（家）	—
	全社会固定资产投资（亿元）	30.0983		第三产业从业人员（人）	—
	实际利用外资（万美元）	1118		第三产业增加值（亿元）	52.15
	农民人均纯收入（元）	—		集贸市场（个）	4
工业	工业企业（家）	149		年末个体工商经营户（户）	—
	工业企业职工（人）	7382	社会事业	中学（所）	2
	工业总产值（亿元）	148.35		在校中学生（人）	1323
	工业增加值（亿元）	85.05		小学（所）	5
	工业销售收入（亿元）	378		在校小学生（人）	3981
	工业利税（亿元）	45.36736		文化站馆（个）	25
	工业固定资产净值（亿元）	47.51		体育健身场所（个）	143
	农林牧渔业总产值（万元）	—		人口自然增长率（‰）	-1.02

与招商引资结合盘活企业9家。同步推进收储评估工作。2022年申请各级资金2.6亿元，其中专项债资金2.2亿元，专项用于先导区综合管网、上蒋片区特色田园乡村建设等3个项目。社渚镇先后获得“中国青虾第一镇”“中国青虾之都”称号。社渚镇重视青虾产业的高质量发展，制定可持续发展规划和实施方案，运用产业化、标准化、品牌化的发展模式，在青虾育苗、养殖技术、园区建设、青虾交易等方面居全国领先水平。2022年，社渚“溧阳青虾”获得首届江苏品牌农产品营销促销大赛铜牌，获评江苏省十大区域公共品牌，青虾产业集聚区荣获江苏省县域电商产业集聚区称号。2022年，推广太湖2号新品种养殖面积5.5万亩，建立种虾基地3个、苗种繁育基地7个，增加经济效益2500余万元。青虾交易中心完成建设，投入使用后预计每年可销售成品虾、虾苗650万公斤，提供就业岗位600个。

【城乡建设】 打造绿意社渚，走“生态优先、绿色发展”之路，将夯实生态基底作为彰显生态宜居家园品质的“主抓手”。推进污染防治攻坚，严控矿区、工地、道路、码头堆场重点区域扬尘污染，2022全年降尘量1.76吨/月·平方千米（全市第三），环境空气优良率73.7%。以《社渚镇太湖流域入河排污口分类整治方案》为契机，夯实“河长制”责任，全面清除镇区内劣V类水体。土壤生态保护修复工作有序推进。加强城乡融合建设，2022年11月8日溧宁高速公路江苏段正式通车，结束社渚没有高速公路的历史。排查农村自建房17237栋、既有建筑2044栋、农村危旧房屋64栋，践行群众安居承诺。建立起监管全覆盖、执法无死角的长效机制，全年共计拆除新增违建18处、存量违建20处，总拆违面积3896平方米。丰富精神文化生活，深化美意田园行动，锚定省际边界地区最美乡村，洑家村获评第九批次江苏省特色田园乡村。开展文明专项提升行动，在市级文明城市测评中获得开创性好成绩。打造活力和底蕴兼具的“洑娃”品牌特色文创产品，接待央视《记住乡愁》栏目组到社渚拍摄党建引领乡村振兴专题。

美丽乡村洑家村　（社渚镇　供稿）

2022年社渚镇各村（社区）基本情况表

表44

村（社区）	中共支部（总支、党委）书记	村委（社区）主任	经济总收入（万元）	村（社区）	中共支部（总支、党委）书记	村委（社区）主任	经济总收入（万元）
社　渚	蒋云虎	蒋云虎	119.56	湖　西	沈建胜	沈建胜	130.34
下　西	虞鹏月	虞鹏月	100.41	大　田	冯　强	冯　强	145.69
王　家	霍亚平	霍亚平	112.58	东　升	赵国兴	赵国兴	126.49
新　塘	林　克	林　克	104.55	河　口	李和林	李和林	170.84
新　山	肖德顺	肖德顺	176.28	乘马圩	赵荣华	赵荣华	113.2
宋　村	宋德喜	宋德喜	115.97	金　峰	朱法金	朱法金	131.9
宜　巷	陈爱兵	陈爱兵	153.73	梅　山	颜洪喜	颜洪喜	121.58
姚　巷	尹洪发	尹洪发	140.21	金　庄	丁国平	丁国平	159.38
殷　桥	王云凯	王云凯	130.39	丁　山	张建刚	张建刚	218.48
上　蒋	张　苗	张　苗	119.05	周　城	彭泽宇	彭泽宇	123.59
孔　村	张春九	张春九	147.6	金　山	黄忠新	黄忠新	238.9

【社会管理】 护航民生福祉，做好民生工作，补短板、增供给，把提升群众获得感和幸福感作为做好民生工作的“航向标”。织密疫情防控网络，组建完善工作专班，指挥部24小时轮班值守，党政领导靠前指挥，镇属部门、条线全力保障，快速有效应对连续3波疫情。强化“网格+”联防联控，高效完成各项工作，切实变“被动控”为“主动防”。社渚中心卫生院升级改造，湖西、大田卫生室完成改建，行政村村级卫生室实现全覆盖。夯牢社会保障根基，民生资金共计发放1843万元，较往年只增不减，其中最低生活保障取消41户、76人，做到“应保尽保、应退尽退”。设立“渚梦”教育基金，助推全镇教育事业发展，社渚中心小学获评教育部“温馨校园”。社渚—梅渚便民服务点“跨省轮岗”工作正式启动，在落实省级层面民生实事上社渚始终走在前列。扎紧安全稳定围栏，开展安全、环保问题督查问诊100余次，执法和指导服务企业85家次，排查一般隐患916处、重大隐患4处，安全生产态势总体可控。信访接待中心共接待群众信访153起，涉及263人次，累计化解矛盾153起，化解率达100%。守护群众舌尖上安全，镇农监站获评溧阳市首家“江苏省第二批五星级乡镇农产品质量安全监管机构”。

表45

2022年社渚镇销售收入2000万元以上企业一览表

企业名称	法人代表	销售收入（万元）	企业名称	法人代表	销售收入（万元）
江苏金峰水泥集团有限公司	丁建庆	998589	溧阳市安恒机械制造有限公司	周夕坤	5057
溧阳市新金峰水泥有限公司	赵小俊	830362	江苏红泽混凝土有限公司	吴建忠	4937
溧阳市宏峰水泥有限公司	朱茂金	743839	江苏前峰电子有限公司	管爱民	4241
溧阳市宏峰矿业有限公司	刘海明	172359	常州帘之家窗饰有限公司	钱文亮	3557
江苏铭丰电子材料科技有限公司	明小强	149403	溧阳市联成溶剂有限公司	王爱荣	3155
溧阳市江山矿业金山 有限公司	张洪德	50236	溧阳市双龙制衣有限公司	吴玉凤	3111
江苏奥冠首信薄钢有限公司	曾万华	44836	常州拓达电子有限公司	宋海燕	2831
江苏华冶钙业有限公司	刘国福	35486	富力智能装备制造（常州）有限公司	李　力	2800
溧阳市苏通机械有限公司	赵黎明	33924	江苏德优镁轻合金科技有限公司	刘永和	2762
溧阳市江山矿业长山南有限公司	杜　刚	24135	江苏冠乾特种水产饲料有限公司	官德保	2714
江苏荣辉木业有限公司	申世军	23591	溧阳锦顺服饰有限公司	顾国平	2678
溧阳市江山矿业长山北有限公司	杜吉友	22295	溧阳广道针织有限公司	彭志伢	2410
江苏惠太汽车科技有限公司	陈宏德	16796	溧阳市社渚冶炼有限公司	周志福	2390
江苏华强模具科技有限公司	李国强	16002	普兰特换热设备（溧阳）有限公司	郝缠熙	2287
江苏溧阳南方水泥有限公司	张俊炜	13736	溧阳市至晟轴承有限公司	何瑞可	2108
江苏省社渚轴承有限公司	张振清	13252	常州九天机电设备有限公司	郑　砚	2060
恒天宝丽丝生物基纤维股份有限公司	李建伟	11813	常州净界环保科技有限公司	陈宝明	2024
溧阳市志超机械科技有限公司	吴国强	7962	常州市星云润滑材料有限公司	王新明	2012
江苏浩跃新型防水材料有限公司	霍建荣	5856	溧阳市华顺机械配件有限公司	潘文明	2007
江苏省前峰服饰有限公司	管爱民	5836			

（龚　鑫　毕　俊）

埭　头　镇

溧阳市四方不锈钢制品有限公司

（埭头镇　供稿）

【概　况】　埭头镇位于溧阳市区东北郊，总面积43.7平方千米，下辖7个行政村，1个居委会，总人口2.67万人。北依长荡湖，南枕芜太运河，S239和常溧高速、宁杭高铁连接线贯穿境内，溧阳北道口落户镇区，水陆交通便利。2022年，埭头镇完成地区生产总值50.19亿元，获得江苏省人大系统先进集体、常州市自然资源执法考核第二等次、溧阳市综合考核第一等次、生态品质巩固提升年重大项目突破奖、优秀项目奖等多项荣誉。

【经济发展】　埭头镇坚定“绿色崛起样板镇，常溧一体先行区”的奋斗目标，坚持创新引领，加快构建现代化产业体系。2022年，埭头镇公共财政预算收入2.19亿元，限额以上社会消费品零售总额3亿元，限额以上服务业营收7.6亿元，实际利用外资920万美元，均超额完成目标并且完成度在全市排名前二。企业发展欣欣向荣。嘉士伯、四方不锈钢、华碧房地产、雅德力4家单位荣获四星企业；佳禾电子、赫菲斯、南洋中京、谷德机械4家单位获评资源集约利用综合评价优胜奖；赫菲斯、佳禾电子、嘉士伯、高光半导体4家单位获企业创新成长奖。项目招引持续发力。招商引资签约项目10个，其中10亿元以上项目2个，共夺得招商引资月度红旗4面，其中第一名1面。项目建设稳步推进。重点在建项目共12个，其中常州市重点项目2个，续建项目4个，迈雷特、亚泰、

表46

2022年埭头镇主要社会经济指标一览表

项目		数据	项目		数据
自然概况	年末土地总面积（平方千米）	43.7	农业	其中：农业（万元）	—
	其中：镇区建成面积（平方千米）	7.3		林业（万元）	—
	居民委员会、行政村委会（个）	8		牧业（万元）	—
	总人口（人）	26667		渔业（万元）	—
	其中：非农业人口（人）	—		农业服务业（万元）	—
综合实力	地区生产总值（亿元）	50.19		粮食产量（吨）	18992
	人均地区生产总值（万元）	18.82		年末农机总动力（万千瓦）	—
	财政收入（亿元）	4.24	第三产业	第三产业实体（家）	—
	全社会固定资产投资（亿元）	15.80		第三产业从业人员（人）	2185
	实际利用外资（万美元）	920		第三产业增加值（亿元）	21.3
	农民人均纯收入（元）	—		集贸市场（个）	2
工业	工业企业（家）	312		年末个体工商经营户（户）	—
	工业企业职工（人）	6852	社会事业	中学（所）	2
	工业总产值（亿元）	67.1		在校中学生（人）	1968
	工业增加值（亿元）	23.46		小学（所）	2
	工业销售收入（亿元）	66.8		在校小学生（人）	1944
	工业利税（亿元）	6.6		文化站馆（个）	1
	工业固定资产净值（亿元）	13.7		体育健身场所（个）	51
	农林牧渔业总产值（万元）	—		人口自然增长率（‰）	−1.6

优力克、鼎吉、朱美拉均已竣工投产；4个本地扩能企业：四方、嘉士伯、宝鹏和南洋中京，投产后产能均得到进一步释放。人才科技亮点纷呈。申报高新技术企业6家，入选5家，累计在库16家，入选率及保有量在全市排名前列。获评常州市专精特新企业1家，常州市工程技术中心1家，溧阳市工程研究中心2家，江苏省研究生工作站2家；达成产学研合作项目13项，合同金额600余万元，实现专利成果转化3项；获批江苏省科技厅产学研前瞻项目1项（全市仅4项），申报科技副总项目1项，申报常州市科技研发计划项目2项；入选第二十批“龙城英才计划”创业类项目2个；全镇企业发明专利累计69件，全市排名前列。

【城乡建设】 埭头镇坚持优势互补、协同联动，加快推动形成城乡区域协调绿色发展新格局。2022年，埭头镇获评江苏省文明乡镇、2019—2021年度常州市文明镇。城乡建设更加完善。开展精品街道建设工作，埭中路、前圩路等道路完成道板更新改造及杆线入地工程。完成进出镇道口节点优化，新增机动车停车泊位296个、非机动车停车线438米。新建改建厕所7座，整治臭水塘5个，湖头、胡家等7个自然村污水管网建成并投入使用。顺利推进王家、前六等8个美丽宜居村庄建设工作。现代农业稳步提升。完成粮食种植面积3.9万亩，建设优质高效水稻示范田1.6万亩，全年土地流转面积达7000亩，农户财产性收入年增超500万元。完成埭头村800亩高标准良田改造，葫芦洲现代农业产业园基地等3个省级农业农村重大项目建设。争创各级示范新型主体5家，其中何家桥农机合作社被评为国家级示范主体。农旅融合步伐加速。依托葫芦村、美音公路、葫芦洲现代农业产业园等资源，串联出一条农文旅相结合的“埭您玩”路线，为乡村旅游业带来新的发展契机。污染防治成效明显。全年$PM_{2.5}$平均浓度、优良天数优良率、常州河等4个断面水质优Ⅲ比例排名均在全市中上游。投资1700万元，先后开展后六村许家桥河环境治理、蒋家村河综合整治、前六钟家村河生态建设，已完成沈家渡河、朱家村河等7条河塘清淤工程。文化事业更加繁荣。7村1居均达成“四个一”标准（即1个农家书屋、1个文化信息资源共享工程基层服务点、1个综合活动室和1个多功能文化广

美丽乡村——葫芦村　　（埭头镇　供稿）

美音公路　　　　（埭头镇　供稿）

场）。组建民间文艺队，积极开展文艺演出等活动，在皇母苑广场开展元旦演出，在葫芦村组织舞龙表演喜闹元宵、“彩虹秋千制躁节”“粽享欢乐”等系列活动，开展喜迎二十大系列演出11场次。组织参加溧阳市2022年广场舞比赛获特等奖，成立埭头镇老年人气排球协会并参加溧阳乡镇老年人气排球比赛获第四名，获评2022年度溧阳市老年人体育工作先进集体。

【社会管理】 埭头镇坚持以人为本，全面保障民生福祉，真抓实干扎实走好“品质埭头”发展道路。2022年，埭头镇人大十八届一次会议投票表决出的公交校车站台扩改建工程、“白改黑”提档升级工程、道路亮化工程等8项民生实事均已完成，切实提高群众满意度与幸福感。以“埭·好头”为核心创建全镇特色党建品牌体系，构建“党建＋网格”两网融合治理体系，落实“领导包案制”“三联三包”“党员评星定级制”等制度，创新发展新时代“枫桥经验”，埭头镇信访化解率始终位居全市前列。2022年，埭头镇37件重点信访件已化解32件，共接待群众140余批260余人次，结合“四查一帮扶”活动化解各类矛盾120余件。依托网格化平台和12345热线平台，建立联动诉求承办机制。网格化社会治理联动指挥平台共上报问题事件689起，走访重点场所3150余次，排查安全隐患498处，12345热线平台受理办结事件492件。政务服务能力不断提升，行政审批大厅增设税务服务延伸点服务专区，顺利承接城管店招门头审批事项、综合计算工时工作制和医保延伸业务，开辟24小时自助服务区。安全生产不断夯实。共派出检查组69组，检查各行业经营单位518家，发现并整改隐患370个。80家企业已创建安全生产风险分级管控和隐患排查治理双重预防体系，163家企业完成诚信承诺申报。开展“安全生产月”“百团进百万企业千万员工”、安全宣传“五进”活动，安全生产形势平稳向好。

表47

2022年埭头镇各村（社区）基本情况表

村（社区）	中共支部（总支、党委）书记	村委（社区）主任	经济总收入（万元）	村（社区）	中共支部（总支、党委）书记	村委（社区）主任	经济总收入（万元）
埭　头	—	—	260.89	前　六	吕　杰	吕　杰	213.15
埭　西	史卫平	史卫平	263.17	邹　家	阚中培	阚中培	129.77
余家坝	史俊杰	—	273.56	南　埝	罗　翔	—	135.47
后　六	王建良	王建良	565.14	居委会	周　璇	—	—

表48

2022年埭头镇销售收入2000万元以上企业一览表

企　业　名　称	法人代表	销售收入（万元）	企　业　名　称	法人代表	销售收入（万元）
溧阳雅德力资源循环利用有限公司	陈　菲	192224	江苏宝鹏建筑工业化材料有限公司	史　程	39592
溧阳市四方不锈钢制品有限公司	RAYMOND JOHN FIELD	82550	江苏南洋中京科技有限公司	汪　磊	31908
溧阳华碧房地产开发有限公司	林　强	71501	江苏吉程供应链管理有限公司	王　野	30774
江苏鹏程钢结构集团有限公司	史　程	64003	溧阳市乾能建材有限公司	史小平	23019
嘉士伯天目湖啤酒（江苏）有限公司	刘开锦	61745	溧阳企飞包装材料有限公司	江汇海	20353
溧阳市鹏程彩钢有限公司	史　鹏	54085	常州中申金属材料有限公司	陈树波	19135

续表 48

企业名称	法人代表	销售收入（万元）	企业名称	法人代表	销售收入（万元）
常州亚泰焊材有限公司	刘建华	15398	天昇塑料（常州）有限公司	石川忠彦	4197
江苏苏阳电工机械有限公司	史米生	14450	江苏荣晖文化发展有限公司	蒋　烨	4196
溧阳市新合作石化有限公司	杜忠玲	13643	溧阳市新常武机电有限公司	王丽丽	4191
溧阳市鼎润材料物资有限公司	柏水清	13077	溧阳荣耀塑胶有限公司	李荣喜	4157
鹏程工业化住宅江苏有限公司	史　涛	12135	溧阳市利达有机硅科技有限公司	陈拉克	3970
赫菲斯热处理系统江苏有限公司	陈　曦	11980	江苏洁美管业科技有限公司	史玉仙	3768
常州文房日用品有限公司	姚　敏	10358	常州弘煌新材料有限公司	孙亚英	3671
溧阳市溧福肉粉有限公司	鲍振海	10068	常州德唐电子有限公司	陈东东	3566
江苏阳毅实业有限公司	杭立平	9815	溧阳福思宝高速机械有限公司	罗春龙	3543
常州百佳纺织科技有限公司	李荣喜	9254	溧阳市云柯酒业有限公司	陈柯帆	3366
江苏杰洋能源装备有限公司	戴国焱	9191	常州勇冠新型建材有限公司	刘海洋	3365
江苏云都混凝土有限公司	陈建坤	9034	江苏宝鹏新材料有限公司	史　程	3297
江苏羚羊机械有限公司	芮明先	8869	常州博坤玻璃科技有限公司	王莲香	3282
溧阳市凯瑞地毯制造有限公司	谢建冬	8097	溧阳达森布艺有限公司	乔　雪	3268
溧阳好利医疗用品有限公司	DAVID EDWIN WELSH	7794	溧阳市恒义机械有限公司	谢巨波	2932
溧阳市宏宇建材有限公司	周毓敏	7746	常州渔经生物技术有限公司	蒋金华	2924
溧阳旭通电梯工程有限公司	薛　松	7699	江苏鼎吉能源工程技术有限公司	陈冰峰	2883
溧阳市兴中锻造有限公司	阮国强	7685	江苏中远机械设备制造有限公司	陈　力	2858
江苏华基包装有限公司	凌志琴	7674	溧阳杰康诺酵母科技有限公司	孙培华	2817
溧阳市鼎科新材料有限公司	彭　科	6880	江苏联阳机械制造有限公司	史　群	2810
常州市诚鑫环保科技有限公司	赖宗伸	6730	溧阳市龙德化工设备制造有限公司	潘富荣	2616
江苏常泰幕墙有限公司	蒋永森	6583	溧阳市科达环保机械制造有限公司	马增荣	2548
江苏中杰环保再生资源有限公司	王化标	6502	溧阳市富润置业有限公司	游海庚	2535
江苏嘉成轨道交通安全保障系统有限公司	史和平	6402	溧阳市中大建材有限公司	曹文多	2497
江苏亚泰智能科技有限公司	刘小华	6157	溧阳市科达新材料有限公司	刘夕梅	2454
江苏佳禾电子材料有限公司	王成宜	5997	江苏捷晟机电有限公司	蒋和平	2346
江苏家宇建筑安装工程有限公司	方志红	5853	江苏源恒传热科技有限公司	叶博文	2322
江苏迈雷特智控技术有限公司	杨宏伟	5610	江苏军荣集团有限公司	黄富军	2285
常州高光半导体材料有限公司	钱　超	5343	江苏乾昭新材料有限公司	蒋功云	2263
江苏优力克自动化设备有限公司	宗国庆	5212	常州正昌房地产开发有限公司	郝　波	2180
常州朱美拉模具技术有限公司	杨春普	5158	溧阳新晖光伏发电有限公司	王　斌	2173
江苏振钢金属材料有限公司	李　坤	5146	常州佳昕新型建材有限公司	郭　强	2133
溧阳力诺机械有限公司	李　俊	5012	江苏瑞德环保工程有限公司	强建求	2070
溧阳市荣达机械有限公司	管　君	5005	常州伽亨斯楷夫机械有限公司	金建忠	2059
溧阳市中皓机电设备有限公司	鲁立格	5003	常州创赢建材制造有限公司	芮丽娟	2003
常州谷德机械有限公司	滕正根	4369	常州睿悦建材制造有限公司	张　彬	2003
溧阳市嘉雄不锈钢设备有限公司	史　俊	4234			

（汤泽宇）

戴 埠 镇

【概　况】 戴埠镇位于溧阳南部，苏、皖两省交界处，东面与宜兴市西渚镇、太华镇接壤，南面与安徽省广德县新杭镇毗邻，西与天目湖镇毗邻，北依古县街道。镇域面积153.67平方千米，辖15个行政村、1个居委会，总人口45158人。2022年，全镇实现公共财政收入2.17亿元；工业应税销售收入48.1亿元；工业利税3.87亿元；农业总产值8.09亿元；全社会固定资产投资17.5亿元；第三产业增加值26.91亿元；农民人均纯收入36000元。镇区拥有国家AAAAA级旅游景区——南山竹海。戴埠镇入选全国乡村旅游重点镇、全国“一村一品”示范镇、常州市现代服务业集聚发展示范区。深溪岕村获评省级乡村旅游重点村，李家园村入选江苏省放心消费创建示范区域。松岭王家村创成省级特色田园乡村。牛场村获评“全国乡村特色产业超十亿元镇”。青峰仙居通过全国甲级民宿现场评审，南山竹海风情小镇通过省级验收。

抓好粮食和重要农产品稳产保供

（戴埠镇　供稿）

【经济发展】 经济运行稳中有进，主要经济指标逆势增长，质效并进。2022年实现规上工业总产值40亿元，同比增长11.1%；工业应税销售收入48亿元，同比增长2.6%；外贸进出口额4亿元，同比增长65%；工业利润2.8亿元，比上年增长35.9%。项目引建持续发力。2022年，共签约10亿元以上项目1个、5000万元以上项目7个，总投资16.8亿元，获全市4月重大项目招引冠军和9月重大项目招引

表49　2022年戴埠镇主要社会经济指标一览表

项目		数据
自然概况	年末土地总面积（平方千米）	153.67
	其中：镇区建成面积（平方千米）	5.3
	居民委员会、行政村委会（个）	16
	总人口（人）	45158
	其中：非农业人口（人）	3043
综合实力	地区生产总值（亿元）	53.57
	人均地区生产总值（万元）	11
	财政收入（亿元）	2.17
	全社会固定资产投资（亿元）	17.5
	实际利用外资（万美元）	800
	农民人均纯收入（元）	36000
工业	工业企业（家）	135
	工业企业职工（人）	4300
	工业总产值（亿元）	50.07
	工业增加值（亿元）	16. 84
	工业应税销售收入（亿元）	48.1
	工业利税（亿元）	3.87
	工业固定资产净值（亿元）	102
	农林牧渔业总产值（万元）	80926

项目		数据
农业	其中：农业（万元）	49833
	林业（万元）	8907
	牧业（万元）	4248
	渔业（万元）	13174
	农业服务业（万元）	4764
	粮食产量（吨）	18058
	年末农机总动力（万千瓦）	3.13
第三产业	第三产业实体（家）	3500
	第三产业从业人员（人）	17850
	第三产业增加值（亿元）	26.91
	集贸市场（个）	2
	年末个体工商经营户（户）	4483
社会事业	中学（所）	3
	在校中学生（人）	1747
	小学（所）	2
	在校小学生（人）	1500
	文化站馆（个）	1
	体育健身场所（个）	45
	人口自然增长率（‰）	-1.02

亚军。完成溧阳市级产业项目新增入库8个，江南烘缸高效钢制烘缸项目成功入库常州重大项目库。充分发挥“戴你办”职能，成立重点项目推进专班，为28个在册重点项目落地达效保驾护航。加强专项债券项目申报力度，成功争取专项债券资金1.9亿元。破旧赋新提质发展，围绕低效盘活，研究制定“园区更新”5年行动计划，2022年成功出清“危污乱散低”及“困境企业”13家，面积305.5亩。积极引导企业跃升，江南烘缸、腾新机电、竹海活性炭、冶建锌业等6家企业成功申报国家高新技术企业。翔能科技获评第四批国家级专精特新“小巨人”企业、江苏省企业技术中心。

【城乡建设】 打造文旅新亮点，完善“悠然戴埠”智慧旅游线上平台，打造“美韵乡居”地方特色民宿品牌，设计“南山翁”IP形象。实施戴埠老街复兴计划，建成美音小剧场、推出戴埠早茶。开展“美韵乡居邀您度假”、山野赏萤季等文旅活动，加快旅游业复苏回暖。激发文旅新动能。针对现有47个重点项目及优质地块，绘制文旅项目一张图，全年新签约8个重大文旅项目，新增在谈入库项目4个。温德姆至尊酒店计划春节前投运，诗莉莉漫戈塔·竹里江南度假酒店、爱心湖山野运动度假村等项目正在加快建设。成功申报2022年江苏省旅游产业发展基金项目2000万元。创建文旅新标杆。成功入选全国乡村旅游重点镇和常州市现代服务业集聚发展示范区。深溪岕村获评省级乡村旅游重点村，李家园村入选江苏省放心消费创建示范区域。青峰仙居通过全国甲级民宿现场评审，南山竹海风情小镇通过省级验收。城乡环境持续扮靓，推进全国文明典范城市创建，大力开展城市精细化管理、村庄清洁整治行动，文明城市、城乡一体化、小区综合管理等考核保持全市领先。戴埠镇获评“江苏省文明乡镇”，山口村获评“江苏省文明村”。振兴图景渐次铺展。完成12个美丽宜居村庄建设，李家园村核心区实现全面提升，松岭王家村创成省级特色田园乡村。做优特色产业、精品农业，戴埠镇获评全国“一村一品”示范镇、“全国乡村特色产业超十亿元镇”。基础建设不断完善。科学划定“三区三线”、编制全镇国土空间规划，空间谋划更加系统、要素整合进一步加强。全面完成重点塘坝除险、溢洪河防洪加固和集镇防洪分洪工程。建成镇善北路精品街道，开展集镇道路提升、公交站台优化、善庆公园改造等微民生工程，近悦远来的戴埠模样愈发清晰。

【社会管理】 优化服务供给，提升自豪感。基础民生服务进一步完善，江苏省风湿免疫疾病诊疗中心溧阳分中心落成开诊，戴埠第二幼儿园建成开园，6家村级卫生室完成改造升级。便民服务中心整合进驻10个业务服务窗口、74件公共服务事项，为民服务质效显著提升。兜牢民生底线，增加幸福感。开展特殊困难群体救助帮扶专项排查，累计梳理摸排特殊困难群体954户、1057人，全部落实镇村两级帮扶管理。全年发放各类救助帮扶资金1700余万元，惠及困难群众1200余人。深入开展“村村到、户户进、人人访”和“四查一帮扶”活动，对全镇16个村（社区）1.5万余户、4.4万余人开展大走访，打通服务基层“最后一米”。强化民生治理，增强安全感。高效统筹疫情防控和经济社会发展，精准有序落实各项疫情防控工作，最大程度保护人民生命安全和身体健康。全面开展冶金化工、城镇燃气、火灾防控等17个重点行业领域安全生产专项整治，2022年以来实现零事故、零死亡，安全生产形势平稳可控。加强社会治理阵地建设，建成镇级人民来访接待中心，市信访突出问题交办件化解率100%，有效保证社会环境稳定。树立抓好党建是首要政治任务理念，打造“竹梦南山”大党建品牌，增强党员干部凝聚力和向心力。创新开展党员冬训“五微”行动，戴埠入选全省基层党员冬训工作示范乡镇。依法行政持续深化，推进“放管服”改革，拓展政府信息依法主动公开范围，主动接受人大和社会监督。聚力“八五”普法，高效办理人大代表和政协

推进宜居宜业和美丽乡村建设

（戴埠镇　供稿）

委员意见建议21件，累计处理“12345”工单711件，法治戴埠理念沁润人心。作风建设清朗清明，严肃处理群众反映问题，严查土地纠纷、财务、违建等各类违法违纪案件，党风引领政风、社风持续向好。

表50

2022年戴埠镇各村（社区）基本情况表

村（社区）	中共支部（总支、党委）书记	村委（社区）主任	经济总收入（万元）	村（社区）	中共支部（总支、党委）书记	村委（社区）主任	经济总收入（万元）
松　岭	杨勤春	杨勤春	114.7	牛　场	李来西	李来西	128.81
南　渚	杭祥平	杭祥平	118.26	河　西	孔建平	孔建平	380.83
横　涧	王　瑶	王卫兵	111.13	山　口	张旭东	张旭东	111.34
黄岗岭	朱玉仙	朱玉仙	82.44	红　武	汤卫民	汤卫民	203.21
同　官	张利民	张利民	125.86	戴　北	杨　杰	杨　杰	148.00
李家园	刘永友	刘永友	312.49	赵家桥	郑　新	郑　新	81.18
戴　南	杨旭宇	杨旭宇	116.19	郑　墅	杨　军	杨　军	112.57
高　桥	马建平	马建平	113.34	戴埠居委会	潘育育	潘育育	—

表51

2022年戴埠镇销售收入2000万元以上企业一览表

企业名称	法人代表	销售收入（万元）	企业名称	法人代表	销售收入（万元）
江苏鸿开有色金属有限公司	沈祖富	131153	江苏港鹏重工机电设备制造有限公司	王敏惠	5032
江苏翔能科技发展有限公司	周　洪	54534	溧阳瑞齐斯特科技有限公司	李　江	4948
常州博尼特种钢管有限公司	陈国洪	26476	溧阳市永南模具制造有限公司	江永军	4878
江苏冶建锌业有限公司	史建群	15052	溧阳市海德机械制造有限公司	毕利琴	4746
溧阳市江南烘缸制造有限公司	何维忠	14956	江苏维美轻工机械有限公司	何维忠	4547
溧阳市天鑫混凝土有限公司	李世明	14891	溧阳市天盛绝缘材料有限公司	黄　尹	3657
江苏腾业建材有限公司	李杰峰	12826	常州雪奈利时装有限公司	庄子文	3581
江苏谦胜合成材料有限公司	邵建波	12281	江苏祥云建陶有限公司	刘杏斌	3455
溧阳市立源机械配件有限公司	郑　波	11055	溧阳市南山竹海轧钢有限公司	潘良君	3266
溧阳市戴西金属建材厂	王瑞伢	9534	溧阳华科机械有限公司	王明达	3176
溧阳市金泰锻造有限公司	王建庆	8435	溧阳顺风农牧机械有限公司	蒋东华	2924
江苏明天胶业有限公司	刘　彬	7779	溧阳市腾新机电设备有限公司	郭新民	2834
溧阳市德意利机电设备有限公司	耿建新	7705	溧阳市乾康木业有限公司	袁永泽	2704
溧阳市兴达机械有限公司	杨书平	7156	溧阳市创新机械有限公司	甘建保	2637
江苏恒力通用装备有限公司	邱中衡	6332	江苏江南教育装备有限公司	李菊芬	2436
溧阳市明鑫模具有限公司	吴　明	5554	溧阳市雨辰科技制造有限公司	蒋　震	2417
江苏怡富纺织服饰有限公司	甘德生	5463	江苏锦源机械制造有限公司	王炳炎	2274
常州雅乐美纺织有限公司	彭云娟	5096	溧阳市誉诚电缆材料有限公司	陈玉凤	2216
江苏竹海活性炭有限公司	李正元	5090	溧阳市宏大胶业有限公司	周文亮	2007

（袁子杰）

南 渡 镇

【概 况】 南渡镇位于溧阳市地理中心，镇域面积113.25平方千米，辖16个行政村、1个居委会，总人口51248人。溧高高速、溧宁高速、长深高速、104国道、239省道等重点交通干道穿越镇境，距南京禄口国际机场仅60千米，与南京、镇江、常州、无锡形成1小时通勤圈，与上海、杭州形成2小时交通圈。2022年，全镇完成国内生产总值70.08亿元，实现财政总收入4.75亿元；工业应税销售收入突破双百亿，全年完成264.3亿元，同比增长35.9%；规上工业总产值完成188.8亿元，同比增长15%；公共财政预算收入完成2.15亿元，同口径同比增长12.2%，超全市平均水平。2022年，南渡镇综合实力千强镇全国排名升至第572位，入选国家农业产业强镇建设名单，成功创建"江苏省放心消费示范街区"，"江苏第一方"获农业农村部、江苏省政府肯定。全年，南渡镇累计获得"江苏省文明乡镇"等上级各类荣誉33件。

9月4日，南渡镇网格中心开展中秋便民行
（南渡镇 供稿）

【经济发展】 抓牢发展第一要务，把发展经济的着力点放在实体经济上，精准产业定位，形成新能源及配套、新材料、智能制造、绿色精品钢四大产业。项目攻坚再建新功，聚焦"精、美、优"，以商招商推动产业新突破。2022年，共签约引进项目9个，其中10亿元以上项目2个，分别为总投资12亿元的天赐锂电池电解液项目和总投资11.78亿元的天

2022年南渡镇主要社会经济指标一览表

表52

项 目		数 据	项 目		数 据
自然概况	年末土地总面积（平方千米）	113.25		工业利税（亿元）	21.9
	其中：镇区建成面积（平方千米）	4		工业固定资产净值（亿元）	—
	居民委员会、行政村（个）	17	农业	粮食产量（吨）	61102
	总人口（人）	51248		年末农机总动力（万千瓦）	7.129
	其中：非农业人口（人）	—	第三产业	第三产业实体（家）	249
综合实力	地区生产总值（亿元）	70.08		第三产业从业人员（人）	5097
	人均地区生产总值（万元）	13.67		第三产业增加值（亿元）	24.6
	财政收入（亿元）	4.75		集贸市场（个）	4
	全社会固定资产投资（亿元）	23.3		注册工商经营户（户）	3505
	实际利用外资（万美元）	3608	社会事业	中学（所）	3
	农民人均纯收入（元）	—		在校中学生（人）	2228
工业	工业企业（家）	159		小学（所）	4
	工业企业职工（人）	7649		在校小学生（人）	1900
	工业总产值（亿元）	195.6		文化站馆（个）	17
	工业增加值（亿元）	35.99		体育健身场所（个）	168
	工业销售收入（亿元）	264.3		人口自然增长率（‰）	2.4

星锂电池智能装备项目。项目建设有序有力，“百亿”项目莱赛尔纤维一期、天赐、砚泽、利华纺织等一批重点项目建设顺利投产，豪丰、广义牵引等项目有序推进，为产业新集群增添强劲动能。稳企安商举措有力。落实落细惠企政策，梳理发放《南渡镇助企纾困政策汇编》，“真金白银”助企减负，累计办理增值税留抵退税 3405 万元，缓缴各类税费 4990 万元，发放各类奖励补助 1665 万元。破旧立新转型加速，推进“困境企业”和“危污乱散低”企业专项行动，治理“危污乱散低”企业 36 家，出清“困境企业”9 家，整治提升低效用地 1200 余亩。全面启动规上企业智改数转，瑞昕、乔尔等 7 家企业入库常州市“智改数转”项目库，力强化工获评江苏省首批“五星级上云企业”，乔尔获评“江苏省级绿色发展领军企业”，瑞昕跻身“江苏省民营企业 200 强”“江苏省民营企业制造业 100 强”，三乔智能、开磷瑞阳、山湖实业等 7 家单位获评省级“专精特新”企业，产业转型迈出坚实步伐。以建设国家农业产业强镇为契机，持续走好“科技兴农、品牌强农、产业富农”之路，17 个行政村全年共实现集体经营性收入达 2973 余万元。现代农业高质高效。扛牢“稳产保供”政治责任，丰产方内再传捷报，小麦亩产达 350 公斤以上，优质水稻亩产高达 753.1 公斤，实现由“苏南第一方”向“江苏第一方”的转变。成立常州首家优质稻米产业农合联，有序推进绿色优质食味稻米加工项目，积极申报 7000 亩水稻示范方。“自在溧阳”抖音直播首秀走进庆丰，线上直播、现场推介助力南渡农产品强势“出圈”。美丽乡村宜居宜游。全面完成庆丰焦塘圩、东湖郑家村、南岗村等 14 个美丽宜居村庄建设。提质更新庆丰业态，新建稻花香里民宿，完成游客服务中心和稻米博物馆规划设计。大力发展“露营经济”、村味市集、水上乐园、特色研学等农旅项目，全年接待游客超 60 万人次。梅庄村获“江苏省文明乡村”称号，庆丰村入选江苏省“新型农村集体经济高质量发展表率村十佳案例”、中央美术学院艺术实践基地、“稻花香里说丰年”全国乡村旅游精品线路。农民生活富裕富足。持续深化宅基地改革，建立农村宅基地和建房联审制度，率先完成了全镇 2 万户农户宅基地资格权认定。全面实施宅基地线上审批，顺利发放南渡镇首批农村宅基地不动产证，成功发放溧阳市首笔农民住房财产权抵押贷款。顺利推进庆丰新村建设，启动宅基地试点扩面村庄布局规划，完成平城村宋家、石街村姜笪里等 18 个自然村集中居住点规划设计，为乡村振兴注入强劲动力。

乡村新貌——旧县村冬季蔬心果园

（南渡镇　供稿）

【城乡建设】 精雕细琢塑造城市之形，推动城乡融合、形态优塑、空间优化、文明倍升。集镇景致尽染韵味。全力提升集镇气质，打造芜申运河滨水文化长廊，建成中心街精品街。以三座大桥为标识贯通全镇，点亮夜市风情，营造光影交汇运河夜景。全面更新撤并集镇，不断刷新强埠、旧县、大溪“颜值”。扎实推进“四好农村路”（平安放心路、美丽乡村路、美好生活路、特色致富路）建设，新建农路 20 千米，提档升级 30 千米。持续优化南渡南枢纽、104 国道、“南渡—庆丰—强埠—大溪”大环线、永安路等交通节点，打造“畅通、安全、舒适、优美”的通行环境。集镇管理内外兼修。精细精准推进文明典范城市创建，开展“两清两拆”（清除脏乱差、乱堆放；拆除违章建筑、危旧房），拆违 80 余处，面积超 1.8 万平方米。全域开展拉网式环境整治，以“第三方点单、村委消单、纪委核单”模式，排查处理人居环境问题 5 万余起，新建、养护绿化面积超 3.5 万平方米。坚持常态长效管理，文明城市建设、城乡一体化长效管理、农村人居环境考核位列全市第一方阵。绿色发展生态为先。高标准完成中央环保督察组交办的信访件问题整改。强化水污染防治，完成集镇雨污分流综合整治方案。重拳整治工业排水，排查涉磷企业 43 家，高标准整治 191 个入河排污口。深化小微水体“清洁行动”，完成 3 条主河道、8 个河塘、150 多条沟渠水环境治理。深化大气污染防治，$PM_{2.5}$ 空气指标及空气质量优良率排名保持全市前列。推进土壤固废防治，完成 4 个地块土壤调查。功能配套提优升级。全力保障住有所居，春晖苑四期有序建设，凤城花园顺利交付，邻里中心完成规划设计，春江花园、春晖苑一期、二期、增福新村等老旧小区全面升级。创优公共服务，健全垃圾分类收运体系，环卫综合体建成投运。有序推进城乡天然气一体化工程。不断深化“电动南渡”，新建2个园区公共充电站，30个小区充电桩，集镇发展与美好生活实现“双向奔赴”。

【社会管理】 把群众所望作为施政所向，民生支出占一般公共预算支出65%以上。以“时时放心不下”的责任感，统筹做好疫情防控工作。做好困难群众救助保障工作，提高城乡低保和特困人群供养标准，累计发放各类救助资金超2100万元。注重基础性民生。多措并举答好“稳就业”必答题，通过“南渡蓝图”公众号、抖音直播等方式多线程开展招聘，成功签约近1000人。奋力提升教育水平，南渡高中本科达线率达93.6%，南渡初中中考再创佳绩。积极打造“全科社工”服务模式，建设胜笪村、旧县村试点，实现社工服务一站通办。织密“一老一小”保障网，提档升级敬老院，乡村复兴少年宫品牌建设走在全省前列，“三村一校”(南渡镇胜笪村、黄山村、腾村和大溪小学)共联共建实践模式作为样板在全镇推广。突出普惠性民生。全力提高社会服务保障能力，新建黄山、石街2个村卫生室，改扩建东湖、平城、永丰3个村卫生室，新增4家如意小食堂，标准化建设新时代文明实践所（站），成功创建溧阳市新时代文明实践“一所七站”示范点。全力提升全民健身设施，春晖公园增设健身器械30余件，绘就普惠民生的幸福画卷。把政治建设摆在首位，突出忠诚履职、依法行政、廉洁执政。聚焦干字当头，提升政府效能。聚力打造“智渡办”品牌，设立“畅通办”专窗，全面启动医保自动办理终端机，2022年累计完成各类业务咨询和办理近1.5万件，南渡镇为民服务中心获评常州市“家门口办好事”试点单位。聚焦“法”字为要，建设法治政府，推进“八五”普法，培育农村“法律明白人”104人，成立“法治漫画（动画）创作基地”，不断强化法治建设。东湖村入选江苏省第十六批省级民主法治示范村，“田里法之苑”获评省级法治文化建设示范点。全力攻坚化解各类信访矛盾纠纷1142件。打好安全生产三年大灶收官战，深入各类企业单位207家排查隐患1624条，全部整改到位，切实维护社会大局和谐稳定。

南渡集镇夜景　　（南渡镇　供稿）

2022年南渡镇各村（社区）基本情况表

表53

村（社区）	中共支部（总支、党委）书记	村委（社区）主任	经济总收入（万元）	村（社区）	中共支部（总支、党委）书记	村委（社区）主任	经济总收入（万元）
联盟	朱和平	朱和平	142.51	梅庄	朱卫星	朱卫星	288.38
平城	宋斌	宋斌	168.07	福新	孙洪保	孙洪保	135.99
新河	芮汉华	芮汉华	156.37	旧县	吴云江	吴云江	254.22
大圩	朱才保	朱才保	183.72	东湖	季晓斌	季晓斌	175.66
西圩	陈利民	陈利民	157.31	黄山	曹煜	张玉平	151.59
庆丰	洪骥	洪骥	224.07	胜笪	张晴泽	张晴泽	129.98
永丰	夏和平	夏和平	110.12	腾村	王定保	王定保	180.70
强埠	许云亮	许云亮	161.56	石街	姜国涛	姜国涛	134.87
堑口	张雪华	张雪华	218.54				

2022年南渡镇销售收入2000万元以上企业一览表

表54

企业名称	法人代表	销售收入（万元）	企业名称	法人代表	销售收入（万元）
江苏瑞昕金属制品科技有限公司	周建国	903133	江苏海鼎能源科技发展有限公司	陈海泉	7362
江苏弘溧新材料有限公司	彭建平	453302	溧阳市濑江混凝土有限公司	李继平	7178
江苏天赐高新材料有限公司	马美朋	381835	江苏广义牵引技术研究所有限公司	周宏兵	7163
江苏旗云油脂科技有限公司	陶云瑞	139492	首瑞（常州）机电科技有限公司	杨金荣	6743
溧阳市中大电力交通装备有限公司	王忠伟	64891	溧阳艺佳超微粉体科技有限公司	张光文	6610
溧阳兰天化工有限公司	董伟	64684	溧阳市晟强新型墙体材料有限公司	陆晓宏	6560
江苏开磷瑞阳化工股份有限公司	李红林	48857	江苏庆福新材料科技有限公司	陈水浩	5853
常州乔尔塑料有限公司	肖和平	47105	江苏东南焊材有限公司	潘来松	5573
溧阳市山湖实业有限公司	李田彬	45027	溧阳新源水务有限公司	何刚信	5163
江苏联盟化学有限公司	蒋全松	44051	溧阳恒润新材料有限公司	刘卫国	5151
圣地亚科技（江苏）有限公司	芮汉华	33257	溧阳市瑞吉不锈钢制品有限公司	吴其新	4308
赛得利（常州）纤维有限公司	张文涛	28107	溧阳市大地新材料有限公司	陈玲芳	4172
江苏润鼎智能装备科技有限公司	张立煌	23781	溧阳市濑江水泥有限公司	许木新	4170
朗盛（溧阳）多元醇有限公司	陈飚	20456	常州擎宇钢结构工程有限公司	陈红连	4096
江苏力强化工有限公司	蒋明春	20250	江苏吕氏机械制造有限公司	吕建军	4009
常州市华菱新材料有限公司	李道胜	17891	溧阳市金濑水泥制造有限公司	余国法	3871
江苏三乔智能科技有限公司	肖和平	17422	江苏塔塔资源再生有限公司	马志良	3801
江苏金隆新材料有限公司	王汉林	16806	首瑞（常州）电气设备有限公司	袁冬明	3576
江苏弘博热电有限公司	张德祥	13395	溧阳市润天机械制造有限公司	姜仲杰	3336
溧阳市乔森塑料有限公司	肖和平	12793	溧阳市双强装饰材料有限公司	吴锁伐	2906
江苏强林生物能源材料有限公司	于杰	12395	江苏濑江人防工程科技有限公司	李继平	2786
江苏鼎力新材料有限公司	彭美仙	12273	溧阳市荣鑫环保科技有限公司	许琴	2605
江苏安顺能源有限公司	邵顺	12059	江苏浩安防水材料有限公司	孔锡平	2593
江苏法斯特机械有限公司	唐金祥	11844	溧阳市金濑织物有限公司	黄凤平	2552
江苏人民机具有限公司	蒋小明	11605	江苏美上新材料科技有限公司	徐秀银	2362
溧阳开成毯业有限公司	蒋夕平	10780	溧阳市永安工艺制品厂	黄罗庆	2280
常州市天盾涂料有限公司	强国方	10259	江苏协盛机具有限公司	罗年保	2275
溧阳祥兴新材料有限公司	彭梁	10246	常州润锦时代新材料科技有限公司	王平	2030
南京宜热纵联环保科技溧阳有限公司	莫立勤	8801	溧阳市致远建筑材料有限公司	施文文	2020
江苏金贝装饰材料有限公司	徐秀金	7907			

（顾　昕）

竹 箦 镇

【概　况】 竹箦镇位于溧阳、金坛、句容三地交界处，北依茅山，南临濑水，历史悠久。镇域面积163.9平方千米，辖15个行政村、2个居委会，总人口52801人。2022年，实现地区生产总值55.72亿元，财政收入1.75亿元，实际到账外资已完成1287万美元。

【经济发展】 2022年，竹箦镇以新发展理念引领高质量赶超发展，聚力产业集群，培育绿色发展新动能。2022年申报签约项目8个，合计总投资98.85亿元，其中30亿元以上项目3个、亿元以上项目3个、5000万元以上项目2个。夺得溧阳市招商引资月度红旗3面，其中冠军1面。新认定3家高新技术企业，普正精密获批“常州市工程技术研究中心”。恒欣仓储申报的“大型工件用特种焊接机器人研制”项目，得到省科技厅立项并获资金支持；虹翔机械、金桥机械、新力机械、普正精密、柳晶科技5家企业获评“江苏省‘专精特新’中小企业”。推进“危污乱散低”企业和“困境企业”提升出清15家，其中收储光明金属、锡洲机械2家重点企业，盘活、腾退土地近419.92亩。

水西村“铁军东进”雕塑　　（竹箦镇　供稿）

【城乡建设】 2022年，竹箦镇持续推进城市精细化管理，完成集镇范围内环镇西路、环镇东路、棠荫路等道路改造、穿巷里精品街道提升改造、竹安街亮化提升等一批集镇改造项目。2022年第二、第三季度，竹箦镇在溧阳市城乡一体化长效管理考核中

表55　2022年竹箦镇主要社会经济指标一览表

项目		数据	项目		数据
自然概况	年末土地总面积（平方千米）	163.9	农业	其中：农业（万元）	34929
	其中：镇区建成面积（平方千米）	6.8		林业（万元）	2667
	居民委员会、行政村委会（个）	17		牧业（万元）	12834
	总人口（人）	52801		渔业（万元）	32287
	其中：非农业人口（人）	5425		农业服务业（万元）	3506
综合实力	地区生产总值（亿元）	55.72		粮食产量（吨）	44914
	人均地区生产总值（万元）	10.55		年末农机总动力（万千瓦）	3.75
	财政收入（亿元）	1.75	第三产业	第三产业实体（家）	2236
	全社会固定资产投资（亿元）	17.7		第三产业从业人员（人）	11110
	实际利用外资（万美元）	1286.4		第三产业增加值（亿元）	27.49
	农民人均纯收入（元）	269		集贸市场（个）	4
工业	工业企业（家）	60		年末个体工商经营户（户）	2582
	工业企业职工（人）	15734	社会事业	中学（所）	2
	工业总产值（亿元）	58.88		在校中学生（人）	1703
	工业增加值（亿元）	22.09		小学（所）	2
	工业销售收入（亿元）	58.7		在校小学生（人）	1624
	工业利税（亿元）	3.1		文化站馆（个）	1
	工业固定资产净值（亿元）	25.82		体育健身场所（个）	75
	农林牧渔业总产值（万元）	80926		人口自然增长率（‰）	−5.02

竹箦镇姜下鹅村　　（市文旅局　供稿）

分别排名第一、第二，在常州市25个二类街道（乡镇）城乡一体化长效管理考核中连续位列榜首。村集体经营性收入超100万元的村达到8个，其中姜下村集体经济总收入达1075万元、经营性收入达410万元。姜下村大力发展乡村旅游，打造“鹅生活”特色田园综合体项目，成为溧阳特色田园乡村的崭新IP。陆笪村入选2022年省级地名文化遗产古村落地名，红色水西片区融合发展项目入选江苏省第一批红色旅游融合发展示范项目名单。

【社会管理】 2022年，竹箦镇累计发放最低生活保障、临时救济、残疾人两项补贴、特困人员供养保障金等共1360余万元。全年共调处各类劳资纠纷40余起，共追回拖欠工人工资70余万元。全年共为各类企业招聘员工300余人。为全镇有劳动能力的建档立卡对象、“4050”人员分4批争取42个公益性岗位，有效提高低收入群众收入。竹箦镇中心卫生院成功加入东南大学附属中大医院疼痛专科联盟，东南大学附属中大医院疼痛科专家在竹箦全天候坐诊。扎实开展“突出信访问题攻坚化解年”行动，化解率达100%。“三桥五联”网格化市域治理工作法入选常州市政法工作创新创优成果典型案例。

【新能源汽车轻量化关键零部件项目开工】 2022年10月，投资16.5亿元的新能源汽车轻量化关键零部件项目在竹箦绿色铸造科技产业园开工。该项目公司主体是上海燕龙实业股份有限公司是专业设计制造汽车车身内外板模具、检具、夹具以及冲压件和焊接分总成，燕龙实业成立以来，与国内汽车业的领先制造商上汽大众、一汽大众、长安福特等整车生产商，以及蒂森克虏伯等汽车配套企业建立长期良好的合作关系。该项目主要从事新能源汽车零部件的研发和产销，总投资30亿元，分两期建设，其中一期16.5亿元、二期13.5亿元，预计达产后年销售约32亿元，新增税收约1.5亿元。

2022年竹箦镇各村（社区）基本情况表

表56

村（社区）	中共支部（总支、党委）书记	村委（社区）主任	经济总收入（万元）	村（社区）	中共支部（总支、党委）书记	村委（社区）主任	经济总收入（万元）
竹箦村	周俊才	周俊才	317.81	中梅村	付鹏帆	付鹏帆	412.49

续表 56

村（社区）	中共支部（总支、党委）书记	村委（社区）主任	经济总收入（万元）	村（社区）	中共支部（总支、党委）书记	村委（社区）主任	经济总收入（万元）
王渚村	周　锋	周　锋	229.80	长岗村	彭意忠	彭意忠	165.32
前村村	万志强	万志强	394.89	南旺村	彭国才	彭国才	199.57
北村村	邱建冬	邱建冬	543.86	前马村	陈科华	陈科华	296.03
陆笪村	陶志明	陶志明	451.24	西芮村	潘希庆	潘希庆	330.94
陶庄村	李　俊	李　俊	199.80	洙汤村	缪留清	缪留清	419.72
下宅村	黄庆国	黄庆国	164.15	水西村	莫茗茗	莫茗茗	208.49
姜下村	吕岗华	吕岗华	1047.15				

表 57

2022 年竹箦镇销售收入 2000 万元以上企业一览表

企　业　名　称	法人代表	销售收入（万元）	企　业　名　称	法人代表	销售收入（万元）
宝拓来焊料（常州）有限公司	李文丽	69923	柳晶科技集团股份有限公司	任文强	5236
江苏普正精密科技有限公司	孙丽丽	36090	常州鹏生合成新能源科技有限公司	蔡拾金	5081
溧阳市虹翔机械制造有限公司	吕逸建	26705	江苏恒欣仓储设备有限公司	操文武	5039
溧阳市金桥机械有限公司	王国强	22619	江苏华亿锻造有限公司	赵锡松	4759
纽威精密锻造（溧阳）有限公司	陆建红	20600	江苏锡洲机械制造有限公司	江洁清	4731
溧阳市合裕机械设备制造有限公司	唐曙东	17642	溧阳市新世纪电器材料有限公司	宋　洁	4533
溧阳市新力机械铸造有限公司	陈信华	16673	溧阳市威达金属制品有限公司	王　春	4345
江苏万亦得机械设备有限公司	杨　静	16347	江苏晶阳加工有限公司	崔俊杰	3785
江苏福泰建材有限公司	朱小俊	15870	溧阳市全盛生物科技有限公司	常　鑫	3697
溧阳宏基兴业混凝土有限公司	蒋小花	15075	溧阳市宇鹰锻造有限公司	傅祖平	3584
溧阳市北方机械有限公司	巢卫东	13576	伯恩特（常州）机械科技有限公司	付荷兴	3559
溧阳三丰铸锻有限公司	过玉娟	12215	常州思佳机械制造有限公司	唐　伟	3461
溧阳市骏威重工机械有限公司	宋双俊	10724	江苏新东周新材料有限公司	钟小明	3391
溧阳市联华机械制造有限公司	陈洪民	10468	溧阳市金盛金属加工厂	仲年惠	3270
溧阳市正平锻造有限公司	费小平	10192	溧阳市华星塑料厂	杨继生	3090
溧阳市光明金属有限责任公司	陈燕贞	9994	溧阳市德胜活性炭厂	王闽磊	2832
江苏竹箦阀业有限公司	汤　伟	9819	修德（溧阳）管道科技有限公司	张　立	2743
溧阳市双盛机械制造有限公司	陈博雄	9731	溧阳市广和纱业有限公司	吴雪峰	2668
溧阳市东晨服饰制伞有限公司	刘一东	9528	柳晶机械设备（溧阳）有限公司	任文强	2593
江苏竹溪活性炭有限公司	陈浩勤	9397	江苏晶竹服饰有限公司	王玉正	2532
溧阳市新明机械配件制造有限公司	杨建明	8051	溧阳市康胜环保材料有限公司	吕　俊	2508
常州市富霆金属科技有限公司	王　健	7200	溧阳市远腾铜业有限公司	袁甫东	2395
江苏康宏新材料有限公司	葛寿康	7194	江苏荣杰环保科技有限公司	袁卫杰	2132
溧阳中润建机械科技有限公司	李　华	6057	江苏方弹汽车零部件有限公司	唐　亮	2054
江苏腾炎电气有限公司	杨震宇	5930	溧阳市东南活性炭厂	袁卫建	2034
江苏良友环保科技有限公司	彭林妹	5832	溧阳市恒业地毯制造有限公司	周俊才	2012
江苏新旺混凝土有限公司	谢治国	5799	江苏吉华环境科技有限公司	胡友伢	2012
溧阳市濑江防火门有限公司	吕才林	5483			

（胡　涛）

上　黄　镇

【概　况】 上黄镇位于溧阳市北部，地处溧阳、宜兴、金坛三市（区）交界，镇域面积47.6平方千米，辖8个行政村、1个居委会。2022年全镇完成地区生产总值45.16亿元，财政收入1.43亿元，全社会固定资产投资14.10亿元，总人口25231人。上黄镇成功创建江苏省健康镇，被评为2019—2021年度江苏省文明镇，获得溧阳市农村人居环境长效管护工作优胜单位称号。

【经济发展】 2022年工业应税销售72.5亿元，新增规上工业企业8家；高新技术产值15亿元，同比增长15%；进出口总额4亿元，同比增长11%。2022年引进5000万元以上项目9个，其中与高新区共建的巨石新能源电池下箱体华东总部项目总投资11亿元，天津大学微米硅负极材料、上海煦达储能一体化系统等一批高层次人才创业项目相继落地，中国国家地理长荡湖超级自然营地项目实现文旅产业新突破，全年获全市重大项目招引"流动红旗"3次。2022年，9个入库市级重点工业项目已全部开工建设。溧阳维信生物科技有限公司、溧阳市飞跃机电有限公司、常州和仕达装备制造有限公司、江苏京晶光电科技有限公司、江苏蓝海住宅工业有限公司、常州恒联机械五金有限公司、申芝电梯有限公司、江苏瑞复达新材料有限公司、溧阳中南化工有限公司、腾业特种金属制造有限公司、常州百奥生物科技有限公司均被评为高新技术企业。

上黄镇举行"阖家团圆日，共赏文明花"中秋晚会　　　　（上黄镇　供稿）

2022年上黄镇主要社会经济指标一览表

表58

项目		数据	项目		数据
自然概况	年末土地总面积（平方千米）	47.6	农业	其中：农业（万元）	3174
	其中：镇区建成面积（平方千米）	3.3		林业（万元）	4570
	居民委员会、行政村委会（个）	9		牧业（万元）	765
	总人口（人）	25231		渔业（万元）	18358
	其中：非农业人口（人）	1580		农业服务业（万元）	1225
综合实力	地区生产总值（亿元）	45.16		粮食产量（吨）	7048
	人均地区生产总值（万元）	17.9		年末农机总动力（万千瓦）	4.45
	财政收入（亿元）	1.43	第三产业	第三产业实体（家）	1667
	全社会固定资产投资（亿元）	14.10		第三产业从业人员（人）	2407
	实际利用外资（万美元）	400		第三产业增加值（亿元）	17.21
	农民人均纯收入（元）	35835		集贸市场（个）	2
工业	工业企业（家）	234		年末个体工商经营户（户）	1578
	工业企业职工（人）	7072	社会事业	中学（所）	1
	工业总产值（亿元）	61.75		在校中学生（人）	266
	工业增加值（亿元）	19.54		小学（所）	1
	工业销售收入（亿元）	72.5		在校小学生（人）	538
	工业利税（亿元）	2.25		文化站馆（个）	1
	工业固定资产净值（亿元）	8.3		体育健身场所（个）	55
	农林牧渔业总产值（万元）	28092		人口自然增长率（‰）	−0.0026

溧阳市家规家训教育馆　　（上黄镇　供稿）

【城乡建设】　围绕“危污散乱低”出清提升行动，推动“危污散乱低”专项整治，2022年已完成“危污乱散低”整治企业21家，合计261.1亩，其中收储复垦2家、退二进二4家、退二进三4家、问题治理11家，腾退面积24.2亩、提升面积58.4亩、再利用面积178.5亩。2022年增报企业6家，合计111亩，其中收储复垦5家、退二进三1家、腾退面积100.2亩、再利用面积10.8亩。加大重点行业污染治理力度。对4家铸造企业，依据“一企一策”整治方案进行“回头看”，已顺利通过专家审核；严格落实重污染天气应急管控措施，2022年新增3家重污染天气管控企业，共计14家；强化秸秆和垃圾禁烧工作，建立健全网格化监管制度，开展秸秆和垃圾禁烧专项巡查，严格制止焚烧和抛河行为。及时处置热点网格大气溯源报警系统，接系统报警后及时进行现场查处。全年处置报警73次，对高发网格报警点的企业加强巡查监管，结合产业集群排查的情况对该区域涉VOC_S企业重点督促整改。打好碧水保卫战，持续提升河流水质。开展溯源整治，通过疏浚河道、清除淤泥、整治河岸、拦截蓝藻等方法，进行控源截污和生态修复。2022年已基本消除国考断面水质超标的问题。稳步推进涉磷行业专项整治行动，对2021年排查出的13家涉磷企业开展持续调查，其中排水含磷超标的5家企业全部完成整治。开展排污口分类整治，以持续改善太湖流域水环境质量为核心，坚持问题导向，按照“取缔一批、整治一批、规范一批”的原则对溯源的75个排污口进行规范整治，其中72个一般排口和2个重点排口整治方案完成并通过评审，已经竖牌。打好净土保卫战，有效防治土壤污染。强化危废全过程监管，对所有产生、使用、储存危废的企业进行全生命周期监控，通过群众举报、公安机关移交线索、日常环保执法等，严厉打击危险废物非法转移处置倾倒等违法犯罪行为。有序推进小量产废企业危废收集储存及收运体系建设。按照小量产废企业危废处置标准，通过规范场地设置、规定清运周期、制订应急处置预案等，对此类企业进行有效管控，从源头上减少污染，净化土质。

【社会管理】　完成农村公路大中修、经四路新建、公交线路黑色化，实现镇区道路提档升级；集镇区雨污水一期与城乡燃气一体化工程项目持续对镇区地下管网进行改造提升，为居民生活提供便利；夏陵、前化美丽宜居项目基本完工，桥北口袋公园、社会福利中心园区改造、4个村卫生室改造装修、卫生院院落敞开等公共民生项目建成使用，赢得群众一致好评，长荡湖湿地公园大草坪区生态修复工程、湿地公园栈道栈桥、曙猿路景观、湿地公园码头景观工程、周山矿山整治等生态治理工程为上黄新增一抹绿意。持续加强困难群众精准帮扶，累计发放低保金、生活补助、慈善救助以及残疾人生活补助约760万元，居民医保覆盖率达到99%以上。开展“喜迎二十大　奋进新征程”等8期洮湖书韵朗诵活动。洮湖书韵理论宣讲点被评为常州市理论宣讲示范点。依托节假日开展朱汝明个人书画展、“同喜同贺中秋　同欢同乐佳节”上黄镇迎中秋群众文艺汇演活动、庆国庆“礼赞二十大　奋进新征程”上黄镇戏曲专场等活动。“送戏下乡”8场，“送电影下乡”160场次，送书下乡　500多册。新增图书1400多册。上黄中学中考优秀率、普高录取人数在全市同类学校中居领先位置。获评常州市履行教育职责成效明显镇。在新冠疫情期间，守望相助、同心抗疫，应急指挥、组织协调、物资保障能力显著提升。全镇800多名党员干部和志愿者冲锋在前，连续奋战，经历10余次紧急情况处置，构筑群防群控严密防线。全力提升网格化服务管理水平，构建社会治理共同体，处置平台各类事件2132件，办结率100%。持续推进重点行业领域安全生产隐患治理，引入第三方监管模式，累计检查企业106家次，发现隐患202项，整改完成率100%。人民来访接待中心规范运行，领导接访制度常态落实，2022年共计受理信访事项432件，办结率100%。

表 59

2022 年上黄镇各村（社区）基本情况表

村（社区）	中共支部（总支、党委）书记	村委（社区）主任	经济总收入（万元）	村（社区）	中共支部（总支、党委）书记	村委（社区）主任	经济总收入（万元）
上黄村	黄　宪	黄　宪	189.00	坡圩村	王　权	王　权	310.75
桥西村	黄进军	黄进军	244.99	浒西村	张志良	张志良	191.35
水母山村	朱正联	朱正联	155.32	山下村	袁小荣	袁小荣	200.00
周山村	秦夕中	秦夕中	334.30	西埝村	王文宇	王文宇	174.77

表 60

2022 年上黄镇销售收入 2000 万元以上企业一览表

企业名称	法人代表	销售收入（万元）	企业名称	法人代表	销售收入（万元）
江苏扬子水泥有限公司	秦三罗	106210	常州金龙冶金科技有限公司	孙岳林	6548
溧阳市宏泰特种扁钢有限公司	王国忠	100418	江苏腾业新型材料有限公司	黄　鹤	5982
溧阳市飞跃机电有限公司	冯初华	55147	江苏蓝海住宅工业有限公司	王晓峰	5684
江苏共昌精密铝业有限公司	邵黎军	48386	溧阳市宏鑫泰机械制造有限公司	张　盛	5643
溧阳市诚泰机械制造有限公司	冯　剑	16815	江苏腾业特种有色金属科技有限公司	胡建俊	5180
常州恒联机械五金有限公司	肖又松	16731	江苏金钰龙耐火材料科技有限公司	姚　达	5171
溧阳中南化工有限公司	陈保林	14660	溧阳福瑞齐科技有限公司	李　江	4145
申芝电梯有限公司	童益平	13892	溧阳市远程包装有限公司	黄昕巍	4090
溧阳市宇政机械制造有限公司	张志良	11676	汇丰金属科技（溧阳）有限公司	范敏忠	3687
溧阳市三盛新材料有限公司	秦福江	11190	常州辰午新材料有限公司	谢云娟	3382
溧阳亚邦建材有限公司	周　波	10303	江苏利盟织造股份有限公司	谢颖学	3217
江苏瑞复达新材料有限公司	宋学斌	9907	江苏京晶光电科技有限公司	高长有	2662
溧阳市大禾建材有限公司	黄惠芬	8223	江苏莱福士制造科技有限公司	陈佟颖	2534
江苏利德塑业有限公司	周益民	8109	江苏台成制辊有限公司	陈向龙	2495
溧阳维信生物科技有限公司	朱为民	7870	常州杰祥新材料有限公司	华洪坤	2455
常州新翼机械配件有限公司	林　玲	7537	溧阳奥维食品科技有限公司	丁红辉	2354
溧阳宏特弹簧材料有限公司	谈豪进	7458	江苏天友纺织有限公司	周　跃	2185
江苏扬子矿业有限公司	秦福江	7418	常州和仕达机械装备制造有限公司	刘寺意	2114
江苏通盈集装箱配件有限公司	季中华	7075	常州金合联精密科技有限公司	肖又松	2077
江苏巨鹏旅游用品有限公司	潘江平	6726	溧阳畅宇科技有限公司	增田博志	2040

（狄　霞）

别 桥 镇

【概 况】 别桥镇位于溧阳市北部，东临长荡湖，北接常州市金坛区，属半圩区半丘陵地貌，区域面积120.84平方千米，辖17个行政村，总人口63482人。2022年，完成地区生产总值74.16亿元，财政收入1.3亿元，全社会固定资产投资18.7亿元。2022年别桥镇获评2019—2021年度江苏省文明乡镇，被省自然资源厅评为2022年省级耕地保护激励单位。

欢乐元宵节　（别桥镇　供稿）

【经济发展】 2022年，别桥镇以先进电池关键材料、通用航空、汽车零部件、智能装备“四大产业”为主攻方向，着力推动战略性新兴产业融合集群发展。全年签约项目11个、总投资13.28亿元，其中5亿元以上项目1个，1亿元以上项目3个，5000万元以上项目7个。蓝固固态电解质、泽胜汽车零部件、目天智储、烯源谷锂电池负极材料等优质项目接踵而来，华永烯石墨烯、永邦新材料、安可信检测等重大项目有序推进，震裕新材料、明之盛科技、斯克赛斯电池结构件、新能源蓝固电解质（一期）等重点项目建成投产。坚持向“存量”要空间，重点推进别桥工业园区更新，盘活闲置厂房9万平方米，进驻项目9个，整治“危污乱散低”企业15家，盘活土地410.97亩。积极实施“增减挂钩”“占补平衡”项目，综合整治土地297.5亩，新增耕地234.8亩、建设用地61.4亩。全面盘点土地、公房等国有资产，联合平陵集团完成9家国企整合清理工作，出租利用闲置富民楼，处理出让原中昊厂房土地等资产，盘活资金2000余万元。完成5.36万平方米房屋拆

表61

2022年别桥镇主要社会经济指标一览表

项	目	数 据	项	目	数 据
自然概况	年末土地总面积（平方千米）	120.84	农业	其中：农业（万元）	—
	其中：镇区建成面积（平方千米）	6.03		林业（万元）	—
	居民委员会、行政村委会（个）	17		牧业（万元）	—
	总人口（人）	63482		渔业（万元）	—
	其中：非农业人口（人）	—		农业服务业（万元）	—
综合实力	地区生产总值（亿元）	74.16		粮食产量（吨）	69155
	人均地区生产总值（万元）	11.7		年末农机总动力（万千瓦）	5.7
	财政收入（亿元）	1.3	第三产业	第三产业实体（家）	—
	全社会固定资产投资（亿元）	18.7		第三产业从业人员（人）	10155
	实际利用外资（万美元）	200		第三产业增加值（亿元）	37.9
	农民人均纯收入（元）	—		集贸市场（个）	3
工业	工业企业（家）	268		年末个体工商经营户（户）	—
	工业企业职工（人）	8237	社会事业	中学（所）	2
	工业总产值（亿元）	46		在校中学生（人）	666
	工业增加值（亿元）	24.26		小学（所）	3
	工业销售收入（亿元）	78.2		在校小学生（人）	1274
	工业利税（亿元）	0.8		文化站馆（个）	22
	工业固定资产净值（亿元）	—		体育健身场所（个）	79
	农林牧渔业总产值（万元）	—		人口自然增长率（‰）	−6.46

迁及征地工作，为新材料科创园、800千伏白鹤滩线、200千伏德龙线、341省道、丹金溧快速通道等项目顺利建设提供关键支撑。依托“一山三水六分田”优越生态本底，粮食年产量稳定在7万吨左右，累计建设高标准农田5.2万亩，成功创建3个部级和2个省级水稻绿色高质高效千亩示范片，入选2022年省级耕地保护激励单位。有效利用省级旅游产业发展基金2500万元，推动原乡景区基础设施和休闲农业全面提升。原乡客栈完成设计规划，景观步道、景观平台提档升级，塘马湿地、塘马美丽库区、1号公路沿线生态环境向好向优。采摘园新增种植面积33亩，销售收益56.48万元。塘马万亩油菜花、黄金山千亩樱花等景点掀起打卡热潮，“岁月缓缓游塘马”“农场打工人”等特色乡村游、红色研学游活动吸引参与人员超8000人次。2022年，累计发放种粮一次性补贴、耕地地力保护补贴等惠农资金1247.16万元，投入抗旱救灾2993人次、设备118台套、资金122万元。

【城乡建设】 别桥镇突出建管并重、内外兼修，推进别桥新型城镇化建设，集镇品质得到有效提升。向上争取2200万元专项资金，统筹实施别桥老街区改造。稳步推进无人机特色小镇建设工程，特色街区景观配套更加完善。全年新建小区内充电桩43个，新划线停车位447个，新装、维修路灯1060盏，溧阳首部便民大桥电梯顺利投用，新时代大道污水管网改造如期完工，后周北环路精品街道和信息化道路建设接近尾声。丹金溧漕河东西岸环境全面提升，“漕河古镇”风貌初显。健全城乡环卫一体化长效管理机制，实现17个行政村生活垃圾日产日清。深入推进文明典范城市创建，2022年别桥镇获评江苏省文明乡镇；塘马村、前程村获评江苏省文明村。统筹开展镇村布局实用性规划、村庄居住点规划、宅基地改革，美丽乡村更加宜居。完成16341户宅基地资格权备案。9个美丽宜居村庄建设基本完工，全面进入竣工验收阶段。现代化宜居农房打造步伐加快，7条13千米农村公交线路实现“白改黑”；新建、改建4座农厕，完成6个村农村生活污水治理；塘马村垃圾分类试点工作扎实推进，农村人居环境不断提升。持续深入打好污染防治攻坚战，推进7家涉VOCs企业综合治理，铁腕关停中央环保督察整改企业金联树脂，生态环境继续改善。镇村两级河长巡河（湖）2340次、发现并整改问题25件。排查整治210个入河排污口、40家涉磷企业，全面消除劣Ⅴ类水体。马家河、牌楼河生态河道全面建成，北河治理别桥段基本完工，后周河水生态修复工程通过可研批复，落实中央环保专项资金4643万元。加快推进长荡湖生态修举，完成211亩退圩还

塘马湿地 （别桥镇　供稿）

湖施工前期准备工作。原中山有机玻璃、通维生化地块完成土壤污染状况调查，重点建设用地安全利用率达 100%。

【社会管理】 2022 年，别桥镇养老保险参保新增 207 人，全额代缴医保和补充保险惠及困难群众 1728 名，发放各类救助资金 1816.17 万元。深入开展特殊困难群体救助帮扶和妇女儿童权益保障问题专项排查整治行动，入户排查 1439 户困难群体，完善 276 名严重精神障碍患者监护。公共服务全面跃升，1000 平方米全新便民服务中心建成投用，全年窗口办理业务 1.8 万余件，受理群众咨询 8000 余人次，被列为溧阳首家“15 分钟医保服务圈”省级示范点建设单位。“美丽原乡”乡村振兴大学堂获评 2022 年江苏省社区教育特色品牌，镇社区教育中心荣获“江苏省社会教育百强单位”。黄金山村创成常州市民生实事项目便民服务提升工程示范点，后周卫生院康复中心成为溧阳市康复定点机构，2 个新建、8 个改扩建村级卫生室投入使用，923 套安置房全面进入不动产权证办理阶段，新建灯光篮球场 3 个、健身场地 1500 平方米。疫情防控全维落实，严格执行第九版防控方案、二十条优化措施和疫情防控新十条。针对分散供养特困人员发放防疫药品保障套餐 232 套，摸排 65 周岁以上重点人群健康状况 14434 人，守住不发生规模性疫情的底线。安全生产持续向好，扎实开展危化品、燃气、自建房等领域安全专项整治和安全生产百日攻坚行动，对 100 余家工贸企业开展拉网式排查，发现并整改安全隐患 400 余起。全面提升农村防灾减灾救灾能力，有效应对高温、干旱等极端天气。全年各类安全生产事故起数、死亡人数实现双下降。社会治理全力深化，以网格化服务管理为依托，推动党员代办制与网格治理深度融合，完成玉华山村“精网微格”试点打造。纵深推进扫黑除恶斗争，严厉打击电信网络诈骗犯罪。开展“信访突出问题攻坚化解年”行动，推行网格员信访代办制度，共收到各类信访件 1268 个，办结率 100%，镇人民来访接待中心被常州市列为“省信访接待满意窗口”首推候选。

【别桥无人机特色小镇客厅项目破土动工】 2022 年 3 月 20 日，总投资 6000 余万元的特色小镇客厅项目破土动工。该项目总建筑面积约 1.2 万平方米，以无人机为主题，突出轻盈、舒展和科技，建筑功能主要包括“三馆一中心”（无人机小镇规划展示馆、中国无人机博物馆、青少年航空科普馆和波音培训中心）。该项目建成后，别桥镇区功能配套、特色风貌塑造及群众普惠性和参与度将得到进一步提升。

【溧阳市乡镇首部大桥电梯投入使用】 2022 年 8 月 2 日，溧阳市首部乡镇大桥电梯投入使用。别桥大桥西侧人行步道由于受场地制约无法延伸，故设计电梯替代方案。该电梯为观光式电梯，乘坐电梯可以俯览沿河景观，大桥两侧居民出行也更加便捷。

【《别桥镇志》正式出版发行】 2022 年 11 月 19 日，《别桥镇志》正式出版发行。该部志书分上、下两册，共 25 篇、125 章、约 110 万字，使用图片 330 幅，内容涵盖了建置区划、自然环境、人口资源、镇村建设、交通运输、农业水利、商贸工业、文教医卫、政权军事、社会生活等各个方面，是一部了解别桥历史变迁、人文风貌、时代发展的百科全书。

别桥樱花　　（别桥镇　供稿）

表 62

2022 年别桥镇各村（社区）基本情况表

村（社区）	中共支部（总支、党委）书记	村委（社区）主任	经济总收入（万元）	村（社区）	中共支部（总支、党委）书记	村委（社区）主任	经济总收入（万元）
前程村	谢志龙	谢志龙	145.5	后周村	范志中	—	184.4
合星村	虞　忠	虞　忠	124.5	黄金山村	王国新	王国新	135.9
长荡湖村	袁　俊	袁　俊	357.9	西庄村	俞雪强	俞雪强	175.6
马家村	刘忠庆	刘忠庆	146.4	绸缪村	狄　鹏	狄　鹏	147.9
塘马村	黄春洪	黄春洪	291.5	镇东村	吕云杰	吕云杰	165.6
西马村	杨志荣	杨志荣	119.8	玉华山村	朱庚庆	朱庚庆	208.7
小石桥村	袁立民	袁立民	188.7	道成村	周国忠	周国忠	153.7
北山村	李洪生	李洪生	173.2	别桥村	濮和春	濮和春	116.1
两湾村	沈旭东	沈旭东	168.6				

表 63

2022 年别桥镇销售收入 2000 万元以上企业一览表

企业名称	法人代表	销售收入（万元）	企业名称	法人代表	销售收入（万元）
江苏鑫林钢铁有限公司	李　柯	110119.88	溧阳别桥华鹏光伏有限公司	曹　彬	3709.04
常州市宏豪制钢有限公司	魏　卫	77385.25	溧阳市弘韬机械设备制造有限公司	陈国平	3550.7
溧阳市丰宝达再生资源有限公司	蔡泽植	30960.5	江苏溧阳建设集团永枫钢机有限公司	吕永武	3354.16
常州震裕新能源科技有限公司	蒋　虎	26401.58	溧阳市腾达机械设备有限公司	任建生	3328.9
江苏力乐汽车部件股份有限公司	马金保	18354.62	江苏溧升建筑机械有限公司	史云兰	3225.17
松菱重工（溧阳）有限公司	车华松	17534.62	江苏屹居木业有限公司	管洪伟	3094.62
溧阳市万兴特种建材有限公司	姚巧娣	16026.89	江苏万金汽车零部件制造有限公司	万良金	2866.88
江苏新华机电设备制造有限公司	马建新	12808.7	常州创亿环保科技有限公司	储　胜	2709.42
溧阳市旭邦建材有限公司	李居雷	12240.02	溧阳市昆仑锻造厂	施爱松	2696.97
江苏耀东饲料科技有限公司	蒋　芬	11753.95	溧阳市明之盛科技有限公司	董正明	2618.56
长沙远大住宅工业（江苏）有限公司	孙国富	10404.57	常州市富月砝码有限公司	贺志敏	2572.19
江苏隆迪新材料有限公司	狄　璟	10263.23	溧阳市鑫石建材科技有限公司	沈　伟	2529.41
江苏三盈机电设备制造有限公司	刘卫东	10221.76	常州永诺机械科技有限公司	夏爱民	2450.98
江苏金久科技新材料有限公司	闵向东	9468.39	江苏一洲轧辊有限公司	施耀东	2325.41
溧阳市万邦金属制品有限公司	姚　桃	8381.79	江苏国盛船舶有限公司	卢国琴	2260.52
江苏永邦智能装备科技有限公司	冯　波	7585.7	德阀机械（江苏）有限公司	虞小秋	2259.22
溧阳市荣鑫轧钢有限公司	王志东	7403.32	江苏易加梯成套设备有限公司	路　昕	2183.89
溧阳鑫晨电子有限公司	吕东平	6699.92	溧阳市航星金属制品有限公司	袁红娣	2183.46
江苏华能墙材有限公司	华　勇	6441.75	江苏大轩焊材有限公司	赵　波	2180.75
溧阳市联创重工科技有限公司	宣族强	5772.29	溧阳市龙渔饲料有限公司	缪国琴	2110.3
江苏积力环保科技有限公司	史卫忠	4480.73	常州艾克瑞特衡器有限公司	虞建忠	2105.61
常州市华丰集团有限公司	王　琪	4290.73	江苏云博智能科技有限公司	陈灵峰	2061.26
江苏烨烁金属制品有限公司	钟学荣	4199.54	溧阳市中开混凝土有限公司	李居雷	2056.66
常州中冷环保技术有限公司	蒋海龙	3827.61			

（潘　超）

溧 城 街 道

【概　况】 溧城街道地处溧阳市域城区，区域面积51.52平方千米，总人口270773人，下辖行政村9个、社区38个。2022年，溧城街道实现地区生产总值273.78亿元，完成公共财政预算收入6.7亿元，经济运行平稳有序。

【经济发展】 以4个5000万元任务为目标，全面完成全年招商任务。新增超亿元项目3个，完成中技储能二期4亿元投资签约；亿元项目大地书院完成签约，填补溧阳在公共安全、实境培训等方面空白；大型综合体苏宁广场焕新启幕，服务业态“亿气风发”；金鹰购物中心整装待发，全聚德综合体落地花开，哥老官、德天肥牛等高热品牌加速进驻。坚持优化企业服务，建成使用石材加工集中区，签约商户33家，完成进驻25家，入驻率达70%；成功申报地市级家庭示范农场2家，县级家庭示范农场6家，新型农业主体加速培育。

溧城街道爱心工作站　　（溧城街道　供稿）

【城乡建设】 以打造山水间的家为目标，礼诗圩金花央视绽放。从全国24个美丽乡村中脱颖而出，登上央视1套人气综艺《山水间的家》，引爆全网点赞、全民热议，礼诗圩站上全国舞台为溧阳代言。持续转化文旅流量成为发展增量，“食在溧城”解锁引流密码，推出的“荷风市集”吸引商铺80多家，接待游客超10.8万人次，日均营业额4.5万元，成功入选江苏文旅消费热力榜，打造的41期

表64　2022年溧城街道主要社会经济指标一览表

项目		数据	项目		数据
自然概况	年末土地总面积（平方千米）	51.52	农业	其中：农业（万元）	59455
	其中：镇区建成面积（平方千米）	23.17		林业（万元）	20
	居民委员会、行政村委会（个）	47		牧业（万元）	0
	总人口（人）	270773		渔业（万元）	3380
	其中：非农业人口（人）	213524		农业服务业（万元）	79
综合实力	地区生产总值（亿元）	273.78		粮食产量（吨）	6712
	人均地区生产总值（万元）	10.44		年末农机总动力（万千瓦）	1.85
	财政收入（亿元）	6.7	第三产业	第三产业实体（家）	—
	全社会固定资产投资（亿元）	56.2		第三产业从业人员（人）	—
	实际利用外资（万美元）	0		第三产业增加值（亿元）	—
	农民人均纯收入（元）	—		集贸市场（个）	18
工业	工业企业（家）	436		年末个体工商经营户（户）	24473
	工业企业职工（人）	7923	社会事业	中学（所）	3
	工业总产值（亿元）	45.87		在校中学生（人）	2838
	工业增加值（亿元）	9.54		小学（所）	6
	工业销售收入（亿元）	69.2		在校小学生（人）	8269
	工业利税（亿元）	7.13		文化站馆（个）	1
	工业固定资产净值（亿元）	1.48		体育健身场所（个）	—
	农林牧渔业总产值（万元）	62934		人口自然增长率（‰）	−1.58

溧阳市第九届运动会暨第六届全民健身节溧城街道代表团　　（溧城街道　供稿）

视频节目吸引168.5万播放量，为餐饮企业给力打call；美丽乡村“出圈”学习课堂，依托共享菜园、书法工作室、文化小礼堂等礼诗圩研学点位，开展毕业季、儿童节等多场“乡村研学”活动，撬动农旅融合高质量发展。

【社会治理】 以品质城市塑造为目标，完成全国文明城市国检。加快推进清溪花园、古道巷等5个老小区改造，着力实施既有住宅电梯加装，精心打造东升菜场“口袋公园”，人居环境大幅提升。“疏堵结合”开展缆线整治，覆盖点位65个、惠及居民26700余户。集中清理“僵尸”汽车100余辆、非机动车200余辆。新增龙亭苑、昆仑花园等小区非机动车停车位500余个，空间利用更加优化。深入推进“电动溧阳”布局建设，增设电瓶车充电位700余个、汽车充电桩50个，“绿色出行”触手可及；改造扩建北水西社区、唐家社区等4家村居卫生室，医疗服务更加便捷；新建清安社区、福阳社区等3家如意小食堂，“舌尖养老”品味幸福；建设完成前西、史家等7个美丽宜居乡村，品质农村初步显现；加快推进征地征收，庄家社区30天内100%预签约，2个月内100%腾空，跑出溧城加速度。组织清除一枝黄花，由点及面全力守护生态平衡。

【环境优化】 以迎接中央环保督察为契机，打好污染防治攻坚战。大力整治“危污乱散低”企业和出清“困境企业”8家，整理土地234.09亩，城市空间更加清朗。高标准推进垃圾分类，创成达标小区24个、示范村1个，其中省级达标小区16个（示范小区1个）、常州市级达标小区8个；建设安装智能可回收设备16套、智能化厨余收集亭1座，厨余分类设备2套，洗手设施30座，积分兑换手持终端10台，宣教、督导等工作扩面提质。切实推动污水处理“333”行动，精准攻坚天颐谷、盛扬苑、水韵华庭等8个点位污水达标整治，进一步完善城市污水管网系统。

【民生服务】 以27万主城人民生命健康为目标，顶住疫情防控这场大战大考。精心发放爱心包50775份，提供生活、就医等服务1056人次。

表 65

2022 年溧城街道各村（社区）基本情况表

村（社区）	中共支部（总支、党委）书记	村委（社区）主任	经济总收入（万元）	村（社区）	中共支部（总支、党委）书记	村委（社区）主任	经济总收入（万元）
清安村	彭　宏	彭　宏	69.81	南村村	强和富	强和富	482.16
湾里村	赵龙伟	赵龙伟	494.32	大营巷社区	殷春玲	殷春玲	—
罗庄村	张　顺	张　顺	231.8	甘露寺社区	李文姬	殷雪莲	—
长阳村	唐小卫	唐小卫	181.51	后街新村社区	史红芬	张　慧	—
八字桥村	周　华	周　华	199.81	码头街社区	杨　斌	杨　斌	—
马垫村	赵洪生	赵洪生	128.61	燕山社区	史永锦	史永锦	—
倪庄村	吴全林	吴全林	103.42	文化新村社区	朱玲娣	朱玲娣	—
歌岐村	王志峰	王志峰	79.94	平陵社区	黄妍萍	黄妍萍	—
北水西社区	赵　科	赵　科	392.85	清溪路社区	刘秋珍	葛伟杰	—
唐家社区	李志龙	李志龙	1461.19	燕山南苑社区	程亚秋	程亚秋	—
钱家社区	钱昔保	钱昔保	410.47	台港新村社区	宋　瑜	宋　瑜	—
先进社区	彭　伟	彭　伟	263.72	清安社区	陈　莉	陈　莉	—
共联社区	宋俊华	宋俊华	276.21	嘉丰社区	周　瑛	周　瑛	—
图塘社区	陈建平	陈建平	136.91	锦汇社区	严　莉	严　莉	—
三和社区	周　伟	周　伟	846.97	福阳社区	孙丽霞	车昀熹	—
庄家社区	周洪珍	周洪珍	553.28	盛世华城社区	宗　翔	邹　琦	—
东升社区	张　叶	张　叶	—	阳光城市社区	施静霞	张绵英	—
东门社区	张旭蓉	刘　益	—	五里亭社区	陈　茜	童　玥	—
北门社区	李　琴	李小琴	—	东华园社区	徐　俊	杨丽萍	—
北郊社区	徐献波	狄　笛	—	奥体花园社区	汤　苗	汤　苗	—
昆仑东苑社区	汪莉莉	汪莉莉	—	团结社区	陆　敏	陆　敏	—
昆仑花园社区	彭秀芝	狄　清	—	永定社区	张娟芳	张娟芳	—
砻坊场社区	夏　燕	丁　娜	—	湾溪社区	周　琦	周　琦	—
县前街社区	王　曦	王　曦	—				

表 66

2022 年溧城街道销售收入 2000 万元以上企业一览表

企　业　名　称	法人代表	销售收入（万元）	企　业　名　称	法人代表	销售收入（万元）
溧阳安顺燃气有限公司	邵　良	162254.6	溧阳市佰晟杰贸易有限公司	强　杰	21986.5
溧阳索尔维稀土新材料有限公司	史优良	82646.5	京东五星电器集团溧阳有限公司	潘一清	19161.8
溧阳世元贸易有限公司	陈菊兰	52256.3	溧阳水务集团有限公司	何刚信	18142.1
江苏力诺信化工科技有限公司	王　峰	51027.4	江苏源宋国际贸易有限公司	姜香萍	14803.2

续表 66

企 业 名 称	法人代表	销售收入（万元）	企 业 名 称	法人代表	销售收入（万元）
江苏宏光钢铁有限公司	王洪生	48303.0	常州荣逸机电有限公司	陈荣海	7565.5
江苏裕子侑实业有限公司	张　云	13740.8	江苏良岩建筑材料有限公司	张　科	7429.1
溧阳八佰伴商业管理有限公司	余　静	47876.2	溧阳市博基混凝土有限公司	葛云洲	7411.5
溧阳大统华购物中心有限公司	陈淑琴	43204.8	江苏齐溧建筑材料有限公司	柯　周	7144.0
溧阳市万峰青商贸有限公司	骆红勇	36767.3	常州鑫诚睿金属贸易有限公司	唐　蕾	7139.9
冶建新材料股份有限公司	史优良	34060.6	溧阳城中医院有限公司	甘全松	6810.9
溧阳市鸿熙金属材料有限公司	潘全富	32656.7	常州聚格贸易有限公司	韦志凤	6783.6
溧阳苏宁易购销售有限公司	郑宝吉	32624.7	溧阳市公路运输有限公司	季一飞	6643.9
溧阳大润发商业有限公司	林澄洲	29159.1	常州鑫金华五金机电有限公司	肖全凤	5920.7
溧阳市昕光化工有限公司	李德明	26605.5	溧阳京华康复医院有限公司	陈加文	5858.8
溧阳市恒基商品混凝土有限公司	周永乐	13218.1	溧阳益寿春药业连锁有限公司	陈靖丰	5850.7
溧阳市林盛商贸有限公司	朱淑清	11992.9	溧阳市振泽人力资源开发有限公司	朱峰强	5811.3
溧阳市第一糖烟酒有限公司	陶洪昌	11195.6	溧阳市安鑫贸易有限公司	朱　卿	5776.4
江苏上河城商业管理有限公司	杨海波	11176.7	溧阳市广宇贸易有限公司	费美华	5770.7
溧阳新元窗帘制品有限公司	周伟坚	11107.7	溧阳市贝得电机有限公司	李　成	5721.3
常州百斯福模塑股份有限公司	杨建才	10979.0	江苏玖道建筑材料有限公司	荣静娟	5692.0
溧阳市达隆物资有限公司	徐云飞	10481.2	溧阳联星混凝土有限公司	陈洪才	5673.4
溧阳市双马塑胶纺织有限公司	谈怀定	9654.6	溧阳市正阳贸易有限公司	卞　翔	5672.8
苏哈商业管理（溧阳）有限公司	朱胜杰	9383.4	溧阳市福林燃气有限公司	黄建福	5670.4
溧阳市江南工程检测有限公司	朱红军	9231.7	溧阳市蓝天白云贸易有限公司	周国兴	5661.1
溧阳泓润进出口有限公司	朱忠川	8555.5	江苏苏浙皖边界市场发展有限公司	费郁涵	5642.7
江苏东方印务有限公司	芮　勇	8510.3	溧阳市方成物资有限公司	庄志仁	5429.7
溧阳远大通信发展有限公司	朱建兴	8490.4	溧阳市瑞禾农资有限公司	朱志星	5416.4
溧阳市天顺劳务有限公司	施玉英	8469.9	溧阳顺达加油站有限公司	赵　骏	5349.0
溧阳盛源劳务派遣有限公司	宋小红	8315.1	江苏银阳物资有限公司	周银花	5339.7
溧阳千盛香酒业有限公司	瞿琴妹	8281.4	溧阳平陵众达汽车销售服务有限公司	蒋小明	5103.1
溧阳天目上上电缆销售有限公司	潘德元	8078.6	常州金园石化有限公司	潘长友	4927.0
江苏众益科技有限公司	张　莉	8046.0	溧阳市渎溪物资有限公司	高　岚	4713.1
溧阳南祥贸易有限公司	杨　丽	7900.3	溧阳市皓登贸易有限公司	秦新峰	4633.3

续表 66

企　业　名　称	法人代表	销售收入（万元）	企　业　名　称	法人代表	销售收入（万元）
溧阳泰丰餐饮有限公司	顾　翔	4559.4	常州云浩农副产品开发有限公司	钱云浩	3187.1
溧阳市经典酒业有限公司	陈志琴	4476.2	溧阳奇迹劳务有限公司	夏国莉	3170.6
溧阳市聚阳物资有限公司	吴伟民	4439.6	溧阳市东本物资有限公司	高学君	3129.4
溧阳燕山医院有限公司	潘阿林	4425.9	溧阳八佰伴商贸中心有限公司	余　静	3045.3
溧阳市金峰国际饭店管理有限公司	唐传彬	4355.0	溧阳苏宁易购商贸有限公司	徐辉军	3029.3
溧阳市特圣电器有限公司	李艳玉	4330.5	溧阳市保安服务有限公司	阮小燕	3002.4
溧阳市中港石化加油有限公司	周裕评	4285.7	溧阳名创建材贸易有限责任公司	杨秀萍	2996.5
溧阳名大贸易有限公司	唐国宝	4267.1	常州泊拉德化工有限公司	龙　群	2979.2
丰至畅（江苏）物资贸易有限公司	秦　仁	4210.0	溧阳市敏姿商贸有限公司	商丽乐	2952.5
溧阳市新常武机电有限公司	王丽丽	4191.6	溧阳市众安物业服务有限公司	朱建新	2932.3
溧阳市茜韵国际商贸有限公司	陈和珍	4177.4	溧阳市协进建材有限公司	蒋小萍	2919.4
溧阳宾馆有限公司	周晓光	4176.2	常州溧阳万达广场商业管理有限公司	陈　敏	2878.3
溧阳市天目商务印刷有限公司	孙建中	4056.5	溧阳市华力水泥制品有限公司	鲍富松	2835.7
溧阳乐融电器有限公司	颜惠平	3975.0	溧阳水务物资有限公司	陆晓东	2831.5
溧阳市客运有限公司	李　军	3952.0	溧阳市千里马保安服务有限公司	陈　年	2784.7
溧阳市鼎天通讯设备有限公司	李　军	3760.7	溧阳市通达加油站有限公司	谢抒晋	2701.3
溧阳市金盾保安服务有限公司	唐治俊	3757.0	常州腾翔食品有限公司	刘桂英	2665.9
常州瑞科森化工科技有限公司	张鸣阳	3726.2	溧阳市中天纺织日用品有限公司	谈怀定	2521.8
溧阳市红发轮胎有限公司	潘利平	3714.8	溧阳市天目湖肉类制品有限公司	韦乔俊	2451.7
溧阳市雨田化工有限公司	余洪辉	3641.5	江苏百壹物流有限公司	潘敏敏	2298.6
江苏常春园林绿化工程有限公司	罗正华	3626.4	溧阳市传媒集团有限公司	葛曙波	2268.2
溧阳市双永贸易有限公司	蒋双喜	3618.4	溧阳市盛鹏物业管理有限公司	狄　蝶	2255.2
江苏阳光绿城物业服务有限公司	李海平	3582.8	溧阳东南项目管理有限公司	朱夕忠	2180.5
溧阳市名隆电器有限公司	朱小平	3557.2	溧阳市立帆物资有限公司	史宸绫	2146.4
溧阳圣蓝医院有限公司	文前龙	3525.9	溧阳市三义五金有限公司	徐贤义	2145.4
溧阳大器通讯设备有限公司	杨东明	3427.4	溧阳圣大新能源汽车销售有限公司	陈科云	2137.9
常州溧阳万达广场投资有限公司	陈　敏	3275.3	溧阳市燕山资产经营管理有限公司	杨　晔	2107.2
溧阳市东泽汽车销售服务有限公司	陶海燕	3210.8	溧阳市华夏电器销售有限公司	陆　武	2097.5
溧阳市昊盛化工有限公司	陈国建	3189.2			

（薛志远）

昆 仑 街 道

【概 况】 昆仑街道位于溧阳城区北部，分别与溧城街道、埭头镇、别桥镇、竹箦镇、南渡镇交界，镇域面积118.08平方千米，辖21个行政村、8个居委会。总人口113748人。2022年完成地区生产总值410.5亿元，公共财政预算收入27亿元，全社会固定资产投资180.2亿元，实现人均GDP36.09万元。

3月，昆仑街道新时代文明实践所开馆

（昆仑街道 供稿）

【经济发展】 2022年溧阳高新区动力电池产业产值突破1000亿元，同比增长130%，产量分别约占全国15%、全省38%、常州73%，规模实现全国县域第一；高端不锈钢产业规模突破500亿元；智能电网产业产值超475亿元，同比增长22%。2022年，完成规模以上工业产值1847亿元，同比增长超64%，在常州11个开发区中，规上工业总产值首次超过武进高新区，增幅位居第二；工业应税销售1913亿元，同比增长近70%；高新技术产业产值1197亿元，增幅超97%；外贸进出口产值预计完成

表67 2022年昆仑街道主要社会经济指标一览表

项目		数据	项目		数据
自然概况	年末土地总面积（平方千米）	118.08	农业	其中：农业（万元）	—
	其中：镇区建成面积（平方千米）	—		林业（万元）	—
	居民委员会、行政村委会（个）	29		牧业（万元）	—
	总人口（人）	113748		渔业（万元）	—
	其中：非农业人口（人）	—		农业服务业（万元）	—
综合实力	地区生产总值（亿元）	410.5		粮食产量（吨）	30777
	人均地区生产总值（万元）	36.09		年末农机总动力（万千瓦）	—
	财政收入（亿元）	27	第三产业	第三产业实体（家）	1195
	全社会固定资产投资（亿元）	180.2		第三产业从业人员（人）	15470
	实际利用外资（万美元）	12595		第三产业增加值（亿元）	70.01
	农民人均纯收入（元）	—		集贸市场（个）	1
工业	工业企业（家）	1130		年末个体工商经营户（户）	—
	工业企业职工（人）	71875	社会事业	中学（所）	2
	工业总产值（亿元）	1894.1		在校中学生（人）	648
	工业增加值（亿元）	311.3		小学（所）	8
	工业营业收入（亿元）	2056.5		在校小学生（人）	3214
	工业利税（亿元）	112.4		文化站馆（个）	2
	工业固定资产净值（亿元）	348.5		体育健身场所（个）	2
	农林牧渔业总产值（万元）	—		人口自然增长率（‰）	-1.03

74亿元，同比增长48%；完成公共财政预算收入超27亿元。

【城乡建设】 坚持规划引领，编制完成园区国土空间一张图规划和核心区城市设计。通过创新工作方式，加大攻坚力度，为德龙不锈钢深加工、中联金智慧物流基地、南师大溧阳实验小学、蓝领公寓、科瑞、重庆大学智慧城市研究院、龙山大道等重点项目腾出发展空间。持续提高民生供给水平，城西佳苑三期竣工验收，创智园59#人才公寓加速改造，南师大溧阳实验小学及幼儿园、蒋店新城幼儿园秋季顺利开学，巴中职业技术学院实训基地加快建设。围绕吸引人才、服务人才，通过党建带工建、团建、妇建等方式，举办集体婚礼、文体联赛等系列活动。推出存量房源"以租代售"安居模式，锂享小镇产改经验获全省推广，涵养具有吸引力的城市人文。深入打好污染防治攻坚战，出清整治"危污乱散低"企业24家，加快提升古渎、新昌、余桥等重点片区环境质效。

【社会治理】 严格落实"疫情要防住，经济要稳住，发展要安全"总要求，疫情防控有力有为。基于"点网合一"，推进精微网格工作，构建街道—村居—网格—微网格的工作体系，全面推动机关干部下沉社区、下沉网格，全年协助村社区处置问题5286起，化解矛盾871起。扎实推进信访工作，有力完成全年积案化解工作目标。推进安全生产百日攻坚和三年大灶专项整治工作，压紧压实安全生产责任，全年执法检查企业526家，园区本质安全水平不断提升。持续深化文明典范城市建设，合心村等4个村（社区）再度获评省级文明村（社区）。以美丽乡村建设为契机，加快打造方里班竹融合发展项目，同步推进12个行政村的改造提升工程。全年27个村总收入超3600万元，比上年增长13%。全年新建如意小食堂8家，建成居家养老服务站29个，实现100%全覆盖。全面开展江苏省特殊困难群体排查，累计排查人数1656人，发放救助金共计1451万元。

特色田园乡村——方里村　　（昆仑街道　供稿）

2022年昆仑街道各村（社区）基本情况表

表68

村（社区）	中共支部（总支、党委）书记	村委（社区）主任	经济总收入（万元）	村（社区）	中共支部（总支、党委）书记	村委（社区）主任	经济总收入（万元）
宋　庄	蒋晓琴	蒋晓琴	115.63	毛场村	杨　继	杨　继	155.32
前　棠	狄建如	狄建如	154.21	钱家圩	蒋争光	蒋争光	152.62
新　庄	宋　杰	宋　杰	352.40	淦　西	黄小杰	黄小杰	86.07
棠　下	张国庆	张国庆	103.58	新　昌	蒋立新	蒋立新	146.46
胥　渚	狄苏彬	狄苏彬	113.07	胡　桥	蒋振林	蒋振林	131.71
徐格笪	吴俊焘	吴俊焘	91.55	陶　家	陶志明	陶志明	161.22
泓　口	王正清	王正清	361.10	马　塘	袁国裕	袁国裕	414.32
胥　泊	狄朝彬	狄朝彬	136.31	蒋　店	马志浩	马志浩	222.81
古　渎	姜旭清	姜旭清	103.64	合　心	黄生平	黄生平	232.59
方　里	史良刚	史良刚	130.75	余　桥	陈恒峰	陈恒峰	198.02
班　竹	—	—	132.16	道人渡	—	—	101.71
吴潭渡	杨　俊	杨　俊	259.75	濑　阳	王　磊	王　磊	125.65
昆仑村	蒋国元	蒋国元	100.58	濑江新村	蒋培娣	蒋培娣	—
夏庄村	—	—	105.59	凤　凰	沈利平	沈利平	—
杨庄村	杨宁俊	杨宁俊	186.89				

2022年昆仑街道销售收入2000万元以上企业一览表

表69

企业名称	法人代表	销售收入（万元）	企业名称	法人代表	销售收入（万元）
江苏时代新能源科技有限公司	吴映明	5098892	顺博合金江苏有限公司	王真见	227274
江苏上上电缆集团有限公司	丁山华	3138568	科华控股股份有限公司	陈洪民	215545
溧阳德龙金属科技有限公司	戴　笠	2774111	江苏卓高新材料科技有限公司	陈　卫	169329
时代上汽动力电池有限公司	吴映明	2286919	江苏正昌集团有限公司	郝　波	162733
溧阳龙跃金属制品有限公司	戴国芳	1066417	江苏金源高端装备股份有限公司	葛艳明	145936
江苏金峰铜业有限公司	徐云梓	680072	江苏中关村嘉拓新能源设备有限公司	陈　卫	139785
江苏华鹏变压器有限公司	钱洪金	663818	立讯精密工业（江苏）有限公司	李　晶	113606
溧阳紫宸新材料科技有限公司	刘　芳	411708	江苏华鹏智能仪表科技股份有限公司	戴　诚	63669
江苏富民新材料有限公司	王清民	330792	溧阳市金昆锻压有限公司	徐海根	56772
江苏科达利精密工业有限公司	励建立	283837	常州范斯特汽车部件有限公司	蒋　虎	54260
上汽时代动力电池系统有限公司	杨晓东	263410	江苏联赢激光有限公司	韩金龙	53748
常州时创能源股份有限公司	符黎明	239460	江苏司能润滑科技有限公司	吴士金	52563

续表 69

企 业 名 称	法人代表	销售收入（万元）	企 业 名 称	法人代表	销售收入（万元）
江苏迪赛诺制药有限公司	祝大勇	52287	常州金纬片板膜科技有限公司	何海潮	15214
江苏维多股份有限公司	罗春龙	49953	常州金纬智能化工装备有限公司	何海潮	14151
上汽大通房车科技有限公司	郝景贤	44913	江苏润德物流科技有限公司	王其良	13511
江苏富春江环保热电有限公司	王 斐	43484	常州金纬挤出机械制造有限公司	王 亮	13021
江苏冠宇机械设备制造有限公司	陈国顺	41317	江苏中纺联针织有限公司	吴 敏	12825
江苏翔鹰新能源科技有限公司	徐 振	39877	溧阳纵贯线换热器有限公司	吕伟伟	12761
江苏开利地毯股份有限公司	蒋夕生	39184	常州金纬片板设备制造有限公司	何海潮	12749
江苏北星新材料科技有限公司	王相民	38503	溧阳凯利能源科技有限公司	石增辉	12647
江苏碧玉谷化工有限公司	李 凌	38361	常州汉德机车工业有限公司	陈一鸣	11129
溧阳壹连电子有限公司	田 奔	31951	江苏粘博士新材料有限公司	戚务俊	11029
江苏保龙设备制造有限公司	周水保	31109	江苏阿李动力科技有限公司	仇耀忠	10759
江苏兴锻智能装备科技有限公司	张忠良	29787	江苏金梧实业股份有限公司	何 强	10006
江苏文轩热管理系统有限公司	王海燕	29282	溧阳恒动能源科技有限公司	石增辉	9676
江苏国粮仓储工程有限公司	杨文利	29199	江苏丽阳电子仪表有限公司	蒋立群	9632
江苏立达电梯有限公司	戴云松	26680	金纬机械常州有限公司	何海潮	9408
溧阳天目先导电池材料科技有限公司	李 泓	23991	常州金纬管道设备制造有限公司	何海潮	9238
溧阳月泉电能源有限公司	陈 卫	22100	江苏擎高精密工业部件有限公司	韩大保	9196
溧阳市昆达金属制品有限公司	周海坤	22097	江苏华之杰机械科技有限公司	席胜芳	9135
江苏恒义轻合金有限公司	陈竞宏	21826	江苏兆年智能科技有限公司	何群伟	9125
江苏和胜新能源汽车配件有限公司	李建湘	20626	常州金纬化工成套设备有限公司	何海潮	8230
溧阳市常瑞电力科技有限公司	陈晓凌	19349	溧阳市盛昌金属格板制造有限公司	芮小明	8069
溧阳卓越新材料科技有限公司	王晓明	18887	江苏德盛食品有限公司	SAETAN JINTAPORN	8047
江苏铭智新能源汽车零部件有限公司	陈巧朴	18446	溧阳宝润钢铁有限公司	黄荷琴	8032
溧阳市金世纪混凝土有限公司	丁建庆	18406	常州金纬管道科技有限公司	何海潮	7924
常州是为电子有限公司	付 瑜	17623	溧阳德维透平机械有限公司	罗春龙	7817
江苏盛昌钢铁有限公司	芮小明	17432	溧阳市高邦电缆材料有限公司	周建平	7401
江苏省奥谷生物科技有限公司	朱为民	16922	江苏卫蓝新能源电池有限公司	向 晋	7394
溧阳市万盛铸造有限公司	陈春花	16589	溧阳市铁建特种混凝土有限公司	耿静生	7313
荷贝克电源系统（溧阳）有限公司	MarcZoellner	15903	江苏迅隆铝业有限公司	史嘉雄	7245
溧阳市永恒热处理有限公司	张育埝	15871	溧阳市裕达机械有限公司	杨志忠	7216

续表 69

企业名称	法人代表	销售收入（万元）	企业名称	法人代表	销售收入（万元）
溧阳市苏菱机电有限公司	黄小平	7005	江苏欣禾电气有限公司	孙菊生	4004
江苏衡帛机械科技有限公司	吴国忠	6894	江苏振标建筑材料科技有限公司	冯　彪	3992
江苏亿鼎传动机械有限公司	孙　城	6827	溧阳市中亚环保机械有限公司	汤建华	3899
溧阳华荣锻造有限公司	钟子娟	6244	溧阳欣大精密电子有限公司	周德良	3688
溧阳余库能源科技有限公司	林立鸿	6208	溧阳市鑫盛环境工程设备有限公司	缪　传	3623
江苏南山电子工业有限公司	蒋凌鹰	6045	常州市华鑫石化设备有限公司	朱云健	3609
安住机械设备（江苏）有限公司	张　超	5956	江苏嘉盛旺环境科技有限公司	陈春明	3469
溧阳市特种变压器电器设备有限公司	杨亚平	5697	溧阳巨神科技材料有限公司	蒋国兵	3466
溧阳市正阳燃气设备制造有限公司	宋卫平	5341	溧阳东恒能源科技有限公司	余凤鸣	3412
常州大云环保科技有限公司	戎清亮	5341	溧阳市新方化工有限公司	狄小苏	3362
江苏科凡新能源科技有限公司	吴国明	5257	溧阳发瑞机械有限公司	徐海根	3249
溧阳市民晖金属材料有限公司	吴建才	5213	溧阳市恒正机械厂	朱忠川	3248
溧阳市俊杰服装厂	王成香	5194	溧阳市立洋纺织有限公司	邹幼农	3137
溧阳强鑫纺织有限公司	毕国新	5171	江苏良友正大股份有限公司	陈志亮	3105
溧阳华湖新材料有限公司	孙一斌	5127	溧阳市华晨冶金设备有限公司	赵新连	3098
溧阳市中豪热处理有限公司	孙志明	5104	江苏欧能机械制造有限公司	黄锡生	3058
溧阳市经纬新能源科技有限公司	蒋建设	5081	溧阳市嘉德机电设备有限公司	那国勋	2925
溧阳市久凯电线电缆有限公司	吕胜开	5023	溧阳河西港金属加工有限公司	吴　斌	2906
江苏双益节能玻璃有限公司	潘云娇	4787	溧阳尼欧斯化工有限公司	横山和人	2893
溧阳市天合饲料机械有限公司	黄建新	4703	溧阳市华鹏电机配件有限公司	朱益民	2859
溧阳市西郊环保设备厂	张云霞	4678	金纬机械溧阳有限公司	何海潮	2843
江苏科滤环境科技有限公司	杨　敏	4667	溧阳市宏达电机有限公司	童小春	2819
溧阳市振大铁路设备有限公司	沈望振	4544	溧阳科工机械有限公司	杨俊强	2619
溧阳市绿茵毯业有限公司	袁再英	4512	溧阳市经纬无纺布制品有限公司	单俊杰	2577
江苏保龙机电制造有限公司	周水保	4457	溧阳市精卫新型材料有限公司	刘金梅	2500
江苏卓图节能科技有限公司	陈　杰	4442	溧阳市天目湖保健品有限公司	彭江晨	2431
江苏宇泽纺织科技有限公司	杨　勤	4312	溧阳市卓正机械制造有限公司	李　俊	2236
常州风云板业有限公司	夏有兄	4206	常州微焓热控科技有限公司	连红奎	2160
溧阳市华达电子电器厂	孙其利	4202	溧阳市先进纸箱有限公司	赵金娣	2136
溧阳市瑞威中速柴油机配件有限公司	吴进昌	4085			

（谢文龙、王奕荇）

古县街道

【概　况】 古县街道位于溧阳市东部，东临宜兴市，西、南与天目湖镇和戴埠镇相接，北与溧城街道毗连；区位优越，交通发达。宁杭高速、宁杭高铁横穿东西，233国道、南山大道和长山路纵贯南北。拥有溧阳东、溧阳南2个高速公路出入口，高铁溧阳站位于街道北部。西部为十里长山，东部为平原圩区。境内坐拥燕山、屏峰山等山峰，溧戴河、茶亭河穿境而过。古县街道辖美景天城、天目国际村2个居委会和上阁楼、大林、新联、黄墟、古县、茶亭、新桥、百家塘8个村委会，区域面积61.65平方千米，总人口55083人。四季分明，降水丰富，十分宜居。

【经济发展】 2022年古县街道经济运行稳中向好，完成公共财政预算收入3.31亿元，比2021年增长3%。工业应税销售收入91.9亿元，规模以上工业总产值82.8亿元。进出口总额约为16亿元，实际利用外资达800万美元。限额以上社会消费品零售总额完成6.46亿元，比2021年增长21.9%。全社会固定资产投资26.25亿元，地区生产总值87.7亿元，人均地区生产总值15.92万元。营商环境持续优化，落实企业增值税留抵退税，共计1412万元，有力充实企业现金流，助力企业发展。优化涉企政务，推进政务服务集成化办理，增设“一件事”服务专窗，全面破解企业办事多头跑、来回跑突出问题。加强政策宣传，积极引导工业企业争创“小升规”，加快高新技术领域研究开发和成果转化，释放更大产能，全年净增规模以上工业企业8家、净增高新技术企业5家，超额完成年度目标。重点项目进展高效迅速，苏浙皖农产品商贸中心稳步推进，茶文化楼具备开放条件，茶叶区一标段主体大楼即将全部封顶，二标段基础开挖施工。省中医院溧阳分院按时序推进，建设进度过半。溧阳垢山小学地块开发项目（纪元大酒店）建设完成，苏优精品大米及方便米制品生产项目完成总工程量的一半。永平初中交付使用，天目钢机（盾构机）项目厂房和天

表70　2022年古县街道主要社会经济指标一览表

项目		数据	项目		数据
自然概况	年末土地总面积（平方千米）	61.65	农业	其中：农业（万元）	—
	其中：镇区建成面积（平方千米）	20		林业（万元）	—
	居民委员会、行政村委会（个）	10		牧业（万元）	—
	总人口（人）	55083		渔业（万元）	—
	其中：非农业人口（人）	—		农业服务业（万元）	—
综合实力	地区生产总值（亿元）	87.7		粮食产量（吨）	17030
	人均地区生产总值（万元）	15.92		年末农机总动力（万千瓦）	1.82
	财政收入（亿元）	5.52	第三产业	第三产业实体（家）	2883
	全社会固定资产投资（亿元）	26.25		第三产业从业人员（人）	12096
	实际利用外资（万美元）	800		第三产业增加值（亿元）	41.66
	农民人均纯收入（元）	—		集贸市场（个）	2
工业	工业企业（家）	263		年末个体工商经营户（户）	3735
	工业企业职工（人）	7630	社会事业	中学（所）	1
	工业总产值（亿元）	103.73		在校中学生（人）	765
	工业增加值（亿元）	26.46		小学（所）	1
	工业销售收入（亿元）	91.9		在校小学生（人）	2209
	工业利税（亿元）	10.5		文化站馆（个）	1
	工业固定资产净值（亿元）	50.12		体育健身场所（个）	95
	农林牧渔业总产值（万元）	—		人口自然增长率（‰）	-2.43

目新城加油站投入运营，生命康原片区水系疏浚改道项目及村庄综合整治项目按时序推进。

【城乡建设】 精益求精编制规划设计，立足新城定位和发展方向，强化规划引领，相关城市设计方案通过专家论证会，解决公共资源布局、城市品质突破、产城融合体现、新老城区衔接等问题，同步开展核心区控制性详细规划设计并通过专家论证，水系、污水、供水、燃气、电力、通信等专项规划通过专家评审。高标准推进安置小区规划方案编制，加快落实已定安置小区规划工程建设，完成“三区三线”建设需求申报。编制统筹规划、东部片区5个村实用性规划及3个村修建性规划，百家塘、大林、新桥3个村庄规划通过评审。南水西、颜巷里、新村里、大佛堂、东墟村5个宅基地制度改革试点村民居住点村庄规划编制完成。有序推进征地征收，根据全市建设发展时序要求，优化调整各类征地、征收、企业收储方案，保障重点项目建设落地见效。有序推进1690余亩土地征用。2022年，茶文化市场和海克斯地块已征土地清表率基本达到100%。启动横山、大庄、沈家坝、郑笪里等4个自然村民房征收，完成11家企业收储签约、1家企业签订预征收协议以及6家企业评估工作。聚力办好民生实事项目，2022年新改建6座城乡公厕并投入使用。天目星城、岗头新村、滨河花园等13个老旧小区及4条道路雨污水管网改造工程改造完成。美景天城、业丰家园、阳光巴黎、中央花园等9个小区环境提升工程全面竣工。积极推进“交通秩序综合整治提升整改”，新改建停车场3个，新增机动车停车位820余个、非机动车停车线3760米。实施“交通安全隐患整改工程”，增设2处路口配套交通信号灯并布设违停、电警抓拍系统。升级改造公交站台6个，高标准整治域内不规范盲道200余处、缘石坡40余处。完成5个省达标小区、2个市达标小区、1个示范行政村垃圾分类建设并通过省检。加快补齐基础设施短板，皇仑茗苑安置房小区交付使用，滨河花园、岗头新村、中央花园等7个小区、90

晨曦中的永平初中 （古县街道 供稿）

个公共充电桩安装完成，改造升级老旧小区既有住宅电梯3台，黄墟村天然气管道敷设配套工程如期完工。深入开展域内桥梁系统排查检测，其中南水西危桥改造完成，水东桥抢修加固完工。大林村、盈塘村美丽宜居工程完成改造。新联村3000亩高标准农田建设通过验收，百家塘获评第九批次江苏省特色田园乡村。

【社会管理】 精细长效提升人居环境。扎实推进空中缆线、飞线充电、文明出行、镇村环境等专项提升行动，推动区域环境提质、品质提升、乡村提档。持续开展沿街店铺各类市容“顽疾”攻坚治理，保持违建管控高压态势，累计拆除违建148处，面积9565平方米。优化提升茶亭、古县2个菜场经营秩序及周边环境。针对性开展废品回收“散乱污”、扬尘污染防治、道路两侧“三清两拆”及天目星城商业街夹巷环境等各类整治行动。完成2022年度兴业街精品街道建设。全面推进自建房安全隐患排查和小区车库（储藏室）燃气安全专项整治。健全完善社会服务体系，增强社会救助兜底能力，保障困难群众基本生活，全年累计发放各类救助资金600余万元，惠及困难群众6500余人。建成“15分钟医保服务圈”，同步进行常州市级示范点创建。完成11家全科社工窗口建设，扎实推进特殊困难群体救助帮扶专项排查整治，提高居家养老服务站、如意小食堂等养老服务水平。整合文化资源，全年组织开展文化惠民演出50余场、艺术展览活动10场，区域文化氛围愈加浓厚。日间照料中心、溧书房古县馆、天目国际村社区邻里驿站、古县村卫生室、新时代文明实践所法律援助工作站等一批民生实事工程投入运营。持续改善生态环境质量，成立污染防治督查专班，建立多部门联防联动机制，推进挥发性有机物（VOCs）治理，开展重点区域污染源综合整治，2022年完成87家企业活性炭入户排查整改，处理大气网格报警417起，联动处置各类环境问题28起。加强在建项目工地扬尘污染督查，加大施工监管力度，确保常态长效。统筹推进治水攻坚战，全年完成13个老小区和4条市政道路雨污分流改造工程，从根本上消除现有建成区雨污混流现象。对宁杭、城东生态公益林突出环境问题涉及的4个自然村农村生活污水进行集中收集处置。实施农村河道、河塘疏浚整治工程，扎实推进排污口分类整治，编制41个排口“一口一策”，完成130个小微水体和140家危废单位集中整治。筑牢安全稳定防线，围绕危化品、建筑施工、城镇燃气、特种设备、消防安全等14个重点领域开展安全生产专项检查；推进企业“双重预防机制”建设，全面排查化解风险隐患。2022年，检查督查各类生产经营单位207家，发现隐患和问题583处，均已整改到位。扎实推进“危污乱散低”企业出清，按照年度任务完成30家，腾出土地1279.3亩。开展形式多样的“安全生产月”系列宣传教育活动，组织培训600余人次，有效提升企业安全生产意识。全面推进突出风险隐患攻坚化解，将“今晨七点有约”群众工作品牌延伸并下沉到社区一线，搭建“小区改造面对面”交流平台，全力化解小区改造过程中的民生矛盾。会同相关部门开展安置房办证问题专题研究，全力化解岗头新村、翠屏新村一区、翠屏新村二区、滨河花园、林家坝等5个安置小区405套不动产权证办理历史遗留问题。

【古县街道日间照料中心建成启用】 2022年5月31日上午，古县街道日间照料中心正式启用。中心依托餐厅、健康管理室、康复训练室、舞蹈房、书画棋牌室、阅读影音室、多功能厅等多个功能区，为辖区长者提供生活照料、康复训练、健康管理、老年课堂、老年助餐、休闲娱乐、精神关爱等专业的社区居家养老服务。

【百家塘村百家塘自然村获评第九批“江苏省特色田园乡村”】 2022年7月，百家塘自然村获评第九批“江苏省特色田园乡村”。百家塘地处溧阳、宜兴“两市四镇”交界处，为溧阳第一孝“淑孝”发源地、锡剧大师杨企雯故里。百家塘共有人口180余人，占地面积120亩。自2021年8月启动特色田园乡村建设以来，项目建设专班始终把“文化兴村”作为目标，以文化激活乡村活力，点燃乡村温度，并致力于打造集诗意栖居的未来乡村、近城邻水的都市田园、时代变迁的水运商埠、百花百业的艺术农场、群贤毕至的乡贤工坊于一体的共治共建共享都市田园。百家塘坚持农旅融合，挖掘本土资源、文化内涵，带动乡村振兴。同时以“孝道、商道、公道、味道、医道”五大主题组团微情景，还原水埠老街巷、构建活力新市井。

表 71

2022 年古县街道各村（社区）基本情况表

村（社区）	中共支部（总支、党委）书记	村委（社区）主任	经济总收入（万元）	村（社区）	中共支部（总支、党委）书记	村委（社区）主任	经济总收入（万元）
茶亭村	胡叶平	彭志新	390.28	黄墟村	王曙洪	王曙洪	158.69
古县村	宋建平	宋建平	566.98	新联村	陈伟春	陈伟春	183.56
新桥村	钱文华	钱文华	129.63	大林村	潘建国	潘建国	194.2
百家塘村	潘凤娟	潘凤娟	98.62	美景天城社区	刘　莉	刘　莉	—
上阁楼村	顾云华	蒋云新	155.16	天目国际村社区	周亚瑾	周亚瑾	—

表 72

2022 年古县街道销售收入 2000 万元以上企业一览表

企业名称	法人代表	销售收入（万元）	企业名称	法人代表	销售收入（万元）
龙海建设集团有限公司	周　瑜	566979.79	江苏天目安装工程有限公司	周天喜	14982.54
布勒（常州）机械有限公司	孔云生	177137.04	江苏力鼎建筑劳务有限公司	钱龙伢	14329.53
江苏万远建设有限公司	潘志荣	116752.39	常州市宏寰机械有限公司	张福平	13917.34
江苏钢锐精密机械有限公司	蔡长鸿	100542.05	上齿集团有限公司	张焰庆	13674.72
溧阳中材重型机器有限公司	吴建宏	99191.04	溧阳市先锋药房有限公司	刘　华	13048.2
江苏苏南建设集团有限公司	花新华	98573.89	江苏爱卓电气制造有限公司	黄　莺	12787.59
溧阳市力士汽车配件制造有限公司	史长生	81783.56	江苏安途瑞建设工程有限公司	葛云锋	11860.49
江苏毓恒建设工程有限公司	宋和明	79370.02	江苏万晟建设发展有限公司	王东浩	11505.55
常州东华建筑安装工程有限公司	曹　军	55996.08	江苏富昌机械设备有限公司	尹水富	10821.26
江苏安靠智能输电工程科技股份有限公司	陈晓晖	55812.65	江苏恒祥石化工程有限公司	杨恒保	10654.97
溧阳市君德利实业有限公司	陈建忠	45249.38	江苏蓝洋林顿酒店有限公司	赖建全	10366.02
江苏省鼎盛强磁新材料有限公司	庄明福	34850.6	江苏广信东腾环保装备有限公司	任建东	10261
溧阳金利宝胶粘制品有限公司	陈世岳	31837.44	江苏欣源钢机有限公司	蒋双喜	9639.09
江苏天目建设集团电梯工程有限公司	王　迪	27631.13	江苏力恒建筑劳务有限公司	蒋国生	9567.79
江苏通达机械设备制造有限公司	尹水保	27051.11	江苏龙帛建设有限公司	潘文君	9246.07
科兴建工集团有限公司溧阳分公司	邢威威	26142.32	溧阳市金茂金属材料有限公司	张婷婷	8822.46
溧阳市储丰钢板仓设备制造工程有限公司	赵菊荣	18437.83	江苏威泽智能科技股份有限公司	杨献春	8646.4
江苏开利地毯股份有限公司天目湖分公司	黄国洪	17944.52	溧阳南祥贸易有限公司	张建忠	8229.21
中安（常州）电气有限公司	潘立群	16629.89	江苏常远电力工程有限公司	葛志荣	8218.12
溧阳市华磊锻造有限公司	蒋小华	16566.25	溧阳市捷泰煤炭销售有限公司	戴明程	7506.93
溧阳圣泰重型机械有限公司	葛芙妹	16490.45	溧阳市犇腾贸易有限公司	史秋生	7408.11
江苏顶塑实业有限公司	丛桂阳	15673.27	江苏昱星劳务有限公司	董庆初	6379.48
金亿源（江苏）新材料有限公司	谈怀定	15489.62	江苏欧标有限公司	周国军	6085.29
江苏昱星建设有限公司	孙福芝	15018.32	溧阳康达威实业有限公司	胡良宏	6055.69

续表 72

企业名称	法人代表	销售收入（万元）	企业名称	法人代表	销售收入（万元）
溧阳市力拓再生资源有限公司	潘志新	5494	江苏国乔建设有限公司	周　杰	3078.54
溧阳爱卓物资有限公司	黄爱忠	5272.95	江苏正扬建设有限公司	卢雪华	2990.13
彼尔特（常州）石油化工有限公司	潘旭东	5057.93	江苏华能节能科技有限公司	徐建青	2986.81
河南安靠电力工程设计有限公司溧阳分公司	吴建清	5054.03	江苏软件园天目湖开发有限公司	张朝明	2972.94
溧阳市久隆工程机械有限公司	狄　胜	5002.59	江苏佰盛机械设备有限公司	徐建军	2933.98
溧阳天福观光茶园有限公司	林明熙	4861.62	常州索韬自动化科技有限公司	王必武	2929.58
江苏金贸建设集团有限公司常州分公司	虞　冲	4786.44	常州一二三电子科技有限公司	汤金元	2875.47
溧阳德立森电梯有限公司	侯　健	4759.93	溧阳市龙驰机械有限公司	王　丽	2856.77
江苏沃姆克电子科技有限公司	曹文伟	4711.86	江苏佳联环境科技有限公司	周龙娣	2834.87
江苏天福机电工程设备有限公司	王东浩	4682.79	恒电科技有限公司	杨阿齐	2815.38
江苏益尔机电有限公司	管亚峰	4650.7	溧阳市祥圣装饰工程有限公司	陈　杰	2803.08
江苏圆丰新材料有限公司	刘秀兰	4499.51	南方铁塔有限公司	史正明	2765.76
江苏上齿传动有限公司	张焰庆	4325.43	江苏驰威机械有限公司	高　爽	2733
常诺医药科技（常州）有限公司	沈婕妤	4185.57	溧阳市宏大机械设备有限公司	王小明	2685.22
溧阳市威克尔饲料机械制造有限公司	姜梅仙	4182.57	溧阳市天目湖盛腾石化油气有限公司	沈　栋	2530.24
江苏天目建设集团钢机有限公司	陈　强	4149.9	江苏嘉允机械制造有限公司	吴黎华	2501.26
溧阳市天润丰装饰工程有限公司	胡世杰	4082.03	溧阳市东诚机械制造有限公司	周小保	2450.89
江苏五洲机械有限公司	周际宇	4033.36	常州市捷诚石化有限公司	史　侃	2393.31
溧阳天目景城大酒店有限公司	王　芹	4028.07	江苏星鸿建设有限公司	虞菊红	2390.99
溧阳市特佳机械有限公司	黄国伟	3979.64	江苏晨丰机电设备制造有限公司	庄晓波	2388.32
常健医药科技（常州）有限公司	翟丽华	3869.07	常州益林机械有限公司	赵　黎	2355.98
溧阳市起重机厂有限公司	周伟华	3647.28	溧阳市百利丰和机械设备制造有限公司	孙一林	2312.08
江苏黄腾建设有限公司	葛洪亮	3645.82	常州宇成机械设备有限公司	程定租	2291.18
溧阳市众星环保机械有限公司	崔洪彬	3558.65	江苏辉鸿建筑劳务有限公司	陈忠银	2267.79
江苏丰达电器设备有限公司	赵云龙	3548.8	溧阳市恒珏贸易有限公司	汤泉明	2253.48
溧阳市恒劭物资有限公司	徐　亮	3469.16	溧阳市乾运汽车配件科技有限公司	潘志新	2252.23
大峘集团溧阳冶金工程技术有限公司	朱炳安	3359.22	江苏华冶环保工程有限公司	钟爱心	2207.94
溧阳市诚成建筑劳务有限公司	钱国胜	3354.03	江苏中欣重工有限公司	谢云龙	2183.97
常州鸿锋机械有限公司	孙　兢	3304.56	溧阳市天目湖跑得快农副产品销售中心	潘云飞	2158.04
江苏金常瑞智能科技有限公司	史雪琴	3278.45	南京海岐建筑安装工程有限公司溧阳分公司	华晓军	2147.32
瑞那斯铝业（常州）有限公司	曹卫强	3231.11	常州吟飞人力资源有限公司	范　阳	2126.24
溧阳云宥建设有限公司	王　华	3168.94	常州恒美达门窗智能化科技有限公司	潘　萍	2090.58
江苏翔龙矿山设备有限公司	黄建农	3142.2	溧阳市润建电气科技有限公司	郑宇建	2048.71
常州布勒建设工程有限公司	余　超	3131.59	常州君清机电科技有限公司	周伟清	2019.91
江苏坤润建设工程有限公司	淳忠平	3110.08			

（陈　诺）

LIYANG YEARBOOK

人物·先进集体

栏目编辑 宋林珍

新闻人物

【王　强】 江苏安靠智能输电工程科技股份有限公司电缆附件生产部副经理。2022年4月，被中华全国总工会授予全国五一劳动奖章。

男，江苏徐州人，1984年1月出生。2013年王强到江苏安靠智能输电工程科技股份有限公司电缆附件生产部工作。他带头组建了生产技改小组，通过不断调研，并进行工艺验证，改进了生产线工艺装备、改善了工艺条件，在GIL绝缘件生产工艺、浇注过程监控等方面，有效提升产品质量和生产效率，为GIL线路安全运行提供保障；同时，及时调整资源配置与生产计划，在人力资源用工不足的情况下，保质保量按时完成了所有电缆附件产品，为电力故障抢修提供了保障；长期坚持深入现场一线，在厂区车间各工位了解工艺装备、操作、设备以及资源情况，针对现场不合理操作、效率低、安全隐患装置设施及时提出改进方案，促进环氧、橡胶件等核心关键零件一次性合格率显著提升。

工作上态度端正、作风踏实，兢兢业业，每天最早到公司，最晚离开，时常加班加点，毫无怨言，十年如一日。别人还在上班的路上，他与他的小组成员已经完成了当天碰头的早会，将异常的事务安排处理好；每一次的设计图纸到手，他都会仔细分析、确认材料、工艺性，考虑材料的利用率、工艺的合理安排。尤其在近几年，受疫情与市场影响，产品大宗材料价格大幅度上涨情势下，他带领生产技改小组成员，通过不断调研、工艺验证，定制设备，调整产品材料与工艺方式，不仅节约成本还很大程度上提高了生产效率。

他还积极参加公司组织的各类专项业务培训，提升自我管理和专业技能，并长期组织开展各类技工竞赛，将所学传授于员工，提高了员工操作技能，车间多名员工成为产品生产工序免检员，大大提高产品质量与效率。在保护壳生产、金具加工、支架生产等方面提出近20多项改进建议和意见，节约成本超200余万元。

曾获溧阳市文明职工、常州市五一劳动奖章、江苏省五一劳动奖章等荣誉称号。

（市总工会）

【吴　凡】 中国科学院物理研究所博士生导师、中国科学院大学教授、中科院物理所长三角研究中心科学家工作室主任、共青团常州市委员会副书记（兼职）。2022年9月，被团中央、人社部授予第21届“全国青年岗位能手”称号。

男，汉族，1989年12月出生，中共党员，博士研究生学历。

吴凡是海归青年的榜样，他毅然放弃在国外的优越工作生活条件，回到祖国，果断投身硫化物全固态电池产业化的科研攻坚。只身来到江苏溧阳后，没有现成的实验室和设备可以用，他分秒必争，从实验室规划到设备调研采购，一切从零开始，建立了专业的硫化物固态电池实验室、基础科研和工程化团队及材料中试放大基地。主持负责15项国家级、省部级重点项目，发表SCI论文78篇、专著2部，申请53项中国、美国和国际发明专利（核心专利已获授权）。上至国家、省、市科研项目的申请，下到实验室每一条规章制度的建立，团队人员与博士生的安置与指导等，他事无巨细，亲力亲为，精益求精。他带领团队开发了世界首例气相合成硫化物固态电解质的方法，并通过一步气相法及掺杂优化发明了空气稳定的硫化物电解质材料，离子电导率打破世界纪录。通过五代迭代将硫化物固态电解质材料制备成本降低90%，核心专利已获授权，并布局核心专利全面覆盖及超越日韩专利的保护范围，为批量稳定制备无杂相硫化物固态电解质提供坚实保障。首次实现大面积硫化物电解质膜在运输、储存和使用各环节的恶劣环境稳定，大幅提高其规模化应用的可能。提出全新的应变稳定化理论和材料制备、后处理工艺，将硫化物固态电解质的电化学稳定窗口拓宽12倍，首次实现其在高能量密度电池中的应用。发明新的高通量搜索算法，突破传统伪二进制算法的速度和限制，在67062种材料中筛选出全固态电池界面保护层材料。发明新的正负极材料优化手段，首次实现5V级高电压正极和锂金属负极在硫化物全固态电池中的高容量发挥、超长寿命循环，打破世界纪录。探索优化筛选硫化物全固态电池制备参数，实现世界领先的大容量硫化物全固态软包电池制备工艺等。由他担任项目负责人、首席科学家的江苏省重点研发计划重点项目“高比能全固态锂离子电池关键技术与产业化开发”正式启动，已牵头建成全固态电池核心关键固态电解质材料的年产吨级试验线。针对硫化物全固态电池面临的核心基础科学问题、行业痛点和工程化应用难题取得突破式进展，研发成果得到中央电视台、《新华日报》、中国科技网、今日头条等媒体多次专题报道，打破了日韩美等国的技术封锁，为我国争取下一代核心电池技术主动权作出了贡献。

曾获中国科学院海外杰出人才引进计划（中科院百人计划）及择优支持、中央军委科技委全国未来储能技术挑战赛一等奖、中国科学院“科技新人奖”、全国青年岗位能手、江苏省青年双创英才、江苏省五四青年奖章、江苏省杰出青年基金等称号。

（团市委）

【周　莹】 溧阳市委依法治市办秘书科科长。2022 年 11 月，被省政府授予全省“七五”普法工作先进个人称号。

女，1987 年 12 月出生，中共党员。大学毕业后在溧阳市天目湖镇担任大学生村官。2016 年进入法制办工作，2019 年因机构改革进入司法行政条线工作，先后从事普法宣传、复议应诉、执法监督及依法治市等工作。

在司法行政工作岗位上，充分发挥一名共产党员的先锋模范作用，自觉学习法律法规知识和各领域业务相关文件精神。担任普法科科长期间，正值“七五”普法规划的收官之年，她以求真务实的精神和创造性的工作方法，顺利完成“七五”普法终期验收工作。近年来，多次被评为溧阳市优秀公务员、优秀共产党员。

（市司法局）

【蒋婷婷】 溧阳市人民法院党组成员、政治部主任。2022 年 11 月，被省政府授予全省“七五”普法工作先进个人称号。

女，江苏溧阳人。她牢固树立“法治先行”理念，认真学习、深刻理解、准确掌握党内法规，自觉运用党内法规指导和推动“七五”普法工作实践。积极将职工权益保障工作与辖区司法所、派出所、劳保部门相对接，利用现场宣讲、资料发放、多媒体展示等方式，在广大一线劳动者中开展劳动法律法规宣传，为增强职工懂法用法意识、维护劳动者合法权益、构建和谐劳动环境贡献了坚实的力量。同时扎实开展“农村党员服务代理”工作，创新性地将党员服务和农村法律顾问服务相结合，在严格按照法律、法规和政策规定为群众办实事的同时，经常性地把法治宣传教育、法律知识送到群众身边、送到百姓家中，营造办事依法、遇事找法、解决问题用法、化解矛盾靠法的法治环境，形成“机构规范、机制健全、运行有序、服务长效、群众满意”的党员服务代理工作新格局。曾获溧阳市“三等功”、溧阳市优秀党务工作者等称号。

（市法院）

【蒋　琪】 溧阳市燕湖小学校外少先队大队辅导员。2022 年 12 月，被共青团中央、教育部、全国少工委授予“全国优秀少先队辅导员”称号。

男，汉族，江苏溧阳人，1990 年 4 月出生，中共党员。2016 年退役后听从组织安排，先后担任溧阳市文化小学、燕湖小学校外少先队大队辅导员。作为一名退役军人，他积极宣传国防知识，培养青少年从小树立居安思危的意识；作为一名校外辅导员，他带领青少年前往抗美援朝老兵家中，倾听老兵讲述那段战火纷飞的岁月，坚定少年儿童听党话、跟党走的人生追求。积极参加各项志愿活动，先后加入溧阳市蓝天救援队，溧阳市红十字会救援队等各类公益组织。利用空余时间参与应急救援，救护保障，院前急救知识宣讲等活动，每年累计公益服务时长近千小时。他充分发挥青联委员的纽带作用，为困境儿童提供全方位的关爱，全程参与“梦想改造 +”梦想小屋设计改造，开展各类各批次的走访慰问活动。积极探索适合青少年的军事冬夏令营、周末短期活动和重大节假日主题活动，为多所学校的近万名少先队员搭建校外实践平台。2017 年，他创建“战鹰童军”品牌，每年服务近 300 个家庭，累计服务超 5000 人，并衍生出专注青少年成长品牌“全能少年”、专业服务青少年团队建设品牌“山猫拓展”和专注青少年亲子关系改善品牌“袋鼠亲子”。每年寒暑假，按时推出冬夏令营，让青少年在营期内养成良好生活习惯，培养爱国热情。建党、国庆等重大节日，组织青少年着红军服，穿草鞋，远赴井冈山革命根据地，重走长征路，让青少年感受革命前辈的付出，珍惜来之不易的幸福生活。从 2017 年起，每年都会参与支教活动，足迹遍布内蒙古锡林郭勒盟太仆寺旗蒙古族小学、甘肃张掖李家村小学、山东邹城高李村小学。

（团市委）

【张　璇】 女，江苏省溧阳市实验初级中学七（8）中队少先队员、学校大队长。2022年12月，被共青团中央、教育部、全国少工委授予“全国优秀少先队员”称号。

她严于律己、勤学善思、热心公益，以实际行动践行着入队时的誓言。学先锋，她总是严格要求自己，热情帮助带动身边的同学；做先锋，在各种实践活动中争做排头兵，为队员们作表率。带领身边的少先队员们参与“星星火炬 代代相传”“学党史 做先锋”“红领巾 心向党 学雷锋 在行动”“法治 让青春飞扬”等一系列活动。

作为一名红领巾讲解员，她声情并茂的讲解，经常感动来往的人们。她坚信爱心、信念是可以传递的。为家乡代言，为红色精神代言，从小立志做一个用爱心传播红色基因、故乡文化，宣传正能量的传播者、实践者。

她热爱写作、朗诵，并将这些特长学以致用，开动脑筋，以多姿多彩的形式，将少先队、党史知识带入班队课，受到老师及同学们的一致认可。她积极参加广播电台、社区组织的一系列宣讲活动，宣传如何戴口罩、洗手，助力疫情防控。还以微视频的方式，根据亲身的采访经历，向广大少先队员们分享医护人员在抗疫前线的日常生活和感人事迹。

她从小就参加各种公益活动，从事志愿者活动已经有6个年头，服务时间累计超百小时。作为“晨曦公益联合会”的小志愿者，她每年参加“10000杯绿豆汤的旅行”活动，炎炎夏日将一杯杯绿豆汤送到一线环卫工人、交警的手中。作为“漂流书屋”的志愿者，6年来无论刮风下雨，都能按时整理、打扫书屋，还为书屋捐赠了数百册图书。还用自己积攒的压岁钱、零用钱1对1资助了一位贫困学生，如今该学生已被河北省地质大学录取。

在学校，她稳扎稳打、成绩一直名列前茅；课余时间，长期坚持学习队刊、队报，汲取知识、坚定自己的信念。学习之余，组织同学们寻访家乡的红色教育基地——新四军江南指挥部旧址，寻访身边的老战士、老党员，感悟革命先烈敢于流血牺牲、敢于奉献的精神。近五年来，她先后获得江苏好少年、江苏省优秀少先队员称号。

（团市委）

先　进　个　人

表73　2022年溧阳市全国（条线）先进个人一览表

姓　名	工作单位	获得荣誉	授予单位	授予时间
王　强	江苏安靠智能输电工程科技股份有限公司	全国五一劳动奖章	中华全国总工会	2022年4月
吴　凡	中科院物理所长三角研究中心科学家工作室	全国青年岗位能手	团中央人社部	2022年9月
蒋　琪	常州祺说文化传媒有限公司燕湖小学校外辅导员	2022年度全国优秀少先队辅导员	共青团中央、教育部、全国少工委	2022年12月
张　璇	溧阳市实验初级中学少先队	2022年度全国优秀少先队员	共青团中央、教育部、全国少工委	2022年12月

表 74

2022 年溧阳市省级（条线）先进个人一览表

（排名不分先后）

姓　名	工作单位	获得荣誉	授予单位	授予时间
张　璇	溧阳市实验初级中学少先队	江苏省优秀少先队员	共青团江苏省委、江苏省教育厅、江苏省少工委	2022 年 1 月
余　静	溧阳市人民调解委员会	全省公共法律服务工作成绩突出个人	省司法厅	2022 年 1 月
冯　杰	溧阳市司法局	2021 年全省信息工作成绩突出个人	省司法厅	2022 年 2 月
陈　靓	溧阳市司法局	全系统应急指挥值守工作成绩突出个人	省司法厅	2022 年 2 月
吴　凡	中科院物理所长三角研究中心科学家工作室、天目湖研究院	江苏青年五四奖章	共青团江苏省委、江苏省青联	2022 年 4 月
罗子攀	溧阳市子攀黑斑侧褶蛙养殖专业合作社	江苏青年五四奖章	共青团江苏省委、江苏省青联	2022 年 4 月
钱莉雯	天目湖镇卫生院天目湖镇中心小学校外辅导员	江苏省优秀共青团员	共青团江苏省委	2022 年 4 月
金　科	南渡镇	江苏省优秀共青团干部	共青团江苏省委	2022 年 4 月
任常瑞	常州时创能源股份有限公司	江苏省五一劳动奖章	省总工会	2022 年 4 月
岑永彪	江苏上上电缆集团有限公司	江苏省五一劳动奖章	省总工会	2022 年 4 月
Raffael Eggmann（中文名：拉非）	布勒（常州）机械有限公司	江苏省五一劳动奖章	省总工会	2022 年 4 月
岑永彪	江苏上上电缆集团有限公司	江苏省五一劳动奖章	省总工会	2022 年 4 月
王　峰	中关村派出所	全省优秀人民警察	省人社厅、省公安厅	2022 年 7 月
潘伟鸣	市信访局	2022 年二季度全省信访系统“岗位之星”	省信访局	2022 年 8 月

续表 74

姓　名	工作单位	获得荣誉	授予单位	授予时间
戴锦秀	溧阳王晓冬口腔门诊部	第三届江苏省文明家庭	省精神文明建设指导委员会	2022 年 8 月
施　敏	市文体广电和旅游局	江苏省群众体育先进个人	省体育局	2022 年 8 月
王鹏超	溧阳市人民法院	全省法院政治工作先进个人	江苏省高级人民法院	2022 年 9 月
蒋婷婷	溧阳市人民法院	全省“七五”普法工作先进个人	省政府	2022 年 11 月
周　莹	溧阳市司法局	全省“七五”普法工作先进个人	省政府	2022 年 11 月
陈逸轩	溧阳市加顺生态农业发展有限公司	江苏省乡村振兴青年先锋	共青团江苏省委、省农业农村厅、省乡村振兴局	2022 年 12 月
王玉燕	溧阳市人民法院	全省法院“优化法治化营商环境执行年”先进个人	江苏省高级人民法院	2023 年 1 月
赵海良	溧阳市人民法院	全省法院“优化法治化营商环境执行年”先进个人	江苏省高级人民法院	2023 年 1 月
刘海龙	溧阳市人民法院	全省法院立案信访工作先进个人	江苏省高级人民法院	2023 年 1 月
蒋晨宇	溧阳市文化市场综合行政执法大队	江苏省文化市场综合执法“护航”专项行动有功个人	省文旅厅	2023 年 1 月
史　枫	溧阳市司法局	“法律明白人”培育工作成绩突出个人	省司法厅	2023 年 1 月

2022 年溧阳市常州市先进个人一览表

表 75

姓　名	工作单位	获得荣誉	授予单位	授予时间
屈　旻	南渡镇	平安常州建设先进个人	常州市委、市政府	2022 年 6 月
芮建伟	别桥镇	平安常州建设先进个人	常州市委、市政府	2022 年 6 月
芮玉昌	溧阳市委统战部	平安常州建设先进个人	常州市委、市政府	2022 年 6 月
王　颖	溧阳市养地农稻蛙种养专业合作社	平安常州建设先进个人	常州市委、市政府	2022 年 6 月
陈　伟	溧阳高新区	平安常州建设先进个人	常州市委、市政府	2022 年 6 月
方建华	溧阳市马垫小学	平安常州建设先进个人	常州市委、市政府	2022 年 6 月

续表 75

姓　名	工作单位	获得荣誉	授予单位	授予时间
芮　进	市教育局	2021 年度全市推动高质量发展“安全发展”先进个人	常州市委、市政府	2022 年 7 月
黄玲华	天目湖镇	优秀慈善工作者	常州市政府	2022 年 7 月
胡　婕	江苏省溧阳中等专业学校	常州市见义勇为先进个人	常州市政府	2022 年 9 月

先　进　集　体

表 76　2022 年溧阳市获得的综合荣誉称号一览表

荣誉称号	授予单位	授予时间
2021 年度全省推进乡村振兴战略实绩考核第一等次	省委农村工作领导小组	2022 年 1 月
2021 年度全国科技创新百强县第 35 位	中国中小城市高质量发展指数研究课题组、国信中小城市指数研究院	2022 年 1 月
2021 年度江苏优秀农村公路品牌	省交通厅	2022 年 1 月
2021 年度中国服务业百强县第 22 位	赛迪顾问县域经济研究中心	2022 年 1 月
2021 年中国投资潜力百强县第 19 位	中国数字经济百人会、众诚智库	2022 年 5 月
2022 年全国县域旅游综合实力百强县第 17 名	全国县域旅游研究课题组、北京华夏佰强旅游咨询中心	2022 年 6 月
2021 年度职业教育改革发展成效明显地区	省政府办公厅	2022 年 6 月
双拥模范城	省委、省政府、省军区	2022 年 7 月
江苏第二批农村物流达标县	省工信厅、省交通厅	2022 年 7 月
首批江苏省创新型示范县	省科技厅	2022 年 8 月
全省首批制造业高质量发展示范区建设地区	省工信厅	2022 年 8 月
2022 年中国县级市基本现代化指数前 100 名列第 17 位	竞争力智库、北京中新城市规划设计院	2022 年 10 月
第二批全国法治政府建设示范市	中央全面依法治国委员会办公室	2022 年 10 月
2022 中国体育旅游十佳目的地	国家体育总局	2022 年 11 月
2022 年中国工业百强县（市）列第 18 位	中国信息通信研究院	2022 年 11 月
首批省级文化和旅游产业融合发展示范区	省文旅厅	2022 年 11 月

续表 76

荣誉称号	授予单位	授予时间
2022 年全国县域农业农村信息化发展先进县	农业农村部信息中心	2022 年 12 月
2022 年度茶业百强县域	中国茶叶流通协会	2022 年 12 月
2022 年度茶产业规模化发展示范县域	中国茶叶流通协会	2022 年 12 月
国家水土保持示范县	水利部	2022 年 12 月
江苏省义务教育优质均衡发展县（市、区）	省教育评估院	2022 年 12 月

表 77 **2022 年溧阳市全国（条线）先进集体一览表**

获得单位	获得荣誉	授予单位	授予时间
竹箦派出所	枫桥式公安派出所	公安部	2022 年 4 月
溧阳市信访局	全国信访系统先进集体	人力资源和社会保障部、国家信访局	2022 年 5 月
溧阳市工商业联合会	全国“五好”标杆县级工商联	中华全国工商业联合会	2022 年 7 月
溧阳市总工会	市、县级和基层工会财务会计工作先进单位	中华全国总工会办公厅	2022 年 7 月
溧阳市司法局	全国司法行政系统先进集体	司法部	2022 年 9 月
天目湖旅游度假区	2021 年国家级森林康养基地	中国林业产业联合会	2022 年 9 月
天目湖镇	第三届中国生态文明奖先进集体	生态环境部	2022 年 11 月
大溪水库	水利工程标准化管理单位	水利部	2022 年 11 月
溧阳市天目湖南山竹海旅游有限公司接待部售检票班组	全国巾帼文明岗	中华全国妇女联合会	2023 年 2 月

表 78 **2022 年溧阳市省级（条线）先进集体一览表**

获得单位	荣誉称号	授予单位	授予时间
别桥镇	2019—2021 年度江苏省文明乡镇	省文明委	2022 年 1 月
天目湖镇	2019—2021 年度江苏省文明乡镇	省文明委	2022 年 1 月
埭头镇	2019—2021 年度江苏省文明乡镇	省文明委	2022 年 1 月
戴埠镇	2019—2021 年度江苏省文明乡镇	省文明委	2022 年 1 月
上黄镇	2019—2021 年度江苏省文明乡镇	省文明委	2022 年 1 月

续表 78

获得单位	荣誉称号	授予单位	授予时间
竹箦镇王渚村	2019—2021 年度江苏省文明村	省文明委	2022 年 1 月
竹箦镇前马村	2019—2021 年度江苏省文明村	省文明委	2022 年 1 月
天目湖镇三胜村	2019—2021 年度江苏省文明村	省文明委	2022 年 1 月
社渚镇宋村村	2019—2021 年度江苏省文明村	省文明委	2022 年 1 月
社渚镇大田村	2019—2021 年度江苏省文明村	省文明委	2022 年 1 月
上兴镇余巷村	2019—2021 年度江苏省文明村	省文明委	2022 年 1 月
上兴镇汤桥村	2019—2021 年度江苏省文明村	省文明委	2022 年 1 月
上黄镇坡圩村	2019—2021 年度江苏省文明村	省文明委	2022 年 1 月
上黄镇浒西村	2019—2021 年度江苏省文明村	省文明委	2022 年 1 月
南渡镇梅庄村	2019—2021 年度江苏省文明村	省文明委	2022 年 1 月
埭头镇余家坝村	2019—2021 年度江苏省文明村	省文明委	2022 年 1 月
埭头镇埭头村	2019—2021 年度江苏省文明村	省文明委	2022 年 1 月
别桥镇塘马村	2019—2021 年度江苏省文明村	省文明委	2022 年 1 月
别桥镇前程村	2019—2021 年度江苏省文明村	省文明委	2022 年 1 月
溧城街道八字桥村	2019—2021 年度江苏省文明村	省文明委	2022 年 1 月
昆仑街道钱家圩村	2019—2021 年度江苏省文明村	省文明委	2022 年 1 月
昆仑街道合心村	2019—2021 年度江苏省文明村	省文明委	2022 年 1 月
古县街道百家塘村	2019—2021 年度江苏省文明村	省文明委	2022 年 1 月
戴埠镇山口村	2019—2021 年度江苏省文明村	省文明委	2022 年 1 月
别桥镇塘马村	2019—2021 年度江苏省文明村	省文明委	2022 年 1 月
别桥镇前程村	2019—2021 年度江苏省文明村	省文明委	2022 年 1 月
别桥镇塘马村	2021 年江苏省健康村	省爱国卫生运动委员会办公室	2022 年 1 月
别桥镇塘马村	江苏省美丽家园省级示范点	省妇女联合会、江苏省妇女“双学双比竞赛活动领导小组”	2022 年 1 月
溧阳市公共法律服务中心	全省公共法律服务工作成绩突出集体	省司法厅	2022 年 1 月
溧阳市司法局	2021 年度“高质量发展先进司法局”	省司法厅	2022 年 1 月
社渚镇党委	江苏省乡村振兴先进集体	省委、省政府	2022 年 1 月

续表 78

获得单位	荣誉称号	授予单位	授予时间
溧阳市工信局	全省工信系统先进集体	省工信厅	2022 年 1 月
溧阳市水利局	2021 年度水利工程精细化管理单位	省水利厅	2022 年 2 月
溧阳市司法局	2021 年全省信息工作成绩突出集体	省司法厅	2022 年 2 月
中共溧阳市委全面依法治市委员会办公室	2021 年度依法治市工作成绩突出单位	省委全面依法治省委员会办公室	2022 年 3 月
别桥镇便民服务中心	“15 分钟医保服务圈”省级示范点建设单位	省医疗保障局	2022 年 3 月
溧阳市市场监督管理局	2021 年度江苏省食品安全工作先进集体	省食品安全委员会	2022 年 3 月
竹箦镇团委	江苏省五四红旗团委	共青团江苏省委	2022 年 4 月
溧阳市司法局	2021 年度全省司法行政系统新闻宣传工作成绩突出集体	省司法厅	2022 年 4 月
天目湖镇	江苏省生态宜居美丽示范乡镇	中共江苏省委农村工作领导小组办公室	2022 年 4 月
龙海建设集团有限公司	江苏省五一劳动奖状	省总工会	2022 年 4 月
龙海建设集团有限公司瑞声光学（常州）有限公司 2#、3#、 4# 厂房建筑工程施工瓦工班组	江苏省工人先锋号	省总工会	2022 年 4 月
龙海建设集团有限公司瑞声光学（常州）有限公司 6#、7#、8# 厂房建筑工程施工钢筋班组	江苏省工人先锋号	省总工会	2022 年 4 月
龙海建设集团有限公司瑞声光学（常州）有限公司 3#、8# 厂房建筑工程施工木工班组	江苏省工人先锋号	省总工会	2022 年 4 月
江苏时代新能源科技有限公司	江苏省五一劳动奖状	省总工会	2022 年 4 月
江苏国强镀锌实业有限公司盘扣车间	江苏省工人先锋号	省总工会	2022 年 4 月
科华控股股份有限公司中关村加工一组	江苏省工人先锋号	省总工会	2022 年 4 月

续表 78

获得单位	荣誉称号	授予单位	授予时间
江苏溧阳国信抽水蓄能发电有限公司运行四值	江苏省工人先锋号	省总工会	2022 年 4 月
溧阳市总工会	2020—2021 年度江苏省“安康杯”竞赛组织工作优秀单位	省总工会	2022 年 5 月
沙河水库	江苏省红色地名	省民政厅	2022 年 5 月
南渡镇政府	江苏省妇女儿童工作先进集体	省人民政府妇女儿童工作委员会	2022 年 6 月
溧阳市审计局	全省审计机关“党建强审”先进单位	省审计厅	2022 年 6 月
天目湖旅游度假区	江苏自驾游最佳目的地	省自驾游协会	2022 年 6 月
桂林村	2022 年江苏省乡村旅游重点村	省文旅厅、省发改委	2022 年 6 月
东陵社区	2021 年度江苏基层社会治理创新成果奖和提名奖	省民政厅	2022 年 7 月
竹箦派出所	全省优秀公安基层单位	省人社厅、省公安厅	2022 年 7 月
溧阳市天目湖石塘三十七号民宿酒店	江苏省巾帼精品示范民宿	省妇女联合会	2022 年 8 月
溧阳市公共文化体育中心	2018—2021 年度江苏省群众体育先进单位	省体育局	2022 年 8 月
江苏天目湖旅游股份有限公司	江苏省省长质量奖	省人民政府	2022 年 9 月
常州市常明律师事务所职工法律援助站	江苏省“三化”建设成效明显职工法律援助站	省总工会	2022 年 10 月
溧阳市法律援助中心	法律援助“五类案件”指导性案例（第一批）	省法律援助中心	2022 年 10 月
别桥镇人民政府	2022 年省级耕地保护激励单位	省自然资源厅	2022 年 10 月
别桥镇社区教育中心	江苏省社会教育百强单位	省成人教育协会	2022 年 11 月
溧阳市水利局	2021 年度水利发展资金绩效评价优等	省水利厅	2022 年 11 月
溧阳市委老干部局	全省老干部工作先进集体	省委组织部、省委老干部局、省人社厅	2022 年 12 月
庆丰村	2022 年江苏省健康村	省爱国卫生运动委员会办公室	2022 年 12 月
桂林村	2022 年度江苏省放心单位创建示范村	江苏省放心消费创建活动办公室、江苏省市场监督管理局	2022 年 12 月

续表 78

获得单位	荣誉称号	授予单位	授予时间
天目上南茶业有限公司	江苏省省级名特优小作坊	江苏省放心消费创建活动办公室 江苏省市场监督管理局	2022 年 12 月
天目湖秋实酒坊	江苏省省级名特优小作坊	江苏省放心消费创建活动办公室 江苏省市场监督管理局	2022 年 12 月
天目湖毛尖花红生态农业有限公司	江苏省放心消费创建示范单位	江苏省放心消费创建活动办公室、江苏省市场监督管理局	2022 年 12 月
溧阳市人民法院	江苏省示范档案室	省档案馆	2023 年 1 月
庆丰村	江苏省放心消费创建示范区域	省市场监督管理局	2023 年 1 月
溧阳市司法局普法与依法治理科	“法律明白人”培育工作成绩突出集体	省司法厅	2023 年 1 月
溧阳市司法局公证处	全省公证业务创新成绩突出单位	省司法厅	2023 年 1 月
溧阳市司法局	2022 年度“高质量发展先进司法局”	省司法厅	2023 年 2 月
溧阳市司法局	推进行政复议体制改革表现突出单位	省司法厅	2023 年 2 月
溧阳市文化市场综合行政执法大队	2022 年全省“扫黄打非”先进集体	省“扫黄打非”工作领导小组	2023 年 2 月
溧阳市人民法院综合办公室	全省法院办公室工作先进集体	省高级人民法院	2023 年 3 月

表 79 2022 年溧阳市常州市级先进集体一览表

获得单位	荣誉称号	授予单位	授予时间
溧阳市人民法院	平安常州建设先进集体	常州市委、市政府	2022 年 6 月
溧阳市司法局社区矫正管理科	平安常州建设先进集体	常州市委、市政府	2022 年 6 月
溧阳市委统战部	平安常州建设先进集体	常州市委、市政府	2022 年 6 月
溧阳市天目湖镇网格化服务管理中心	平安常州建设先进集体	常州市委、市政府	2022 年 6 月
南渡镇政府	常州市推进高质量发展先进集体	常州市委、市政府	2022 年 7 月

LIYANG
YEARBOOK

附　录

栏目编辑 莫　俊

组织机构与主要负责人名录

（2022 年 1—12 月）

中共溧阳市委员会

书　　记　徐华勤（至 4 月）
　　　　　叶明华（4 月任）
副 书 记　叶明华（至 4 月）
　　　　　周永强（4 月任）
　　　　　庄松年
常　　委　曹　俊
　　　　　张　顺
　　　　　吴　寅（至 9 月）
　　　　　武　伟
　　　　　赵　明
　　　　　朱　威
　　　　　钱　进
　　　　　陈　波
　　　　　左豪杰（9 月任）

溧阳市人大常委会

党组书记　邵钦华
副 书 记　张爱文
主　　任　潘云芳(女)(至1月)
　　　　　邵钦华（1 月任）
副 主 任　龚友强（至 1 月）
　　　　　陆晓明（至 1 月）
　　　　　石伟期（至 1 月）
　　　　　张爱文（1 月任）
　　　　　朱志军
　　　　　夏国中（1 月任）
　　　　　张雅萍(女)(1月任)

溧阳市人民政府

党组书记　叶明华（至 5 月）
　　　　　周永强（5 月任）
副 书 记　赵　明
市　　长　叶明华（至 5 月）
代理市长　周永强（5 月任）
副 市 长　周永强（5 月任）
　　　　　赵　明
　　　　　张　顺
　　　　　陆慧琦（女）（至 12 月）
　　　　　张　涛（8 月任）
　　　　　丁　红（女）（12 月任）
　　　　　钱　栋
　　　　　陈文明
　　　　　方学军
　　　　　李仁杰（挂职）
　　　　　黄圣君（10 月任）（挂职）

政协溧阳市委员会

党组书记　狄立新（至 2 月）
　　　　　周卫中（2 月任）
副 书 记　周卫中（至 2 月）
　　　　　王朝晖
　　　　　蔡金龙
　　　　　吴　寅（至 9 月）
　　　　　左豪杰（9 月任）
主　　席　周卫中
副 主 席　王朝晖（1 月任）
　　　　　唐华新
　　　　　王耀庆
　　　　　丁　红（女）（至 12 月）
　　　　　谢菊芬（女）

中共溧阳市纪律检查委员会

书　　记　钱　进
副 书 记　陈　靖（女）
　　　　　张余亮

溧阳市监察委员会

主　　任　钱　进（1 月任）
副 主 任　陈　靖（女）
　　　　　张余亮

溧阳市人民武装部

党委第一书记　徐华勤（至 6 月）
　　　　　　　叶明华（6 月任）
部　　长　张　博
政　　委　武　伟

溧阳市人民法院

党组书记、院长　吕　捷

溧阳市人民检察院

党组书记　白　鹤
代检察长　白　鹤（至 1 月）
检 察 长　白　鹤（1 月任）

江苏省溧阳高新技术产业开发区管理委员会

党工委书记　庄松年
管委会主任　庄松年(至 12 月)
　　　　　　朱　威(12 月任)
党工委副书记　朱　威
纪工委书记　夏　明（女）
纪工委副书记　周　勇
　　　　　　黄　俊
管委会副主任　朱　威(至 12 月)
　　　　　　潘　儒（至 3 月）
　　　　　　吴小平
　　　　　　朱荣屏（至 6 月）
　　　　　　施雪芹（女）
　　　　　　潘益明
　　　　　　庄　铠（3 月任）
　　　　　　王国权（6 月任）
党工委委员　庄松年
　　　　　　朱　威
　　　　　　夏　明（女）
　　　　　　潘　儒（至 3 月）
　　　　　　吴小平
　　　　　　朱荣屏（至 6 月）
　　　　　　施雪芹（女）
　　　　　　潘益明
　　　　　　庄　铠（3 月任）
　　　　　　王国权（6 月任）

溧阳市现代农业产业示范园管

理办公室
（12 月机构改革更名，前为江苏省溧阳现代农业产业园区管理办公室）

党组书记　　陈秋平
主　　任　　陈秋平

中共溧阳市委工作机构及直属单位

市委办公室
主　任　　宋　斌（至 7 月）
　　　　　张国良（7 月任）
市委全面深化改革领导小组办公室
主　任　　宋　斌（至 7 月）
　　　　　张国良（7 月任）
市委研究室
主　任　　宋　斌（至 7 月）
　　　　　张国良（7 月任）
市委机要局
（市国家保密工作局、市密码管理局）
局　长　　谢文军（女）（至 7 月）
　　　　　张国良（7 月任）
市委组织部
部　长　　吴　寅（至 8 月）
　　　　　左豪杰（8 月任）
市委市级机关工委
书　记　　李　球
市委考核工作委员会办公室
副主任　　沈林瑛（女）
市委宣传部
部　长　　曹　俊
市新闻出版局
局　长　　马俊浩
市委网络安全和信息化委员会办公室
主　任　　屈　彧（7 月任）
市精神文明建设指导委员会办公室
主　任　　陈家敬
市委统战部
部　长　　吴　寅（至 8 月）
　　　　　左豪杰（8 月任）
市民族宗教事务局
局　长　　芮玉昌
市委台湾工作办公室
主　任　　陈伟星（至 7 月）
　　　　　赵　波
（7 月任，至 12 月）
市委政法委员会
书　记　　庄松年
市市域社会治理现代化指挥中心
主　任　　高　昱
市委巡察工作办公室
主　任　　沈华平
市委巡察组
组　长　　郑杭军
　　　　　邹启东
　　　　　朱云明（7 月任）
　　　　　吕　斌（至 7 月）
　　　　　纪国庆
市委机构编制委员会办公室
主　任　　史幸君
市委老干部局
局　长　　张富贵
市委离退休干部工作委员会
书　记　　张富贵
市信访局
局　长　　王　颖（女）（至 7 月）
　　　　　徐　超（7 月任）
市委党校
校　长　　吴　寅（至 9 月）
　　　　　左豪杰（9 月任）
常务副校长　陶华美（女）
江南铁军教育学院（6 月撤销）
院　长　　陶华美（女）
市档案馆
馆　长　　徐　彦
市委党史工作委员会、市地方志办公室
主　任　　沈黎敏（女）
市机关事务管理中心
主　任　　胡剑云（女）（9 月任）
市融媒体中心
党委书记　宋玲园（女）（至 7 月）
　　　　　彭洪伟（7 月任）
主　任　　宋玲园（女）（至 7 月）
　　　　　彭洪伟（7 月任）
总　编　　马秋林（7 月任）
溧阳广播电视台
台　长　　宋玲园（女）（至 7 月）
　　　　　彭洪伟（7 月任）

溧阳市人大常委会办事机构

办 公 室
主　任　　李　忠
研 究 室
主　任　　操文杰（至 12 月）
　　　　　王洪明（12 月任）
财政经济工委
主　任　　姜竹昊
法制和内务司法工委
（民族宗教侨务工委）
主　任　　潘文伟
教科文卫工委
主　任　　蒋海清
人事代表工委
主　任　　姜建华
环境资源城乡建设工委
主　任　　陈志豪
农业和农村工委
主　任　　张迎春

溧阳市人民政府工作部门、办事机构及派出机构

市政府办公室
党组书记、主任　　张国良（至 7 月）
　　　　　　　　　王剑锋（7 月任）
市政府研究室
主　任　　张国良（至 7 月）
　　　　　王剑锋（7 月任）
市地方金融监督管理局
党组书记、局长　　法　律
市发展和改革委员会
党委书记、主任　　吴志东
市住房和城乡建设局
党委书记、局长　　姜　卫
市人民防空办公室
主　任　　姜　卫
市房屋征收与补偿办公室
副主任　　姜欣佩
市城市管理局（市综合行政执法局）
党委书记　李国荣（至 7 月）
　　　　　郑红金（7 月任）
局　长　　谢菊芬（女）（至 7 月）
　　　　　郑红金（7 月任）
市工业和信息化局
党委书记、局长　　楚　晋
市教育局

局 长　丁 红(女)(至3月)
　黄跃华 (3月任)
市委教育工作委员会
书 记　黄跃华
市科学技术局
党组书记、局长　黄盘芳
市公安局
党委书记、局长　陈文明
政 委　史晓春
市民政局
党委书记、局长　徐军芳(女)
市退役军人事务局
党组书记、局长　殷锡坤
市司法局
党组书记　孙 斌 (至7月)
　葛军伟 (7月任)
局 长　孙 斌 (至7月)
　葛军伟 (7月任)
市委全面依法治市委员会办公室
主 任　庄松年
市财政局
党组书记、局长　王国权 (至7月)
　扈军华 (7月任)
市人力资源和社会保障局
党委书记、局长　殷洪雅(女)
市医疗保障局
党组书记、局长　金 军
市自然资源和规划局
党委书记、局长　田伟民
市交通运输局
党委书记、局长　花建国
市水利局
党委书记、局长　蒋 彤
市水源保护服务中心
主 任　潘志荣
市农业农村局
党委书记、局长　扈军华 (至7月)
　孙 斌 (7月任)
市农业综合技术推广中心
主 任　胡永进
市商务局
党委书记、局长　周 莉(女)
市政府外事办公室
主 任　周 莉 (女)
市卫生健康局
党委书记、局长　潘建中
市市场监督管理局(市知识产权局)
局 长　丁 红 (女)
市审计局
党组书记、局长　王 晓
市应急管理局
党委书记　赵 波 (至7月)
　石志云 (7月任)
局 长　赵 波 (至7月)
　徐国昌 (7月任)
市供销合作总社
党委书记、主任　芮子遐(女)
市统计局
党组书记、局长　庄晓治
国家统计局溧阳调查队
队 长　锡 洪
市文体广电和旅游局
党委书记　葛军伟 (至7月)
　宋玲园(女)(7月任)
局 长　张雅萍(女)(至1月)
　宋玲园(女)(7月任)
市行政学校
校 长　吴 寅 (至9月)
　左豪杰 (9月任)
常务副校长　陶华美 (女)
市地震局
党组书记、局长　朱云明 (至7月)
　史志伟 (8月任)
市行政审批局
党委书记　王剑锋 (至7月)
　汤月峰 (7月任)
局 长　王剑锋 (至7月)
　汤月峰 (7月任)

政协溧阳市委员会办事机构

秘书长　夏国中
办 公 室
主 任　夏国中
研 究 室
主 任　葛 铭
提案和委员工作委员会
主 任　史 琳 (女)
经济科技和农业农村委员会
主 任　张一平
教文卫体和文史委员会
主 任　潘祖良
环境资源和城乡建设委员会
主 任　黄翔勇
社法民宗和港澳台侨委员会
主 任　周 波 (女)

群众团体

市总工会
主 席　郑丽萍(女)(至7月)
　张爱文 (7月任)
党组书记　徐星频 (女)
共青团溧阳市委员会
书 记　黄泽欣 (至7月)
　杨安琪(女)(12月任)
市妇女联合会
党组书记、主席　滕 维(女)
市科学技术协会
主 席　朱立峰
市归侨侨眷联合会
党组书记、主席　李 勐
市工商业联合会(市总商会)
主席(会长)张雅萍 (女)
党组书记　施春俊 (女)
市文学艺术界联合会
党组书记　屈 彧
主 席　沈佳宾
市残疾人联合会
党组书记、理事长　黄玉明
市红十字会
会 长　陆慧琦 (女)
党组书记　易仁亮

中共溧阳市委协助管理单位

国家税务总局溧阳市税务局
党委书记、局长　廖荣辉
常州市溧阳生态环境局
党组书记、局长　杨年庆
国网江苏省电力有限公司溧阳市供电分公司

总经理　　陆东生
党委书记　　许文斌
江苏省溧阳市烟草专卖局
（常州市烟草公司溧阳分公司）
党组书记、局长、经理　曹松潮
常州海关驻溧阳办事处
主　任　　胡海波
中国邮政集团有限公司江苏省溧阳分公司
党委书记、总经理　王海燕（女）
中国电信股份有限公司溧阳分公司
党委书记、总经理　曹云祥（至1月）
潘文波（1月任）
中国移动通信集团江苏有限公司溧阳分公司
总经理　　李光华
中国联合网络通信有限公司溧阳市分公司
总经理　　韶铁山
溧阳市气象局
党组书记、局长　管连和（至4月）
贺金芳（4月任）
溧阳市盐业有限公司
（溧阳政府食盐储备中心）
党组书记、主任、经理
俞正洪（至4月）
许　建（4月任）
常州市天目湖地区人民检察院
检察长　　刘继春
江苏省溧阳地震台
台　长　　毛华锋
常州市住房公积金管理中心溧阳分中心
主　任　　朱启文（至2月）
吴鸿宾（2月任）
中国人民银行溧阳市支行
（国家外汇管理局溧阳市支局）
党组书记、行长、局长
王　勇
中国工商银行股份有限公司溧阳支行
党委书记、行长　张谷平
中国银行股份有限公司溧阳支行
行　长　　周　宁

中国建设银行股份有限公司溧阳支行
党委书记、行长　吴建明
中国农业银行溧阳市支行
党委书记、行长　吕一新（至7月）
陶育斌（7月任）
交通银行股份有限公司常州溧阳支行
行　长　　彭晓萍（女）
中国农业发展银行溧阳市支行
行　长　　叶路圣
江苏江南农村商业银行溧阳市支行
行　长　　朱海金（至8月）
王晓军（8月任）
江苏银行溧阳支行
行　长　　李　民
中国邮政储蓄银行溧阳支行
行　长　　周　炜
溧阳浦发村镇银行
行　长　　李　旭
华夏银行股份有限公司溧阳支行
行　长　　黄朝波
招商银行股份有限公司溧阳支行
副行长（主持工作）
王冬春（至7月）
费苏皓（12月任）
东海证券有限责任公司溧阳南大街营业部
总经理　　王　晶
中国人民财产保险股份有限公司溧阳支公司
经　理　　陈　烨
中国人寿保险股份有限公司溧阳支公司
经　理　　狄　昕（女）（至8月）
祁子华（8月任）
中国人寿财产保险股份有限公司溧阳支公司
经　理　　狄伟栋
中国太平洋财产保险股份有限公司溧阳支公司
经　理　　王益斌
中国太平洋人寿保险股份有限公司溧阳中心支公司
经　理　　阮　伟

镇（区）·街道

昆仑街道
党工委书记　史志伟（至8月）
朱旭东（8月任）
办事处主任　宋春燕（女）
天目湖旅游度假区
管理办公室党组书记
周文光（12月任）
管委会主任　周文光（至12月）
管理办公室主任
吴志东（12月任）
天目湖镇党委书记
周文光
镇　长　　林　勇
江苏省溧阳经济开发区
党工委书记　陈　波
管委会主任　孙龙斌
上兴镇党委书记　陈　波
镇　长　　孙龙斌
曹山旅游度假区管理办公室
党组书记　　陈　波（12月任）
主　任　　操文杰（12月任）
社渚镇党委书记　方学军（至6月）
宋　斌（6月任）
镇　长　　马立峰
溧城街道
党工委书记　张　磊
办事处主任　樊宇盛
埭头镇党委书记　颜　萍（女）
镇　长　　黄泽欣
戴埠镇党委书记　姚觉成
镇　长　　张育诚
南渡镇党委书记　王鹏程
镇　长　　王鹏程（至12月）
朱振宇（12月任）
竹箦镇党委书记　赵　波
镇　长　　周　伟
上黄镇党委书记　强建方
镇　长　　陈建伟
别桥镇党委书记　高　洁
镇　长　　高　洁（至8月）
俞春荣（8月任）
古县街道
党工委书记　钱　栋
办事处主任　黄晓军

重要报告

争创示范 争当表率
聚力品质城市攻坚谱写中国式现代化溧阳新篇章

——在市委十三届六次全会上的讲话

中共溧阳市委书记 叶明华

（2022 年 12 月 28 日）

同志们：

这次全会的主要任务是，以习近平新时代中国特色社会主义思想为指导，深入学习宣传贯彻党的二十大精神，贯彻落实中央经济工作会议精神和省委十四届三次全会、省委经济工作会议、常州市委十三届五次全会决策部署，回顾总结今年工作，研究部署明年任务，动员全市上下全力争创“五个示范”、争当“三项表率”，聚力打造苏南绿色崛起品质城市，奋力谱写中国式现代化溧阳新篇章。

根据市委常委会讨论的精神，我讲四个方面意见。

一、全面学习全面把握全面落实党的二十大精神，不断昂扬打造苏南绿色崛起品质城市新激情

党的二十大是在全党全国各族人民迈上全面建设社会主义现代化国家新征程、向着第二个百年奋斗目标进军的关键时刻召开的一次十分重要的大会。学习宣传贯彻好党的二十大精神，事关党和国家事业继往开来，事关中国特色社会主义前途命运，事关中华民族伟大复兴，是当前和今后一个时期的首要政治任务。全市上下要坚决贯彻落实习近平总书记“五个牢牢把握”和“全面学习、全面把握、全面落实”的重要指示，深刻领会党的二十大主题和主要成果，更好地理解和把握党在新征程上举什么旗、走什么路、以什么样的精神状态、朝着什么样的目标继续前进，准确把握党的二十大的“灵魂”以及党和国家事业发展的“总纲”。深刻领会新时代十年伟大变革的深远历史意义，坚定中国特色社会主义道路自信、理论自信、制度自信、文化自信，道不变、志不改，坚定不移沿着习近平总书记指引的方向前进。深刻领会习近平新时代中国特色社会主义思想的世界观和方法论，牢牢把握“两个结合”和“六个必须坚持”，自觉用这一当代中国马克思主义、二十一世纪马克思主义、中华文化和中国精神的时代精华武装头脑、指导实践、推动工作。深刻领会中国式现代化的中国特色和本质要求，在新征程上全力推进中国式现代化江苏新实践，融入中国式现代化的常州答卷，奋力谱写中国式现代化溧阳新篇章。深刻领会党的中心任务和统筹推进“五位一体”总体布局、协调推进“四个全面”战略布局的重大部署，更好扛起“争当表率、争做示范、走在前列”的光荣使命，勇挑大梁展现担当作为。深刻领会以党的自我革命引领社会革命的重要要求，坚定不移纵深推进全面从严治党，把严的基调一贯到底，确保党的全面领导始终成为溧阳现代化建设的坚强核心。深刻领会江山就是人民、人民就是江山的根本政治立场，更加自觉地践行以人民为中心的发展思想，扎实推进共同富裕，不断增强人民群众的获得感幸福感安全感。深刻领会统筹发展和安全的重大原则，完整准确全面贯彻总体国家安全观，坚持以新安全格局保障新发展格局，增强忧患意识，树牢底线思维，牢牢守住安全稳定的底线。深刻领会“三个务必”的谆谆教导和团结奋斗的时代要求，大力弘扬伟大建党精神，增强斗争精神、提高斗争本领，不断开辟事业发展新天地。

学习贯彻党的二十大精神，最重要最根本的是要深刻认识“两个确立”的决定性意义，深刻认识“两个确立”是党的十八大以来发生伟大变革、取得历史性成就的决定性因素，是新时代十年最大政治成果、最重要历史经验和最客观实践结论，是党的事业兴旺发达之所在、国家长治久安之所在、民族前途命运之所在、人民幸福安康之所在。深刻认识“两个确立”对于全面建设社会主义现代化国家、全面推进中华民族伟大复兴、实现第二个百年奋斗目标具有决定性意义，是应对一切不确定性的最大确定性、最大底气、最大保证，必须倍加珍惜、坚定捍卫、长期坚持。深刻认识“两个确立”是在实践中形成的重大历史结论，是必须始终坚持的重大政治原则，是必须全面贯彻的重大实践要求，必须用实际行动坚定捍卫“两个确立”、做到“两个维护”，在以习近平同志为核心的党中央周围团结成“一块坚硬的钢铁”，夺取新的伟大胜利。

学习宣传贯彻党的二十大精神，关键是要自觉学思践悟习近平新时代中国特色社会主义思想。我们要在学懂弄通、常悟常进上下更大功夫，深刻把握新思想的核心要义、精神实质和实践要求，及时纠正理念偏差、思维偏差、方法偏差，不断提高工作的科学性、预见性、主动性。要坚定不移把中国式现代化的内在要求与绿色崛起品质城市的现实追求紧密结合起来。立足中国式现代化全局和省、市工作大局，聚焦争创示范、争当表率的重点领域，在完整准确全面贯彻新发展理念中坚定绿色崛起路径，在服务构建新发展格局中凸显品质城市内涵，以一域之崛起为全域增创优势，以一地之品质提升为中国式现代化增光添彩。要坚定不移把“勇挑大梁”担当“光荣使命”的时代感召与加快迈向“苏南第一方阵”的前进号召紧密结合起来。更好处理速度与质量、需求与供给、发展与安全等重大关系，以铆定苏南第一方阵，“勇挑大梁”争先进位的奋发有为，推动县域综合实力再上台阶、发展品质再攀新高，切实扛起习近平总书记赋予江苏的光荣使命，全面融入常州 GDP 万亿之城建设，走好新的赶考之路。要坚定不移把团结奋斗的光明前景与共同富裕的美好愿景紧密结合起来。树牢以人民为中心的发展思想，把群众对美好生活的热切向往转化为团结一致的真切奋斗，紧密团结和依靠 80 万溧阳人民，坚定意志、昂扬斗志、奋勇前进，携手迈向成色更足、特色更显、质地更优的共同富裕，让苏南绿色崛起品质城市发展成果惠及全体人民。

二、以“对溧阳负责”的担当作为全力稳住经济基本盘，推动高质量发展行稳致远迈上新台阶

“对溧阳负责”既是鲜明态度，更是责任担当。一年来，面对严峻复杂的外部环境和超预期的困难挑战，全市上下认真贯彻省委和常州市委决策部署，全面落实“疫情要防住、经济要稳住、发展要安全”重大要求，高效统筹疫情防控和经济社会发展，统筹发展和安全，在坚持不懈团结“溧阳人”、坚定不移办好“溧阳事”的主动作为中，全力推动经济运行稳中有进、稳中向好，奋力迈上高质量发展新台阶。一年中，重点强化“三个突出”：

一是突出党的二十大胜利召开这一主线。市委常委会把“喜迎二十大、永远跟党走”作为贯穿全年的重要政治任务，深入学习贯彻党的十九届六中全会和党的第三个历史决议精神，扎实推进党史学习教育常态化长效化，统筹抓好党的二十大代表推荐提名选举、主题宣传、安保维稳等关键环节、关键事项，为党的二十大胜利召开提供坚强政治保障。党的二十大闭幕后，第一时间对完整准确全面学习党的二十大精神作出系统部署，深入广泛开展形式多样的学习研讨和培训宣讲活动，推动学习宣传贯彻不断走深走实。二是突出新一轮省委巡视反馈问题整改这一主责。始终从讲政治、讲党性、讲大局的高度，对照新一轮省委巡视提出的五方面 13 大类 33 项问题，全面落实 142 项整改任务。全域旅游示范、耕地红线保护等 13 项问题在集中整改期内高质量完成，首批 89 项整改任务落实到位，农村卫生室建设、义务教育优质均衡供给等一批民生重点问题得到推动解决，全市上下以巡促改、以巡促建、以巡促治的坚定性、积极性持续提高，上下联动、齐抓共管、举一反三的自觉性、主动性不断增强。三是突出打造苏南绿色崛起品质城市这一主题。紧扣常州“532”发展战略，明确争创公园城市、全域旅游、产业集群、乡村建设、区域协作“五个示范”，争当共同富裕、安全发展、作风建设“三项表率”，打造苏南绿色崛起品质城市的阶段任务，努力以鲜明的价值导向、清晰的目标指向、务实的工作取向，激励全市上下开拓奋进、勇毅前行。县域综合实力位居全省县市区第 26 位，较 2021 年提升 2 个位次；城市投资竞争力位居赛迪榜全国“百强县”第 28 位，较 2021 年提升 7 个位次；位列“中国科技创新百强县”第 12 位、“中国县级市基本现代化指数”百强榜第 17 位、“中国县域工业经济百强县”第 18 位。具体取得六个方面成效：

一是“防疫情、促发展”交出过硬答卷。坚持守土有责、守土尽责，动态优化落实疫情防控措施，最大程度保护群众生命安全和身体健康，最大限度减少疫情对经济社会影响。一年来，全市落实纾困解难资金超38亿元、惠及市场主体7万户；新增制造业贷款73.2亿元，银企对接解决融资需求195亿元。用好政策性开发性金融工具加快项目建设，债券资金规模和支出进度均列常州第一。预计全年地区生产总值增长8%、达到1400亿元（预计数，下同）；公共财政收入同口径增长5.3%，增幅常州第一；实现规上工业产值2900亿元，工业开票销售3470亿元，分别增长31%和43.2%，增幅分别位列常州第一、第二；新增时代上汽、德龙、友发3家销售超百亿企业，新增规上工业企业100家。

二是“攻项目、强产业”迈上更高台阶。全力以赴攻坚重大项目，全年通过集体会审签约引进亿元以上项目66个，其中百亿项目1个、30亿元以上项目2个、10亿元以上项目21个，时代上汽四期、德龙高端不锈钢、金鹰莱赛尔等重大项目投产。“2+2+X”产业集群产值占全市规上工业总产值的78%，其中动力电池产值突破千亿，增长122%，出货量分别占全国的15%、全省的38%、常州的73%。入选全省首批制造业高质量发展示范区创建单位，获评首批省文化和旅游产业融合发展示范区。戴埠镇创成全国乡村旅游重点镇，天目湖入选省级夜间文旅消费集聚区，天目湖旅游公司荣膺省长质量奖。32个省级农业农村项目加快推进，现代农业产业示范园通过省级认定。建安业发展稳中提质，全年施工产值达1150亿元，摘得国优、省优工程11项。

三是“抓改革、重创新”激发强劲动能。坚定不移深化改革探索，农村宅基地改革、县域新型城镇化、城乡融合发展等试点分别得到农业农村部和省政府主要领导肯定，“践行‘两山’理论，推动生态发展”等3项经验入选全省首批现代化建设实践典型。市新政务服务中心建成投用，政务服务标准化试点创建通过省级验收，项目“零审批”“信用承诺制”等营商环境制度创新走在全省前列。坚持不懈强化创新驱动，高新区创新指数连续四年位居全省同类开发区第一，获省政府唯一推荐优先升级国高新；动力电池产业基地创成国家级火炬特色产业基地，新能源电力装备产业基地创成国家新型工业化产业示范基地。全市高新技术产值达1400亿元，增长70.6%。认定高新技术企业88家，新增国家级单项冠军企业、专精特新企业7家，省级专精特新“小巨人”企业55家。集聚人才1.2万人，对接产业用工超3万人。累计建成人才公寓85.2万平方米。时创能源科创板上市成功过会。

四是“优环境、拓功能”提升美丽颜值。科学编制国土空间规划，划定“三区三线”优化城乡发展格局，溧宁高速建成通车，溧阳港一期项目主体完工。全力打好污染防治攻坚战，国省考断面水质优Ⅲ比例连续五年保持100%；天目湖镇获评“中国生态文明奖”，系全省唯一获奖单位。扎实推进全国文明典范城市建设“九大专项行动”，全市新增绿化30万平方米、停车位3770余个，拆除违建11.5万平方米。整治“危污乱散低”企业和出清“困境企业”188家，盘活土地面积6244亩。新增省级特色田园乡村7个，总量达18个、位居全省县市区第二。启动建设美韵乡居集中居住点16个，改造提升现代化宜居农房2440套。

五是“惠民生、增福祉”彰显幸福成色。全年新增本地就业1.56万人，扶持创业超3000人，城乡居民收入增幅位居常州前列。启动南航天目湖校区南区建设，建成南师大溧阳实验小学、永平初中等9所学校，新增学位5610个。省人民医院溧阳分院入选全国首批“千县工程”医院，省中医院溧阳分院新院主体封顶。落实弱势群体帮扶资金1.6亿元，建成如意小食堂80家、惠及老年人12万名。生产安全事故起数、死亡人数分别下降38.5%和37%，攻坚化解突出信访问题83件，成为全省首家创成全国法治政府建设示范市的县市。市公安局竹箦派出所荣膺全国“枫桥式派出所”，市信访局获评“全国信访系统先进集体”，市司法局获评“全国人民调解工作先进集体”。

六是“讲政治、守规矩”淬炼党建硬核。深入推进各级党委（党组）理论学习中心组学习制度化规范化建设，坚定落实省委意识形态工作责任制专项检查反馈问题整改，入选全省习近平新时代中国特色社会主义思想研究中心首批实践调研基地。严格执行新形势下党内政治生活若干准则，完善市委常委会议事决策规则等决策机制。760个村、社区综合网格党组织覆盖率达100%，正昌党群服务中心、党校新校区建成投用。“百姓议事堂”“党员代办制”入选全国基层党建创新案例。圆满完成市镇换届任务，扎实推进省委选人用人工作专项检查问题整改，队伍建设持续优化。全面完成十三届市委三轮政治巡察和涉粮问题专项巡察，“巡纪联动”优化营商环境成效明显，风清气正的政治生态持续巩固。

同志们，回顾今年以来的工作，疫情冲击的力度和频次前所未有，稳增长的压力和考验前所未有，各种不确定性带来的风险和挑战前所未有。沧海横流，方显英雄本色。令人自豪的是，面对新局变局，全市上下始终众志成城、团结一心，以较小代价取得了较好防疫效果，以发展进势提升了区域位次，以过硬业绩展现了溧阳人特别是广大党员干部、企业家的过硬本领、实干作风和昂扬风貌。让人振奋的是，面对风险挑战，全市上下始终坚定信心、保持定力，稳增长、调结构、促改革、惠民生等系列政策接连出台，有力巩固了溧阳高质量发展的良好基础，有效拓展了现代化建设的崭新局面。值得肯定的是，面对困难考验，全市上下始终同心同力、真抓实干，市人大、政协围绕中心，积极建言献策；法检“两院”聚焦大局，护航经济发展；各级各部门守土尽责，展现担当作为；人民武装、群团组织、各社会团体等守望相助，凝聚奋进伟力，为溧阳发展作出了积极贡献。在此我代表市委，向大家致以崇高的敬意和衷心的感谢！

在肯定成绩的同时，我们也要清醒认识到发展中还面临诸多挑战和困难：推进绿色崛起的基础还不够稳固，坚持项目为王强化产业集群建设仍需持续发力；城乡融合发展、全域环境提升任重道远，公共服务优质均衡供给仍显不足，实现共同富裕尚需统筹施策；安全环保、社会治理等领域风险隐患依然存在，统筹发展和安全的能力还需进一步提高；少数党员干部实干担当、创新争先意识有待强化，全面从严治党仍需紧抓不放。对此，全市上下务必时刻保持警醒，采取有力措施切实加以改进。

三、踔厉奋发推进品质城市攻坚，勇毅前行谱写中国式现代化溧阳新篇章

明年是全面贯彻落实党的二十大精神的开局之年，也是深入推进常州“532”发展战略、实施“十四五”发展规划的关键之年。面对新形势、新任务，全市上下要深刻把握中国式现代化的特征和本质要求，锚定苏南第一方阵目标，坚定绿色崛起发展路径，以争创示范、争当表率的担当作为，从经济发展品质、开放创新品质、生态环境品质、城乡融合品质、共同富裕品质、社会治理品质等六个方面入手，不断丰富和拓展品质城市内涵。经济发展品质是品质城市的基础，只有产业提档升级、做大做强，才能支撑品质城市的当下和未来；开放创新品质是品质城市的动力，只有要素加速集聚、全面激活，才能释放品质城市的活力和能级；生态环境品质是品质城市的优势，只有坚持保护优先、绿色发展，才能放大品质城市的特色和品牌；城乡融合品质是品质城市的路径，只有突出城乡一体、协同发展，才能彰显品质城市的格局和境界；共同富裕品质是品质城市的目标，只有物质生活富足、精神生活满足，才能践行品质城市的初心和使命；社会治理品质是品质城市的保障，只有筑牢安全屏障、营造和谐氛围，才能成就品质城市的幸福和美好。通过“六个品质”的不断攻坚突破，垒石成塔、聚水成涓，筑就品质城市的美好蓝图，引领和推动全市上下坚定信心、保持定力、团结奋斗，实现城市知名度、美誉度、幸福感的显著提升。

明年工作的总体要求是：坚持以习近平新时代中国特色社会主义思想为指导，全面学习、全面把握、全面落实党的二十大精神，深入贯彻落实党中央、省委和常州市委决策部署，坚决扛起“争当表率、争做示范、走在前列”光荣使命，深入推进常州“532”发展战略，坚定融入常州“GDP万亿之城”建设，更好统筹疫情防控和经济社会发展，更好统筹发展和安全，聚焦苏南绿色崛起品质城市目标定位，突出“品质城市攻坚年”工作主题，全力争创示范、争当表率，聚力攻坚提升“六个品质”，奋力谱写中国式现代化溧阳新篇章。

明年全市经济社会发展主要预期目标是，地区生产总值增长8%，一般公共预算收入增长15%，固定资产投资增长10%；工业经济总量净增1000亿元；进出口总额超200亿元，实际到账外资稳中提质；社会消费品零售总额增长8%，居民人均可支配收入增幅与经济增长保持同步；生产安全事故起数和死亡人数持续下降，单位GDP能耗下降、主要污染物减排，大气、水环境质量改善完成年度考核任务。

目标就是方向，使命重在担当。做好明年工作，关键是要把握以下“四条原则”：一是要坚持稳中求进。深刻领会中央和省委经济工作会议精神，准确把握“六个统筹”方法论，突出做好稳增长、稳就业、稳物价等重点工作，落实好恢复和扩大消费、扶持企业发展等关键举措，不断提振市场信心，更大程度激发全社会干事创业活力，让“干部敢为、地方敢闯、企业敢干、群众敢首创”在溧阳蔚然成风。二是要全力巩固基础。牢牢把握扩大内需这一战略基点，坚定不移凸显项目建设之于高质量发展的决定性作用，立足自身优势，找准产业定位，集中要素资源，更大力度推进重大优质项目建设，更大力度提升产业链建链强链补链延链水平，更大力度吸引和利用外资，加快建设现代化产业体系，有效防范化解重大经济金融风险，努力实现速度与质量、发展与安全的有机统一。三是要争当示范表率。锚定“六大品质”提升的重要任务和重点事项，以“功成不必在我”的胸襟和勇气深化改革探索，以“功成必定有我”的担当和境界强化主动作为，统筹处理好发展和民生、发展和安全、发展和环保等重大关系，奋力争取绿色崛起新的更大优势。四是要完善自我评价。把实践作为检验各项政策和工作成效的标准，充分认识县域高质量发展自我评价指标体系之于工作组织、规律把握、问题显现、机制衔接的基础作用，在准确全面评估近年来工作得失的基础上，进一步抓好成果总结、结果运用，以阶段性目标的有力完成、创新性成果的有序拓展、制度性漏洞的有效堵塞，为“十四五”任务完成、现代化目标实现打造最强支撑、创造最优环境。

基于以上目标和原则，明年重点要抓好六方面工作：

一是聚力攻坚经济发展品质，着力构建现代产业体系。建设品质城市，产业是最大基础，项目是最强核心。要深刻把握产业发展规律，推动项目建设与产业发展融合共进，筑牢品质城市根基。要坚定不移突出项目头版头条。集中精力招大引强，依托“沪深宁杭苏”五大招商基地，全力推进重大项目集体会审，深化招商引资“月通报、夺红旗”，确保明年引进百亿项目1个、50亿项目1个以上、30亿元项目2个以上、10亿元项目20个以上、亿元项目50个以上。突出务实招商，大力招引一批“精、美、优”的高质量项目，努力在项目“铺天盖地”上取得更大突破。集成政策深化转型，进一步强化工业经济高质量发展、鼓励企业利用资本市场加快发展等政策供给，支持所有投资溧阳、扎根溧阳企业做大做强，确保新增规上工业企业100家以上、省级专精特新企业20家以上；力争新增上市企业2家，完成企业股改10家以上。要坚定不移放大产业集群效应。突出“2+2+X”产业集群重点方向，加快时代上汽二期、德龙高端不锈钢、中联金智慧物流基地、金鹰莱赛尔等龙头项目达产达效，促进上上、华朋、国强等骨干企业提质增效，确保动力电池产业规模超过1300亿元，高端不锈钢、智能电网、智能装备制造等产业规模分别迈向1000亿元、600亿元和300亿元，在绿色纤维等方面形成百亿级产业集群。聚焦战略新兴产业和现代服务业，积极招引储能、航空等领域龙头企业和金融、物流、总部经济等重大项目，抢抓机遇布局新赛道，努力在新的产业方向上实现突破。要坚定不移提升集约节约水平。在产业布局上加快向江苏中关村科技产业城集聚，优化片区整体规划，提升道路交通、水电气网等功能设施建设水平，促进“两区两镇”融合发展，打造现代产业承载高地。在要素保障上加快向主导产业企业倾斜，强化“银企对接”解决企业融资需求200亿元以上，深化“危污乱散低”企业治理和“困境企业”出清确保实质性供地4000亩以上。全年对接产业用工3万人以上。在投入产出上加快向“亩均论英雄”迈进，深入实施园区更新，强化政策供给完善企业精准扶持、绩效评价，确保全市规上工业企业亩均投入产出均增长15%以上。要坚定不移巩固发展基础优势。全力推动国家、省市“一揽子”稳增长措施落地见效，全面加快重点产业项目、基本建设项目、债券项目和民生实事项目推进，积极对上争取更多产业项目和新基建项目进入省、市重点项目清单。坚持强基固本，强化农业基础地位，全力争创全国休闲农业重点县，全力培育国家级农业龙头企业，提升现代农业产业示范园综合承载能力和产业集聚水平，确保全年改新建高标准农田2万亩以上，农业规模化、产业化、品牌化发展水平不断提升。强化建安业特色优势，落实护航发展政策，提升现代经营水平，推动全年施工总产值、税收均保持稳定增长，在特级资质企业创建上实现新突破。

二是聚力攻坚开放创新品质，着力提升区域联动格局。开放创新是繁荣发展的第一动力、是引领发展的最强支撑。要着眼城市群、都市圈发展大势，更高层次融入区域一体竞合，集聚优质资源厚植品质城市新优势。要全面深化高水平开放。全力融入长三角一体化发展，深度接轨南京都市圈，积极参与常州“两湖”创新区建设，助力高新区科产城融合发展、经开区园区景区镇区联动发展、苏皖合作社渚先导区绿色发展，打造竹箦绿色铸造、南渡新材料、别桥无人机等乡镇特色产业园。全面深化“放管服”改革，奋力打造综合更优的政策环境、公平有序的市场环境、高效便利的政务环境、公正透明的法治环境、亲商安商的人文环境，丰富“溧即办”政务服务内涵，确保营商环境指数稳居全省十强。扎实推进以国企改革为重点的综合改革，全力消除影响市场作用发挥的机制障碍，全方位营造开放包容的社会环境，有效激发市场活力。要全力增进高水平创新。举全市之力支持高新区“创成国高新、进军一百强”，推动中科院物理所长三角研究中心、东南大学、上海交大、重庆大学等驻溧研发机构产学研成果就近转化、发明专利就地申报，力争新增省级以上“三站三中心”10家以上，在国家技术创新中心、国家工程技术中心和院士工作站建设上取得更大突破。深入推进企业“智改数转”，通过精准把脉、免费诊断、典型引路，加快打造一批标杆示范工厂和智能车间。大力实施科技型企业“小升高”计划，打造创新型领军企业矩阵，力争认定高新技术企业100家、招引科技型中小企业80家以上，全市高新技术产业产值突破1600亿元。要全心集聚高水平人才。实施更加积极、更加开放、更加有效的人才政策，放大“天目湖英才榜”政策效应，多维度引育院士专家、科技领军人才和创新团队，多梯度培育产业工匠、青年科技人才和高技能人才，力争引进领军型创新创业人才项目30个以上，人才1万人以上。加大人才公寓特别是高品质人才公寓建设供给。构建更加有效、更加完善、更加优质的人才服务体系，优化科技创新券、创业贷等金融活水支持，强化知识产权保护，提质扩面“人才服务卡”，不断提升人才的感受度和归属感。

三是聚力攻坚生态环境品质，着力推动绿色低碳转型。绿色生态是溧阳最亮的底色和最大的优势。要深入践行“绿水青山就是金山银山”的理念，坚持在保护中发展、在发展中保护，加快生态价值的双向转换，进一步擦亮品质城市的亮色底色。要高质统筹生态治理与修复。全力推进第二轮中央环保督察和省级专项督查交办问题整改工作，扎实打好污染防治攻坚战，全面落实重点领域、重点部位污染源以及道路扬尘、工地等精细化管理，深化国省控断面上游、主要河道支流支浜等区域排口整治，科学谋划水源地保护工作，确保蓝天白云常在、绿水青山常驻。持续加强生态保护修复，加快洙漕河生态缓冲区、生态产品交易市场等示范工程建设，高质量完成9800亩长荡湖围网整治任务，不断提升生态系统的多样性、稳定性、持续性。要高位统筹“两山”实践与创新。致力将全域旅游打造成“两山”转化的“金字招牌”，围绕加快打造富有文化底蕴的世界级旅游度假区目标，促进“1号公路”精品文旅、“溧阳茶舍”特色农旅、“七彩曹山”休闲运动、“红色水西”优质研学、“乡村旅居”田园康养等融合发展。务实节俭办好“2023中国·溧阳茶叶节暨天目湖旅游节”，加快推进动物王国等重点项目建设，确保全年引进优质文旅项目10个以上，竣工投运文旅项目10个以上，评定星级“溧阳茶舍”10家以上，打造夜间特色街区、知名品牌餐饮各2～3家，吸引高端群体，延长停留时间，助推旅游市场回暖向好、助力旅游目的地提档升级。要高标统筹绿色增长与发展。围绕产业结构调高调新，建立企业综合体检机制，对重点行业、重点企业强化动态监测和常态监管，倒逼企业转型、精明增长。围绕能源结构调低调优，坚决遏制“两高一低”项目盲目发展，大力推进屋顶分布式光伏、渔光互补等绿电建设，积极稳妥开展碳达峰碳中和实践，切实保障重大产业项目需求。围绕生态城市增绿扩绿，全力创建国家生态园林城市，推动天目湖、长荡湖等湿地公园融合创新发展，全面迈入绿色低碳转型的“快车道”。

四是聚力攻坚城乡融合品质，着力促进人城境业统一。城乡融合发展是中国式现代化的必由之路。要坚持城乡协同发展，促进资源要素自由双向流动，推动城乡同步建设、同步发展，加快展现品质城市的独特魅力。要着眼规划引领夯实融合基础。科学研判城乡空间融合发展趋势，加快编制市镇两级国土空间规划和乡镇控制性详细规划，完成“‘两湖’创新区”溧阳片区概念规划、公园城市建设规划、新昌片区城市设计规划等专项规划。突出交通之于城乡融合的基础地位，加快推进233国道城区段、341省道溧阳段、239省道改线段等改扩建工程，建设宁杭高速水西互通，全力拉开城市发展空间格局，加速城区规划道路的联通，切实解决城市拥堵问题。要着眼宜居标准提升融合风貌。统筹开展全国文明典范城市创建、城镇长效管理、农村人居环境整治“三大行动”，力争全年完成征收160万平方米，整治老小区、散住楼以及背街小巷20处以上，清除存量违建8万平方米、坚决遏制新增违建。全面深化危旧房整治，着力做好既有住宅加装电梯、“敞墙透绿”新增停车泊位等工作，改新建一批美丽街区、绿色廊道和精品街道，确保全国文明典范城市创建水平位居全省前五、全国第一方阵，城市长效管理水平保持领先。要着眼美丽示范增创融合优势。以美丽溧阳为引领、公园城市为目标，对照全国一流标准，加快主城区、古县街道、昆仑街道“三位一体”融合发展，推动常住人口持续增加、城镇化率大幅提升。对标江浙先进地区，积极建设历史文化名城，打造1～2个历史文化片区或街区，复现宋团城风情。对表乡村建设示范节点，深化农村宅基地改革探索，加快现代化宜居农房改造，支持有条件的村庄稳步建设特色田园乡村，确保改造提升农房5600套以上，美丽乡村全省示范、常州领先。

五是聚力攻坚共同富裕品质，着力丰富民生幸福场景。共同富裕是人民群众对美好生活最直接、最热切的向往。要始终坚持以人民为中心的发展思想，致力推动发展更有温度、生活更有品质、文明更有高度。要围绕富民增收做好“共同”文章。全面落实援企稳岗扩就业等政策举措，提升先进制造、绿色建安、乡村旅游等富民综合效应，确保新增本地就业1万人以上，城乡居民收入增幅常州领先、收入差距比持续缩小。出台村级经济专项发展三年行动计划，深化村企联动帮扶工作，确保村集体经济经营性收入均达70万元，新增集体经济收入千万元村4个左右。更好统筹“三大保障”扩面提标，精准落实困难群众帮扶救助，确保发展成果普惠共享。要围绕公共服务做好“优质”文章。持续扩大高水平服务供给，加快南航天目湖校区南区建设，实施后六小学、金汇路幼儿园等6所校舍改续建工程。深化院府合作提升省人民医院、省中医院2所溧阳分院医治能力，建成省中医院溧阳分院新院，提升农村卫生室标准化服务水平。加快健全覆盖城乡的养老服务体系，集成政策打造“15分钟”社区居家养老服务生活圈，努力惠及更多老年群体。切实解决好群众“急难愁盼”问题，全力做好安置房建设交付办证工作。科学推进饮用水、农灌水和工业用水“三水分离”，全面启动应急水源建设，更好保障社会生产生活需要。要围绕精神文明做好“协调”文章。以弘扬社会主义核心价值观为引领，用好新时代文明实践中心、乡村复兴少年宫、城市党建馆、新四军江南指挥部旧址等平台阵地，推动党的科学理论春风化雨、浸润人心。坚持不忘本来、吸收外来、面向未来，深入实施公民道德建设工程，打响“志愿溧阳”品牌，打造“溧书房”“读书台”等城市文明地标，充分展现溧阳传统与现代交融、文明与活力并蓄的品质形象。

六是聚力攻坚社会治理品质，着力筑牢本质安全屏障。以“时时放心不下”的责任感和紧迫感，推动高质量发展与高水平安全良性互动，为品质城市建设提供一流安全保障。要一体推进法治溧阳、法治政府建设。更好发挥法治固根本、稳预期、利长远的积极作用，立足全国法治政府建设示范市创建基础，坚决落实司法体制综合配套改革要求，更好保护企业和企业家的合法权益。坚定落实和推行权力清单、责任清单、负面清单管理，努力以良法厘清关系、规范程序、明确流程，不断提高政府决策效率和公信力。坚持全面规范司法权力运行，推动领导干部带头尊法学法守法用法，在全社会积极营造一流法治环境。要一体提升城市经济安全、公共安全水平。聚焦风险隐患防范化解，严格控制政府债务和国企平台经营性债务，强化“保交楼、保民生、保稳定”推动建安业、房地产市场平稳健康发展，守护发展成果、维护经济安全。聚焦公共安全监管，着力抓好安全生产专项整治，压紧压实安全生产各方责任，实现燃气、群租房、建筑工地等重点领域隐患排查整治全覆盖，打造安全发展示范城市。分级分类优化疫情防控举措，最大程度保护群众生命安全和身体健康。要一体深化治理体系、治理能力建设。坚持和发展新时代“枫桥经验”，深入攻坚化解突出信访问题，完善“三官一律”进网格等矛盾纠纷预防化解机制，创新“百姓议事堂”“全科社工”“全科网格”等“三治”融合新模式，做到“大事不出镇、小事不出村，矛盾不上交、服务不缺位”。大力推进现代化治安防控体系建设，不断提升全国市域社会治理现代化试点建设水平。常态化开展扫黑除恶斗争，奋力建设更高品质的平安溧阳，确保群众安居乐业、社会长治久安。

四、纵深推进全面从严治党，团结奋斗展现品质城市攻坚新作为

展望品质城市建设的丰硕成果，关键在人，关键在党。全市上下要全面落实新时代党的建设总要求，以永远在路上的决心和定力，纵深推进全面从严治党各项工作，扛起新使命，谱写新篇章。

一是聚焦新使命，“学思践悟”并举凝聚思想共识。以党的二十大精神为指引，坚持用党的创新理论武装全党、教育人民。要争做深研细悟的示范者。紧扣“五个牢牢把握”要求，深入学习习近平新时代中国特色社会主义思想，引导全市上下坚决拥护“两个确立”、增强“四个意识”、坚定“四个自信”、做到“两个维护”，在政治上绝对忠诚、思想上高度统一、意志上更加坚韧、行动上坚决有力。要争做守正创新的践行者。高水平建设全省习近平新时代中国特色社会主义思想研究中心实践调研基地，在精神凝聚、意志凝汇中，汇聚起品质城市攻坚的强大力量。严格落实意识形态责任制，强化网上网下舆情一体管控和应急处置，牢牢把握意识形态工作的领导权、主动权。要善做团结奋斗的引领者。找准伟大精神与日常工作的契合点，不断丰富发展全过程人民民主，持续密切人大代表同人民群众的联系，发挥人民政协专门协商机构作用，完善大统战工作格局，深化群团组织建设，更好实现党的领导与基层民主的良性互动。

二是聚力新担当，“选育管用”并重锻强干部队伍。奋发品质城市攻坚，必须要有一支政治过硬、适应新时代要求、具备领导现代化建设能力的干部队伍。要明确选人用人导向。坚持着眼长远、系统谋划，坚持以德为先、任人唯贤，进一步拓宽选人用人渠道，强化干部调整的节奏和主题，科学配备结构性干部，优化班子人员构成，着力打造心怀大局、躬身入局、勇于破局的干部队伍。要明确全面发展取向。坚持“相马”和“赛马”相结合，持续抓好换届后领导班子建设，进一步强化思想淬炼、政治历练、实践锻炼、专业训练。抓好后继有人这个根本大计，常态化推进优秀年轻干部培养和一线岗位锻炼成长，涵养干部队伍源头活水。要明确容错纠错指向。坚持严管和厚爱相结合，严格落实“三个区分开来”，用好容错纠错等激励保护机制，引导干部敢闯敢试、能为善为。旗帜鲜明“为担当者担当”，理直气壮为受到诬告错告的干部澄清正名，为勇挑重担、开拓进取的干部撑腰鼓劲。

三是聚能新征程，“提质增效”并进夯实群众基础。以“红领聚溧”为指向，系统推进凝心聚魂、担当赋能、固本拓新、创新融合“四大党建引领工程”，推动基层党组织建设全面进步、全面过硬。要强化党建引领助推乡村振兴。深入推进全国党建引领乡村治理试点建设，全力打造乡村党建全域示范干线，实施“雁阵”干部队伍培养工程。完善“兴村头雁＋治村强雁＋助村雏雁”格局，选拔任用更多发展“带头人”进入村“两委”班子，以“党建＋”壮大村集体经济、带动农业农村发展。要构筑党建阵地提升治理效能。依托城市基层党建工作示范市建设，全力提速5A级党群服务中心创建，推动城市党建馆提档升级。充分发挥党员先锋带头作用，培育“红色物业”，激活社区自治自管“红色引擎”，推动网格员、代办员、路长、楼长等“两员两长”迈进基层一线、走进群众心坎。要编织党建组带凝聚“两新”合力。深入创建“两个健康”先行区，建强“溧企先锋”服务队，办好“两大功臣评选”“溧商大会”，以党建链串联产业链、赋能创新链。充分发挥非公党建示范作用，塑造互联网、园区楼宇等基层组织新形态。

四是聚效新生态，“严实紧密”并用强化纪律保障。作风问题关系人心向背、关系事业兴衰，必须一以贯之、一抓到底。要坚决扛起主体责任。发挥党委（党组）总揽全局、协调各方的领导作用，严格执行民主集中制，严守党的政治纪律政治规矩，恪守“五个必须”，严防“七个有之”。压紧压实全面从严治党主体责任，支持纪检监察组织监督办案，推进“四项监督”统筹衔接，各类监督贯通协同，增强管党治党合力。要坚定推进正风肃纪。锲而不舍贯彻落实中央八项规定及其实施细则精神，加快“店小二”作风监测站和民企“廉盟”建设，凸显廉洁文化教化育人功效，驰而不息反对“四风”，坚决纠治形式主义、官僚主义，推动作风建设常态长效。要坚持高压反腐态势。坚持“三不腐”一体推进，靶向政策聚集、投资密集、资源富集等关键领域深化整治，紧盯科级干部“关键少数”强化监督，全力遏制增量，全面清除存量。坚持用好巡视巡察利剑，深化省委巡视、营商环境专项巡察等联动整改，巩固制度约束，从源头上铲除腐败滋生的土壤，推动党员干部一心为公、一身正气、一尘不染，维护风清气正的政治生态。

同志们，伟大时代波澜壮阔，光荣使命催人奋进。让我们更加紧密地团结在以习近平同志为核心的党中央周围，坚持以习近平新时代中国特色社会主义思想为指导，全面贯彻党的二十大精神，坚定拥护“两个确立”、坚决做到“两个维护”，在省委和常州市委坚强领导下，踔厉奋发、勇毅前行，在新时代新征程上全力推进常州“532”发展战略，以品质城市攻坚的过硬成果，奋力谱写中国式现代化溧阳新篇章！

（市委办）

政府工作报告

——在溧阳市第十七届人民代表大会第二次会议上

溧阳市人民政府代市长　周永强

（2023 年 1 月 3 日）

各位代表：

现在，我代表市人民政府向大会报告工作，请予审议，并请各位政协委员和其他列席人员提出意见。

一、2022 年工作回顾

过去的一年，极不平凡、极不寻常、极不容易，困难比预判的要难，问题比预料的要多，结果比预期的要好。面对严峻复杂的外部环境和艰巨繁重的改革发展稳定任务，在中共溧阳市委的坚强领导和市人大、市政协的监督支持下，市政府团结依靠全市人民，迎难而上、砥砺前行，有效应对多重超预期的困难挑战，全力争创“五个示范”、争当“三项表率”，迈出了加快建设苏南绿色崛起品质城市的坚实步伐，交出了一份令人鼓舞的答卷。我们果断高效科学处置突发疫情，因时因势优化防控措施，用心用情解决群众实际困难，以最小代价实现了最大防控效果。县域综合实力位居全省县(市、区)第 26 位，城市投资竞争力位居赛迪“百强县”第 28 位，荣登“中国科技创新百强县”第 12 位、“中国县级市基本现代化指数”百强榜第 17 位、“中国县域工业经济百强县”第 18 位。

这是勇毅前行、经济发展逆势增长的一年。完成地区生产总值 1400 亿元，增长 8%（预计数，下同）；一般公共预算收入同口径增长 6%，增幅常州第一；规上工业总产值 2880 亿元、工业应税销售收入 3470 亿元，分别增长 31% 和 43%。固定资产投资增长 11%，其中工业投资增长 14%。进出口总额和实际利用外资分别增长 30% 和 19.4%。这是踔厉奋发、质效并进稳步向前的一年。规上工业企业亩均应税销售收入增长 21.7%。先进制造产业比重逐年上升，其中，“2+2+X”[1] 产业产值增幅达 52%，高于规上工业产值增速 20 个百分点。高新技术产值占规上工业总产值的比重达 49.1%，较上年提升 10.3 个百分点。净增规上工业企业 100 家，新增时代上汽、德龙、友发 3 家销售超百亿企业，全市超百亿工业企业达 7 家。

这是凝心聚力、富民增收成色更足的一年。坚持就业优先战略，新增本地就业 1.6 万人，城镇登记失业率控制在 2% 以内。全体居民人均可支配收入增幅位居常州前列。全市村集体经营性收入增长 6%。民生支出占一般公共预算支出比重达 78%，人代会确定的民生实事高质量落地，认真办理人大代表议案建议 195 件、政协提案 248 件，有效解决了一批群众关切的急难愁盼问题。

一年来，我们始终贯彻全面从严治党要求，推动学习贯彻党的十九大、十九届历次全会和二十大精神走深走实，坚决贯彻落实中央、省市和市委各项决策部署，全面落实“疫情要防住、经济要稳住、发展要安全”的重大要求，扎实推进省委巡视溧阳反馈意见整改，全力做好防风险、保安全、护稳定、促发展各项工作。主要做了以下几方面工作：

一年来，我们坚持强实体、促转型，全力以赴稳增长，打造产业发展新高地。项目引建提质增效。深化招商引资“月通报、夺红旗”活动，建立项目集体会审制度，全年通过会审签约亿元以上项目66个，其中百亿元项目1个，30亿元以上项目2个，10亿元以上项目21个。优化产业项目全流程服务管理，7个省级重大项目完成年度投资计划的125.4%；新入库常州市重大项目13个，新开工项目12个，38个常州市重大项目完成年度投资计划的122.8%。时代上汽二期、德龙高端不锈钢、金鹰莱赛尔、长盈精密等重大项目稳步投产。产业能级大幅跃升。“2+2+X”产业集群产值占全市规上工业总产值比重近80%，动力电池产值突破千亿，增长超120%，产量分别占全国的15%、全省的38%、常州的73%。动力电池产业集群入选国家中小企业特色产业集群公示名单。获评国家级产业基地2个[2]，入选全省首批制造业高质量发展示范区。时创科创板上市过会。新增省级智能制造示范工厂2家，省工业互联网标杆工厂3家。开展旅游利民惠民活动，文旅复苏领跑常州，跑赢全省。创成省级文化和旅游消费示范单位、省文化和旅游产业融合发展示范区，“红色水西片区融合发展项目”获评省红色旅游融合发展示范项目，天目湖滨湖核心区获评省级夜间文化和旅游消费集聚区。天目湖旅游公司荣膺省长质量奖。建筑业完成施工总产值1200亿元、税收30亿元，分别增长7.9%和9.1%，摘得国优、省优工程11项。龙海、苏华和天力荣获省建筑业“双百强”。营商环境持续优化。千方百计助企纾困，减税降费超40亿元。“放管服”改革持续推进，“溧即办”政务服务不断优化，新政务服务中心正式启用。“巡纪联动”优化营商环境成效明显。政务服务管理省级标准化试点高分通过验收。入选省县级创新信用管理与服务试点。金融支持实体力度不断加大，开展“行长园区行”活动，新增制造业贷款75.1亿元、增长32.9%，增速高于常州平均10.1个百分点，增量、增速以及目标完成率均居常州前列。“两个健康”[3]先行区创建稳步推进，市工商联获评全国“五好”标杆县级工商联。

一年来，我们坚持抓改革、谋创新，锲而不舍促发展，探索改革创新新路径。改革试点蹄疾步稳。县域新型城镇化、城乡融合发展试验区等试点有序推进，“践行‘两山’理念，推动生态发展”等3项经验入选全省现代化建设实践经验典型。农村宅基地改革试点获农业农村部通报表彰。整治“危污乱散低”企业和出清“困境企业”共计188家，盘活土地6244亩。获批新增建设用地3644亩。完成新一轮市属国企战略性重组。实施财政事权与支出责任划分改革，进一步理顺市镇财政收入分配关系。创新驱动成效明显。全社会研发经费占比达3.23%，认定高新技术企业88家、“三站三中心”及省级联创中心17家、常州市级工程技术研究中心19家。上上、安靠、金源获评国家制造业单项冠军企业（产品），天目先导、铭丰电子等4家企业获评国家专精特新“小巨人”。科华、兴锻荣获省科学技术奖。新增省级专精特新中小企业55家。实施新一轮“天目湖英才榜”，拨付专项资金9866万元。入选省“双创博士”5人、常州“龙城英才计划”双创人才34人。引进各类人才1.2万余人，对接产业工人3万余人，培养高技能人才1922人，每万人高技能人才超1200人。载体功能有效增强。溧阳高新区实现省级高新区综合评价“四连冠”，入选省双碳科技成果转化基地。经开区工业总量再上新台阶，园区、景区、镇区联动发展愈发协调。毛明院士工作站获批，重庆大学智慧城市研究院、长三角物理研究中心入选省级新型研发机构，华朋等4家行业龙头与省产业技术研究院建立联合创新中心。南航天目湖校区南区启动建设。

一年来，我们坚持拓功能、重治理，城乡统筹抓建设，展现宜居城市新面貌。城市品质巩固提升。完成“三区三线”[4]划定，推动全市乡镇控规编制全覆盖，启动编制“两湖”创新区溧阳片区概念规划。深化文明典范城市创建，城市长效管理稳居常州第一方阵。新增市镇精品街道14条，打造“口袋公园”20处。对城区247个产权地问题点位开展环境整治，拆除违建11.8万平方米。完成181个小区“飞线”充电和122处城区“空中缆线”整治。新增停车泊位3778个，电动车充电位1161个，新能源汽车充电桩338个。溧宁高速溧阳段建成通车，增设南渡、周城、社渚互通。实施芜申线溧阳城区段航道整治，溧阳港一期主体完工，焦尾琴隧道主体建成。新改建智能化公交站亭217个，省内率先开行省际毗邻公交。乡村振兴步伐加快。积极应对高温干旱，全力守稳“米袋子”“菜篮子”，建设高标准农田9000亩，粮食生产全程机械化水平达98%。入选全国休闲农业重点县公示名单。曹山现代农业产业示范园被认定为省级现代农业产业示范园，南渡镇入选国家农业产业强镇建设名单。戴埠镇创成全国乡村旅游重点镇。全市拥有省级以上乡村旅游重点村8家，位列全省第一。创成省级农村物流达标县。改造提升现代化宜居农房2440套，新增7个省特色田园乡村，总数达18个，位居全省县（市、区）第二。生态建设扎实有效。深入打好污染防治攻坚战，严实推进中央环保督察反馈问题整改。完成152个入河（湖）排污口整治，国省考断面优Ⅲ比例保持100%。天目湖镇荣获“中国生态文明奖先进集体”。持续加强露天矿山环境综合整治，建成城区建筑垃圾转运中心和8座新型乡镇环卫综合体，全市垃圾分类集中处理率达93.2%。以$PM_{2.5}$与臭氧协同治理为重点，开展VOCs[5]“一企一策”综合治理，全市空气优良天数比例为80.3%，位居常州前列。

一年来，我们坚持增福祉、补短板，不遗余力惠民生，绘就幸福生活新画卷。民生保障更加温暖。打造“溧即助”社会救助品牌，发放各类救助资金1.6亿元，惠及困难群众1.6万余人。城乡低保标准提高到每人每月1000元，农村特困人员供养标准提高到每人每月1300元。积极推进市级特困人员供养中心建设，完成400户特殊困难家庭居家适老化改造。打造110间“梦想小屋”，为困境青少年点亮“微心愿”、实现“微幸福”。深入开展特殊困难群体救助帮扶和妇女儿童权益保障问题专项排查整治，完善严重精神障碍患者监护。全年棚户区改造开工5164套，保障性租赁住房开工6366套，人才公寓开工4299套，建成和在建既有住宅加装电梯31台。“省双拥模范城”实现八连冠。社会事业更加普惠。南师大实小实幼等9所新建、改扩建学校建成投用，新增学位5610个。高考再创佳绩，清华、北大共计录取5人。深入推进“双减”[6]，课后服务提档升级，通过省义务教育优质均衡发展县现场评估。省人民医院溧阳分院成功入选全国首批“千县工程”[7]医院，省中医院溧阳分院新院主体封顶，上沛等3家乡镇卫生院新建项目全面竣工，高标准农村卫生室实现行政村全覆盖。升级改造敬老院4家，新建如意小食堂41家。公共安全更加牢固。深入开展安全生产专项整治“三年大灶”，深入排查整治危化品、自建房、燃气等领域风险隐患，安全生产形势保持平稳。着力防范化解金融、房地产等领域风险，依法严厉打击非法集资、电信网络诈骗、养老诈骗等犯罪。全面推行“全科社工”服务模式，深化“百姓议事堂”等品牌建设。实施“精网微格”工程，开展“信访突出问题攻坚化解年”行动。市信访局获评“全国信访系统先进集体”，市司法局获评“全国司法行政系统先进集体”，竹箦派出所获评全国“枫桥式公安派出所”。成为全省首个创成全国法治政府建设示范市的县市，公众安全感稳居全省第一方阵。

同时，人民武装、国防动员、退役军人事务、供销合作、审计、统计、人防、气象、公积金、邮政、通信、海关、烟草、供电、防震减灾、消防救援、新闻出版、民族宗教、地方志、档案、科协、共青团、妇女儿童、红十字、外事、侨务、慈善、老龄、残联、对口支援等工作，都取得了新成绩。

各位代表，磨砺始得玉成，笃行方能致远。过去一年取得的成绩，是以习近平同志为核心的党中央和省市正确领导的结果，是市委带领全市人民团结奋斗、攻坚克难的结果。在此，我代表市政府向市人大代表、政协委员、离退休老同志和全市人民，向驻溧解放军和武警官兵，以及参与、支持、关心溧阳各项事业发展的海内外朋友，表示衷心的感谢和崇高的敬意！

在肯定成绩的同时，我们清醒地认识到，经济社会发展和政府工作仍然存在一些问题与薄弱环节：统筹发展和安全、应对风险挑战的能力水平还需进一步强化；产业链供应链现代化水平亟须进一步提高；城市的吸引力竞争力有待进一步增强；民生供给和生态环境质量改善仍需持续发力；政府的服务管理效能尚需加强和提升，等等。对于以上这些问题，我们将积极面对，勇于担当，在今后工作中努力加以解决。

二、2023年工作重点

2023年是全面贯彻落实党的二十大精神的开局之年。做好全年工作，意义重大，任务繁重。今年政府工作总的要求是：坚持以习近平新时代中国特色社会主义思想为指导，全面学习、全面把握、全面落实党的二十大精神，深入贯彻落实中央经济工作会议精神和市委的决策部署，坚决扛起“争当表率、争做示范、走在前列”光荣使命，坚持稳中求进工作总基调，完整、准确、全面贯彻新发展理念，服务和融入新发展格局，深化改革开放，大力提振市场信心，把实施扩大内需战略同深化供给侧结构性改革有机结合起来，更好统筹疫情防控和经济社会发展，更好统筹发展和安全，深入推进常州“532”发展战略，坚定融入常州“GDP万亿之城”建设，聚焦苏南绿色崛起品质城市目标定位，突出“品质城市攻坚年”工作主题，聚力攻坚提升“六个品质”，奋力谱写中国式现代化溧阳新篇章。

2023年主要预期目标是：地区生产总值增长6%，一般公共预算收入增长8%，全社会固定资产投资增长6%，规上工业总产值增长20%，社会消费品零售总额增长6%，居民人均可支配收入增幅与经济增长保持同步，外资利用、能耗下降和生态环境等指标完成上级下达的任务。

为实现上述目标，我们要切实把思想和行动统一到市委决策部署上来，从经济发展品质、开放创新品质、生态环境品质、城乡融合品质、共同富裕品质、社会治理品质六个方面入手，努力探索出一条“以人为核心、城乡融合为目标、产业强市为基础、品牌建设为引领、节约集约为主线、绿色崛起为标识、县域善治为保障”的县域新型城镇化发展路径。第一，坚定不移走产业强市之路。产业是决胜未来的根本所在。要着力构建以先进制造业主导、战略性新兴产业引领、现代服务业驱动、现代农业支撑的现代产业体系，形成“以城聚产、以产聚人、以人兴城、产城人融合”的新局面。第二，坚定不移走品牌建设之路。新时代品牌建设，是推动经济高质量发展和创造高品质生活的有力抓手。要坚持质量第一、创新引领，加强产品品牌、企业品牌、区域品牌的培育和推广，以新供给引领新需求，通过新产品、新服务开创新市场。第三，坚定不移走节约集约之路。节约集约利用资源，是促进经济发展方式转变和经济结构调整的必然要求。要坚定不移转变资源利用方式，大力盘活闲置资产资源，充分发挥市场在资源配置中的决定性作用，努力推动经济实现质的有效提升和量的合理增长。第四，坚定不移走绿色崛起之路。绿色崛起是溧阳高质量发展的内在要求。要保护好、利用好区域良好的生态，大力涵养绿水青山，积极稳妥地向“双碳”目标迈进，更要在持续挖掘激活生态价值，创新更多“两山”转化路径上下功夫，努力推动经济社会发展绿色转型。第五，坚定不移走城乡融合之路。推动城乡融合发展是新型城镇化的重点任务之一。要以缩小城乡发展差距和居民生活水平差距为目标，以协调推进乡村振兴战略和新型城镇化战略为抓手，推进城乡要素自由流动、公共服务均衡配置，努力形成工农互促、城乡互补、协调发展、共同繁荣的新型工农城乡关系。第六，坚定不移走县域善治之路。县域治理是国家治理的基石，承载着重要的治理职责。要畅通和规范群众诉求表达、利益协调、权益保障通道，着力建设人人有责、人人尽责、人人享有的社会治理共同体，提升县域治理现代化水平。

重点抓好以下四个方面的工作：

一、聚焦首要任务，更大力度推进产业强市

坚持发展第一要务不动摇，始终把产业工作放在最核心的位置，加快构建具有地方特色的现代产业体系。

坚定不移把牢项目攻坚“主引擎”。打好招商引资“主动仗”。大力践行务实招商，完善项目集体会审机制，严把投资强度、技术层次、产出贡献“三道关口”，提高科技、生态、税收“三个门槛”，引导项目招引和建设由规模导向向效益引领转变，实打实地招引一批产业配套和关联带动效应强的优质项目。围绕“2+2+X”产业集群方向，深入推进全域市场化招商，依托“沪深宁杭苏”五大招商基地，深化乡贤招商、产业链招商、科技招商、资本招商，切实把招引“大好高”[8]与“小而美”[9]相结合，同步推进精准招商和择优选商。奏响项目建设“主旋律”。围绕“在谈项目抓签约，签约项目抓落地，落地项目抓开工，开工项目抓进度，建设项目抓竣工，竣工项目抓达产”的要求，全力推进省市重大产业项目建设。坚持扩增量与优存量并举，鼓励引导现有企业加大技改扩能和增资扩股，补齐、延长产业链，实现资源就地转化，提高产品附加值。促进金峰、国强等骨干企业发展提速、提质、提效，力争动力电池产业规模突破1200亿元，高端不锈

钢、智能电网、智能装备制造等产业规模迈上新台阶，聚力在绿色纤维等领域培育出百亿产业集群。以“四个一批”[10]为抓手，扎实做好项目库管理，实现项目建设压茬推进、滚动发展、良性循环。畅通要素保障“主渠道”。做实“领导挂钩、属地负责、专员服务”模式，有针对性地解决好项目推进过程中遇到的实际问题。健全工业用地长期租赁、先租后让、弹性年期出让等供应体系，支持工业企业选择适宜的用地方式。优化土地供应程序，明晰土地使用权权能，实行地价鼓励支持政策，严格土地用途转换，加强企业履约监管。积极推动政策性开发性金融工具落地，大力争取和用好专项债券，发挥财政资金对投资发展的推动作用。深化政银企合作，提升金融服务效率和水平，把更多资源配置到经济社会发展的重点领域和薄弱环节，推动普惠金融增量、扩面、提质、降本，纾解中小微企业融资难、融资贵问题。筑牢园区发展“主阵地”。高新区以争创“国高新”为抓手，加速产业链、创新链深度融合，持续提升科技创新和产业发展水平，着力打造更高水平的县域特色产业集群，不断提升对全市发展的贡献度和支撑力。经开区和社渚先导区通过加快体制机制创新、优化产业布局、提升要素保障、创新综合评价等措施，推动园区高质量发展取得更大突破。乡镇工业集中区坚持规划引领，高标准打造一批空间布局合理、产业特色鲜明、配套功能完善、综合竞争力较强的特色产业园区，集中区吸引力和承载力不断增强。

坚定不移壮大产业发展“硬实力”。把实施扩大内需战略同深化供给侧结构性改革有机结合起来，推动传统产业改造提升，提高核心竞争力。培育壮大企业梯队。深入实施“小升规”三年行动，健全完善“专精特新”中小企业梯度培育体系，打造一批深耕细分市场、专注产品创新、具备核心竞争力的“小巨人”和单项冠军企业。鼓励企业加快股改上市，支持高新技术企业进军科创板，年内新增上市企业 2 家。支持企业拓展 RCEP[11]等新兴市场，推进重点企业通过建立境外经贸合作区、设立“海外仓”等方式主动融入全球产业链。壮大升级工业品牌。制定实施制造业“名品名牌”培育三年行动计划，推动龙头企业冲击各类“500强”。实施“传统产业焕新”行动，鼓励企业加快技术改造和设备更新，引导中小企业专注细分市场，走特色化、差异化发展道路，更好适应消费升级新趋势。大力发展与制造业紧密相关的生产性服务业。做强做精服务业品牌。持续推进天目湖、南山、曹山旅游区提档升级，加大顶级品牌酒店、高端文旅综合体的招引力度，推动文体产业高质量发展，促进“1号公路”休闲文旅、“溧阳茶舍”特色农旅、“七彩曹山”康养运动、“红色水西”生态研学等业态多元发展，全力打造田园康养“乡村旅居”品牌，助推旅游市场回暖复苏。务实节俭办好“2023中国 · 溧阳茶叶节暨天目湖旅游节”。擦亮“建安之乡”金字招牌。推动建安企业逐步从建筑施工总承包商向工程项目总承包商发展，赋予“溧阳建安”新的品牌价值和发展内涵。鼓励建安企业积极参与“一带一路”建设，加快走出国门的步伐，奋力开拓国际市场。

坚定不移激活营商环境“新动能”。坚持一体推进政策、市场、政务、法治、人文“五个环境”建设，持续打造一流营商环境，让国企敢干、民企敢闯、外企敢投。大力提振企业发展信心。切实落实“两个毫不动摇”[12]，坚决落实国家省市存量政策，主动谋划契合溧阳企业实际的增量政策，确保助企纾困一揽子政策精准滴灌、免申即享。大力弘扬企业家精神，提升“两个健康”先行区创建成效，重视新生代企业家成长，做好外来企业家城市融入和归属，用市场办法、改革举措激发民间投资活力。办好“溧商大会”，汇聚乡贤力量，开展“两大功臣[13]评选”，更大力度激励溧商回乡创业。聚力巩固提升政务服务。以聚焦需求优化服务为出发点和落脚点，深化“放管服”改革，推进“数字政府”建设，推行“全科政务”服务模式，丰富“溧即办”政务服务内涵，不断提升企业群众办事获得感、满意度。全力防范化解风险隐患。大力解决涉企历史遗留问题，让企业甩掉包袱、轻装上阵、加快发展。严厉打击非法集资、恶意逃废债等行为，持续做好金融、房地产、大型企业债务等领域风险排查化解工作，严防“黑天鹅”“灰犀牛”事件发生，切实把各类风险隐患消除在萌芽状态。

二、深化系统集成，更富成效推进守正创新

强化系统思维，统筹推动发展质量变革、效率变革、动力变革，全面提升县域整体竞争力。

大力实施转型升级“五换”工程。秉持“量质兼优”思路，牢固树立“四个论英雄”[14]导向，完善以质量和效益为导向的工业企业分类综合评价机制，深化资源要素差别化配置，促进企业加快提质增效、转型升级，不断提升全要素生产率。实施“园区更新、腾笼换鸟”工程。加大“腾笼换鸟”力度，加快推进园区有机更新，在纵深推进“危污乱散低”企业整治和“困境”企业出清的同时，坚持试点先行、示范带动，全面开展老旧工业园区改造提升，推动资源要素向高成长性、高效益、高技术、高产出企业集聚。实施“智能升级、机器换人”工程。发挥数字化转型新引擎作用，深入开展企业“上云用数赋智”行动，推进企业设备和核心业务上云，建设数字车间、智能工厂，推动制造业加速向数字化、网络化、智能化发展。实施“工业上楼、空间换地”工程。坚持向存量要增量、以强度换空间，鼓励企业“零土地技改”，引导企业紧抓低效用地改造窗口期，投资建设多层标准厂房，进一步提高土地容积率和投入产出效率。实施“三农入网、电商换市”工程。推进电子商务与农产品生产加工、乡村旅游、乡村文化等农村产业融合发展，以“数商兴农”探索开展农产品众筹、订单农业、创意农业、认养农业、观光农业、云农场等模式。实施“风口蓄势，领跑换道”工程。抢抓新一轮产业变革机遇，大力发展新能源、新材料、人工智能、高端装备等新兴产业，用好产业引导基金，大力培育“四新”经济[15]。

大力实施创新驱动战略。坚持科技是第一生产力、创新是第一动力，全面推动创新链、产业链、人才链深度融合，全力争创国家创新型县（市）。培育更加活跃的创新主体。深入推进企业创新主体培育行动，实施“高企倍增计划”，力争认定高新技术企业100家、招引科技型中小企业80家以上。新增“专精特新”企业30家，高新技术产业产值突破1600亿元。打造更高层次的创新平台。深化中科院物理所长三角研究中心等高端科研平台建设，持续做优“三站三中心”[16]等创新平台，推动科研成果就地转化。支持驻溧研发机构联合高校、院所、产业链上下游组建创新联合体开展产业科技攻关，探索建立关联产业集群间的协同创新体系。营造更富活力的创新生态。完善科技金融服务体系，用足用好“苏科贷”，满足科技型企业全方位、多层次、个性化融资需求。加强知识产权保护运用，深化质量强市战略，鼓励企业争创各级质量奖。完善中小微企业孵化体系和创新服务体系，对成长型科技企业给予更大政策支持。大力实施人才强市战略。人才是强市之基、发展之要、竞争之本。建设高素质人才队伍。释放“天目湖英才榜”政策效应，统筹高层次双创人才和实用型产业人才队伍建设，在精准引才、系统育才、科学用才、用心留才上持续用力，抓好战略“帅才”、产业“英才”、青年“俊才”、制造“匠才”、行业“专才”等人才队伍建设。强化高匹配人才供给。聚焦动力电池、智能电网等优势产业链，发挥科技镇长团纽带作用，持续加强“双招双引”[17]，力争新增高层次产业领军人才1000人、高技能人才1900人。支持溧阳中专深化产教融合、校企合作，精准对接企业用工需求，订单培养更多技术蓝领。塑造高品质人才生态。探索建立“濑水人才绿卡”制度，系统集成提供创新创业、子女教育、健康医疗、品质生活等特色服务，加快高品质人才公寓建设，鼓励企业采取股权激励引留高层次创新人才，真心实意以实惠的人才政策、舒适的城市环境、多元的事业平台，让更多人才深入了解溧阳、深切爱上溧阳、深情奉献溧阳。

三、秉持生态优先，更加系统推进城乡融合

牢固树立“绿水青山就是金山银山”的理念，坚持农业农村优先发展，促进农业高质高效、农村宜居宜业、农民富裕富足。

精心擦亮绿色生态底色。深入打好污染防治攻坚战。聚焦中央、省环保督察反馈问题整改，突出精准治污、科学治污、依法治污。强化区域联防联控，深化工地扬尘、挥发性有机物等专项治理，确保空气质量稳定向好。持续开展水环境生态治理，完成长荡湖围网整治，实施白鹤滩、龙政线以南片区退圩还湖，科学谋划新一轮天目湖水源地保护。深化农业面源污染治理，加强重点行业固危废监督管理，扎实推进在采矿山的生态修复。稳步推进高质量低碳发展。探索建立碳排放交易、绿色电力交易等机制，积极提升生态碳汇能力。严把“两高”项目准入关，加强资源节约高效利用，加快培育一批绿色技术创新企业。积极推进分布式光伏、绿色储能等项目，大力发展清洁能源。积极倡导简约适度、绿色低碳生活方式，共建共享绿色家园。打通生态价值转化新通道。探索EOD[18]生态环境治理模式，创建省“生态岛”试验区。

开展生态产品抵押、价值变现试点。积极构建生态产品交易市场与ESG[19]等绿色金融的连接体系，丰富具有溧阳特色的生态产品价值实现新路径，争创国家低碳城市试点和国家生态产品价值实现机制试点城市。

全域提升城乡功能品质。畅优交通“强筋骨”。系统谋划路网布局，发挥交通先行作用。优化233国道城区段、239省道改线段等国省干线路网布局，实施341省道竹箦段二期工程，建设宁杭高速水西互通。推进码头街、西后街西延等道路建设，打通城市“断头路”，有效治理城区重点路段交通拥堵。加强与沪苏湖铁路的对接，争取镇宣铁路溧阳段方案稳定，推动溧阳港一期建成投用。完善功能“亮颜值”。严格落实新型城镇化规划，高质量编制完成市镇国土空间总体规划，按需编制实用性村庄规划，有序实施城市有机更新。稳步推进生命康原建设，谋划新昌片区城市规划设计。加快补齐城镇基础设施短板，提升被撤并乡镇的公共服务功能。深化危旧房整治，做好既有住宅加装电梯、“敞墙透绿”新增停车泊位等工作，新建和改建一批美丽街区和精品街道。深化城区水系治理和城乡污水管网排查整治，提升城市防洪排涝能力。精细管理“提内涵”。以创建全国文明典范城市为统领，推进城市管理科学化、精细化、智能化，打造整洁、有序的城市环境，着力推动文明测评指数全省领先。深入开展文明交通、市容环境、物业管理等专项整治，打造一批生态美、形态优的街区社区。加大禁违拆违力度，确保存量违建有序消化、新增违建有效遏制。

全面激发乡村振兴动能。加快现代农业发展。实施农业生产“三品一标”提升行动，引导农业由增产向提质转变。坚决扛起粮食安全责任，坚决遏制耕地“非农化”、基本农田“非粮化”，改新建高标准农田2万亩以上。在增产和减损两端同时发力，持续深化食物节约各项行动。实施龙头企业、家庭农场等经营主体提质行动，强化农产品品牌建设，培育发展绿色、有机和地理标志农产品，提升“天目湖”等区域品牌影响力和白茶、软米等生态产品附加值。争创国家级农业龙头企业。推进和美乡村建设。坚持数量服从质量、进度服从实效，把公共基础设施建设重点放在农村。深化农村宅基地制度改革，支持有条件的村庄稳步推进特色田园乡村建设，加快现代化宜居农房建设。加强历史文化名村、传统村落保护，以“四清一治一改”[20]为重点，巩固提升农村人居环境整治，探索村庄人居环境管护社会化运作。焕发农村发展活力。健全农村集体经济收入稳定增长机制，力争实现村集体经营性收入70万元全覆盖。强化农村一二三产业融合发展，组建产业化联合体，多渠道促进农民增收。有序引导大学毕业生到乡、能人回乡、农民工返乡、企业家入乡，持续培育高素质乡村产业人才，加快壮大现代“新农人”群体。健全现代乡村社会治理体制，深化拓展新时代文明实践中心建设，开展乡村“复兴少年宫”试点，推进农村移风易俗，培育文明乡风、良好家风、淳朴民风。

四、厚植为民情怀，更加扎实推进共同富裕

坚持在高质量发展中保障和改善民生，始终保持民生投入只增不降，为群众办实事只增不减，切实把实事办到群众的“心坎上”。

完善多层次社会保障体系。把稳就业摆在突出位置，完善创业带动就业保障制度，健全重点群体就业帮扶机制，促进高校毕业生、退役军人、残疾人、就业困难人员稳定就业，确保全年新增就业不低于1万人，城乡居民收入增幅常州领先、收入差距持续缩小。扩大城乡居民社会保险覆盖面，精准推进新业态从业人员等重点群体参保。提升医保服务能力，持续加强长慢病患者基本医疗待遇，减轻重特大病患者医疗负担，提升跨省异地就医直接结算服务水平。健全完善分层分类社会救助体系，让低保、特困、孤儿、残疾人等困难群体共享改革发展成果。

优化高品质公共服务供给。加快南航天目湖校区南区建设，实施后六小学、金汇路幼儿园等6所校舍改续建工程。深化“院府合作”，大力提升省人民医院、省中医院2所溧阳分院医疗服务和人才引育水平，建成省中医院溧阳分院新院，推进全市基层卫生健康事业高质量发展，构建优质高效分级诊疗体系。推进困难老人家庭适老化改造，试点建设“家庭养老床位”，打造“15分钟”社区居家养老服务生活圈，扩大惠民殡葬覆盖面。全力解决安置房办证历史遗留问题，让“安置房”真正成为“安心房”。实施农灌用水、工业供水、生活饮水“三水”改革，健全供水应急保障体系，着力开启“供水、节水、管水”

新局面。

构建多元化社会治理格局。坚定不移贯彻总体国家安全观，坚持底线思维，以“时时放心不下”的责任感统筹发展和安全。加快建设韧性城市。健全城市安全预防体系，强化极端情况下功能运转、生产维持、生活保供、就医服务等城市基本运行保障体系，提高防灾、减灾、救灾能力。巩固安全生产专项整治三年行动成果，深化危化品、交通运输、特种设备、自建房、群租房、燃气、消防等重点领域安全生产隐患排查整治，坚决遏制较大及以上生产安全事故发生。科学精准做好疫情防控，保障群众就医用药，抓好老年人等重点群体健康服务，全力以赴构筑保健康、防重症防线。着力夯实社会治理。以市域社会治理现代化指挥中心建设为契机，把数字化、智能化、智慧化的理念和要求贯穿城市运行管理各方面，实现社会治理、城市运行“一屏统览”。推进以党建引领基层治理，积极探索“红色业委会”“红色物管会”等新模式。全力维护和谐稳定。结合省委巡视反馈问题整改，把落实上级信访交办事项与攻坚存量信访突出问题统筹起来，深化矛盾多元预防调处化解机制建设。深入推进“平安溧阳”建设，健全扫黑除恶长效常治机制，提升社会治安防控整体效能，营造稳定和谐的社会环境。

各位代表，民生实事由人民做主。在前期广泛征求意见、充分研究论证的基础上，市政府本着“尽力而为、量力而行”的原则，初排了8方面18件重点民生实事候选项目，请各位代表审议票决。

三、全面加强政府自身建设

任重千钧，唯有担当。在新的一年里，我们将始终保持高的站位、严的标准、实的作风、廉的底色，以奋斗成就使命，用实干托起梦想，努力建设务实高效的服务型政府。

聚焦政治建设“补钙铸魂”。认真学习贯彻党的二十大精神，弘扬伟大建党精神，坚定拥护“两个确立”，忠诚践行“两个维护”，不断加强思想淬炼、政治历练、实践锻炼，切实将党的创新理论贯彻到现代化建设的全方位、全过程。严格落实党的全面领导制度，把上级的精神、市委的部署、人民的期待融化为政府的自觉行动，牢牢掌握意识形态工作主动权，真正将制度优势转化为治理效能，推进政府治理体系和治理能力现代化。

聚焦法治建设“循道致远”。深入实施“八五”普法，把法治理念、法治思维、法治方式贯穿政府工作始终，坚决按照法定权限和程序行使权力、履行职责。严格落实民主集中制、“三重一大”事项决策机制，做到依法、民主、科学决策，进一步规范行政执法行为。加大预决算、公共资源配置、重大建设项目、社会公益事业建设等信息公开力度，确保政府各项权力在阳光下运行。主动接受市人大、市政协和社会各界监督，提高人大代表议案建议、政协委员提案办理质量和满意率。

聚焦作风建设“提质增效”。全面提升政府工作执行力，号召动员广大干部把心思集中在想干事上，把本领体现在能干事上。坚持按规律办事，强化攻坚克难，对历史积累的矛盾、发展遇到的瓶颈，主动担当作为，敢啃“硬骨头”，敢钻“矛盾窝”。推动国企改革向纵深发展，积极探索基础设施REITs[21]试点，着力培育主业清晰、具有可持续发展能力的国企主体。

聚焦廉政建设“正身塑形”。切实履行全面从严治党主体责任，深入推进政府系统党风廉政建设，严格落实中央八项规定及其实施细则精神，坚决防止“四风”问题变异反弹，构建“亲”“清”新型政商关系。持续加强审计监督和廉政风险防控，持续压减“三公经费”，优化财政支出结构，努力以政府“紧日子”换取市场主体“稳日子”、人民群众“好日子”。

各位代表，百舸争流，奋楫者先；千帆竞发，勇进者胜。让我们更加紧密地团结在以习近平同志为核心的党中央周围，在市委的坚强领导下，以既定目标为战略指引，守正执中办好溧阳的事情，全力打造苏南绿色崛起品质城市，奋力谱写中国式现代化溧阳新篇章！

名词解释

[1]“2+2+X”先进制造产业集群体系：即依托溧阳本土优势产业，聚焦先进制造经济领域，集中精力打造动力电池、高端不锈钢2个全球有影响力的千亿级产业集群，智能电网、智能装备2个全国有特色的五百亿级产业集群，以及在航天航空装备、绿色铸造、绿色纤维等战略性新兴产业领域形成若干个有地方特色的产业集群。

[2] 国家级产业基地2个：即新能源电力装备产业基地入选国家新型工业化产业示范基地，

动力电池产业入选国家火炬特色产业基地。

[3] 两个健康：即非公有制经济健康发展和非公有制经济人士健康成长。

[4] 三区三线：即根据城镇空间、农业空间、生态空间 3 种类型的空间，分别对应划定的城镇开发边界、永久基本农田保护红线、生态保护红线 3 条控制线。

[5] VOCs：即挥发性有机化合物 (Volatile Organic Compounds) 的英文缩写。

[6] 双减：即减轻义务教育阶段学生过重作业负担和校外培训负担。

[7] 千县工程：即国家卫健委 2021 年印发《“千县工程”县医院综合能力提升工作方案(2021—2025)》，明确到 2025 年，全国至少 1000 家县医院达到三级医院医疗服务能力水平。

[8] 大好高：即总投资额大、发展前景好、科技含量高的优质项目。

[9] 小而美：即具有占地面积小、科技含量高、发展潜力大、亩均税收高等突出优点的项目。

[10] 四个一批：即竣工一批、开工一批、储备一批、谋划一批。

[11] RCEP：即 Regional Comprehensive Economic Partnership 的英文缩写，全称为“区域全面经济伙伴关系协定”，是由东盟十国发起，邀请中国、日本、韩国、澳大利亚、新西兰共同参加（“10+5”），通过削减关税及非关税壁垒，建立 15 国统一市场的自由贸易协定。

[12] 两个毫不动摇：即毫不动摇巩固和发展公有制经济，毫不动摇鼓励、支持、引导非公有制经济发展，保证各种所有制经济依法平等使用生产要素、公平参与市场竞争、同等受到法律保护。

[13] 两大功臣：即“溧商回乡创业功臣”和“服务家乡招商引资功臣”。

[14] 四个论英雄：即以亩产论英雄、以效益论英雄、以能耗论英雄、以环境论英雄。

[15] 四新经济：即新技术、新产业、新业态、新模式经济。

[16] 三站三中心：即博士后科研工作站、院士工作站、研究生工作站、工程技术研究中心、企业技术中心、工程研究中心。

[17] 双招双引：即招才引智、招工引匠。

[18] EOD：即生态环境导向的开发模式（Ecology-Oriented Development）的简称。

[19] ESG：即英文 Environmental（环境）、Social（社会）和 Governance（公司治理）的缩写，是一种关注企业环境、社会、治理绩效的投资理念和企业评价标准。

[20] 四清一治一改：即清理常年积存垃圾、清理河塘沟渠、清理农业废弃物、清理无保护价值的残垣断壁，治理村庄公共空间，改变农民不良生活习惯。

[21] REITs：即“Real Estate Investment Trusts”的缩写，全称是“不动产投资信托基金”。

（政府办）

统计资料

2022 年溧阳市综合经济基本情况表

表80

指 标 名 称	计量单位	合 计	指 标 名 称	计量单位	合 计
地区生产总值	亿元	1416.22	粮食产量	万吨	40.92
第一产业	亿元	57.48	油料产量	万吨	2.21
第二产业	亿元	767.58	淡水产品产量	万吨	6.40
第三产业	亿元	591.16	工业增加值	%	20.5
人均地区生产总值(按户籍人口计算)	元/人	180721	工业总产值	亿元	2905.49
人均地区生产总值(按常住人口计算)	元/人	175884	营业收入	亿元	3346.74
农林牧渔业总产值	亿元	97.78	利润总额	亿元	188.92

表 81

2022 年溧阳市人口、就业及土地面积基本情况表

指标名称	计量单位	合计	指标名称	计量单位	合计
年末户籍户数	万户	27.03	第一产业	万人	8.18
年末户籍人口	万人	78.19	占比重	%	15.75
其中：男性	万人	39.13	第二产业	万人	25.08
女性	万人	39.06	占比重	%	48.27
户籍人口城镇化率	%	60.52	第三产业	万人	18.70
年末常住人口	万人	80.60	占比重	%	35.98
#城镇常住人口	万人	52.07	私营企业从业人员	人	—
常住人口城镇化率	%	64.60	个体从业人员	人	—
当年出生人口	人	3754	城镇登记失业率	%	1.1
其中：女性	人	1798	建成区面积	平方公里	34.54
出生率	‰	4.80	城市规划建设用地面积	平方公里	47.80
当年死亡人口	人	6513	城市现状建设用地面积	平方公里	34.51
死亡率	‰	8.33	居住用地	平方公里	10.86
人口自然增长率	‰	−3.53	2022年征用土地面积	平方公里	—
从业人员	万人	51.96			

表82

2022 年溧阳市财政、金融、保险基本情况表

指标名称	计量单位	合计	指标名称	计量单位	合计
上缴中央四税收入	万元	466422	公共安全支出	万元	67647
增值税	万元	356583	教育支出	万元	251382
消费税	万元	6828	科学技术支出	万元	66943
企业所得税(60%)	万元	169634	文化旅游体育与传媒支出	万元	20325
个人所得税(60%)	万元	79647	社会保障和就业支出	万元	170963
一般公共预算收入	亿元	81.09	卫生健康支出	万元	152341
税收收入	亿元	67.61	节能环保支出	万元	24943
其他税收收入	亿元	—	城乡社区支出	万元	129648
企业所得税（40%）	万元	—	农林水支出	万元	99263
个人所得税（40%）	万元	—	交通运输支出	万元	15438
一般公共预算支出	万元	1276760	金融机构存款余额(本外币)	亿元	2165.97
一般公共服务支出	万元	121513	#住户存款	亿元	1076.32
国防支出	万元	1358	金融机构贷款余额(本外币)	亿元	1614.29

2022 年溧阳市固定资产投资基本情况表

表83

指　标　名　称	计量单位	合　计	指　标　名　称	计量单位	合　计
固定资产投资增速	%	10.1	其他资金	万元	4611
#工业投资增速	%	15.9	本年新增固定资产	万元	210901
服务业投资增速	%	0.6	房屋施工面积	平方米	4421337
房地产投资增速	%	−9.1	本年房屋竣工面积	平方米	424497
本年实际到位资金	万元	1006646	本年商品房销售面积	平方米	844006
国内贷款	万元	174682	现房销售面积	平方米	97646
利用外资	万元	—	期房销售面积	平方米	746360
自筹资金	万元	336445	2022年商品房销售额	万元	822032

2022 年溧阳市规模以上工业、建筑业基本情况表

表84

指　标　名　称	计量单位	合　计	指　标　名　称	计量单位	合　计
规模以上工业企业单位数	个	602	#大型企业	亿元	1545.77
1.内资企业	个	565	中型企业	亿元	516.74
#国有企业	个	—	小型企业	亿元	818.47
私营企业	个	542	资产总计	万元	4152316
2.港澳台商投资企业	个	13	流动资产合计	万元	3642574
3.外商投资企业	个	24	负债合计	万元	2038702
工业总产值（现价）	亿元	2905.49	从事建筑业活动的平均人数	人	32570
1.内资企业	亿元	2800.03	建筑业企业期末人数	人	25563
#国有企业	亿元	—	建筑业总产值	万元	10632053
私营企业	亿元	2710.82	房屋建筑施工面积	平方米	4001391
2.港澳台商投资企业	亿元	47.02	房屋建筑新开工面积	平方米	1530193
3.外商投资企业	亿元	58.44			

表85

2022年溧阳市市政公用事业、环境保护基本情况表

指标名称	计量单位	合计	指标名称	计量单位	合计
公共供水综合生产能力	万立方米/日	15	建成区绿化覆盖率	%	42.91
水资源总量	万立方米	40574	森林覆盖率	%	32.09
用水总量	万立方米	55117	自然保护区面积	公顷	—
# 规模以上工业企业取水量	万立方米	—	工业废水排放量	万吨	—
公共供水总量	万立方米	5734	工业化学需氧量排放量	吨	259
# 售水量	万立方米	5005	工业氨氮排放量	吨	11
# 生产运营用水	万立方米	1894	工业化学需氧量去除率	%	—
居民家庭用水	万立方米	1522	工业氨氮去除率	%	—
公共服务用水	万立方米	1589	工业废气排放量	万立方米	—
公共汽(电)车客运总量	万人次	1994	工业二氧化硫排放量	吨	2680
供气总量	万立方米	16327.00	工业氮氧化物排放量	吨	5753
# 家庭用量	万立方米	3193.00	工业二氧化硫去除率	%	—
液化石油气供气总量	万立方米	—	工业氮氧化物去除率	%	—
# 家庭用量	万立方米	—	工业烟(粉)尘排放量	吨	10164
人均城市道路面积	平方米	22.42	污水处理厂数	座	2
排水管道密度	千米/平方千米	11.66	污水处理率	%	98.6
绿化覆盖面积	公顷	1899.36	污水处理厂集中处理率	%	98.6
绿地面积	公顷	1758.67	一般工业固体废物综合利用率	%	96.1
人均公园绿地面积	平方米	14.85	空气质量优良天数比例	%	80.3
建成区绿地率	%	39.59	可吸入细颗粒物($PM_{2.5}$)年平均浓度	微克/立方米	33

2022 年溧阳市批发零售贸易、外经、旅游基本情况表

表86

指　标　名　称	计量单位	合　计	指　标　名　称	计量单位	合　计
社会消费品零售总额	亿元	379.88	外商投资项目个数	个	14
#限额以上	亿元	96.06	入境游客人数	万人次	—
人均消费品零售额	元/人	47181	入境旅游外汇收入	万美元	—
进出口总额	亿元	152.28	旅游接待总人数	万人次	2065.52
#出　口	亿元	108.17	旅游总收入	亿元	254.54
协议注册外资	亿美元	3.95	星级饭店数	个	8
实际到账注册外资	亿美元	4.03			

2022 年溧阳市人民生活基本情况表

表87

指　标　名　称	计量单位	合　计	指　标　名　称	计量单位	合　计
居民收支（城镇）			移动电话	部	264
#工资性收入	元	37182	计算机	台	91
经营净收入	元	9564	城镇职工基本养老保险参保人数	人	212379
财产净收入	元	8145	城乡居民基本养老保险参保人数	人	67001
转移净收入	元	8261	基本医疗保险参保人数	人	755476
居民人均可支配收入	元	51904	#城乡居民基本医疗保险参保人数	人	452213
#城镇居民人均可支配收入	元	63152	城镇职工基本医疗保险参保人数	人	303263
农村居民人均可支配收入	元	35306	失业保险参保人数	人	153973
居民人均消费支出	元	29306	工伤保险参保人数	人	271904
#城镇居民人均消费性支出	元	31654	生育保险参保人数	人	185370
#食品烟酒	元	8696	提供住宿的各类社会服务机构数	个	20
#农村居民人均消费性支出	元	25806	#养老服务机构数	个	18
#食品烟酒	元	7579	提供住宿的各类社会服务机构床位数	张	3442
每百户城镇居民家庭拥有		—	#养老服务机构床位数	张	3332
#家用汽车	台	72	不提供住宿的各类社会服务机构数	个	601
洗衣机	台	108	#社区服务机构数	个	373
电冰箱（柜）	台	117	城镇居民最低生活保障人数	人	229
彩色电视机	台	190	农村居民最低生活保障人数	人	2567
空调	台	251			

表88

2022年溧阳市交通运输、邮电通信、电力基本情况表

指标名称	计量单位	合计	指标名称	计量单位	合计
公路里程	公里	—	邮电业务总量	万元	152202.96
#等级公路	公里	—	邮政行业业务收入	万元	43249.02
#高速公路	公里	—	电信业务收入	万元	109995.06
公路客运量	万人	61.76	固定电话用户	户	136449
公共汽(电)车客运总量	万人次	1994	移动电话年末用户	户	913494
公路货运量	万吨	1990.81	#3G以上移动电话用户	户	—
内河港口货物吞吐量（规模以上）	万吨	2863.7	每百户拥有移动电话	部	—
水上客运量	万人	—	互联网宽带接入用户	户	438585
水上货运量	万吨	1151.01	全社会用电量	亿千瓦时	122.83
民用汽车拥有量	辆	244644	#工业	亿千瓦时	100.71
#私人汽车拥有量	辆	215147	居民生活	亿千瓦时	9.70
邮政局所数	所	39			

表89

2022年溧阳市教育、科技、卫生基本情况表

指标名称	计量单位	合计	指标名称	计量单位	合计
学校总数	所	81	#发明	件	487
专任教师总数	人	7603	公共图书馆数	个	—
农村义务教育专任教师本科及以上学历比例	%	96.5	公共图书馆图书藏量	万册	—
在校学生总数	人	79511	卫生机构数	个	309
毕业生总数	人	17671	#医院、卫生院（含妇保院）	个	17
招生总数	人	19638	卫生机构床位数	张	4306
每万人中中学学生数	人	378	卫生技术人员	人	5554
每个教师负担学生数	人	10.5	#医生	人	2361
专利申请受理量	件	—	注册护士数	人	2345
#发明	件	—	每万人拥有的医院卫生院床位数	张	39
专利申请授权量	件	3349			

LIYANG
YEARBOOK

索　引

栏目编辑　陈　莉

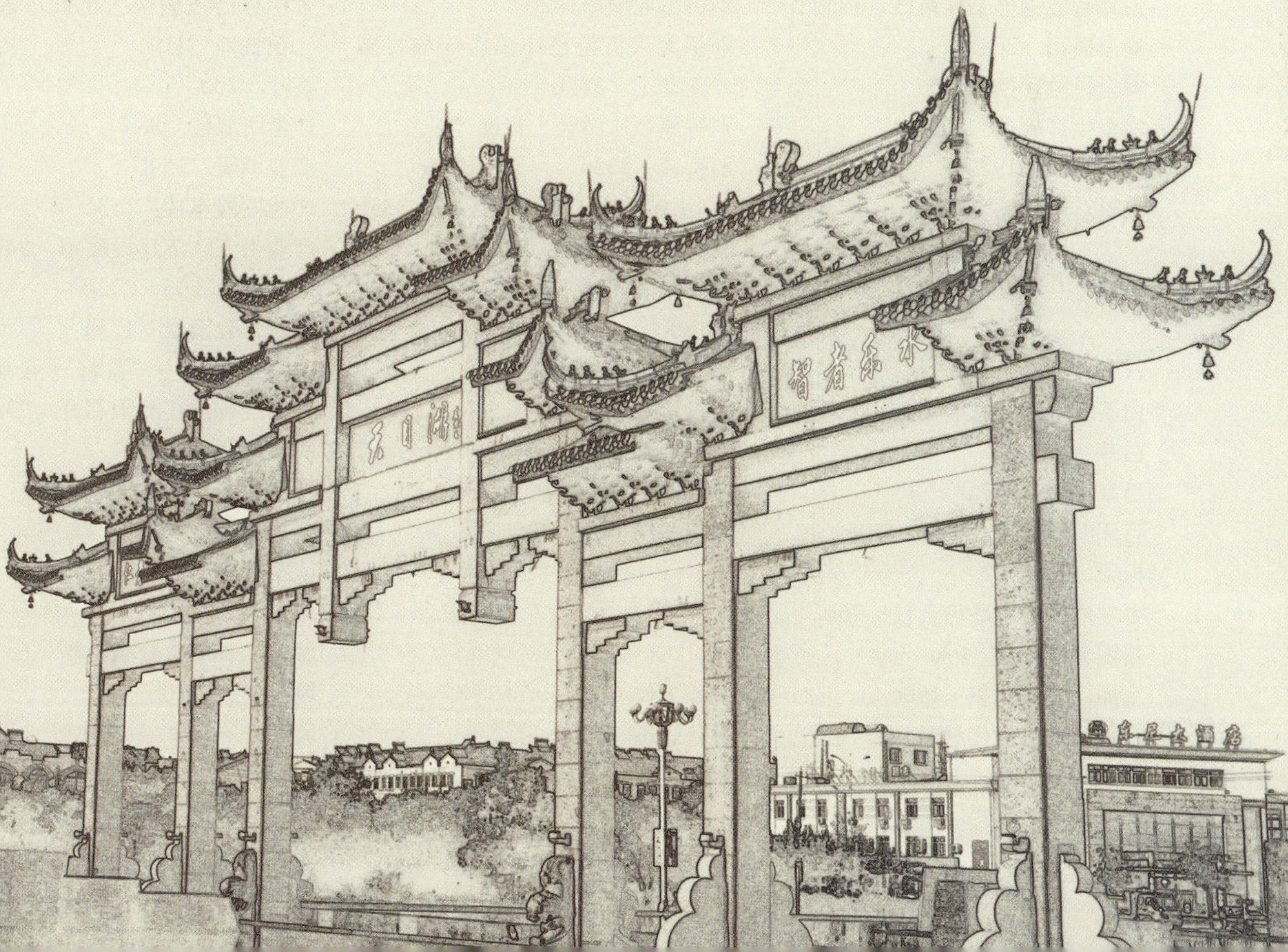

说　明

一、本索引采用主题分析法编制，按主题词汉语拼音顺序排列。

二、本索引按标引词首字的汉语拼音（同音字按声调）顺序排列；首字相同按第二个字的音序排列，以此类推。

三、类目、分目名称用黑体字标明。标引词后的阿拉伯数字表示内容所在的页码，数字后面的a、b、c分别表示从左至右第一、二、三栏。标引词后第二个页码起，表示该索引参见内容所在位置。

四、特载、大事记、人物·先进集体、附录等只索目题。

五、为便于读者检索，溧阳市的企事业单位以及在溧阳市发生的事件名称，除易产生歧义者外，省略“溧阳市”或“溧阳”。

条目索引

A

B

C

G

H

J

K

L

M

N

表格索引

B

C

D

E

G

H

J

K

L

N

P

Q

R

S

T

X

Y

Z

图片索引

B

C

D

F

G

H

J

K

L

M

N

Q

R

S

T

书名索引